中國國家圖書館編

國家圖書館藏敦煌遺書

第四十六册　北敦〇三三四七號——北敦〇三四〇〇號

北京圖書館出版社

圖書在版編目(CIP)數據

國家圖書館藏敦煌遺書·第四十六册/中國國家圖書館編;任繼愈主編. —北京:北京圖書館出版社,2007.1

ISBN 978-7-5013-2988-5

Ⅰ.國… Ⅱ.①中…②任… Ⅲ.敦煌學—文獻 Ⅳ.K870.6

中國版本圖書館 CIP 數據核字(2006)第 149703 號

書　　名　國家圖書館藏敦煌遺書·第四十六册
著　　者　中國國家圖書館編　任繼愈主編
責任編輯　徐　蜀　孫　彦
封面設計　李　璀

出　　版　北京圖書館出版社　(100034　北京西城區文津街7號)
發　　行　010-66139745　66151313　66175620　66126153
66174391(傳真)　66126156(門市部)
E-mail　cbs@nlc.gov.cn(投稿)　btsfxb@nlc.gov.cn(郵購)
Website　www.nlcpress.com
經　　銷　新華書店
印　　刷　北京文津閣印務有限責任公司

開　　本　八開
印　　張　58.25
版　　次　2007年1月第1版第1次印刷
印　　數　1-250册(套)

書　　號　ISBN 978-7-5013-2988-5/K·1271
定　　價　990.00圓

目錄

三分釋名稱不定今且約一義文分為三一
者序分二者正[illegible]流通初定三文第一從稽首礼至如是持已來
名為序分第[illegible]羅義法至七滅已來名為正宗第三從七略已下至
尋求仙道是名通分次釋此三名顯宗由致發起之端名之為序此
五篇七聚及下藏法正明犯以不犯輕重等相被時之益正當聖意實於
序興又當[illegible]故曰正宗法傳季世日之為流而不擁名之通故曰流通次
釋以所者說經序制戒必有由藉故須序分既彰宜宗本故次正
宗正說之文[illegible]唯見在又欲俯演大文流傳像季末代等企渴同據
[illegible]須流通[illegible]三初十二偈正明律主將欲流傳聖教稱及
疑代恩時[illegible]三寶嘆戒功能勸信奉脩是故自作廣略二教通
序前[illegible]聽之本第二從和合已下是二教大宗發起之序於
斯二序六[illegible]解[illegible]次二序意三義故千又師徒謂曇无德如來之別二時
有現未三經解不同如集經者出於金口曇无德經傳於末以斯三異
德有二經二有二故三二序第二序名不同既法以弁勸信發起卷也約
人曇无如來雖名有殊且約前說第三總別偈序是別長行是總別可
知第四所明因果流演聖教非信不傳故此偈序嘆戒功勸信奉脩人
明序義和合已下大聖欲明被時之益輕重求相故彰發起第五先後次
第謂發起前興及在後說勸信偈後迴在前明所以尔者若二種不便致作
[illegible]信發起不便顯曇无德勸信不具若勸信
文起勸信後說者可不勞為防理而言之勸信
[illegible]何乃[illegible]後何以不對正宗等以弁先後致知不尔但勸信雖
後法須在前明第[illegible]隨文科釋偈文分三初稽首礼三字是云何敬之
儀式二諸仏已下七字是何所敬顯所敬境三今演已下是何所敬彰其敬
意所謂略廣嘆戒勸信稽首礼以明能敬之躰頭頂暨足身業

BD03347號　四分律戒本疏卷一

以起勸信後說者可不勞爲防理而言之勸信
後何以不對正宗乎以斥先後致知不亦但勸信雖
後法須在前明弟 通文科釋偈文分三初稽首禮三字是云何敬之
儀式二諸仏已下七字是何所敬顯所敬境三今演已下是何所敬彰其敬
意所謂畧廣嘆戒勸信 稽首礼以明能敬之身頭頂暨足 身業
致虔故曰稽首又稽者屈也首者頭也故曰稽首謂律主等行者身口意
業敬礼口業稱揚讚嘆意業信敬尊重此就能敬人業善成身口意業
善爲明敬解其唯信歎 諸仏及法比丘僧次明所敬之境衆聖非稱之
曰諸宜敬故主而無礼餘仏者顯教道理約化儀无二諸仏平等故須
奇教佛者西音 夕稱覺具一切智通達諸法自覺覺他三覺圓滿故
名爲仏已上稽貫通下二目之爲及所言法者有其二義一就躰解法之
名自躰二就用釋名法行者軌則所言比丘亦是西音智度論云三義
解釋一名乞士二意故乞一爲資身長道離四邪命正命自活故曰
比丘二爲益施主僧田行施獲多報之福是故須乞二名破煩惱比名爲破
丘名煩惱能破煩惱故曰比丘三曰怖魔能怖於魔及魔人民故名怖魔
具足三義故曰比丘所言僧者亦是西音此名和合謂四人已上於理於事
絶去違諍名和合衆比丘者能成之因僧者所成之衆總別合舉故曰比
丘僧此三種境世所珎貴咸稱爲寶三寶不同略有一解别相住持九
種之異義如經論廣弁今演毗尼法令正法久住從此已下彰其敬意
有二一別敬二約總敬言別敬者敬仏四意一仏是教主將傳聖教寧不
致虔表師資有在二報恩供養三訓是僧尼尊奉之儀四請威
加護敬法三意一法是所傳之旨其益執聚故亦宜敬二亦尊奉之儀
三請威加護次總敬三意離心論云訓護衆生三寶念是故稽首礼三
寶成實論云三寶最吉祥故我經初說今律主敬爲演毗尼勸時生信
稟化相傳有久住之益是其大意先解初文於薜喧宣故曰今演毗尼西
音此方稱滅能滅由於能教詮切能彰名教說此教爲毗尼法毗尼之名乃
有多義如三藏義說一能引生毗尼義謂果三羯磨竟時能引生
四方二千切總時並起二能致身口清淨正直是毗尼義謂離業漏
煩惱獨故名身口清淨正直故向涅槃三有滅義是毗尼義性離諸惡業
非不生故名爲滅四引勝故名毗尼謂引俗入道引小入大令凡入聖

有多義如三藏義說一能引生是毗尼義謂第三羯磨竟時能引生
四万二千功德一時並起二能致身口清淨及正直是毗尼義謂離業惡
須攝獨故名身口清淨正直故向涅槃三有滅義是毗尼義性離諸惡業
非不生故名為滅四引勝故名毗尼謂引俗入道引小入大令凡入聖
等五勝人所行是毗尼義謂一切聖人同行此法總攝律教一切都盡既有
多義今翻滅者謂能得於滅且當第二向涅槃第三滅義但經論廣時滅
義今且略多并少所言正法〻有四令約行教二法而明正法故善見云仏
語阿難我滅度後有五種法令法久住一毗尼者是汝大師二下至五人持
律在世三者於中國十人邊地五人如法受戒四乃至有廿人如法出罪五以徒
師持律故仏法住世五千年又論說言衆行了軌攝為正法〻由人弘人
能通法〻在故更無不墜故曰令正法久住戒如海無涯如寶求無厭欲
護聖法財衆集聽我說此一偈略嘆戒功勸信奉脩所防了惡既有無
量能防了戒寧有涯際故經云說言衆生无邊戒亦无涯七寶之珍
世俗所貴求之无厭七善律儀聖人所尊智者脩學而无疲勞求
之无厭五乘珍寶轉性不淨愚人棄勸令脩信等七法能資聖道故
名為財智者常讚令脩學戒律法門故曰聽我說欲除四弃法及滅僧
殘法鄣世捨墮衆集聽我說此一偈文勸捨捺惡不善了業而令脩
學涅槃正因故多論說戒於四義餘經所无一者戒是仏法平地万善由之
生長二者諸仏弟子皆依戒住一切衆生由戒而於三是趣涅槃初門四是
仏法瓔珞而能莊嚴諸仏正法以此義故持戒之力能滅諸惡故勸聽諸
婆尸式弃毗舍拘留孫俱那含弃尼迦葉釋迦文諸世尊大德為我說是事
我今欲善說諸賢咸共聽此偈之文引仏為證廣略二教七仏同說是故
我今勸令奉脩聽徒非一日諸並於和直之行攝賢冀仁者齊志詳食
故言咸共聽譬如人毀足不堪有所涉毀戒亦如是不得生人天欲得生天
上若生人间者常當讚戒足勿令於毀損此二偈文而明持犯兩法前則
彰其毀犯後乃呪其讚持人欲遠涉事必須其脚足若欲遠至涅槃
應存戒品具足人足損難遊遠涉若戒足闕流溺三塗故令勸令讚戒如
足是以經說如人无足欲行遠路如鳥无翅欲飛昇高如海无船欲度彼岸
是不可得若淨戒欲得聖果无有是處是故讚戒勿令毀損如鄣入嶮道
失轄折軸憂毀戒亦如是死時懷恐懼此偈明毀戒之義鄣以喻身轄喻律
義由命根[illegible]

是是以經說如人无足欲行遠路如鳥无翅欲飛昇高如海无船欲度彼岸
是不可得若淨戒欲得聖果无有是處是故讓戒勿令毀損如彼入險道
失糧折軸憂毀戒亦如是死時悔怨懼此偈明毀戒之義亦以喻身糧喻律
儀軸喻根本若失小戒即犯根本故涅槃云勿輕小罪以為无殃水滴雖微漸
盈大器毀戒之喻亦復如是不讓小戒即有犯重之憂故四分律云破戒之人
有五種過一欲自害二智者所呵三惡名流布四臨終生悔五死墮地獄從
義故勸令奉循如人自照鏡好醜生欣戚說戒亦如是全毀生憂喜此偈
法喻如相合鏡喻淨戒好醜喻持犯若戒全時便生喜悅若毀戒行乃
有憂悲故毗婆沙云戒如明鏡无我像現戒如瓔珞能嚴相好若照淨戒
毀犯乃見故言憂喜如兩陣共戰勇怯有進退說戒亦如是淨穢生安畏此
偈明進循持犯二門兩陣喻持犯勇怯喻勝劣戒行若全便進聖果以毀戒
故退墮惡道持戒不犯便有涅槃安樂惡戒因緣畏失勝報智度論云破
戒之人一切不敬其處如冢譬如羅剎惡心可畏如大病人人所不近譬如毒蛇難
可共住常懷怖懼我為仏賊乃至臨終生悔而无安樂持淨戒者諸天
常讃正法不斷故花嚴云具足能持諸威儀教授六法事和敬善御大衆
心无憂去来今仏共同讃持戒因緣法久住是人能報諸仏恩又云戒是无上菩提本
應當具足持淨戒若能堅持於禁戒則是如來所讃嘆世間王為最衆
流海為最衆星月為最衆聖仏為最一切衆律中戒經為上最此偈以
勝況劣世王能護故名為最大海深廣是故名最月能圓滿故名為最
仏具衆德是故名最戒含多義是故名最故經說言以因此戒得生
諸禪及滅苦智如海淵廓深潤无涯戒善理深資潤无窮超於万行喻若於
海若就行論定除細乱慧斷煩惱所以是勝根條往別戒是根本定慧從生
戒須是勝約教弁者餘詮定慧故二藏勝若詮根本毗尼為勝今言最者根本
故最摩訶論云最有四種一生善勝名最二滅惡中勝故名為最三相引故勝
依有漏戒得无漏戒是故名勝四相益故勝依非心戒起於心戒一切勝實非戒不
魁故戒經為上最如來立禁戒半月半月說此半偈結前嘆戒勸信諸文畢
意難明寄言以彰中境讃美之宗勸信若人談德即發所通之法宜掩已
情息嘆歸礼如來廣略二教通序文畢自下廣略二教發起之意各各其
三謂序正流通和合僧集會從此已下廣明發起之序四分律云時有五
同師知識別部說戒法當尊重承事恭敬布薩聽一處住和合說戒

意難明寄言以彰中境讚美立宗勸信若人談德即廢所通了法宜捲亡
情息寞歸禮上來廣略二教通序文畢自下廣略二教發起了意各分其
三謂序正流通和合僧集會從此已下廣明發起了序四分律云時有与
同師知識別部說戒法當尊重承事恭敬布薩聽一處住和合說戒
遠者与罪仏言有三種和合應來者來二應与欲者与欲三現前得呵
者不呵又此別眾言僧集會者謂同一界皆應相喚是仏所教作法之時
若集一處若多若少乃至一人心念說戒是名集會未受具戒者此明異眾
儀式四分律云時有比丘令餘六眾遮說戒事仏言並令至不見不聞處
餘人未受戒者非人來者聽之又不應在居前作也若於異眾乃令遠去下坐
應答未受具戒者已出若無異眾應言此處無未受戒人沙彌出時應請
五德十數不者得吉羅不來諸比丘說欲及清淨此名和合之義時於病比丘
來聽戒仏言應与欲及清淨隨其廣略若不見身相不口說者不成与欲以
要言之一切如法事業因緣仏聽与欲若無本緣妄陳欲法亦不成与欲部
僧說戒翻上成欲誰遣比丘尼來請教戒此明發請儀式若於受居求
請教戒者此時應起僧中為請眾中若有具十德者即應差遣必若無者
上坐應作此教授法語請人言語尼眾此寺無堪教授尼人亦無善說法者
尼眾應一心行道謹慎莫放逸彼答言爾若無請者下坐應答此處無尼
來請教誡僧今和合何所作為此句明問僧所作儀式若更有餘法事皆
應此時先作若無餘事一人應答說戒羯磨上來是秉法方便自下正作白
大德僧聽今白月十五日眾僧說戒若僧時到僧忍聽和合說戒白如是此明
作法儀式四分律中仏語比丘當於王法黑白二月大小兩日隨國同稱言若僧
時到謂作法時至僧忍聽者勸眾詳和下白眾知故曰白如是了以律云若有
四人應作此白三人已下當三語說戒獨住比丘心念布薩若不如是皆得吉
羅諸大德我今欲說波羅提木叉戒此句明發起正說戒布將欲說戒故標稱了
諸大德者先告眾也波羅提木叉者西音此翻為別解脫也由受此戒別別棄捨
種種惡故又能剋解脫果亦得名為解脫律儀亦不為惡眾所縛故名解
脫又最初隨順解脫故名波羅提木叉是則因標果稱又律中仏語比
丘新受戒者未得聞戒不知何學聽集一處和合說之波羅提木叉者
戒也自攝持威儀住處行根面首集眾善法三昧成就當始當說
發起演布開現反覆分別眾集現前默然聽善思念之此句明聽法儀式

種々惡故又能免果亦得名[illegible]
脫又最初隨順解脫故名波羅提木叉是則因種果稱又律中仏語比
丘新受戒者未得聞戒不知何学聽集一處和合說々波羅提木叉者
戒也自攝持威儀住處行根面首集衆善法三昧成就當說當
發起演布開現反覆分別衆集前默然聽善思念之此句明聽法儀式
是故律云同羯磨者集在一處乃至應呵者不呵是名如法若衆大聲小敷
妙高坐立上而說八難緣隨時略說若客舊來集數有多少說至此序
告淨便聽廣如律并諦意專心而聽律法是名善思念々々若自知有犯者即
應自懺悔不犯者默然々者知諸大德精淨此句明犯不犯義所言犯者不護々人故
從身口遠禁興過不循善行污本所受名之為犯斷愧退謝還令復本亦名為持
雖非一往善戒然亦毀而還復第二白法故名犯已能悔是故律云有二種智
人有罪能見々以如法懺悔所言不犯者上行之流一往順教惡離善行故名不
犯所以律云无犯有二若本不犯々已能悔同名无犯若欲懺者當詣清淨
比丘說犯名字如法除已方得聞戒若无犯者即當默然表心淨故若有他
問者亦如是答此句明相問義律云非但誦戒々時須如是答若有餘人問答
如是故四分律言如是答者譬如一々比丘相問答也是名亦如是如是比丘在於衆
中乃至三問憶念有罪不懺悔者得故妄語罪此明違致罪四分律云默妄語
者得吉罪是故衆中問時憶念有罪即應露發若妄不憶雖然无罪若正
說戒時彼時憶念恐亂大衆即應心念發露說戒已緩如法懺悔故妄語者
仏說障道此明白違罪果報言障道者妄語々罪能令衆僧墮三惡道
不獲聖果亦障四禪及三々昧乃至四果是故律云仏告比丘如彼大海不受死屍
疑有穢出我法亦尒不受死屍謂死屍者非沙門梵行自言沙门梵行犯
戒惡法不淨穢汙邪見覆善內壞腐爛外現白淨如空中樹雖在衆
坐常離衆遠衆遠亦彼故知懺罪方成聞戒若彼憶念有罪欲求清
淨者應懺悔懺悔得安樂此明懺法若憶初篇犯罪即應依大乘懺若
憶僧殘如律廣懺乃至吉羅類亦可知由懺因緣三業得淨是故律中
仏告比丘以戒学淨便得淨定乃至智慧亦復得淨三学淨故能引諸禪
及證聖果故曰懺悔得安樂諸大德我已說戒經序今問諸大德是中清
淨不三 諸大德是中清淨默然故是事如是持此句結成受持也由衆默
然故法事皆成雖有三問若是法故但得一罪上來以明廣略而致發起別
序竟此已下第二明[illegible]

及證聖果故曰懺悔得安樂諸大德我已說戒經序今問諸大德是中清
淨不三 諸大德是中清淨嘿然故是事如是持此句結成受持也由衆嘿
然故法事皆成雖有三问若是法故但得一罪上來以明廣略兩致發起別
序從此已下即明廣教正宗諸大德是四波羅夷法半月半月說戒經中來自下
正宗之內惣有八門以階輕重此一初明第一夷篇一篇之內皆有三段初標
說儀以陳本戒後問清淨此前百文是其標也下至七問皆唯於此問所以
得興廣致者爲僧尼不勝名利廣生於濕懷其略致是以如來隨有欲
犯制廣補之使犯相輕重位別教禁羣機於當時之益原意在此故另
正宗之旨不出身口正善受之可持犯相輕重但人多釋不可具錄今且略
攝宗求之爲二種一者止持行相二者作持行相此二種持能攝戒經始終惣
盡且戒本之內且從八節科義此八爲五犯三十九十合爲一犯惡說共爲一犯
不定七滅次但爲五持此五犯兩種解釋第一惣想解釋第二名別釋義
惣想之中四門分別第一五篇第二七聚第三方便第四持犯此四位中五篇
雖是究竟以其根本究竟業道是以先明雖然究竟前後眷屬相
名須識是故七聚以爲第二七聚之義與含輕重五七之果成本由因造緣義
罕不可於盡暢思業故方便以爲第三既識過相階差理須識持犯爲第
四欲明五篇四門解釋第一釋位第二弁名第三五五所以第四次第 第一釋
位者此尼以正善爲宗故用能治戒行以爲所明四分律中名五犯聚僧祇
以爲五篇謂一名說四夷名初篇十三僧殘以爲第二篇卅九共爲第三篇四
提舍尼爲第四篇衆學及滅諍爲第五篇所言一篇者輕重相形是
故名篇又云篇者類也又說均等名篇若具三均故名爲篇一者名均
序二者辭均三者究竟均序具此三均序等故得篇名如前篇四
戒俱名波羅夷輕重義等有此相似録爲初篇餘非類者理不得同
乃至第五類亦同尒 第二弁得名者夷當辭得名衹去接惡三義故惡
一者退沒謂退失道果二不共住非二僧攝故三者墮落捨此身已墮阿鼻
地獄故即此損惡之名當罪人是故當辭得名僧殘者境辭受名犯此罪
已垢纏行者非全堪用故爲名殘於殘之罪由僧除滅故名僧殘 言墮
者從辭及境作名又云隨義墮罪有此能故從功德作名言提舍者從對
治境立可責過受稱文言我犯可呵法言吉羅者從其義立名故見論
云吉羅名惡作 第三立五之意或言業有五故立爲五篇立可准俗制
道如五刑罪或可如來直根立教參

[illegible]僧除滅故名僧殘 言[illegible]
者從解及境作名又云隨義損罪有此能故從功德作名 言提舍者從對
治境名可責過受稱文言我犯可呵法言善羅者從其義立名故見論
云吉羅名惡作 第三立五之意或言業有五故立為五篇名可准依制
道如五形罪或可如來隨根之致略標此五第四次第先輕所防罪解推
尋本制之皆隨犯而禁輕重事亂无定今明次第可所依准蓋是大聖欲
令斯法循傳遐代故命優波離曲宣方軌示以重輕次汜於後故優波離仙逕
滅後一依聖教集仙所制正死之罪宜加先勒故弁初餘次輕者依其階任乃至
第五類名可知若據能防行次第者初篇是行根本故先明初篇行壞下四
被絛焉能淨生是故初篇先立根本行既立已不循衆之法之不成緦細不立何
能秉法故立衆行為第二篇衆法雖成若不循律儀緦細難立故明第三
身口威儀既尓若不離譏過若不敬順三寶除懲弥諍反成滞尋請在三
為焉能出離是故第五篇敬順三寶威儀淳熟趣道之行此據根本所以初
勝若據雜防第五最勝乃至初劣第二七聚門分別一約位二立三偷蘭先
後四入篇不入言約位者四歲為第一十三為第二一切偷蘭為第三捨墮為第
四提舍為第五惡作為第六惡說為第七所言聚者衆罪非一聚在一處名
之為聚言立名者初篇當解殘約境義蘭通所防罪立名解唯不善
故見論偷蘭名大遮能障道故名為偷蘭提墮功能可呵約責立名第六約
作得名故曰惡作第七就說為名故言惡說言偷蘭先後者偷蘭過之麁故能
治之行在戒門攝若約雜位分須在第五以解含方便究竟之異雜門所以
麁重是故須在均下雖上位當第五又解作因故三為果故五為弁成他之成
故尓言入不入者凡入五篇皆具二義一名均二解均三究竟均義等四聚並具此
義蘭中但有名均雖是蘭聚濶餘二均以通因果含輕重故不入五篇所言
輕重有四種別一不可識知二違是二大衆蘭初二篇下是三小衆蘭四對手
蘭一人邊識輕者出界四人中識殘邊重同處生輕殘邊輕者對手識有
此差別故不入篇第三方便於中有三一者遠方便二者進趣方便三者隣緣
方便遠者有果而不成進趣者以因成果隣緣者无果而可成言遠者如白
覆藏罪是非不籍此覆藏生於後犯名曰方便終不攬此以成於彼故名為
遠論其正解其唯究竟教人蘭吉類名同尓廣論五犯悉可為遠智
稱得聖遠賢犯盜如初五錢不淨行緣摂中渋故取衣同行宿坐資犯
[illegible]

覆藏罪是非木籍此覆藏生於後犯名曰方便終不攬此以成於彼故名為
遠論其正解其唯究竟殺人蘭吉類之同尒廣論五犯悉可為遠智
揀得聖遠賢犯盜如初五戒不淨行緣提中浣故取衣同行宿坐資犯
初戒下二准說可知舉此五犯弖數為緣餘類相望容有由藉如斯等類
名遠方便二進趣方便者心怖前事身口運動造境求成故名進趣如律所
明步步偷蘭是名進趣方便三溯緣方便於中有七一者溯緣二者境強三者緣差
四者境差五者想心六者疑七善心息惣名溯緣欲故名溯緣方便二境強方便
者如欲煞人前境入定或反害我以彼緣強差此進趣擁思不成故曰境強三緣差
方便者欲害前人更有異人窓伏怨事發覺或有緣來差此不遂煞事者
故曰緣差方便四境差方便者如非人想非人疑等是如下廣說欲煞王人張人來
替者是五想心方便者起心煞人心緣非人者是六疑心方便者起心煞人而生疑心
為人為非人而人雖死緣於兩境疑心煞者從兩境結罪七善心息方便者可知此七方
便諸部不定祇律性惡但五方便謂從境判溯无想疑文言黃门想疑應
觸女人多殘故遂應具七如朱非想疑等者若依五分不問遮性一切俱云謂无疑
故以疑是兩緣順有緣本心故便從境制其正罪是以文言是女疑殘非時疑
年不滿疑皆得提罪故想究徹攻不問性遮心境想應犯不相應輕或蘭吉
故人非人想煞蘭女男想黃门想觸蘭吉就四分具足七方便第四持犯料
戒所明不過二種持犯就此二種若有其兩言二犯者廣造諸惡作而成犯
名為作於犯善不脩止而有違名曰止犯對此二過故立兩持若作斷一切惡
意離皆不究竟為欲離皆須明止持以弥作犯若復不與脩一切善心滑
果不滿足為欲得果滿足故須辦作持以翻止果故俱二種此尋對文說
可知若約身口弁持犯者離煞婬觸等身止持如應來者収攝卧具然燈等
安坐食等類是身作持離口四過知妄罵等可是口作犯者咸悉止故是口止
持如受持衣鉢露分說淨離衣六年伏衆二年六法作知淨語傷他懐生
二入聚落及嗔救脩習等是口作持身口合者唯說可知身口兩犯及前所說意
戒身口故不須別說意雖有持犯如律所言六犯所起中由身心及當審觀其意
汝以何心等皆是助成身口論云然獨意无持犯故文但意不犯及六犯中由
身口不由心等是故成論十不善業道品同一切業意業大竹以毗尼不結罪者淨
福異結戒法異故尒此二種持犯義如律疏廣明從此已下随文一一別釋先

[illegible]
汝以何心等皆是助成身口論云然獨意无持犯故文但意不犯及六犯中由
身口不由心等是故成論十不善業道品明一切業意業大所以毗尼不結罪者謂
福異結戒法異故有此二種持犯義如律疏廣明從此已下随文一一別釋先
就初篇兩種分別第一總相分別第二依文各各別說告就物以相十門分別
一業不孤起要由等發等雖无量不出三毒故以初四配於三毒戒犯各相
發雖由等暢必在具具而論之所謂身口是以第二辨身口成犯身口之業
不過自作教人故次第三自作教業不自成要由託境是以第四犯境寬狹犯
竟雖衆莫過自他為是第五境緣(有自他)雖具无心不成心有魁濁所顧不
同對境差殊犯不犯故已次第六弁其魁濁不同雖心所標魁濁之
殊及至遣趣境有差事心有緣妄者犯不犯故次第七錯悟同異八下衆住還
九三意次第十對治持犯言起由三毒者不淨行戒唯已利已為違故以三起
貪戒盗煞二戒違(通)損益以三事(起是以三事)成妄語戒亦以利已為違乃初不同貪
癡起戒婬三事起者善生云若自樂行非梵行是名從貪若婬怨家眷
屬名從瞋於所生母行非梵行名從癡而境挑攘恩故並貪心成盗三
事起成者貪心起成可知若盗怨家財物及燒埋等瞋起瞋成若盗下往
是名從癡又祇律云摩摩帝互用仏僧物亦癡起癡成煞三起成准說可知妄
語規利貪順情故无瞋心發思成業若小妄語理即通三三身口者依三婬
戒身犯非口事决形交非身不弁故尔盗煞二戒盗亦未離處煞斷相續
故身業犯自作遣使彼此俱弁故口亦犯如呪物過冞教人盗煞等是妄語口
業正犯顯已得聖稱招名利非言不宣故口正犯如作書現相亦在犯限故身
亦有成此依成論身口乎遣三自作教人依亦有三婬戒自重教輕教人為非
樂在前人遍非我故能教不重出家之人應勸人脩善反更助惡故能
教蘭盗煞二戒違通損益自作教人損境无殊暢思亦齊故曰自作教人彼
我俱犯妄語自作正犯教人同不同若遣人讚已得聖名利攝已乃自作
无殊故得同犯所教人(犯)輕若直教人自讚招利攝彼於我无潤故俱犯
蘭此局初篇說(若)因此況論自重教輕初戒是自輕教重尼教僧漏失是
自他俱重盗煞損壞及一切同犯者是自他俱輕足勸足是若犯不犯說
亦有四句可知若約能所以說作兩个四句亦可知問自他能所此義何異答自
他者不論所教七衆之業但取能教之業對自作弁若言能所以能教
罪乃所教五衆有罪者對說具口 [illegible]

自他俱重盜煞損壞及一切同犯者是自他俱軽足勸是是若犯不犯說
亦有四句可知若約能所以說作而今四句亦可知何自他能所此義何異答自
他者不論所致七衆之業但取能致之業對自作弁若言能所以能致
罪為所致五衆有罪者對說淺異四犯境寬狹住二婬戒該三境是故
名寬餘三局在人境故狹良以婬欲之性順情内逸始心厚重不擇境之更
惡誰詞人畜但使正道暢思無殊故三趣犯以道揔制故又下之三戒事義
於外損在前境趣别報殊增嶶憂者暢思階降故人犯彘又餘趣即軽至自
他住二不淨行戒自他境犯如緣奇等是下之三戒要在他境盜以損主故所並
自盜無别可損故聖不制問何以盜得已衣呂蘭答他衣已衣若在一處意取
他衣錯得已衣望他衣上境是得呂蘭亦由已衣依境是而得故言已衣蘭而
已衣無罪以自施自攬等始可知煞他犯戒故成境誑欲規利何須自誑
第六魁湯分别若望初戒魁湯俱犯下之三戒如其大湯随三趣境重
軽諸犯若也專魁此之三戒若據境犯處等若境是三戒境是蘭若論因
趣為異境單闌並無犯雙闌但犯軽若非情无主物為異境單雙俱
不犯一境既尓廣說即无量若其飲魁弁湯随意在人報不問張王若
是若望同趣魁湯俱犯㱚若非畜為異境上半單闌境魁湯俱无犯
下半雙闌故魁湯並犯軽若非情无主物想為異境魁湯俱无犯一趣既尓餘
非之然七錯謬凡言錯謬皆是殊緣不當之随若遂事曲尋事丕雖分
若随名魁受住容有别錯誤境是誤據心謬凡現緣二境相别歷然反
至違趣成事名殊二境交涉名之為錯若緣此随彼心想謬妄稱之為
誤就四戒肥住分為四第一以二對婬戒錯誤俱犯良以為趣内情但得正道
暢適不殊不随餘想是故誤犯文言道疑道非道想之㪅又不别三趣縱
有交涉但當正道錯之成重第二以誤對三戒俱重以其誤无而並不得
亦无心故誤俱犯文言男想盜煞誑女仙言㪅故第三以錯對三戒俱不
犯以望餘境本无心故如墮胎類故所以知第四錯誤對妄語所稱法
錯誤俱不犯如欲稱聖而言凡錯稱非境如僧上慢人迷凡謂聖損心誇聖
並不犯第八下衆任運如沙弥時教人煞盜及稱已聖教已受具所致之人
遂本言教權財斷命欺前令解教沙弥三性之中任運犯三波羅夷
若受戒欲竟所致事成罪戒俱得以其善因圓滿惡業成就故婬无任
運可知九立意次第者但聖制戒欲令調伏貪瞋癡盡故為諸比丘說婬

[illegible]
遂本言敎獲財斷命欺訶令解敎沙彌三種之中任運犯三波羅夷
若受戒欲竟所致事成罪戒俱得以其善因圓滿惡業成就故婬无任
運可知九立意次弟者但聖制戒欲令調伏貪嗔癡盡故為諸比丘說譜
戒学訶戒能防非不斷性結何以而言對彡制戒各各举對治而言戒能
防非定除細乱惠能斷結但惠不孤共必因禪定由淨戒此推明歸本
故言制戒為斷三毒辟如有人欲正長江先塞泉源戒亦如是為持戒
故能斷三毒乃至菩提亦能成就諸戒同此言次弟者僧祇律云五
年冬分弟五半月十二日制此初戒即是十月廿七日餘三戒六年並冬分
盜弟二半月十日謂九月十日煞弟三半月九日即是九月廿四日妄語弟四
半月十日三謂十月十三日又釋次弟謂障道輕重顯其次弟乃十持犯對
治比丘四衆戒此持作犯言對治者謂雜染清淨對初少欲之行對盜
慈悲之行治煞實語云除妄等是婬戒弟一從此已下別解初戒於中有
四一制戒意二釋名字三具緣成犯四闕緣義此之四者並有通別諸戒制
然一制戒意一通二別言通意者如多論云以結戒故滅得未起非法二滅得
已起細能知輕重識別臟除對治故以善護偈中不分輕重名種
三招生十利功德正當制意故四分律言如來出世見衆過失謂十
種利与諸比丘制戒乃至正法久住此是通意義該諸戒下不更說第二
別意婬欲之性獨是雜穢生死根本若不斷捨沈輪三有莫能出離障
道之原勿過於此結違之深寧容不禁是以聖制二釋名字亦有通別通
者戒是通名不行等是別号言不淨之行是婬欲之法是所防過戒是能
持之行但行既通戒相難分寄緣以彰欲使觀過興厭脩不淨觀離欲
行成能所通举故名不淨行戒三具緣成犯亦有通別言通者三一是
大比丘簡非可被文言若比丘故二廣制教浪以其初人教未攝故三无重病
壞心簡癡狂等此之義三讓揺上下故明了論云若人已受大比丘戒若如來
已制此戒若不至癡狂是人既犯此戒乃至吉羅皆同此說下更不摽言別
者此具四緣一有正境二有染心三起方便四与境合若為總通亦四緣成一正境二
總通三与境合四者受樂此戒通三別四七緣成犯四闕緣義一解闕通緣全无
罪可知名可闕初及弟三等有罪即方便（中闕緣方便）等无罪可知闕弟二全无罪決
闕別緣若闕初緣非道乃槵疑得二偷蘭二三兩緣无犯闕弟四緣有
二偷蘭從破威儀身手未輕蘭既小衆對手三党戲[illegible]

怨通三乃境合四者受樂此戒通三別四七緣成犯四闕緣義一解闕通餘全无
罪可知乃可闕初及第三等有罪即方便中闕緣方便等无罪可知闕第二全无罪次
闕別緣若闕初緣非道道根疑得二偷蘭二三兩緣无犯闕第四緣有
二偷蘭從破威儀身手未至輕蘭就小衆對手三說懺從身手相反至未
成重重蘭就大衆應三乞乞已應一白白已五應三說怨通闕緣比說可知闕通但
方便闕別有四但五方便從此已下正明戒本說戒制闕不同如初戒文有其
三一略制二隨制三廣制言略制者如此戒最初因須陀邪比丘起過故制言隨
結者後因跋闍比丘不樂梵行即便還家仏因隨結言廣者後有乞食比丘林中
乃畜起過仏因此人廣制故名滿足戒本言闕者如初篇因目連闕稽上堨
第二篇漏失闕學中第三篇別食洗浴七五緣等皆隨闕乃至吉羅
類並可知今弁滿足戒本者若比丘共比丘同戒若不還戒戒羸不自悔犯淨
行乃至共畜生是比丘波羅夷不共住此滿足戒句有其八初略弁後廣
釋初句總明受法行次句雜明受法共三同戒者雜明行法同四不還戒者明淨
不捨於戒可犯故五戒羸不悔者雖厭道猶同犯經故云不淨行等者託
境非第七戒者結罪第八不共住者是治殯也此廣釋所言若比丘者四分
律云名字比丘相似比丘自稱比丘乞求比丘著割截衣比丘破結使
比丘善來比丘受戒白四如法成就得處所比丘次釋比丘義言名字比
丘者此是通別之義相似比丘者犯重人內實破戒威儀相顯似他持戒
故曰相似比丘自稱比丘者十誦律云謂賊住比丘人自言我是比丘故曰自稱
比丘言乞求比丘者順於聖教以乞資身離五邪命正命自活故曰乞
求比丘言著割截衣比丘若著此衣有二利益一毀其細好離自貪
著二不為王賊之所貪奪常於資身受用之益奉脩聖教恒著
此衣故曰著割截衣比丘言破結使比丘者理解心中而發具戒故曰破
結使也言善來比丘者仏命善來即發具戒故名善來比丘言
白四如法成就得處所比丘者若受大戒僧數滿足緣白四羯磨
作法成就緣得處所結界成就界內不別衆緣住比丘法中身无遮
難緣此即四法現前謂僧法界事此一人是戒本中若比丘義約通未代
故須喙此人所言共住比丘者此明受法共人殊報別所緣故義曰共比丘
律云若於餘比丘受大戒白四羯磨乃至住比丘法中者是為共比丘義言同戒
者雜明行法同先弁所同故律云仏言我為弟子結戒彰教法是同寧

作法成就緣得處所結界成就界內不別眾緣但比丘法中[illegible]
雖緣此即四法現前謂僧法界事此一人是戒本中答比丘義約通未代
故須味此人所言善住比丘者此明受法善人殊報別所緣故義曰善比丘
律云若善餘比丘受大戒白四羯磨乃至住比丘法中者是為善比丘義言同戒
者雜明行法同先并所同故律云仏言我為弟子結戒彰教法是同戒
无不犯是持行同是中已下解其同義一戒者隨戒解目夂戒者禁防義同
戒等者名數同是名同戒義所言不還戒者明清淨不捨有戒可犯故
律中仏言若有比丘不樂梵行聽捨戒還家後欲出家得受大戒於中
有三明不捨二并捨義如律廣說所言戒羸不自悔者律云若有比丘[illegible]
愁憂不樂梵行厭比丘法意欲在家於中四句是別律文廣明所言不
淨行者是託境非故律云不淨行是婬欲言波羅夷者此是自行絕
言不善住者是眾法絕多論云四義故名不善住一既壞道法无所任用擯出
眾外生天龍等信敬心故二現仏法无有增愛清淨善住犯者出眾故三
為息外道誹謗故四為持戒者安樂增上善根為破戒者生慚愧心不
犯諸惡故是以令彼不善住故律云不得同一羯磨同一說戒是名不善住
六七兩句次下廣并犯不犯起要由託境境緣不同有其三種人非人畜此三若
五婦僮女二形黃門男子等五境處別三不同於童女二形及婦女三處
於黃門及男子二處此十五種境若有隔等四句不同復有此等諸境覺
睡死壞四種境上若有犯義乃至恐逼並同此例若廣說者有三千七百
四句皆是究竟夷罪故論云犯相有三自有婬心向前境緣有裏隔手
障但入如毛頭結成大重二若為怨逼或將至前境或就其身於三時中
乃至一時受樂皆成重業是故僧祇律云可畏之甚无過女人敗毀
正德莫不由之女人色善見經云寧以男根內毒蛇口中不以此緣墮三惡道
四分律云義並如是譬如毒蛇三種害人一者見害二者觸害三者吞嚙
害女人並尒三種害人若見女人心發欲想聞聲起染能滅善法得吉
羅罪若觸女人能燒功德犯僧殘罪若共合交犯於重罪以此婬欲諸
何以類毒答有七種義寧內蛇口不應犯色一為毒所害但害一身女害
多身二毒害報无記女害法身三毒害人形女害人心四毒害是欺女害業
是五毒害得生人天女害墮於地獄六毒害猶得聖果女害不證
涅槃七毒害仏所讚歎女害為聖呵嘖是故寧犯毒蛇莫犯女人言
波羅夷者此是犯罪名僧祇云此罪名極惡三意故惡一者退沒故
惡由犯此戒道果无分二者不入二種僧數三者命終已後定墮地
獄故[illegible]

涅槃七義害仏所攝陁女害爲聖呵嘖是故寧犯毒虵莫犯女人含
波羅夷者此是犯罪名僧祇云此罪名墮惡三意故惡一者退没故
惡由犯此戒道果无分二者不入二種僧數三者命終已後定墮地
獄故名墮惡四分律云譬如斷人頭不可復起比丘亦尓犯此法者
不復成比丘故名波羅夷如目連問罪報經云若比丘无慚愧輕慢仏
語犯波羅夷罪如他化自在天壽十六千歲墮泥犁中於人間數九百
廿億六十千歲就犯之中輕重有三一自往作二教人三无犯自作之內復有
其二道非道若別故教他有二道俗有異无犯者有二自睡眠无所覺知一
惡逼所惱三時无樂者是餘義如律廣說盜戒第二前戒內色起貪利
其婬戒此戒外財起貪增繫生死故次後解有其四一制戒意通意如
前別意者凡盜損財形命之本非此不傷人損實重惡著處涂生家
所爲癡惱已濟物令乃非理侵奪損惱不輕過中之重是故聖禁二釋名者
非理損財故名爲盜盜之緣者非戒之是能治盜是所防舉彼所防以別能治故曰
盜戒之三具緣通如上別緣具五一是有主物盜以損主爲宗故使有主
物雖有[damaged]主物雖有主轉相及疑亦不成重故便第二有主想之雖當境所
盜非五[damaged]得輕懺是以第三次明物之雖重滿五无心不犯爲是第四次明盜心之雖
念盜物[damaged]非處損主未成故便第五第四闕緣若闕初緣得三偷蘭初句
非人物人[damaged]物想二畜生物人主物人想三无主物人主物想闕第二緣容有九
蘭轉想[damaged]有三疑心有變闕於三之合九轉想三者初句作人主物取是重境
所轉作[damaged]人物想取隱其後心之罪但結別心盜人方便故云人主物非人物想
想蘭此[damaged]既尓餘句同然第二句人主物畜生想取第三人物无主物想取
疑心三[damaged]實是人主物生疑爲人主物爲非人物第二爲人主物爲畜生物
第三爲人主物爲无主物此三並闕次雙闕二緣三者第一意欲盜人主物
而非人物替人主物處是闕初緣就非人物上復生疑心即闕第二緣爲人
物非人物此第一句畜生物替人物處復生疑心爲人物畜生物第二句无
主物替人物處復生疑心爲人物此第三句並亦得蘭闕第三重物作輕物
蘭闕第四緣无盜心全无罪闕第五緣輕蘭重蘭是等闕緣具七方便自下正明
戒本此戒因檀尼迦比丘詐宣王教取彼要財故制斯戒令弁滿足戒本者若
比丘若在村落若閑靜處不与盜心取隨不与取法若爲王王大臣所捉若煞
若縛若驅出國汝是賊汝癡汝无所知是比丘波羅夷不共住此滿足戒本句
有其八初略弁後廣釋略中初一犯人第二物之所在盜之處所三不与者
主不捨四盜心取者盜業盜心也五隨不与取者所盜重物六治罰七結

比丘若在村落若閑靜處不與盜心取隨不與取法若為王王大臣所捉若殺
若縛若駈出國汝是賊汝癡汝无所知是比丘波羅夷不共住此滿足戒本句
有其八初略弁後廣釋略中初一犯人第二物物所在盜盜處所三不與者
主不捨四盜心取者盜業盜心也五隨不與取者所盜重物六治罰七結
罪八治殯已下廣弁言若比丘者義如前釋言村落者俗所居曰村村
有四種一者四周垣墻二者柵籬三者籬墻不周四者四周有屋言靜閑處
者盜盜處所四分律中若地中若地上若乘若擔若空若上若田若船若
水若私度關塞不輸税若取他寄信物若取木若揚挍若園果草木
若無足若二足若四足若多足若同財業若要若伺候若守護若邏要
道是物所在盜盜處所也總是廿六句前十三說處以明盜物二寄信
下八說所取物以明盜三同財下五邊要以明盜此等等義如疏廣明所言不
與者主不捨若他物想他所護想有主想非已物非暫用非同意故言盜心
取者賊業賊心取也取有五種黑闇心邪心曲戾心恐怯心常有盜他物
心又五種取決定取恐怯取寄物見取便倚託或依親友強力若以言詞
辯說誑惑而取者是也隨不與取法者所盜重物以王立法若取五錢若
直五錢物罪應至死仙隨王法盜滿劑重所言王者得自在不屬也也所言
大臣輔佐王者是所言若捉若縛若殺若駈乃至无所知者此是俗治罰
法言捉者是王祖治法若縛是父王治法若駈是頻婆娑羅治法若
殺是世王罰法汝是賊无所知是可嘖賊法所言波羅者此是犯罪之名
義如初戒弁所言不共住者不得於說戒受戒羯磨二種僧中共住故然
性戒含輕重性重重中盜是難護故法廣釋但今略標盜之相義妙諸
部律論明述盜業略為三位一於三寶物作二盜人物三盜非畜物三寶物
中有其二種一者自護二者他護盜非畜物中復為兩種一者非人二者畜生
若偷三寶物約二境得罪一就守護人滿五結重罪若无守護約本境得
蘭罪若不滿五四錢重蘭已下至一錢輕蘭盜人物亦尔若盜非人物得蘭盜
畜生得吉羅若作與想取已爲想糞掃想暫取想親厚意想取者皆无
犯殺戒第三一制戒意者報勝善因所招形心俱是道器但出家之人應壞
四等今反嗔忿斷壞陰境違惡惱他損害道器過中之甚爲此聖禁二釋
名者五陰法中假立衆生斷於五陰名爲殺此生是所防戒是能治能所
通緣

若偷三寶物，結二境得罪，兩守諸人，滿五結重罪；若无守，諸結本境得
蘭罪。若不滿五，四錢重蘭；已下至一錢，輕蘭。盜人物亦尔；若盜非人物，得制遮
畜生得吉羅。若作与想取、已有想、糞掃想、暫取想、親厚意想取者，皆无
犯。煞戒第三。一制戒意者，起報勝善田，所招形心俱是道器，但出家之人應懷
四等，今反嗔忿，斷壞陰境，違慈惱他，損害道器，過中之甚，為此聖禁。二釋
名者，五陰法中假立衆生，斷於五陰，名為煞。此生是所防，戒是能治，能所
通舉，名煞生戒。三具緣（通緣）如上。別緣有五：一者是人，蘭；餘趣輕故。二是人想，疑輕故。
三者煞心，无心不犯故。四起方便，以无方便不可壞故。雖方便加害，若命未斷，所
規未果，思心不暢，亦不成重，故須第五斷命。四闕緣者，闕初（緣）三句，蘭罪非
人人想；二畜生人想；三杌作人想。初緣闕境，還去。若闕第二人想，容有六句，蘭迷
法想，闕當法想，三句文雖是一，義含三句：一人非人想煞，若根本迷人作非人想
煞人无罪，非人有吉。今律文結蘭者，據本作人想往煞，已得偷蘭，臨至人所
轉作非人想煞，若結後心，應得吉羅。隨其後之罪，結其前心，故得偷蘭。
問：若後心无蘭者，何故律文人非人想一蘭？答：轉想當非人時，實无偷蘭，由想
當非人故，今前心偷蘭不得攬因成果，舉由轉結前心蘭，故言人（非）想蘭。如三諫
捨者，三蘭豈可捨善心有蘭，由其捨故前心偷蘭；住在因位，舉後捨心結前方蘭，
故言捨者偷蘭。此亦如是。二人作畜生想，三人作杌想，問人非人想結前心蘭者，何
闕境緣，非人人想亦應舉後結前心去？又解云：為成人家方便，故闕心結前，
闕境結後。以文俱偷蘭，故作此解。時人想有前心吉，此定吉。尔今釋非人人想亦
結前心，所以尔者，若本煞非人，後心當人，可言為成人方便；結後心蘭，非人前吉隱
而不彰。今文所弁，本意煞人非人（境），若人想煞，恒在本境，只以非人境，若闕前
煞人之業，使不成重，即是煞人前（方便）生非人之境，後起猶是舉其後境結前心方
便，非於轉想本異，而殊俱結前心，如本煞張，後對異境張人方便，前已得
竟，即此文是非人境上迷，非轉想本，无吉羅，即趣上文是此法，既尔一切類
然。次疑心闕決正心義，亦含三：謂對人境向條三疑，是次霍闕兩緣義
亦含三：一非人頭人衣，復生疑，為人非人；二畜生疑；三杌木疑。闕境心已闕，何故後
須霍闕二緣？答：雖同境闕，心異故須來闕。異想云何？答：異境上生疑不同
闕初緣疑，當於異境別前闕第二，有斷別想，後須更闕。闕義雖少異，
莫不闕二。何更重闕？[illegible]

然次疑心潤決正心義亦含三謂對人境向條三疑是次霍潤兩緣義
亦含三一非人頭人羨復生疑爲人非人二畜生疑三杌木疑潤境心已潤何故復
須霍潤二緣答雖同境潤心異故須來潤異想云何答異境上生疑不同
潤初緣疑當於異境別前潤第二有斷別想後須更潤潤義雖少異
莫不潤二何須重潤解若不出者人情意謂疑對本境可成人方便疑
當結前心蘭霍潤對異類亦應結前心解言此亦二疑並結未疑前蘭疑
對非人故即潤前境猶穎故便潤心故得并雙潤審在潤心中并若
故不成雙如人非人想不潤境非分想不少心故何得成雙疑心緣兩境
緣異者非宗故不論如上說潤想疑心疑心并雙想不爾者解言想尚
單雙俱潤境亦亦想疑並潤心亦亦此无妨諸戒類爾又此言潤境等若
只亦可單雙三潤廣若十九如境差說餘戒亦然此等二潤下不復論潤至
无罪客疑吉潤四无罪潤五輕重二蘭此等通別具七方便人通既爾餘二類然
輕重爲別已下正明戒本此戒因不淨觀如來制斷殺業次田誤故阻結若比丘
故自手斷人命持刀与人歎死讚死使勸死咄男子用此惡活爲寧死不生作如
是心思惟種種方便歎譽死使勸死是比丘波羅夷不共住此滿是戒本
句應甚六句文初酬并六後乃廣釋文義言略者第一句是殺人第二句自殺業第
三句所害境第四句從持刀下至寧死不活使勸死已來文是教殺業
於中文二持刀与人者安殺具殺譽死使口歎殺也勸死下是勸殺三
作如是心下惣以結前三句第五結罪第六句活殯次廣并六句文義所
言比丘者義如上言故自手斷者是殺業若自殺若教殺若遣使殺若
往來使殺若展轉使殺若求男子殺若教人求男子殺若求持刀人殺若
教人求持刀人殺若身現相若口說若身口俱現相若教使歎若遣書若教
遣書若坑若倚撥若与藥若安殺具及餘方便殺者皆是殺業所言人
命者從初識至後識一念識支託父母贍人報之始名初識垂終運是後
識中間連持是命壞此一報名殺秖云人者有命報所攝五分又若人若似
者入胎卌九日過是已後盡名爲人所言持刀与人乃至勸死已來是第四教殺
業若魁心教言張受教者殺張三性之中俱犯重罪受教殺王使者犯重能
无若俱得張邊境差蘭罪若魁教殺坐之則莫殺受教者亦時乃殺張亦

識中間連持是命壞此一報名殺衹之人者有命報所攝五分大善人若然
者入胎卌九日過是已後盡名爲人所言持刀与人乃至勸死已來是第四教殺
業若起心教害張受教者殺張三性之中俱犯重罪受教殺王使者犯重能
无若俱得張邊境差蘭罪若起教殺坐之財莫殺受教者立時乃殺能亦无
罪於三人邊无殺心故得生人邊方便若隨心同犯重使者本未犯重中間但疑
非能教二非所教業自不作故展轉使者一切得重並是能教所教業成故條可
類知言波羅夷者義如上言不共住者類上可知今因此廣明殺三寶以顯殺義且
約人趣明殺父母殺人非化生業寄胎報託父母之遺體以成已躰兼復鞠育其
恩深重理應敬養報恩殖福今反內懷嗔忿苦加逆害遠恩背養爲過
情深故制爲逆殺義如前說問殺父母爲知得逆不知得逆答本爲心无
問若對父母雖可不知稱本時期殺亦逆罪故見日實是父作非父想殺
不得出家若本心起不欲殺父作賊想而殺父境雖恒作異想不知是父但
得識罪而不犯逆故伽論云父非父想殺得出家不犯逆故須知方便
成逆若父出家成羅漢殺父羅漢爲得一逆二逆邪經論不同十律憂
波問仏殺羅漢得幾罪仏答得識并二逆又涅槃經一者殺父王二殺須陁洹
罪兼二重又雜寶藏憂陁羨王出家立子爲王後成羅漢子王欲殺父比丘言
海得二罪以此等文斷父命終時節損恩養亦損福田无境既別心緣兩害故
得兩逆義對人境別故文人今想以其緣異心兩害故得二逆又可一逆雖可二緣異
不同一行者既无二命何得二罪但可業思是重无別二逆問若父出家竟轉根
爲尼若殺此尼得殺父逆不答伽日若殺女非母非羅漢而得逆罪謂父變
女人者是以斯文證故知逆罪所以尔者根雖爲異人者不殊若殺此尼
有背恩義故問若打此尼得打父罪不答但得打尼之罪若尔殺此尼時
不得殺父之逆解打本就位結罪不望遠恩打時女故結打尼之罪殺
就遠恩此父者損壞故得逆罪如似一父若當打時道俗爲位別況轉爲
女次知就位但得打尼之罪問父母變爲畜生殺得何罪答但得殺畜
生提罪若尔伽殺女人不應得殺父之逆解父實變者之已命終竟此謂
剎那中陰即受畜報故得提罪轉根爲女猶是人報明有連恩是罪
類若父報得通變變非畜作父想殺者亦得逆罪以父境无故若不知

BD03347號　四分律戒本疏卷一　（23–19）

生提罪若尒伽致女人不應得煞父之逆解父實虁者々已命終竟此謂
刹那中陰即受畜報故得提罪轉根爲女猶是人報明有遠恩是罪
類若父報得通趣虁非畜作父想煞者亦得逆罪以父境无故若不知
无罪若煞畜生父母但吉一犯提以勞不滿故又報劣故多十日頗有煞父母
諸比丘与受戒是人得受戒耶答有謂煞畜生父母者是非人及畜蘭
提二罪若趣損毀類上可知不犯者律云若擲刀杖瓦石誤著彼身而
死及扶抱病人而死或以藥食及以来往出入而死者一切无害心不犯故
俗律云過失煞人者以贖論謂自所不見心所不意若舉重墜落高嚴並之類也妄語得過人法第四
剎戒意无漏真道聖所證法非是凡夫達識之所能契以未得故冒假虛
談自言已證惑亂轉心欺誑於世悕招名利以自擁己豐諸因時過中之重故
須聖禁二釋名者言不稱實所以言妄多說得聖德事超凡境故曰過
人法此是所妨戒能治之行能所通舉故曰妄語得過人法戒第三具緣
通三如上别緣有八一境界是人二人想三境虛四知境虛五說過人法六自言
已得七言辭辯了八前人知解或有更加誑他心者義或可尒前八具足四
綱義者若綱初緣容有三蘭或有六蘭謝第二緣六蘭趣損若三故謝第
三緣境虛作境實或有提吉或全无犯謝第四緣增上慢人全是无犯謝
第五緣作非過人法容无罪得容偷蘭謝第六緣作不自言已證或无犯或
得蘭罪謝第七挃謝第八重蘭是中具七方便已下正明戒本此戒初因婆求河
邊安居比丘共稱得上人法故仏略制此戒後因目連除制隨開此并滿足戒
本者若比丘實无所知自稱言我得上人法我已入聖智勝法我知是我見
是彼異時若問若不問欲自清淨故作是説我實不知不見言知言見虛
誑妄語除增上慢是比丘波羅夷不若住此滿足戒本文有七句一犯人二
境虛三自稱言已得聖四自言彼於異時非望語時望着前罪五除開六
結罪七治擯自下廣釋句言若比丘者比丘義如上言實无所知者此解第二
句境虛實是凡夫无知見法第三句自稱言我得上人法至我見已来物是
一句就中分二一自言者物稱聖法第二我已入聖下别句言入聖者謂得生
空知勝法者謂得法空我知是下得初果已去諸總句中文負有二日年

句境虛實是凡夫无知見法第三句自稱言我得上人法至我見已來物是
一句就中分二一自言者物稱聖法第二我已入聖下別句言入聖者謂得生
空知勝法者謂得法空我知是下得初果已去就惣句中文復有二初解
自稱言文云自稱說有信等五根及辯才有信者謂稱得理解之信者
戒者謂得定道无作非謂五篇不犯若云持戒頭陀等多之犯蘭施者謂
依正兩報不生少悋或是无貪善根聞者謂聞惠智惠者思脩兩
惠辯才者任放說法次解我得上人法此是惣句聖法故曰上人之法
法二空是上人法文出要也謂陰界入等第二我已入聖下別句雜明聖法
初列十四章門自言念在身若正憶念若堅持戒若不放逸若精
進若得定若正受若有道若有脩若有惠若有見若果得若次解十四
章言念在者身是身念處言正憶念者餘三念處是自言持戒者八正中正語
才是有欲者四如意足不放逸者不放逸數精進四正勤也自言得定者有覺有
觀三昧初禪无覺有觀中間禪无覺无觀二禪已去言定三昧者謂苦下空与
无我二行相應定數若滅四行相應定是无相三昧若苦下二行集道若
四此十行相應定是无願三昧自言正受者八中前二想正受者一切有心定
對陰色中亂故无想者謂二无心定對陰心亂次四正受是八背之捨之者謂
一內有色相外觀色二內无色相外觀色三淨背捨四空處五識處六不用
處七非想處八滅盡定前三背貪次四背捨下地謂空處背第四禪識
處背空乃至非想背不用處第八背一切心心數法色故背捨亦名八解脫
今此四中隨法者是第八滅定謂隨滅廿一心心數法還得廿一非色非心法以補
心處故曰隨法正受二心想者謂四空定即四五六七四背捨也除色者前二
背捨謂以不淨觀除色貪故四不除色者謂第三淨背捨次一除入正受
者謂八除入除猶捨入者解即分前三背捨以為此八初二若二謂內有色
想外觀色若多若少次內无色想外觀色若多若少第三為四謂青黃
赤白亦名八勝處八制入次一切入正受者是十一切入即以第三背捨為四勝處有
觀色本四大故八并空處識處故十所言道者即十一枝道亦云依成論十
一定具一清淨持戒二得善知識三守護根本四飲食知量五初夜後夜損
於睡眠六具善覺七具善行者分八具善信解九解脫處十无障
十一无著依舍利弗阿毗曇解十一枝道云何一枝道身念處是名一枝道

BD03347號　四分律戒本疏卷一

一定具一清淨持戒二得善知識三守護根本四飲食知量五初夜後夜損
於睡眠六具善覺七具善行者八具善信解九解脫處十无障
十一无著依舍利弗阿毗曇解十一校道云何一校道身念處是名一校道
云何二校道定慧是云何三校道有覺有觀定无覺有觀定空无相无願
等是云何四校道四念處四正勤四神足四禪四无色定四向道四脩定四斷
等是云何五校道五根五力五解脫入五出家五觀定五生解脫法等是
云何六校道六念六向出六界六明分法六悅因法六无喜正覺等是云何七
校道七覺七相七定因緣法等是云何八校道八聖道八解脫八勝入等是
云何九校道九滅九弟次定九相等是云何十校道十相十直法等是十真
者正見正覺正語正業正命正進正念正定正解脫正知也十一道校者十一解脫
入是名十一校道所言脩者脩五分法身謂戒定慧解脫解脫智見所言者惑
者惣舉无漏惠又言四聖諦智也云得者謂得天眼清淨所言果
者從不淨觀乃至四禪四空定等弟四句從彼於異時至諂如見已來
明非妄語時望首前罪謂妄語已後或因人問不因人問欲自清雪者
露前愆故日也所言除增上慢者无漏聖法出過相有名為增上然此
比丘未得謂得名之為慢十誦云此人久在山林不見妙色暫伏煩惱自謂
永斷故生此慢後近城傍見淨妙色貪深還生知己是凡夫便脩道及成羅漢
以疑白佛佛便開言增上慢人不在犯限所言波羅夷者是結罪句四分十誦多
論云從得不淨觀以上至四果來若言我得皆犯重若現身相前人不疑
亦犯重疑則偷蘭若於非人說亦偷蘭疑即犯吉向畜生說亦吉十誦問此
不淨等近是小法何以犯重答是甘露初門一切聖人由之而入故四分云
天龍鬼神來供養我皆犯重罪所言不共住者義如初戒廣弁已下明
不犯律云自知為德不淨觀及夢中說皆不犯重而犯吉羅以非言說說
儀軌故也諸大德我已說四波羅夷法若比丘犯一一波羅夷法不得與
諸比丘共住如前後亦如是是比丘得羅波夷罪不應共住此句惣結前初
戒律云如前在俗不是比丘後犯戒時亦復如是故日如前後亦如是
具云无……如前犯得夷後犯亦夷故日如前後亦如是以戒戒解
形俱故……今問者大衆是中清淨不 如是三問謂問於前處皆……

露前總故曰也下言除增上慢者无漏聖法出過相有名為增上慢此
比丘未得謂得名之為慢十誦云此人久在山林不見妙色暫伏煩惱自謂
永斷故生此慢後近城傍見淨妙色貪染還生知已是凡即便脩道及成羅漢
以疑白佛〃便開言增上慢人不在犯限下言波羅夷者是結罪句四分十誦多
論云從得不淨觀以上至四果來若言我得皆犯重若現身相前人不疑
亦犯重疑則偷蘭若於非人說亦偷蘭疑即犯吉向畜生說亦一吉十誦問此
不淨等近是小法何以犯重答是甘露初門一切聖人由之而入故又解云
天龍鬼神來供養我皆犯重罪下言不共住者義如初戒廣辨已下明
不犯律云自知為德不淨觀及夢中說皆不犯重而犯吉羅以非言說之
儀軌故也諸大德我已說四波羅夷法若比丘犯一之波羅夷法不得
諸比丘共住如前後亦如是之比丘得羅波夷罪不應共住此句總結前初
之戒律云如前在俗不是比丘後犯戒時亦復如是故曰如前後亦如是
四[illegible]曇无德宗云如前犯得夷後犯亦夷故曰如前後亦如是以戒之辭
形俱故今問諸大德是中清淨不（如是三問謂問於前夷罪之中得清淨不）諸大德是中清淨
默然故是事如是持此句牒前三問下言是中清淨者於初篇戒諸不
犯故名清淨由眾嘿然知清淨故法事成就故

四分戒疏卷第一

未年五月廿三日比丘惟真書

尒時藥王菩薩即從座起偏袒右肩合掌白
佛而白佛言世尊若善男子善女人有能受
持法華經者若讀誦通利若書寫經卷得幾
所福佛告藥王若有善男子善女人供養八
百万億那由他恒河沙等諸佛於汝意云何
其所得福寧為多不甚多世尊佛言若善男
子善女人能於是經乃至受持一四句偈讀
誦解義如說脩行功德甚多尒時藥王菩薩
白佛言世尊我今當與說法者陀羅尼呪以守
護之即說呪曰
安尒一曼尒二摩祢三摩摩祢四旨隸五遮
梨第六賒咩羊鳴音七賒履四雉反多瑋八羶輸千反
帝九目帝十目多履十一娑履十二阿瑋娑履十三
桑履十四娑履十五叉裔十六阿叉裔十七阿耆膩十八
羶帝十九賒履二十陀羅尼二十一阿盧伽婆娑蘇奈反簸
蔗毗叉膩二十二祢毗剃二十三阿便哆都餓反邏祢
履剃二十四阿亶哆波隸輸地途賣反二十五漚究隸
二十六牟究隸二十七阿羅隸二十八波羅隸二十九首
迦差初几反三十阿三磨三履三十一佛馱毗吉

BD03348號　妙法蓮華經卷七　（14–1）

履剃二十四阿亶哆波隸輸地途賣反二十五漚究隸
二十六牟究隸二十七阿羅隸二十八波羅隸二十九首
迦差初几反三十阿三磨三履三十一佛馱毗吉
利袠帝三十二達磨波利差精謫反帝三十三僧
伽涅瞿沙祢三十四婆舍婆舍輸地三十五曼哆
邏三十六曼哆邏叉夜多三十七郵樓哆三十八郵
樓哆憍舍略三十九惡叉邏四十惡叉冶多冶四十一
阿婆盧四十二阿摩若荏蔗反那多夜四十三
世尊是陀羅尼神呪六十二億恒河沙等
諸佛已時釋迦牟尼佛讚藥王菩薩言善哉
善哉藥王汝愍念擁護此法師故說是陀羅
尼於諸衆生多所饒益尒時勇施菩薩白佛言
世尊我亦為擁護讀誦受持法華經者說陀
羅尼若此法師得是陀羅尼若夜叉若羅剎
若富單那若吉蔗若鳩槃茶若餓鬼等伺求
其短无能得便即於佛前而說呪曰
痤指煠反隸一摩訶痤隸二郁枳三目枳四阿隸
五阿羅婆第六涅隸第七涅隸多婆第八伊
緻猪履反柅九韋致柅十旨緻柅十一涅隸墀
柅十二涅犁墀婆底十三
世尊是陀羅尼神呪恒河沙等諸佛所說亦
皆隨喜若有侵毀此法師者則為侵毀是諸
佛已尒時毗沙門天王護世者白佛言世尊
我亦為愍念衆生擁護此法師故說是陀羅
尼即說呪曰

BD03348號　妙法蓮華經卷七　（14–2）

佛已尒時毗沙門天王護世者白佛言世尊
我亦爲慜念衆生擁護此法師故說是陁羅
尼即說呪曰
阿梨一那梨二兔那梨三阿那盧四那履
五拘那履六
世尊以是神呪擁護法師我亦自當擁護
持是經者令百由旬内无諸衰患尒時持國天
王在此會中與千万億那由他乹闥婆衆恭
敬圍繞前詣佛所合掌白佛言世尊我亦以
陁羅尼神呪擁護持法華經者即說呪曰
阿伽祢一伽祢二瞿利三乹陁利四栴陁梨五
摩蹬耆六常求利七浮樓莎柅八頞底九
世尊是陁羅尼神呪四十二億諸佛所說若
有侵毀此法師者則爲侵毀是諸佛已尒時
有羅剎女等一名藍婆二名毗藍婆三名曲
齒四名華齒五名黒齒六名多髮七名无猒
足八名持瓔珞九名睪帝十名奪一切衆生
精氣是十羅剎女與鬼子母并其子及眷屬
俱詣佛所同聲白佛言世尊我等亦欲擁護
讀誦受持法華經者除其衰患若有伺求
法師短者令不得便即於佛前而說呪曰
伊提履一伊提泯二伊提履三阿提履四伊
提履五泥履六泥履七泥履八泥履九泥履
十樓醯十一樓醯十二樓醯十四多醯十五多醯十六多
醯十七兜醯十八兔醯十九
寧上我頭上莫惱於法師若夜叉若羅剎

BD03348號　妙法蓮華經卷七　（14–3）

十樓醯十一樓醯十二樓醯十四多醯十五多醯十六多
醯十七兜醯十八兔醯十九
寧上我頭上莫惱於法師若夜叉若羅剎
若餓鬼若富單那若吉蔗若毗陁羅若揵䭾
若烏摩勒伽若阿跋摩羅若夜叉吉蔗若人吉
蔗若熱病若一日若二日若三日若四日若至
七日若常熱病若男形若女形若童男形若
童女形乃至夢中亦復莫惱即於佛前而
說偈言
若不順我呪　惱亂說法者　頭破作七分　如阿梨樹枝
如煞父母罪　亦如壓油殃　斗秤欺誑人　調達破僧罪
犯此法師者　當獲如是殃
諸羅剎女說此偈已白佛言世尊我等亦當
身自擁護受持讀誦脩行是經者令得安隱
離諸衰患消衆毒藥佛告諸羅剎女善哉
善哉汝等但能擁護受持法華名者福不
可量何况擁護具足受持法華名者福不可
量何况擁護具足受持供養經卷華香瓔珞
末香塗香燒香幡蓋伎樂燃種種燈蘇燈油
燈諸香油燈蘇摩那華油燈瞻蔔華油燈
婆師迦華油燈優鉢羅華油燈如是等百千種
供養者睪帝汝等及眷屬應當擁護如是法師
說是陁羅尼品時六万八千人得无生法忍
妙法蓮華經妙莊嚴王本事品第二十七
尒時佛告諸大衆乃往古世過无量无邊不

BD03348號　妙法蓮華經卷七　（14–4）

說是陁羅尼品時六万八千人得无生法忍
妙法蓮華經妙莊嚴王本事品第二十七
尒時佛告諸大衆乃往古世過无量无邊不
可思議阿僧祇劫有佛名雲雷音宿王華智
多陁阿伽度阿羅呵三藐三佛陁國名光明
莊嚴劫名憙見彼佛法中有王名妙莊嚴
其王夫人名曰淨德有二子一名淨藏二名淨
眼是二子有大神力福德智慧久脩菩薩所
行之道所謂檀波羅蜜尸羅波羅蜜羼提
波羅蜜毗梨耶波羅蜜禪波羅蜜般若波羅蜜
方便波羅蜜慈悲喜捨乃至三十七助道法
皆悉明了通達又得菩薩淨三昧日星宿三
昧淨光三昧淨色三昧淨照明三昧長莊嚴
三昧大威德藏三昧於此三昧亦悉通達尒
時彼佛欲引導妙莊嚴王及愍念衆生故說
是法華經時淨藏淨眼二子到其母所合十
指爪掌白言願母往詣雲雷音宿王華智佛
所我等亦當侍從親近供養礼拜所以者何
此佛於一切天人衆中說法華經宜應聽受
母告子言汝父信受外道深著婆羅門法汝
等應往白父與共俱去淨藏淨眼合十爪指
掌白母我等是法王子而生此耶見家母告
子言汝等當憂念汝父爲現神變若得見
者心必清淨或聽我等往至佛所於是二子
念其父故踊在虛空高七多羅樹現種種神

子言汝等當憂念汝父爲現神變若得見
者心必清淨或聽我等往至佛所於是二子
念其父故踊在虛空高七多羅樹現種種神
變於虛空中行住坐卧身上出水身下出火身
下出水身上出火或現大身滿虛空中而復
現小小復現大於空中滅忽然在地入地如
水履水如地現如是等種種神變令其父王
心淨信解時父見子神力如是心大歡喜得
未曾有合掌向子言汝等師爲是誰誰之弟
子二子白言大王彼雲雷音宿王華智佛今在
七寶菩提樹下法座上坐於一切世間天人
衆中廣說法華經是我等師我是弟子
父語子言我今亦欲見汝等師可共俱往於
是二子從空中下到其母所合掌白母父王今
已信解堪任發阿耨多羅三藐三菩提心我
等爲父已作佛事願母見聽於彼佛所出家
脩道尒時二子欲重宣其意以偈白母
願母放我等　出家作沙門　諸佛甚難值　我等隨佛學
如優曇波羅　值佛復難是　脫諸難亦難　願聽我出家
母即告言聽汝出家所以者何佛難值故於
是二子白父母言善哉父母願時往詣雲雷
音宿王華智佛所親近供養所以者何佛難
得值如優曇波羅華又如一眼之龜值浮木
孔而我等宿福深厚生值佛法是故父母當
聽我等令得出家所以者何諸佛難值時亦
難遇彼時妙莊嚴王後宮八万四千人皆悉

得值如優曇波羅華又如一眼之龜值浮木
孔而我等宿福深厚生值佛法是故父母當
聽我等令得出家所以者何諸佛難值時亦
難遇彼時妙莊嚴王後宮八万四千人皆悉
堪任受持是法華經淨眼菩薩於法華三昧
久已通達淨藏菩薩已於无量百千万億劫
通達離諸惡趣三昧欲令一切衆生離諸惡
趣故其王夫人得諸佛習三昧能知諸佛秘
密之藏二子如是以方便力善化其父令心
信解好樂佛法於是妙莊嚴王與羣臣眷
屬俱淨德夫人與後宮采女眷屬俱其王二
子與四万二千人俱一時共詣佛所到已頭面
礼足繞佛三帀却住一面尒時彼佛爲王說
法示教利喜王大歡悅尒時妙莊嚴王及其
夫人解頸真珠瓔珞價直百千以散佛上於
虛空中化成四柱寶臺臺中有大寶床敷
百万天衣其上有佛結加趺坐放大光明尒
時妙莊嚴王作是念佛身希有端嚴殊特
成就第一微妙之色時雲雷音宿王華智佛
告四衆言汝等見是妙莊嚴王於我前合
掌立不此王於我法中作比丘精勤脩習助佛
道法當得作佛号娑羅樹王國名大光劫名大
高王其娑羅樹王佛有无量菩薩衆及无量
聲聞其國平正功德如是其王即時以國付
弟王與夫人二子并諸眷屬於佛法中出家脩
道王出家已於八万四千歲常勤精進脩行妙

BD03348號　妙法蓮華經卷七　（14–7）

弟王與夫人二子并諸眷屬於佛法中出家脩
道王出家已於八万四千歲常勤精進脩行妙
法華經過是已後得一切淨功德莊嚴三
昧即昇虛空高七多羅樹而白佛言世尊此
我二子已作佛事以神通變化轉我耶心令
得安住於佛法中得見世尊此二子者是我
善知識爲欲發起宿世善根饒益我故來生
我家尒時雲雷音宿王華智佛告妙莊嚴王
言如是如是如汝所言若善男子善女人種
善根故世世得善知識其善知識能作佛事
示教利喜令入阿耨多羅三藐三菩提大王
當知善知識者是大因緣所謂化導令得見
佛發阿耨多羅三藐三菩提心大王汝見此
二子不此二子已曾供養六十五百千万億那
由他恒河沙諸佛親近恭敬於諸佛所受持
法華經愍念耶見衆生令住正見妙莊嚴王
即從虛空中下而白佛言世尊如來甚希有
以功德智慧故頂上肉髻光明顯照其眼
長廣而紺青色眉間豪相白如珂月齒白
齊密常有光明脣色赤好如頻婆菓尒時妙
莊嚴王讚歎佛如是等无量百千万億功德
已於如來前一心合掌復白佛言世尊未曾
有也如來之法具足成就不可思議微妙功
德教戒所行安隱快善我從今日不復自隨
心行不生耶見憍慢瞋恚諸惡之心說是
語已礼佛而出佛告大衆於意云何妙莊嚴

BD03348號　妙法蓮華經卷七　（14–8）

德教弍所行安隱快善我從今日不復自隨
心行不生耶見憍慢瞋恚諸惡之心說是
語已礼佛而出佛告大衆於意云何妙莊嚴
王豈異人乎今華德菩薩是其淨德夫人今佛前
光照莊嚴相菩薩是哀愍妙莊嚴王及諸眷
屬故於彼中生其二子者今藥王菩薩藥上
菩薩是是藥王藥上菩薩成就如此諸大功
德已於无量百千万億諸佛所殖衆德本成
就不可思議諸善功德若有人識是二菩薩
名字者一切世間諸天人民亦應礼拜供養佛說
是妙莊嚴王本事品時八万四千人遠塵離
垢於諸法中得法眼淨
妙法蓮華經普賢菩薩勸發品第二十八
尒時普賢菩薩以自在神通威德名聞與
大菩薩无量无邊不可稱數從東方來所經諸
國普皆震動雨寶蓮華作无量百千万億種
種伎樂又與无數諸天龍夜叉乾闥婆阿脩
羅迦樓羅緊那羅摩睺羅伽人非人等大衆
圍繞各現威德神通之力到娑婆世界耆闍
崛山中頭面礼釋迦牟尼佛右繞七帀白佛言
世尊我於寶威德上王佛國遥聞此娑婆世
界說法華經與无量无邊百千万億諸菩薩
衆共來聽受唯願世尊當爲說之若善男子
善女人於如來滅後云何能得是法華經佛
告普賢菩薩若善男子善女人成就四法於

BD03348號　妙法蓮華經卷七

（14–9）

善女人於如來滅後云何能得是法華經佛
告普賢菩薩若善男子善女人成就四法於
如來滅後當得是法華經一者爲諸佛護
念二者殖衆德本三者入正定聚四者發救
一切衆生之心善男子善女人如是成就四法
於如來滅後必得是經尒時普賢菩薩白
佛言世尊於後五百歲濁惡世中其有受持
是經典者我當守護除其衰患令得安隱使
无伺求得其便者若魔若魔子若魔女若魔
民若爲魔所著者若夜叉若羅刹若鳩槃荼
若毗舍闍若吉蔗若冨單那若韋陁羅等諸
惱人者皆不得便是人若行若立讀誦此經
我尒時乘六牙白象王與大菩薩衆俱詣其
所而自現身供養守護安慰其心亦爲供養
法華經故是人若坐思惟此經尒時我復乘
白象王現其人前其人若於法華經有所忘
失一句一偈我當教之與共讀誦還令通利
尒時受持讀誦法華經者得見我身甚大歡
喜轉復精進以見我故即得三昧及陁羅尼
名爲旋陁羅尼百千万億旋陁羅尼法音方
便陁羅尼得如是等陁羅尼世尊若後世後
五百歲濁惡世中比丘比丘尼優婆塞優婆夷
求索者受持者讀誦者書寫者欲脩習是
法華經於三七日中應一心精進滿三七日已
我當乘六牙白象與无量菩薩而自圍繞以

BD03348號　妙法蓮華經卷七

（14–10）

求索者受持者讀誦者書寫者欲脩習是
法華經於三七日中應一心精進滿三七日已
我當乘六牙白象與无量菩薩而自圍繞以
一切衆生所憙見身現其人前而爲說法示
教利喜亦復與其陁羅尼呪得是陁羅尼
故无有非人能破壞者亦不爲女人之所惑亂
我身亦自常護是人唯願世尊聽我說此
陁羅尼即於佛前而說呪曰
阿檀地途賣反一 檀陁婆地二 檀陁婆帝三 檀陁
鳩舍棃四 檀陁脩陁棃五 脩陁棃六 脩陁羅婆
底七 佛馱波羶祢八 薩婆陁羅尼阿婆多尼
九 薩婆婆沙阿婆多尼十 脩阿婆多尼十一 僧
伽婆履叉尼十二 僧伽涅伽陁尼十三 阿僧祇十四
僧伽波伽地十五 帝棃阿惰僧伽兜略盧遮反 波
羅帝十六 薩婆僧伽三摩地伽蘭地十七 薩婆達
磨脩波利刹帝十八 薩婆薩埵樓馱憍舍略阿
㝹伽地十九 辛阿毗吉利地帝二十
世尊若有菩薩得聞是陁羅尼者當知普賢
神通之力若法華經行閻浮提有受持者應
作此念皆是普賢威神之力若有受持讀誦
正憶念解其義趣如說脩行當知是人行普
賢行於无量无邊諸佛所深種善根爲諸如
來手摩其頭若但書寫是人命終當生忉利天
上是時八万四千天女作衆伎樂而來迎之其
人即著七寶冠於婇女中娛樂快樂何況受
持讀誦正憶念解其義趣如說脩行若有

BD03348號　妙法蓮華經卷七　（14–11）

上是時八万四千天女作衆伎樂而來迎之其
人即著七寶冠於婇女中娛樂快樂何況受
持讀誦正憶念解其義趣如說脩行若有
人受持讀誦解其義趣是人命終爲千佛授
手令不恐怖不墮惡趣即往兜率天上彌勒
菩薩所彌勒菩薩有三十二相大菩薩衆
所共圍繞有百千万億天女眷屬而於中生有
如是等功德利益是故智者應當一心自書
若使人書受持讀誦正憶念如說脩行世
尊我今以神通力守護是經於如來滅後閻浮
提內廣令流布使不斷絕尒時釋迦牟尼佛
讚言善哉善哉普賢汝能護助是經令多
所衆生安樂利益汝已成就不可思議功德
深大慈悲從久遠來發阿耨多羅三藐三菩
提意而能作是神通之願守護是經我當以
神通力守護能受持普賢菩薩名者普賢若
有受持讀誦正憶念脩習書寫是法華經者
當知是人則見釋迦牟尼佛如從佛口聞此
經典當知是人供養釋迦牟尼佛當知是人佛
讚善哉當知是人爲釋迦牟尼佛手摩其頭當
知是人爲釋迦牟尼佛衣之所覆如是之人不復
貪著世樂不好外道經書手筆亦復不憙親近其
人及諸惡者若屠兒若畜猪羊雞狗若獵師若
衒賣女色是人心意質直有正憶念有福德
力是人不爲三毒所惱亦不爲嫉妬
爲嫉妬我慢邪慢所惱是人少欲知足能脩

BD03348號　妙法蓮華經卷七　（14–12）

銜賣女色是人心意質直有正憶念有福德
力是人不爲三毒所惱亦不爲嫉妬
爲嫉妬我慢邪慢所惱是人少欲知足能脩
普賢之行普賢若如來滅後後五百歲若有人
見受持讀誦法華經者應作是念此人不久當
詣道場破諸魔衆得阿耨多羅三藐三菩提
轉法輪擊法鼓吹法螺雨法雨當坐天人大衆中師
子法座上普賢若於後世受持讀誦是經典者
是人不復貪著衣服卧具飲食資生之物所願不
虛亦於現世得其福報若有人輕毀之言汝狂人
耳空作是行終无所獲如是罪報當世世无眼
若有供養讚歎之者當於今世得現果報若復
見受持是經者出其過惡若實若不實此人現
世得白癩病若輕咲之者當世世牙齒踈缺醜
脣平鼻手脚繚戾眼目角睞身體臭穢惡
瘡膿血瘡膿血水腹短氣諸惡重病是故普
賢若見受持是經典者當起遠迎當如敬佛
說是普賢勸發品時恒河沙等无量无邊菩
薩得百千億旋陁羅尼三千大千世界微塵等
諸菩薩具普賢道佛說是經時普賢等諸菩薩
舍利弗等諸聲聞及諸天龍人非人等一切大會
皆大歡喜受持佛語作禮而去
妙法蓮華經卷第七

BD03348號　妙法蓮華經卷七

（14–13）

若有供養讚歎之者當於今世得現果報若復
見受持是經者出其過惡若實若不實此人現
世得白癩病若輕咲之者當世世牙齒踈缺醜
脣平鼻手脚繚戾眼目角睞身體臭穢惡
瘡膿血瘡膿血水腹短氣諸惡重病是故普
賢若見受持是經典者當起遠迎當如敬佛
說是普賢勸發品時恒河沙等无量无邊菩
薩得百千億旋陁羅尼三千大千世界微塵等
諸菩薩具普賢道佛說是經時普賢等諸菩薩
舍利弗等諸聲聞及諸天龍人非人等一切大會
皆大歡喜受持佛語作禮而去
妙法蓮華經卷第七

BD03348號　妙法蓮華經卷七

（14–14）

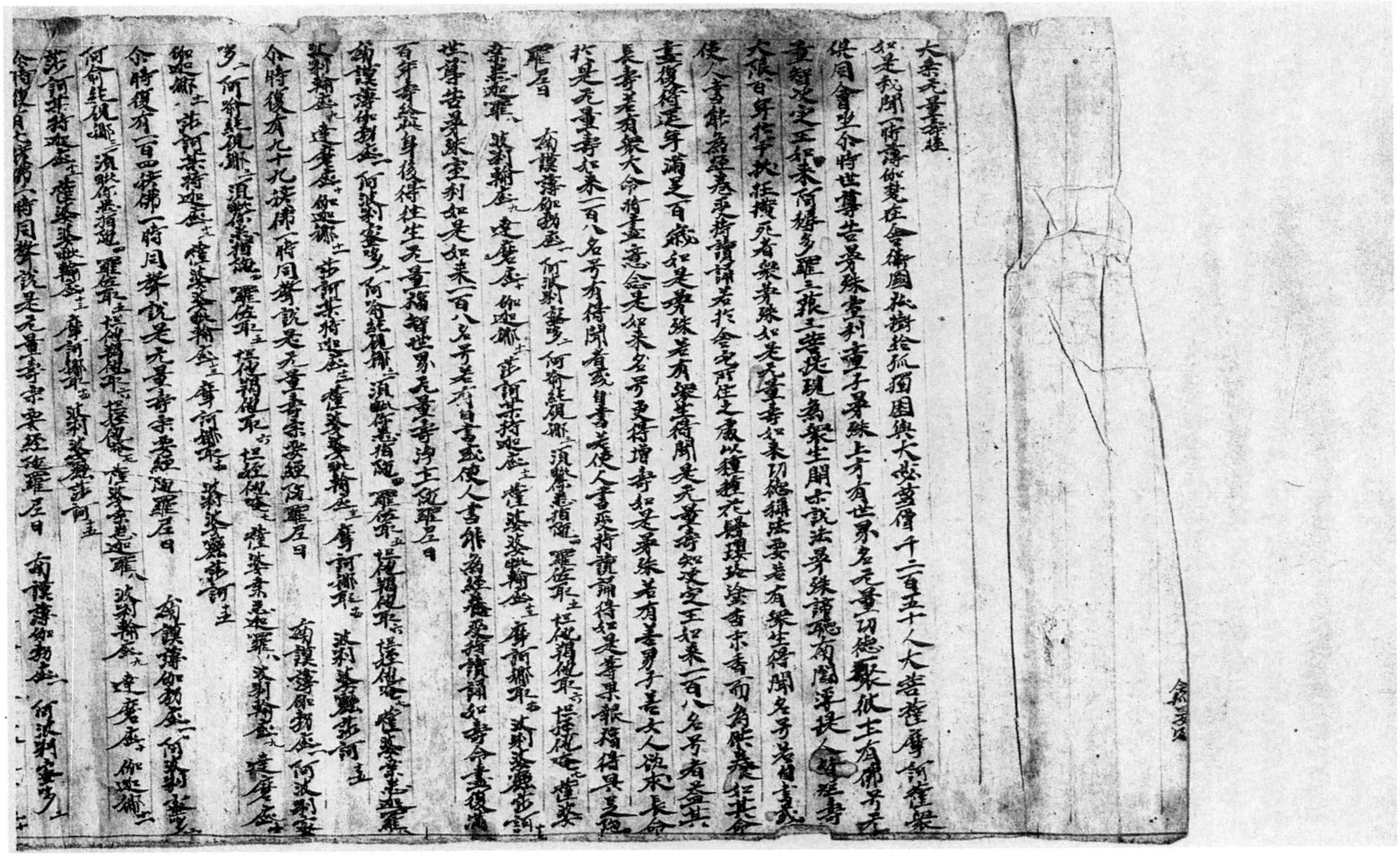

BD03349 號　無量壽宗要經　　（4–1）

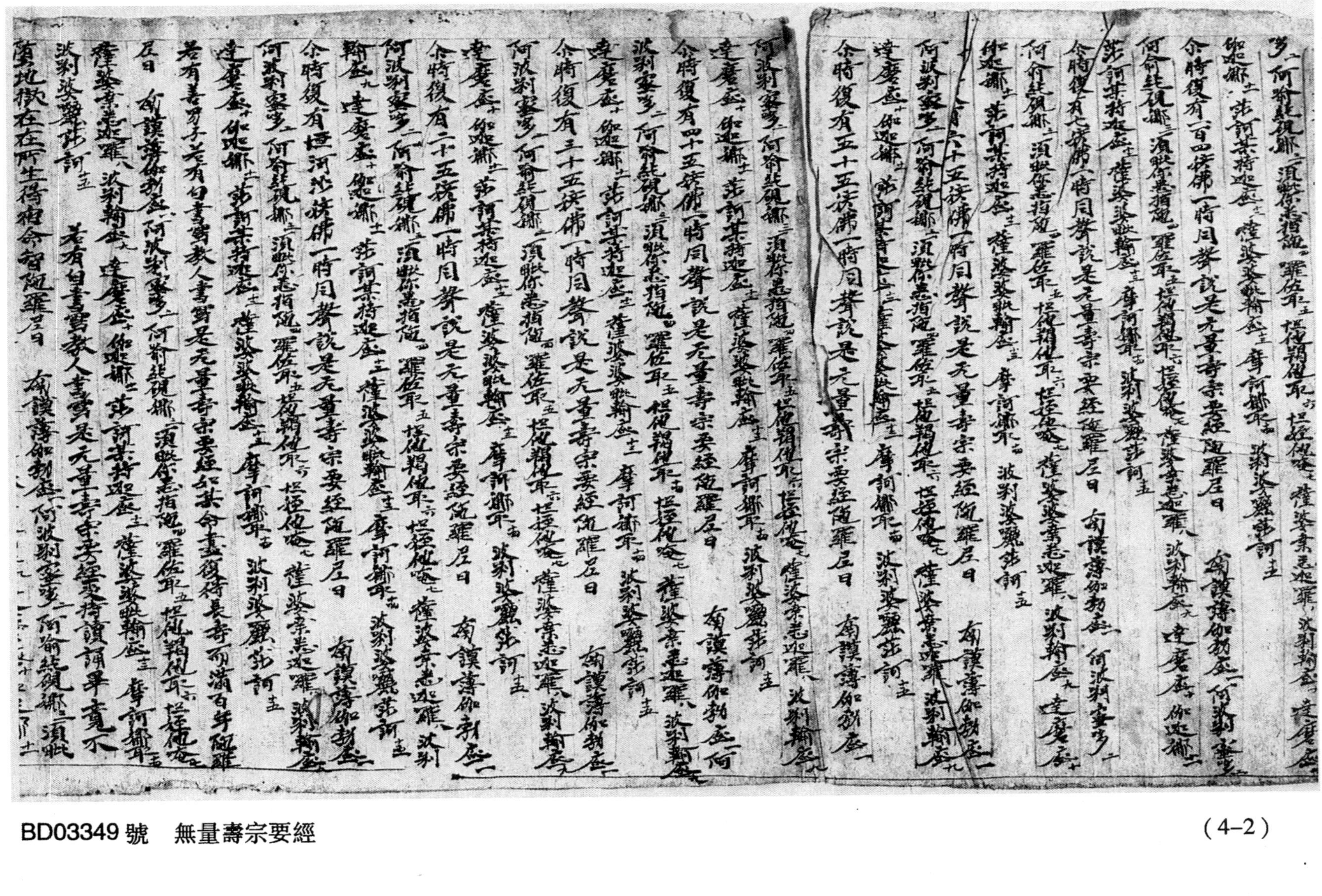

BD03349 號　無量壽宗要經　　（4–2）

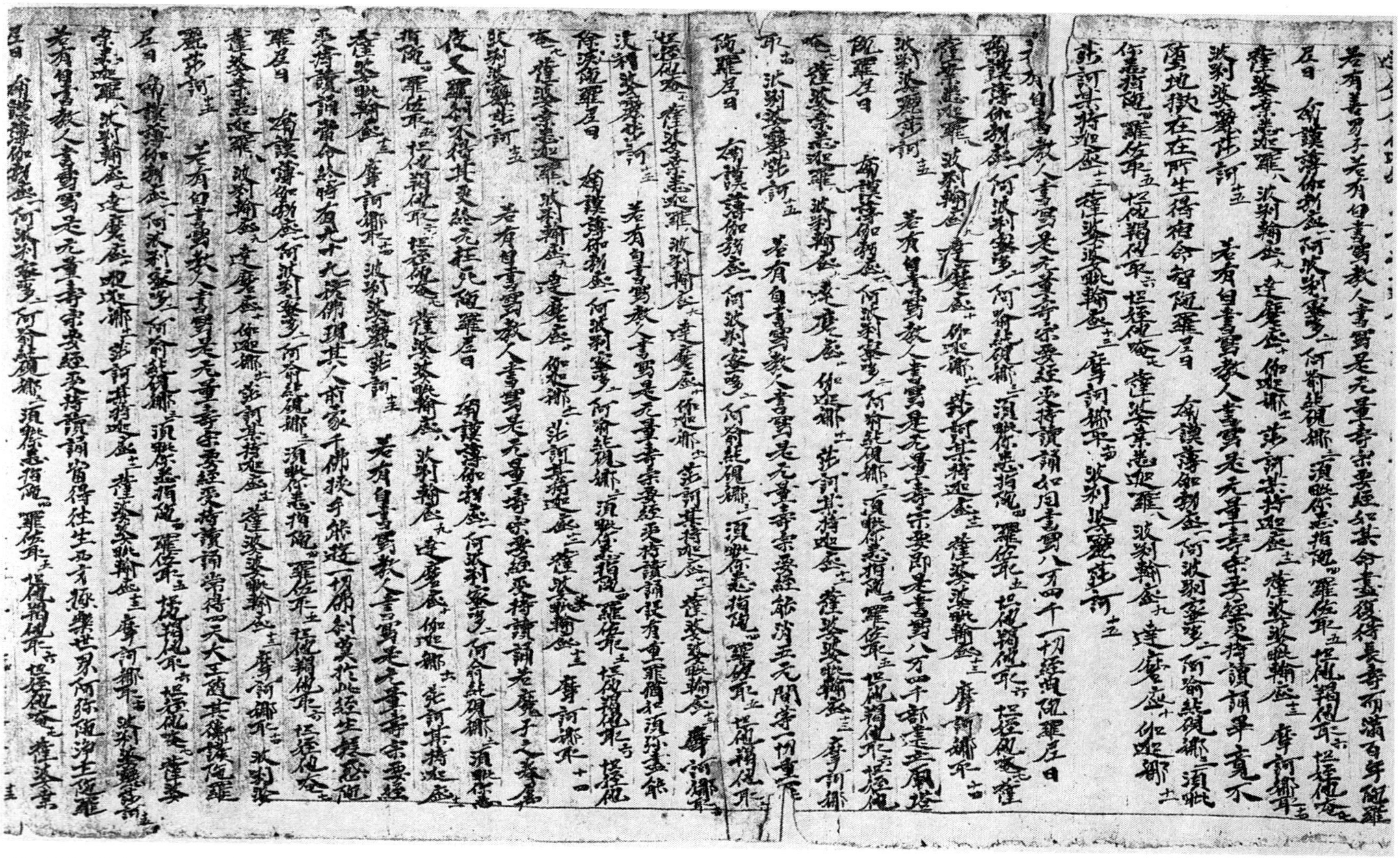

BD03349 號　無量壽宗要經

（4–3）

BD03349 號　無量壽宗要經

（4–4）

乃色定清
清淨　无別无斷
故善現自相空清淨古　清淨八解脫
清淨故一切智智清淨何以故若自相空清
淨若八解脫清淨若一切智智清淨无二无
二分无別无斷故自相空清淨故八勝處九
次第定十遍處清淨八勝處九次第定十遍
處清淨故一切智智清淨何以故若自相空
清淨若八勝處九次第定十遍處清淨若一
切智智清淨无二无二分无別无斷故善現
自相空清淨故四念住清淨四念住清淨故一
切智智清淨何以故若自相空清淨若四念
住清淨若一切智智清淨无二无二分无別
无斷故自相空清淨故四正斷四神足五根
五力七等覺支八聖道支清淨四正斷乃至
八聖道支清淨故一切智智清淨何以故若
自相空清淨若四正斷乃至八聖道支清淨
若一切智智清淨无二无二分无別无斷故
善現自相空清淨故空解脫門清淨空解脫

BD03350號　大般若波羅蜜多經卷二一四　　（11–1）

八聖道支清淨故一切智智清淨何以故若
自相空清淨若四正斷乃至八聖道支清淨
若一切智智清淨无二无二分无別无斷故
善現自相空清淨故空解脫門清淨空解脫
門清淨故一切智智清淨何以故若自相空
清淨若空解脫門清淨若一切智智清淨无
二无二分无別无斷故自相空清淨故无相
无願解脫門清淨无相无願解脫門清淨故
一切智智清淨何以故若自相空清淨若无
相无願解脫門清淨若一切智智清淨无二
无二分无別无斷故善現自相空清淨故菩
薩十地清淨菩薩十地清淨故一切智智清
淨何以故若自相空清淨若菩薩十地清淨
若一切智智清淨无二无二分无別无斷故
善現自相空清淨故五眼清淨五眼清淨故
一切智智清淨何以故若自相空清淨若五
眼清淨若一切智智清淨无二无二分无別
无斷故自相空清淨故六神通清淨六神通
清淨故一切智智清淨何以故若自相空清
淨若六神通清淨若一切智智清淨无二无
二分无別无斷故善現自相空清淨故佛十
力清淨佛十力清淨故一切智智清淨何以
故若自相空清淨若佛十力清淨若一切智
智清淨无二无二分无別无斷故自相空清
淨故四无所畏四无礙解大慈大悲大喜大
捨十八佛不共法清淨四无所畏乃至十八

BD03350號　大般若波羅蜜多經卷二一四　　（11–2）

智清淨无二无二分无別无斷故自相空清
淨故四无所畏四无礙解大慈大悲大喜大
捨十八佛不共法清淨四无所畏乃至十八
佛不共法清淨故一切智智清淨何以故若
自相空清淨若四无所畏乃至十八佛不共
法清淨若一切智智清淨无二无二分无別
无斷故善現自相空清故无忘失法清淨
无忘失法清淨故一切智智清淨何以故若
自相空清淨若无忘失法清淨若一切智智
清淨无二无二分无別无斷故自相空清淨
故恒住捨性清淨恒住捨性清淨故一切
智智清淨何以故若相空清淨若恒捨性
清淨若一切智智清淨无二无二分无別无
斷故善現自相空清淨故一切智清淨一切
智清淨故一切智智清淨何以故若自相空
清淨若一切智清淨若一切智智清淨无二
无二分无別无斷故自相空清淨故道相智
一切相智清淨道相智一切相智清淨故一
切智智清淨何以故若自相空清淨若道相
智一切相智清淨若一切智智清淨无二无
二分无別无斷故善現自相空清淨故一切
陁羅尼門清淨一切陁羅尼門清淨故一切
智智清淨何以故若自相空清淨若一切
陁羅尼門清淨若一切智智清淨无二无二分
无別无斷故自相空清淨故一切三摩地門

BD03350號　大般若波羅蜜多經卷二一四

（11–3）

智智清淨何以故若自相空清淨若一切
陁羅尼門清淨若一切智智清淨无二无二分
无別无斷故自相空清淨故一切三摩地門
清淨一切三摩地門清淨故一切智智清淨
何以故若自相空清淨若一切三摩地門清
淨若一切智智清淨无二无二分无別无斷
故
善現自相空清淨故預流果清淨預流果清
淨故一切智智清淨何以故若自相空清淨
若預流果清淨若一切智智清淨无二无二
分无別无斷故自相空清淨故一來不還阿
羅漢果清淨一來不還阿羅漢果清淨故一
切智智清淨何以故若自相空清淨若一來
不還阿羅漢果清淨若一切智智清淨无二
无二分无別无斷故善現自相空清淨故獨
覺菩提清淨獨覺菩提清淨故一切智智清
淨何以故若自相空清淨若獨覺菩提清淨
若一切智智清淨无二无二分无別无斷故
善現自相空清淨故一切菩薩摩訶薩行清
淨一切菩薩摩訶薩行清淨故一切智智清
淨何以故若自相空清淨若一切菩薩摩訶
薩行清淨若一切智智清淨无二无二分无
別无斷故善現自相空清淨故諸佛无上正
等菩提清淨諸佛无上正等菩提清淨故一
切智智清淨何以故若自相空清淨若諸佛

BD03350號　大般若波羅蜜多經卷二一四

（11–4）

薩行清淨若一切智智清淨无二无二分无
別无斷故善現自相空清淨故諸佛无上正
等菩提清淨諸佛无上正等菩提清淨故一
切智智清淨何以故若自相空清淨若諸佛
无上正等菩提清淨若一切智智清淨无二
无二分无別无斷故
復次善現共相空清淨故色清淨色清淨故
一切智智清淨何以故若共相空清淨若色
清淨若一切智智清淨无二无二分无別无
斷故共相空清淨故受想行識清淨受想行
識清淨故一切智智清淨何以故若共相空
清淨若受想行識清淨若一切智智清淨无
二无二分无別无斷故善現共相空清淨故
眼處清淨眼處清淨故一切智智清淨何以
故若共相空清淨若眼處清淨若一切智智
清淨无二无二分无別无斷故共相空清淨
故耳鼻舌身意處清淨耳鼻舌身意處清淨
故一切智智清淨何以故若共相空清淨若
耳鼻舌身意處清淨若一切智智清淨无二
无二分无別无斷故善現共相空清淨故色
處清淨色處清淨故一切智智清淨何以故
若共相空清淨若色處清淨若一切智智
清淨无二无二分无別无斷故共相空清淨故
聲香味觸法處清淨聲香味觸法處清淨
故一切智智清淨何以故若共相空清淨若聲
香味觸法處清淨若一切智智清淨无二无

BD03350號　大般若波羅蜜多經卷二一四　（11–5）

清淨无二无二分无別无斷故共相空清淨故
聲香味觸法處清淨聲香味觸法處清淨
故一切智智清淨何以故若共相空清淨若聲
香味觸法處清淨若一切智智清淨无二无
二分无別无斷故善現共相空清淨故眼界
清淨眼界清淨故一切智智清淨何以故若
共相空清淨若眼界清淨若一切智智清淨
无二无二分无別无斷故共相空清淨故色
界眼識界及眼觸眼觸為緣所生諸受清淨
色界乃至眼觸為緣所生諸受清淨故一切
智智清淨何以故若共相空清淨若色界乃
至眼觸為緣所生諸受清淨若一切智智清
淨无二无二分无別无斷故善現共相空清
淨故耳界清淨耳界清淨故一切智智清淨
何以故若共相空清淨若耳界清淨若一切
智智清淨无二无二分无別无斷故共相空
清淨故聲界耳識界及耳觸耳觸為緣所生
諸受清淨聲界乃至耳觸為緣所生諸受清
淨故一切智智清淨何以故若共相空清淨
若聲界乃至耳觸為緣所生諸受清淨若一
切智智清淨无二无二分无別无斷故善現
共相空清淨故鼻界清淨鼻界清淨故一切
智智清淨何以故若共相空清淨若鼻界清
淨若一切智智清淨无二无二分无別无斷
故共相空清淨故香界鼻識界及鼻觸鼻
觸為緣所生諸受清淨香界乃至鼻觸為緣

BD03350號　大般若波羅蜜多經卷二一四　（11–6）

淨若一切智智清淨无二无二分无別无斷
故共相空清淨故香界鼻識界及鼻觸鼻
觸為緣所生諸受清淨香界乃至鼻觸為緣
所生諸受清淨故一切智智清淨何以故若
共相空清淨若香界乃至鼻觸為緣所生諸
受清淨若一切智智清淨无二无二分无別
无斷故善現共相空清淨故舌界清淨舌界清
淨故一切智智清淨何以故若共相空清淨
若舌界清淨若一切智智清淨无二无二分
无別无斷故共相空清淨故味界舌識界及
舌觸舌觸為緣所生諸受清淨味界乃至舌
觸為緣所生諸受清淨故一切智智清淨何
以故若共相空清淨若味界乃至觸為緣
所生諸受清淨若一切智智清淨无二无二
分无別无斷故善現共相空清淨故身界清
淨身界清淨故一切智智清淨何以故若共
相空清淨若身界清淨若一切智智清淨无
二无二分无別无斷故共相空清淨故觸界
身識界及身觸身觸為緣所生諸受清淨觸
界乃至身觸為緣所生諸受淨清故一切智
智清淨何以故若共相空清淨若觸界乃至
身觸為緣所生諸受清淨若一切智智清淨
无二无二分无別无斷故善現共相空清淨
故意界清淨意清淨故一切智智清淨何
以故若共相空清淨若意界清淨若一切智
智清淨无二无二分无別无斷故共相空清

BD03350號　大般若波羅蜜多經卷二一四

（11–7）

故意界清淨意清淨故一切智智清淨何
以故若共相空清淨若意界清淨若一切智
智清淨无二无二分无別无斷故共相空清
淨故法界意識界及意觸意觸為緣所生諸
受清淨法界乃至意觸為緣所生諸受清淨
故一切智智清淨何以故若共相空清淨若
法界乃至意觸為緣所生諸受清淨若一切
智智清淨无二无二分无別无斷故善現共
相空清淨故地界清淨地界清淨故一切智
智清淨何以故若共相空清淨若地界清淨
若一切智智清淨无二无二分无別无斷故
共相空清淨故水火風空識界清淨水火風
空識界清淨故一切智智清淨何以故若共
相空清淨若水火風空識界清淨若一切智
智清淨无二无二分无別无斷故善現共相
空清淨故无明清淨无明清淨故一切智智
清淨何以故若共相空清淨若无明清淨若
一切智智清淨无二无二分无別无斷故共
相空清淨故行識名色六處觸受愛取有生
老死愁歎苦憂惱清淨行乃至老死愁歎苦
憂惱清淨故一切智智清淨何以故若共相
空清淨若行乃至老死愁歎苦憂惱清淨若
一切智智清淨无二无二分无別无斷故
善現共相空清淨故布施波羅蜜多清淨布
施波羅蜜多清淨故一切智智清淨何以故
若共相空清淨若布施波羅蜜多清淨若一

BD03350號　大般若波羅蜜多經卷二一四

（11–8）

一切智智清淨无二无二分无別无斷故
善現共相空清淨故布施波羅蜜多清淨布
施波羅蜜多清淨故一切智智清淨何以故
若共相空清淨若布施波羅蜜多清淨若一
切智智清淨无二无二分无別无斷故共相
空清淨故淨戒安忍精進靜慮般若波羅蜜
多清淨淨戒乃至般若波羅蜜多清淨故一
切智智清淨何以故若共相空清淨若淨戒
乃至般若波羅蜜多清淨若一切智智清淨
无二无二分无別无斷故善現共相空清淨
故內空清淨內空清淨故一切智智清淨何
以故若共相空清淨若內空清淨若一切智
智清淨无二无二分无別无斷故共相空清
淨故外空內外空空空大空勝義空有為空
无為空畢竟空无際空散空无變異空本性
空自相空一切法空不可得空无性空自性
空无性自性空清淨外空乃至无性自性空
清淨故一切智智清淨何以故若共相空清
淨若外空乃至无性自性空清淨若一切智
智清淨无二无二分无別无斷故善現共相
空清淨故真如清淨真如清淨故一切智智
清淨何以故若共相空清淨若真如清淨若
一切智智清淨无二无二分无別无斷故共
相空清淨故法界法性不虛妄性不變異性
平等性離生性法定法住實際虛空界不思
議界清淨法界乃至不思議界清淨故一切

BD03350號　大般若波羅蜜多經卷二一四　（11–9）

相空清淨故法界法性不虛妄性不變異性
平等性離生性法定法住實際虛空界不思
議界清淨法界乃至不思議界清淨故一切
智智清淨何以故若共相空清淨若法界乃
至不思議界清淨若一切智智清淨无二无
二分无別无斷故善現共相空清淨故苦聖
諦清淨苦聖諦清淨故一切智智清淨何以
故若共相空清淨若苦聖諦清淨若一切智
智清淨無二無二分無別無斷故共相空清
淨故集滅道聖諦清淨集滅道聖諦清淨故
一切智智清淨何以故若共相空清淨若集
滅道聖諦清淨若一切智智清淨無二無二
分無別無斷故善現共相空清淨故四靜慮
清淨四靜慮清淨故一切智智清淨何以故
若共相空清淨若四靜慮清淨若一切智智
清淨无二无二分无別无斷故共相空清淨
故四无量四无色定清淨四无量四无色定
清淨故一切智智清淨何以故若共相空清
淨若四无量四无色定清淨若一切智智清
淨无二无二分无別无斷故善現共相空清
淨故八解脫清淨八解脫清淨故一切智智
清淨何以故若共相空清淨若八解脫清淨
若一切智智清淨无二无二分无別无斷故
共相空清淨故八勝處九次第定十遍處清
淨八勝處九次第定十遍處清淨故一切智
智清淨何以故若共相空清淨若八勝處九

BD03350號　大般若波羅蜜多經卷二一四　（11–10）

分無別無斷故善現共相空清淨故四靜慮
清淨四靜慮清淨故一切智智清淨何以故
若共相空清淨若四靜慮清淨若一切智智
清淨无二无二分无別无斷故共相空清淨
故四无量四无色定清淨四无量四无色定
清淨故一切智智清淨何以故若共相空清
淨若四无量四无色定清淨若一切智智清
淨无二无二分无別无斷故善現共相空清
淨故八解脫清淨八解脫清淨故一切智智
清淨何以故若共相空清淨若八解脫清淨
若一切智智清淨无二无二分无別无斷故
共相空清淨故八勝處九次第定十遍處清
淨八勝處九次第定十遍處清淨故一切智
智清淨何以故若共相空清淨若八勝處九
次第定十遍處清淨若一切智智清淨无二
无二分无別无斷故善現共相空清淨故四
念住清淨四念住清淨故一切智智清淨何
念住清淨若一切

BD03350號　大般若波羅蜜多經卷二一四　（11–11）

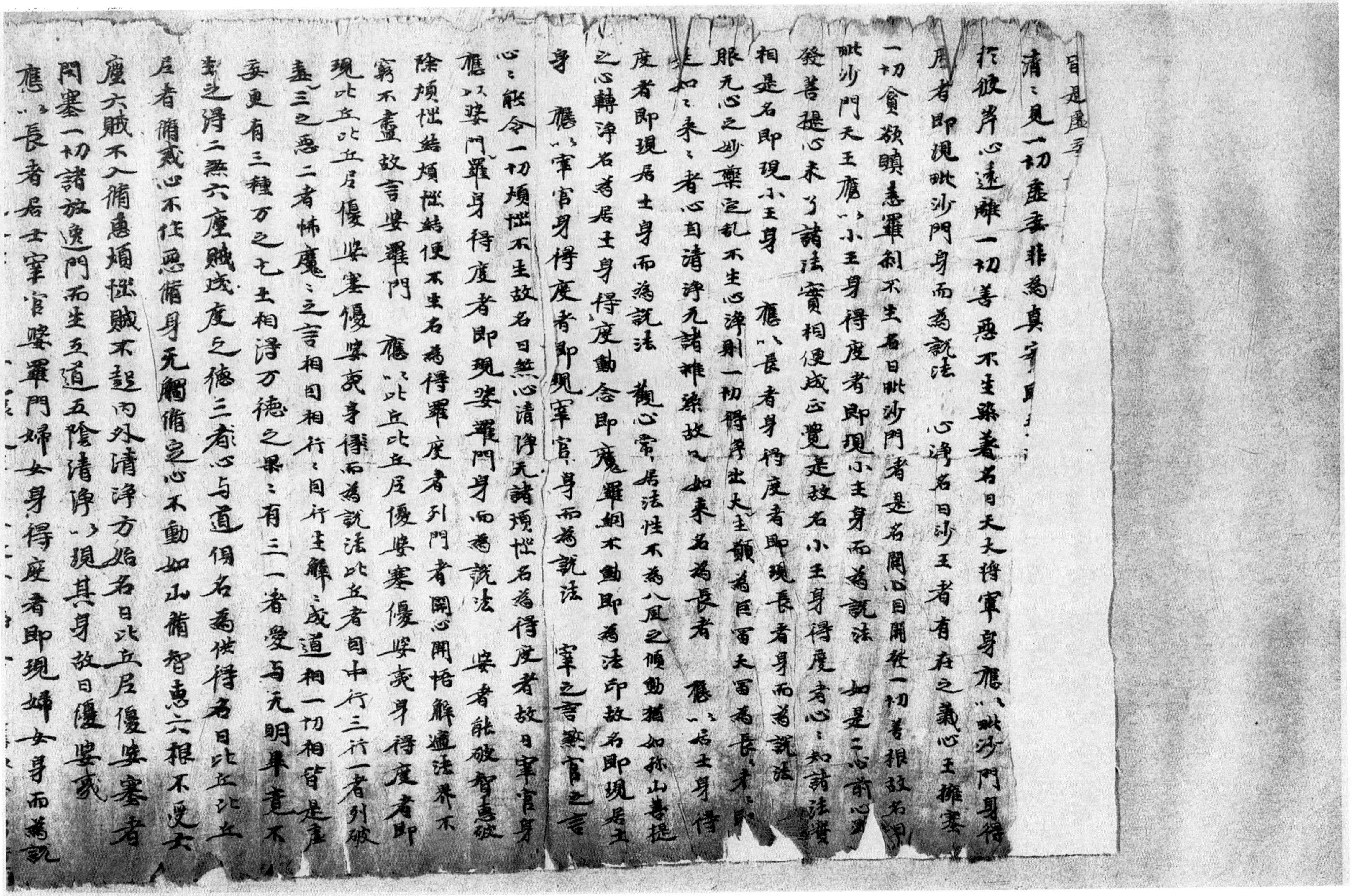
旨是盧舍
清清見一切盡舍非爲真實
於彼岸心遠離一切善惡不生染著名曰天大將軍身　應以毗沙門身得
度者即現毗沙門身而爲說法　心淨名曰沙王者有在之義心王擁塞
一切貪欲瞋恚羅剎不生名曰毗沙門者是名聞心目開發一切善根故名毗
毗沙門天王　應以小王身得度者即現小王身而爲說法　如是二心前心爲
發菩提心未了諸法實相便成正覺是故名小王身得度者心心知諸法實
相是名即現小王身　應以長者身得度者即現長者身而爲說法
眼无心之妙藥定亂不生心淨剎一切得淨出大生顛爲臣爲天爲長長者者眼
是如如來來者心自清淨无諸雜染故又如來名爲長者　應以居士身得
度者即現居士身而爲說法　觀心常居法性不爲八風之傾動猶如孫山善提
之心轉淨名爲居士身得度動念即魔羅網不動即爲法印故名即現居士
身　應以宰官身得度者即現宰官身而爲說法　宰之言繁官之言
心心能令一切煩惱不生故名曰無心清淨无諸煩惱名爲得度者故曰宰官身
應以婆羅門身得度者即現婆羅門身而爲說法　婆者能破智惠破
除煩惱結煩惱結便不生名爲得羅度者列門者開心開悟解遍法界不
窮不盡故言婆羅門　應以比丘比丘尼優婆塞優婆夷身得度者即
現比丘比丘尼優婆塞優婆夷身得而爲說法比丘者自中行三行一者列破
盡三之惡二者怖魔魔之言相因相行行自行主解解成道相一切相皆是塵
妄更有三種万之七土相得万德之果果有三一者愛與无明畢竟不
生之得二無六塵賊成度之德三者心與道俱名爲供得名曰比丘比丘
尼者備戒心不住惡備身无觸備定心不動如山備智惠六根不受六
塵六賊不入備惠煩惱賊不起內外清淨方始名曰比丘尼優婆塞者
閉塞一切諸放逸門而生五道五陰清淨以現其身故曰優婆夷
應以長者居士宰官婆羅門婦女身得度者即現婦女身而爲說

BD03351號　觀音經金剛藏菩薩註（擬）　（4–1）

尼者脩戒心不住惡脩身无觸脩息心不動如山脩智惠六根不受六
塵六賊不入脩惠煩惱賊不起内外清淨方始名曰比丘尼優婆塞者
閇塞一切諸放逸門而生五道五陰清淨以現其身故曰優婆夷
應以長者居士宰官婆羅門婦女身得度者即現婦女身而為說
婦是悟道之人法喜為妻无緣大慈為女故言婦女身應以童男童
女身得度者即現童男童女身而為說法童者脩童真行智慧
心初發名曰童男童女者是女能生智惠心明猛利能破魔
惡心生諸波羅蜜故言童男童女身得度應以天龍夜
叉乾闥婆阿脩羅迦樓羅緊那羅摩睺羅伽人非人等身
得度者即皆現之而為說法　天者從淨心至一淨至一淨心至一淨心名曰天
降伏身心貪瞋龍不起智惠心生名曰龍叉慈為雲為人說妄想顛到皆
是虛妄而取真如實相名曰法雨雨於身田法牙增長夜者无明為夜叉
者貪瞋癡煩惱名為叉叉憂与无明畢竟不生名為乾闥婆乾
在神山香山中住令言菩提心為香清淨五陰山中住阿脩羅者
者心清淨阿脩羅不飲无明之酒迦樓羅者金翅鳥王心能觀
之智為名鳥王吞食貪瞋毒龍究竟不生故名曰迦樓羅緊
那者名為无㝵智緊那羅奏樂神奏六波羅蜜六根清淨
名曰六波羅蜜摩睺羅伽人非人等身得度者即皆現之而為
說法此八部羅睺羅等是觀心自在變現无窮心定即清淨
煩惱貪瞋愛与无明畢竟不生即發菩提心名曰天龍夜叉
乾闥婆阿脩羅緊那羅摩睺羅等身得度者心自在變現无盡
非鬼身而身鬼身非天人能現天人豈人天之所能是心神變化是心无染著
不著寶亦不著虛虛實穩離是名即皆現之教化衆生令入大乘行
應以執金剛神得度者即現皆金剛神而為說法從初發心入金剛三昧金剛
者心一定一切煩惱不能動亂五情淨故言金剛神常隨守護故曰執金剛神
得度　无盡意是觀世音菩薩成就如是功德成之言曰就之言果曰无
所不行果无所不得无所不得故云成就如是功德以種種形遊諸國土度脫衆生

應〻執金剛神得度者即現執金剛神而為說法從初發心入金剛三昧金剛
者心一定一切煩惱不能動亂五情淨故言金剛神常隨守護故曰執金剛神
得度　无盡意是觀世音菩薩成就如是功德成之言因就之言果曰无
所不行果无所不得无所不得故云成就如是功德〻〻種〻形遊諸國土度脫衆生
是故汝等應當一心供養觀世音菩薩摩訶薩於怖畏急難之中能施无
畏是故此娑婆世界皆號之為施无畏者　心種〻觀解如一切法皆是虛
妄故云種〻形身為國土之言心〻起貪欲由如刀箭若去瞋恚亦如刀箭九夫
雖言不見傷人貪瞋一起利如刀劍害於法身心生智慧覺悟貪欲瞋恚多
想顛到不生名為常度衆生心不起煩惱名伏藏菩提心名養摩是平訶
是等薩是散六根六識處〻染著煩惱亂生即是怖畏急難得平等心无
我无人衆生无壽者散諸煩惱結是名摩訶薩常施无畏者
尒時无盡意菩薩白佛言世尊我今當供養觀世音菩薩即解頸衆寶
珠瓔珞價直百千兩金而以與之作是言仁者受此法施珎寶瓔珞時觀世音
不肯受之解之言解〻之云達〻之名通心觀解之要路无為大道自然虛通
故言解頸衆寶珠瓔珞者无盡式定智慧以瓔為珞價直百千兩金而
以与之者百者百波羅蜜千者千法明門金者寶之理不肯受之者不見我
行不見我不行亦不〻行不見我非行非不行不行亦不受〻亦不行不称不称
受亦行亦不行不受非行非不行亦不受受受亦不受名无畏果〻不果心捴捨
離故曰珎寶　无盡意復白觀世音菩薩言之者慈我等故受此瓔珞
意之言心〻地明白与法性相應行人重巡前觀心地轉深轉妙故言復
白禪定智慧破諸惡不生故言愍我等受此瓔珞　尒時佛告觀世音
菩薩當愍此无盡意菩薩及四衆天龍夜叉乾闥婆阿脩羅迦樓羅
緊那羅〻睺羅伽人非人等故受此瓔珞此八部天龍等如前所釋
即時觀世音菩薩愍諸四衆及於天龍人非人等受其瓔珞分作二
分一分奉釋迦牟尼佛一分奉多寶佛塔无盡意觀世音菩薩有如是
自在神力遊於娑婆世界生老病死苦衆生故云愍諸四衆愍之言愍〻
衆愍〻之隨衆善音會一分奉釋迦牟尼者只生是不生一切煩惱釋然
清淨故号釋迦牟尼者非一之行解最名牟尼一分奉多寶佛塔者雖而滅
而不滅空實相塔從法地涌出證法華經已多寶佛塔娑婆世界從地涌出
娑婆世界者已之身心是從地涌出者是觀心所經遊處觀心一定智慧二心

BD03351號　觀音經金剛藏菩薩註（擬）　　（4–3）

菩薩當慈此无盡意菩薩及四衆天龍夜叉乾闥婆阿脩羅迦樓羅
緊那羅摩睺羅伽人非人等故受此瓔珞如前所釋
即時觀世音菩薩愍諸四衆及於天龍人非人等受其瓔珞分作二
分一分奉釋迦牟尼佛一分奉多寶佛塔无盡意觀世音菩薩有如是
自在神力遊於娑婆世界生老病死蕩衆生故云愍諸四衆愍之言[illegible]ミ
衆愍ミ之陰衆善音會一分奉釋迦牟尼者表生是不生一切煩惱釋然
清淨故導釋迦牟尼者非一之行解是名牟尼一分奉多寶佛塔者雖而滅
而不滅寶相塔從法地涌出證法華經云多寶佛塔娑婆世界從地涌出
娑婆世界者己之身心是從地涌出者是觀心所經遊處觀心一之智惠二心
名日二佛供坐多寶佛塔者一切煩惱不生而語實相之理也故多寶智從心生惠
光即照明ミ无盡悟解无窮故言寶塔從地涌出勝在虛空无非實相二如來
者智惠即是二如來智惠心自性清淨无諸染受故言二如來共實相塔坐二佛
時相憑無怡然不言ミ不言者是心不動　尒時持地菩薩即從坐起前
白佛言世尊若有衆生聞是觀世音菩薩品自在之業普門示現神通
力者當知是人功德不少佛說是普門品時衆中八万四千衆生皆發无
等ミ阿耨多羅三藐菩薩心　地之言心自持心一切煩惱盡草不生常清
淨故言持地菩薩安心不動名坐心生智惠悟真如法性故言即從坐起體
性常明故云白佛ㄝ者類三業清淨普應不同故言如普之言遍門之言開ミ
方便門示真實相通解一切法故言普門示現神通力者神云不捺塞
通者名為達心名通達无我法者故云示現到无有心到想到見到愛三到
本來身心清淨而坐道場道場者真心是為无塵寶貴故言功德不少實二万八千塵
二万八千等言分二万八千故云八万四千衆生煩惱名衆生煩惱悟解煩惱不生轉成八万四千般若波羅蜜
般若ミ為母能出生養育佛為衆生父般若能生佛發大心行大行大智光明普照十方度脫衆生智
惠心觀眼耳鼻舌身意不入六塵知貪嗔癡煩惱皆是虛妄便即捨離而生清淨故言度
脫衆生名為无等ミ阿之言无耨多羅者是上三藐者名正遍知三者言是正菩薩之言結提得
心正遍知一切諸煩惱皆是虛妄散諸煩惱結故言菩提心
金剛藏菩薩注解
觀音經一卷

（4–4）

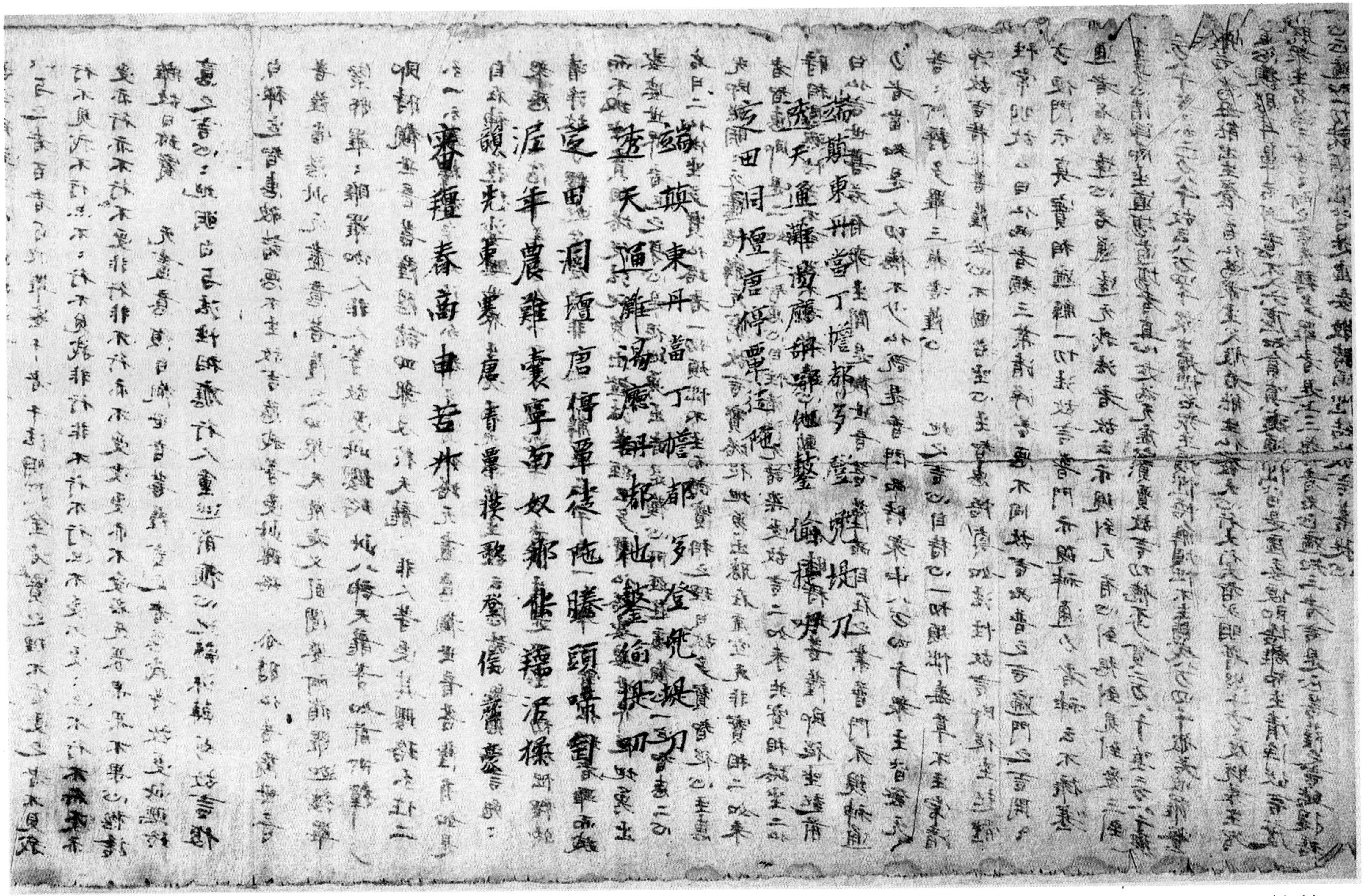

BD03351號背　字母例字（擬）

（1–1）

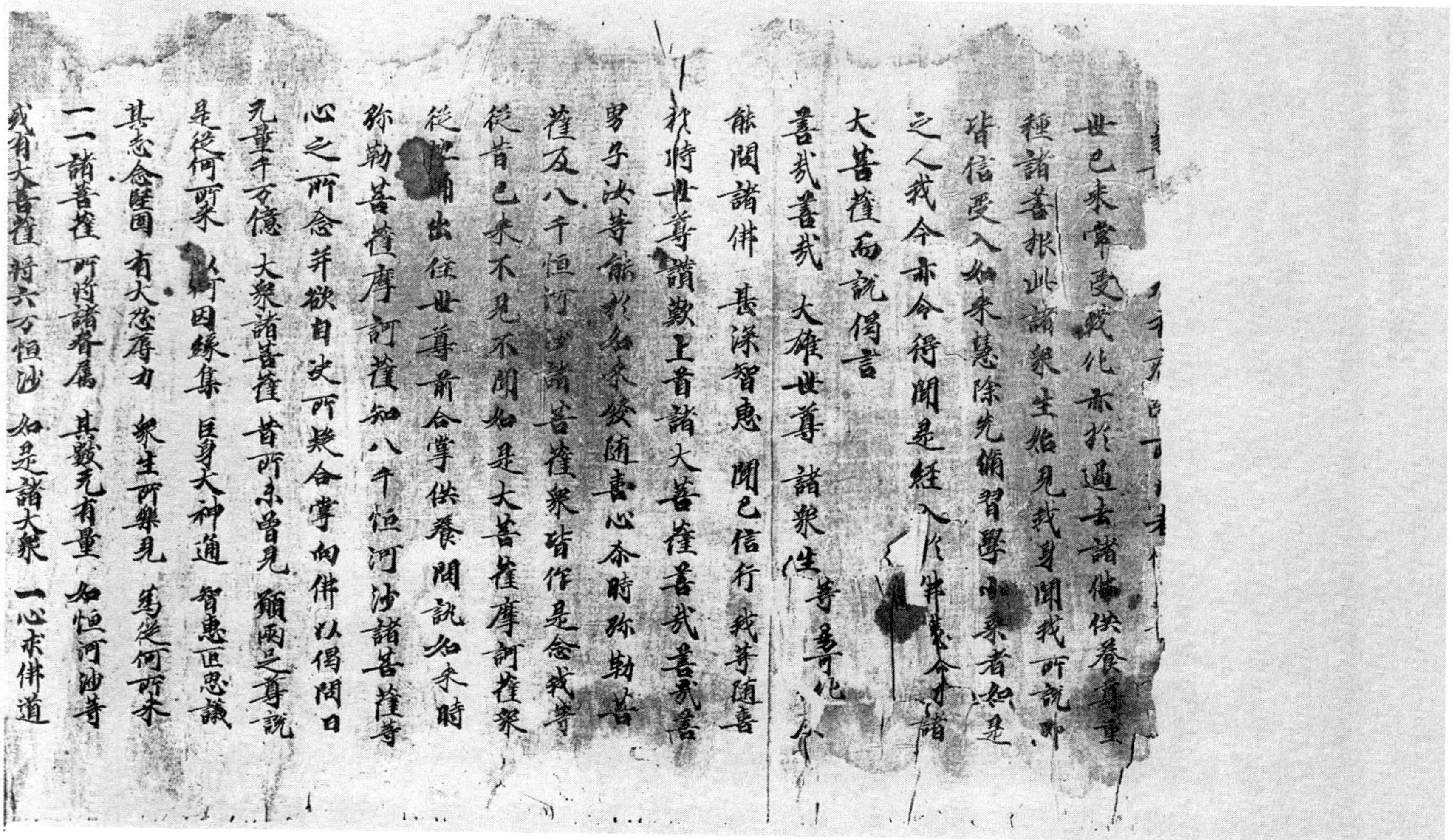
世已來常受我化亦於過去諸佛供養尊重
種諸善根此諸衆生始見我身聞我所說即
皆信受入如來慧除先修習學小乘者如是
之人我今亦令得聞是經入於佛慧爾時諸
大菩薩而說偈言
善哉善哉 大雄世尊 諸衆生等 易可化度
能問諸佛 甚深智慧 聞已信行 我等隨喜
於時世尊讚歎上首諸大菩薩善哉善哉善
男子汝等能於如來發隨喜心爾時彌勒菩
薩及八千恒河沙諸菩薩衆皆作是念我等
從昔已來不見不聞如是大菩薩摩訶薩衆
從地踊出住世尊前合掌供養問訊如來時
彌勒菩薩摩訶薩知八千恒河沙諸菩薩等
心之所念并欲自決所疑合掌向佛以偈問曰
無量千萬億 大衆諸菩薩 昔所未曾見 願兩足尊說
是從何所來 以何因緣集 巨身大神通 智慧叵思議
其志念堅固 有大忍辱力 衆生所樂見 為從何所來
一一諸菩薩 所將諸眷屬 其數無有量 如恒河沙等
或有大菩薩 將六萬恒沙 如是諸大衆 一心求佛道

BD03352 號　妙法蓮華經（八卷本）卷五　（6–1）

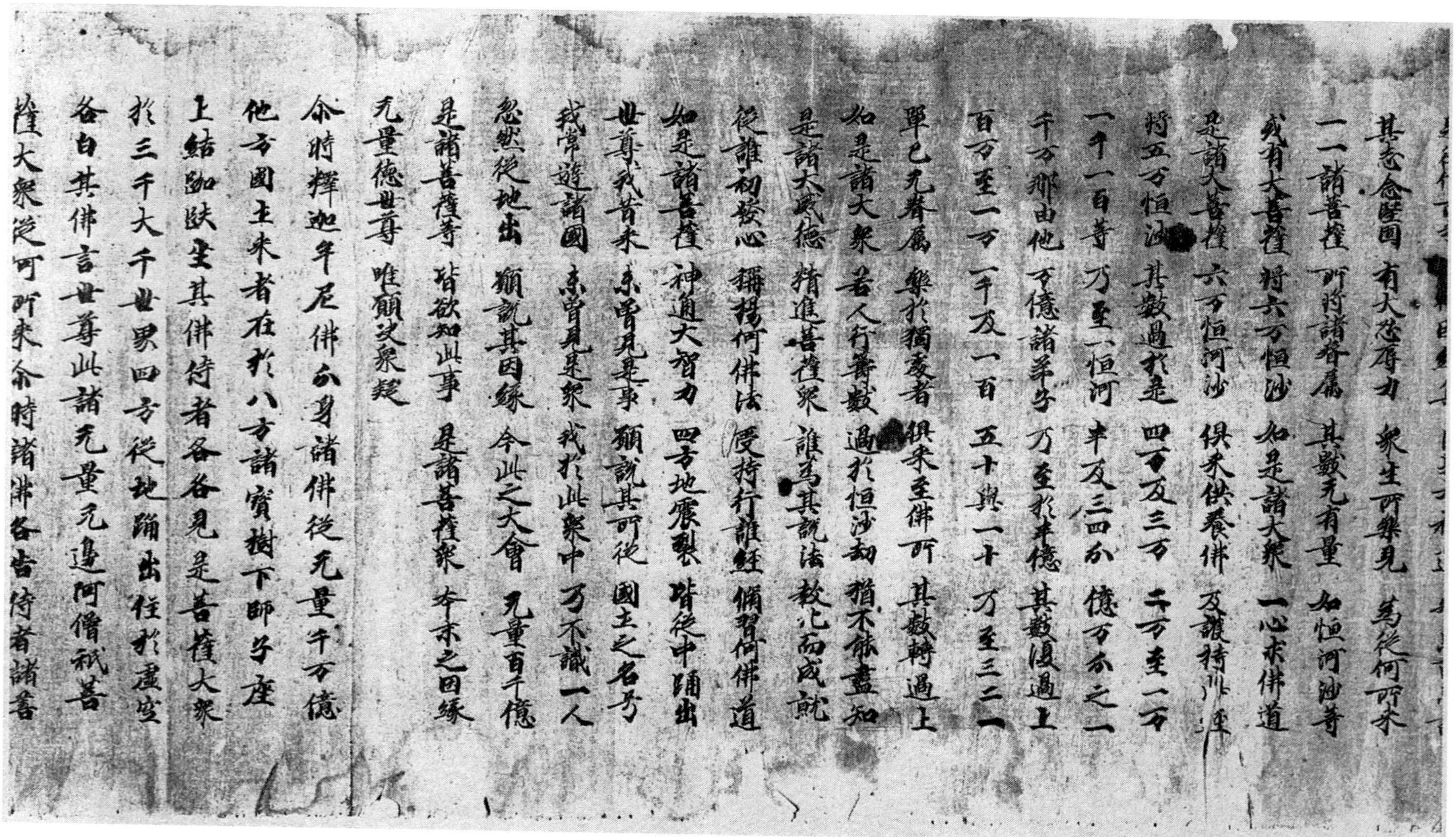
其志念堅固 有大忍辱力 衆生所樂見 為從何所來
一一諸菩薩 所將諸眷屬 其數無有量 如恒河沙等
或有大菩薩 將六萬恒沙 如是諸大衆 一心求佛道
是諸大菩薩 六萬恒河沙 俱來供養佛 及護持此經
將五萬恒沙 其數過於是 四萬及三萬 二萬至一萬
一千一百等 乃至一恒沙 半及三四分 億萬分之一
千萬那由他 萬億諸弟子 乃至於半億 其數復過上
百萬至一萬 一千及一百 五十與一十 乃至三二一
單己無眷屬 樂於獨處者 俱來至佛所 其數轉過上
如是諸大衆 若人行籌數 過於恒沙劫 猶不能盡知
是諸大威德 精進菩薩衆 誰為其說法 教化而成就
從誰初發心 稱揚何佛法 受持行誰經 修習何佛道
如是諸菩薩 神通大智力 四方地震裂 皆從中踊出
世尊我昔來 未曾見是事 願說其所從 國土之名號
我常遊諸國 未曾見是衆 我於此衆中 乃不識一人
忽然從地出 願說其因緣 今此之大會 無量百千億
是諸菩薩等 皆欲知此事 是諸菩薩衆 本末之因緣
無量德世尊 唯願決衆疑
爾時釋迦牟尼佛分身諸佛從無量千萬億
他方國土來者在於八方諸寶樹下師子座
上結跏趺坐其佛侍者各各見是菩薩大衆
於三千大千世界四方從地踊出住於虛空
各白其佛言世尊此諸無量無邊阿僧祇菩
薩大衆從何所來爾時諸佛各告侍者諸善

BD03352 號　妙法蓮華經（八卷本）卷五　（6–2）

於三千大千世界四方從地踊出住於虛空
各白其佛言世尊此諸无量无邊阿僧祇菩
薩大衆從何所來尒時諸佛各告侍者諸善
男子且待須臾有菩薩摩訶薩名曰弥勒釋
迦牟尼佛之所授記次後作佛已問斯事佛
今荅之汝等自當因是得聞尒時釋迦牟尼
佛告弥勒菩薩善哉善哉阿逸多乃能問佛
如是大事汝等當共一心被精進鎧發堅固意
如來今欲顯發宣示諸佛智慧諸佛自在
神通之力諸佛師子奮迅之力諸佛威猛大
勢之力尒時世尊欲重宣此義而說偈言
當精進一心　我欲說此事　勿得有疑悔　佛智叵思議
汝今出信力　住於忍善中　昔所未聞法　今皆當得聞
我今安慰汝　勿得懷疑懼　佛无不實語　智慧不可量
所得第一法　甚深叵分別　如是今當說　汝等一心聽
尒時世尊說此偈已告弥勒菩薩我今於此
大衆宣告汝等阿逸多是諸大菩薩摩訶薩
无量无數阿僧祇從地踊出汝等昔所未見
者我於是娑婆世界得阿耨多羅三藐三菩
提已教化示導是諸菩薩調伏其心令發道
意此諸菩薩皆於是娑婆世界之下此界虛
空中住於諸經典讀誦通利思惟分別正憶
念阿逸多是諸善男子等不樂在衆多有所
說常樂靜處懃行精進未曾休息亦不依止

BD03352號　妙法蓮華經（八卷本）卷五　（6–3）

空中住於諸經典讀誦通利思惟分別正憶
念阿逸多是諸善男子等不樂在衆多有所
說常樂靜處懃行精進未曾休息亦不依止
人天而住常樂深智无有鄣礙亦常樂於諸
佛之法一心精進求无上慧尒時世尊欲重
宣此義而說偈言
阿逸汝當知　是諸大菩薩　從无數劫來　脩習佛智慧
悉是我所化　令發大道心　此等是我子　依止是世界
常行頭陁事　志樂於靜處　捨大衆憒閙　不樂多所說
如是諸子等　學習我道法　晝夜常精進　為求佛道故
在娑婆世界　下方空中住　志念力堅固　常懃求智慧
說種種妙法　其心无所畏　我於伽耶城　菩提樹下坐
得成最正覺　轉无上法輪　尒乃教化之　令初發道心
今皆住不退　悉當得成佛　我今說實語　汝等一心信
我從久遠來　教化是等衆
尒時弥勒菩薩摩訶薩及无數諸菩薩等心
生疑惑怪未曾有而作是念云何世尊於少
時間教化如是无量无邊阿僧祇諸大菩薩
令住阿耨多羅三藐三菩提即白佛言世尊
如來為太子時出於釋宫去伽耶城不遠坐
於道場得成阿耨多羅三藐三菩提從是已
來始過四十餘年世尊云何於此少時大作
佛事以佛勢力以佛功德教化如是无量大
菩薩衆當成阿耨多羅三藐三菩提世尊此

BD03352號　妙法蓮華經（八卷本）卷五　（6–4）

於道場得成阿耨多羅三藐三菩提從是已
來始過四十餘年世尊云何於此少時大作
佛事以佛勢力以佛功德教化如是无量大
菩薩衆當成阿耨多羅三藐三菩提世尊此
大菩薩衆假使有人於千万億劫數不能盡
不得其邊斯等久遠已來於无量无邊諸佛
所殖諸善根成就菩薩道常脩梵行世尊如
此之事世所難信譬如有人色美髮黑年二
十五指百歲人言是我子其百歲人亦指年
少言是我父生育我等是事難信佛亦如是
得道已來其實未久而此大衆諸菩薩等已
於无量千万億劫為佛道故勤行精進善入
出住无量百千万億三昧得大神通久脩梵
行善能次第習諸善法巧於問荅人中之寶
一切世間甚為希有今日世尊方云得佛道
時初令發心教化示導令向阿耨多羅三藐
三菩提世尊得佛未久乃能作此大功德事
我等雖復信佛隨宜所說佛所出言未曾虛
妄佛所知者皆悉通達然諸新發意菩薩於
佛滅後若聞是語或不信受而起破法罪業
因緣唯然世尊願為解說除我等疑及未來
世諸善男子聞此事已亦不生疑尒時弥勒
菩薩欲重宣此義而說偈言
佛昔從釋種 出家近伽耶 坐於菩提樹 尒來尚未久

BD03352號　妙法蓮華經（八卷本）卷五

（6–5）

世諸善男子聞此事已亦不生疑尒時弥勒
菩薩欲重宣此義而說偈言
佛昔從釋種 出家近伽耶 坐於菩提樹 尒來尚未久
此諸佛子等 其數不可量 久已行佛道 住神通智力
善學菩薩道 不染世間法 如蓮華在水 從地而踊出
皆起恭敬心 住於世尊前 是事難思議 云何而可信
佛得道甚近 所成就甚多 願為除衆疑 如實分別說
譬如少壯人 年始二十五 示人百歲子 髮白而面皺
是等我所生 子亦說是父 父少而子老 舉世所不信
世尊亦如是 得道來甚近 是諸菩薩等 志固无怯弱
從无量劫來 而行菩薩道 巧於難問荅 其心无所畏
忍辱心決定 端正有威德 十方佛所讚 善能分別說
不樂在人衆 常好在禪定 為求佛道故 於下空中住
我等從佛聞 於此事无疑 願佛為未來 演說令開解
若有於此經 生疑不信者 即當墮惡道 願今為解說
是无量菩薩 云何於少時 教化令發心 而住不退地

妙法蓮華經卷第五

BD03352號　妙法蓮華經（八卷本）卷五

（6–6）

所潤是一 而各[illegible] [illegible]於世
譬如大雲 普覆一切 既出于世 為諸眾生
分別演說 諸法之實 大聖世尊 於諸天人
一切眾中 而宣是言 我為如來 兩足之尊
出于世間 猶如大雲 充潤一切 枯槁眾生
皆令離苦 得安隱樂 世間之樂 及涅槃樂
諸天人眾 一心善聽 皆應到此 覲无上尊
我為世尊 無能及者 安隱眾生 故現於世
為大眾說 甘露淨法 其法一味 解脫涅槃
以一妙音 演暢斯義 常為大乘 而作因緣
我觀一切 普皆平等 无有彼此 愛憎之心
我无貪著 亦无限礙 恒為一切 平等說法
如為一人 眾多亦然 常演說法 曾無他事
去來坐立 終不疲猒 充足世間 如雨普潤
貴賤上下 持戒毀戒 威儀具足 及不具足
正見邪見 利根鈍根 等雨法雨 而無懈惓
一切眾生 聞我法者 隨力所受 住於諸地
或處人天 轉輪聖王 釋梵諸王 是小藥草

BD03353號　妙法蓮華經卷三　（22–1）

一切眾生 聞我法者 隨力所受 住於諸地
或處人天 轉輪聖王 釋梵諸王 是小藥草
知無漏法 能得涅槃 起六神通 及得三明
獨處山林 常行禪定 得緣覺證 是中藥草
求世尊處 我當作佛 行精進定 是上藥草
又諸佛子 專心佛道 常行慈悲 自知作佛
決定無疑 是名小樹 安住神通 轉不退輪
度无量億 百千眾生 如是菩薩 名為大樹
佛平等說 如一味雨 隨眾生性 所受不同
如彼草木 所稟各異 佛以此喻 方便開示
種種言辭 演說一法 於佛智慧 如海一渧
我雨法雨 充滿世間 一味之法 隨力修行
如彼叢林 藥草諸樹 隨其大小 漸增茂好
諸佛之法 常以一味 令諸世間 普得具足
漸次修行 皆得道果 聲聞緣覺 處於山林
住最後身 聞法得果 是名藥草 各得增長
若諸菩薩 智慧堅固 了達三界 求最上乘
是名小樹 而得增長 復有住禪 得神通力
聞諸法空 心大歡喜 放无數光 度諸眾生
是名大樹 而得增長 如是迦葉 佛所說法
譬如大雲 以一味雨 潤於人華 各得成實
迦葉當知 以諸因緣 種種譬喻 開示佛道
是我方便 諸佛亦然 今為汝等 說最實事
諸聲聞眾 皆非滅度 汝等所行 是菩薩道

BD03353號　妙法蓮華經卷三　（22–2）

迦葉當知　以諸因緣　種種譬喻　開示佛道
是我方便　諸佛亦然　今為汝等　說最實事
諸聲聞衆　皆非滅度　汝等所行　是菩薩道
漸漸脩學　悉當成佛

妙法蓮華經授記品第六

尒時世尊說是偈已告諸大衆唱如是言我此弟子摩訶迦葉於未來世當得奉覲三百萬億諸佛世尊供養恭敬尊重讚歎廣宣諸佛无量大法於最後身得成為佛名曰光明如來應供正遍知明行足善逝世間解无上士調御丈夫天人師佛世尊國名光德劫名大莊嚴佛壽十二小劫正法住世二十小劫像法亦住二十小劫國界嚴飾无諸穢惡瓦礫荊棘便利不淨其土平正無有高下坑坎堆阜琉璃為地寶樹行列黃金為繩以界道側散諸寶華周遍清淨其國菩薩无量千億諸聲聞衆亦復无數無有魔事雖有魔及魔民皆護佛法尒時世尊欲重宣此義而說偈言

告諸比丘　我以佛眼　見是迦葉　於未來世
過无數劫　當得作佛　而於來世　供養奉覲
三百万億　諸佛世尊　為佛智慧　淨脩梵行
供養最上　二足尊已　脩習一切　无上之慧
於最後身　得成為佛　其土清淨　琉璃為地
多諸寶樹　行列道側　金繩界道　見者歡喜
常出好香　散衆名華　種種奇妙　以為莊嚴

BD03353 號　妙法蓮華經卷三

(22–3)

供養最上　二足尊已　脩習一切　无上之慧
於最後身　得成為佛　其土清淨　琉璃為地
多諸寶樹　行列道側　金繩界道　見者歡喜
常出好香　散衆名華　種種奇妙　以為莊嚴
其地平正　無有丘坑　諸菩薩衆　不可稱計
其心調柔　逮大神通　奉持諸佛　大乘經典
諸聲聞衆　無漏後身　法王之子　亦不可計
乃以天眼　不能數知　其佛當壽　十二小劫
光明世尊　其事如是

尒時大目揵連須菩提摩訶迦旃延等皆悉悚慄一心合掌瞻仰尊顏目不暫捨即共同聲而說偈言

大雄猛世尊　諸釋之法王　哀愍我等故　而賜佛音聲
若知我深心　見為授記者　如以甘露灑　除熱得清涼
如從飢國來　忽遇大王饍　心猶懷疑懼　未敢即便食
若復得王教　然後乃敢食　我等亦如是　每惟小乘過
不知當云何　得佛無上慧　雖聞佛音聲　言我等作佛
心尚懷憂懼　如未敢便食　若蒙佛授記　尒乃快安樂
大雄猛世尊　常欲安世間　願賜我等記　如飢須教食

尒時世尊知諸大弟子心之所念告諸比丘是須菩提於當來世奉覲三百万億那由他佛供養恭敬尊重讚歎常脩梵行具菩薩道於最後身得成為佛号曰名相如來應供正遍知明行足善逝世間解无上士調御丈夫天人師佛世尊劫名有寶國名寶生其土平正頗梨為地寶樹莊嚴無諸丘坑沙礫荊棘便利之穢寶華覆地周遍清淨其土人民皆

BD03353 號　妙法蓮華經卷三

(22–4)

天人師佛世尊劫名有寶國名寶生其土平
正頗梨為地寶樹莊嚴無諸丘坑沙礫荊蕀
便利之穢寶華覆地周遍清淨其土人民皆
處寶臺珍妙樓閣聲聞弟子无量无邊筭
數譬喻所不能知諸菩薩衆無數千万億那由
他佛壽十二小劫正法住世二十小劫像法
亦住二十小劫其佛常處虛空為衆說法度
脫无量菩薩及聲聞衆尒時世尊欲重宣此
義而說偈言
諸比丘衆 今告汝等 皆當一心 聽我所說
我大弟子 須菩提者 當得作佛 号曰名相
當供无數 万億諸佛 隨佛所行 漸具大道
最後身得 三十二相 端正殊妙 猶如寶山
其佛國土 嚴淨第一 衆生見者 無不愛樂
佛於其中 度無量衆 其佛法中 多諸菩薩
皆悉利根 轉不退輪 彼國常以 菩薩莊嚴
諸聲聞衆 不可稱數 皆得三明 具六神通
住八解脫 有大威德 其佛說法 現於无量
神通變化 不可思議 諸天人民 數如恒沙
皆共合掌 聽受佛語 其佛當壽 十二小劫
正法住世 二十小劫 像法亦住 二十小劫
尒時世尊復告諸比丘衆我今語汝是大迦
旃延於當來世以諸供具供養奉事八千億
佛恭敬尊重諸佛滅後各起塔廟高千由旬
縱廣正等五百由旬以金銀琉璃車𤦲馬瑙
真珠玫瑰七寶合成衆華瓔珞塗香抹香燒
香繒蓋幢幡供養塔廟過是已後當復供養

縱廣正等五百由旬以金銀琉璃車𤦲馬瑙
真珠玫瑰七寶合成衆華瓔珞塗香抹香燒
香繒蓋幢幡供養塔廟過是已後當復供養
二萬億佛亦復如是供養是諸佛已具菩薩
道當得作佛号曰閻浮那提金光如來應供
正遍知明行足善逝世間解无上士調御丈
夫天人師佛世尊其土平正頗梨為地寶樹
莊嚴黃金為繩以界道側妙華覆地周遍清
淨見者歡喜无四惡道地獄餓鬼畜生阿脩
羅道多有天人諸聲聞衆及諸菩薩无量万
億莊嚴其國佛壽十二小劫正法住世二十
小劫像法亦住二十小劫尒時世尊欲重宣
此義而說偈言
諸比丘衆 皆一心聽 如我所說 真實无異
是迦旃延 當以種種 妙好供具 供養諸佛
諸佛滅後 起七寶塔 亦以華香 供養舍利
其最後身 得佛智慧 成等正覺 國土清淨
度脫無量 万億衆生 皆為十方 之所供養
佛之光明 無能勝者 其佛号曰 閻浮金光
菩薩聲聞 斷一切有 無量無數 莊嚴其國
尒時世尊復告大衆我今語汝是大目揵連
當以種種供具供養八千諸佛恭敬尊重諸
佛滅後各起塔廟高千由旬縱廣正等五百
由旬以金銀琉璃車𤦲馬瑙真珠玫瑰七寶
合成衆華瓔珞塗香抹香燒香繒蓋幢幡以
用供養過是已後當復供養二百万億諸佛
亦復如是當得成佛号曰多摩羅跋栴檀香

由旬以金銀琉璃車磲馬瑙真珠玫瑰七寶
合成衆華瓔珞塗香粖香燒香繒蓋幢幡以
用供養過是已後當復供養二百万億諸佛
亦復如是當得成佛号曰多摩羅跋栴檀香
如來應供正遍知明行足善逝世間解無上
士調御丈夫天人師佛世尊劫名喜滿國名
意樂其土平正頗梨為地寶樹莊嚴散真珠
華周遍清淨見者歡喜多諸天人菩薩聲聞
其數無量佛壽二十四小劫正法住世四十
小劫像法亦住四十小劫尒時世尊欲重宣
此義而說偈言
我此弟子　大目揵連　捨是身已　得見八千
二百万億　諸佛世尊　為佛道故　供養恭敬
於諸佛所　常脩梵行　於無量劫　奉持佛法
諸佛滅後　起七寶塔　長表金剎　華香伎樂
而以供養　諸佛塔廟　漸漸具足　菩薩道已
於意樂國　而得作佛　号多摩羅　栴檀之香
其佛壽命　二十四劫　常為天人　演說佛道
聲聞無量　如恒河沙　三明六通　有大威德
菩薩無數　志固精進　於佛智慧　皆不退轉
佛滅度後　正法當住　四十小劫　像法亦尒
我諸弟子　威德具足　其數五百　皆當授記
於未來世　咸得成佛
我及汝等　宿世因緣　吾今當說　汝等善聽

妙法蓮華經化城喻品第七

佛告諸比丘乃往過去無量無邊不可思議
阿僧祇劫尒時有佛名大通智勝如來應供
正遍知明行足善逝世間解無上士調御丈

BD03353 號　妙法蓮華經卷三

（22–7）

妙法蓮華經化城喻品第七

佛告諸比丘乃往過去無量無邊不可思議
阿僧祇劫尒時有佛名大通智勝如來應供
正遍知明行足善逝世間解無上士調御丈
夫天人師佛世尊其國名好成劫名大相諸
比丘彼佛滅度已來甚大久遠譬如三千大
千世界所有地種假使有人磨以為墨過於
東方千國土乃下一點大如微塵又過千國
土復下一點如是展轉盡地種墨於汝等意
云何是諸國土若筭師若筭師弟子能得
邊際知其數不不也世尊諸比丘是人所經國
土若點不點盡抹為塵一塵一劫彼佛滅度
已來復過是數無量無邊百千万億阿僧祇
劫我以如來知見力故觀彼久遠猶若今日
尒時世尊欲重宣此義而說偈言
我念過去世　無量無邊劫　有佛兩足尊　名大通智勝
如人以力磨　三千大千土　盡此諸地種　皆悉以為墨
過於千國土　乃下一塵點　如是展轉點　盡此諸塵墨
如是諸國土　點與不點等　復盡抹為塵　一塵為一劫
此諸微塵數　其劫復過是　彼佛滅度來　如是無量劫
如來無礙智　知彼佛滅度　及聲聞菩薩　如見今滅度
諸比丘當知　佛智淨微妙　無漏無所礙　通達無量劫
佛告諸比丘大通智勝佛壽五百四十萬億
那由他劫其佛本坐道場破魔軍已垂得阿
耨多羅三藐三菩提而諸佛法不現在前如
是一小劫乃至十小劫結跏趺坐身心不動
而諸佛法猶不在前尒時忉利諸天先為彼
佛於菩提樹下敷師子座高一由旬佛於此

BD03353 號　妙法蓮華經卷三

（22–8）

耨多羅三藐三菩提而諸佛法不現在前如
是一小劫乃至十小劫結跏趺坐身心不動
而諸佛法猶不在前尒時忉利諸天先為彼
佛於菩提樹下敷師子座高一由旬佛於此
坐當得阿耨多羅三藐三菩提適坐此座時
諸梵天王雨衆天華面百由旬香風時來吹去
萎華更雨新者如是不絶滿十小劫供養於
佛乃至滅度常雨此華四王諸天為供養佛
常擊天鼓其餘諸天作天伎樂滿十小劫至
于滅度亦復如是諸比丘大通智勝佛過十
小劫諸佛之法乃現在前成阿耨多羅三藐
三菩提其佛未出家時有十六子其第一
者名曰智積諸子各有種種珍異玩好之具
聞父得成阿耨多羅三藐三菩提皆捨所珍
往詣佛所諸母涕泣而隨送之其祖轉輪聖
王與一百大臣及餘百千萬億人民皆共圍
繞隨至道場咸欲親近大通智勝如來供養
恭敬尊重讚嘆到已頭面礼足繞佛畢一心
合掌瞻仰世尊以偈頌曰
大威德世尊　為度衆生故　於無量億歲　尒乃得成佛
諸願已具足　善哉吉無上　世尊甚希有　一坐十小劫
身體及手足　靜然安不動　其心常憺怕　未曾有散亂
究竟永寂滅　安住無漏法　今者見世尊　安隱成佛道
我等得善利　稱慶大歡喜　衆生常苦惱　盲瞑無導師
不識苦盡道　不知求解脫　長夜增惡趣　減損諸天衆
從瞑入於瞑　永不聞佛名　今佛得最上　安隱無漏道

我等得善利　稱慶大歡喜　衆生常苦惱　盲瞑無導師
不識苦盡道　不知求解脫　長夜增惡趣　減損諸天衆
從瞑入於瞑　永不聞佛名　今佛得最上　安隱無漏道
我等及天人　為得最大利　是故咸稽首　歸命無上尊
尒時十六王子偈讚佛已勸請世尊轉於法輪
咸作是言世尊說法多所安隱憐愍饒益
諸天人民重說偈言
世雄無等倫　百福自莊嚴　得無上智慧　願為世間說
度脫於我等　及諸衆生類　為分別顯示　令得是智慧
若我等得佛　衆生亦復然　世尊知衆生　深心之所念
亦知所行道　又知智慧力　欲樂及脩福　宿命所行業
世尊悉知已　當轉無上輪
佛告諸比丘大通智勝佛得阿耨多羅三藐
三菩提時十方各五百萬億諸佛世界六種
震動其國中間幽冥之處日月威光所不能照
而皆大明其中衆生各得相見咸作是言此
中云何忽生衆生又其國界諸天宮殿乃至
梵宮六種震動大光普照遍滿世界勝諸天
光尒時東方五百萬億諸國土中梵天宮殿
光明照曜倍於常明諸梵天王各作是念今
者宮殿光明昔所未有以何因緣而現此相是
時諸梵天王即各相詣共議此事時彼衆中
有一大梵天王名救一切為諸梵衆而說
偈言
我等諸宮殿　光明昔未有　此是何因緣　宜各共求之

有一大梵天王名救一切為諸梵衆而說
偈言
我等諸宮殿　光明昔未有　此是何因緣　宜各共求之
為大德天生　為佛出世間　而此大光明　遍照於十方
尒時五百萬億國土諸梵天王與宮殿俱各
以衣裓盛諸天華共詣西方推尋是相見大
通智勝如來處于道場菩提樹下坐師子座
諸天龍王乾闥婆緊那羅摩睺羅伽人非人
等恭敬圍繞及見十六王子請佛轉法輪即時
諸梵天王頭面礼佛繞百千匝即以天華而
散佛上其所散華如須弥山并以供養佛菩
提樹其菩提樹高十由旬華供養已各以宮
殿奉上彼佛而作是言唯見哀愍饒益我等
所獻宮殿願垂納處時諸梵天王即於佛前
一心同聲以偈頌曰
世尊甚希有　難可得值遇　具無量功德　能救護一切
天人之大師　哀愍於世間　十方諸衆生　普皆蒙饒益
我等所從來　五百万億國　捨深禪定樂　為供養佛故
我等先世福　宮殿甚嚴飾　今以奉世尊　唯願哀納受
尒時諸梵天王偈讚佛已各作是言唯願世
尊轉於法輪度脫衆生開涅槃道時諸梵天
王一心同聲而說偈言
世雄兩足尊　唯願演說法　以大慈悲力　度苦惱衆生
尒時大通智勝如來嘿然許之又諸比丘東
南方五百万億國土諸大梵王各自見宮殿

BD03353號　妙法蓮華經卷三

世雄兩足尊　唯願演說法　以大慈悲力　度苦惱衆生
尒時大通智勝如來嘿然許之又諸比丘東
南方五百万億國土諸大梵王各自見宮殿
光明照曜昔所未有歡喜踊躍生希有心即
各相詣共議此事時彼衆中有一大梵天王
名曰大悲為諸梵衆而說偈言
是事何因緣　而現如此相　我等諸宮殿　光明昔未有
為大德天生　為佛出世間　未曾見此相　當共一心求
過千万億土　尋光共推之　多是佛出世　度脫苦衆生
尒時五百萬億諸梵天王與宮殿俱各以衣
裓盛諸天華共詣西北方推尋是相見大通
智勝如來處于道場菩提樹下坐師子座諸
天龍王乾闥婆緊那羅摩睺羅伽人非人等恭
敬圍繞及見十六王子請佛轉法輪時諸梵
天王頭面礼佛繞百千匝即以天華而散佛
上所散之華如須弥山并以供養佛菩提樹華
供養已各以宮殿奉上彼佛而作是言唯見
哀愍饒益我等所獻宮殿願垂納受尒時
諸梵天王即於佛前一心同聲以偈頌曰
聖主天中天　迦陵頻伽聲　哀愍衆生者　我等今敬礼
世尊甚希有　久遠乃一現　一百八十劫　空過無有佛
三惡道充滿　諸天衆減少　今佛出於世　為衆生作眼
世間所歸趣　救護於一切　為衆生之父　哀愍饒益者
我等宿福慶　今得值世尊
尒時諸梵天王偈讚佛已各作是言唯願世

BD03353號　妙法蓮華經卷三

世間所歸趣 救護於一切 為衆生之父 哀愍饒益者
我等宿福慶 今得值世尊
尒時諸梵天王偈讚佛已各作是言唯願世
尊哀愍一切轉於法輪度脫衆生時諸梵天
王一心同聲而說偈言
大聖轉法輪 顯示諸法相 度苦惱衆生 令得大歡喜
衆生聞此法 得道若生天 諸惡道減少 忍善者增益
尒時大通智勝如來嘿然許之又諸比丘南
方五百万億國土諸大梵王各自見宮殿光明
照曜昔所未有歡喜踊躍生希有心即各相
詣共議此事以何因緣我等宮殿有此光曜
而彼衆中有一大梵天王名曰妙法為諸梵
衆而說偈言
我等諸宮殿 光明甚威曜 此非無因緣 是相宜求之
過於百千劫 未曾見是相 為大德天生 為佛出世間
尒時五百萬億諸梵天王與宮殿俱各以衣
裓盛諸天華共詣北方推尋是相見大通智
勝如來處于道場菩提樹下坐師子座諸天
龍王乾闥婆緊那羅摩睺羅伽人非人等恭
敬圍繞及見十六王子請佛轉法輪時諸梵
天王頭面礼佛繞百千匝即以天華而散佛
上所散之華如須弥山并以供養佛菩提樹華
供養已各以宮殿奉上彼佛而作是言唯見
哀愍饒益我等所獻宮殿願垂納受尒時
諸梵天王即於佛前一心同聲以偈頌曰
世尊甚難見 破諸煩惱者 過百三十劫 今乃得一見

BD03353號　妙法蓮華經卷三　（22–13）

供養已各以宮殿奉上彼佛而作是言唯見
哀愍饒益我等所獻宮殿願垂納受尒時
諸梵天王即於佛前一心同聲以偈頌曰
世尊甚難見 破諸煩惱者 過百三十劫 今乃得一見
諸飢渴衆生 以法雨充滿 昔所未曾覩 無量智慧者
如優曇鉢羅 今日乃值遇 我等諸宮殿 蒙光故嚴飾
世尊大慈愍 唯願垂納受
尒時諸梵天王偈讚佛已各作是言唯願世尊
轉於法輪令一切世間諸天魔梵沙門婆羅
門皆獲安隱而得度脫時諸梵天王一心同
聲以偈頌
唯願天人尊 轉無上法輪 擊于大法鼓 而吹大法螺
普雨大法雨 度無量衆生 我等咸歸請 當演深遠音
尒時大通智勝如來嘿然許之西南方乃至
下方亦復如是尒時上方五百萬億國土諸大
梵王皆悉自覩所止宮殿光明威曜昔所未
有歡喜踊躍生希有心即各相詣共議此事
以何因緣我等宮殿有斯光明時彼衆中有
一大梵天王名曰尸棄為諸梵衆而說偈
言
今以何因緣 我等諸宮殿 威德光明曜 嚴飾未曾有
如是之妙相 昔所未聞見 為大德天生 為佛出世間
尒時五百萬億諸梵天王與宮殿俱各以衣
裓盛諸天華共詣下方推尋是相見大通智
勝如來處于道場菩提樹下坐師子座諸天
龍王乾闥婆緊那羅摩睺羅伽人非人等恭

BD03353號　妙法蓮華經卷三　（22–14）

尒時五百萬億諸梵天王與宮殿俱各以衣
裓盛諸天華共詣下方推尋是相見大通智
勝如來處于道場菩提樹下坐師子座諸天
龍王乾闥婆緊那羅摩睺羅伽人非人等恭
敬圍繞及見十六王子請佛轉法輪時諸梵天
王頭面礼佛繞百千帀即以天華而散佛上
所散之華如須弥山并以供養佛菩提樹華
供養已各以宮殿奉上彼佛而作是言唯見
哀愍饒益我等所獻宮殿願垂納處時諸
梵天王即於佛前一心同聲以偈頌曰
善哉見諸佛 救世之聖尊 能於三界獄 免出諸衆生
普智天人尊 哀愍群萌類 能開甘露門 廣度於一切
於昔無量劫 空過無有佛 世尊未出時 十方常闇瞑
三惡道增長 阿脩羅亦盛 諸天衆轉滅 死多墮惡道
不從佛聞法 常行不善事 色力及智慧 斯等皆減少
罪業因緣故 失樂及樂想 住於邪見法 不識善儀則
不蒙佛所化 常墮於惡道 佛為世間眼 久遠時乃出
哀愍諸衆生 故現於世間 超出成正覺 我等甚欣慶
及餘一切衆 喜歎未曾有 我等諸宮殿 蒙光故嚴飾
今以奉世尊 唯垂哀納受 願以此功德 普及於一切
我等與衆生 皆共成佛道
尒時五百萬億諸梵天王偈讚佛已各白佛言
唯願世尊轉於法輪多所安隱多所度脫時諸
梵天王而說偈言
世尊轉法輪 擊甘露法鼓 度苦惱衆生 開示涅槃道
唯願受我請 以大微妙音 哀愍而敷演 無量劫習法

BD03353號　妙法蓮華經卷三

(22–15)

唯願世尊轉於法輪多所安隱多所度脫時諸
梵天王而說偈言
世尊轉法輪 擊甘露法鼓 度苦惱衆生 開示涅槃道
唯願受我請 以大微妙音 哀愍而敷演 無量劫習法
尒時大通智勝如來受十方諸梵天王及十
六王子請即時三轉十二行法輪若沙門婆
羅門若天魔梵及餘世間所不能轉謂是苦
是苦集是苦滅是苦滅道及廣說十二因緣法
無明緣行行緣識識緣名色名色緣六入
六入緣觸觸緣受受緣愛愛緣取取緣有
有緣生生緣老死憂悲苦惱無明滅則行滅行
滅則識滅識滅則名色滅名色滅則六入滅六
入滅則觸滅觸滅則受滅受滅則愛滅愛滅則
取滅取滅則有滅有滅則生滅生滅則老死
憂悲苦惱滅佛於天人大衆之中說是法時
六百萬億那由他人以不受一切法故而於
諸漏心得解脫皆得深妙禪定三明六通
具八解脫第二第三第四說法時千萬億
恒河沙那由他等衆生亦以不受一切法故
而於諸漏心得解脫從是已後諸聲聞衆無
量無邊不可稱數尒時十六王子皆以童子
出家而為沙弥諸根通利智慧明了已曾供
養百千萬億諸佛淨脩梵行求阿耨多羅三
藐三菩提俱白佛言世尊是諸無量千萬億
大德聲聞皆已成就世尊亦當為我等說阿
耨多羅三藐三菩提法我等聞已皆共脩學

BD03353號　妙法蓮華經卷三

(22–16)

大德聲聞皆已成就世尊亦當為我等說阿
耨多羅三藐三菩提法我等聞已皆共脩學
世尊我等志願如來知見深心所念佛自證
知尒時轉輪聖王所將衆中八萬億人見十
六王子出家亦求出家王即聽許尒時彼佛
受沙弥請過二萬劫已乃於四衆之中說是
大乘經名妙法蓮華教菩薩法佛所護念說
是經已十六沙弥為阿耨多羅三藐三菩提
故皆共受持諷誦通利說是經時十六菩薩
沙弥皆悉信受聲聞衆中亦有信解其餘衆
生千萬億種皆生疑惑佛說是經於八千劫
未曾休癈說此經已即入靜室住於禪定八
萬四千劫是時十六菩薩沙弥知佛入室寂
然禪定各昇法座亦於八萬四千劫為四部
衆廣說分別妙法華經一一皆度六百萬億
那由他恒河沙等衆生示教利喜令發阿耨
多羅三藐三菩提心大通智勝佛過八萬
四千劫已從三昧起往詣法座安詳而坐普告
大衆是十六菩薩沙弥甚為希有諸根通利
智慧明了已曾供養無量千萬億數諸佛於
諸佛所常脩梵行受持佛智開示衆生令入
其中汝等皆當數數親近而供養之所以者
何若聲聞辟支佛及諸菩薩能信是十六菩
薩所說經法受持不毀者是人皆當得阿耨
多羅三藐三菩提如來之慧佛告諸比丘是
十六菩薩常樂說是妙法蓮華經一一菩薩

何若聲聞辟支佛及諸菩薩能信是十六菩
薩所說經法受持不毀者是人皆當得阿耨
多羅三藐三菩提如來之慧佛告諸比丘是
十六菩薩常樂說是妙法蓮華經一一菩薩
所化六百万萬億那由他恒河沙等衆生世世
所生與菩薩俱從其聞法悉皆信解以此因緣
得值四萬億諸佛世尊于今不盡諸比丘我
今語汝彼佛弟子十六沙弥今皆得阿耨多
羅三藐三菩提於十方國土現在說法有無
量百千萬億菩薩聲聞以為眷屬其二沙
弥東方作佛一名阿閦在歡喜國二名須弥
頂東南方二佛一名師子音二名師子相南
方二佛一名虛空住二名常滅西南方二佛一
名帝相二名梵相西方二佛一名阿弥陁二
名度一切世間苦惱西北方二佛一名多摩
羅跋栴檀香神通二名須弥相北方二佛一
名雲自在二名雲自在王東北方佛名壞
一切世間怖畏第十六我釋迦牟尼佛於娑
婆國土成阿耨多羅三藐三菩提諸比丘我
等為沙弥時各各教化無量百千萬億恒河
沙等衆生從我聞法為阿耨多羅三藐三菩
提此諸衆生于今有住聲聞地者我常教化
阿耨多羅三藐三菩提是諸人等應以是法
漸入佛道所以者何如來智慧難信難解尒
時所化無量恒河沙等衆生汝等諸比丘及
我滅度後未來世中聲聞弟子是也我滅
度後復有弟子不聞是經不知不覺菩薩所
行自於所得功德生滅度想當入涅槃我於

我滅度後未來世中聲聞弟子是也我滅
度後復有弟子不聞是經不知不覺菩薩所
行自於所得功德生滅度想當入涅槃我於
餘國作佛更有異名是人雖生滅度之想入
於涅槃而於彼土求佛智慧得聞是經唯以
佛乘而得滅度更無餘乘除諸如來方便說
法諸比丘若如來自知涅槃時到衆又清淨信
解堅固了達空法深入禪定便集諸菩薩及
聲聞衆為說是經世間無有二乘而得滅度
唯一佛乘得滅度耳比丘當知如來方便深
入衆生之性知其志樂小法深著五欲為是
等故說於涅槃是人若聞則便信受譬如五
百由旬險難惡道曠絕無人怖畏之處若
有多衆欲過此道至珎寶處有一導師聰慧
明達善知險道通塞之相將導衆人欲過此
難所將人衆中路懈退白導師言我等疲極
而復怖畏不能復進前路猶遠今欲退還導
師多諸方便而作是念此等可愍云何捨大珎
寶而欲退還作是念已以方便力於險道中
過三百由旬化作一城告衆人言汝等勿怖
莫得退還今此大城可於中止隨意所作若
入是城快得安隱若能前至寶所亦可得去
是時疲極之衆心大歡喜嘆未曾有我等
今者免斯惡道快得安隱於是衆人前入化城
生已度想生安隱想尒時導師知此人衆既得
止息無復疲惓即滅化城語衆人言汝等去
來寶處在近向者大城我所化作為止息耳
諸比丘如來亦復如是今為汝等作大導師

BD03353 號　妙法蓮華經卷三

（22–19）

生已度想生安隱想尒時導師知此人衆既得
止息無復疲惓即滅化城語衆人言汝等去
來寶處在近向者大城我所化作為止息耳
諸比丘如來亦復如是今為汝等作大導師
知諸生死煩惱惡道險難長遠應去應度
若衆生但聞一佛乘者則不欲見佛不欲親
近便作是念佛道長遠久受勤苦乃可得成
佛知是心怯弱下劣以方便力而於中道為
止息故說二涅槃若衆生住於二地如來尒
時即便為說汝等所作未辦汝所住地近於
佛慧當觀察籌量所得涅槃非真實也但
是如來方便之力於一佛乘分別說三如彼
導師為止息故化作大城既知息已而告之言
寶處在近此城非實我化作耳尒時世尊
欲重宣此義而說偈言

大通智勝佛　十劫坐道場　佛法不現前　不得成佛道
諸天神龍王　阿脩羅衆等　常雨於天華　以供養彼佛
諸天擊天鼓　并作衆伎樂　香風吹萎華　更雨新好者
過十小劫已　乃得成佛道　諸天及世人　心皆懷踊躍
彼佛十六子　皆與其眷屬　千萬億圍遶　俱行至佛所
頭面禮佛足　而請轉法輪　聖師子法雨　充我及一切
世尊甚難值　久遠時一現　為覺悟群生　震動於一切
東方諸世界　五百萬億國　梵宮殿光曜　昔所未曾有
諸梵見此相　尋來至佛所　散華以供養　并奉上宮殿
請佛轉法輪　以偈而讚嘆　佛知時未至　受請嘿然坐
三方及四維　上下亦復尒　散華奉宮殿　請佛轉法輪
世尊甚難值　願以大慈悲　廣開甘露門　轉無上法輪
無量慧世尊　受彼衆人請　為宣種種法　四諦十二緣

BD03353 號　妙法蓮華經卷三

（22–20）

三方及四維　上下亦復介　散華奉宮殿　請佛轉法輪
世尊甚難值　願以大慈悲　廣開甘露門　轉無上法輪
無量慧世尊　受彼衆人請　為宣種種法　四諦十二緣
無明至老死　皆從生緣有　如是衆過患　汝等應當知
宣暢是法時　六百萬億姟　得盡諸苦際　皆成阿羅漢
第二說法時　千萬恒沙衆　於諸法不受　亦得阿羅漢
從是後得道　其數無有量　萬億劫筭數　不能得其邊
時十六王子　出家作沙弥　皆共請彼佛　演說大乘法
我等及營從　皆當成佛道　願得如世尊　慧眼第一淨
佛知童子心　宿世之所行　以無量因緣　種種諸譬喻
說六波羅蜜　及諸神通事　分別真實法　菩薩所行道
說是法華經　如恒河沙偈　彼佛說經已　靜室入禪定
一心一處坐　八萬四千劫　是諸沙弥等　知佛禪未出
為無量億衆　說佛無上慧　各各坐法座　說是大乘經
於佛宴寂後　宣揚助法化　一一沙弥等　所度諸衆生
有六百萬億　恒河沙等衆　彼佛滅度後　是諸聞法者
在在諸佛土　常與師俱生　是十六沙弥　具足行佛道
今現在十方　各得成正覺　介時聞法者　各在諸佛所
其有住聲聞　漸教以佛道　我在十六數　曾亦為汝說
是故以方便　引汝趣佛慧　以是本因緣　今說法華經
令汝入佛道　慎勿懷驚懼　譬如險惡道　迥絕多毒獸
又復無水草　人所怖畏處　無數千萬衆　欲過此險道
其路甚曠遠　經五百由旬　時有一導師　強識有智慧
明了心決定　在險濟衆難　衆人皆疲惓　而白導師言
我等今頓乏　於此欲退還　導師作是念　此輩甚可愍
如何欲退還　而失大珍寶　尋時思方便　當設神通力
化作大城郭　莊嚴諸舍宅　周匝有園林　渠流及浴池
重門高樓閣　男女皆充滿　即作是化已　慰衆言勿懼

BD03353號　妙法蓮華經卷三　（22–21）

又復無水草　人所怖畏處　無數千萬衆　欲過此險道
其路甚曠遠　經五百由旬　時有一導師　強識有智慧
明了心決定　在險濟衆難　衆人皆疲惓　而白導師言
我等今頓乏　於此欲退還　導師作是念　此輩甚可愍
如何欲退還　而失大珍寶　尋時思方便　當設神通力
化作大城郭　莊嚴諸舍宅　周匝有園林　渠流及浴池
重門高樓閣　男女皆充滿　即作是化已　慰衆言勿懼
汝等入此城　各可隨所樂　諸人既入城　心皆大歡喜
皆生安隱想　自謂已得度　導師知息已　集衆而告言
汝等當前進　此是化城耳　我見汝疲極　中路欲退還
故以方便力　權化作此城　汝今勤精進　當共至寶所
我亦復如是　為一切導師　見諸求道者　中路而懈廢
不能度生死　煩惱諸險道　故以方便力　為息說涅槃
言汝等苦滅　所作皆已辦　既知到涅槃　皆得阿羅漢
介乃集大衆　為說真實法　諸佛方便力　分別說三乘
唯有一佛乘　息處故說二　今為汝說實　汝所得非滅
為佛一切智　當發大精進　汝證一切智　十力等佛法
具三十二相　乃是真實滅　諸佛之導師　為息說涅槃
既知是息已　引入於佛慧

妙法蓮華經卷第三

BD03353號　妙法蓮華經卷三　（22–22）

外求水嗽口漱一
掌恭敬向耆闍崛山遥礼世尊而
目揵連是吾親友願興慈悲授我
揵連如鷹隼飛疾至王所日日如
戒世尊亦遣尊者富樓那為王說法
間逕三七日王食麨蜜得聞法故顏
時阿闍世問守門者父王今者猶存
守門人白言大王國大夫人身塗麨
盛漿持用上王沙門目
来為王說法不可禁制
時阿闍世聞此語已怒其母曰我母
賊為伴沙門惡人幻惑呪術令此惡
不死即執利劍欲害其母時有一臣
光聦明多智及與耆婆為王作礼曰

BD03354號　觀無量壽佛經

（20–1）

時阿闍世聞此語已怒其母曰我母
賊為伴沙門惡人幻惑呪術令此惡
不死即執利劍欲害其母時有一臣
光聦明多智及與耆婆為王作礼曰
臣聞毗陁論經說劫初已来有諸惡王貪
位故煞害其父一万八千未曾聞有无道害
母王今為此煞逆之事汙剎利種臣不忍聞
是旃陁羅不宜住此時二大臣說此語已以
手按劍却行而退時阿闍世驚怖惶懼告耆
婆言汝不為我耶耆婆白言大王慎莫害母
王聞此語懺悔求救即便捨劍止不害母勅
語內官閉置深宮不令復出
時韋提希被幽閉已愁憂憔悴遥向耆闍崛
山為佛作礼而作是言如来世尊在昔之時
恒遣阿難来慰問我我今愁憂世尊威重无
由得見願遣目連尊者阿難與我相見作是
語已悲泣雨淚遥向佛礼未舉頭頃尒時世
尊在耆闍崛山知韋提希心之所念勅大目
揵連及以阿難從空而来佛從耆闍崛山沒
於王宮出時韋提希礼已舉頭見世尊釋迦
牟尼佛身紫金色坐百寶蓮華目連侍左阿
難侍右釋梵護世諸天在虛空中普雨天華
持用供養
時韋提希見佛世尊自絕瓔珞舉身投地號
泣向佛白言世尊我宿何罪生此惡子世尊
復有何等因緣與提婆達多共為眷屬唯願

BD03354號　觀無量壽佛經

（20–2）

時韋提希見佛世尊自絕瓔珞舉身投地號
泣向佛白言世尊我宿何罪生此惡子世尊
復有何等因緣與提婆達多共為眷屬唯願
世尊為我廣說无憂惱處我當往生不樂閻
浮提濁惡世也此濁惡處地獄餓鬼畜生盈
滿多不善聚願我未來不聞惡聲不見惡人
今向世尊五體投地求哀懺悔唯願佛日教
我觀於清淨業處
尒時世尊放眉間光其光金色遍照十方无
量世界還住佛頂化為金臺如須弥山十方
諸佛淨妙國土皆於中現或有國土七寶合
成復有國土純是蓮華復有國土如自在天
宮復有國土如頗梨鏡十方國土皆於中現
有如是等无量諸佛國土嚴顯可觀令韋提
希見時韋提希白佛言世尊是諸佛土雖復
清淨皆有光明我今樂生極樂世界阿弥陀
佛所唯願世尊教我思惟教我正受
尒時世尊即便微笑有五色光從佛口出一
一光照頻婆娑羅頂尒時大王雖在幽閉心
眼无鄣遙見世尊頭面作礼自然增進成阿
那含
尒時世尊告韋提希汝今知不阿弥陀佛去
此不遠汝當繫念諦觀彼國淨業成者我今
為汝廣說衆譬亦令未來世一切凡夫欲脩
淨業者得生西方極樂國土欲生彼國者當
脩三福一者孝養父母奉事師長慈心不煞

BD03354 號　觀無量壽佛經　（20–3）

此不遠汝當繫念諦觀彼國淨業成者我今
為汝廣說衆譬亦令未來世一切凡夫欲脩
淨業者得生西方極樂國土欲生彼國者當
脩三福一者孝養父母奉事師長慈心不煞
脩十善業二者受持三歸具足衆戒不犯威
儀三者發菩提心深信因果讀誦大乘勸進
行者如此三事名為淨業佛告韋提希汝今
知不此三種業過去未來現在三世諸佛淨
業正因
佛告阿難及韋提希諦聽諦聽善思念之如
來今者為未來世一切衆生為煩惱賊之所
害者說清淨業善哉韋提希快問此事阿難
汝當受持廣為多衆宣說佛語如來今者教
韋提希及未來世一切衆生觀於西方極樂世
界以佛力故當得見彼清淨國土如執明
鏡自見面像見彼國土極妙樂事心歡喜故
應時即得无生法忍
佛告韋提希汝是凡夫心想羸劣未得天眼
不能遠觀諸佛如來有異方便令汝得見時
韋提希白佛言世尊如我今者以佛力故見
彼國土若佛滅後諸衆生等濁惡不善五苦
所逼云何當見阿弥陀佛極樂世界佛告韋
提希汝及衆生應當專心繫念一處想於西
方云何作想凡作想者一切衆生自非生盲
有目之徒皆見日沒當起想念正坐西向諦
觀於日令心堅住專想不移見日欲沒狀如

BD03354 號　觀無量壽佛經　（20–4）

提希汝及衆生應當專心繫念一處想於西
方云何作想凡作想者一切衆生自非生盲
有目之徒皆見日没當起想念正坐西向諦
觀於日令心堅住專想不移見日欲没狀如
懸皷既見日已閉目開目皆令明了是為日
想名曰初觀
次作水想見水澄清亦令明了无分散意既
見水已當起氷想見氷映徹作瑠璃想此想
成已見瑠璃地内外映徹下有金剛七寶金
幢擎瑠璃地其幢八方八楞具足一一方面
百寶所成一一寶珠有千光明一一光明八万
四千色映瑠璃地如億千日不可具見瑠璃
地上以黄金繩雜廁間錯以七寶界分齊
分明一一寶中有五百色光其光如華又似
星月懸處虚空成光明臺樓閣千万百寶
合成於臺兩邊各有百億華幢无量樂器以
為莊嚴八種清風從光明出鼓此樂器演
說苦空无常无我之音是為水想名第二觀
此想成時一一觀之極令了了閉目開目不
令散失唯除食時恒憶此事如此想者名為
粗見極樂國土若得三昧見彼國地了了分
明不可具說是為地想名第三觀
佛告阿難汝持佛語為未來世一切大衆欲
脫苦者說是觀地法若觀是地者除八十億
劫生死之罪捨身他世必生淨國心得无疑
作是觀者名為正觀若他觀者名為耶觀佛
[illegible]

劫生死之罪捨身他世必生淨國心得无疑
作是觀者名為正觀若他觀者名為耶觀佛
告阿難及韋提希地想成已次觀寶樹觀寶
樹者一一觀之作七重行樹想一一樹高八
千由旬其諸寶樹七寶華葉无不具足一一
華葉作異寶色瑠璃色中出金色光頗梨色
中出紅色光馬瑙色中出車𤦲光車𤦲色中
出緑真珠光珊瑚虎珀一切衆寶以為映飾
妙真珠網彌覆樹上一一樹上有七重網一
一網間有五百億妙華宮殿如梵王宮諸天
童子自然在中一一童子五百億釋迦毗楞
伽摩尼以為瓔珞其摩尼光照百由旬如和
合百億日月不可具名衆寶間錯色中上者
此諸寶林行行相當葉葉相次於衆葉間生
諸妙華華上自然有七寶菓一一樹葉縱廣
正等廿五由旬其葉千色有百種畫如天瓔
珞有衆妙華作閻浮檀金色如旋火輪婉轉
葉間踊生諸菓如帝釋瓶有大光明化成幢
幡无量寶蓋是寶蓋中映現三千大千世界
一切佛事十方佛國亦於中現見此樹已亦
當次第一一觀之觀見樹莖枝葉華菓皆令
分明是為樹想名第四觀
次當想水想水者極樂國土有八池水一一
池水七寶所成其寶柔濡從如意珠王生分
為十四枝一一枝作七寶色黄金為渠渠下
皆以雜色金剛以為底沙一一水中有六十

分明是為樹想名第四觀
次當想水想水者極樂國土有八池水一一
池水七寶所成其寶柔軟從如意珠王生分
為十四枝一一枝作七寶色黃金為渠渠下
皆以雜色金剛以為底沙一一水中有六十
億七寶蓮華一一蓮華團圓正等十二由旬
其摩尼水流注華間尋樹上下其聲微妙演
說苦空无常无我諸波羅蜜復有讚歎諸佛
相好者如意珠王踊出金色微妙光明其光
化為百寶色鳥和鳴哀雅常讚念佛念法念
僧是為八功德水想名第五觀
衆寶國土一一界上有五百億寶樓其樓閣
中有无量諸天作天伎樂又有樂器懸處虛
空如天寶幢不鼓自鳴此衆音中皆說念佛念
法念比丘僧此想成已名為粗見極樂世界
寶樹寶地寶池是為總觀想名第六觀若見
此者除无量億劫極重惡業命終之後必生
彼國作是觀者名為正觀若他觀者名為耶
觀
佛告阿難及韋提希諦聽諦聽善思念之佛
當為汝分別解說除苦惱法汝等憶持廣為
大衆分別解說說是語時无量壽佛住立空
中觀世音大勢至是二大士侍立左右光明
熾盛不可具見百千閻浮檀金色不得為比
時韋提希見无量壽佛已接足作禮白佛言
世尊我今因佛力故得見无量壽佛及二菩

BD03354號　觀無量壽佛經　（20–7）

中觀世音大勢至是二大士侍立左右光明
熾盛不可具見百千閻浮檀金色不得為比
時韋提希見无量壽佛已接足作禮白佛言
世尊我今因佛力故得見无量壽佛及二菩
薩未來衆生當云何觀无量壽佛及二菩薩
佛告韋提希欲觀彼佛者當起想念於七寶
地上作蓮華想令其蓮華一一葉作百寶色
有八万四千脉猶如天畫脉有八万四千光
了了分明皆令得見華葉小者縱廣二百五
十由旬如是華有八万四千葉一一葉間有
百億摩尼珠王以為映飾一一摩尼放千光
明其光如蓋七寶合成遍覆地上釋迦毗楞
伽寶以為其臺此蓮華臺八万金剛甄叔迦
寶梵摩尼寶妙真珠網以為交飾於其臺上
自然而有四柱寶幢一一寶幢如百千万億
須彌山幢上寶縵如夜摩天宮有五百億微
妙寶珠以為映飾一一寶珠有八万四千光
一一光作八万四千異種金色一一金光遍
其寶土處處變化各作異相或為金剛臺或
作真珠網或作雜華雲於十方面隨意變現
施作佛事是為華想名第七觀佛告阿難如
此妙華是本法藏比丘願力所成若欲念彼
佛者當先作此華座想作此想時不得雜觀
皆應一一觀之一一葉一一珠一一光一一
臺一一幢皆令分明如於鏡中自見面像此
想成者滅除五万劫生死之罪必定當生極

BD03354號　觀無量壽佛經　（20–8）

佛者當先作此華坐想作此想時不得雜觀
皆應一一觀之一一葉一一珠一一光一一
臺一一幢皆令分明如於鏡中自見面像此
想成者滅除五万劫生死之罪必定當生極
樂世界作是觀者名為正觀若他觀者名為
耶觀
佛告阿難及韋提希見此事已次當想佛所
以者何諸佛如來是法界身入一切眾生心
想中是故汝等心想佛時是心即是卅二相
八十隨形好是心作佛是心是佛諸佛正遍
智海從心想生是故應當一心繫念諦觀彼
佛多陁阿伽度阿羅訶三藐三佛陁想彼佛
者先當想像閉目開目見一寶像如閻浮檀
金色坐彼華上既見坐已心眼得開了了分
明見極樂國七寶莊嚴寶地寶池寶樹行列
諸天寶縵弥覆其上眾寶羅網滿虛空中見
如此事極令明了如觀掌中見此事已復當
更作一大蓮華在佛左邊如前蓮華等无有
異復作一大蓮華在佛右邊想一觀世音菩
薩像坐左華坐亦放金色光如前无異想一大
勢至菩薩像坐右華坐此想成時佛菩薩像
皆放金色光其光金色照諸寶樹一一樹下
亦有三蓮華諸蓮華上各有一佛二菩薩像
遍滿彼國此想成時行者當聞水流光明及
諸寶樹鳧鴈鴛鴦皆說妙法出定入定恒聞
妙法行者所聞出定之時憶持不捨令與脩

諸寶樹鳧鴈鴛鴦皆說妙法出定入定恒聞
妙法行者所聞出定之時憶持不捨令與脩
多羅合若不合者名為妄想若合者名為麁
想見極樂世界是為像想名第八觀作是觀
者除无量億劫生死之罪於現身中得念佛
三昧
佛告阿難此想成已次當更觀无量壽佛身
相光明阿難當知无量壽佛身如百千万億
夜摩天閻浮檀金色佛身高六十万億那由
他恒河沙由旬眉間白豪右旋婉轉如五須
弥山佛眼如四大海水清白分明身諸毛孔
演出光明如須弥山彼佛圓光如百億三千
大千世界於圓光中有百万億那由他恒河
沙化佛一一化佛亦有眾多无數化菩薩以
為侍者无量壽佛有八万四千相一一相各
有八万四千隨形好一一好復有八万四千
光明一一光明遍照十方世界念佛眾生攝
取不捨其光相好及與化佛不可具說但當
憶想令心眼見見此事者即見十方一切諸
佛以見諸佛故名念佛三昧作是觀者名觀
一切佛身以觀佛身故亦見佛心佛心者大
慈悲是以无緣慈攝諸眾生作此觀者捨身
他世生諸佛前得无生法忍是故智者應當
繫心諦觀无量壽佛觀无量壽佛者從一相
好入但觀眉間白豪極令明了見眉間白豪
者八万四千相好自然當現見无量壽佛者

他世主諸佛前得无生法忍是故智者應當
繫心諦觀无量壽佛觀无量壽佛者從一相
好入但觀眉間白毫極令明了見眉間白毫
者八万四千相好自然當見見无量壽佛者
即見十方无量諸佛得見无量諸佛故諸佛
現前授記是為遍觀一切色想名第九觀作
此觀者名為正觀若他觀者名為耶觀
佛告阿難及韋提希見无量壽佛了了分明
已次應觀觀世音菩薩此菩薩身長八十億
那由他由旬身紫金色頂有肉髻項有圓光
面各有百千由旬其圓光中有五百化佛如
釋迦牟尼佛一一化佛有五百菩薩无量諸
天以為侍者舉身光中五道眾生一切色相
皆於中現頂上毗楞伽摩尼寶以為天冠其
天冠中有一立化佛高廿五由旬觀世音菩
薩面如閻浮檀金色眉間毫相備七寶色流
出八万四千種光明一一光明有无量无數
百千化佛一一化佛无數菩薩以為侍者變
現自在滿十方世界譬如紅蓮華色有八十
億光明以為瓔珞其瓔珞中普現一切諸莊
嚴事手掌作五百億雜蓮華色手十指端一
一指端有八万四千畫猶如印文一一畫有
八万四千色一一色有八万四千光其光柔
濡普照一切以此寶手接引眾生舉足時足
下有千輻輪相自然化成五百億光明臺下
足時有金剛摩尼華布散一切莫不彌滿其

BD03354號　觀無量壽佛經　（20–11）

下有千輻輪相自然化成五百億光明臺下
足時有金剛摩尼華布散一切莫不彌滿其
餘身相眾好具足如佛无異唯頂上肉髻及
无見頂相不及世尊是為觀觀世音菩薩真實
色身想名第十觀佛告阿難若欲觀觀世
音菩薩當作是觀作是觀者不遇諸禍淨除
業障除无數劫生死之罪如此菩薩但聞其
名獲无量福何況諦觀若有欲觀觀世音菩
薩者先觀頂上肉髻次觀天冠其餘眾相亦
次第觀之亦令明了如觀掌中作是觀者名
為正觀若他觀者名為耶觀
次觀大勢至菩薩此菩薩身量大小亦如觀
世音圓光面各百廿五由旬照二百五十由
旬舉身光明照十方國作紫金色有緣眾生
皆悉得見但見此菩薩一毛孔光即見十方
无量諸佛淨妙光明是故号此菩薩名无邊
光以智慧光普照一切令離三塗得无上力
是故号此菩薩名大勢至此菩薩天冠有五
百寶華一一寶華有五百寶臺一一臺中十
方諸佛淨妙國土廣長之相皆於中現頂上
肉髻如鉢頭摩華於肉髻上有一寶瓶盛諸光
明普現佛事餘諸身相如觀世音等无有異
此菩薩行時十方世界一切震動當地動處
有五百億寶華一一寶華莊嚴高顯如極樂
世界此菩薩坐時七寶國土一時動搖從下方

BD03354號　觀無量壽佛經　（20–12）

山著薩行時十方世界一切震動當地動處
有五百億寶華一一寶華莊嚴高顯如極樂
世界此菩薩坐時七寶國土一時動搖從下方
金光佛刹乃至上方光明王佛刹於其中間
无量塵數分身无量壽佛分身觀世音大勢
至皆悉雲集極樂國土側塞空中坐蓮華坐
演說妙法度苦衆生作此觀者名為正觀大
勢至菩薩是為觀大勢至色身相觀此菩薩
者名第十一觀除无量阿僧祇生死之罪作
是觀者不處胞胎常遊諸佛淨妙國土此觀
成已名為具足觀觀世音大勢至
見此事時當起自心生於西方極樂世界於
蓮華中結跏趺坐作蓮華合想作蓮華開想
蓮華開時有五百色光來照身想眼目開想
見佛菩薩滿虛空中水鳥樹林及與諸佛所
出音聲皆演妙法與十二部經合出定之時
憶持不失見此事已名見无量壽佛極樂世
界是為普觀想名第十二觀无量壽佛化身
无數與觀世音大勢至常來至此行人之所
佛告阿難及韋提希若欲至心生西方者先
當觀於一丈六像在池水上如先所說无量
壽佛身量无邊非是凡夫心力所及然彼如
來宿願力故有憶想者必得成就但想佛像
得无量福況復觀佛具足身相阿弥陀佛神
通如意於十方國變現自在或現大身滿虛
空中或現小身丈六八尺所現之形皆真金

BD03354 號　觀無量壽佛經

(20–13)

通如意於十方國變現自在或現大身滿虛
空中或現小身丈六八尺所現之形皆真金
色圓光化佛及寶蓮華如上所說觀世音菩
薩及大勢至於一切處身同衆生但觀首相
知是觀世音菩薩知是大勢至此二菩薩助
阿弥陀佛普化一切是為雜觀想名第十三觀
佛告阿難及韋提希上品上生者若有衆生
願生彼國者發三種心即便往生何等為三
一者至誠心二者深心三者迴向發願心具
三心者必生彼國復有三種衆生當得往生
何等為三一者慈心不煞具諸戒行二者讀
誦大乘方等經典三者脩行六念迴向發願
願生彼國具此功德一日乃至七日即得往
生生彼國時此人精進勇猛故阿弥陀如来
與觀世音大勢至无數化佛百千比丘聲聞
大衆无量諸天七寶宮殿觀世音菩薩執金
剛臺與大勢至菩薩至行者前阿弥陀佛放
大光明照行者身與諸菩薩授手迎接觀世
音大勢至與无數菩薩讚歎行者勸進其心
行者見已歡喜踊躍自見其身乘金剛臺隨
從佛後如彈指頃往生彼國生彼國已見佛
色身衆相具足見諸菩薩色相具足光明寶
林演說妙法聞已即悟无生法忍逕須臾間
歷事諸佛遍十方界於諸佛前次第授記還
至本國得无量百千陁羅尼門是名上品上
生者

BD03354 號　觀無量壽佛經

(20–14)

林演説妙法聞已即悟无生法忍逕須臾間
歷事諸佛遍十方界於諸佛前次第授記還
至本國得无量百千陁羅尼門是名上品上
生者
上品中生者不必受持讀誦方等經典善解
義趣於第一義心不驚動深信因果不謗大
乘以此功德迴向願求生極樂國行此行者
命欲終時阿弥陁佛與觀世音大勢至无量
大衆眷屬圍遶持紫金臺至行者前讃言法
子汝行大乘解第一義是故我今来迎接汝
與千化佛一時授手行者自見坐紫金臺合
掌叉手讃歎諸佛如一念頃即生彼國七寶
池中此紫金臺如大寶華逕宿即開行者身
作紫磨金色足下亦有七寶蓮華佛及菩薩
俱時放光照行者身目即開明因前宿習普
聞衆聲純説甚深第一義諦即下金臺礼佛
合掌讃歎世尊逕於七日應時即於阿耨多
羅三藐三菩提得不退轉應時即能飛至十
方歷事諸佛於諸佛所脩諸三昧逕一小劫
得无生忍現前授記是名上品中生者
上品下生者亦信因果不謗大乘但發无上
道心以此功德迴向願求生極樂國行者命
欲終時阿弥陁佛及觀世音大勢至與諸眷
屬持金蓮華化作五百化佛来迎此人五百化
佛一時授手讃言法子汝今清淨發无上道
心我来迎汝見此事時即自見身坐金蓮華

BD03354號　觀無量壽佛經　（20–15）

屬持金蓮華化作五百化佛来迎此人五百化
佛一時授手讃言法子汝今清淨發无上道
心我来迎汝見此事時即自見身坐金蓮華
坐已華合隨世尊後即得往生七寶池中一
日一夜蓮華乃開七日之中乃得見佛雖見
佛身於衆相好心不明了於三七日後乃了
了見聞衆音聲皆演妙法遊歷十方供養諸
佛於諸佛前聞甚深法逕三小劫得百法明
門住歡喜地是名上品下生者是名上輩生
想名第十四觀
復次阿難及韋提希中品上生者若有衆生受
持五戒持八戒齋脩行諸戒不造五逆无
衆過惡以此善根迴向願求生於西方極樂
世界臨命終時阿弥陁佛與諸比丘眷屬圍
遶放金色光至其人所演説苦空无常无我
讃歎出家得離衆苦行者見已心大歡喜自
見己身坐蓮華臺長跪合掌為佛作礼未舉
頭頃即得往生極樂世界蓮華尋開當華敷
時聞衆音聲讃歎四諦應時即得阿羅漢道
三明六通具八解脫是名中品上生者
中品中生者若有衆生若一日一夜受持八
戒齋若一日一夜持沙弥戒若一日一夜持具
足戒威儀无缺以此功德迴向願求生極樂
國戒香熏脩如此行者命欲終時見阿弥陁
佛與諸眷屬放金色光持七寶蓮華至行者
前行者自見空中有聲讃言善男子如汝善

BD03354號　觀無量壽佛經　（20–16）

佛與諸眷屬授金色光持七寶蓮華至行者
前行者自見空中有聲讚言善男子如汝善
人隨順三世諸佛教故我來迎汝行者自見
坐蓮華上蓮華即合生於西方極樂世界在
寶池中逕於七日蓮華開敷華既敷已開目
合掌讚歎世尊聞法歡喜得須陁洹逕半劫
已成阿羅漢是名中品中生者
中品下生者若有善男子善女人孝養父母
行世仁慈此人命欲終時遇善知識為其廣
說阿彌陁佛國土樂事亦說法藏比丘卌八
大願聞此事已尋即命終譬如壯士屈申臂
須即生西方極樂世界生逕七日遇觀世音
及大勢至聞法歡喜過一小劫成阿羅漢是
名中品下生者是名中輩生想名第十五觀
復次阿難及韋提希下品上生者或有衆生
作衆惡業雖不誹謗方等經典如此愚人多
造衆惡无有慚愧命欲終時遇善知識為讚
大乘十二部經首題名字以聞如是諸經名
故除却千劫極重惡業智者復教合掌叉手
稱南无阿彌陁佛稱佛名故除五十億劫生
死之罪命時彼佛即遣化佛化觀世音化大
勢至至行者前讚言善男子汝稱佛名故諸
罪消滅我來迎汝作是語已行者即見化佛
光明遍滿其室見已歡喜即便命終乘寶蓮
華隨化佛後生寶池中逕七七日蓮華乃敷
當華敷時大悲觀世音菩薩放大光明住其

BD03354 號　觀無量壽佛經

（20–17）

光明遍滿其室見已歡喜即便命終乘寶蓮
華隨化佛後生寶池中逕七七日蓮華乃敷
當華敷時大悲觀世音菩薩放大光明住其
人前為說甚深十二部經聞已信解發无上
道心逕十小劫具百法明門得入初地是名
下品上生者得聞佛名法名及聞僧名聞三
寶名即得往生
復次阿難及韋提希下品中生者或有衆
生毀犯五戒八戒及具足戒如此愚人偷僧
祇物盜現前僧物不淨說法无有慚愧以諸
惡法而自莊嚴如此罪人以惡業故應墮地
獄命欲終時地獄衆火一時俱至遇善知識以
大慈悲為說阿彌陁佛十力威德廣說彼佛光明
神力亦讚戒定慧解脫解脫知見此人聞已
除八十億劫生死之罪地獄猛火化為清涼風
吹諸天華華上皆有化佛菩薩迎接此人如
念頃即得往生七寶池中蓮華之內逕於六劫
蓮華乃敷觀世音大勢至以梵音聲安慰
彼人為說大乘甚深經典聞此法已應時即
發无上道心是名下品中生者
佛告阿難及韋提希下品下生者或有衆生作
不善業五逆十惡具諸不善如此愚人以惡業
故應墮惡道逕歷多劫受苦无窮如此愚人命
臨終時遇善知識種種安慰為說妙法教令
念佛彼人苦逼不遑念佛善友告言汝若不能
念佛者應稱无量壽佛如是至心令聲不絕具

BD03354 號　觀無量壽佛經

（20–18）

故應墮惡道逕歷多劫受苦无窮如此愚人命
臨終時遇善知識種種安慰為說妙法教令
念佛彼人苦逼不遑念佛善友告言汝若不能
念佛者應稱无量壽佛如是至心令聲不絕具
足十念稱南无阿彌陁佛稱佛名故於念念中
除八十億劫生死之罪命終之後見金蓮華猶
如日輪住其人前如一念頃即得往生極樂世
界於蓮華中滿十二大劫蓮華方開觀世音大
勢至以大悲音聲為其廣說諸法實相除滅罪
法實相聞已歡憙應時即發菩提之心是名下
品下生者是名下輩下生想名第十六觀
說是語時韋提希與五百侍女聞佛所說應
時即見極樂世界廣長之相得見佛身及二
菩薩心生歡喜歎未曾有豁然大悟逮无生法
忍五百侍女發阿耨多羅三藐三菩提心願生
彼國世尊悉記皆當往生彼國已得諸佛現前
三昧无量諸天發无上道心
尒時阿難即從坐起前白佛言世尊當何
名此經此法之要當云何受持佛告阿難此經
名觀極樂國土无量壽佛觀世音菩薩大勢
至菩薩亦名淨除業鄣生諸佛前汝當受持
无令忘失行此三昧者現身得見无量壽佛
及二大士若善男子善女人但聞佛名二菩薩
名除无量劫生死之罪何況憶念若念佛者
當知是人中分陁利華觀世音菩薩大勢至
菩薩為其勝友當坐道場生諸佛家佛告
阿難汝持是語持是語者即是持无量壽佛名

BD03354 號　觀無量壽佛經　（20–19）

菩薩心生歡喜歎未曾有豁然大悟逮无生法
忍五百侍女發阿耨多羅三藐三菩提心願生
彼國世尊悉記皆當往生彼國已得諸佛現前
三昧无量諸天發无上道心
尒時阿難即從坐起前白佛言世尊當何
名此經此法之要當云何受持佛告阿難此經
名觀極樂國土无量壽佛觀世音菩薩大勢
至菩薩亦名淨除業鄣生諸佛前汝當受持
无令忘失行此三昧者現身得見无量壽佛
及二大士若善男子善女人但聞佛名二菩薩
名除无量劫生死之罪何況憶念若念佛者
當知是人中分陁利華觀世音菩薩大勢至
菩薩為其勝友當坐道場生諸佛家佛告
阿難汝持是語持是語者即是持无量壽佛名
佛說此語時尊者目揵連阿難及韋提希等
聞佛所說皆大歡喜尒時世尊足步虛空還
耆闍崛山尒時阿難廣為大眾說如上事无
量諸天龍夜叉聞佛所說皆大歡喜禮佛而退

佛說无量壽觀經

BD03354 號　觀無量壽佛經　（20–20）

佛說大乘稻芉經一卷
如是我聞一時薄伽梵住王舍城耆闍崛山與大比丘衆千二百五十人及諸菩薩摩訶
薩俱 尒時具壽舍利子往弥勒菩薩摩訶薩經行之處到已共相慰問俱坐盤陀石
上 是時具壽舍利子向弥勒菩薩 如是言弥勒今日世尊觀見稻芉告諸比丘作如
是說諸比丘若見因緣彼即見法若見於法即能見佛作是語已默然无言弥勒善逝
何故作如是說其事云何何者因緣何者是法何者是佛云何見因緣即能見法云何見法
即能見佛作是語已弥勒菩薩摩訶薩答具壽舍利子言今佛法王正遍知告諸比丘若
見因緣即能見法若見於法即能見佛者此中何者是因緣言因緣者此有 故有此生故
彼生所謂无明緣行行緣識識緣名色名色緣六入六入緣觸觸緣受受緣愛愛緣取取緣
有有緣生生緣老死愁嘆苦憂惱而得生起如是唯生純極大苦之聚此中无明滅故行滅
行滅故識滅識滅故名色滅故色滅故六入滅六入滅故觸滅觸滅故受滅故滅故愛滅
滅故取滅取滅故有滅有滅故生滅生滅故老死愁嘆苦憂惱得滅如是唯滅純極大苦
之聚此是世尊所說因緣之法何者是法所謂八聖道正見正思惟正語正業正命正精進
正念正定此是八聖道果及涅槃世尊所說名之爲法何者是佛所謂知一切法者名之爲
佛以彼慧眼及法身能見作菩提學无學法故云何見因緣如佛所說若能見因緣之
法常无壽離壽如實性无錯謬性无生无起无作无爲无障礙无境界寂靜无畏无侵
奪不寂靜相者是若能如是法於亦見常无壽離壽如實性无錯謬性无生无起无作
无爲无障礙无境界寂靜无畏无侵奪不寂靜相者得正智故能悟勝法以无上法身
BD03355 號 1　大乘稻芉經

(12–1)

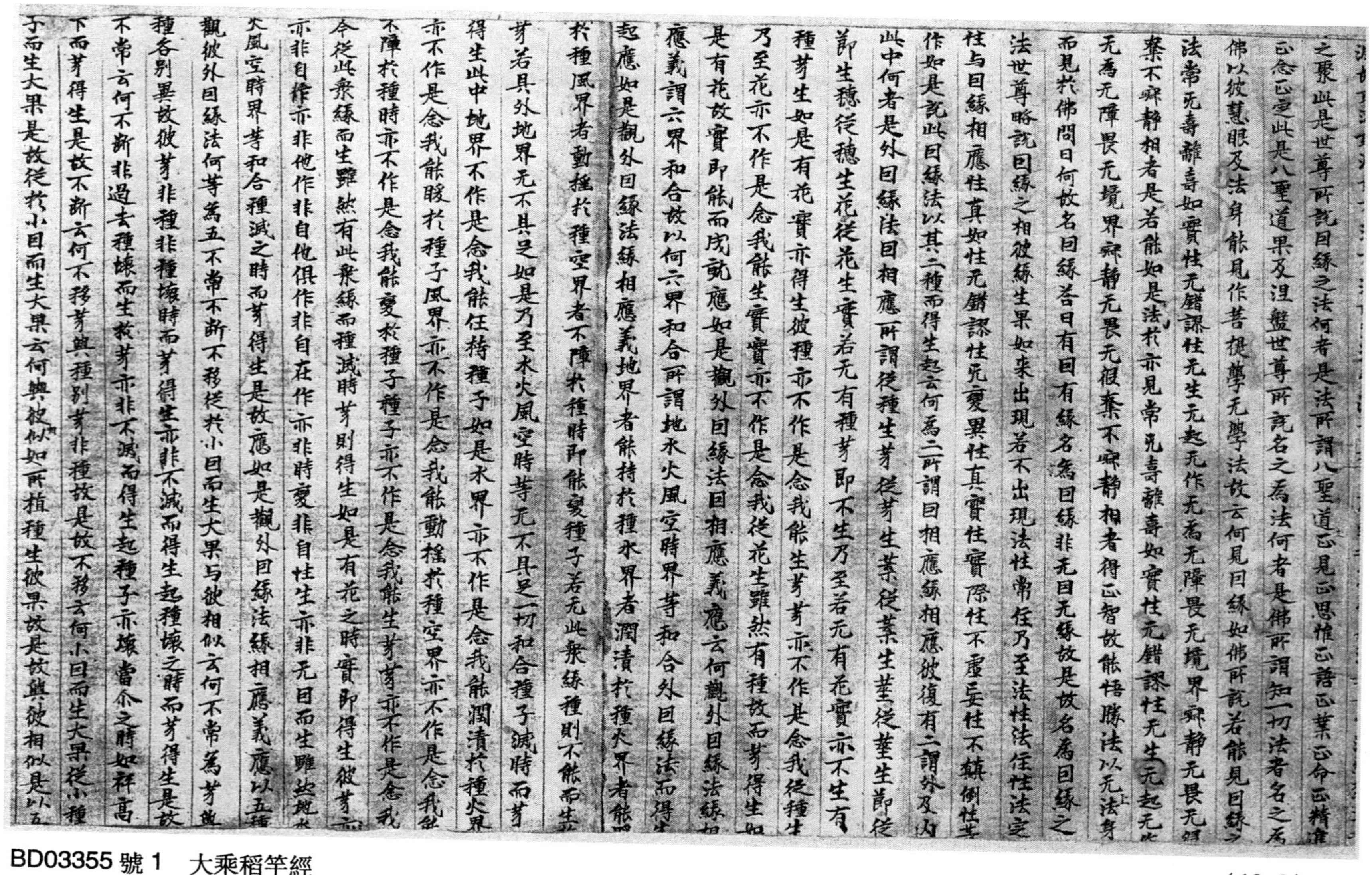

BD03355 號 1　大乘稻芉經

(12–2)

火風空時界等和合種滅之時而芽得生是故應如是觀外因緣法緣相應義應以五種
觀彼外因緣法何等為五不常不斷不移從於小因而生大果与彼相似云何不常為芽與
種各別異故彼芽非種非種壞時而芽得生亦非不滅而得生起種壞之時而芽得生是故
不常云何不斷非過去種壞而生於芽亦非不滅而得生起種子亦壞當尒之時如秤高
下而芽得生是故不斷云何不移芽與種別芽非種故是故不移云何小因而生大果從小種
子而生大果是故從於小因而生大果云何與彼相似如所植種生彼果故是故與彼相似是以五
種觀外因緣之法如是內因緣法亦以二種而得生起云何為二所謂因相應緣相應何者是
內因緣法因相應義所謂始從无明緣行乃至生緣老死若无明不生行亦不有乃至若无有
生老死非有如是有无明故行乃得生乃至有生故老死得有无明亦不作是念我能生行
行亦不作是念我從无明而生乃至生亦不作是念我能生於老死老死亦不是念我從
生有雖然有无明故行乃得生如是有生故老死得有是故應如是觀內因緣法因相應義
應云何觀內因緣法緣相應事為六界和合故以何六界和合所謂地水火風空識界等和
合故應如是觀內因緣法緣相應事　何者是內因緣法地界之相為此身中作堅硬者
名地界為令此身中聚集者名為水界能消身中食飲嚼噉者名為火界為此身中
作內外出入息者名為風界為此身中作虛通者名為空界五識身相應及有漏意
識猶如束蘆能成就此身名色芽者名為識界若无此眾緣身則不生若內地界无不
具足如是乃至火水風空識界等无不具足一切和合身即得生　彼地界亦不作是念我
能而作身中堅硬之事水界亦不作是念我能為身而作聚集火界亦不作是念我
能而消身所食飲嚼噉之事風界亦不作是念我能作內外出入息空界亦不作是念我
能而作身中虛通之事識界亦不作是念我能成就身名色之芽身亦不作是念我
從此眾緣而生雖然有此眾緣之時身即得生彼地界亦非是我非是眾生非命者
非生者非儒童非作者非男非女非黃門非自在非我非我所亦非餘等如是乃至水界火
界風界空界識界亦非是我非是眾生非命者非生者非儒童非作者非男非
非女非黃門非自在非我所亦非餘等　何者是无明於此六界起於一想一合想堅
牢想不壞想安樂想眾生命生者養育士夫人儒童作者我我所想等及餘種
種无知此是无明有无明故於諸境界起貪瞋癡於諸境界起貪瞋癡者此是无明緣行
而於諸事能了別者名識與識俱生四取蘊者此是名色依名色諸根名為六入三
法和合名觸覺受觸者名之為受於受貪著名之為愛增長愛者名之為取從取而
生能生業者名之為有而從彼因所生之蘊名之為生生已蘊成熟者名之為老老已蘊成
滅壞者名之為死臨終之時內具貪著及熱惱者名之為愁從愁而生諸言辭者名之為

BD03355 號 1　大乘稻芉經

（12–3）

種无知此是无明有无明故於諸境界起貪瞋癡於諸境界起貪瞋癡者此是无明緣行
而於諸事能了別者名識與識俱生四取蘊者此是名色依名色諸根名為六入三
法和合名觸覺受觸者名之為受於受貪著名之為愛增長愛者名之為取從取而
生能生業者名之為有而從彼因所生之蘊名之為生生已蘊成熟者名之為老老已蘊成
滅壞者名之為死臨終之時內具貪著及熱惱者名之為愁從愁而生諸言辭者名之為
嘆五識身受苦者名之為苦作意意識受諸苦者名之為憂具如是等及隨煩惱者名
名之為惱大黑闇故故名无明造作故名諸行了別故名識相依故名名色為生門故名六入
觸故名觸受故名受渴故名愛取故名取生後有故名有生蘊故名生蘊熟故名老蘊
壞故名死愁故名愁歎故名歎惱身故名苦惱心故名憂煩惱故名惱　復次不了真
性顛倒无知名為无明如是有无明故能成三行所謂福行罪行不動行從於福行而
生福行識者此是无明緣行從於罪行而生罪行識從於不動
從於不動行而生不動行者此則名為行緣識識緣名色名色增長故從六入門中能成事
者此是名色緣六入從於六入而生六聚觸者此是六入緣觸從於所觸而生彼受者此
則名為觸緣了別受已而生染愛耽著者此則名為受緣愛知已而生染愛耽著故不欲遠離
好色及於安樂生而願樂者此是愛緣取生願樂已從身口意造後有業者此是取
緣有從於彼業所生蘊者此是有緣生生已諸蘊成熟及滅壞者此則名為生緣
老死是故彼因緣十二支法互相為因互相為緣非常非无常非有為非无為非无
因非无緣非有受非盡法非壞法非滅法從无始已來如暴流水而无斷絕
雖然此因緣十二支法互相為因互相為緣非常非无常非有為非无為非无
因非无緣非有受非盡法非壞法非滅法從无始已來如暴流水而无斷絕有其
四支能攝十二因緣之法云何為四所謂无明愛業識識者以種子性為因業者以田
性為因无明及愛以煩惱性為因此中業及煩惱能生種子之識業則能種子識
田愛則能潤種子之識无名能殖種子之識若无此眾緣種子之識而不能成
彼業亦不作是念我今能作種子識田愛亦不作是念我能潤於種子知識无明
亦不作是念我今能殖種子之識彼種子識亦不作是念我今從此種緣而生雖然
種子之識依彼業田及愛所潤无明糞壞所生之處入於母胎能生名色之芽彼
名色芽亦非自在亦非他作非自他俱作非自在化亦非時變非自性生非假作
者亦非无因而生雖然父母和合時及餘緣和合之時无我之法无我我所猶如虛
空彼諸幻法因及眾緣无不具足故依彼生處入於母胎則能成就執受種子
之識名色之芽　如眼識生時若具五緣而則得生云何為五所謂依眼色明空
依作意故眼識得生此中眼則能作眼識所依色則能作眼識之境則名能為顯

BD03355 號 1　大乘稻芉經

（12–4）

名色芽亦非自在亦非他作非自他俱作非自在化亦非時變非自性生非假作
者亦非无因而生雖然父母和合時及餘緣和合之時无我之法无我我所猶如虛
空彼諸幻法因及衆緣无不具足故依彼生處入於母胎則能成就執受種子
之識名色之芽　如眼識生時若具五緣而則得生云何爲五所謂依眼色明空
依作意故眼識得生此中眼則能作眼識所依色則能作眼識之境明則能爲顯
現之事空則能爲不障之事作意能爲思想之事若无此衆緣眼識不生若內
入眼无不具足如是乃至色明空作意无不足具一切和合之時眼識得生
彼眼亦不作是念我今能爲眼識所依色亦不作是念我今能作眼識之境明
亦不作是念我今能作顯現之事作意亦不作是念我今能爲眼識所思彼眼識亦
不作是念我是從此衆緣而有雖然有此衆緣眼識得生乃至諸餘根等隨類之知
如是无有少法而從此世移至他世雖然因及衆緣无不具足故業果亦現譬如明
鏡之中現其面像雖彼面像不移鏡中因及衆緣无不具足故面像亦現如是
无有少許從於此滅生其餘處因及衆緣无不具足故業果亦現譬如月輪從此四萬
二千由旬而行彼月輪形像現其有水小器中者彼月輪亦不從彼移至於有水之器
雖然因及衆緣无不具足故月亦現如是无有少許從此滅而生餘處因及衆緣无
不具足故業果亦現譬如其火因及衆緣若不具足而不能然因具足之時乃可得然
如是无我之法无我我所猶如虛空依彼幻法因及衆緣无不具足故所生之處入於
母胎則能成就種子之識業及煩惱所生名色之芽是故應如是觀由因緣法
緣相應事　應以五種觀內因緣之法云何爲五不常不斷不移從於小因而生大
果與彼相似云何不常所謂彼後滅蘊與彼生分各異爲後滅蘊非生分故彼
後滅蘊亦滅生分亦得現故是故不常云何不斷非依後滅蘊滅壞之時生分得有
亦非不滅彼後滅蘊亦滅當尒之時生分之蘊如秤高下而得生故是故不斷云何
不移爲諸有情從非種同分處能生衆同分處故是故不移云何從於小因而生
大果作於小業感大異熟是故從於小因而生大果如所作因感彼果故與彼相似
是故應以五種觀因緣法尊者舍利子若復有人能以正智常觀如來所說因
緣之法无壽離壽如實性无錯謬性无生无起无作无爲无障礙无境界寂靜
无畏无侵奪无盡不寂靜相不虛誑无堅實如病如癰如箭過失无常苦空
无我者我於過去而有生耶而不分別過去之際於未來世生於何處亦不分別未
來之際此是何耶此復云何而作何物此諸有情從何而來從於此滅而生何處亦
不分別現在之有　復能滅於世間沙門婆羅門不同諸見所謂我見衆生見壽

BD03355 號 1　大乘稻竿經

（12–5）

緣之法无壽離壽如實性无錯 [illegible]
无畏无侵奪无盡不寂靜相不虛誑无堅實如病如癰如箭過失无常苦空
无我者我於過去而有生耶而不分別過去之際於未來世生於何處亦不分別未
來之際此是何耶此復云何而作何物此諸有情從何而來從於此滅而生何處亦
不分別現在之有　復能滅於世間沙門婆羅門不同諸見所謂我見衆生見壽
者見人見希有見吉祥見開合之見善了之故如多羅樹明了斷除諸根機已於
未來世證得无生无滅之法　尊者舍利子若復有人具足如是无生法忍善能
了別此因緣法者如來應供正遍知明行足善逝世間解无上士調御丈夫天人師
佛世尊即與授阿耨多羅三藐三菩提記　尒時弥勒菩薩摩訶薩說是語已舍
利子及一切世間天人阿脩羅揵闥婆等聞弥勒菩薩摩訶薩所說之法信授奉
行

普賢菩薩行願王經一卷
盡諸十方世界尊　普遊三世人師子　我身口意具清淨　是故今當遍聲首
以普賢行諸願力　一切最勝相現前　俯身量等刹土塵　虔心禮礼於大聖
一毫塵上衆塵衆　各於其中佛子遶　是諸法界盡无邊　如來皆遍當勝辭
是諸德海量難盡　以言枝派浩无涯　諸佛功德敷演故　一切善逝我當讚
最勝妙華及華鬘　最勝妙燈及爐香　音聲塗香及寶蓋　恭敬供養一切佛
勝妙衣服及薰香　末香積聚等須弥　勝妙一切莊嚴具　供敬供養於善逝
深信普賢行願力　如是无上廣大施　此皆將獻於十方　供敬供養一切佛
爲以貪嗔癡爲因　身業口業及意業　若有所造於不善　如是我今皆懺悔
十方諸佛及菩薩　緣覺有學及无學　及與衆生諸功德　我當隨喜於一切
十方諸界作燈者　願證无著佛菩提　如是於諸大導師　我請轉於无上輪
有佛欲趣於涅槃　爲利一切有情故　我以合掌當跪請　令願住劫刹土塵
礼拜供養與懺悔　隨喜啓發及勸請　我以積集少善根　皆用迴向大菩提
過去十方諸善逝　住於世者皆供養　所有未來諸善逝　速令願滿證菩提
盡於十方諸刹土　皆得廣大令清淨　菩提樹下等覺尊　及諸佛子願圓滿
所有十方有情類　願得无病常安樂　所有衆生諸法義　願得希望隨意成
菩提諸行我當行　願生六趣智宿命　若於世世受身時　願我出家果恒遂

BD03355 號 1　大乘稻竿經
BD03355 號 2　普賢菩薩行願王經

（12–6）

過去十方諸善逝　住於世者咱供養　所有未來諸善逝　速令願滿證菩提
盡於十方諸剎土　皆得廣大令清淨　菩提樹下等覺尊　及諸佛子願圓滿
所有十方有情類　願得无病常安樂　所有衆生諸法義　願得希望隨意成
菩提諸行我當行　願生六趣智宿命　若於世世受身時　願我出家果恒遂
隨順循學諸寂勝　普賢行行令圓滿　无垢清淨尸羅等　願常无缺无瑕穢
天龍夜叉鳩槃荼　人及諸類發衆聲　各各所有一切音　我隨彼音為說法
調善精勤脩十度　願常不忘菩提心　所有諸惡成障者　如是諸願盡消除
業與煩惱諸魔道　行於世間得解脫　不著於水盡蓮華　猶空无导如日月
所有十方剎土中　惡趣衆苦盡消除　令至有情安樂處　饒益諸行剎那品
能令圓滿菩提行　隨順衆生轉彼行　開示普賢菩薩行　盡未來劫行此行
孰能與我同行行　願得與之常相隨　身業口業及意業　與彼行行願為一
欲利於我諸善友　開演普賢諸行者　如是願得常相遇　我不違背於彼意
佛子圍遶大導師　願我常得親覩見　於中廣行大供養　盡未來劫无厭惓
恒持諸佛寂妙法　菩薩之行令普示　為淨普賢菩薩行　於未來劫我願行
於三有中輪轉時　證得无盡福田智　定惠方便及解脫　願成諸得无盡藏
一微塵上微塵剎　於一剎中无量佛　佛子圍遶居中尊　菩薩行行成瞻仰
如是无邊衆方所　一毫賅上戴三世　佛與剎土量如海　行行如海衆多劫
一音言技方大海　皆是諸佛清淨音　隨其衆意而敷演　願我常趣諸佛教
遊於三世諸寂勝　當轉无上法輪時　如上諸佛无盡教　我以惠力令善入
所有未來衆多劫　於一剎那我當證　如是諸劫歷三世　剎那分中我當行
遊於三世人師子　我於剎那盡瞻仰　證得如幻解脫力　常入諸佛之境界
三世剎土衆莊嚴　盡用建立一塵上　如是无量諸方所　我願遍入佛淨土
所有未來諸世燈　盡證等覺轉法輪　亦入涅槃證真際　我願行於諸佛前
令諸神力速普往　以大乘力趣普門　以行行力普功德　諸大慈力普遍滿
普於衆善諸福力　无有染著大智力　智惠方便諸定力　令至脩行菩提力
常以清淨諸業力　永除一切煩惱力　諸作魔力令无力　圓滿普賢行行力
諸剎如海令清淨　有情諸海令解脫　諸海如海令了見　智惠如海令善證
行行如海令清淨　誓願如海令圓滿　諸佛如海令供養　歷劫如海行无倦
所遊三世寂勝尊　菩提行願有衆多　用普賢行等覺已　如是我當盡圓滿
諸佛子中最為尊　是故號之為普賢　與此大智同行故　如是諸善悉迴向

BD03355 號 2　普賢菩薩行願王經

(12–7)

諸剎如海令清淨　有情諸海令解脫　諸海如海令了見　智惠如海令善證
行行如海令清淨　誓願如海令圓滿　諸佛如海令供養　歷劫如海行无倦
所遊三世寂勝尊　菩提行願有衆多　用普賢行等覺已　如是我當盡圓滿
諸佛子中最為尊　是故號之為普賢　與此大智同行故　如是諸善悉迴向
身口意業極清淨　行淨衆剎亦清淨　普賢如何善迴向　願我亦同於此行
為行極善普賢行　文殊大願亦當行　未來諸劫勿厭疲　菩薩此行皆圓滿
如是等行勿有量　亦願諸福勿有量　處於如是无量行　一切變化願我知
若有盡於虛空際　衆生无盡亦如是　盡於業於煩惱際　我之願際量亦然
所有十方无量剎　衆寶莊嚴獻諸佛　人及諸天最勝樂　如剎塵劫將供養
寧有聞此迴向經　隨順深信大菩提　唯於此中生一信　即成最勝功德聚
若人發此普賢願　此乃遠離諸惡趣　又以棄絕諸惡友　是人速見阿彌陀
此皆獲證最勝尊　善來於壽此人身　有如普賢大菩薩　皆能不久速成就
誰以无明力所作　五无間等諸衆罪　其人誦此普賢願　應時速得永盡除
於諸色相及智惠　種族容質皆圓備　衆魔外道不能屈　通於三界成供養
為利一切有情故　菩提樹下速安住　成等正覺轉法輪　降伏一切魔軍衆
若此普賢行行願　受持讀誦解脫者　此之果報唯佛知　无上菩提勿生惑
譬如文殊威德智　普賢菩薩亦如是　我隨脩學如彼行　是諸衆善悉迴向
遊於三世諸寂勝　所可稱讚勝迴向　我之如是衆善根　為脩普賢行迴向
若我當於命終時　蠲除一切諸障覆　目所親覩彌陀已　遊彼極樂剎土中
既到彼已如是願　誓得一切皆現前　令我此皆極圓滿　盡於世界利那生
秀靡極樂佛道場　生於上妙蓮花上　親向彌陀世尊所　願我於此得授記
我得最勝授記已　變化衆多百俱胝　令以惠力於十方　於諸有情作饒益

普賢菩薩行願王經

大乘四法經

如是我聞一時薄伽梵在舍衛國祇樹給孤獨薗與大比丘衆千二百五十人及諸菩
薩摩訶薩俱　爾時薄伽梵告諸比丘言諸比丘菩薩摩訶薩盡形壽不捨身
命行此四法云何為四諸比丘菩薩摩訶薩盡形壽不捨身命不捨菩提心諸比丘菩
[illegible]善知識諸比丘菩薩摩訶薩盡形壽不捨身

BD03355 號 2　普賢菩薩行願王經
BD03355 號 3　大乘四法經（異本）

(12–8)

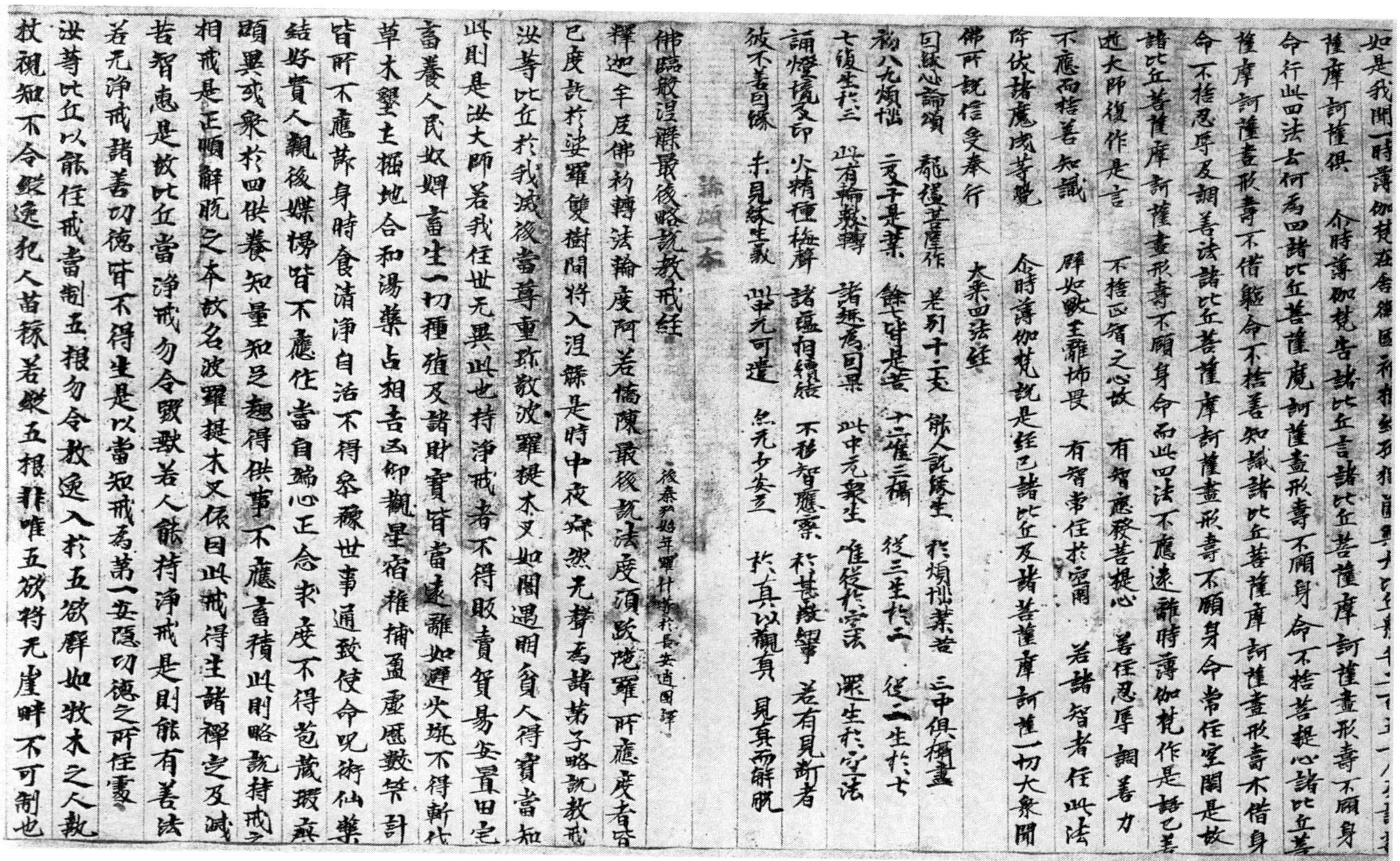

如是我聞一時薄伽梵在舍衛國祇樹給孤獨園與大比丘衆千二百五十人
菩薩摩訶薩俱　尒時薄伽梵告諸比丘言諸比丘菩薩摩訶薩盡形壽不顧身
命行此四法云何爲四諸比丘菩薩摩訶薩盡形壽不顧身命不捨菩提心諸比丘菩
薩摩訶薩盡形壽不惜軀命不捨善知識諸比丘菩薩摩訶薩盡形壽不惜身
命不捨忍辱柔和諸善法諸比丘菩薩摩訶薩盡形壽不顧身命常住空閑是故
諸比丘菩薩摩訶薩盡形壽不顧身命而此四法不應遠離時薄伽梵作是語已善
逝大師復作是言　不捨正智之心故　有智應發菩提心　菩住忍辱調善力
不應而捨善知識　譬如獸王離怖畏　有智常住於空閑　若諸智者住此法
降伏諸魔成等覺　尒時薄伽梵說是經已諸比丘及諸菩薩摩訶薩一切大衆聞
佛所說信受奉行　大乘四法經
因緣心論頌　龍猛菩薩作　差別十二支　能仁說緣生　於煩惱業苦　三中俱攝盡
初八九煩惱　二及十是業　餘七皆是苦　十二唯三攝　從三生於二　從二生於七
七復生於三　此有輪數轉　諸趣唯因果　此中无衆生　唯從於空法　還生於空法
誦燈鏡及印　火精種梅酢　諸蘊相續結　不移智應審　於甚微細事　若有見斷者
彼不善因緣　未見緣生義　此中无可遣　亦无少安立　於真以觀真　見真而解脫
論頌一本
佛臨般涅槃略說教誡經　後秦弘始年羅什譯於長安逍遙園譯
釋迦牟尼佛初轉法輪度阿若憍陳如最後說法度須跋陀羅所應度者皆
已度訖於娑羅雙樹間將入涅槃是時中夜寂然无聲爲諸弟子略說教誡
汝等比丘於我滅後當尊重珍敬波羅提木叉如闇遇明貧人得寶當知
此則是汝大師若我住世无異此也持淨戒者不得販賣貿易安置田宅
畜養人民奴婢畜生一切種殖及諸財寶皆當遠離如避火坑不得斬伐
草木墾土掘地合和湯藥占相吉凶仰觀星宿推步盈虛歷數筭計
皆所不應節身時食清淨自活不得參預世事通致使命呪術仙藥
結好貴人親厚媟慢皆不應作當自端心正念求度不得苞藏瑕疵
顯異惑衆於四供養知量知足趣得供事不應畜積此則略說持戒之
相戒是正順解脫之本故名波羅提木叉依因此戒得生諸禪定及滅
苦智慧是故比丘當淨戒勿令毀缺若人能持淨戒是則能有善法
若无淨戒諸善功德皆不得生是以當知戒爲第一安隱功德之所住處
汝等比丘已能住戒當制五根勿令放逸入於五欲譬如牧牛之人執
杖視之不令縱逸犯人苗稼若縱五根非唯五欲將无崖畔不可制也

BD03355 號 3　大乘四法經（異本）
BD03355 號 4　因緣心論頌
BD03355 號 5　佛垂般涅槃略說教誡經

（12–9）

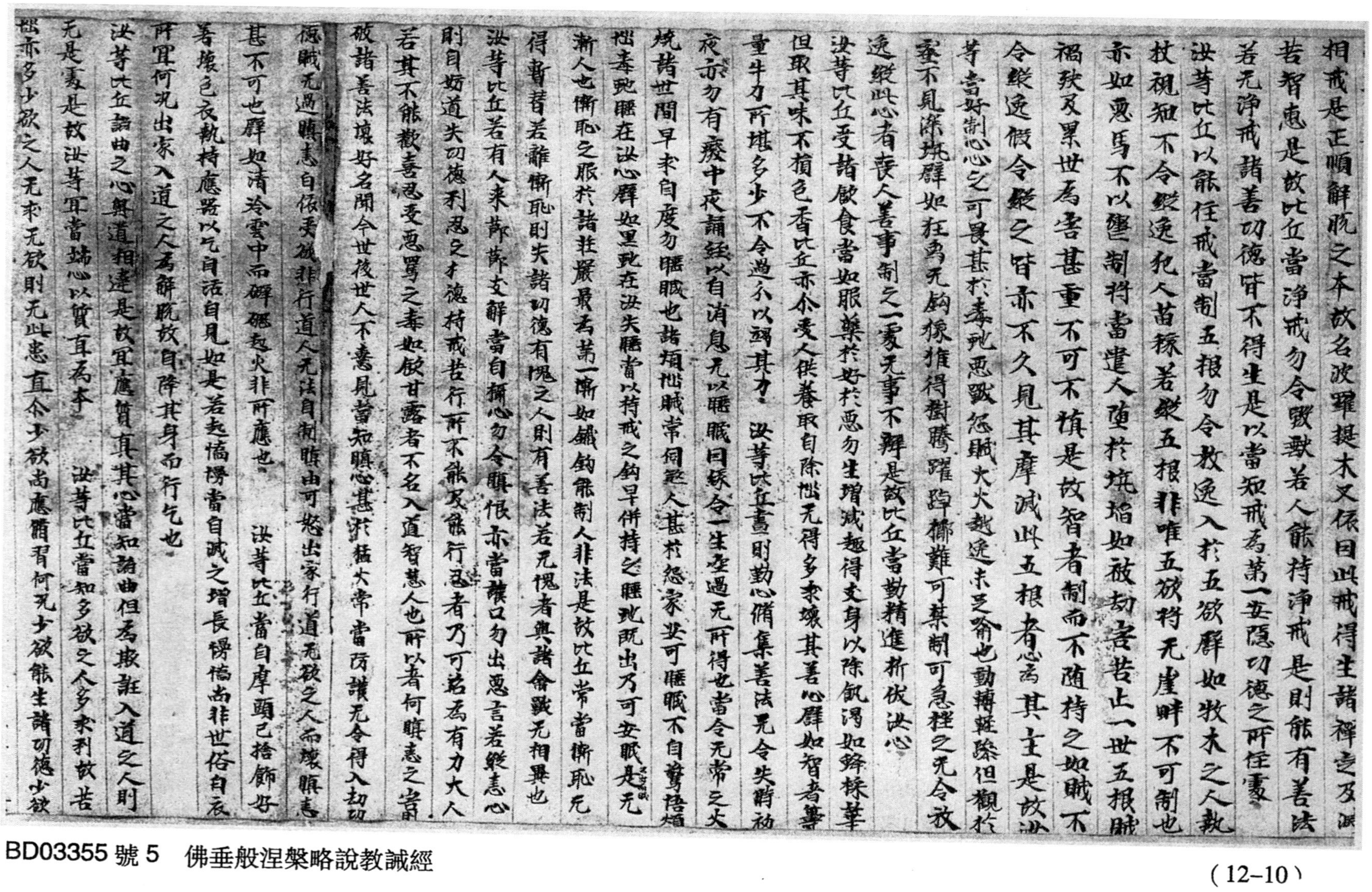

相戒是正順解脫之本故名波羅提木叉依因此戒得生諸禪定及滅
苦智慧是故比丘當淨戒勿令毀缺若人能持淨戒是則能有善法
若无淨戒諸善功德皆不得生是以當知戒爲第一安隱功德之所住處
汝等比丘已能住戒當制五根勿令放逸入於五欲譬如牧牛之人執
杖視之不令縱逸犯人苗稼若縱五根非唯五欲將无崖畔不可制也
亦如惡馬不以轡制將當牽人墜於坑陷如被劫害苦止一世五根賊
禍殃及累世爲害甚重不可不慎是故智者制而不隨持之如賊不
令縱逸假令縱之皆亦不久見其磨滅此五根者心爲其主是故汝
等當好制心心之可畏甚於毒蛇惡獸怨賊大火越逸未足喻也動轉輕躁但觀於
蜜不見深坑譬如狂象无鉤猿猴得樹騰躍踔躑難可禁制可急挫之无令放
逸縱此心者喪人善事制之一處无事不辦是故比丘當勤精進折伏汝心
汝等比丘受諸飲食當如服藥於好於惡勿生增減趣得支身以除飢渴如蜂採華
但取其味不損色香比丘亦尒受人供養取自除惱无得多求壞其善心譬如智者籌
量牛力所堪多少不令過分以竭其力　汝等比丘晝則勤心脩集善法无令失時初
夜亦勿有廢中夜誦經以自消息无以睡眠因緣令一生空過无所得也當念无常之火
燒諸世間早求自度勿睡眠也諸煩惱賊常伺殺人甚於怨家安可睡眠不自警悟煩
惱毒蛇睡在汝心譬如黑蚖在汝室睡當以持戒之鉤早併除之睡蛇既出乃可安眠是无
慚人也慚恥之服於諸莊嚴最爲第一慚如鐵鉤能制人非法是故比丘常當慚恥无
得暫替若離慚恥則失諸功德有愧之人則有善法若无愧者與諸禽獸无相異也
汝等比丘若有人來節節支解當自攝心无令瞋恨亦當護口勿出惡言若縱恚心
則自妨道失功德利忍之爲德持戒苦行所不能及能行忍者乃可名爲有力大人
若其不能歡喜忍受惡罵之毒如飲甘露者不名入道智慧人也所以者何瞋恚之害
破諸善法壞好名聞今世後世人不憙見當知瞋心甚於猛火常當防護无令得入劫
功德賊无過瞋恚白衣受欲非行道人无法自制瞋猶可恕出家行道无欲之人而懷瞋恚
甚不可也譬如清冷雲中而霹靂起火非所應也　汝等比丘當自摩頭已捨飾好
著壞色衣執持應器以乞自活自見如是若起憍慢當疾滅之增長憍慢尚非世俗白衣
所宜何況出家入道之人爲解脫故自降其身而行乞也
汝等比丘諂曲之心與道相違是故宜應質直其心當知諂曲但爲欺誑入道之人則
无是處是故汝等宜當端心以質直爲本　汝等比丘當知多欲之人多求利故苦
惱亦多少欲之人无求无欲則无此患直尒少欲尚應脩習何況少欲能生諸功德少欲

BD03355 號 5　佛垂般涅槃略說教誡經

（12–10）

所宜何況出家入道之人為解脫故自降其身而行乞也
汝等比丘諂曲之心與道相違是故宜應質直其心當知諂曲但為欺誑入道之人則
无是處是故汝等宜當端心以質直為本　汝等比丘當知多欲之人多求利故苦
惱亦多少欲之人无求无欲則无此患直尒少欲尚應脩習何況少欲能生諸功德少欲
之人則无諂曲以求人意亦復不為諸根所牽行少欲者心則坦然无所憂畏觸事有餘
常无不足有少欲者則有涅槃是名少欲　汝等比丘若欲脫諸苦惱當觀知足
知足之法即是富樂安隱之處知足之人雖臥地上猶為安樂不知足者雖處天堂亦
不稱意不知足者雖富而貧知足之人雖貧而富不知足者常為五欲所牽為知足
者之所憐愍是名知足　汝等比丘若求寂靜无為安樂當離憒閙獨處閑居靜
處之人帝釋諸天所共敬重是故當捨己眾他眾空閑獨處思滅苦本若樂眾者則受眾
惱譬如大樹眾鳥集之則有枯折之患世間縛著沒於眾苦譬如老象溺泥不能
自出是為遠離　汝等比丘若勤精進則事无難者是故汝等當勤精進譬如小水
常流則能穿石若行者之心數數懈廢譬如鑽火未熱而息雖欲得火火難可得是名精
進　汝等比丘求善知識求善護助无如不忘念若有不忘念者諸煩惱賊則不能
入是故汝等常當攝念在心若失念者則失諸功德若念力堅強雖入五欲賊
中不為所害譬如著鎧入陳則无所畏是名不忘念　汝等比丘若攝心者心則
在定心在定故能知世間生滅法相是故汝等常當精勤脩集諸定若能定者心則
不散譬如惜水之家善持提塘若行者為智慧水故善治禪定令不漏失是名為定
汝等比丘若有智慧則无貪著常自省察不令有失是則於我法中能得解脫若
不尒者既非道人又非白衣无所名也實智慧者則是度老病死海堅牢船也亦是无
明黑闇大明燈也一切病者之良藥也伐煩惱樹之利斧也是故汝等當以聞思脩慧而
增益若有智慧之照雖是肉眼而是明見人也是為智慧　汝等比丘若種種戲論其
心則亂雖復出家猶未得脫是故比丘當急捨離亂心戲論若汝欲得寂滅樂者唯當
善滅戲論之患是名不戲論　汝等比丘於諸功德常當一心捨諸放逸如離怨
賊大悲世尊所欲利益皆已究竟汝等但當勤而行之若於山間若空澤中若在樹
下閑處靜室念所受法勿令忘失常當自勉精進脩之无為空死後致有悔我如
良醫知病說藥服與不服非醫咎也又如善道導人善道聞之不行非道者過也汝
等若於苦法四諦有所疑者可疾問之无得懷疑不求決也
尒時世尊如是三唱人无問者所以者何眾无疑故時阿㝹樓馱觀察眾心而白佛言月

BD03355 號 5　佛垂般涅槃略說教誡經　（12–11）

賊大悲世尊所欲利益皆已究竟汝等但當勤而行之若於山間若空澤中若在樹
下閑處靜室念所受法勿令忘失常當自勉精進脩之无為空死後致有悔我如
良醫知病說藥服與不服非醫咎也又如善道導人善道聞之不行非道者過也汝
等若於苦法四諦有所疑者可疾問之无得懷疑不求決也
尒時世尊如是三唱人无問者所以者何眾无疑故時阿㝹樓馱觀察眾心而白佛言月
可令熱日可令冷佛說四諦不可令異佛說苦諦實苦不可令樂集真是因更无異
因苦若滅者則是因滅因滅故果滅滅苦之道實是真道更无餘道世尊是諸比
丘於四諦中決定无疑於此眾中所作未辦者見佛滅度當有悲感若有初入法者聞
佛所說則皆得度譬如夜見電光即得見道若所作已辦已度苦海者但作是念世尊
滅度一何疾哉時阿㝹樓馱雖說眾中皆悉了達四聖諦義尒時世尊欲令此諸大
眾皆得堅固以大悲心復為眾說　汝等比丘勿懷悲惱若我住世一劫會亦當滅
會而不離中不可得自利利人法皆具足若我久住更无所益應可度者若天上
人間皆悉已度其未度者皆亦已作得度因緣自今已後我諸弟子展轉行之則
是如來法身常在而不滅也是故當知世間无常會必有離勿懷憂也世相如是
當勤精進早求解脫以智慧明滅諸癡闇世實危脆无常強者我今得滅如除惡
病此是應捨罪惡之物假名為身沒在老病生死大海何有智者得除滅之如殺怨
賊而不歡喜　汝等比丘當常一心勤求出道一切世間動不動法皆是
敗壞不安之相汝等且止勿得復語時將欲過我欲滅度是我最後之所教誨
佛說遺教經一卷
大蕃國沙州永康寺律師神希記

BD03355 號 5　佛垂般涅槃略說教誡經　（12–12）

大寶積經佛說入胎藏會第十四之一　五十六
如是我聞一時薄伽梵在劫比羅城多根樹園與大苾芻眾無量人俱尒時世尊有
弟名曰難陀身如金色具三十相短佛四指妻名孫陀羅儀容端正世間罕有光
華超絕人所樂見難陀於彼纏綿戀著無暫捨離染愛情重畢命為期世尊觀
知受化時至即於晨朝著衣持鉢將具壽阿難陀為侍者入城乞食次至難陀
門首而立以大悲力放金色光其光普照難陀宅中皆如金色于時難陀便作是
念光明忽照定是如來令使出看乃見佛至即便速返白難陀曰世尊在門聞
此語已欲速出迎禮世尊時孫陀羅便作是念我若放去世尊必定與其出
家遂捉衣衣不令出去難陀曰今可暫放禮世尊已我即卻迴孫陀羅
曰共作要期方隨去以產濕額而告之曰此點未乾即宜卻至若違者罰
錢五百難陀曰可尒即至門首頂禮佛足取如來鉢卻入宅中盛滿美食持還
門首世尊遂去即與阿難陀世尊現相不令取鉢如來大師威嚴尊重不敢
喚住復更授與阿難陀阿難陀問曰汝向誰邊取得此鉢答曰於佛邊取阿難
陀曰宜授與佛答曰我今不敢輕觸大師默然隨去世尊至寺洗手足已就
座而坐難陀持鉢以奉世尊食已告曰難陀汝食我殘答言我食佛
即受與難陀食已世尊告曰汝能出家不答言出家然佛世尊昔行
菩薩道時於父母師長及餘尊者所有教令曾無違逆故得今時言無
違者即告阿難陀曰汝與難陀剃除鬚髮答曰如世尊教即覓剃髮人為
其落髮難陀見已告彼人曰汝今知不我當不久作轉輪王汝若輒尒剃我髮者

BD03356 號 1　大寶積經卷五六

(21–1)

即受與難陀食已世尊告曰汝能出家不答言出家然佛世尊昔行
菩薩道時於父母師長及餘尊者所有教令曾無違逆故得今時言無
違者即告阿難陀曰汝與難陀剃除鬚髮答曰如世尊教即覓剃髮人為
其落髮難陀見已告彼人曰汝今知不我當不久作轉輪王汝若輒尒剃我髮者
當截汝腕彼便大怖裹收刀即欲奔出時阿難陀便往白佛佛便自去詣難
陀處問言難陀汝不出家答言出家是時世尊自持瓶水灌其頂上淨人
即剃便作是念我今敬奉世尊且為出家暮當歸舍既至晚日尋路而
行尒時世尊於其行路化作大坑見已便念孫陀羅斯成遠矣無緣得去我今
相憶或恐容致死如其命在至曉方行憶孫陀羅愁苦通夜尒時世尊知彼意
已告阿難曰汝今宜去告彼難陀令作知事人即便往報世尊令尒作知事人
問曰云何名為知事人欲作何事答曰可於寺中撿校眾事問曰如何應作答
言具壽凡知事者若諸苾芻出乞食時應可灑掃寺中田地取新牛糞
次第淨塗作意防守勿令失落有平章事當為白僧若有香花應行
與眾夜閉門戶至曉方開大小行處常須洗拭若於寺中有損壞處即應
修補聞是教已答言大德如佛所言我皆當作時諸苾芻於小食時執持
衣鉢入劫比羅城為行乞食于時難陀見寺無人便作是念我掃地了即可
還家遂便掃地世尊觀知以神通力令掃淨處糞穢還滿復作是念
我除糞穢方可言歸放帚收持糞穢無盡復作是念閉戶而去世尊即
令閉一房竟更開餘戶彼戶便開遂生憂惱復作是念縱賊損寺此亦何
傷我當為王更作百千好寺倍過於是我宜歸舍若行大路恐見世尊
作是思量即趣小徑佛知其念從小道來既遙見佛不欲相遇路傍有
樹枝條低垂即於其下隱身而住佛令其樹舉枝高上其身露現佛
問難陀汝向處來可隨我去情生羞恥從佛而行佛作是念此於其婦
深生戀著宜令捨離為引接故出劫比羅詣室羅伐既至彼已住逝多林
給孤獨園佛念愚癡染惑尚憶其妻愛情不捨應作方便令心止息即
告之曰汝先曾見香醉山不答言未見若如是者捉我衣角即就捉衣于
時世尊猶如鵝王上昇虛空至香醉山將引難陀左右顧盼於一果樹下見

BD03356 號 1　大寶積經卷五六

(21–2)

底了毋因佛念愚癡深惑尚憶其妻愛情不捨應作方便令心止息即
告之曰汝先曾見香醉山不答言未見若如是者捉我衣角即執捉衣角
時世尊猶如鵝王上昇虛空至香醉山將引難陀左右顧盼於菓樹下見
此雌獼猴又無一目即便舉面直視世尊佛告難陀曰汝見此瞎獼猴不白
佛言見佛言於意云何此瞎獼猴比孫陀羅誰為殊勝答言彼孫陀
羅是釋迦種猶如天女儀容端嚴第一舉世無雙獼猴比之千萬億分不及其
一佛言汝見天宮不答言未見可更捉衣角即便執衣還若鵝王上昇虛空詣
至三十三天告難陀曰汝可觀望天宮勝處難陀即往歡喜園麁身園麁身
園交園圍生樹善法堂如是等處諸天苑園花菓浴池遊戲之處殊勝歡喜
悉皆遍察次入善見城中復見種種鼓樂絲竹微妙音聲廊宇疏通林帷映
設處處皆有天妙婇女共相娛樂難陀遍觀見一處所唯有天女而無天
子便問天女曰何因餘處男女雜居受諸快樂汝等何故唯有女人不見
男子天女答曰世尊有弟名曰難陀投佛出家專修梵行命終之後當生
此間我等於此相待難陀聞已踊躍歡喜速還佛所世尊問言汝見諸
天勝妙事不答言已見佛言汝見何事彼如所見具白世尊佛告難陀
見天女不答言已見此諸天女比孫陀羅誰為殊妙白言世尊以孫陀羅
比此天女還如香醉山內瞎獼猴比孫陀羅百千萬倍不及其一佛告難
陀修淨行者有斯勝利汝今宜可堅修梵行當得生天受斯快樂難陀聞已歡
喜默然而住尒時世尊便與難陀即於天沒至逝多林是時難陀思慕
天宮而修梵行佛知其意告阿難陀曰汝今可去告諸苾芻不得一人與難
陀同座而坐不得同處經行不得一竿置衣不得一處安鉢及著水瓶不得
同處讀誦經典阿難陀傳佛言教告諸苾芻苾芻奉行皆如聖旨是
時難陀既見諸人不共同聚極生羞愧後於一時阿難陀與諸苾芻在供
侍堂中縫補衣服難陀見已便作是念此諸苾芻咸棄於我不同一處此阿
陀既是我弟豈可相嫌即去同坐時阿難陀速即起避彼言阿難陀諸
餘苾芻事容見弃汝是我弟何乃亦嫌阿難陀曰誠有斯理然行別道
我遵異路是故相避答曰何謂我道云何尒路答曰仁樂生天而脩梵

BD03356 號 1　大寶積經卷五六　（21–3）

陀既是我弟豈可相嫌即去同坐時阿難陀速即起避彼言阿難陀諸
餘苾芻事容見弃汝是我弟何乃亦嫌阿難陀曰誠有斯理然行別道
我遵異路是故相避答曰何謂我道云何尒路答曰仁樂生天而脩梵
行我求圓寂而除欲染聞是語已倍加憂慼尒時世尊知其心念告難陀
曰汝頗曾見捺洛迦不答言未見佛言汝可捉我衣角即便執佛便
將去往地獄中尒時世尊在一邊立告難陀曰汝今可去觀諸地獄難陀即
去先見灰河次至劍樹並屎火河入彼觀察遂見眾生受種種苦或見以
鉗拔舌或齒抉目或時以鋸解其身或復以斧斫截手足或以牟鑽
身或以棒打削刺或以鐵鎚粉碎或以鎔銅灌口或上刀山劍樹碓擣石
磨銅柱鐵林受諸極苦或見鐵鑊猛火沸騰熱焰洪流煮有情類見
如是等受苦之事復於一鐵鑊空煮炎熱中無有情觀此憂惶
問獄卒曰何因緣故自餘鐵鑊皆煮有情唯此鑊中空然沸涌彼便
報曰佛弟難陀唯願生天專修梵行得生天上暫受快樂彼命終後
入此鑊中是故我今然鑊相待難陀聞已生大恐怖身毛皆竪白汗流出
作如是念此若知我是難陀者生叉鑊中即便急去詣世尊處佛言汝
見地獄不難陀悲泣雨淚哽咽而言出微細聲白言已見佛言汝見何物
即如所見具白世尊佛告難陀或人間或求天上勤修梵行有如是過是
故汝今當求涅槃以修梵行勿樂生天而致劬苦難陀聞已情懷愧恥默
無所對尒時世尊知其意樂已從地獄出至逝多林即告難陀及諸苾芻曰
內有三垢謂是婬欲瞋恚愚癡是可弃捨是應遠離法當修學
尒時世尊往逝多林未經多日為欲隨緣化眾生故與諸徒眾往占波國
住揭伽池邊時彼難陀與五百苾芻亦隨佛至往世尊所皆礼佛足在一面
坐時佛世尊見眾坐定告難陀曰我有法要初中後善文義巧妙純一圓
滿清白梵行所謂入母胎經汝當諦聽至極作意善思念之我今為說
難陀言唯然世尊願樂欲聞佛告難陀雖有母胎有入不入云何受生入母
胎中若父母染心共為婬愛其母腹淨期時至中蘊現前當知尒時名
入母胎此中蘊形有其二種一者形色端正二者容貌醜陋地獄中有容貌醜

BD03356 號 1　大寶積經卷五六　（21–4）

難陀言唯然世尊願樂欲聞佛告難陀雖有母胎有入不入云何受生入母
胎中若父母染心共為婬愛其母腹淨期時至中蘊現前當知介時名
入母胎此中蘊形有其二種一者形色端正二者容貌醜陋地獄中有容貌醜
陋如燒杌木傍生中有其色如烟餓鬼中有其色如水人天中有形如金色色
界中有形如鮮白無色天無中有以無色故中蘊有情或有二手二足或四
足多足或復無足隨其先業應託生處所感中有即如彼形若天中有
頭便向上人傍生鬼橫行而去地獄中有頭直向下凡諸中有皆具神通乘空
而去猶如天眼遠觀生處言月期至者謂納胎時難陀有諸女人或經三
日或經五日半月一月或有待緣經久期水方至若有女人身無威勢多受辛
苦形容醜陋無好飲食月期雖來速當止息猶如乾地灑水之時即便易
燥若有女人身有威勢常受安樂儀容端正得好飲食所有月期不速止
息猶如潤地水灑之時即便難燥云何不入父精出時母精不出母精出時
父精不出若俱不出皆不受胎若母不淨父淨若父不淨母淨若俱不淨
亦不受胎若母陰處為風病所持或有黃病痰癊或有血氣胎結或為肉
增或為服藥或麥腹病蟻腰病或產門如駝口或中如多根樹或如犁頭
或如車轅或如藤條或如樹葉或如麥芒或腹下深或有上深或非胎器
或恒血出或復水流或如鴉口常開不合或上下四邊闊狹不等或高下凹
凸或內有虫食爛壞不淨若母有此過者並不受胎或父母尊貴中有卑賤
或中有尊貴父母卑賤如此等類亦不成胎若父母及中有俱是尊貴
若業不和合亦不成胎若其中有於前境處無男女二愛亦不受生
難陀云何中有得入母胎若母腹淨中有現前見為欲事無如上說眾多過
患父母及子有相感業方入母胎又彼中有欲入胎時心即顛倒若是男者
於母生愛於父生憎若是女者於父生愛於母生憎於過去生所造諸業而
起妄想作邪解心生寒冷想大風大雨及雲霧想或聞大眾鬧聲作此
想已隨業優劣復起十種虛妄之想云何為十我今入宅我欲登樓我昇
臺殿我昇林座我入草菴我入葉舍我入草叢我入林內我入牆孔我入
籬間難陀其時中有作此念已即入母胎應知受生名羯羅藍父母精血

起妄想作邪解心生寒冷想大風大雨及雲霧想或聞大眾鬧聲作此
想已隨業優劣復起十種虛妄之想云何為十我今入宅我欲登樓我昇
臺殿我昇林座我入草菴我入葉舍我入草叢我入林內我入牆孔我入
籬間難陀其時中有作此念已即入母胎應知受生名羯羅藍父母精血
非是餘物由父母精血和合因緣為識所緣依止而住譬如依酪瓶鑽人功動
轉不已得有酥出異此不生當知父母不淨精血羯羅藍身亦復如是
復次難陀有四譬喻汝當善聽如依青草虫乃得生草非是虫虫非離草然
依於草因緣和合虫乃得生身作青色難陀當知父精母血羯羅藍身
亦復如是因緣和合大種根生如依牛糞生虫糞非是虫虫非離糞然依
於糞因緣和合虫乃得生身作黃色難陀當知父精母血羯羅藍身亦
復如是因緣和合大種根生如依棗生虫棗非是虫虫非離棗然依於棗
因緣和合虫乃得生身作赤色難陀當知父精母血羯羅藍身亦復如是
因緣和合大種根生如依酪生虫身作白色廣說乃至因緣和合大種根
生復次難陀依父母不淨羯羅藍故地界現前堅鞕為性水界現前濕潤
為性火界現前溫煖為性風界現前輕動為性難陀若父母不淨羯羅
藍身但有地界無水界者便即乾燥悉皆分散譬如手握乾麨灰等
若但水界無地界者即便離散如油渧水由水界故地界不散由地界故水
界不流難陀羯羅藍身有地水界無火界者而便爛壞譬如夏月陰
處肉團難陀羯羅藍身但有地水火界無風界者即便不能增長廣大
此等皆由先業為因更互為緣共相招感識乃得生地界能持水界能
攝火界能熟風界能長難陀又如有人若彼弟子熟調沙糖即以氣吹令
其增廣於內虛空猶如藕根內身大種地水火風業力增長亦復如是難
陀非父母不淨有羯羅藍體亦非母腹亦非是業非因非緣但由此等
眾緣和合方始有胎如新種子不被風日之所損壞堅實無穴藏舉
合宜下於良田并有潤澤因緣和合方有芽莖枝葉花果次第增
長難陀此之種子非離緣合芽等得生如是應知非唯父母非但有業
及以餘緣而胎得生要由父母精血因緣和合方有胎耳難陀如明眼人為

衆緣和合方始有胎如新種子不被風日之所損壞堅實無穴藏舉
合儀下於良田并有潤澤因緣和合方有牙莖枝葉花菓次第增
長難陀此之種子非離緣合牙等得生如是應知非唯父母非但有業
及以餘緣而胎得生要由父母精血因緣和合方有胎耳難陀如明眼人為
求火故持日光珠置於日中以乾牛糞而置其上方有火生如是應知
依父母精血因緣合故方有胎生父母不淨成羯羅藍号之為色受
想行識即是其名說為名色此之蘊聚可惡名色託生諸有乃至少
分剎那我不讚歎何以故生諸有中是為大苦譬如糞穢少亦是臭
如是應知生諸有中少亦名苦此五取蘊色受想行識皆有生住增長
及以衰壞生即是苦住即是病增長衰壞即是老死是故難陀誰於
有海而生愛味卧母胎中受斯劇苦　復次難陀如是應知凡入胎者
大數言之有三十八七日初七日時胎居母腹如稠如癰卧在糞穢如處鍋
中身根及識同居一處壯熱煎熬極受辛苦名羯羅藍狀如粥汁或
如酪漿於七日中內熱煎煮地界堅性水界濕性火界煖性風界動性
方始現前　難陀第二七日胎居母腹卧在糞穢如處鍋中身根及識同
居一處在熱煎熬極受辛苦於母腹中有風自起名為遍觸從先業
生觸彼胎時名頞部陀狀如稠酪或如凝穌於七日中內熱煎煮四界現前
難陀第三七日廣說如前於母腹中有風名刀鞘口從先業生觸彼胎時名
曰閉尸狀如鐵箸或如蚯蚓於七日中四界現前　難陀第四七日廣說如前於母
腹中有風名為內門從先業生吹擊胎箭名為健南狀如鞋楦或如溫石
於七日中四界現前　難陀第五七日廣說如前於母腹中有風名曰攝持
此風觸胎有五相現所謂兩髀兩肩及頭譬如春時天降甘雨樹
林鬱茂增長枝條此亦如是五相顯現　難陀第六七日於母腹中
有風名曰廣大此風觸胎有四相現謂兩肘兩膝如春降雨荑草生枝此亦
如是四相顯現　難陀第七七日於母腹中有風名為旋轉此風觸胎有四相
現謂兩手兩腳猶如聚沫或如水苔有此四相　難陀第八七日於母腹中有
風名曰翻轉此風觸胎有二十相現謂手足十指從此初出猶如新雨根樹

BD03356 號 1　大寶積經卷五六

如是四相顯現　難陀第七七日於母腹中有風名為旋轉此風觸胎有四相
現謂兩手兩腳猶如聚沫或如水苔有此四相　難陀第八七日於母腹中有
風名曰翻轉此風觸胎有二十相現謂手足十指從此初出猶如新雨根樹
始生　難陀第九七日於母腹中有風名曰分散此風觸胎有九種相現謂二
眼二耳二鼻并口及下二穴　難陀第十七日於母腹中有風名曰堅鞕令胎堅實
即此七日於母胎中風名曰普門此風吹脹胎藏猶如浮囊猶如以氣吹滿
難陀第十一七日於母胎中有風名曰疏通此風觸胎令胎通徹有九孔現若
母行立坐卧作事業時彼風旋轉虛通漸令孔大若風向上上孔便開若
向下時即通下穴譬如鍛師及彼弟子囊扇時上下通氣風作事已即便
隱滅　難陀第十二七日於母腹中有風名曰曲口此風吹胎於左右邊作大小
腸猶如藕絲如是依身交絡而住即此七日復有風名曰穿髮於彼胎內
作一百三十節無有增減復由風力作百禁處　難陀第十三七日於母腹中
以前風力知有飢渴母飲食時所有滋味從臍而入藉以資身　難陀第十四
七日於母腹中有風名曰線口其風令胎生一千筋身前有二百五十身後
有二百五十右邊二百五十左邊二百五十　難陀第十五七日於腹中有風名
曰蓮花能與胎子作二十種脈吸諸滋味身前有五身後有五右邊有五
左邊有五其脈有種種名及種種色或名伴或名力或名勢色
有青黃赤白豆蘇油酪等色更有多色共相和雜難陀其二十脈別各有四
十脈以為眷屬合有八百吸氣之脈於身前後左右各有二百難陀此八百脈
各有一百道脈眷屬相連合有八萬前有二萬後有二萬右有二萬左有二萬
難陀此八萬脈復有眾多孔穴或一孔二孔乃至七孔一一各與毛孔相連猶如
藕根有多孔隙　難陀第十六七日於母腹中有風名曰甘露行此風能為
方便安置胎子二眼處所如是兩耳兩鼻口咽胸臆令食入得停貯之處
能令通過出入氣息譬如陶師及彼弟子取好泥團安在輪上隨其器物
形勢安布令無差殊此由業風能作如是眼等處隨勢安布乃至
能令通過出入氣息亦無妨失
難陀第十七七日於母腹中有風名曰毛拂口此風能於胎子眼耳鼻口咽喉胸臆

BD03356 號 1　大寶積經卷五六

能令通過出入氣息譬如陶師及彼弟子取好泥團安在輪上隨其器物
形勢安布令無差殊此由業風能作如是眼於等處隨勢安布乃至
能令通過出入氣息亦無爽失
難陁第十七日於母腹中有風名曰毛拂口此風能於胎子眼耳鼻口咽喉胷臆
食之入處令其滑澤通出入氣息安置處所譬如巧匠若彼男女取塵翳
鏡以油及灰或以細土揩拭令淨此由業風能作如是安布處處所無有障礙
難陁第十八七日於母腹中有風名曰無垢能令胎子六處清淨如日月輪大雲
覆蔽猛風忽起吹雲四散光輪清淨難陁此業風力令其胎子六根清淨
亦復如是　難陁第十九七日於母腹內令其胎子成就四根眼耳鼻舌
入母腹時先得三根謂身命意　難陁第二十七日於母腹中有風名曰堅固
此風依胎左脚生指節二十骨右脚亦生二十骨足跟四骨髆有二骨膝有
二骨髀有二骨腰髁有三骨脊有十八骨脇有二十四骨復依左手指節二
十骨復依右手亦生二十腕有二骨臂有四骨胷有七骨背有七骨項有四
骨頷有二骨齒有三十二骨髑髏四骨難陁譬如塑師或彼弟子先用鞕
木作其相狀以繩纏後安諸泥以成形像此業風力安布諸骨亦復如是此
中大骨數有二百除餘小骨　難陁第二十一七日於母腹中有風名曰生起能
令胎子身上肉生譬如泥師先好調泥泥於墻壁此風生肉亦復如是
難陁第二十二七日於母腹中有風名曰浮流此風能令胎子生血　難陁第二十
三七日於母腹內有風名曰淨持此風能令胎子生皮　難陁第二十四七日於
母腹中有風名曰持城此風能令胎子血肉滋潤　難陁第二十五七日於
母腹中有風名曰滋漫此風能令胎子皮膚光悅　難陁第二十六七日於母
腹中有風名曰生成能令胎子身生髮毛爪甲此皆一一共脉相連　難陁第二
十七七日於母腹中有風名曰曲藥此風能令胎子髮毛爪甲悉皆成就難陁
由其胎子先造惡業慳澁恡惜於諸財物堅固執著不肯惠施不受父
母師長言教以身語意造不善業日夜增長當受斯報若生人間所
得果報皆不稱意若諸世間人以長為好彼即短若以短為好彼即長以麁
為好彼即細若以細為好彼即麁若支節相近為好彼即相離若相離

由其胎子先造惡業慳澁恡惜於諸財物堅固執著不肯惠施不受父
母師長言教以身語意造不善業日夜增長當受斯報若生人間所
得果報皆不稱意若諸世間人以長為好彼即短若以短為好彼即長以麁
為好彼即細若以細為好彼即麁若支節相近為好彼即相離若相離
為好彼即相近若多為好彼即少若少為好彼即多愛肥便瘦愛瘦便肥
愛怯便勇愛勇便怯愛白便黑愛黑便白難陁又由惡業感得惡報
聾盲瘖瘂愚鈍醜陋所出音聲人不樂聞手足攣躄形如餓鬼親屬
皆憎不欲相見況復餘人所有三業向人說時他不信受不將在意何以故
由彼先世造諸惡業獲如是報難陁由其胎子先脩福業好施不慳憐
愍貧乏於諸財物無恡著心所造善業日夜增長當受勝報若生人間
所受果報悉皆稱意若諸世人以長為好則長若以短為好則短麁細合度
支節應宜多少肥瘦勇怯顏色無愛者六根具足端正超倫辭詞分明音
聲和雅人相具足見者歡喜所有三業向人說時他皆信受敬念在心何以
故由彼先世造諸善業獲如是報難陁胎若是男在母右脇蹲居而坐兩
手掩面向母脊住若是女者在母左脇蹲居而坐兩手掩面向母腹住在生
藏下熟藏之上生物下鎮熟物上類如縛五處插在尖標若母多食或時
少食皆受苦惱如是若食極膩或食乾燥極冷極熱鹹淡苦醋或太甘
辛食此等時皆受苦痛若母行欲或急行走或時危坐久坐久臥跳躑之
時悉皆受苦難陁當知處母胎中有如是等種種諸苦逼迫其身不可
具說於人趣中受如此苦何況惡趣地獄之中苦難比喻是故難陁誰有智
者樂居生死無邊苦海受斯厄難　難陁第二十八七日於母腹中胎子便
生八種顛倒之想云何為八所謂屋想乘想園想樓閣想樹林想林座想河想
池想而實無此妄生分別　難陁第二十九七日於母腹中有風名曰花條此
風能吹胎子令其形色鮮白淨潔或由業力色黧黑或復青色更有
種種雜類顏色或令乾燥無有滋潤白光黑光隨色而出　難陁第三十
七日於母腹中有風名曰鐵口此風能吹胎子髮毛爪甲令得生長白黑諸
光皆隨業現如上所說　難陁第三十一七日於母腹中胎子漸大如是三十

種種雜類顏色或令𩞄燥無有滋潤白光黑黯色而出　難陀第三十
七日於母腹中有風名曰鐵口此風能吹胎子毀毛爪甲令得生長白黑諸
光皆隨業現如上所說　難陀第三十八日於母腹中胎子漸大如是三十
二七三十三七三十四七日已來增長廣大　難陀第三十五七日子於母腹
支體具足　難陀第三十六七日其子不樂住母腹中　難陀第三十七七
於母腹中胎子便生三種不顛倒想所謂不淨想臭穢想黑闇想依
一分說
　難陀第三十八七日於母腹中有風名曰藍花此風能令胎子轉身向
下長舒兩臂趣向產門次復有風名曰趣下由業力故風吹胎子令頭向下
雙腳向上將出產門　難陀若彼胎子於前身中造眾惡業并墮人胎由
此因緣將欲出時其手橫亂不能轉側便於母腹以取命終時有智慧女
人或善醫者以暖蘇油或榆皮汁及餘滑物塗其手上即以中指夾薄刀
子利若鋒芒内於䕺廁黑闇臭穢可惡坑中有無量千蟲恒所居止臭
汁常流精血腐爛深可厭惡薄皮覆蓋惡業身瘡於斯穢處推手
令入以利刀子臠割兒身片片抽出其母由斯受不稱意極痛辛苦
因此命終設復得存與死無異　難陀若彼胎子善業所感假令
顛不損其母安隱生出不受辛苦　難陀若是尋常無此厄者至三
十八七將欲產時母受大苦性命幾死方得出胎　難陀汝可審觀當求出離
大寶積經卷第五十六

大寶積經發勝志樂會第廿五之二　大唐三藏菩提流志奉　詔譯　九十二
尒時彌勒菩薩摩訶薩白佛言世尊初業菩薩既出家已未得慧力而欲
得者當捨何法當脩何法未生慧力能令出生已生慧力能令增長佛告
彌勒菩薩言彌勒初業菩薩既出家已欲令慧力而得增長當於利養
知其過失應須捨離若好憒鬧世俗言話耽著睡眠廣營眾務樂諸戲
論如是過失應須遠離是故應捨利養修於少欲捨諸憒鬧樂於寂靜捨諸
世話觀於實義初夜後夜遠離睡眠觀察思惟隨行修習捨於眾務及諸
戲論修出世道慈念眾生彌勒初業菩薩既出家已未得慧力而欲得者

BD03356 號 1　大寶積經卷五六
BD03356 號 2　大寶積經卷九二

(21–11)

論如是過失應須遠離是故應捨利養修於少欲捨諸憒鬧樂於寂靜捨諸
世話觀於實義初夜後夜遠離睡眠觀察思惟隨行修習捨於眾務及諸
戲論修出世道慈念眾生彌勒初業菩薩既出家已未得慧力而欲得者
是法應捨是法應修何以故彌勒彼諸菩薩既出家已未得慧力而欲得者
不捨利養不脩少欲未生慧力當令出生已生慧力能令增長无有是處不
捨憒鬧不住寂靜未生慧力當令出生已生慧力能令增長亦无是處不捨世
諸不觀實義未生慧力當令出生已生慧力能令增長无有是處初夜
後夜耽著睡眠曾不覺悟繫念思惟不捨眾務好諸戲論於出世道不能
脩行於諸眾生不生慈念未生慧力當令出生已生慧力能令增長亦无
是處彌勒是故菩薩未得慧力而欲得者應捨諸法當須捨離應脩諸法當
須脩習何以故菩薩智慧從因緣生若無因緣終不能生因緣和合尒乃得
生尒時彌勒菩薩白佛言世尊云何名為利養中過若觀察時能令
菩薩樂於少欲不生熱惱佛言彌勒初業菩薩當觀利養生貪欲故當
當觀利養壞失正念生瞋恚故當觀利養念其得失生愚癡故當觀利養
能生高下嫉妬心故當觀利養於親友家慳恡耽著生諂或故當觀利養
誑成愛味生諂曲故當觀利養捨四聖種无慚愧故當觀利養一切諸佛所不許
可數習憍逸生故遠故高慢故當觀利養於勝福田起於輕慢為魔業
故當觀利養眾惡根本諸善壞故當觀利養多諸所貪著猶霜雹
故當觀利養於親友家瞻侍顏色生憂惱故當觀利養愛物損壞憂
心亂故當觀利養於四念處多所忘失白法羸故當觀利養於四正勤多有
多有退失能令一切他論失故當觀利養自言己得神通道智慧違背生故當
觀利養先得後失惡憎生故當觀利養身相瞋嫉說其過惡多覺觀故當
觀利養為於活命營諸世業計度思惟安樂滅故當觀利養乃至禪定解
脫三昧三摩鉢底心如猛女能退失故當觀利養捨離智斷墮於地獄餓鬼
畜生閻摩羅界諸惡道故當觀利養與提婆達多烏陁洛迦同於法住墮
惡道故彌勒初業菩薩如是觀察利養過失樂於少欲不生熱惱何以故彌

BD03356 號 2　大寶積經卷九二

(21–12)

觀利養為於活命營諸世業計度思惟妄樂減故當觀利養乃至禪定解
脫三昧三摩鉢底心如婬女能退失故當觀利養捨離智斷墮於地獄餓鬼
畜生閻摩羅界諸惡道故當觀利養與提婆達多烏陁洛迦同於法住墮
惡道故弥勒菩薩如是觀察利養過失樂於少欲不生熱惱何以故弥
勒少欲菩薩於一切過皆悉不生堪為諸佛清淨法器而不屬在家出家住
於真實家勝意樂不為卑下亦不驚怖離諸惡道墮落果无能映蔽於耽
味故眾魔境界得解脫故一切諸佛之所稱讚諸天及人亦當愛羨於諸禪定
而不染着住邊際故其心質直无有諂曲於五欲中亦不放逸見其過故如說
脩行能住聖種同梵行者亦當愛樂弥勒若有菩薩智慧聰總於此穢物
能如是知以勝意樂當捨利養以勝意樂住於少欲為斷貪愛而發起故
尒時弥勒菩薩白佛言世尊云何名為憒閙中過若觀察時菩薩獨處閑
靜不生熱惱佛言弥勒初業菩薩應當觀察憒閙過失有二十種若觀
察時能令菩薩獨處閑靜不生熱惱弥勒云何名為樂於憒閙二十過一者
不護身業二者不護語業三者不護意業四者多饒貪欲五者增長愚癡
六者着耽世話七者離出語八者於非法中尊重修智九者捨離正法十者天
魔波旬而得其便十一者於不放逸未曾修習十二者於放逸行常懷染著十三者
多諸覺觀十四者損減多聞十五者不得禪定十六者无有智慧十七者速疾
而得非諸梵行十八者不愛於佛十九者不愛於法二十者不愛於僧弥勒是
為菩薩觀於憒閙二十種過尒時世尊重說偈言

捨離於貪瞋　不住於憒閙　若有專住彼　是過不應作　惱惕及覺觀
皆由憒閙生　壞行无戒人　稱歎於憒閙　惡人樂世話　退失第一義　放逸多覺觀
是過不應住　比丘捨多聞　言論不如理　損減諸禪定　常思惟世間　耽着思惟者
何得於寂靜　其心常散亂　永離於正觀　速得非梵行　謟雜無儀除　亦不曾愛佛
及愛於聖眾　棄捨離欲法　耽著非法言　我曾捨千身　支分及頭目　為求无上道
聞法无厭足　是諸非法人　少聞便厭捨　我昔為國王　為求四句偈　妻子及財寶
悉皆能施與　何有於智者　而不勤聽法　我曾捨一切　非法之戲論　為於百千劫
難得解脫故　汝等應修　志求微妙法　若樂求解脫　寂勝功德者　世間諸事業

BD03356 號 2　大寶積經卷九二

（21–13）

及愛於聖眾　棄捨離欲法　耽著非法言　我曾捨千身　支分及頭目　為求无上道
聞法无厭足　是諸非法人　少聞便厭捨　我昔為國王　為求四句偈　妻子及財寶
悉皆能施與　何有於智者　而不勤聽法　我曾捨一切　非法之戲論　為於百千劫
難得解脫故　汝等應修　志求微妙法　若樂求解脫　寂勝功德者　世間諸事業
皆所不應閙　衣食无勝利　亦不證涅槃　當稱歎寂勝　菩提諸功德　應數座令坐
可說諸法要　人身甚難得　隨分行白法　讀誦及禪定　汝應如是學　如來入涅槃
遺法當殘壞　比丘多放逸　樂眾棄閑靜　為飲食利養　晝夜談世話　愚人於學中
驚怖而潰溺　自知多毀犯　當墮三惡道　應生猒喜心　獨處於閑靜　若在阿蘭若
志求无上道　不應見人過　自謂最尊勝　驕逸放逸者　卑輕下劣人　彼於道法中
漸次而解脫　比丘雖破戒　淨信於三寶　是即解脫因　不應見其過　摧伏魔怨敵
勿驚於放逸　餘習應法尒　是故不須說　若清淨比丘　何他人過失　是眾非真實
不名修正法　如理修行者　當須自觀察　求道諸比丘　捨離惡言論　常以教意心
獨處於閑靜　尒時弥勒菩薩白佛言世尊耽著憒閙乃有如是無量過患
退失功德无有利益增長煩惱墮諸惡趣遠離白法何有菩薩求善法
者聞是過失而不樂於獨處閑靜尒時弥勒菩薩白佛言世尊云何名
為世話中過若觀察時菩薩應住決定之義由觀是義不生熱惱佛
言弥勒初業菩薩應當觀察世話過失有廿種若觀察時能令菩薩
住決定義由觀是義不生熱惱弥勒云何名為樂於世話二十種過一者心
生憍慢不敬多聞二者於諸諍論多起執著三者失於正念如理作意四
者為所不應身多躁動五者速疾高下壞於法忍六者心常剛強禪定智
慧曾不薰修七者非時而語言論所趣八者不能堅固證於聖智九者不為
天龍之所恭敬十者為辯才者常懷輕賤十一者為身諍者之所呵責十二
者不住正信常懷悔恨十三者心多疑惑搖動不安十四者猶如倡伎隨逐
音聲十五者染著諸欲隨境流轉十六者不觀真實誹謗正法十七者有
所希求常不稱遂十八者其心不調為人棄捨十九者不知法界隨順惡友
二十者不了諸根繫屬煩惱弥勒是為菩薩樂於世話二十種過尒時世尊
重說偈言

BD03356 號 2　大寶積經卷九二

（21–14）

普聲十五者深著諍訟[illegible]
所希求常不稱遂十八者其心不調爲人棄捨十九者不知法界隨順惡友
二十者不了諸根繫屬煩惱彌勒是爲菩薩樂於世話二十種過尒時世尊
重說偈言
憍慠於多聞　執著諸諍論　失念不正知　是名世話過　遠離正思惟　身心不寂靜
退失於法忍　是名世話過　其心不調順　遠離奢摩他　及以鉢舍那　是名世話過
不尊敬師長　愛樂於世論　智慧不堅固　是名世話過　諸天不恭敬　龍神亦復然
退失於辯才　是名世話過　聖者常呵責　如是耽著人　虧損於壽命　是名世話過
諸行皆缺減　遠離大菩提　命終生憂悔　是名世話過　疑惑心動搖　猶如風吹草
智慧不堅固　是名世話過　譬如俳優人　讚說他勇健　彼人亦復然　是名世話過
隨逐世語言　深著諸欲境　常行於邪道　是名世話過　希求心不遂　諂曲多諍論
遠離於聖行　是名世話過　愚人得少利　其心常搖動　如猿猴躁擾　是名世話過
智慧多退失　无有覺悟心　愚者所攝持　是名世話過　遠惑於眼耳　乃至意亦然
常與煩惱俱　是名世話過　愚人樂世話　盡壽常空過　不如思一義　獲利无有邊
譬如甘蔗味　雖不離皮節　亦不從皮節　而得於勝味　皮節如世話　義理猶勝味
是故捨虛言　思惟於實義　智慧諸菩薩　能知世過咎　常愛樂思惟　第一義功德
法味及義味　解脫第一味　誰有智慧者　心不生欣樂　是故應棄捨　无利諸言話
常樂勤思惟　殊勝第一義　如是第一法　諸佛所讚歎　是故明智人　當樂勤修習
尒時彌勒菩薩復白佛言世尊希有乃能善說世話過失思惟勝義功德利益
世尊何有菩薩求於如來真實智慧而復樂於虛誑世話尒時彌勒菩薩而
白佛言世尊云何名爲睡眠中過若觀察時菩薩應當發起精進不生
熱惱佛言彌勒彌勒菩薩應當觀察睡眠過失有二十種若觀察時能
令菩薩發起精進意樂无倦彌勒云何名爲樂於睡眠二十種過一者懈
怠嬾墮二者身體沈重三者顏色焦悴四者增諸疾病五者火界羸
弱六者食不消化七者體生瘡疱八者不勤修習九者增長愚癡十者智
慧羸劣十一者皮膚闇濁十二者非人不敬十三者爲行愚鈍十四者煩惱纏
縛十五者隨眠覆心十六者不樂善法十七者白法減損十八者行下劣行

BD03356 號 2　大寶積經卷九二　（21–15）

弱六者食不消化七者體生瘡疱八者不勤修習九者增長愚癡十者智
慧羸劣十一者皮膚闇濁十二者非人不敬十三者爲行愚鈍十四者煩惱纏
縛十五者隨眠覆心十六者不樂善法十七者白法減損十八者行下劣行
十九者憎嫉精進二十者爲人輕賤彌勒是爲菩薩樂於睡眠二十種過
尒時世尊重說偈言
身重无儀檢　懈怠少堪任　顏色无光澤　是樂睡眠過　彼人常痰惱　風黃多積集
四大不調適　是樂睡眠過　飲食不消化　身體无光潤　聲嘶不清徹　是樂睡眠過
其身生瘡疱　晝夜常昏睡　諸蟲生擾亂　是樂睡眠過　退失於精進　乏少諸資財
多夢无覺悟　是樂睡眠過　癡網常增長　識滅離覺悟　是樂眠睡過　損減諸智慧
增長於愚癡　志意常下劣　是樂睡眠過　彼住阿蘭若　常懷懈怠　非人得其便
是樂睡眠過　義慣失正念　諷誦不通利　說法多廢忘　是樂睡眠過　由癡起迷惑
住於煩惱中　其心不安樂　是樂睡眠過　遠離諸善友　亦不求正法　常行非法中
是樂睡眠過　不欣求法樂　損減諸功德　遠離於白法　是滅諸功德　遠離於白法
是樂睡眠過　恒少於勸善　文字多忘廢　是樂睡眠過　自知身懈怠
嫉妒精進者　樂說其過惡　是樂睡眠過　智者了其過　常離於睡眠　愚人增見網
无利損功德　智者常精進　勤修清淨道　離苦得安樂　諸佛所稱歎　世間諸伎藝
及出世功巧　咸由精進力　智者應修習　若人趣菩提　了知睡眠過　安住精進中
覺悟生慚愧　是故諸智者　常生精進心　捨離於睡眠　守護菩提種
尒時彌勒菩薩而白佛言稀有世尊樂著睡眠乃有如是无量過失若有聞者不
憂悔厭離之心發起精進當知是人甚大愚癡若有菩薩爲欲志求阿耨多
羅三藐三菩提者聞說如是句義功德利益於諸善法而生懈怠不起精進
住菩提分无有是處尒時彌勒菩薩白佛言世尊云何名爲衆務中過若觀
察時令諸菩薩不營衆務勤修佛道佛言彌勒彌勒菩薩應當觀察樂
營衆務二十種過若觀察時能令菩薩不營衆務勤修佛道彌勒云何名爲二
十種過一者耽著世間下劣之業二者爲諸讀誦修行比丘之所輕賤三者亦爲
勤修禪定比丘之所呵責四者心常發起无始生死流轉之業五者塵食居士
及婆羅門淨心信施六者於諸財物心懷取著七者常樂廣營世間事務八者

BD03356 號 2　大寶積經卷九二　（21–16）

營衆務二十種過若觀察時能令菩薩不營衆務勤修佛道彌勒云何名為二
十種過一者躭著世間下劣之業二者為諸讀誦修行比丘之所輕賤三者亦為
勤修禪定比丘之所呵責四者心常發起无始生死流轉之業五者塵食居士
及婆羅門淨心信施六者於諸財物心懷取著七者常樂廣營世間事務八者
念家業常懷憂戚九者其性很戾發言麁獷十者心常憶念勤修家業
十一者愛著諸味增長貪欲十二者无利養處不生歡喜十三者多生惱害障
礙之業十四者常樂親近諸優婆塞及優婆夷十五者但念衣食而度晝
夜十六者與閑世間所作事業十七者常樂發起非法語言十八者恃營衆務
而起驕慢十九者無求人過不觀自察二十者於說法者心懷輕賤彌勒是為
菩薩樂營衆務二十種過尒時世尊重說偈言
安住下劣業　遠離殊勝行　退失大利益　是名衆務過　樂讀誦比丘　及修禪定者
一切皆呵責　是名衆務過　常行生死業　捨離解脫因　塵受於信施　是名衆務過
樂受諸財寶　不得生憂性　住於下劣行　是名衆務過　是人多受染　往來婬女家
如鳥入樊籠　是名衆務過　常憂數家業　恒懷熱惱心　出言人不信　是名衆務過
不受尊者教　違拒而輕賤　毀犯清淨戒　是名衆務過　其心多憍慢　勤營於世業
不能修智斷　是名衆務過　貪心恒熾盛　樂著於諸味　曾无知足心　是名衆務過
得利生歡喜　无利便憂惱　貪惏无仁心　是名衆務過　惱害无慈悲　增長諸惡業
愛著相纏縛　是名衆務過　遠離於師長　親近惡知識　擯斥持戒人　是名衆務過
晝夜無餘想　唯念求衣食　不樂諸功德　是名衆務過　常閑世間智　不樂出世言
躭愛於邪說　是名衆務過　自恃知衆務　輕慢諸比丘　猶如狂醉人　是名衆務過
常伺求他短　不自見其過　輕毀有德人　是名衆務過　如是愚癡者　无有善方便
輕慢說法者　是名衆務過　如是下劣業　具足諸過業　何有智慧人　愛樂而修習
清淨殊勝業　具足諸功德　是故有智人　愛樂常修習　若樂下劣業　智者當呵責
如人捨多財　貪求於少物　是故明智人　當捨下劣業　應求勝上法　諸佛常稱歎
尒時彌勒菩薩而白佛言希有世尊彼諸菩薩捨離殊勝精進之業而乃發起下劣
之事當知是人甚為少智覺慧微淺佛告彌勒菩薩言彌勒我今實言告汝若
有菩薩不修諸行不斷煩惱不樂習定誦不求多聞我說是人非出家者彌勒

BD03356 號 2　大寶積經卷九二

（21–17）

尒時彌勒菩薩而白佛言希有世尊彼諸菩薩捨離殊勝精進之業而乃發起下劣
之事當知是人甚為少智覺慧微淺佛告彌勒菩薩言彌勒我今實言告汝若
有菩薩不修諸行不斷煩惱不樂習定誦不求多聞我說是人非出家者彌勒
若有勤修智斷行者智出生者智成就者不作世業營衆務者我說是人住如
來教若有菩薩樂作世業營於衆務為所不意我說是人住於生死是故菩
薩不應親近彌勒若有菩薩多營衆務造七寶塔遍滿三千大千世界如是菩
薩不能令我而生歡喜亦非供養供敬於我彌勒若有菩薩於波羅蜜相應
之法乃至受持一四句偈讀誦修行為人演說是人乃為供養於我何以故諸佛
從多聞生不從衆務而得生也彌勒若有菩薩勤營衆務令彼讀誦修行演
說菩薩等營於衆務當知是人增長業障无諸福利何以故如是所說三種福業
一切皆從智慧而生是故彌勒營事菩薩若於彼讀誦修行演說諸菩薩所不應
障礙為作留難讀誦修行演說菩薩於修禪定諸菩薩所不應障礙為作留
難彌勒若一閻浮提營事菩薩於一讀誦修行演說菩薩之所應當親近供養承事若
一閻浮提讀誦修行演說諸菩薩等於一勤修禪定菩薩亦當親近供養
承事如是善業如來隨喜如來悅可若於勤修智慧菩薩承事供養
當獲无量福德之聚何以故智慧之業无上最勝超過一切三界所行是故彌勒
若有菩薩發起精進於智慧中當勤修習尒時彌勒菩薩白佛言世尊
如來善說初業菩薩樂於憒閙世話睡眠衆務過失世尊云何名為戲
論中過若觀察時菩薩當得住於寂靜離无諸諍論佛言彌勒初業菩薩
戲論過失无量无邊我今略說有二十種云何名為二十種過一者於現在生多
諸苦惱二者增長瞋恚退失忍辱三者為諸惡對之所惱害四者魔及魔
民皆生歡喜五者未生善根皆悉不生六者已生善根能令退失七者增諸鬪
諍惡競之心八者造作地獄惡趣之業九者當得醜陋不善之果十者舌不柔
軟言詞謇澀十一者所受教法不能憶持十二者於未聞經聞之不悟十三者諸
善知識皆悉捨離十四者惡諸知識速當植遇十五者修行於道難得出離十
六者不悅意語數數常聞十七者在在所生多諸疑惑十八者常生難處不聞正
法十九者修行白法多有障礙二十者於所受用多諸惡嫉彌勒是為菩薩躭

BD03356 號 2　大寶積經卷九二

（21–18）

善知識付惡捨離十四者惡諸知識速當值遇十五者修行於道難得出離十
六者不悅意語數數常聞十七者在在所生多諸疑惑十八者常生難處不聞正
法十九者修行白法多有障礙二十者於所受用多諸惡嫉弥勒是為菩薩翫
着戲論二十種過尒時世尊重說偈言
現世常苦惱　離恩多瞋惱　惡雜苦害意　是名戲論過　廣受魔眷屬　皆生厭善心
衰失諸善法　是名戲論過　未生善不生　常住於闘諍　造於惡趣業　是名戲論過
身形多醜漏　生於下劣家　發言常塞澁　是名戲論過　聞法不能持　或聞不入耳
常離諸善友　是名樂戲過　值遇惡知識　於道難出離　常聞不順語　是名戲論過
隨彼所生處　常懷疑惑心　於法不能了　是名戲論過　常生八難中　永離无難處
具足无利益　是名戲論過　於善多障礙　退失正思惟　所受多惡疾　是名戲論過
如是諸過失　皆因戲論生　是故有智人　速疾當遠離　如是戲論者　難證大菩提
是故有智人　亦不應親近　戲論諍論處　多起諸煩惱　智者應遠離　當去百由旬
亦不近於彼　造立諸舍宅　是故出家人　不應住諍論　汝等无舍宅　妻子及僮僕
乃至營侍等　何緣興諍論　出家住寂靜　身被於法服　諸仙咸敬事　當修忍辱心
如是戲論者　增長毒害心　當墮於惡趣　是故應修忍　因諍及轉疇　形害而棰楚
如是等諸苦　皆從諍論生　疑如戲論者　常遇惡知識　名稱不增長　曾无歡喜心
若捨於諍論　无能伺其便　眷屬不乖離　當遇於善友　於乘得清淨　業障盡无餘
摧伏於魔軍　勤修忍辱行　諍論多諸過　无諍具功德　若有修行者　當住於忍辱
尒時弥勒菩薩復白佛言希有世尊乃能善說如是過失令諸菩薩生覺悟
心世尊於後末世五百歲中頗有菩薩聞說如是諍論過失能生憂悔離煩
惱不佛告弥勒菩薩言弥勒於後末世五百歲中少有菩薩能生憂悔捨
離煩惱多有菩薩其心剛強不相尊敬懷增上慢手相是非聞說如是甚深
義趣殊勝功德雖復受持讀誦演說由是菩薩業障深重不能得生殊勝
功德便於是經疑惑不信不復受持為人演說時魔波旬見事是已為誑或故作比
丘像來到其所說如是言此諸經典皆是世俗善文詞者之所製造非是如
來之所宣說何以故此經所說功德利益汝皆不得由魔波旬如是誑惑於此空
性義利相應甚深契經心生疑惑起諍論不復受持讀誦演說弥勒彼諸

BD03356號2　大寶積經卷九二　（21–19）

功德便於是經疑惑不信不復受持為人演說時魔波旬見事是已為誑或故作比
丘像來到其所說如是言此諸經典皆是世俗善文詞者之所製造非是如
來之所宣說何以故此經所說功德利益汝皆不得由魔波旬如是誑惑於此空
性義利相應甚深契經心生疑惑起諍論不復受持讀誦演說弥勒彼諸
愚人不能了知由自業故不能獲彼殊勝功德自業消已決定當得如是功德
尒時弥勒菩薩白佛言世尊如佛所說阿弥陁佛極樂世界功德利益若有衆
生發十種心隨一一心專念向於阿弥陁佛是人命終當得往生彼佛世界世尊
何等名為發十種心由是心故當得往生彼佛世界佛告弥勒菩薩言弥勒如
是十心非凡愚不善丈夫具諸煩惱者之所能發何等為十一者於諸衆生起於
大慈无損害心二者於諸衆生起於大悲无逼惱心三者於佛正法不惜身命
樂守護心四者於一切法發生勝忍无執著心五者不貪利養恭敬尊重淨
意樂心六者求佛種智於一切時无忘失心七者於諸衆生尊重恭敬无
下劣心八者不著世論於菩提分生決定心九者種諸善根无有雜染清淨
之心十者於諸如來捨離諸相起隨念心弥勒是名菩薩發十種心由是心故當
得往生弥阿陁佛極樂世界弥勒若人於此十種心中隨成一心樂欲往生彼
佛世界若不得生无有是處尒時尊者阿難白佛言希有世尊乃能開示
演說如來真實功德發起菩薩殊勝志樂世尊當何名此經我等云何受
持佛告阿難言此經名為發起菩薩殊勝志樂亦名弥勒菩薩所問以是
名字汝當受持佛說此經已弥勒菩薩及諸聲聞一切世間天人阿脩羅乹
闥婆等聞佛所說皆大歡喜信受奉行

大寶積經卷第九十二

BD03356號2　大寶積經卷九二　（21–20）
BD03356號　佛名經禮懺文（擬）

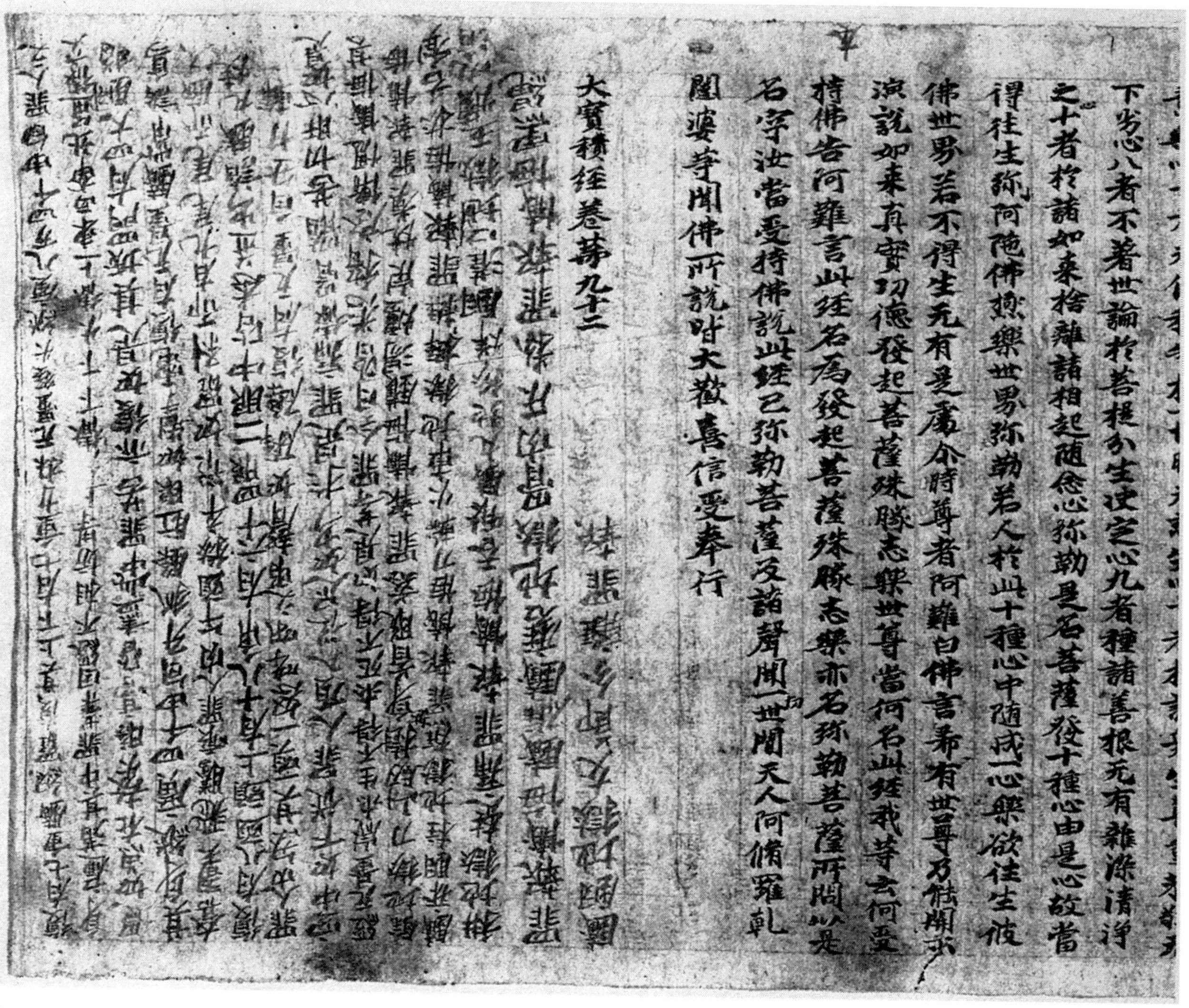
下劣心八者不著世論於菩提分生决定心九者種諸善根无有雜染清淨
之十者於諸如來捨離諸相起隨念心弥勒是名菩薩發十種心由是心故當
得往生弥阿陁佛極樂世界弥勒若人於此十種心中隨成一心樂欲往生彼
佛世界若不得生无有是處尒時尊者阿難白佛言希有世尊乃能開示
演說如來真實功德發起菩薩殊勝志樂世尊當何名此经我等云何受
持佛告阿難言此经名為發起菩薩殊勝志樂亦名弥勒菩薩所問如是
名字汝當受持佛說此经已弥勒菩薩及諸聲聞一切世間天人阿脩羅乾
闥婆等聞佛所說皆大歡喜信受奉行
大寶積经卷第九十二

BD03356 號　佛名經禮懺文（擬）　（21–21）

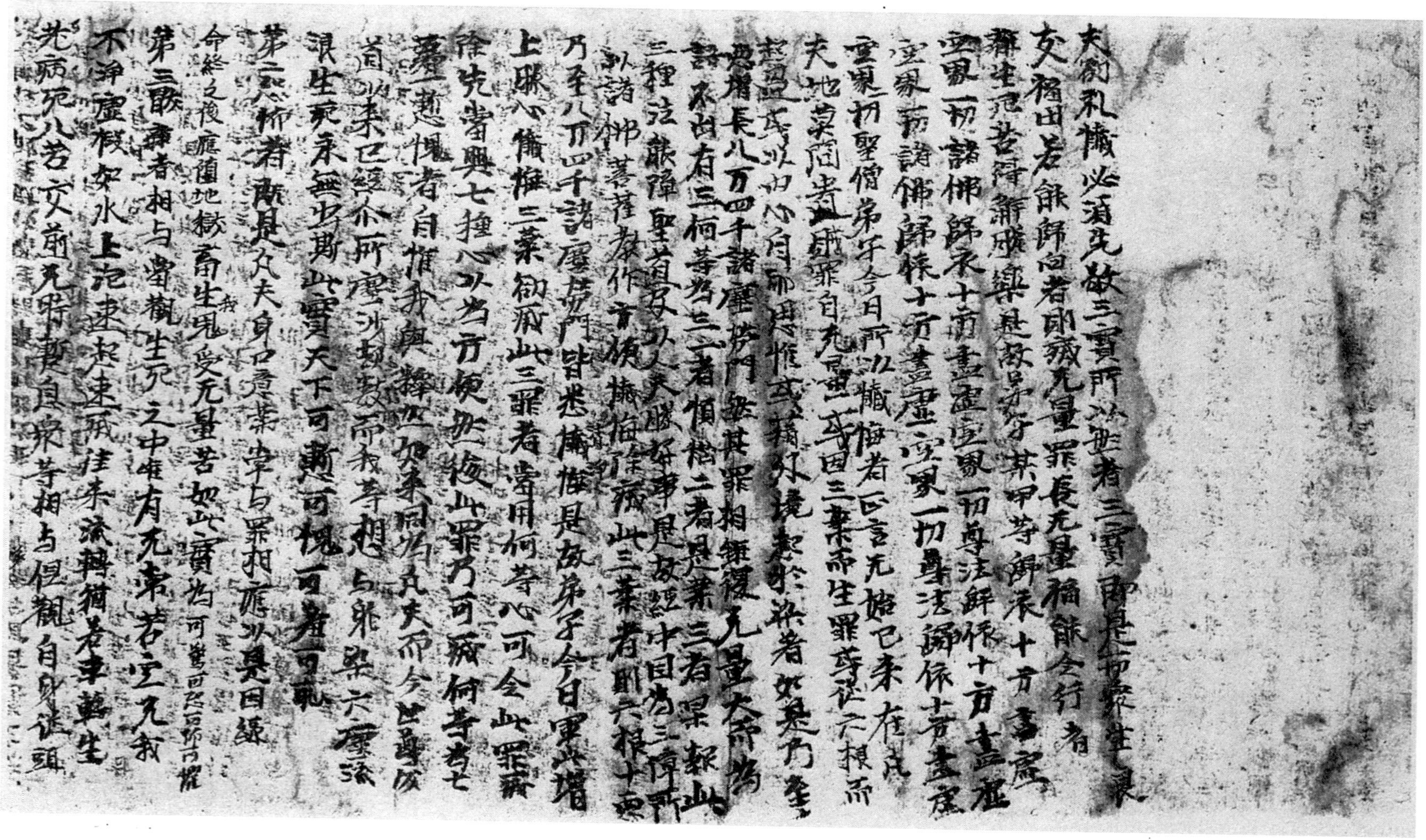
夫欲礼懺必須先敬三寶所以然者三寶即是一切衆生良
友福田若能歸向者則滅无量罪長无量福能令行者
離生死苦得解脫樂是故弟子某甲等歸依十方盡虛
空界一切諸佛歸依十方盡虛空界一切尊法歸依十方盡虛
空界諸佛歸依十方盡虛空界一切尊法歸依十方盡虛
空界一切聖僧弟子今日所以懺悔者正言无始已來在凡
夫地莫問貴賤罪自无量一等因三業而生罪苦從六根而
起過出以心自卯思惟或藉外境起於染著如是乃至
思增長八万四千諸塵勞門然其罪相雖復无量大而為
語不出有三何等為三一者煩惱二者是業三者果報此
三種法能障聖道及以人天勝妙好事是故經中目為三障所
以諸佛菩薩教作方便懺悔除滅此三業者則六根十惡
乃至八万四千諸塵勞門皆悉懺悔是故弟子今日運此增

BD03356 號背　佛名經禮懺文（擬）　（20–1）

命終之後墮地獄畜生餓鬼受无量苦如此實為可厭可惡可恥可惜
第三厭離者相与常觀生死之中唯有无常苦空无我
不淨虛假如水上泡速起速滅往來流轉猶若車輪生
老病死八苦交煎无時暫息眾等相与但觀自身從頭
至足其中但有三十六物髮毛爪齒眵淚涕唾生熟二藏
大腸小腸脾腎心肝肺膽膀胱筋脈骨髓大小便利
九孔常流是故經言此身眾苦所集一切皆不淨物何有智慧
者而當樂此身生死既有如此種種惡法甚可患厭
第四發菩提心者經言當樂佛身佛身者即法身也
從无量功德智慧生從六波羅蜜生從慈悲喜捨生從卅七
助菩提法生從是等種種功德智慧生如來身欲得此身者
當發菩提心求一切種智常樂我淨薩婆若果淨佛國土
成就眾生於身命財无所悋惜
第五怨親平等者於一切眾生起慈悲心生彼我相何以故
今若見怨異親即是分別以分別故起諸相著相著
因緣生諸煩惱煩惱因緣造諸惡業惡業因緣故得苦果
第六念報佛恩者如來往昔无量劫中捨頭目髓腦支
節手足國城妻子象馬七珍為我等故修諸苦行此恩此德實
難酬報是故經言若以頂戴兩肩荷負於恒沙劫亦不能
報我等欲報如來恩者當於此世勇猛精進捍勞忍苦不
惜身命建立三寶弘通大乘廣化眾生同入正道
第七觀罪性空者罪无有實從因緣生顛倒而有既從因緣而生
則從因緣而滅從因緣而生者狎近惡友造作无端從因
緣而滅者即是今日洗心懺悔是故經言此罪相不在內不在
外不在中間故知此罪從本是空生如是等七種心已緣想十方
諸佛賢聖叉掌擎拳合掌披陳至到慚愧改革舒歷心肝洗蕩腸
胃如此懺悔亦何罪而不滅亦何障而不消若復悠悠緩

BD03356號背　佛名經禮懺文（擬）　（20–2）

緣而滅者即是今日洗心懺悔是故經言此罪不在內不在
外不在中間故知此罪從本是空生如是等七種心已緣想十方
諸佛賢聖叉掌擎拳合掌披陳至到慚愧改革舒歷心肝洗蕩腸
胃如此懺悔亦何罪而不滅亦何障而不消若復悠悠緩
縱情慮徒自勞形於事何益且復人命无常喻如轉燭一息
不還便同灰壤三塗苦報即身應受不可以財寶貨囑
託求脫窈窈冥冥無赦无期獨嬰此苦无代受者莫
言我今生中无有此罪所有不能懇到懺悔經中道
言凡夫之人舉足動步无非是罪又復過去生中皆悉成
就无量惡業追逐行者如影隨形若不懺悔罪惡日深
故苞藏瑕疵佛教不許說悔先罪淨名所嘉故知長淪苦
海寔由隱覆是故弟子今日發露懺悔不敢覆藏所以
三障者一曰煩惱二名為業三是果報此三種法更相由藉
因煩惱故所以起惡業惡業因緣故得苦果是故弟子
今日至心先應懺悔煩惱障諸佛菩薩入理聖人種種呵
責亦說此煩惱以為怨家何故以能斷眾生慧命根
故亦說此煩惱以之為賊能劫眾生諸善法故亦說此煩
惱以為瀑河能漂眾生入於生死大苦海故亦說此煩惱
以為羈鎖能繫眾生於生死獄不能得出故所以六
道牽連四生不絕惡業无窮苦果不息當知皆
是煩惱過患是故弟子今日運此增上善心歸依佛
如是十方盡虛空界一切三寶弟子從无始以來至于今日或
在人天六道受報有此心識常懷愚惑繁滿胸衿或因三
毒根造一切罪或貪三有造一切罪如是等罪无量无邊
惱亂一切眾生六道四生今日慚愧皆悉懺悔
又復弟子无始以來至于今日或因四識住造一切罪或因四
流造一切罪或因四取造一切罪或因四緣造一切罪

BD03356號背　佛名經禮懺文（擬）　（20–3）

[illegible]皆悉懺悔
又復弟子无始以來至于今日或因四識住造一切罪或因四
流造一切罪或因四取造一切罪或因四緣造一切罪
或因四大造一切罪或因四縛造一切罪或因四食造一切罪或因四生
造一切罪如是等罪无量无邊惱亂六道一切眾生今日慚愧
皆悉懺悔 又復弟子无始以來至于今日或因五住地煩惱
造一切罪或因五受根造一切罪或因五蓋造一切罪或因五慳
造一切罪或因五見造一切罪或因五心造一切罪如是等罪煩惱无
量无邊惱亂六道一切眾生今日發露皆悉懺悔
又復弟子无始以來至於今日或因六情根造一切罪或因六
根造一切罪或因六想造一切罪或因六受造一切罪或因
或因六行造一切罪或因六愛造一切罪或因六疑造一切罪
如是等煩惱无量无邊惱亂六道一切眾生今日慚
愧發露皆悉懺悔
又復弟子无始以來至於今日或因七漏造一切罪或因
七使造一切罪或因八倒造一切罪或因八垢造一切罪或因
八苦造一切罪惱亂六道一切眾生今日發露皆悉
懺悔 又復无始以來至於今日或因九惱造一切
罪或因九結造一切罪或因九上緣造一切罪或因十煩惱造
或因十纏造一切罪或因十一遍使造一切罪或因十二入造一切
罪或因十六知見造一切罪或因十八界造一切罪或因
二十五我造一切罪或因六十二見造一切罪或因見諦思惟
九十八使百八煩惱造一切罪晝夜熾然開諸漏門造一切
擾亂賢聖及以四生遍滿三界彌亘六道无處可藏无處可
避今日至到向十方佛尊法聖眾慚愧發露皆悉懺悔
願弟子承是懺悔三毒一切煩惱生生世世三慧明三達朗三
苦滅三願滿弟子承是懺悔四識等一切煩惱所生功德生生世世
[illegible]

BD03356 號背 佛名經禮懺文（擬）

（20–4）

避今日至到向十方佛尊法聖眾慚愧發露皆悉懺悔
願弟子承是懺悔三毒一切煩惱生生世世三慧明三達朗三
苦滅三願滿弟子承是懺悔四識等一切煩惱所生功德生生世世
廣四等心立四信業四惡趣永得四无畏
願弟子承是懺悔五蓋等諸煩惱度五道樹五根淨五眼成五
分法身懺悔六愛等煩惱所生功德願生生世世具足六神通
六度業不為六塵成常行六妙行 又願弟子承是懺悔七
漏八垢九結十纏等一切諸煩惱所生功德生生世世坐七淨華洗
塵八水具九斷智成十地行願以懺悔十一遍使及十二入十八界等
一切諸煩惱所生功德願十一空解常棲心自在能轉十二行輪具足十
八界不共之法无量功德一切圓滿
夫大論懺悔者本是改往修來滅惡興善人生居世誰能
无過學人失念尚起煩惱羅漢結習動身口業豈况凡夫而
當无過但智者先覺便能改悔愚者覆藏遂使滋蔓所以積習
長夜曉悟无期若能慚愧發露懺悔者豈唯正是滅罪而已
亦復增長无量功德竪立如來涅槃妙果若欲行此法者
先當外肅形儀瞻奉尊像內起敬意緣想法懔切至到生
二種心何等為二一者自念我此形命難可常保一朝散壞不知
此身何時可復若復不值諸佛賢聖忽遇惡友造眾罪業
復應墮落深坑險趣二者自念我此生中雖得值遇如來正法
為佛弟子紹繼聖種淨身口意善法自居而今我等
公自作惡而復覆藏言他不知謂彼不見隱匿在心傲然无愧
此實天下愚惑之甚即今現有十方諸佛諸大地菩薩諸天
神仙何曾不以清淨天眼見於我等所作罪惡又復幽顯靈
祇注記罪福纖豪无差夫論作罪之人命終之後牛頭獄
卒錄其精神在閻羅王所辯覈是非當爾之時一切怨對皆來
證據各言汝先屠裂我身炮煮蒸炙或言汝先剝奪我

BD03356 號背 佛名經禮懺文（擬）

（20–5）

神但何曾不以清淨天眼見於我等所作罪惡又復幽顯靈
祇注記罪福纖毫無差夫論作罪之人命終之後牛頭獄
卒錄其精神在閻羅王所辯覈是非當爾之時[illegible]
證㞃各言汝先居我身[illegible]汝先剝奪於我
一切[illegible]
䇿律[illegible]在治人若其
平素所作衆罪[illegible]者是其生時[illegible]一切諸相
皆現[illegible]今何得諱是人
為作罪无藏隱處於是閻羅王切齒呵責將付地獄歷
切[illegible]是我身自作自
受[illegible]
无[illegible]
弟子至心歸依佛　如是十方盡虛空界一切三寶是故
今從无始已來至於今日積聚無明障蔽心目隨煩
皆三世罪[illegible]愛著起於貪欲煩惱[illegible]塊
害煩惱[illegible]
不識緣假[illegible]
執[illegible]
我煩惱[illegible]
辯[illegible]
[illegible]
又復无始以來至於今日守惜堅著起慳悋煩惱不攝
六情[illegible]行[illegible]不忍煩惱怠墮[illegible]不勤
煩惱[illegible]无知解煩惱
瑱世八[illegible]
纏不調和煩惱[illegible]倚聲刹限
家煩惱山險暴害謟毒煩惱昧皆二諦執相煩惱於苦

BD03356 號背　佛名經禮懺文（擬）　（20–6）

[illegible]无知解煩惱
纏不調和煩惱[illegible]煩惱倚聲刹限
家煩惱山險暴害謟毒煩惱昧皆二諦執相煩惱於苦
集滅道生顛倒煩惱隨從生死十二因緣流轉生死煩惱
乃至无始无明住地恒沙煩惱起四住地攝於三界苦果
煩惱如是如是諸煩惱无量无邊惱亂賢
聖六道四生今日發露向十方佛尊法聖衆皆悉懺悔
弟子等承是懺悔貪瞋癡等一切煩惱生生世世折橋幢
憧竭愛欲水滅瞋恚火破愚癡闇拔斷疑根列諸見網深
識三界猶如牢獄四大毒蛇五陰怨賊六入空聚愛詐親善
修八聖道斷无明源正向涅槃不休不息卅七品心心相應
十波羅蜜常現在前　佛名經卷第一
衆等相與即今我身心寂靜无謟无障正是生善滅惡之
時復應各起四種觀行以為滅罪作道方便何等為四一
者觀於因緣二者觀於果報三者觀我自身四者觀如來者
第一觀因緣者知我此罪藉以无明不善思惟无正觀力
不識其過遠離善友諸佛菩薩隨逐魔道行邪嶮逕如魚
吞鉤不知其患如蠶作繭自縈自縛如蛾赴火自燒
自爛以是因緣不能自出
第二觀於果報者所作諸惡不善之業三世流轉苦果无
窮沉溺无邊巨夜大海為諸煩惱羅剎所食未來生死
冥然无崖設使報得轉輪聖王王四天下飛行自在七寶
具足命終之後不免惡趣四空果報三界尊極福盡還作
牛領中虫況復其餘无福德者而復懈怠不勤懺悔此譬
如抱石沉淵求出良難
第三觀我自身雖有正因靈覺之性而為煩惱黑闇

BD03356 號背　佛名經禮懺文（擬）　（20–7）

牛領中虫況復其餘无福德者而復懈怠不懃懺悔此以辟
如抱石沉淵求出良難
第三觀我自身雖有正因靈覺之性而為煩惱黑暗
叢林之所覆蔽无了因力不能得顯我今應當發起
勝心破裂无明顛倒重障斷滅生死虛偽苦因顯發
如來大明覺慧建立无上涅槃妙果
第四觀如來身无為寂照離四句絕百非眾德具足
湛然常住雖復方便入於滅度慈悲救接未曾暫
捨生如是心可謂滅罪之良津除障之要行是故弟子今日
誠歸依佛　弟子等无始以來至於今日長養煩惱日
深日厚日滋日茂覆蓋慧眼令无所見斷除眾善不得相續
起障不得見佛不聞正法不值聖僧煩惱起障不見過去未來
一切善惡業行之煩惱障愛人天尊貴之煩惱障生色界禪定福樂之
煩惱障不得自在神通飛騰遊觀遍至十方諸佛淨土聽
法之煩惱障學安那般那數息不淨觀諸煩惱障學慈悲
喜捨因緣煩惱障學七方便三觀義煩惱障學總念處頂忍
煩惱障學聞思修第一法煩惱障學平等中道解煩惱
障學八道不相之煩惱障學於道品因緣觀煩惱障學八解脫
九空之煩惱障學於十智三三昧煩惱障學三明六通四无导
煩惱障學六度四等煩惱障學四攝法廣化之煩惱障學乘心
四弘誓願煩惱障學十明十行之煩惱障學迴向十願之煩惱
障初地二地三地四地明解之煩惱障五地六地七地諸知見
煩惱障八地九地十地雙照之煩惱障如是乃至障學佛果
百万阿僧祇諸行上煩惱如是障无量无邊弟子今日至
到稽顙向十方佛尊法聖眾慚愧懺悔願皆消滅願藉此
懺悔於諸行一切煩惱所生功德弟子在在處處世世受生不為結
[illegible]

BD03356號背　佛名經禮懺文（擬）

（20–8）

百万阿僧祇諸行上煩惱如是障无量无邊弟子今日至
到稽顙向十方佛尊法聖眾慚愧懺悔願皆消滅願藉此
懺悔於諸行一切煩惱所生功德弟子在在處處世世受生不為結
業之所迴轉以是如意通於一念頃遍至十方淨佛國土攝化
眾生於之禪定甚深境界及諸知見通達无导心能尊同一切諸
法樂說无窮而不染著得心自在得法自在智慧自在方
便自在令此煩惱及无知見結習畢竟永斷不復相續无
漏聖道朗然如日
如是等上首佛我以身口意業遍滿十方一時礼拜讚嘆供
養彼諸如來所深境界不可量境界无量境界不可思議[illegible]
等我悉以口業意遍滿十方礼拜讚嘆供養彼佛世界中
不足善權僧不良聲聞僧我悉以身口意業遍滿十方
國面礼足讚嘆供養
弟子等略懺煩惱障竟今當次第懺悔業障夫業能莊飾
世趣在在處處是以恩推求離解脫所以六道果報種
種不同形類各異當知皆是業力所作所以佛十力中業
力甚深凡夫之人多於此中好起疑惑何以故今現見世間
行善之人觸向轗軻為惡之者是事諧偶謂言天下善惡
无分如此計者皆是不能深達業理何以故經中說言有
三種業何等為三一現報二生報三者後報現報業者現在
作善作惡現身受報生報業者此生作善作惡來生
受報後報業者或是過去无量生中作善作惡或於此生
中或於未來无量生中方便受其報向者行惡之人現在見好
此是過去生報後報善業未熟故所以現在見苦者是
過去生中生報後報惡業熟故在善根力弱不能排遣是以致
得此苦報豈關現在作善而招惡報何以知然現在世間為善
之者為人所讚歎人所尊重故知未來必招[illegible]

BD03356號背　佛名經禮懺文（擬）

（20–9）

過去生中生報後報惡業致於在善根力弱不能排遣故
得此苦報豈關現在作善而招惡報何以知然現在世間為善
之者為人所讚歎人所尊重故知未來必招樂果過去既有
如此惡業所以諸佛菩薩教令親近善友共行懺悔知識
者於得菩中則為人舍是故弟子等今日至誠
歸依十方盡虛空界一切三寶弟子等無始以來至於今日積
惡如恒沙造罪滿天地捨身與受身不覺亦不知或作五
逆深厚濁纏無間罪業或造一闡提斷善根業輕誣佛語
謗方等業破滅三寶毀正法業不信罪福起十惡業迷真返
正癡惑之業不孝二親反戾之業輕慢師長無禮敬業
朋友不信不義之業或作四重六重八重障聖道業
毀犯五戒破八齋業五篇七聚多缺犯業優婆塞戒輕
重諸業或菩薩戒不能清淨如說行業前後方便
汙梵行業月無六齋懈怠之業年三長齋不常修業三
千威儀不如法業八萬律儀微細罪業不修身戒心慧
之業春秋八王造眾罪業行十六種惡律儀業於苦眾生
無慈傷業不矜不念無勞施業不救不濟無救護業
心懷嫉惡無度彼業於怨親境不平等業耽荒五欲
厭離業因衣食園林池沼生蕩逸業或以盛年放恣
情欲造眾罪業或善有漏迴向三有障出世業如是
等眾無量無邊今日發露向十方佛尊法聖眾皆
悉懺悔
願弟子等承是懺悔無間等罪諸業所生福善願生生世
世滅五逆眾除一闡提或有是如輕重之業從今已來
乃至道場誓不更犯恒習出世清淨善法精持律行
守護威儀如渡海者愛惜浮囊六度四等常標行
首戒品定慧轉得增明速成如來三十二相八十種好

BD03356號背　佛名經禮懺文（擬）

（20–10）

世滅五逆眾除一闡提或有是如輕重之業從今已來
乃至道場誓不更犯恒習出世清淨善法精持律行
守護威儀如渡海者愛惜浮囊六度四等常標行
首戒品定慧轉得增明速成如來三十二相八十種好
十力無畏大悲三念常樂妙智八自在我　第二卷
弟子今日以慚愧惻懺悔一切諸業今當次第更復一
別相懺悔若總若別若麤若細若輕若重若說不
說品類相從願皆消滅別相懺者先懺身三業身三
品其餘諸障次第稽顙身三業者第一殺害如經所
明怒己可為喻勿殺勿行杖雖復禽獸之殊保命畏死其
事是一若尋此眾生無始以來或是我父母兄弟六
親眷屬以業因緣輪迴六道出生入死改形易報不復相識而今興
害食噉其肉傷慈之甚是故佛言設得餘食當如飢世
食子肉想何況今食噉此魚肉耶又言為利殺眾生以財網眾
生而二俱是惡業死墮叫喚地獄故知殺害及以食噉罪深河
海過重丘岳然我弟子等无始以來不遇善友皆為此業
是故經言殺害之罪能令眾生墮於地獄餓鬼受苦若
在畜生則受虎豹豺狼鷹鷂等身或受毒蛇蝮蝎等身常懷
惡心或受獐鹿熊羆等身常懷恐怖若生人中得二
種果報一者多病二者短命殺害食噉既有如是無量一種
種諸惡果報是故弟子至到稽顙歸依佛
弟子自從無始以來至於今日有此心識常懷慘毒無慈
愍心或因貪起殺因嗔癡及以慢殺或興惡方便誓願殺
及以呪殺或破決湖池焚燒山野田獵漁捕或因風放火飛
鷹放犬惱害一切如是等罪今悉懺悔或以檻擭抗撥叉戟
彈弓射飛鳥走獸之類或以罾網罾釣撩漉
水性魚鼈黿鼉蝦蜆螺蚌濕居之屬使水陸之與空行藏

BD03356號背　佛名經禮懺文（擬）

（20–11）

[illegible]
及以呪煞或破決湖池焚燒山野田獵魚捕或因風放火飛
鷹放犬惱害一切如是等罪今悉懺悔或以檻穽撈撥又鳥[illegible]
撲弓弩彈射飛鳥走獸之類或以罾網[illegible]
性魚鼈黿鼉蝦蟆螺蚌濕居之屬使水陸空行藏
竄无地或畜養雞豬牛羊犬豕鵝鴨之屬自供庖廚
或貨他宰煞使其哀聲未盡毛羽脫落鱗甲傷毀身
首分離骨肉剷碎剝裂屠割炮燒煮炙楚毒酸切横
加無辜但取一時之快口果之甘美苦之者痛得味甚寡不
過三寸舌根而已無其罪報殃累永劫如是等罪今日
至誠皆悉懺悔　又復无始以來至於今日或復興師相
伐疆埸交諍兩陣相向更相煞害或自煞教煞聞煞歡喜
習屠膾貨爲刑戮烹宰他命行於不忍或復恣逸揮戈
舞忍或斬或刺或推若於坑澗以水淹溺或塞穴壞巢土
石硾碾或以車馬轢蹹踐蹋一切衆生如是等罪无量
无邊今日發露皆悉懺悔
又復無始以來或墮胎破卵毒藥蠱道傷煞衆生
墾土掘地種殖田園養蠶煑繭傷煞滋甚或打撲蚊
蚋掐嚙蚤虱或燒除糞掃開决溝渠枉害一切或噉菓實
或用穀米或用菜蔬横煞衆生或然樵薪或露燈燭燒諸
虫類或食醋酢不看搖動或瀉湯水洗煞虫蟻如是乃至
行住坐卧四威儀中恒常傷煞飛空著地微細衆生弟子以凡
夫識暗不覺不知今日發露皆悉懺悔　又復弟子无始
以來至于今日或以鞭杖枷鎖桁械壓拉拷掠打擲手脚
蹴蹋拘縛籠繫斷絶水穀如是種種諸惡方便苦惱衆生今日
至誠向十方佛尊法聖衆皆悉懺悔
願弟子等承是懺悔煞害等罪所生功德生生世世得金剛身
壽命無窮永離怨憎无煞害想於諸衆生得一子地若見

BD03356 號背　佛名經禮懺文（擬）

（20–12）

[illegible]
蹴蹋拘縛籠繫斷絶水穀如是種種諸惡方便苦惱衆生今日
至誠向十方佛尊法聖衆皆悉懺悔
願弟子等承是懺悔煞害等罪所生功德生生世世得金剛身
壽命無窮永離怨憎无煞害想於諸衆生得一子地若見
危難危厄之者不惜身命方便救解令得解脫然後爲
說妙法使諸衆生覩形見影皆蒙安樂聞名
聽聲恐怖悉除作礼一拜
　次復懺悔劫盜之業經言若
物屬他他所守護於此物中一草一葉不與不取何況盜竊
衆生唯見現利故以種種方便非道而取致使未來受此
累是故經言劫盜之罪能令衆生墮於地獄餓鬼受苦
若在畜生則受牛馬驢騾駝等形以其所有身力血肉
償他宿債若生人中爲他奴婢衣不蔽形食不充命貧窮
困苦人理殆盡劫盜既有如是苦報是故弟子今日至到
稽顙歸依佛　弟子等自從无始以來至于今日或盜
他財寶興刃强奪或自恃身逼迫而取或恃公威或
假契託大輒枉壓良善吞納姦欺考直爲曲爲[illegible]緣
身羅罪網或任邪治傾他財物侵[illegible]公私假損
被刺此損彼利割他自饒口與心悋或竊没租估偷度關
公課輸截隱使没如是等罪今悉懺悔或盜法物僧物不經
或經像物或道治塔寺物或供養常住僧物或擬捉
僧物或盜取恢用特勢不還或自借貸或人或復換僭
或三寶物混亂雜用或以衆物穀米樵薪鹽豉醋醬菜菓
錢帛竹木繒綵幡蓋香花油燭隨情取或自用或與人或
摘佛華果用僧鬘物因三寶物私自利己如是等罪无量
无邊今日慚愧皆悉懺悔　又復无始以來至於今日或作
旃朋友師僧同學父母兄弟六親眷屬共住同止百一所須更相
欺罔或於鄉鄰比近移籬拓墻侵他田宅改標易相虜奪田園

BD03356 號背　佛名經禮懺文（擬）

（20–13）

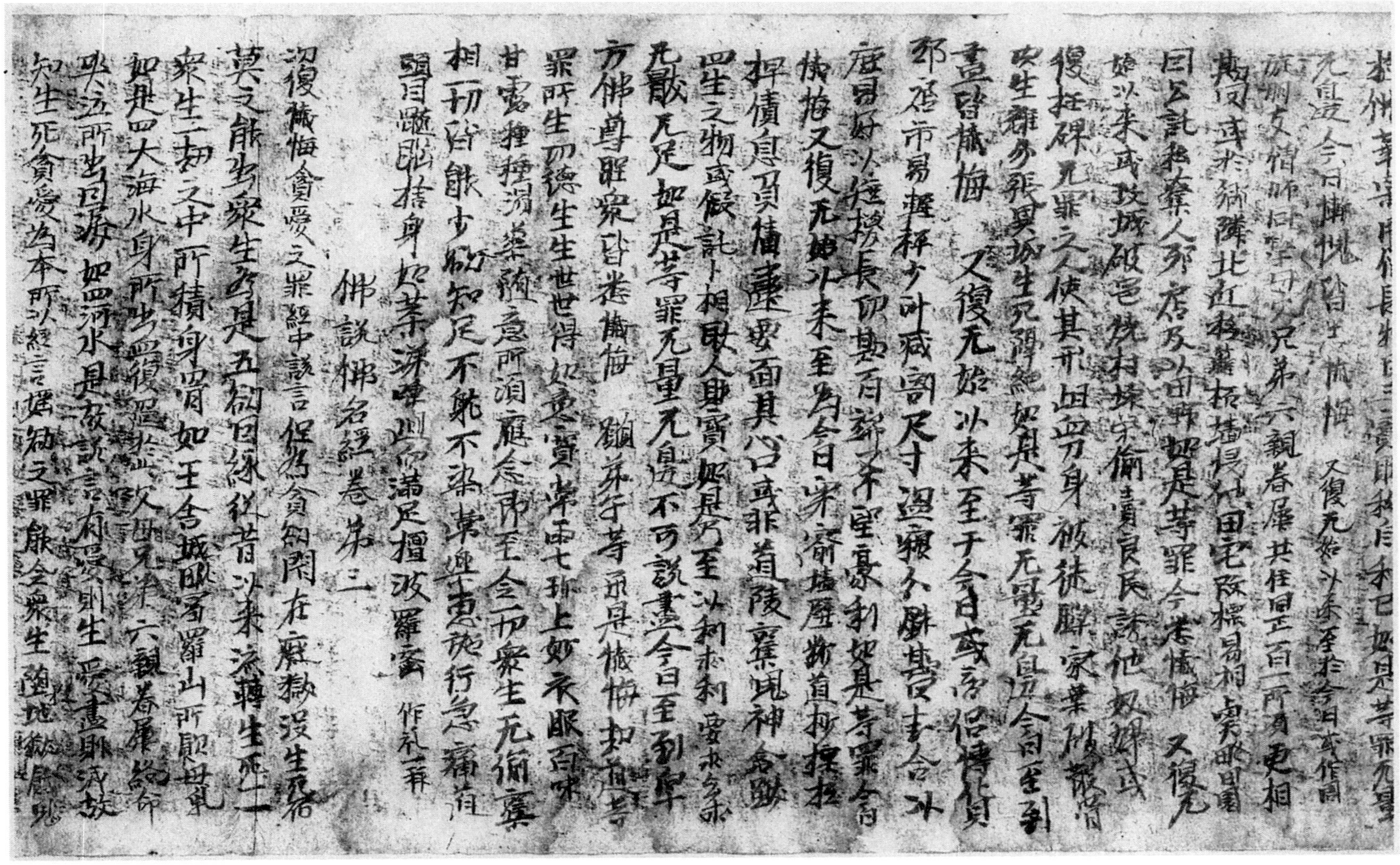
於佛菩薩所僧長物三寶所物和合已如是等罪无量
无邊今日慚愧皆悉懺悔 又復无始以來至於今日或作國
族[illegible]兄弟六親眷屬共住同止百一所須更相
欺罔或於鄉鄰比近移籬[illegible]墻侵他田宅改標易相虜取田園
因公託私奪人邸店及以田[illegible]如是等罪今悉懺悔 又復无
始以來或攻城破邑燒村壞柵偷賣良民誘他奴婢或
復枉殺无罪之人使其形[illegible]身被徒[illegible]家業破[illegible]
使生離分張異域生死隔絕如是等罪无量无邊今日至到
盡皆懺悔 又復无始以來至于今日或為[illegible]
邪[illegible]市易輕秤小斗減割尺寸盜竊分銖欺罔[illegible]
度[illegible]以短換長[illegible]百端[illegible]求望毫利如是等罪今日
懺悔又復无始以來至為今日[illegible]
擇債負[illegible]違要面其[illegible]或非道陵[illegible]鬼神[illegible]
四生之物或假託卜相取人財寶如是乃至以利求利要求多求
无厭无足如是等罪无量无邊不可說盡今日至到歸
方佛尊聖眾皆悉懺悔 願弟子等承是懺悔功德
罪所生功德生生世世得如意寶常雨七珍上妙衣服百味
甘露種種湯藥隨意所須應念所至一切眾生无偷奪
相一切皆能少欲知足不耽不染常樂惠施行急濟
頭目髓腦猶身如棄涕唾迴向滿足檀波羅蜜 作禮一拜
佛說佛名經卷第三
次復懺悔貪愛之罪經中說言但為貪欲閉在癡獄没生死
莫之能出眾生之身是五欲因緣從昔以來流轉生死一一
眾生一劫之中所積身骨如王舍城毗富羅山所飲母乳
如四大海水身所出血復過於此父母兄弟六親眷屬命終
哭泣所出目淚如四海水是故說言有愛則生愛盡則滅故
知生死貪愛為本所以經言堪欲之罪能令眾生墮於地獄餓鬼

BD03356 號背　佛名經禮懺文（擬）　（20–14）

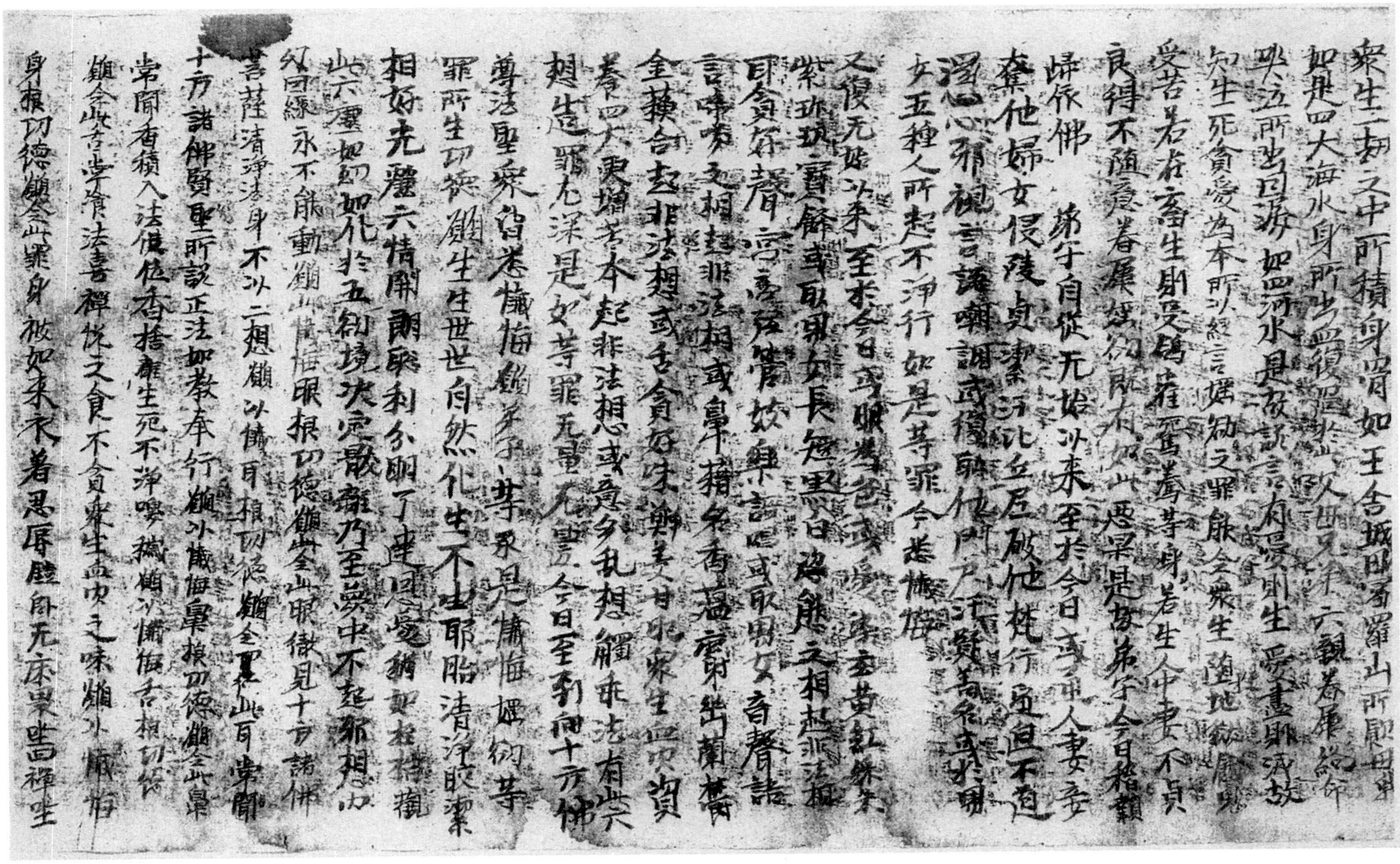
眾生一劫之中所積身骨如王舍城毗富羅山所飲母乳
如四大海水身所出血復過於此父母兄弟六親眷屬命終
哭泣所出目淚如四海水是故說言有愛則生愛盡則滅故
知生死貪愛為本所以經言堪欲之罪能令眾生墮於地獄餓鬼
受苦若在畜生則受鴿雀鴛鴦等身若生人中妻不貞
良得不隨意眷屬[illegible]所有如此惡果是故弟子今日稽顙
歸依佛
弟子自從无始以來至於今日或有凡人妻妾
奪他婦女侵陵貞潔污比丘尼破他梵行逼迫不道
濁心邪視言語嘲調或復[illegible]他門戶污辱[illegible]
女五種人所起不淨行如是等罪今悉懺悔
又復无始以來至於今日或眼見好色或青黃赤白紅綠
紫[illegible]莊飾身體或取男女長短黑白之相姿態之相起非法想
耳聞好聲宮商絲管妓樂歌詠或取男女音聲語
言啼哭之相起非法想或鼻聞好香沉香麝香蘭薰
金擇合起非法想或舌貪好味甘肥美味眾生血肉資
養四大更增苦本起非法想或意多亂想觸法有六
根造罪尤深是故弟子等无量无邊今日至到向十方佛
尊法聖眾皆悉懺悔 願弟子等承是懺悔功德
罪所生功德生生世世自然化生不由胎清淨皎潔
相好光麗六情聞朗利分明了達恩愛猶如桎梏
六塵猶如幻化於五欲境決定厭離乃至夢中不起邪想
為因緣永不能動願以懺悔眼根功德願此眼徹見十方諸佛
菩薩清淨法身不以二乘想願以懺悔耳根功德願令此耳常聞
十方諸佛賢聖所說正法如教奉行願以懺悔鼻根功德願令此鼻
常聞香積入法位香捨離生死不淨臭穢願以懺悔舌根功德
願令此舌常食法喜禪悅之食不貪眾生血肉之味願以懺悔
身根功德願令此身被如來衣著忍辱鎧臥无畏床坐四禪坐

BD03356 號背　佛名經禮懺文（擬）　（20–15）

常聞香積入法供佛香積離生死不淨之穢願以懺悔舌根功德
願令此舌常餐法喜禪悅之食不貪眾生血肉之味願以懺悔
身根功德願令此身披如來衣著忍辱鎧臥无畏床坐四禪座
願以懺悔意根功德願令此意成就十力洞達五明深觀二諦空平
等理從方便慧起十妙行入法流水念念增明顯發如來大无生忍
以共懺悔身三業竟今當次第懺悔口四惡業經法說言口業之
罪能令眾生墮於地獄餓鬼受苦暴惡不和常好鬪諍口業
既若在畜生則受鵂鶹鴝鵒馬形聞其聲者無不憎惡若生人中
口氣常臭所有說言人不信受眷屬不和常好鬪諍口業既有
如是惡果是故弟子今日至誠歸依佛　弟子等自從无所
始以來至於今日妄言兩舌惡口綺語傳虛說有說有言空不
見言見見言不見不聞言聞聞言不聞知言不知不知言知欺賢罔聖言
行相乖自稱讚與得過人法我得四禪四无色定阿那波那十六
行觀得須陀洹至阿羅漢得辟支佛不退菩薩天來龍來
鬼來神來旋風土鬼皆至我所彼問我答或東西世界刹
如是等罪今悉懺悔又復无始以來至於今日或說言鬪亂
交扇彼此兩舌離間構口舌向彼說此向此道彼離他眷
屬壞人善友使抑為者為疏親舊者疏或終身不實
言不及義談誑訕謗君父卑辱師長破壞忠良理沒賢已通
毀辱彼此房作淨華虛誑發言常虛口是非心其全非面譽
背毀皆明所與讚誦邪書傳邪惡法或見罵詈言語麤獷或嗔
天和地毒罵引鬼神如是口業所生諸罪无量无邊今日至
誠向十方佛尊法聖眾皆悉懺悔　願弟子承是懺悔口
業眾罪所生功德生生世世具八音聲四无导辯常說和合
和益之言其聲清雅一切樂聞善解眾生方俗言說若有
所說應時應根令彼聽者即得漸悟超凡越聖開發慧眼
作礼一拜弟四卷懺悔　已懺悔身三口四竟次復懺悔佛法僧

BD03356 號背　佛名經禮懺文（擬）

（20–16）

和益之言其聲清雅一切樂聞善解眾生方俗言說若有
所說應時應根令彼聽者即得漸悟超凡越聖開發慧眼
作礼一拜弟四卷懺悔　已懺悔身三口四竟次復懺悔佛法僧
間一切諸障經中佛說人身難得佛法難聞眾僧難值信心難生
六根難具善友難得而今相與宿殖善根得此人身六根完具
又值善友得聞正法於其眾間復各不能盡心精勤懼倒恐於
未來長淪万苦无有出期是故今日應復至到慚愧稽顙
歸依佛　弟子等自從无始以來至於今日常以无明覆
心煩惱障意見佛形像不能盡心恭敬輕蔑眾僧殘害善
友破塔毀寺焚燒形像出佛身血或自處華堂安置尊
像卑猥之處使煙薰日曝風吹雨露塵土汙坌雀鼠殘
毀共住共宿曾无礼敬或偷像身初不嚴飾或建捨像閉
閉殿宇障佛光明如是等罪今悉至誠皆悉懺悔又復无始以來
至於今日或於法間有障以不淨手把捉經卷或脫經書非法俗語
或安置床頭坐起不敬或閉閣箱篋蟲嚙朽爛或首軸脫落
部黨失次或誤取漏誤紙墨破裂自不修習不肯流轉如是
等罪今悉懺悔或眼地聽經仰臥讀誦高聲語嬰亂他聽法或邪
解佛語謬說聖意非法說法法說非法非犯說犯犯說非犯輕罪
說重重罪說輕或抄前著後抄後著前前後著中中著前後綺飾文
飾安置巳典或為利養名譽恭敬為人說法无道得心恭法所逼
而不論語非理彈禁不為長解求出世法或輕慢佛語尊重邪教
毀告大乘諸聲聞道如是等罪无量无邊今日至到皆悉懺悔
又復无始以來至於今日或於僧間有障无害阿羅漢破和合僧害
發无上菩提心人斷滅佛種使聖道不行或罪取人道剝脫沙門
逼捶駈使苦言加謗或云破戒破於威儀或勸他捨於八正受行
五法或假託形儀鬪亂職任如是等罪今悉懺悔或保形輕末在
[illegible]

BD03356 號背　佛名經禮懺文（擬）

（20–17）

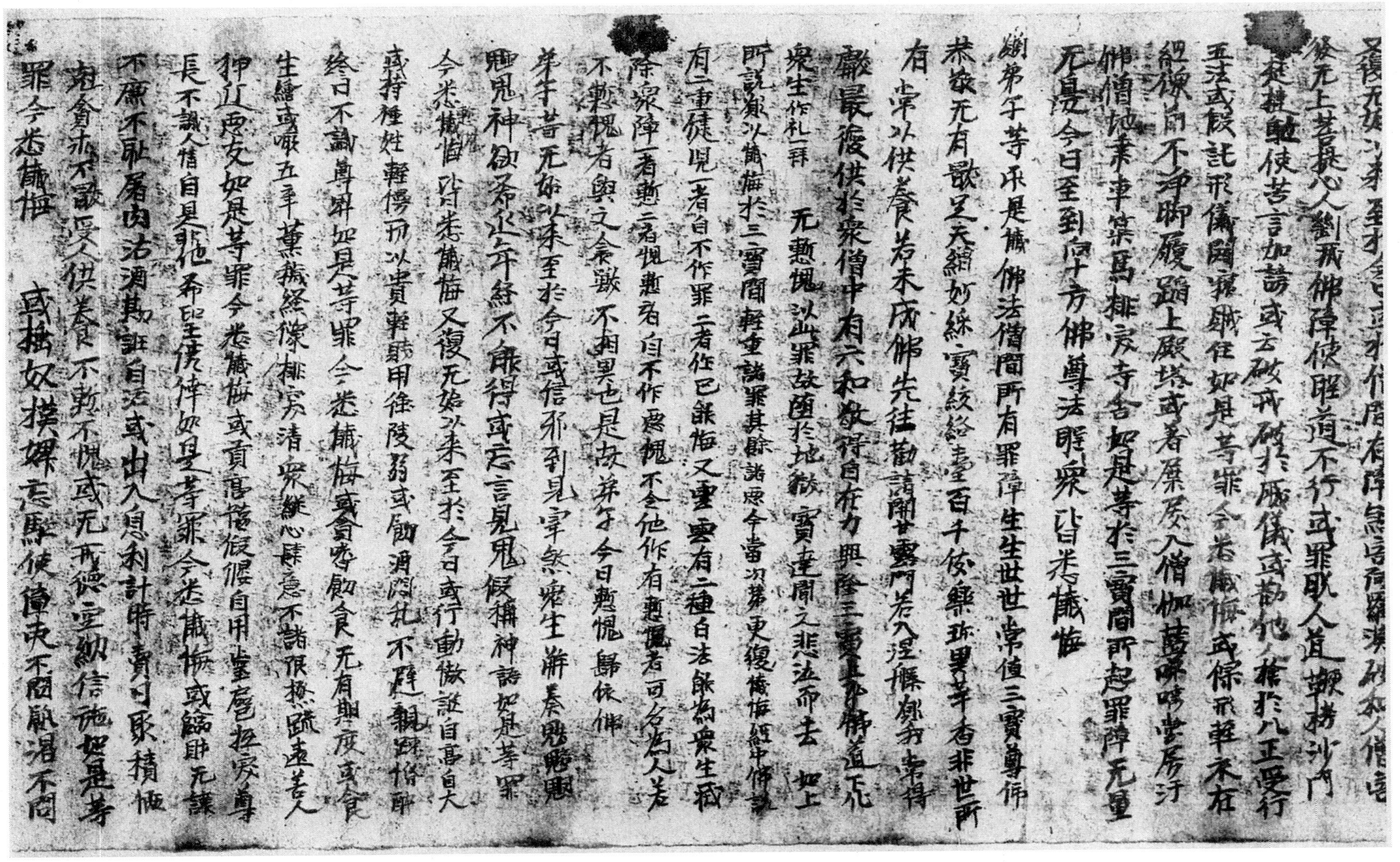

BD03356 號背　佛名經禮懺文（擬）　（20–18）

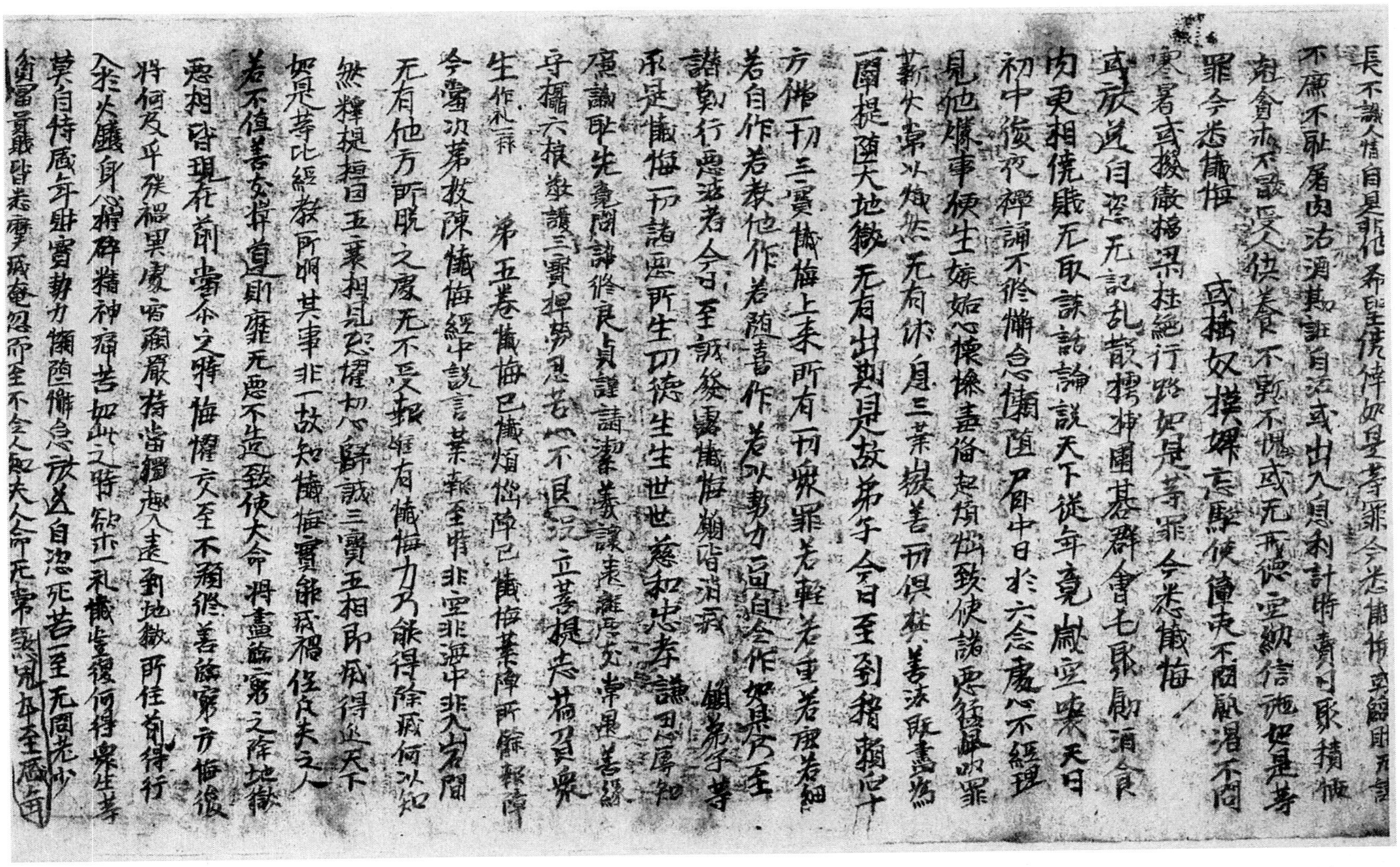

BD03356 號背　佛名經禮懺文（擬）　（20–19）

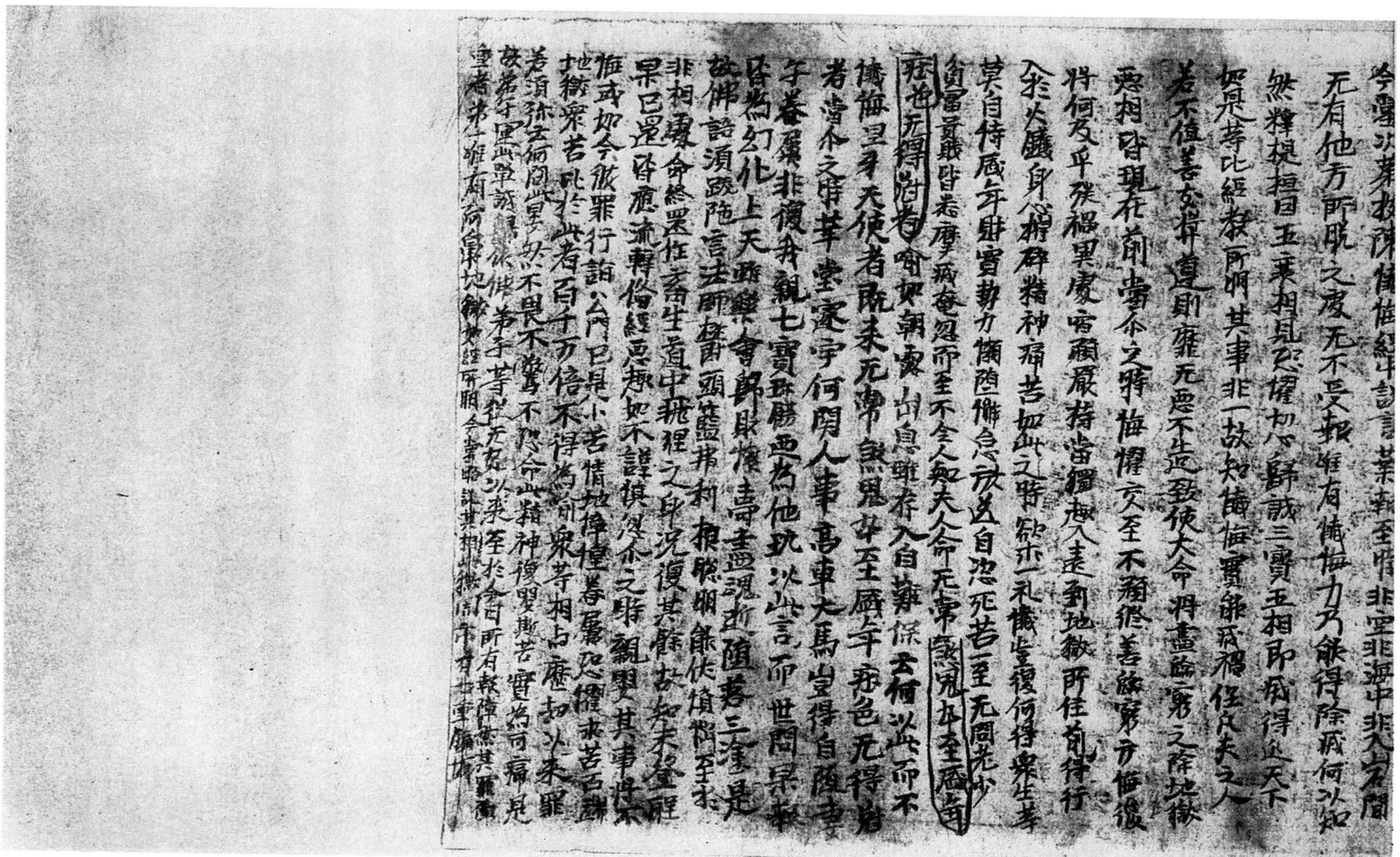

BD03356 號背　佛名經禮懺文（擬）

（20–20）

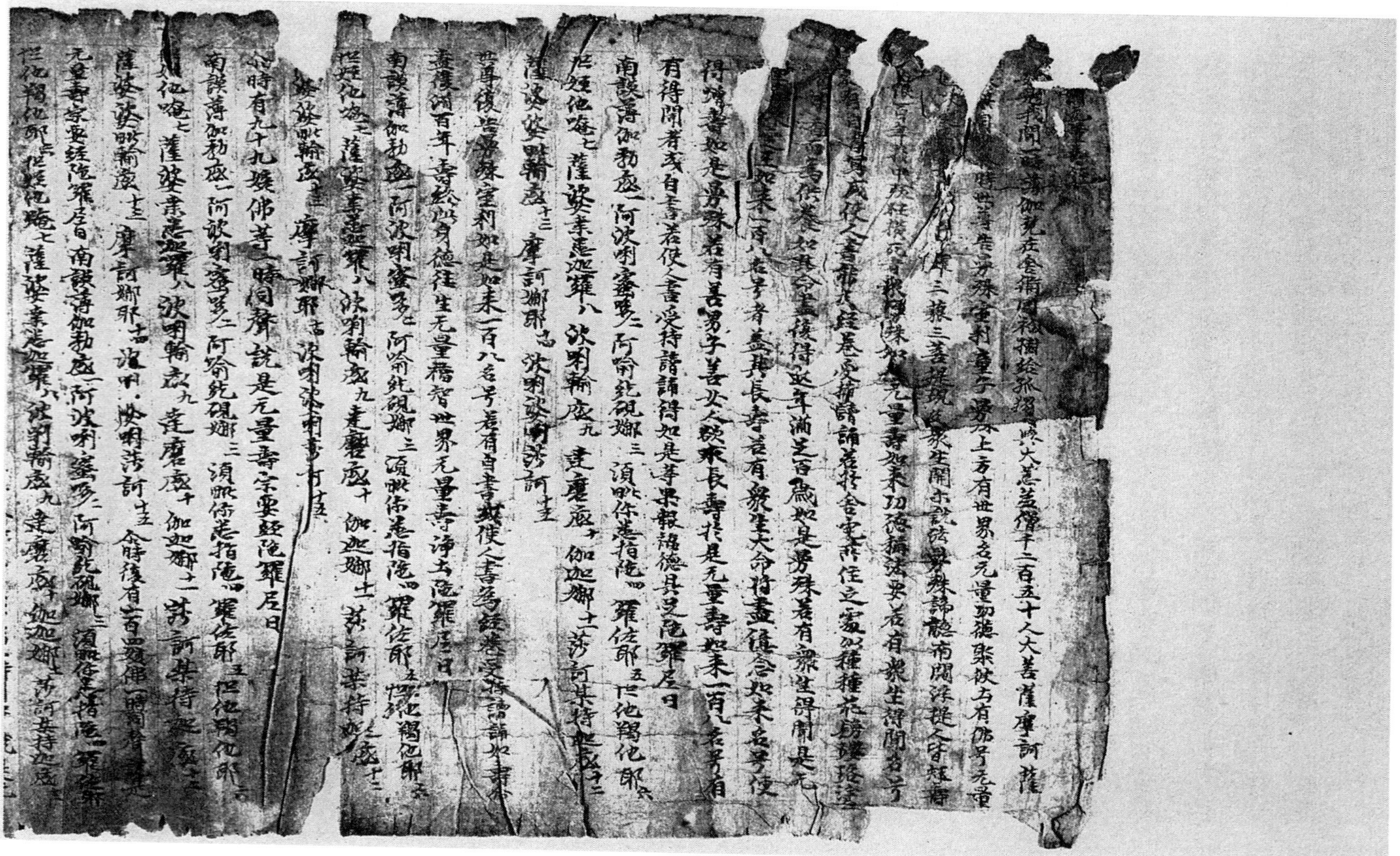

BD03357 號　無量壽宗要經

（6–1）

南謨薄伽勒底一 阿波唎蜜多二 阿喻紇硯娜三 須毗你悉指陀四 囉佐耶五 怛他羯他耶六

怛姪他唵七 薩婆桑悉迦羅八 波唎輸底九 達磨底十 伽迦娜十一 莎訶桑持迦底十二

薩婆婆毗輸底十三 摩訶娜耶十四 波唎婆唎莎訶十五 尒時復有一百四姟佛一時同聲說是

无量壽宗要經陀羅尼曰 南謨薄伽勒底一 阿波唎蜜多二 阿喻紇硯娜三 須毗你悉指陀四 囉佐耶五

怛他羯他耶六 怛姪他唵七 薩婆桑悉迦羅八 波唎輸底九 達磨底十 伽迦娜十一 莎訶桑持迦底十二

薩婆婆毗輸底十三 摩訶娜耶十四 波唎婆唎莎訶十五 尒時復有七姟佛一時同聲說是无

量壽宗要經陀羅尼曰 南謨薄伽勒底一 阿波唎蜜多二 阿喻紇硯娜三 須毗你悉指陀四

羅佐耶五 怛他羯他耶六 怛姪他唵七 薩婆桑悉迦羅八 波唎輸底九 達磨底十 伽迦娜十一

莎訶桑持迦底十二 薩婆婆毗輸底十三 摩訶娜耶十四 波唎婆唎莎訶十五

尒時復有六十五姟佛一時同聲說是无量壽宗要經陀羅尼曰

南謨薄伽勒底一 阿波唎蜜多二 阿喻紇硯娜三 須毗你悉指陀四 羅佐耶五 怛他羯他耶六

怛姪他唵七 薩婆桑悉迦羅八 波唎輸底九 達磨底十 伽迦娜十一 莎訶桑持迦底十二

薩婆婆毗輸底十三 摩訶娜耶十四 波唎婆唎莎訶十五

尒時復有五十五姟佛一時同聲說是无量壽宗要經陀羅尼曰

南謨薄伽勒底一 阿波唎蜜多二 阿喻紇硯娜三 須毗你悉指陀四 羅佐耶五 怛他羯他耶六

怛姪他唵七 薩婆桑悉迦羅八 波唎輸底九 達磨底十 伽迦娜十一 莎訶桑持迦底十二

薩婆婆毗輸底十三 摩訶娜耶十四 波唎婆唎莎訶

尒時復有四十五姟佛一時同聲說是无量壽宗要經陀羅尼曰

南謨薄伽勒底一 阿波唎蜜多二 阿喻紇硯娜三 須毗你悉指陀四 羅佐耶五 怛他羯他耶六

怛姪他唵七 薩婆桑悉迦羅八 波唎輸底九 達磨底十 伽迦娜十一 莎訶桑持迦底十二

薩婆婆毗輸底十三 摩訶娜耶十四 波唎婆唎莎訶十五

尒時復有十三六姟佛一時同聲說是无量壽宗要經陀羅尼曰

南謨薄伽勒底一 阿波唎蜜多二 阿喻紇硯娜三 須毗你悉指陀四 羅佐耶五 怛他羯他耶六

怛姪他唵七 薩婆桑悉迦羅八 波唎輸底九 達磨底十 伽迦娜十一 莎訶桑持迦底十二

薩婆婆毗輸底十三 摩訶娜耶十四 波唎婆唎莎訶十五

尒時復有二十五姟佛一時同聲說是无量壽宗要經陀羅尼曰

南謨薄伽勒底一 阿波唎蜜多二 阿喻紇硯娜三 須毗你悉指陀四 羅佐耶五 怛他羯他耶六

怛姪他唵七 薩婆桑悉迦羅八 波唎輸底九 達磨底十 伽迦娜十一 莎訶桑持迦底十二

薩婆婆毗輸底十三 摩訶娜耶十四 波唎婆唎莎訶十五

尒時復有恒河沙姟佛一時同聲說是无量壽宗要經陀羅尼曰

BD03357 號　無量壽宗要經　　（6–2）

南謨薄伽勒底一 阿波唎蜜多二 阿喻紇硯娜三 須毗你悉指陀四 羅佐耶五 怛他羯他耶六

怛姪他唵七 薩婆桑悉迦羅八 波唎輸底九 達磨底十 伽迦娜十一 莎訶桑持迦底十二

薩婆婆毗輸底十三 摩訶娜耶十四 波唎婆唎莎訶十五

尒時復有恒河沙姟佛一時同聲說是无量壽宗要經陀羅尼曰

南謨薄伽勒底一 阿波唎蜜多二 阿喻紇硯娜三 須毗你悉指陀四 羅佐耶五 怛他羯他耶六

怛姪他唵七 薩婆桑悉迦羅八 波唎輸底九 達磨底十 伽迦娜十一 莎訶桑持迦底十二

薩婆婆毗輸底十三 摩訶娜耶十四 波唎婆唎莎訶十五 若男子若有自書寫教人書寫是

无量壽宗要經如其命盡復得長受而滿年陀羅尼曰 南謨薄伽勒底一 阿波唎蜜多二 阿喻紇硯娜三

須毗你悉指陀四 羅佐耶五 怛他羯他耶六 怛姪他唵七 薩婆桑悉迦羅八 波唎輸底九 達磨底十 伽迦娜十一

莎訶桑持迦底十二 薩婆婆毗輸底十三 摩訶娜耶十四 波唎婆唎莎訶十五 若有自書寫教人書是无量

壽宗要經讀誦受持畢竟不墮地獄在在所生得宿命智陀羅尼曰 南謨薄伽勒底一 阿波唎蜜多二 阿喻

紇硯娜三 須毗你悉指陀四 羅佐耶五 怛他羯他耶六 怛姪他唵七 薩婆桑悉迦羅八 波唎輸底九 達磨底十 伽迦娜十一

莎訶桑持迦底十二 薩婆婆毗輸底十三 摩訶娜耶十四 波唎婆唎莎訶十五

若有自書寫教人書寫是无量壽宗要經受持讀誦如同書寫八万四千一切經典陀羅尼曰

南謨薄伽勒底一 阿波唎蜜多二 阿喻紇硯娜三 須毗你悉指陀四 羅佐耶五 怛他羯他耶六

怛姪他唵七 薩婆桑悉迦羅八 波唎輸底九 達磨底十 伽迦娜十一 莎訶桑持迦底十二

薩婆婆毗輸底十三 摩訶娜耶十四 波唎婆唎莎訶十五

若有自書教人書是无量壽宗要經即是書寫八万四千部建立塔廟陀羅尼曰

南謨薄伽勒底一 阿波唎蜜多二 阿喻紇硯娜三 須毗你悉指陀四 羅佐耶五 怛他羯他耶六

怛姪他唵七 薩婆桑悉迦羅八 波唎輸底九 達磨底十 伽迦娜十一 莎訶桑持迦底十二

薩婆婆毗輸底十三 摩訶娜耶十四 波唎婆唎莎訶十五

若有自書寫教人書寫是无壽宗要經能消五无間等一切重罪陀羅尼曰

南謨薄伽勒底一 阿波唎蜜多二 阿喻紇硯娜三 須毗你悉指陀四 羅佐耶五 怛他羯他耶六

怛姪他唵七 薩婆桑悉迦羅八 波唎輸底九 達磨底十 伽迦娜十一 莎訶桑持迦底十二

薩婆婆毗輸底十三 摩訶娜耶十四 波唎婆唎莎訶十五

若有自書寫教人書寫是无量壽宗要經受持讀誦設有重罪猶如須弥盡能除滅陀羅尼曰

南謨薄伽勒底一 阿波唎蜜多二 阿喻紇硯娜三 須毗你悉指陀四 羅佐耶五 怛他羯他耶六

怛姪他唵七 薩婆桑悉迦羅八 波唎輸底九 達磨底十 伽迦娜十一 莎訶桑持迦底十二

薩婆婆毗輸底十三 摩訶娜耶十四 波唎婆唎莎訶十五 若有自書寫教人書寫是

无量壽宗要經受持讀誦若魔魔之眷屬夜叉羅剎不得便終无枉死陀羅尼曰

BD03357 號　無量壽宗要經　　（6–3）

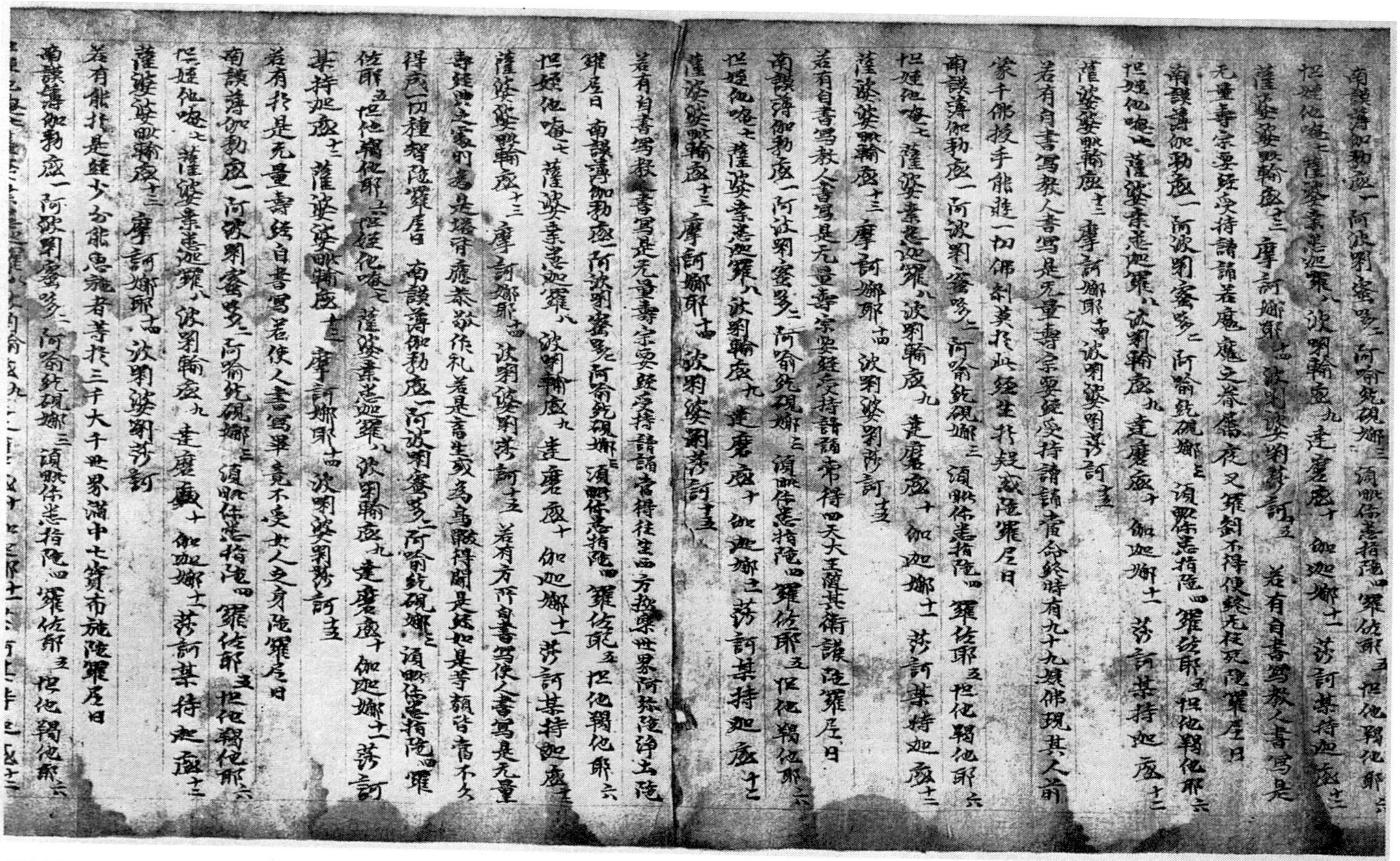

南謨薄伽勃底一 阿波唎蜜多二 阿喻紇硯娜三 須毗你悉指陀四 囉佐耶五 怛他羯他耶六
怛姪他唵七 薩婆桑悉迦囉八 波唎輸底九 達磨底十 伽伽娜十一 莎訶桑持迦底十二
薩婆婆毗輸底十三 摩訶娜耶十四 波唎婆唎莎訶十五 若有自書寫教人書寫是
无量壽宗要經受持讀誦若應處之眷屬夜叉羅剎不得使終无枉死陀羅尼曰
南謨薄伽勃底一 阿波唎蜜多二 阿喻紇硯娜三 須毗你悉指陀四 囉佐耶五 怛他羯他耶六
怛姪他唵七 薩婆桑悉迦囉八 波唎輸底九 達磨底十 伽伽娜十一 莎訶桑持迦底十二
薩婆婆毗輸底十三 摩訶娜耶十四 波唎婆唎莎訶十五
若有自書寫教人書寫是无量壽宗要經受持讀誦當命終時有九十九俱胝佛現其人前
眾千佛授手能遊一切佛剎莫於此經生於疑惑陀羅尼曰
南謨薄伽勃底一 阿波唎蜜多二 阿喻紇硯娜三 須毗你悉指陀四 囉佐耶五 怛他羯他耶六
怛姪他唵七 薩婆桑悉迦囉八 波唎輸底九 達磨底十 伽伽娜十一 莎訶桑持迦底十二
薩婆婆毗輸底十三 摩訶娜耶十四 波唎婆唎莎訶十五
若有自書寫教人書寫是无量壽宗要經受持讀誦常得四天大王隨其衛護陀羅尼曰
南謨薄伽勃底一 阿波唎蜜多二 阿喻紇硯娜三 須毗你悉指陀四 囉佐耶五 怛他羯他耶六
怛姪他唵七 薩婆桑悉迦囉八 波唎輸底九 達磨底十 伽伽娜十一 莎訶桑持迦底十二
薩婆婆毗輸底十三 摩訶娜耶十四 波唎婆唎莎訶十五
若有自書寫教人書寫是无量壽宗要經受持讀誦當得往生西方極樂世界阿彌陀淨土陀
羅尼曰 南謨薄伽勃底一 阿波唎蜜多二 阿喻紇硯娜三 須毗你悉指陀四 囉佐耶五 怛他羯他耶六
怛姪他唵七 薩婆桑悉迦囉八 波唎輸底九 達磨底十 伽伽娜十一 莎訶桑持迦底十二
薩婆婆毗輸底十三 摩訶娜耶十四 波唎婆唎莎訶十五 若有方所自書寫使人書寫是无量
壽經典之處則為是塔皆應恭敬作礼若是畜生或為鳥獸得聞是經如是等類皆當不久
得成一切種智陀羅尼曰 南謨薄伽勃底一 阿波唎蜜多二 阿喻紇硯娜三 須毗你悉指陀四 囉
佐耶五 怛他羯他耶六 怛姪他唵七 薩婆桑悉迦囉八 波唎輸底九 達磨底十 伽伽娜十一 莎訶
桑持迦底十二 薩婆婆毗輸底十三 摩訶娜耶十四 波唎婆唎莎訶十五
若有於是无量壽經自書寫若使人書寫畢竟不受女人之身陀羅尼曰
南謨薄伽勃底一 阿波唎蜜多二 阿喻紇硯娜三 須毗你悉指陀四 囉佐耶五 怛他羯他耶六
怛姪他唵七 薩婆桑悉迦囉八 波唎輸底九 達磨底十 伽伽娜十一 莎訶桑持迦底十二
薩婆婆毗輸底十三 摩訶娜耶十四 波唎婆唎莎訶
若有能於是經少分能惠施者等於三千大千世界滿中七寶布施陀羅尼曰
南謨薄伽勃底一 阿波唎蜜多二 阿喻紇硯娜三 須毗你悉指陀四 囉佐耶五 怛他羯他耶六

BD03357號　無量壽宗要經

（6–4）

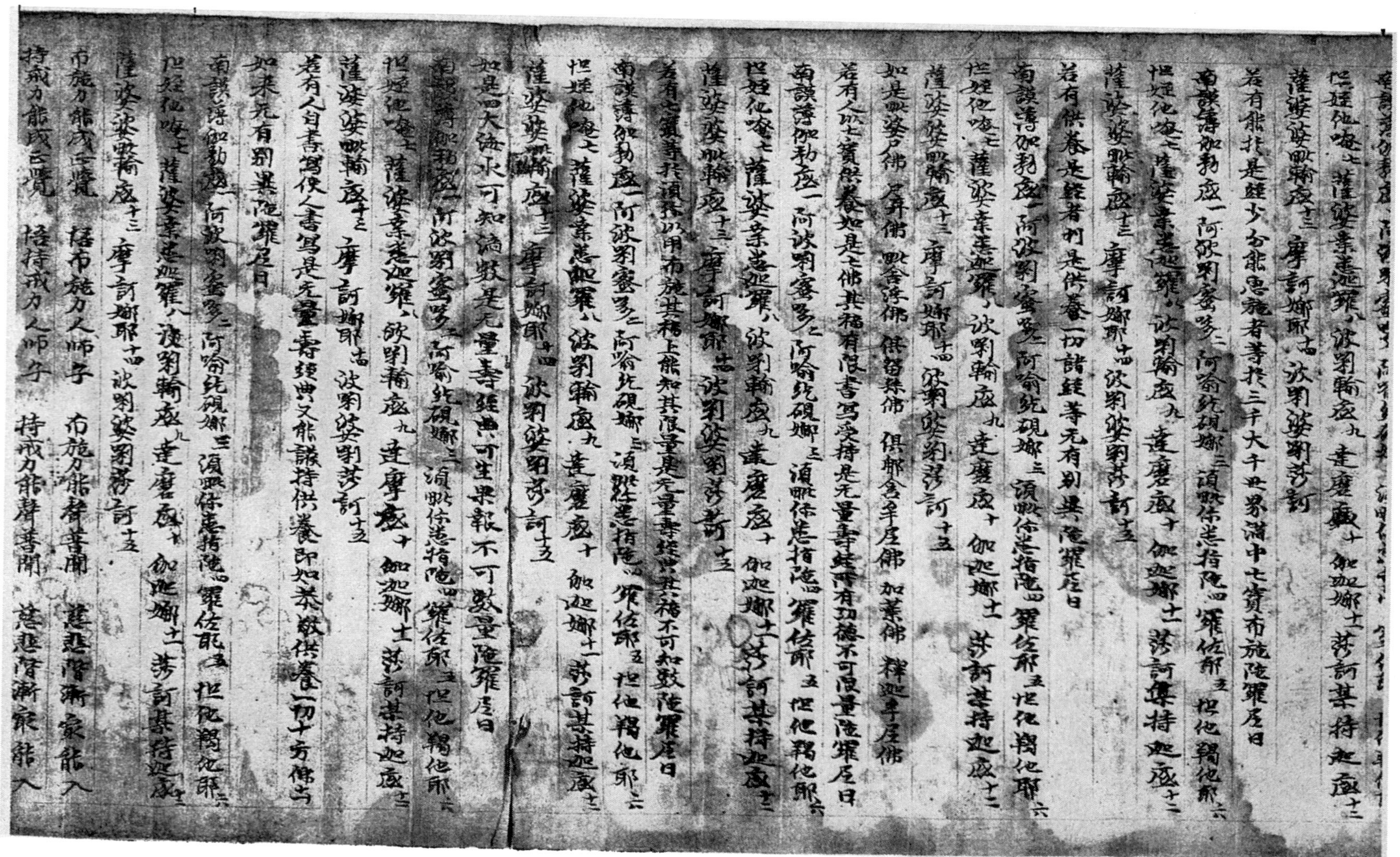

南謨薄伽勃底一 阿波唎蜜多二 阿喻紇硯娜三 須毗你悉指陀四 囉佐耶五 怛他羯他耶六
怛姪他唵七 薩婆桑悉迦囉八 波唎輸底九 達磨底十 伽伽娜十一 莎訶桑持迦底十二
薩婆婆毗輸底十三 摩訶娜耶十四 波唎婆唎莎訶十五
若有能於是經少分能惠施者等於三千大千世界滿中七寶布施陀羅尼曰
南謨薄伽勃底一 阿波唎蜜多二 阿喻紇硯娜三 須毗你悉指陀四 囉佐耶五 怛他羯他耶六
怛姪他唵七 薩婆桑悉迦囉八 波唎輸底九 達磨底十 伽伽娜十一 莎訶桑持迦底十二
薩婆婆毗輸底十三 摩訶娜耶十四 波唎婆唎莎訶十五
若有供養是經者則是供養一切諸經等无有別異陀羅尼曰
南謨薄伽勃底一 阿波唎蜜多二 阿喻紇硯娜三 須毗你悉指陀四 囉佐耶五 怛他羯他耶六
怛姪他唵七 薩婆桑悉迦囉八 波唎輸底九 達磨底十 伽伽娜十一 莎訶桑持迦底十二
薩婆婆毗輸底十三 摩訶娜耶十四 波唎婆唎莎訶十五
如是毗婆尸佛 尸棄佛 毗舍浮佛 俱留孫佛 俱那含牟尼佛 迦葉佛 釋迦牟尼佛
若有人以七寶供養如是七佛其福有限書寫受持是无量壽經所有功德不可限量陀羅尼曰
南謨薄伽勃底一 阿波唎蜜多二 阿喻紇硯娜三 須毗你悉指陀四 囉佐耶五 怛他羯他耶六
怛姪他唵七 薩婆桑悉迦囉八 波唎輸底九 達磨底十 伽伽娜十一 莎訶桑持迦底十二
薩婆婆毗輸底十三 摩訶娜耶十四 波唎婆唎莎訶十五
若有七寶等於須彌以用布施其福上能知其限量是无量壽經典其福不可知數陀羅尼曰
南謨薄伽勃底一 阿波唎蜜多二 阿喻紇硯娜三 須毗你悉指陀四 囉佐耶五 怛他羯他耶六
怛姪他唵七 薩婆桑悉迦囉八 波唎輸底九 達磨底十 伽伽娜十一 莎訶桑持迦底十二
薩婆婆毗輸底十三 摩訶娜耶十四 波唎婆唎莎訶十五
如是四大海水可知滴數是无量壽經典可生果報不可數量陀羅尼曰
南謨薄伽勃底一 阿波唎蜜多二 阿喻紇硯娜三 須毗你悉指陀四 囉佐耶五 怛他羯他耶六
怛姪他唵七 薩婆桑悉迦囉八 波唎輸底九 達磨底十 伽伽娜十一 莎訶桑持迦底十二
薩婆婆毗輸底十三 摩訶娜耶十四 波唎婆唎莎訶十五
若有人自書寫使人書寫是无量壽經典又能讚持供養即如恭敬供養一切十方佛剎
如來无有別異陀羅尼曰
南謨薄伽勃底一 阿波唎蜜多二 阿喻紇硯娜三 須毗你悉指陀四 囉佐耶五 怛他羯他耶六
怛姪他唵七 薩婆桑悉迦囉八 波唎輸底九 達磨底十 伽伽娜十一 莎訶桑持迦底十二
薩婆婆毗輸底十三 摩訶娜耶十四 波唎婆唎莎訶十五
布施力能成正覺 悟布施力人師子 布施力能聲普聞 慈悲浴漸家能入
持戒力能成正覺 悟持戒力人師子 持戒力能聲普聞 慈悲浴漸家能入

BD03357號　無量壽宗要經

（6–5）

若有人以七寶供養如是七佛其福有限書寫受持是无量壽經所有功德不可限量陁羅尼曰
南謨薄伽勃底一 阿波唎蜜多二 阿喻紇硯娜三 須毗你悉指陁四 囉佐耶五 怛他羯他耶六
怛姪他唵七 薩婆桑悉迦羅八 波唎輸底九 達磨底十 伽迦娜十一 莎訶某持迦底十二
薩婆婆毗輸底十三 摩訶娜耶十四 波唎婆唎莎訶十五
若有人以七寶等須彌山用布施其福上能知其限量是无量壽經典其福不可知數陁羅尼曰
南謨薄伽勃底一 阿波唎蜜多二 阿喻紇硯娜三 須毗你悉指陁四 囉佐耶五 怛他羯他耶六
怛姪他唵七 薩婆桑悉迦羅八 波唎輸底九 達磨底十 伽迦娜十一 莎訶某持迦底十二
薩婆婆毗輸底十三 摩訶娜耶十四 波唎婆唎莎訶十五
如是四大海水可知滴數是无量壽經典可生果報不可數量陁羅尼曰
南謨薄伽勃底一 阿波唎蜜多二 阿喻紇硯娜三 須毗你悉指陁四 囉佐耶五 怛他羯他耶六
怛姪他唵七 薩婆桑悉迦羅八 波唎輸底九 達磨底十 伽迦娜十一 莎訶某持迦底十二
薩婆婆毗輸底十三 摩訶娜耶十四 波唎婆唎莎訶十五
若有人自書寫使人書寫是无量壽經典又能誦持供養即如恭敬供養一切十方佛土
如來无有別異陁羅尼曰
南謨薄伽勃底一 阿波唎蜜多二 阿喻紇硯娜三 須毗你悉指陁四 囉佐耶五 怛他羯他耶六
怛姪他唵七 薩婆桑悉迦羅八 波唎輸底九 達磨底十 伽迦娜十一 莎訶某持迦底十二
薩婆婆毗輸底十三 摩訶娜耶十四 波唎婆唎莎訶十五
布施力能成正覺 悟布施力人師子 布施力能聲普聞 慈悲唱漸衆能入
持戒力能成正覺 悟持戒力人師子 持戒力能聲普聞 慈悲唱漸衆能入
忍辱力能成正覺 悟忍辱力人師子 忍辱力能聲普聞 慈悲唱漸衆能入
精進力能成正覺 悟精進力人師子 精進力能聲普聞 慈悲唱漸衆能入
禪定力能成正覺 悟禪定力人師子 禪定力能聲普聞 慈悲唱漸衆能入
智慧力能成正覺 悟智慧力人師子 智慧力能聲普聞 慈悲唱漸衆能入
尒時如來說是經已一切世間天人阿脩羅揵闥婆聞佛所說皆大歡喜信受
奉行

BD03357 號　無量壽宗要經　　（6–6）

名大莊嚴佛壽十二小劫正法住世二十小劫
像法亦住二十小劫國界嚴飾无諸穢惡瓦
礫荊棘便利不淨其土平正无有高下坑坎
堆阜琉璃為地寶樹行列黃金為繩以界道
側散諸寶華周遍清淨其國菩薩无量千
億諸聲聞衆亦復无數无有魔事雖有魔
及魔民皆護佛法尒時世尊欲重宣此義而
說偈言
告諸比丘　我以佛眼　見是迦葉　於未來世
過无數劫　當得作佛　而於來世　供養奉覲
三百万億　諸佛世尊　為佛智慧　淨脩梵行
供養最上　二足尊已　脩習一切　无上之慧
於最後身　得成為佛　其土清淨　琉璃為地
多諸寶樹　行列道側　金繩界道　見者歡喜
常出好香　散衆名華　種種奇妙　以為莊嚴
其地平正　无有丘坑　諸菩薩衆　不可稱計
其心調柔　逮大神通　奉持諸佛　大乘經典

BD03358 號　妙法蓮華經卷三　　（2–1）

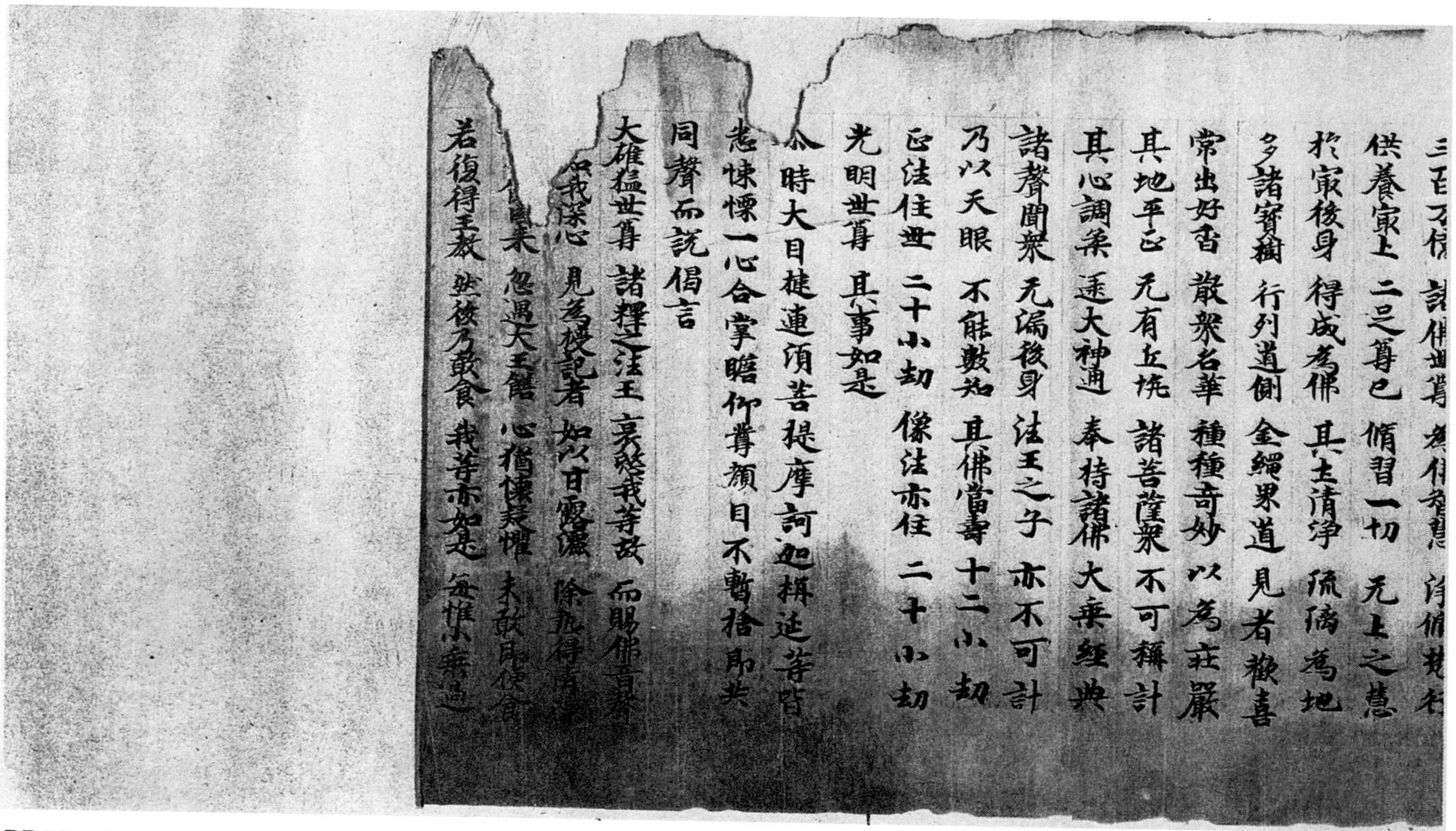

三百万億 諸佛世尊 奉佛智慧 淨修梵行
供養最上 二足尊已 脩習一切 无上之慧
於最後身 得成為佛 其土清淨 琉璃為地
多諸寶樹 行列道側 金繩界道 見者歡喜
常出好香 散衆名華 種種奇妙 以為莊嚴
其地平正 无有丘坑 諸菩薩衆 不可稱計
其心調柔 逮大神通 奉持諸佛 大乘經典
諸聲聞衆 无漏後身 法王之子 亦不可計
乃以天眼 不能數知 其佛當壽 十二小劫
正法住世 二十小劫 像法亦住 二十小劫
光明世尊 其事如是
尒時大目揵連須菩提摩訶迦旃延等皆
悉悚慄一心合掌瞻仰尊顔目不暫捨即共
同聲而說偈言
大雄猛世尊 諸釋之法王 哀愍我等故 而賜佛音聲
若知我深心 見為授記者 如以甘露灑 除熱得清涼
如從飢國來 忽遇大王饍 心猶懷疑懼 未敢即便食
若復得王教 然後乃敢食 我等亦如是 每惟小乘過

BD03358號　妙法蓮華經卷三

（2–2）

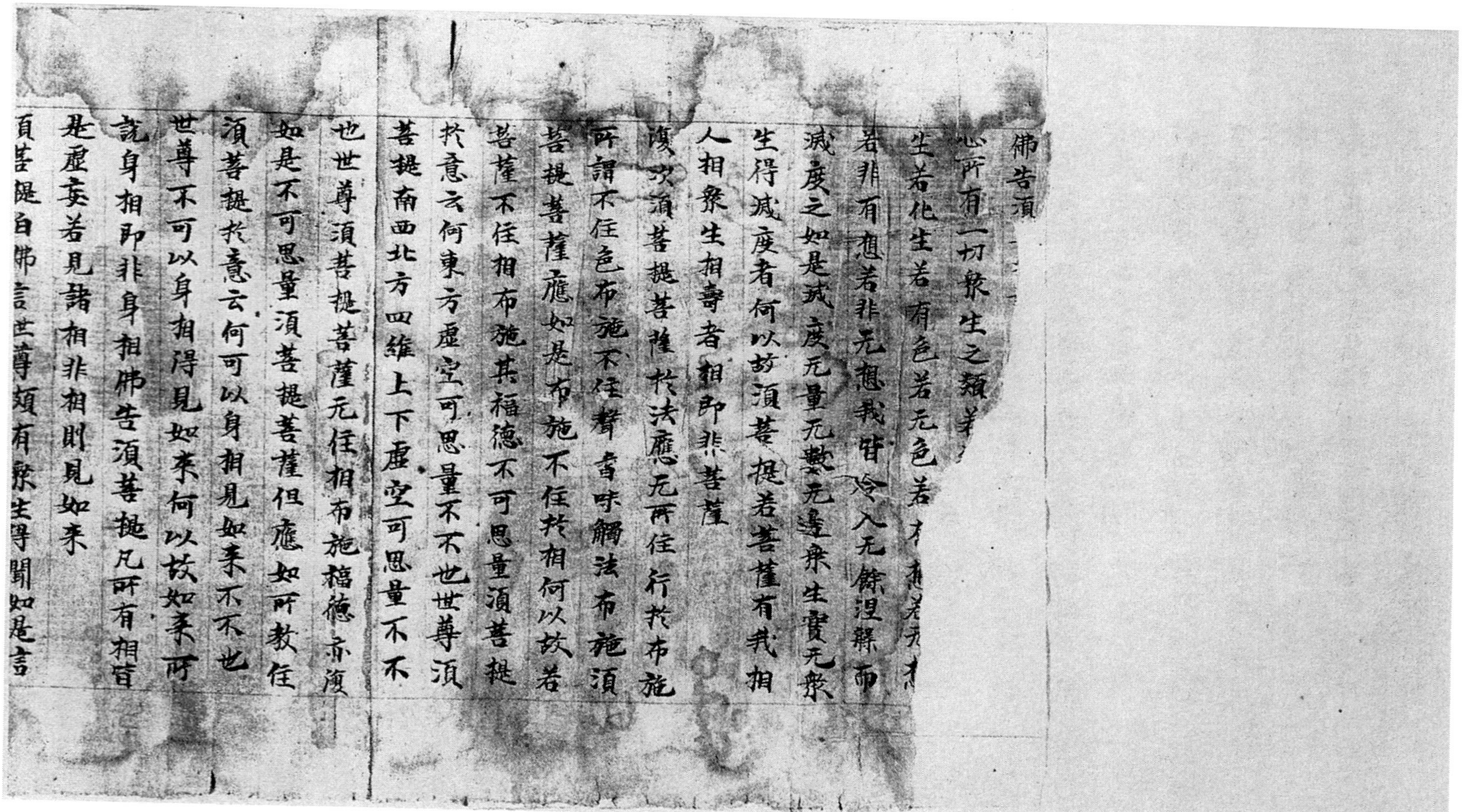

佛告須
心所有一切衆生之類若
生若化生若有色若无色若有想若无想
若非有想若非无想我皆令入无餘涅槃而
滅度之如是滅度无量无數无邊衆生實无衆
生得滅度者何以故須菩提若菩薩有我相
人相衆生相壽者相即非菩薩
復次須菩提菩薩於法應无所住行於布施
所謂不住色布施不住聲香味觸法布施須
菩提菩薩應如是布施不住於相何以故若
菩薩不住相布施其福德不可思量須菩提
於意云何東方虛空可思量不不也世尊須
菩提南西北方四維上下虛空可思量不不
也世尊須菩提菩薩无住相布施福德亦復
如是不可思量須菩提菩薩但應如所教住
須菩提於意云何可以身相見如來不不也
世尊不可以身相得見如來何以故如來所
說身相即非身相佛告須菩提凡所有相皆
是虛妄若見諸相非相則見如來
須菩提白佛言世尊頗有衆生得聞如是言

BD03359號　金剛般若波羅蜜經

（14–1）

須菩提於意云何可以身相見如來不不也
世尊不可以身相得見如來何以故如來所
說身相即非身相佛告須菩提凡所有相皆
是虛妄若見諸相非相則見如來
須菩提白佛言世尊頗有衆生得聞如是言
說章句生實信不佛告須菩提莫作是說如
來滅後後五百歲有持戒脩福者於此章句
能生信心以此為實當知是人不於一佛二
佛三四五佛而種善根已於无量千万佛所
種諸善根聞是章句乃至一念生淨信者須
菩提如來悉知悉見是諸衆生得如是无量
福德何以故是諸衆生无復我相人相衆生
相壽者相无法相亦无非法相何以故是諸
衆生若心取相則為著我人衆生壽者若取
法相即著我人衆生壽者何以故若取非法
相即著我人衆生壽者是故不應取法不應
取非法以是義故如來常說汝等比丘知我說
法如筏喻者法尚應舍何況非法
須菩提於意云何如來得阿耨多羅三藐三
菩提耶如來有所說法耶須菩提言如我解
佛所說義无有定法名阿耨多羅三藐三菩
提亦无有定法如來可說何以故如來所說
法皆不可取不可說非法非非法所以者何
一切賢聖皆以无為法而有差別
須菩提於意云何若人滿三千大千世界七
寶以用布施是人所得福德寧為多不須菩
提言甚多世尊何以故是福德即非福德性

BD03359號　金剛般若波羅蜜經　（14–2）

一切賢聖皆以无為法而有差別
須菩提於意云何若人滿三千大千世界七
寶以用布施是人所得福德寧為多不須菩
提言甚多世尊何以故是福德即非福德性
是故如來說福德多若復有人於此經中受
持乃至四句偈等為他人說其福勝彼何以
故須菩提一切諸佛及諸佛阿耨多羅三藐
三菩提法皆從此經出須菩提所謂佛法者
即非佛法
須菩提於意云何須陁洹能作是念我得須
陁洹果不須菩提言不也世尊何以故須陁
洹名為入流而无所入不入聲香味觸法
是名須陁洹須菩提於意云何斯陁含能作
是念我得斯陁含果不須菩提言不也世尊
何以故斯陁含名一往來而實无往來是名
斯陁含須菩提於意云何阿那含能作是念
我得阿那含果不須菩提言不也世尊何以故
阿那含名為不來而實无來是故名阿那
含須菩提於意云何阿羅漢能作是念我得
阿羅漢道不須菩提言不也世尊何以故實
无有法名阿羅漢世尊若阿羅漢作是念我
得阿羅漢道即為著我人衆生壽者世尊佛
說我得无諍三昧人中最為第一是第一離欲
阿羅漢我不作是念我是離欲阿羅漢世尊
我若作是念我得阿羅漢道世尊則不說
須菩提是樂阿蘭那行者以須菩提實无所
行而名須菩提是樂阿蘭那行

BD03359號　金剛般若波羅蜜經　（14–3）

阿羅漢我不作是念我是離欲阿羅漢世尊
我若作是念我得阿羅漢道世尊則不說
須菩提是樂阿蘭那行者以須菩提實无所
行而名須菩提是樂阿蘭那行
佛告須菩提於意云何如来昔在然燈仏所
於法有所得不世尊如来在然燈佛所於法
實无所得
須菩提於意云何菩薩莊嚴佛土不不也世
尊何以故莊嚴佛土者則非莊嚴是名莊嚴
是故須菩提諸菩薩摩訶薩應如是生清淨
心不應住色生心不應住聲香味觸法生心
應无所住而生其心須菩提譬如有人身如
須彌山王於意云何是身為大不須菩提言甚
大世尊何以故佛說非身是名大身
須菩提如恒河中所有沙數如是沙等恒河
於意云何是諸恒沙河寧為多不須菩提言
甚多世尊但諸恒河尚多无數何況其沙須
菩提我今實言告汝若有善男子善女人以
七寶滿尒所恒河沙數三千大千世界以用
布施得福多不須菩提言甚多世尊佛告須
菩提若善男子善女人於此經中乃至受持
四句偈等為他人說而此福德勝前福德
復次須菩提隨說是經乃至四句偈等當知
此處一切世間天人阿脩羅皆應供養如佛
塔廟何況有人盡能受持讀誦須菩提當
知是人成就最上第一希有之法若是經典所
在之處則為有佛若尊重弟子

BD03359 號　金剛般若波羅蜜經

（14–4）

此處一切世間天人阿脩羅皆應供養如佛
塔廟何況有人盡能受持讀誦須菩提當
知是人成就最上第一希有之法若是經典所
在之處則為有佛若尊重弟子
尒時須菩提白佛言世尊當何名此經我等
云何奉持佛告須菩提是經名為金剛般若
波羅蜜多以是名字汝當奉持所以者何須
菩提佛說般若波羅蜜則非般若波羅蜜須
菩提於意云何如来有所說法不須菩提白佛
言世尊如来无所說須菩提於意云何三千
大千世界所有微塵是為多不須菩提言甚
多世尊須菩提諸微塵如来說非微塵是名
微塵如来說世界非世界是名世界須菩提
於意云何可以三十二相見如来不不也世
尊不可以三十二相得見如来何以故如来
說三十二相即是非相是名三十二相
須菩提若有善男子善女人以恒河沙等身
命布施若復有人於此經中乃至受持四句
偈等為他人說其福甚多
尒時須菩提聞說是經深解義趣涕淚悲泣
而白佛言希有世尊佛說如是甚深經典我
從昔来所得慧眼未曾得聞如是之經世尊
若復有人得聞是經信心清淨則生實相當
知是人成就第一希有功德世尊是實相者
則是非相是故如来說名實相世尊我今得
聞如是經典信解受持不足為難若當来世
後五百歲其有衆生得聞是經信解受持是

BD03359 號　金剛般若波羅蜜經

（14–5）

知是人成就第一希有
則是非相是故如来說名實相世尊我今得
聞如是經典信解受持不足為難若當来世
後五百歲其有衆生得聞是經信解受持是
人則為第一希有何以故此人无我相人相衆
生相壽者相所以者何我相即是非相人相
衆生相壽者相即是非相何以故離一切
諸相則名諸佛
佛告須菩提如是如是若復有人得聞是經
不驚不怖不畏當知是人甚為希有何以故
須菩提如来說第一波羅蜜非第一波羅蜜
是名第一波羅蜜
須菩提忍辱波羅蜜如来說非忍辱波羅蜜
何以故須菩提如我昔為歌利王割截身體
我於尒時无我相无人相无衆生相无壽者相
何以故我於往昔節節支解時若有我相
人相衆生相壽者相應生嗔恨須菩提又念
過去於五百世作忍辱仙人於尒所世无我
相无人相无衆生相无壽者相是故須菩提
菩薩應離一切相發阿耨多羅三藐三菩提
心不應住色生心不應住聲香味觸法生心
應生无所住心若心有住則為非住是故佛
說菩薩心不應住色布施須菩提菩薩為利
益一切衆生應如是布施如来說一切諸相
即是非相又說一切衆生即非衆生
須菩提如来是真語者實語者如語者不誑
語者不異語者須菩提如来所德法此法无
實无虛

BD03359號　金剛般若波羅蜜經　（14–6）

即是非相又說一切衆生即非衆生
須菩提如来是真語者實語者如語者不誑
語者不異語者須菩提如来所德法此法无
實无虛
須菩提若菩薩心住於法而行布施如人入
闇則无所見若菩薩心不住法而行布施如
人有目日光明照見種種色
須菩提當来之世若有善男子善女人能於此
經受持讀誦則為如来以佛智慧悉知是人
悉見是人皆得成就无量无邊功德
須菩提若有善男子善女人初日分以恒河
沙等身布施中日分復以恒河沙等身布施
後日分亦以恒河沙等身布施如是无量百
千万億劫以身布施若復有人聞此經典信
心不逆其福勝彼何況書寫受持讀誦為人
解說
須菩提以要言之是經有不可思議不可稱
量无邊功德如来為發大乘者說為發最上
乘者說若有人能受持讀誦廣為人說如来
悉知是人悉見是人皆得成就不可量不可
稱无有邊不可思議功德如是人等則為荷
擔如来阿耨多羅三藐三菩提何以故須菩
提若樂小法者著我見人見衆生見壽者見
則於此經不能聽受讀誦為人解說須菩提
在在處處若有此經一切世間天人阿脩羅所
應供養當知此處則為是塔皆應恭敬作
礼圍遶以諸華香而散其處

BD03359號　金剛般若波羅蜜經　（14–7）

則於此經不能聽受讀誦為人解說 須菩提
在在處處若有此經一切世間天人阿脩羅所
應供養當知此處則為是塔皆應恭敬作
禮圍遶以諸華香而散其處
復次須菩提善男子善女人受持讀誦此經若
為人輕賤是人先世罪業應墮惡道以今世
人輕賤故先世罪業則為消滅當得阿耨
多羅三藐三菩提須菩提我念過去无量阿
僧祇劫於然燈佛前得值八百四千万億那
由他諸佛悉皆供養承事无空過者若復有
人於後末世能受持讀誦此經所得功德於
我所供養諸佛功德百分不及一千万億分乃
至筭數譬喻所不能及須菩提若善男子
善女人於後末世有受持讀誦此經所得功
德我若具說者或有人聞心則狂亂狐疑不
信須菩提當知是經義不可思議果報亦不
可思議
尒時須菩提白佛言世尊善男子善女人發
阿耨多羅三藐三菩提心云何應住云何降
伏其心佛告須菩提善男子善女人發阿耨
多羅三藐三菩提者當生如是心我應滅度
一切衆生滅度一切衆生已而无有一衆生
實滅度者何以故若菩薩有我相人相衆生
相壽者相則非菩薩所以者何須菩提實无
有法發阿耨多羅三藐三菩提者
須菩提於意云何如來於然燈佛所有法得
阿耨多羅三藐三菩提不不也世尊如我解佛

BD03359號　金剛般若波羅蜜經

（14–8）

有法發阿耨多羅三藐三菩提者
須菩提於意云何如來於然燈佛所有法得
阿耨多羅三藐三菩提不不也世尊如我解佛
所說義佛於然燈佛所无有法得阿耨多羅
三藐三菩提佛告如是如是須菩提實无有
法如來得阿耨多羅三藐三菩提須菩提若
有法如來得阿耨多羅三藐三菩提者然燈
佛則不與我受記汝於來世當得作佛号釋
迦牟尼以實无有法得阿耨多羅三藐三菩
提是故然燈佛與我受記作是言汝於來世
當得作佛号釋迦牟尼何以故如來者即諸
法如義若有人言如來得阿耨多羅三藐三
菩提須菩提實无有法佛得阿耨多羅三藐
三菩提須菩提如來所得阿耨多羅三藐三
菩提於是中无實无虛是故如來說一切法
皆是佛法須菩提所言一切法者即非一切
法是故名一切法
須菩提譬如人身長大須菩提言世尊如來
說人身長大則為非大身是名大身
須菩提菩薩亦如是若作是言我當滅度无
量衆生則不名菩薩何以故須菩提實无有
法名為菩薩是故佛說一切法无我无人无
衆生无壽者須菩提若菩薩作是言我當莊
嚴佛土是不名菩薩何以故如來說莊嚴佛土
者即非莊嚴是名莊嚴須菩提若菩薩通達
无我法者如來說名真是菩薩
須菩提於意云何如來有肉眼不如是世尊

BD03359號　金剛般若波羅蜜經

（14–9）

嚴佛土是不名菩薩何以故如来說莊嚴佛土
者即非莊嚴是名莊嚴須菩提若菩薩通達
无我法者如来說名真是菩薩
須菩提於意云何如来有肉眼不如是世尊
如来有肉眼須菩提於意云何如来有天眼
不如是世尊如来有天眼須菩提於意云何
如来有慧眼不如是世尊如来有慧眼須菩
提於意云何如来有法眼不如是世尊如来
有法眼須菩提於意云何如来有佛眼不如
是世尊如来有佛眼須菩提於意云何恒河
中所有沙佛說是沙不如是世尊如来說是
沙須菩提於意云何如一恒河中所有沙有
如是等恒河是諸恒河所有沙數佛世界如
是寧為多不甚多世尊佛告須菩提尒所國
土中所有衆生若干種心如来悉知何以故
如来說諸心皆為非心是名為心所以者何
須菩提過去心不可得現在心不可得未来
心不可得須菩提於意云何若有人滿三千
大千世界七寶以用布施是人以是因緣得
福多不如是世尊此人以是因緣得福甚多
須菩提若福德有實如来不說得福德多以
福德无故如来說得福德多
須菩提於意云何佛可以具足色身見不不
也世尊如来不應以具足色身見何以故如
来說具足色身即非具足色身是名具足色
身須菩提於意云何如来可以具足諸相見
不不也世尊如来不應以具足諸相見何以故

BD03359 號　金剛般若波羅蜜經　（14–10）

須菩提於意云何佛可以具足色身見不不
也世尊如来不應以具足色身見何以故如
来說具足色身即非具足色身是名具足色
身須菩提於意云何如来可以具足諸相見
不不也世尊如来不應以具足諸相見何以故
如来說諸相具足即非具足是名諸相具足
須菩提汝勿謂如来作是念我當有所說法
莫作是念何以故若人言如来有所說法即
為謗佛不能解我所說故須菩提說法者无
法可說是名說法
須菩提白佛言世尊佛得阿耨多羅三藐三
菩提為无所德邪如是如是須菩提我於阿
耨多羅三藐三菩提乃至无有少法可德是
名阿耨多羅三藐三菩提復次須菩提是法
平等无有高下是名阿耨多羅三藐三菩提
以无我无人无衆生无壽者修一切善法則德
阿耨多羅三藐三菩提須菩提所言善法
者如来說非善法是名善法
須菩提若三千大千世界中所有諸須弥山王
如是等七寶聚有人持用布施若人以此
般若波羅蜜經乃至四句偈等受持讀誦為
他人說於前福德百分不及一百千万億分
乃至筭數譬喻所不能及
須菩提於意云何汝等勿謂如来作是念我
當度衆生須菩提莫作是念何以故實无有
衆生如来度者若有衆生如来度者如来則
有我人衆生壽者須菩提如来說有我者則

BD03359 號　金剛般若波羅蜜經　（14–11）

須菩提於意云何汝等勿謂如來作是念我
當度衆生須菩提莫作是念何以故實无有
衆生如來度者若有衆生如來度者如來則
有我人衆生壽者須菩提如來說有我者則
非有我而凡夫之人以為有我須菩提凡夫者
者如來說則非凡夫
須菩提於意云何可以卅二相觀如來不須
菩提言如是如是以卅二相觀如來佛言須菩
提若以卅二相觀如來者轉輪聖王則是
如來須菩提白佛言世尊如我解佛所說義
不應以卅二相觀如來尒時世尊而說偈言
若以色見我　以音聲求我　是人行邪道　不能見如來
須菩提汝若作是念如來不以具足相故得阿
耨多羅三藐三菩提須菩提莫作是念　如來
不以具足相故得阿耨多羅三藐三菩提
須菩提汝若作是念發阿耨多羅三藐三菩
提者說諸法斷滅莫作是念何以故發阿耨
多羅三藐三菩提者於法不說斷滅相須菩
提若菩薩以滿恒河沙等世界七寶布施若
復有人知一切法无我得成於忍此菩薩勝
前菩薩所得功德須菩提以諸菩薩不受福
德故須菩提白佛言世尊云何菩薩不受福
德須菩提菩薩所作福德不應貪著是故
說不受福德
須菩提若有人言如來若來若去若坐若卧
是人不解我所說義何以故如來者无所從
來亦无所去故名如來

BD03359號　金剛般若波羅蜜經

（14–12）

說不受福德
須菩提若有人言如來若來若去若坐若卧
是人不解我所說義何以故如來者无所從
來亦无所去故名如來
須菩提若善男子善女人以三千大千世界碎
為微塵於意云何是微塵衆寧為多不甚
多世尊何以故若是微塵衆實有者佛即不
說是微塵衆所以者何佛說微塵衆則非微
塵衆是名微塵衆世尊如來所說三千大千
世界則非世界是名世界何以故若世界實有
者則是一合相如來說一合相則非一合相是
名一合相須菩提一合相者則是不可說但
凡夫之人貪著其事須菩提若人言佛說
我見人見衆生見壽者見須菩提於意云何
是人解我所說義不世尊是人不解如來所
說義何以故世尊說我見人見衆生見壽者
見即非我見人見衆生見壽者見是名我見
人見衆生見壽者見須菩提發阿耨多羅三
藐三菩提心者於一切法應如是知如是見如
是信解不生法相須菩提所言法相者如
來說即非法相是名法相須菩提若有人以
滿无量阿僧祇劫世界七寶持用布施若有善
男子善女人發菩薩心者持於此經乃至四句
偈等受持讀誦為人演說其福勝彼云何
為人演說不取於相如如不動何以故
一切有為法　如夢幻泡影　如露亦如電　應作如是觀
佛說是經已長老須菩提及諸比丘比丘尼優

BD03359號　金剛般若波羅蜜經

（14–13）

人見衆生見壽者見須菩提發阿耨多羅三
藐三菩提心者於一切法應如是知如是見如
是信解不生法相須菩提所言法相者如
來說即非法相是名法相須菩提若有人以
滿无量阿僧祇劫世界七寶持用布施若有善
男子善女人發菩薩心者持於此經乃至四句
句偈等受持讀誦爲人演說其福勝彼云何
爲人演說不取於相如如不動何以故
一切有爲法　如夢幻泡影　如露亦如電　應作如是觀
佛說是經已長老須菩提及諸比丘比丘尼優
婆塞優婆夷一切世間天人阿脩羅聞佛所說
皆大歡喜信受奉行
金剛般若波羅蜜經

BD03359 號　金剛般若波羅蜜經　（14–14）

脩十善業二者受持三
儀三者發菩提心深信因果讀誦大乘勸進
行者如此三事名爲淨業佛告韋提希汝今
知不此三種業過去未來現在三世諸佛淨
業正因
佛告阿難及韋提希諦聽諦聽善思念之如
來今者爲未來世一切衆生爲煩惱賊之所
害者說清淨業善哉韋提希快問此事阿難
汝當受持廣爲多衆宣說佛語如來今者教
韋提希及未來世一切衆生觀於西方極樂世
界以佛力故當得見彼清淨國土如執明鏡
自見面像見彼國土極妙樂事心歡喜故應
時即得无生法忍
佛告韋提希汝是凡夫心想羸劣未得天眼
不能遠觀諸佛如來有異方便令汝得見時

BD03360 號　觀無量壽佛經　（18–1）

時即得无生法忍
佛告韋提希汝是凡夫心想羸劣未得天眼
不能遠觀諸佛如來有異方便令汝得見時
韋提希白佛言世尊如我今者以佛力故見
彼國土若佛滅後諸衆生等濁惡不善五苦
所逼云何當見阿弥陁佛極樂世界佛告韋
提希汝及衆生應當專心繫念一處想於西
方云何作想凡作想者一切衆生自非生盲
有目之徒皆見日沒當起想念正坐西向諦
觀於日令心堅住專想不移見日欲沒狀如
懸鼓既見日已閉目開目皆令明了是為日
想名曰初觀
次作水想見水澄清亦令明了无分散意既
見水已當起氷想見氷映徹作瑠璃想此想
成已見瑠璃地内外映徹下有金剛七寶金
幢擎瑠璃地其幢八方八楞具足一一方面
百寶所成一一寶珠有千光明一一光明八
万四千色映瑠璃地如億千日不可具見瑠
璃地上以黄金縄雜廁間錯以七寶界分齊
分明一一寶中有五百色光其光如華又似
星月懸處虚空成光明臺樓閣千万百寶合
成於臺兩邊各有百億華幢无量樂器以為
莊嚴八種清風從光明出鼓此樂器演說苦
空无常无我之音是為水想名第二觀
此想成時一一觀之極令了了閉目開目不

BD03360號　觀無量壽佛經

（18–2）

莊嚴八種清風從光明出鼓此樂器演說苦
空无常无我之音是為水想名第二觀
此想成時一一觀之極令了了閉目開目不
令散失唯除食時恒憶此事如此想者名為
粗見極樂國土若得三昧見彼國地了了分
明不可具說是為地想名第三觀
佛告阿難汝持佛語為未來世一切大衆欲
脫苦者說是觀地法若觀是地者除八十億
劫生死之罪捨身他世必生淨國心得无疑
作是觀者名為正觀若他觀者名為邪觀
佛告阿難及韋提希地想成已次觀寶樹觀
寶樹者一一觀之作七重行樹想一一樹高八
千由旬其諸寶樹七寶華葉无不具足一一
華葉作異寶色瑠璃色中出金色光頗梨色
中出五色光馬瑙色中出車璖光車璖色中
出緑真珠光珊瑚虎魄一切衆寶以為映飾
妙真珠網弥覆樹上一一樹上有七重網一
一網間有五百億妙華宮殿如梵王宮諸天
童子自然在中一一童子五百億釋迦毗楞
伽摩尼以為瓔珞其摩尼光照百由旬如和
合百億日月不可具名衆寶間錯色中上者
此諸寶林行行相當葉葉相次於衆葉間生
諸妙華華上自然有七寶菓一一樹葉縱廣
正等二十五由旬其葉千色有百種畫如天瓔
珞有衆妙華作閻浮檀金色如旋火輪宛轉

BD03360號　觀無量壽佛經

（18–3）

此諸寶林行行相當葉葉相次於衆葉間生
諸妙華華上自然有七寶菓一一樹葉縱廣
正等二十五由旬其葉千色有百種畫如天瓔
珞有衆妙華作閻浮檀金色如旋火輪婉轉
葉閒踊生諸菓如帝釋瓶有大光明化成幢
幡无量寶蓋是寶蓋中映現三千大千世界
一切佛事十方佛國亦於中現見此樹已亦
當次第一一觀之觀見樹莖枝葉華菓皆令
分明是為樹想名第四觀
次當想水想水者極樂國土有八池水一一
池水七寶所成其寶柔濡從如意珠王生分
為十四枝一一枝作七寶色黃金為渠渠下
皆以雜色金剛以為底沙一一水中有六十
億七寶蓮華一一蓮華團圓正等十二由旬
其摩尼水流注華閒尋樹上下其聲微妙演
說苦空无常无我諸波羅蜜復有讚歎諸佛
相好者如意珠王踊出金色微妙光明其光
化為百寶色鳥和鳴哀雅常讚念佛念法念
僧是為八功德水想名第五觀
衆寶國土一一界上有五百億寶樓其樓閣中
有无量諸天作天伎樂又有樂器懸處虛空
如天寶幢不鼓自鳴此衆音中皆說念佛念
法念比丘僧此想成已名為粗見極樂世界
寶樹寶地寶池是為總觀想名第六觀若見
此者除无量億劫極重惡業命終之後必生
彼國作是觀者名為正觀若他觀者名為耶

BD03360號　觀無量壽佛經　（18–4）

法念比丘僧此想成已名為粗見極樂世界
寶樹寶地寶池是為總觀想名第六觀若見
此者除无量億劫極重惡業命終之後必生
彼國作是觀者名為正觀若他觀者名為耶
觀
佛告阿難及韋提希諦聽諦聽善思念之佛
當為汝分別解說除苦惱法汝等憶持廣為
大衆分別解說說是語時无量壽佛住立空
中觀世音大勢至是二大士侍立左右光明
熾盛不可具見百千閻浮檀金色不得為比
時韋提希見无量壽佛已接足作禮白佛言
世尊我今因佛力故得見无量壽佛及二菩
薩未來衆生當云何觀无量壽佛及二菩薩
佛告韋提希欲觀彼佛者當起想念於七寶
地上作蓮華想令其蓮華一一葉作百寶色
有八万四千脉猶如天畫脉有八万四千光
了了分明皆令得見華葉小者縱廣二百五
十由旬如是華有八万四千葉一一葉閒有
百億摩尼珠王以為映飾一一摩尼放千光
明其光如蓋七寶合成遍覆地上釋迦毗楞
伽寶以為其臺此蓮華臺八万金剛甄叔迦
寶梵摩尼寶妙真珠網以為交飾於其臺上
自然而有四柱寶幢一一寶幢如百千万億
須彌山幢上寶幔如夜摩天宮有五百億微
妙寶珠以為映飾一一寶珠有八万四千光

BD03360號　觀無量壽佛經　（18–5）

自然而有四柱寶幢一一寶幢如百千万億
須弥山幢上寶縵如夜摩天宮有五百億微
妙寶珠以為暎餝一一寶珠有八万四千光
一一光作八万四千異種金色一一金光遍
其寶土處處變化各作異相或為金剛臺或
作真珠網或作雜華雲於十方面隨意變現
施作佛事是為華想名第七觀佛告阿難如
此妙華是本法藏比丘願力所成若欲念彼
佛者當先作此華坐想作此想時不得雜觀
皆應一一觀之一一葉一一珠一一光一一
臺一一幢皆令分明如於鏡中自見面像此
想成者滅除五万劫生死之罪必定當生極
樂世界作是觀者名為正觀若他觀者名為
耶觀
佛告阿難及韋提希見此事已次當想佛所
以者何諸佛如来是法界身入一切衆生心
想中是故汝等心想佛時是心即是三十二
相八十隨形好是心作佛是心是佛諸佛正遍
智海從心想生是故應當一心繫念諦觀彼
佛多陁阿伽度阿羅呵三藐三佛陁想彼佛
者先當想像閉目開目見一寶像如閻浮檀
金色坐彼華上既見坐已心眼得開了了分
明見極樂國七寶莊嚴寶地寶池寶樹行列
諸天寶縵弥覆其上衆寶羅網滿虛空中見
如此事極令明了如觀掌中見此事已復當

BD03360 號　觀無量壽佛經　（18–6）

明見極樂國七寶莊嚴寶地寶池寶樹行列
諸天寶縵弥覆其上衆寶羅網滿虛空中見
如此事極令明了如觀掌中見此事已復當
更作一大蓮華在佛左邊如前蓮華等无有
異復作一大蓮華在佛右邊想一觀世音菩
薩像坐左華坐亦放金色光如前无異想一
大勢至菩薩像坐右華坐此想成時佛菩薩
像皆放金色光其光金色照諸寶樹一一樹
下亦有三蓮華諸蓮華上各有一佛二菩薩
像遍滿彼國此想成時行者當聞水流光明
及諸寶樹鳧鴈鴛鴦皆說妙法出定入定恒
聞妙法行者所聞出定之時憶持不捨令與
脩多羅合若不合者名為妄想若合者名為
麁想見極樂世界是為像想名第八觀作是
觀者除无量億劫生死之罪於現身中得念
佛三昧
佛告阿難此想成已次當更觀无量壽佛身
相光明阿難當知无量壽佛身如百千万億
夜摩天閻浮檀金色佛身高六十万億那由
他恒河沙由旬眉間白毫右旋婉轉如五須
弥山佛眼如四大海水清白分明身諸毛孔
演出光明如須弥山彼佛圓光如百億三千
大千世界於圓光中有百万億那由他恒河
沙化佛一一化佛亦有衆多无數化菩薩以
為侍者无量壽佛有八万四千相一一相各
有八万四千隨形好一一好復有八万四千

BD03360 號　觀無量壽佛經　（18–7）

[illegible]化菩薩以
為侍者无量壽佛有八万四千相一一相各
有八万四千随形好一一好復有八万四千
光明一一光明遍照十方世界念佛衆生攝
取不捨其光相好及與化佛不可具說但當
憶想令心眼見見此事者即見十方一切諸
佛以見諸佛故名念佛三昧作是觀者名觀
一切佛身以觀佛身故亦見佛心佛心者大
慈悲是以无緣慈攝諸衆生作是觀者捨
身他世生諸佛前得无生法忍是故智者應
當繫心諦觀无量壽佛觀无量壽佛者從一
相好入但觀眉間白毫極令明了見眉間白
毫者八万四千相好自然當見見无量壽佛
者即見十方无量諸佛得見无量諸佛故諸
佛現前授記是為遍觀一切色想名苐九觀
作此觀者名為正觀若他觀者名為耶觀
佛告阿難及韋提希見无量壽佛了了分明
已次應觀觀世音菩薩此菩薩身長八十億
那由他由旬身紫金色頂有肉髻項有圓光
面各有百千由旬其圓光中有五百化佛如
釋迦牟尼佛一一化佛有五百菩薩无量諸
天以為侍者舉身光中五道衆生一切色相
皆於中現頂上毗楞伽摩尼寶以為天冠其
天冠中有一立化佛高二十五由旬觀世音菩
薩面如閻浮檀金色眉間毫相備七寶色流
出八万四千種光明一一光明有无量无數

BD03360號　觀無量壽佛經　（18–8）

薩面如閻浮檀金色眉間毫相備七寶色流
出八万四千種光明一一光明有无量无數
百千化佛一一化佛无數菩薩以為侍者變
現自在滿十方世界譬如紅蓮華色有八十
億光明以為瓔珞其瓔珞中普現一切諸莊
嚴事手掌作五百億雜蓮華色手十指端一
一指端有八万四千畫猶如印文一一畫有
八万四千色一一色有八万四千光其光柔
濡普照一切以此寶手接引衆生舉足時足
下有千輻輪相自然化成五百億光明臺下
足時有金剛摩尼華布散一切莫不彌滿其
餘身相衆好具足如佛无異唯頂上肉髻及
无見頂相不及世尊是為觀觀世音菩薩真
實色身想名苐十觀佛告阿難若欲觀觀世
音菩薩當作是觀作是觀者不遇諸禍淨除
業鄣除无數劫生死之罪如此菩薩但聞其
名獲无量福何況諦觀若有欲觀觀世音菩
薩者先觀頂上肉髻次觀天冠其餘衆相亦
次苐觀之亦令明了如觀掌中作是觀者名
為正觀若他觀者名為耶觀
次觀大勢至菩薩此菩薩身量大小亦如觀
世音圓光面各百二十五由旬照二百五十由
旬舉身光明照十方國作紫金色有緣衆生
皆悉得見但見此菩薩一毛孔光即見十方
无量諸佛淨妙光明是故号此菩薩名无邊
光以智慧光普照一切令離三塗得无上力

BD03360號　觀無量壽佛經　（18–9）

皆悉得見但見此菩薩一毛孔光即見十方
无量諸佛淨妙光明是故号此菩薩名无邊
光以智慧光普照一切令離三塗得无上力
是故号此菩薩名大勢至此菩薩天冠有五
百寶華一一寶華有五百寶臺一一臺中十
方諸佛淨妙國土廣長之相皆於中現頂上
宍髻如鉢頭摩華於宍上有一寶瓶盛諸光
明普現佛事餘諸身相如觀世音等无有異
此菩薩行時十方世界一切震動當地動處
有五百億寶華一一寶華莊嚴高顯如極樂
世界此菩薩坐時七寶國土一時動搖從下
方金光佛刹乃至上方光明王佛刹於其中
閒无量塵數分身无量壽佛分身觀世音大
勢至皆悉雲集極樂國土側塞空中坐蓮華
坐演說妙法度苦衆生作此觀者名為正觀
大勢至菩薩是為觀大勢至色身相觀此菩
薩者名第十一觀除无量阿僧祇生死之罪
作是觀者不處胞胎常遊諸佛淨妙國土此
觀成已名為具足觀觀世音大勢至
見此事時當起自心生於西方極樂世界於
蓮華中結跏趺坐作蓮華合想作蓮華開想
蓮華開時有五百色光來照身想眼目開想
見佛菩薩滿虛空中水鳥樹林及與諸佛所
出音聲皆演妙法與十二部經合出定之時
憶持不失見此事已名見无量壽佛極樂世
界是為普觀想名第十二觀无量壽佛化身

BD03360號　觀無量壽佛經

（18–10）

見佛菩薩滿虛空中水鳥樹林及與諸佛所
出音聲皆演妙法與十二部經合出定之時
憶持不失見此事已名見无量壽佛極樂世
界是為普觀想名第十二觀无量壽佛化身
无數與觀世音大勢至常來至此行人之所
佛告阿難及韋提希若欲至心生西方者先
當觀於一丈六像在池水上如先所說无量
壽佛身量无邊非是凡夫心力所及然彼如
來宿願力故有憶想者必得成就但想佛像
得无量福況復觀佛具足身相阿弥陀佛神
通如意於十方國變現自在或現大身滿虛
空中或現小身丈六八尺所現之形皆真金
色圓光化佛及寶蓮華如上所說觀世音菩
薩及大勢至於一切處身同衆生但觀首相
知是觀世音菩薩知是大勢至此二菩薩助
阿弥陀普化一切是為雜觀想名第十三觀
佛告阿難及韋提希上品上生者若有衆生
願生彼國者發三種心即便往生何等為三
一者至誠心二者深心三者迴向發願心具
三心者必生彼國復有三種衆生當得往生
何等為三一者慈心不煞具諸戒行二者讀
誦大乘方等經典三者脩行六念迴向發願
願生彼國具此功德一日乃至七日即得往
生生彼國時此人精進勇猛故阿弥陀如來
與觀世音大勢至无數化佛百千比丘聲聞
大衆无量諸天七寶宮殿觀世音菩薩執金

BD03360號　觀無量壽佛經

（18–11）

生生彼國時此人精進勇猛故阿弥陁如来
與觀世音大勢至无數化佛百千比丘聲聞
大衆无量諸天七寶宫殿觀世音菩薩執金
剛臺與大勢至菩薩至行者前阿弥陁佛放
大光明照行者身與諸菩薩授手迎接觀世
音大勢至與无數菩薩讃嘆行者勸進其心
行者見已歡喜踊躍自見其身乘金剛臺隨
從佛後如彈指項往生彼國生彼國已見佛
色身衆相具足見諸菩薩色相具足光明寶
林演說妙法聞已即悟无生法忍經須臾間
歷事諸佛遍十方界於諸佛前次第授記還
至本國得无量百千陁羅尼門是名上品上
生者
上品中生者不必受持讀誦方等經典善解
義趣於第一義心不驚動深信因果不謗大
乘以此功德迴向願求生極樂國行此行者
命欲終時阿弥陁佛與觀世音大勢至无量
大衆眷屬圍遶持紫金臺至行者前讃言法
子汝行大乘解第一義是故我今來迎接汝
與千化佛一時授手行者自見坐紫金臺合
掌叉手讃嘆諸佛如一念頃即生彼國七寶
池中此紫金臺如大寶華經宿即開行者身
作紫磨金色足下亦有七寶蓮華佛及菩薩
俱時放光照行者身目即開明因前宿習普
聞衆聲純說甚深第一義諦即下金臺礼佛

BD03360號　觀無量壽佛經　(18–12)

作紫磨金色足下亦有七寶蓮華佛及菩薩
俱時放光照行者身目即開明因前宿習普
聞衆聲純說甚深第一義諦即下金臺礼佛
合掌讃嘆世尊經於七日應時即於阿耨多
羅三藐三菩提得不退轉應時即能飛至十
方歷事諸佛於諸佛所脩諸三昧經一小劫
得无生忍現前授記是名上品中生者
上品下生者亦信因果不謗大乘但發无上
道心以此功德迴向願求生極樂國行者命
欲終時阿弥陁佛及觀世音大勢至與諸眷屬
持金蓮華化作五百化佛來迎此人五百化
佛一時授手讃言法子汝今清淨發无上道
心我來迎汝見此事時即自見身坐金蓮華
坐已華合隨世尊後即得往生七寶池中一
日一夜蓮華乃開七日之中乃得見佛雖見
佛身於衆相好心不明了於三七日後乃了
了見聞衆音聲皆演妙法遊歷十方供養諸
佛於諸佛前聞甚深法經三小劫得百法明
門住歡喜地是名上品下生者是名上輩生
想名第十四觀
復次阿難及韋提希中品上生者若有衆生
受持五戒持八戒齋脩行諸戒不造五逆无
衆過惡以此善根迴向願求生於西方極樂
世界臨命終時阿弥陁佛與諸比丘眷屬圍
遶放金色光至其人所演說苦空无常无我
讃嘆出家得離衆苦行者見已心大歡喜自

BD03360號　觀無量壽佛經　(18–13)

世尊臨命終時阿弥陀佛與諸比丘眷屬圍
遶放金色光至其人所演說苦空无常无我
讚歎出家得離衆苦行者見已心大歡喜自
見已身坐蓮華臺長跪合掌為佛作礼未舉
頭頃即得往生極樂世界蓮華尋開當華敷
時聞衆音聲讚歎四諦應時即得阿羅漢道
三明六通具八解脫是名中品上生者
中品中生者若有衆生若一日一夜受持八
戒齋若一日一夜持沙弥戒若一日一夜持具
足戒威儀无缺以此功德迴向願求生極樂
國戒香熏脩如此行者命欲終時見阿弥陀
佛與諸眷屬放金色光持七寶蓮華至行者
前行者自見空中有聲讚言善男子如汝善
人隨順三世諸佛教故我來迎汝行者自見
坐蓮華上蓮華即合生於西方極樂世界在
寶池中經於七日蓮華開敷華既敷已開目
合掌讚歎世尊聞法歡喜得須陁洹經半劫
已成阿羅漢是名中品中生者
中品下生者若有善男子善女人孝養父母
行世仁慈此人命欲終時遇善知識為其廣
說阿弥陁佛國土樂事亦說法藏比丘四十八
大願聞此事已尋即命終譬如壯士屈申臂
頃即生西方極樂世界生經七日遇觀世音
及大勢至聞法歡喜過一小劫成阿羅漢是
名中品下生者是名中輩生想名第十五觀

BD03360 號　觀無量壽佛經

（18–14）

頃即生西方極樂世界生經七日遇觀世音
及大勢至聞法歡喜過一小劫成阿羅漢是
名中品下生者是名中輩生想名第十五觀
復次阿難及韋提希下品上生者或有衆生
作衆惡業雖不誹謗方等經典如此愚人多
造衆惡无有慚愧命欲終時遇善知識為讚
大乘十二部經首題名字以聞如是諸經名故
除却千劫極重惡業智者復教合掌叉手
稱南无阿弥陁佛稱佛名故除五十億劫生
死之罪尒時彼佛即遣化佛化觀世音化大
勢至至行者前讚言善男子汝稱佛名故諸
罪消滅我來迎汝作是語已行者即見化佛
光明遍滿其室見已歡喜即便命終乘寶蓮
華隨化佛後生寶池中經七七日蓮華乃敷
當華敷時大悲觀世音菩薩放大光明住其
人前為說甚深十二部經聞已信解發无上
道心經十小劫具百法明門得入初地是名
下品上生者得聞佛名法名及聞僧名聞三
寶名即得往生
復次阿難及韋提希下品中生者或有衆生
毀犯五戒八戒及具足戒如此愚人偷僧祇物
盜現前僧物不淨說法无有慚愧以諸惡業
而自莊嚴如此罪人以惡業故應墮地獄
命欲終時地獄衆火一時俱至遇善知識以
大慈悲為說阿弥陁佛十力威德廣說彼佛

BD03360 號　觀無量壽佛經

（18–15）

而自莊嚴如此罪人以惡業故應墮地獄
命欲終時地獄衆火一時俱至遇善知識以
大慈悲為說阿彌陁佛十力威德廣說彼佛
光明神力亦讚戒定慧解脫解脫知見此人
聞已除八十億劫生死之罪地獄猛火化為
清涼風吹諸天華華上皆有化佛菩薩迎接
此人如一念頃即得往生七寶池中蓮華之
内經於六劫蓮華乃敷觀世音大勢至以梵
音聲安慰彼人為說大乘甚深經典聞此法
已應時即發无上道心是名下品中生者
佛告阿難及韋提希下品下生者或有衆生
作不善業五逆十惡具諸不善如此愚人以
惡業故應墮惡道經歷多劫受苦无窮如此
愚人臨命終時遇善知識種種安慰為說妙
法教令念佛彼人苦逼不遑念佛善友告言
汝若不能念者應稱无量壽佛如是至心令
聲不絶具足十念稱南无佛稱佛名故於念
念中除八十億劫生死之罪命終之後見金
蓮華猶如日輪住其人前如一念頃即得往
生極樂世界於蓮華中滿十二大劫蓮華方
開觀世音大勢至以大悲音聲為其廣說諸
法實相除滅罪法聞已歡喜應時即發菩提
之心是名下品下生者是名下華生想名第
十六觀
說是語時韋提希與五百侍女聞佛所說應

BD03360號　觀無量壽佛經　（18–16）

之心是名下品下生者是名下華生想名第
十六觀
說是語時韋提希與五百侍女聞佛所說應
時即見極樂世界廣長之相得見佛身及二
菩薩心生歡喜歎未曾有廓然大悟逮无生
忍五百侍女發阿耨多羅三藐三菩提心願
生彼國世尊悉記皆當往生生彼國已得諸
佛現前三昧无量諸天發无上道心
尒時阿難即從坐起前白佛言世尊當何名
此經此法之要當云何受持佛告阿難此經
名觀極樂國土无量壽佛觀世音菩薩大勢
至菩薩亦名淨除業鄣生諸佛前汝當受持
无令忘失行此三昧者現身得見无量壽佛
及二大士若善男子善女人但聞佛名二菩
薩名除无量劫生死之罪何況憶念若念佛
者當知此人是人中分陁利華觀世音菩薩
大勢至菩薩為其勝友當坐道場生諸佛家
佛告阿難汝好持是語持是語者即是持无
量壽佛名佛說此語時尊者目揵連阿難及韋
提希等聞佛所說皆大歡喜
尒時世尊足步虛空還耆闍崛山尒時阿
難廣為大衆說如上事无量諸天龍夜叉聞
佛所說皆大歡喜礼佛而退
佛說无量壽觀經一卷

BD03360號　觀無量壽佛經　（18–17）

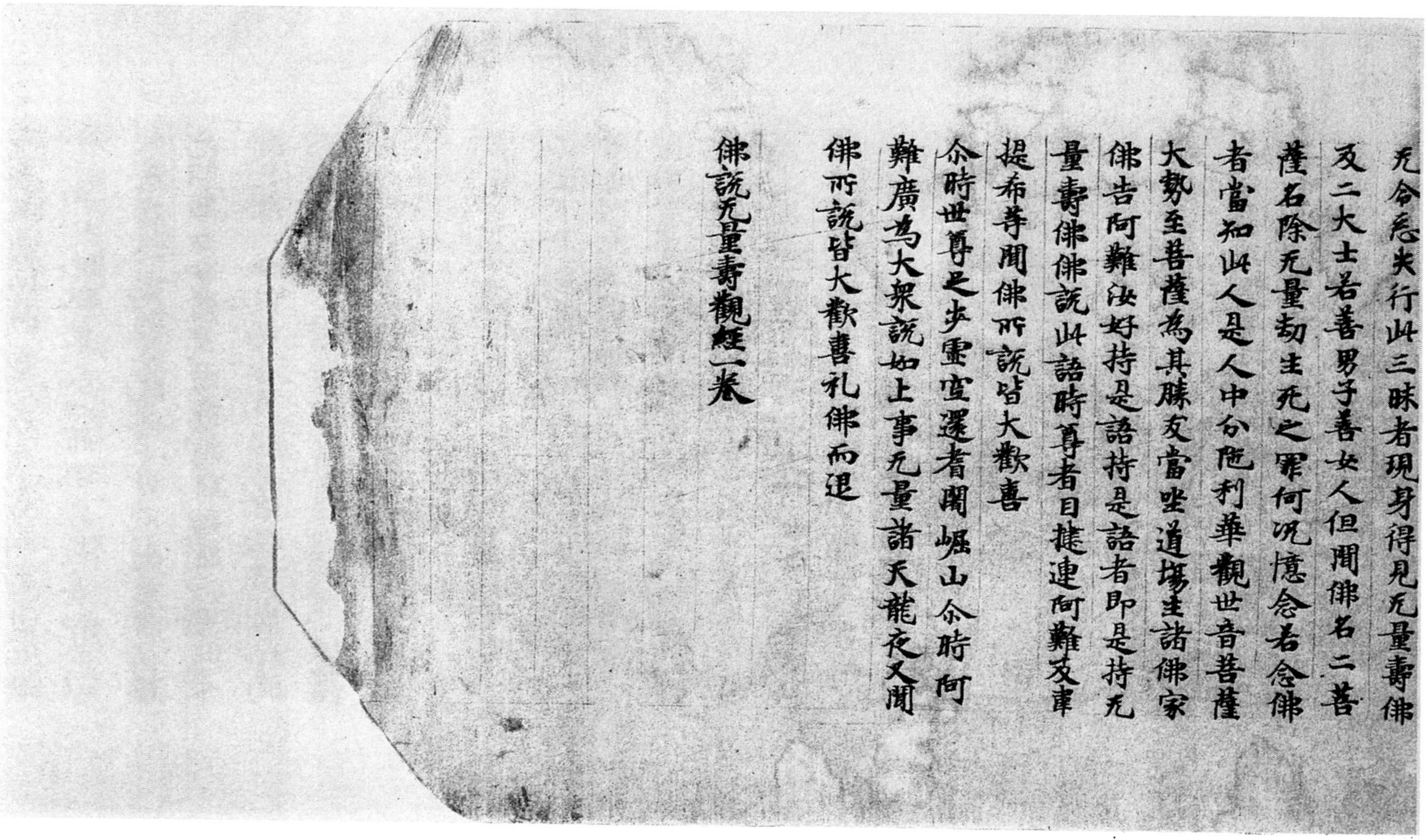

无令忘失行此三昧者現身得見无量壽佛
及二大士若善男子善女人但聞佛名二菩
薩名除无量劫生死之罪何況憶念若念佛
者當知此人是人中分陁利華觀世音菩薩
大勢至菩薩為其勝友當坐道場生諸佛家
佛告阿難汝好持是語持是語者即是持无
量壽佛佛說此語時尊者目揵連阿難及韋
提希等聞佛所說皆大歡喜
尒時世尊足步虛空還耆闍崛山尒時阿
難廣為大眾說如上事无量諸天龍夜叉聞
佛所說皆大歡喜礼佛而退
佛說无量壽觀經一卷

BD03360 號　觀無量壽佛經

(18–18)

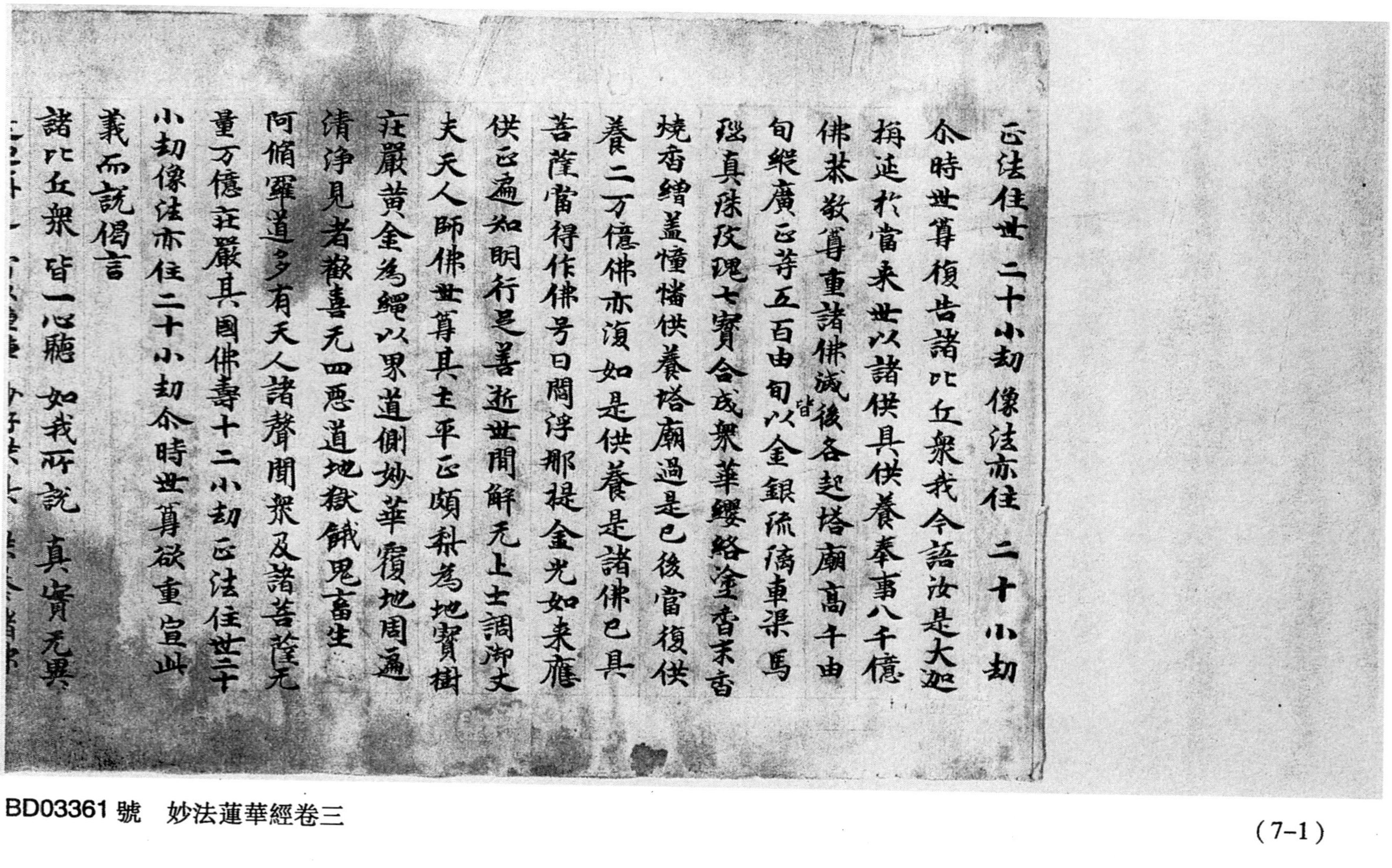

正法住世二十小劫像法亦住二十小劫
尒時世尊復告諸比丘眾我今語汝是大迦
旃延於當来世以諸供具供養奉事八千億
佛恭敬尊重諸佛滅後各起塔廟高千由
旬縱廣正等五百由旬以金銀琉璃車渠馬
瑙真珠玫瑰七寶合成眾華瓔珞塗香末香
燒香繒蓋幢幡供養塔廟過是已後當復供
養二万億佛亦復如是供養是諸佛已具
菩薩道當得作佛号曰閻浮那提金光如来應
供正遍知明行足善逝世間解无上士調御丈
夫天人師佛世尊其土平正頗梨為地寶樹
莊嚴黃金為繩以界道側妙華覆地周遍
清淨見者歡喜无四惡道地獄餓鬼畜生
阿脩羅道多有天人諸聲聞眾及諸菩薩无
量万億莊嚴其國佛壽十二小劫正法住世二十
小劫像法亦住二十小劫尒時世尊欲重宣此
義而說偈言
諸比丘眾　皆一心聽　如我所說　真實无異

BD03361 號　妙法蓮華經卷三

(7–1)

阿修羅道多有天人諸聲聞衆及諸菩薩无
量万億莊嚴其國佛壽十二小劫正法住世二十
小劫像法亦住二十小劫尒時世尊欲重宣此
義而說偈言
諸比丘衆 皆一心聽 如我所說 真實无異
是迦栴延 當以種種 妙好供具 供養諸佛
諸佛滅後 起七寶塔 亦以華香 供養舍利
其最後身 得佛智慧 成等正覺 國土清淨
度脫无量 万億衆生 皆為十方 之所供養
佛之光明 无能勝者 其佛号曰 閻浮金光
菩薩聲聞 斷一切有 无量无數 莊嚴其國
尒時世尊復告大衆我今語汝是大目揵連
當以種種供具供養八千諸佛恭敬尊重諸
佛滅後各起塔廟高千由旬縱廣正等五百
由旬以金銀琉璃車𤦲馬瑙真珠玫瑰七寶合
成衆華瓔珞塗香末香燒香繒蓋幢幡以用
供養過是已後當復供養二百万億諸佛
亦復如是當得成佛号曰多摩羅跋栴檀香
如来應供正遍知明行足善逝世間解无上
士調御丈夫天人師佛世尊劫名喜滿國名
意樂其土平正頗梨為地寶樹莊嚴散真
珠華周遍清淨見者歡喜多諸天人菩薩聲
聞其數无量佛壽二十四小劫正法住世四十
小劫像法亦住四十小劫尒時世尊欲重宣
此義而說偈言

珠華周遍清淨見者歡喜多諸天人菩薩聲
聞其數无量佛壽二十四小劫正法住世四十
小劫像法亦住四十小劫尒時世尊欲重宣
此義而說偈言
我此弟子 大目揵連 捨是身已 得見八千
二百万億 諸佛世尊 為佛道故 供養恭敬
於諸佛所 常脩梵行 於无量劫 奉持佛法
諸佛滅後 起七寶塔 長表金剎 華香伎樂
而以供養 諸佛塔廟 漸漸具足 菩薩道已
於意樂國 而得作佛 号多摩羅 栴檀之香
其佛壽命 二十四劫 常為天人 演說佛道
聲聞无量 如恒河沙 三明六通 有大威德
菩薩无數 志固精進 於佛智慧 皆不退轉
佛滅度後 正法當住 四十小劫 像法亦尒
我諸弟子 威德具足 其數五百 皆當授記
於未来世 咸得成佛 我及汝等 宿世因緣
吾今當說 汝等善聽
妙法蓮華經化城喻品第七
佛告諸比丘乃往過去无量无邊不可思議
阿僧祇劫尒時有佛名大通智勝如来應
供正遍知明行足善逝世間解无上士調御丈
夫天人師佛世尊其國名好成劫名大相諸
比丘彼佛滅度已来甚大久遠譬如三千大
千世界所有地種假使有人磨以為墨過於
東方千國土乃下一點大如微塵又過千國土

夫天人師佛世尊其國名好成劫名大相諸
比丘彼佛滅度已來甚大久遠譬如三千大
千世界所有地種假使有人磨以為墨過於
東方千國土乃下一點大如微塵又過千國土
復下一點如是展轉盡地種墨於汝等意云
何是諸國土若筭師若筭師弟子能得邊
際知其數不不也世尊諸比丘是人所經國土
若點不點盡末為塵一塵一劫彼佛滅度已
來復過是數无量无邊百千万億阿僧祇劫
我以如來知見力故觀彼久遠猶若今日尒
時世尊欲重宣此義而說偈言
我念過去世　无量无邊劫　有佛兩足尊　名大通智勝
如人以力磨　三千大千土　盡此諸地種　皆悉以為墨
過於千國土　乃下一塵點　如是展轉點　盡此諸塵墨
如是諸國土　點與不點等　復盡末為塵　一塵為一劫
此諸微塵數　其劫復過是　彼佛滅度來　如是无量劫
如來无礙智　知彼佛滅度　及聲聞菩薩　如見今滅度
諸比丘當知　佛智淨微妙　无漏无所礙　通達无量劫
佛告諸比丘大通智勝佛壽五百四十万億那
由他劫其佛本坐道場破魔軍已垂得阿耨
多羅三藐三菩提而諸佛法不現在前如是
一小劫乃至十小劫結加趺坐身心不動而
諸佛法猶不在前尒時忉利諸天先為彼
佛於菩提樹下敷師子座高一由旬佛於此座
當得阿耨多羅三藐三菩提適坐此座時諸

BD03361號　妙法蓮華經卷三

（7–4）

諸佛法猶不在前尒時忉利諸天先為彼
佛於菩提樹下敷師子座高一由旬佛於此座
當得阿耨多羅三藐三菩提適坐此座時諸
梵天王雨衆天華面百由旬香風時來吹去
萎華更雨新者如是不絕滿十小劫供養
於佛乃至滅度常雨此華四王諸天為供養
佛常擊天鼓其餘諸天作天伎樂滿十小劫
至于滅度亦復如是諸比丘大通智勝佛過
十小劫諸佛之法乃現在前成阿耨多羅三
藐三菩提其佛未出家時有十六子其第一
者名曰智積諸子各有種種珍異玩好之具
聞父得成阿耨多羅三藐三菩提皆捨所珍
往詣佛所諸母涕泣而隨送之其祖轉輪聖
王與一百大臣及餘百千万億人民皆共圍
繞隨至道場咸欲親近大通智勝如來供養
恭敬尊重讚歎到已頭面礼足繞佛畢已一心
合掌瞻仰世尊以偈頌曰
大威德世尊　為度衆生故　於无量億歲　尒乃得成佛
諸願已具足　善哉吉无上　世尊甚希有　一坐十小劫
身體及手足　靜然安不動　其心常惔怕　未曾有散亂
究竟永寂滅　安住无漏法　今者見世尊　安隱成佛道
我等得善利　稱慶大歡喜　衆生常苦惱　盲瞑无導師
不識苦盡道　不知求解脫　長夜增惡趣　減損諸天衆
從瞑入於瞑　永不聞佛名　今佛得最上　安隱无漏法

BD03361號　妙法蓮華經卷三

（7–5）

我等得善利 稱慶大歡喜 衆生常苦惱 盲瞑无導師
不識苦盡道 不知求解脫 長夜增惡趣 減損諸天衆
從瞑入於瞑 永不聞佛名 今佛得最上 安隱无漏法
我等及天人 為得最大利 是故咸稽首 歸命无上尊
尒時十六王子偈讚佛已勸請世尊轉於法輪
咸作是言世尊說法多所安隱憐愍饒益諸
天人民重說偈言
世雄无等倫 百福自莊嚴 得无上智慧 願為世間說
度脫於我等 及諸衆生類 為分別顯示 令得是智慧
若我等得佛 衆生亦復然 世尊知衆生 深心之所念
亦知所行道 又知智慧力 欲樂及脩福 宿命所行業
世尊悉知已 當轉无上輪
佛告諸比丘大通智勝佛得阿耨多羅三藐
三菩提時十方各五百万億諸佛世界六種
震動其國中間幽瞑之處日月威光所不能
照而皆大明其中衆生各得相見咸作是言
此中云何忽生衆生又其國界諸天宮殿乃
至梵宮六種震動大光普照遍滿世界勝諸
天光尒時東方五百万億諸國土中梵天宮
殿光明照曜倍於常明諸梵天王各作是念
今者宮殿光明昔所未有以何因緣而現此相
是時諸梵天王即各相詣共議此事而彼衆
中有一大梵天王名救一切為諸梵衆而說
說偈言
我等諸宮殿 光明昔未有 此是何因緣 宜各共求之

BD03361號 妙法蓮華經卷三 （7–6）

是時諸梵天王即各相詣共議此事而彼衆
中有一大梵天王名救一切為諸梵衆而說
說偈言
我等諸宮殿 光明昔未有 此是何因緣 宜各共求之
為大德天生 為佛出世間 而此大光明 遍照於十方
尒時五百万億國土諸梵天王與宮殿俱各以
衣裓盛諸天華共詣西方推尋是相見大通
智勝如來處于道場菩提樹下坐師子座
諸天龍王乾闥婆緊那羅摩睺羅伽人非人
等恭敬圍繞及見十六王子請佛轉法輪即
時諸梵天王頭面礼佛繞百千帀即以天華
而散佛上其所散華如須彌山并以供養佛
菩提樹其菩提樹高十由旬華供養已各以
宮殿奉上彼佛而作是言唯見哀愍饒益我
等所獻宮殿願垂納處時諸梵天王即於佛前
一心同聲以偈頌曰
世尊甚希有 難可得值遇 具无量功德 能救護一切
天人之大師 哀愍於世間 十方諸衆生 普皆蒙饒益
我等所從來 五百万億國 捨深禪定樂 為供養佛故
我等先世福 宮殿甚嚴飾 今以奉世尊 唯願哀納受
尒時諸梵天王偈讚佛已各作是言唯願世

BD03361號 妙法蓮華經卷三 （7–7）

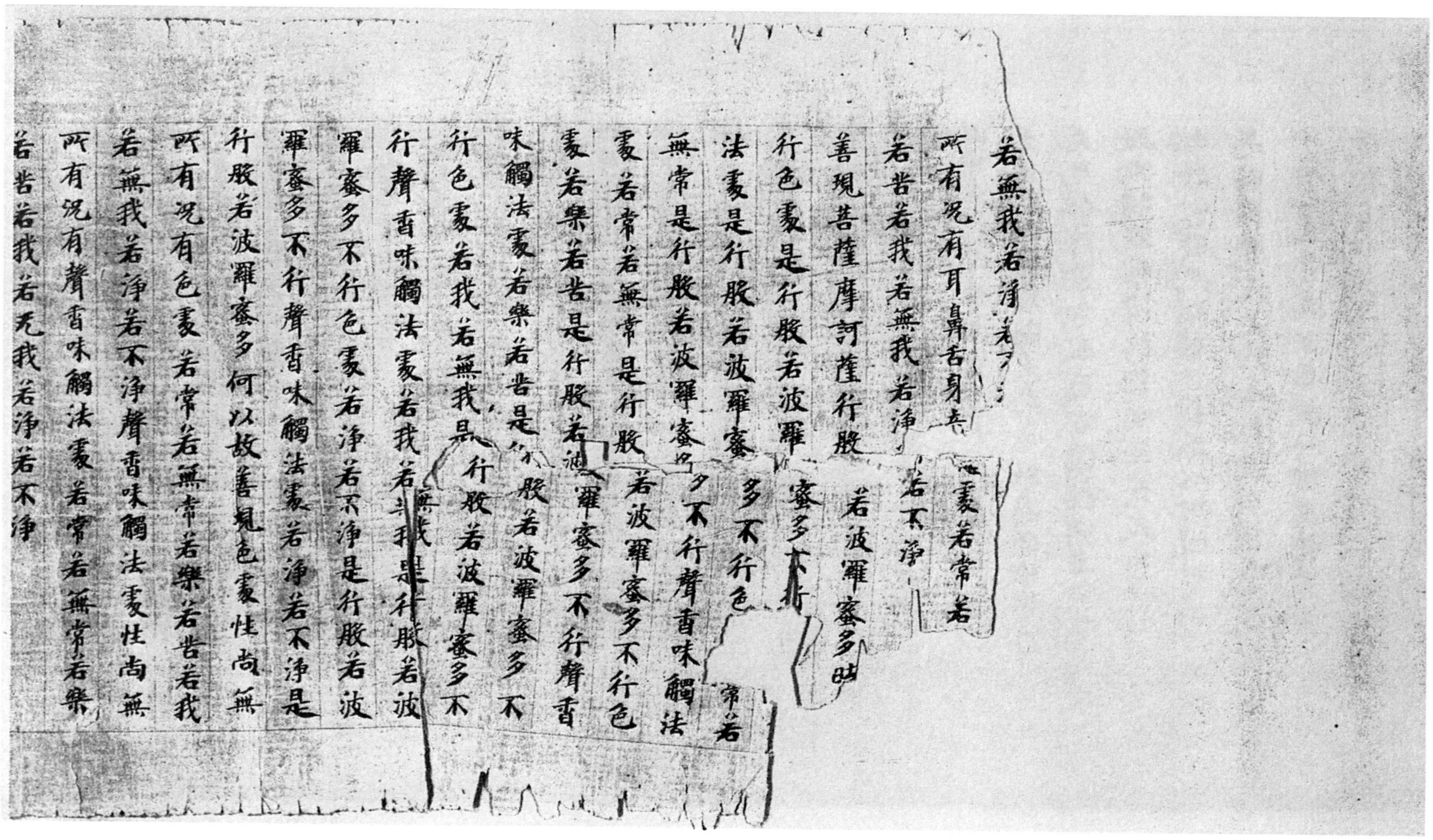

若無我若淨若不
所有況有耳鼻舌身意 處若常若
若苦若我若無我若淨 若不淨
善現菩薩摩訶薩行般 若波羅蜜多時
行色處是行般若波羅 蜜多不行
法處是行般若波羅蜜 多不行色
無常是行般若波羅蜜多 不行聲香味觸法 常若
處若常若無常是行般 若波羅蜜多不行色
處若樂若苦是行般若波 羅蜜多不行聲香
味觸法處若樂若苦是行 般若波羅蜜多不
行色處若我若無我是 行般若波羅蜜多不
行聲香味觸法處若我若無我是行般若波
羅蜜多不行色處若淨若不淨是行般若波
羅蜜多不行聲香味觸法處若淨若不淨是
行般若波羅蜜多何以故善現色處性尚無
所有況有色處若常若無常若樂若苦若我
若無我若淨若不淨聲香味觸法處性尚無
所有況有聲香味觸法處若常若無常若樂
若苦若我若无我若淨若不淨

BD03362號　大般若波羅蜜多經卷二八九

（18–1）

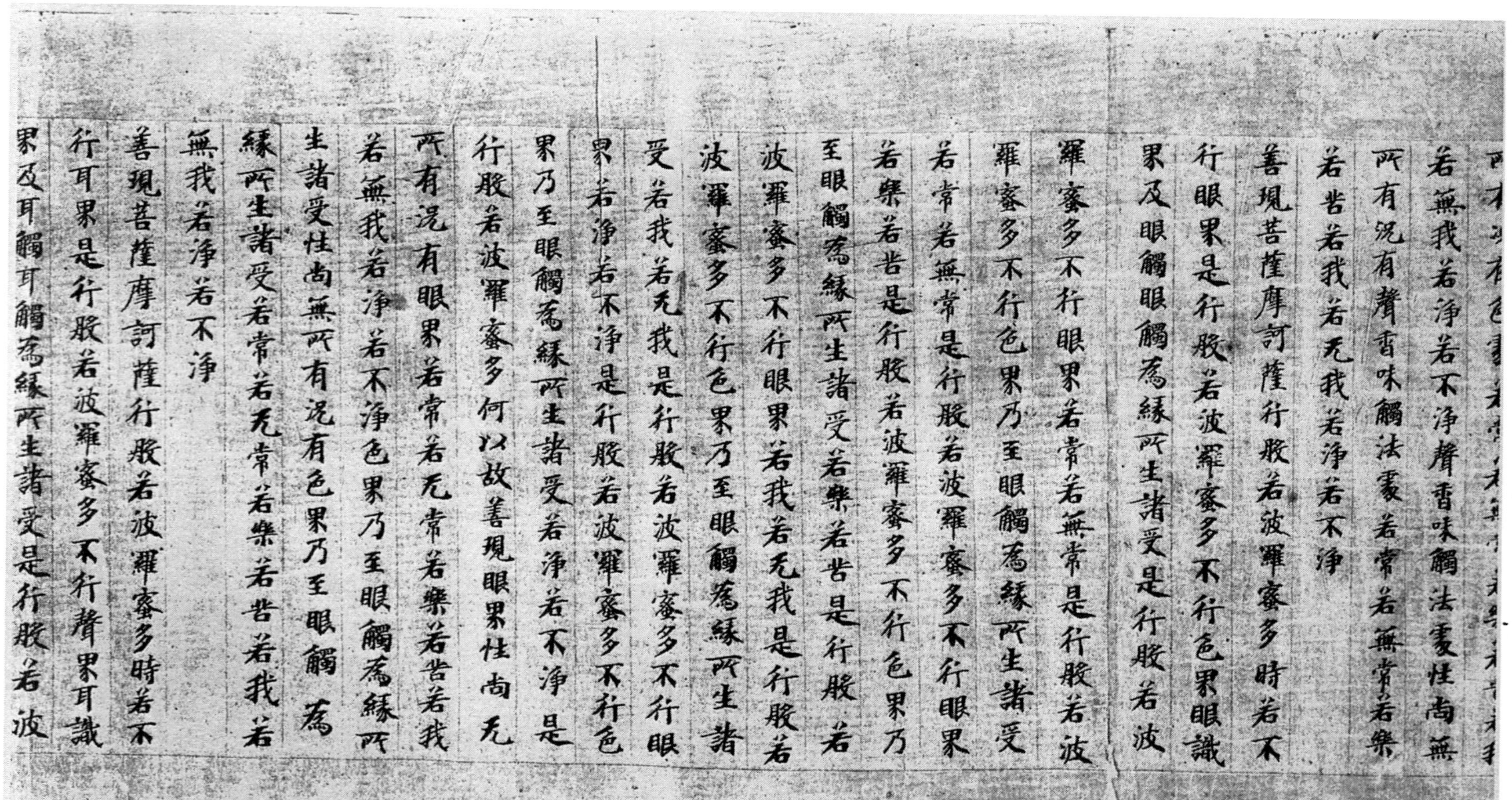

若無我若淨若不淨聲香味觸法處性尚無
所有況有聲香味觸法處若常若無常若樂
若苦若我若无我若淨若不淨
善現菩薩摩訶薩行般若波羅蜜多時若不
行眼界是行般若波羅蜜多不行色界眼識
界及眼觸眼觸為緣所生諸受是行般若波
羅蜜多不行眼界若常若無常是行般若波
羅蜜多不行色界乃至眼觸為緣所生諸受
若常若無常是行般若波羅蜜多不行眼界
若樂若苦是行般若波羅蜜多不行色界乃
至眼觸為緣所生諸受若樂若苦是行般若
波羅蜜多不行眼界若我若无我是行般若
波羅蜜多不行色界乃至眼觸為緣所生諸
受若我若无我是行般若波羅蜜多不行眼
界若淨若不淨是行般若波羅蜜多不行色
界乃至眼觸為緣所生諸受若淨若不淨是
行般若波羅蜜多何以故善現眼界性尚无
所有況有眼界若常若无常若樂若苦若我
若無我若淨若不淨色界乃至眼觸為緣所
生諸受性尚無所有況有色界乃至眼觸為
緣所生諸受若常若无常若樂若苦若我若
無我若淨若不淨
善現菩薩摩訶薩行般若波羅蜜多時若不
行耳界是行般若波羅蜜多不行聲界耳識
界及耳觸耳觸為緣所生諸受是行般若波

BD03362號　大般若波羅蜜多經卷二八九

（18–2）

無我若淨若不淨
善現菩薩摩訶薩行般若波羅蜜多時若不
行耳界是行般若波羅蜜多不行聲界耳識
界及耳觸耳觸為緣所生諸受是行般若波
羅蜜多不行耳界若常若无常是行般若波
羅蜜多不行聲界乃至耳觸為緣所生諸受
若常若无常是行般若波羅蜜多不行耳界
若樂若苦是行般若波羅蜜多不行聲界乃
至耳觸為緣所生諸受若樂若苦是行般若
波羅蜜多不行耳界若我若无我是行般若
波羅蜜多不行聲界乃至耳觸為緣所生諸
受若我若無我是行般若波羅蜜多不行耳
界若淨若不淨是行般若波羅蜜多不行聲
界乃至耳觸為緣所生諸受若淨若不淨是
行般若波羅蜜多何以故善現耳界性尚無
所有況有耳界若常若無常若樂若苦若我
若無我若淨若不淨聲界乃至耳觸為緣所
生諸受性尚无所有況有耳界乃至耳觸為
緣所生諸受若常若無常若樂若苦若我若
無我若淨若不淨
善現菩薩摩訶薩行般若波羅蜜多時若不
行鼻界是行般若波羅蜜多不行香界鼻
識界及鼻觸鼻觸為緣所生諸受是行般若波
羅蜜多不行鼻界若常若无常是行般若波
羅蜜多不行香界乃至鼻觸為緣所生諸受
若常若无常是行般若波羅蜜多不行鼻界

BD03362號　大般若波羅蜜多經卷二八九　（18–3）

行鼻界是行般若波羅蜜多不行香界鼻
識界及鼻觸鼻觸為緣所生諸受是行般若波
羅蜜多不行鼻界若常若无常是行般若波
羅蜜多不行香界乃至鼻觸為緣所生諸受
若常若无常是行般若波羅蜜多不行鼻界
若樂若苦是行般若波羅蜜多不行香界乃
至鼻觸為緣所生諸受若樂若苦是行般若
波羅蜜多不行鼻界若我若无我是行般若
波羅蜜多不行香界乃至鼻觸為緣所生諸
受若我若無我是行般若波羅蜜多不行鼻
界若淨若不淨是行般若波羅蜜多不行香
界乃至鼻觸為緣所生諸受若淨若不淨是
行般若波羅蜜多何以故善現鼻界性尚無
所有況有鼻界若常若無常若樂若苦若我
若無我若淨若不淨香界乃至鼻觸為緣所
生諸受性尚無所有況有香界乃至鼻觸為
緣所生諸受若常若無常若樂若苦若我若
無我若淨若不淨
善現菩薩摩訶薩行般若波羅蜜多時若不
行舌界是行般若波羅蜜多不行味界舌識
界及舌觸舌觸為緣所生諸受是行般若波
羅蜜多不行舌界若常若無常是行般若波
羅蜜多不行味界乃至舌觸為緣所生諸受
若常若無常是行般若波羅蜜多不行舌界
若樂若苦是行般若波羅蜜多不行味界乃
至舌觸為緣所生諸受若樂若苦是行般若

BD03362號　大般若波羅蜜多經卷二八九　（18–4）

羅蜜多不行舌界若常若無常是行般若波
羅蜜多不行味界乃至舌觸為緣所生諸受
若常若無常是行般若波羅蜜多不行舌界
若樂若苦是行般若波羅蜜多不行味界乃
至舌觸為緣所生諸受若樂若苦是行般若
波羅蜜多不行舌界若我若无我是行般若
波羅蜜多不行味界乃至舌觸為緣所生諸
受若我若無我是行般若波羅蜜多不行舌
界若淨若不淨是行般若波羅蜜多不行味
界乃至舌觸為緣所生諸受若淨若不淨是
行般若波羅蜜多何以故善現舌界性尚無
所有況有舌界若常若无常若樂若苦若
我若無我若淨若不淨味界乃至舌觸為緣
所生諸受性尚無所有況有味界乃至舌觸為
緣所生諸受若常若無常若樂若苦若我
若無我若淨若不淨
善現菩薩摩訶薩行般若波羅蜜多時若不
行身界是行般若波羅蜜多不行觸界身識
界及身觸身觸為緣所生諸受是行般若波
羅蜜多不行身界若常若無常是行般若波
羅蜜多不行觸界乃至身觸為緣所生諸受
若常若無常是行般若波羅蜜多不行身界
若樂若苦是行般若波羅蜜多不行觸界乃
至身觸為緣所生諸受若樂若苦是行般若
波羅蜜多不行身界若我若無我是行般若
波羅蜜多不行觸界乃至身觸為緣所生諸

BD03362號　大般若波羅蜜多經卷二八九

（18–5）

至身觸為緣所生諸受若樂若苦是行般若
波羅蜜多不行身界若我若無我是行般若
波羅蜜多不行觸界乃至身觸為緣所生諸
受若我若無我是行般若波羅蜜多不行
身界若淨若不淨是行般若波羅蜜多不行
觸界乃至身觸為緣所生諸受若淨若不淨
是行般若波羅蜜多何以故善現身界性尚
無所有況有身界若常若无常若樂若苦若
我若無我若淨若不淨觸界乃至身觸為緣
所生諸受性尚無所有況有觸界乃至身觸
為緣所生諸受若常若無常若樂若苦若我
若無我若淨若不淨善現菩薩摩訶薩行般
若波羅蜜多時若不行意界是行般若波羅
蜜多不行法界意識界及意觸意觸為緣所
生諸受是行般若波羅蜜多不行意界若常
若無常是行般若波羅蜜多不行法界乃至
意觸為緣所生諸受若常若無常是行般若
波羅蜜多不行意界若樂若苦是行般若波
羅蜜多不行法界乃至意觸為緣所生諸受
若樂若苦是行般若波羅蜜多不行意界若
我若無我是行般若波羅蜜多不行法界乃
至意觸為緣所生諸受若我若无我是行般
若波羅蜜多不行意界若淨若不淨是行般
若波羅蜜多不行法界乃至意觸為緣所生
諸受若淨若不淨是行般若波羅蜜多何以
故善現意界性尚無所有況有意界若常若

BD03362號　大般若波羅蜜多經卷二八九

（18–6）

至意觸爲緣所生諸受若我若无我是行般
若波羅蜜多不行意界若淨若不淨是行般
若波羅蜜多不行法界乃至意觸爲緣所生
諸受若淨若不淨是行般若波羅蜜多何以
故善現意界性尚無所有況有意界若常若
無常若樂若苦若我若無我若淨若不淨法
界乃至意觸爲緣所生諸受性尚無所有況有
法界乃至意觸爲緣所生諸受若常若無常
若樂若苦若我若無我若淨若不淨
善現菩薩摩訶薩行般若波羅蜜多時若不
行地界是行般若波羅蜜多不行水火風空
識界是行般若波羅蜜多不行地界若常若
無常是行般若波羅蜜多不行水火風空識
界若常若無常是行般若波羅蜜多不行地
界若樂若苦是行般若波羅蜜多不行水火
風空識界若樂若苦是行般若波羅蜜多不
行地界若我若無我是行般若波羅蜜多不
行水火風空識界若我若無我是行般若波
羅蜜多不行地界若淨若不淨是行般若波
羅蜜多不行水火風空識界若淨若不淨是
行般若波羅蜜多何以故善現地界性尚無
所有況有地界若常若無常若樂若苦若我
若無我若淨若不淨水火風空識界性尚無
所有況有水火風空識界若常若無常若樂
若苦若我若無我若淨若不淨

BD03362號　大般若波羅蜜多經卷二八九　（18–7）

所有況有地界若常若無常若樂若苦若我
若無我若淨若不淨水火風空識界性尚無
所有況有水火風空識界若常若無常若樂
若苦若我若無我若淨若不淨
善現菩薩摩訶薩行般若波羅蜜多時若不
行無明是行般若波羅蜜多不行行識名色
六處觸受愛取有生老死愁歎苦憂惱是行
般若波羅蜜多不行無明若常若無常是行
般若波羅蜜多不行行乃至老死愁歎苦憂
惱若常若無常是行般若波羅蜜多不行無
明若樂若苦是行般若波羅蜜多不行行乃
至老死愁歎苦憂惱若樂若苦是行般若波
羅蜜多不行無明若我若無我是行般若波
羅蜜多不行行乃至老死愁歎苦憂惱若我
若無我是行般若波羅蜜多不行無明若淨
若不淨是行般若波羅蜜多不行行乃至老
死愁歎苦憂惱若淨若不淨是行般若波羅
蜜多何以故善現無明性尚無所有況有無
明若常若無常若樂若苦若我若無我若淨
若不淨行乃至老死愁歎苦憂惱性尚無所有況
有行乃至老死愁歎苦憂惱若常若無常若
樂若苦若我若無我若淨若不淨
善現菩薩摩訶薩行般若波羅蜜多時若不
行布施波羅蜜多是行般若波羅蜜多不行淨
戒安忍精進靜慮般若波羅蜜多是行般若

BD03362號　大般若波羅蜜多經卷二八九　（18–8）

行布施波羅蜜多是行般若波羅蜜多不行淨
貳安忍精進靜慮般若波羅蜜多是行般若
波羅蜜多不行布施波羅蜜多若常若無常
是行般若波羅蜜多不行淨貳乃至般若波
羅蜜多若常若無常是行般若波羅蜜多不
行布施波羅蜜多若樂若苦是行般若波羅
蜜多不行淨貳乃至般若波羅蜜多若樂若
苦是行般若波羅蜜多不行布施波羅蜜多
若我若無我是行般若波羅蜜多不行淨貳
乃至般若波羅蜜多若我若無我是行般若
波羅蜜多不行布施波羅蜜多若淨若不淨
是行般若波羅蜜多不行淨貳乃至般若波
羅蜜多若淨若不淨是行般若波羅蜜多何
以故善現布施波羅蜜多性尚無所有況有
布施波羅蜜多若常若無常若樂若苦若我
若無我若淨若不淨淨貳乃至般若波羅蜜
多性尚無所有況有淨貳乃至般若波羅蜜
多若常若無常若樂若苦若我若無我若淨
若不淨
善現菩薩摩訶薩行般若波羅蜜多時若不
行內空是行般若波羅蜜多不行外空內外
空空空大空勝義空有為空無為空畢竟空
無際空散空無變異空本性空自相空共相
空一切法空不可得空無性空自性空無性
自性空是行般若波羅蜜多不行內空若常

BD03362號　大般若波羅蜜多經卷二八九

（18–9）

無際空散空無變異空本性空自相空共相
空一切法空不可得空無性空自性空無性
自性空是行般若波羅蜜多不行內空若常
若無常是行般若波羅蜜多不行外空乃至
無性自性空若常若無常是行般若波羅蜜
多不行內空若樂若苦是行般若波羅蜜多
不行外空乃至無性自性空若樂若苦是行
般若波羅蜜多不行內空若我若無我是行
般若波羅蜜多不行外空乃至無性自性空
若我若無我是行般若波羅蜜多不行內空
若淨若不淨是行般若波羅蜜多不行外空
乃至無性自性空若淨若不淨是行般若波
羅蜜多何以故善現內空性尚無所有況有
內空若常若無常若樂若苦若我若無我若
淨若不淨外空乃至無性自性空性尚無所
有況有外空乃至無性自性空若常若无常
若樂若苦若我若無我若淨若不淨
善現菩薩摩訶薩行般若波羅蜜多時若不
行真如是行般若波羅蜜多不行法界法性
不虛妄性不變異性平等性離生性法定法
住實際虛空界不思議界是行般若波羅蜜
多不行真如若常若無常是行般若波羅蜜
多不行法界乃至不思議界若常若無常是
行般若波羅蜜多不行真如若樂若苦是行
般若波羅蜜多不行法界乃至不思議界若
樂若苦是行般若波羅蜜多不行真如若我

BD03362號　大般若波羅蜜多經卷二八九

（18–10）

行般若波羅蜜多不行真如若樂若苦是行
般若波羅蜜多不行法界乃至不思議界若
樂若苦是行般若波羅蜜多不行真如若我
若無我是行般若波羅蜜多不行法界乃至
不思議界若我若無我是行般若波羅蜜多
不行真如若淨若不淨是行般若波羅蜜多
不行法界乃至不思議界若淨若不淨是行
般若波羅蜜多何以故善現真如性尚无所有
況有真如若常若無常若樂若苦若我若無
我若淨若不淨法界乃至不思議界性尚無
所有況有法界乃至不思議界若常若無常
若樂若苦若我若無我若淨若不淨
善現菩薩摩訶薩行般若波羅蜜多時若不
行苦聖諦是行般若波羅蜜多不行集滅道
聖諦是行般若波羅蜜多不行苦聖諦若常
若無常是行般若波羅蜜多不行集滅道聖
諦若常若無常是行般若波羅蜜多不行苦
聖諦若樂若苦是行般若波羅蜜多不行集
滅道聖諦若樂若苦是行般若波羅蜜多不
行苦聖諦若我若無我是行般若波羅蜜多
不行集滅道聖諦若我若無我是行般若波
羅蜜多不行苦聖諦若淨若不淨是行般若
波羅蜜多不行集滅道聖諦若淨若不淨是
行般若波羅蜜多何以故善現苦聖諦性尚
無所有況有苦聖諦若常若無常若樂若苦

BD03362號　大般若波羅蜜多經卷二八九　（18–11）

波羅蜜多不行集滅道聖諦若淨若不淨是
行般若波羅蜜多何以故善現苦聖諦性尚
無所有況有苦聖諦若常若無常若樂若苦
若我若無我若淨若不淨集滅道聖諦性尚
無所有況有集滅道聖諦若常若無常若樂
若苦若我若無我若淨若不淨
善現菩薩摩訶薩行般若波羅蜜多時若不
行四靜慮是行般若波羅蜜多不行四無量
四無色定是行般若波羅蜜多不行四靜慮
若常若無常是行般若波羅蜜多不行四无
量四無色定若常若無常是行般若波羅蜜
多不行四靜慮若樂若苦是行般若波羅蜜
多不行四無量四無色定若樂若苦是行般
若波羅蜜多不行四靜慮若我若無我是行
般若波羅蜜多不行四無量四無色定若我
若無我是行般若波羅蜜多不行四靜慮若
淨若不淨是行般若波羅蜜多不行四無量
四無色定若淨若不淨是行般若波羅蜜多
何以故善現四靜慮性尚無所有況有四靜慮
若常若無常若樂若苦若我若無我若淨若
不淨四無量四無色定性尚無所有況有四無
量四無色定若常若無常若樂若苦若我若
無我若淨若不淨
善現菩薩摩訶薩行般若波羅蜜多時若不
行八解脫是行般若波羅蜜多不行八勝處

BD03362號　大般若波羅蜜多經卷二八九　（18–12）

無我若淨若不淨
善現菩薩摩訶薩行般若波羅蜜多時若不
行八解脫是行般若波羅蜜多不行八勝處
九次第定十遍處是行般若波羅蜜多不行
八解脫若常若無常是行般若波羅蜜多不行
八勝處九次第定十遍處若常若無常是
行般若波羅蜜多不行八解脫若樂若苦是
行般若波羅蜜多不行八勝處九次第定十
遍處若樂若苦是行般若波羅蜜多不行八
解脫若我若無我是行般若波羅蜜多不行
八勝處九次第定十遍處若我若無我是行
般若波羅蜜多不行八解脫若淨若不淨是
行般若波羅蜜多不行八勝處九次第定十
遍處若淨若不淨是行般若波羅蜜多何
以故善現八解脫性尚無所有況有八解脫
脫若常若無常若樂若苦若我若无我若
淨若不淨八勝處九次第定十遍處性尚無
所有況有八勝處九次第定十遍處若常若
無常若樂若苦若我若無我若淨若不淨
善現菩薩摩訶薩行般若波羅蜜多時若不
行四念住是行般若波羅蜜多不行四正斷
四神足五根五力七等覺支八聖道支是行
般若波羅蜜多不行四念住若常若無常是
行般若波羅蜜多不行四正斷乃至八聖道
支若常若無常是行般若波羅蜜多不行四

BD03362號　大般若波羅蜜多經卷二八九

（18–13）

般若波羅蜜多不行四念住若常若無常是
行般若波羅蜜多不行四正斷乃至八聖道
支若常若無常是行般若波羅蜜多不行四
念住若樂若苦是行般若波羅蜜多不行四
正斷乃至八聖道支若樂若苦是行般若波
羅蜜多不行四念住若我若無我是行般若
波羅蜜多不行四正斷乃至八聖道支若我
若無我是行般若波羅蜜多不行四念住若
淨若不淨是行般若波羅蜜多不行四正斷
乃至八聖道支若淨若不淨是行般若波羅
蜜多何以故善現四念住性尚無所有況有
四念住若常若無常若樂若苦若我若無我
若淨若不淨四正斷乃至八聖道支性尚无
所有況有四正斷乃至八聖道支若常若
無常若樂若苦若我若無我若淨若不
淨
善現菩薩摩訶薩行般若波羅蜜多時若
不行空解脫門是行般若波羅蜜多不行無
相無願解脫門是行般若波羅蜜多不行空
解脫門若常若無常是行般若波羅蜜多不
行無相無願解脫門若常若無常是行般若
波羅蜜多不行空解脫門若樂若苦是行般
若波羅蜜多不行無相無願解脫門若樂若
苦是行般若波羅蜜多不行空解脫門若我
若無我是行般若波羅蜜多不行無相無願

BD03362號　大般若波羅蜜多經卷二八九

（18–14）

若波羅蜜多不行無相無願解脫門若樂若
苦是行般若波羅蜜多不行空解脫門若我
若無我是行般若波羅蜜多不行無相無願
解脫門若我若無我是行般若波羅蜜多不
行空解脫門若淨若不淨是行般若波羅蜜
多不行無相無願解脫門若淨若不淨是行
般若波羅蜜多何以故善現空解脫門性尚
無所有況有空解脫門若常若無常若樂
若苦若我若無我若淨若不淨無相無願解
脫門性尚無所有況有無相無願解脫門若
常若無常若樂若苦若我若無我若淨若不
淨善現菩薩摩訶薩行般若波羅蜜多時若
不行菩薩十地是行般若波羅蜜多不行菩
薩十地若常若無常是行般若波羅蜜多不
行菩薩十地若樂若苦是行般若波羅蜜多
不行菩薩十地若我若無我是行般若波羅
蜜多不行菩薩十地若淨若不淨是行般若
波羅蜜多何以故善現菩薩十地性尚無所
有況有菩薩十地若常若無常若樂若苦若
我若無我若淨若不淨
善現菩薩摩訶薩行般若波羅蜜多時若不
行五眼是行般若波羅蜜多不行六神通是
行般若波羅蜜多不行五眼若常若無常是
行般若波羅蜜多不行六神通若常若无常
是行般若波羅蜜多不行五眼若樂若苦是

BD03362號　大般若波羅蜜多經卷二八九　（18–15）

行五眼是行般若波羅蜜多不行六神通是
行般若波羅蜜多不行五眼若常若無常是
行般若波羅蜜多不行六神通若常若无常
是行般若波羅蜜多不行五眼若樂若苦是
行般若波羅蜜多不行六神通若樂若苦是
行般若波羅蜜多不行五眼若我若無我是
行般若波羅蜜多不行六神通若我若無我
是行般若波羅蜜多不行五眼若淨若不淨
是行般若波羅蜜多不行六神通若淨若不
淨是行般若波羅蜜多何以故善現五眼性
尚無所有況有五眼若常若無常若樂若苦
若我若無我若淨若不淨六神通性尚無所
有況有六神通若常若無常若樂若苦若我
若無我若淨若不淨
善現菩薩摩訶薩行般若波羅蜜多時若不
行佛十力是行般若波羅蜜多不行四無所
畏四無礙解大慈大悲大喜大捨十八佛不
共法是行般若波羅蜜多不行佛十力若常
若無常是行般若波羅蜜多不行四無所畏
乃至十八佛不共法若常若無常是行般若
波羅蜜多不行佛十力若樂若苦是行般若
波羅蜜多不行四無所畏乃至十八佛不共
法若樂若苦是行般若波羅蜜多不行佛十
力若我若無我是行般若波羅蜜多不行四
無所畏乃至十八佛不共法若我若無我是

BD03362號　大般若波羅蜜多經卷二八九　（18–16）

力若我若無我是行般若波羅蜜多不行四
無所畏乃至十八佛不共法若我若無我是
行般若波羅蜜多不行佛十力若淨若不淨
是行般若波羅蜜多不行四無所畏乃至十
八佛不共法若淨若不淨是行般若波羅蜜
多何以故善現佛十力性尚無所有況有佛
十力若常若無常若樂若苦若我若無我
若淨若不淨四無所畏乃至十八佛不共法性
尚無所有況有四無所畏乃至十八佛不共法
若常若無常若樂若苦若我若無我若淨
若不淨
善現菩薩摩訶薩行般若波羅蜜多時若
不行無忘失法是行般若波羅蜜多不行恒
住捨性是行般若波羅蜜多不行無忘失法
若常若無常是行般若波羅蜜多不行恒住
捨性若常若無常是行般若波羅蜜多不行
無忘失法若樂若苦是行般若波羅蜜多不
行恒住捨性若樂若苦是行般若波羅蜜多
不行無忘失法若我若無我是行般若波羅
蜜多不行恒住捨性若我若無我是行般若
波羅蜜多不行無忘失法若淨若不淨是
行般若波羅蜜多不行恒住捨性若淨若不
淨是行般若波羅蜜多何以故善現無忘失
法性尚無所有況有無忘失法若常若無
常若樂若苦若我若無我若淨若不淨恒

BD03362號　大般若波羅蜜多經卷二八九　（18–17）

行恒住捨性若樂若苦是行般若波羅蜜多
不行無忘失法若我若無我是行般若波羅
蜜多不行恒住捨性若我若無我是行般若
波羅蜜多不行無忘失法若淨若不淨是
行般若波羅蜜多不行恒住捨性若淨若不
淨是行般若波羅蜜多何以故善現無忘失
法性尚無所有況有無忘失法若常若無
常若樂若苦若我若無我若淨若不淨恒
住捨性性尚無所有況有恒住捨性性若常
若無常若樂若苦若我若無我若淨若不
淨

大般若波羅蜜多經卷第二百八十九

BD03362號　大般若波羅蜜多經卷二八九　（18–18）

BD03362 號背　雜寫　（1–1）

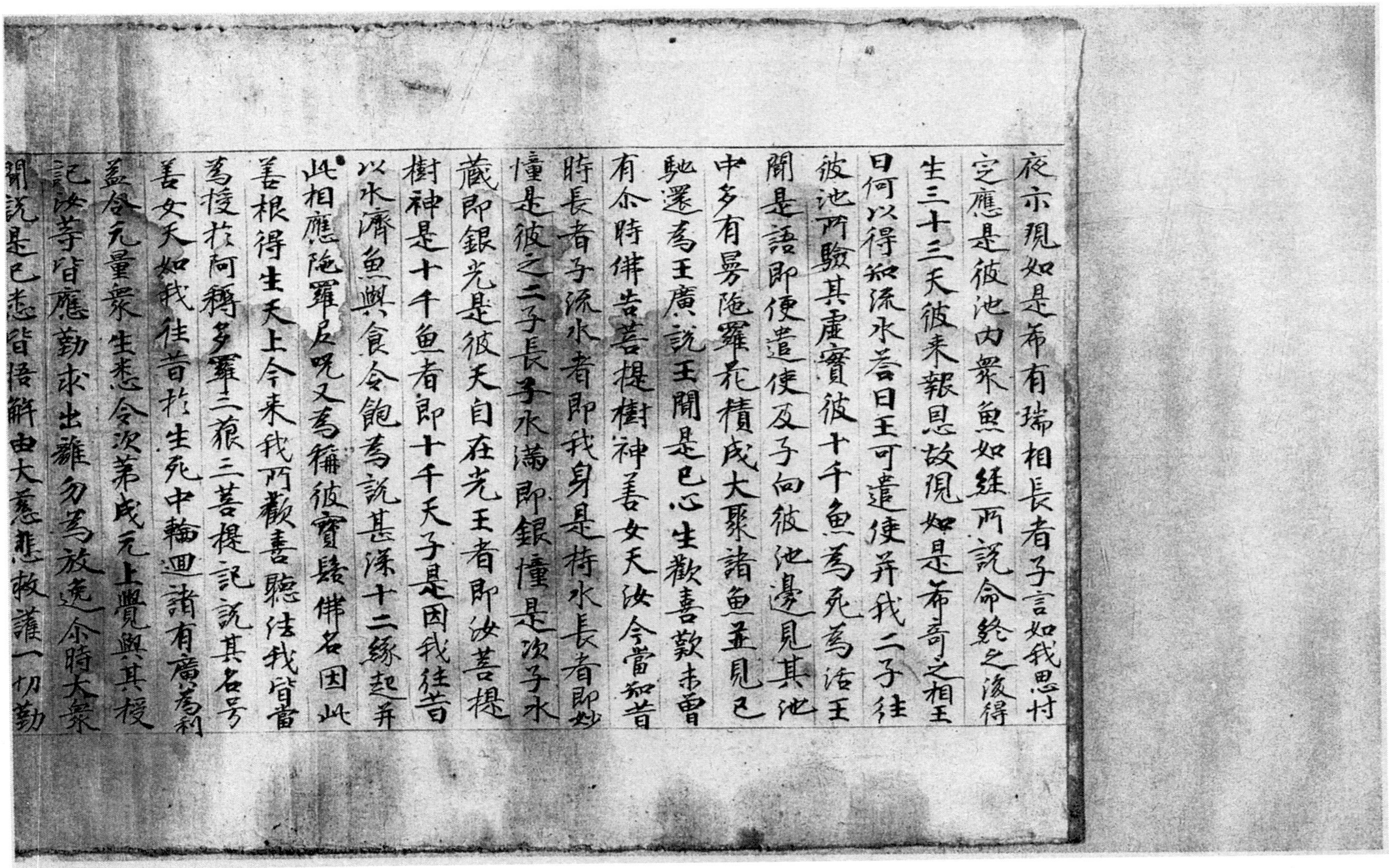

夜亦現如是希有瑞相長者子言如我思忖
定應是彼池内衆魚如經所說命終之後得
生三十三天彼來報恩故現如是希奇之相王
曰何以得知流水答曰王可遣使并我二子往
彼池所驗其虛實彼十千魚爲死爲活王
聞是語即便遣使及子向彼池邊見其池
中多有曼陁羅花積成大聚諸魚並見已
馳還爲王廣說王聞是已心生歡喜歎未曾
有尒時佛告菩提樹神善女天汝今當知昔
時長者子流水者即我身是持水長者即妙
幢是彼之二子長子水滿即銀幢是次子水
藏即銀光是彼天自在光王者即汝菩提
樹神是十千魚者即十千天子是因我往昔
以水濟魚與食令飽爲說甚深十二緣起并
此相應陁羅尼呪又爲稱彼寶髻佛名因此
善根得生天上今來我所歡喜聽法我皆當
爲授阿耨多羅三藐三菩提記說其名号
善女天如我往昔於生死中輪迴諸有廣爲利
益令无量衆生悉令次第成无上覺與其授
記汝等皆應勤求出離勿爲放逸尒時大衆
聞說是已悉皆悟解由大慈悲救護一切勤

BD03363 號　金光明最勝王經卷九　（2–1）

時長者子流水者即我身是持水長者即妙
幢是彼之二子長子水滿即銀幢是次子水
藏即銀光是彼天自在光王者即汝菩提
樹神是十千魚者即十千天子是因我往昔
以水濟魚與食令飽為說甚深十二緣起并
此相應陁羅尼呪又為稱彼寶髻佛名因此
善根得生天上今來我所歡喜聽法我皆當
為授於阿耨多羅三藐三菩提記說其名号
善女天如我往昔於生死中輪迴諸有廣為利
益令无量衆生悉令次第成无上覺與其授
記汝等皆應勤求出離勿為放逸尒時大衆
聞說是已悉皆悟解由大慈悲救護一切勤
脩苦行方能證獲無上菩提咸發深心信受
歡喜

金光明最勝王經卷第九

丙午年十月廿三日三界寺[illegible]

BD03363 號　金光明最勝王經卷九

（2–2）

[illegible]
可得未来心不可
若有人滿三千大千
用布施是人以是因緣得福
是世尊此人以是因緣得福甚多
若福德有實如来不說得福德多以
无故如来說得福德多
須菩提於意云何佛可以具足色身見不不也
世尊如来不應以具足色身見何以故如来
說具足色身即非具足色身是名具足色身
須菩提於意云何如来可以具足諸相見
不不也世尊如来不應以具足諸相見何以故
如来說諸相具足即非具足是名諸相具足
須菩提汝勿謂如来作是念我當有所說法
莫作是念何以故若人言如来有所說法即
為謗佛不能解我所說故須菩提說法者无
法可說是名說法
須菩提白佛言世尊佛得阿耨多羅三藐三
[illegible]

BD03364 號　金剛般若波羅蜜經

（3–1）

莫作是念何以故若人言如来有所說法即
為謗佛不能解我所說故須菩提說法者无
法可說是名說法
須菩提白佛言世尊佛得阿耨多羅三藐三
菩提為无所得邪如是如是須菩提我於阿
耨多羅三藐三菩提乃至无有少法可得是
名阿耨多羅三藐三菩提復次須菩提是法
平等无有高下是名阿耨多羅三藐三菩提
以无我无人无衆生无壽者脩一切善法則得
阿耨多羅三藐三菩提須菩提所言善法
者如来說非善法是名善法
須菩提若三千大千世界中所有諸須弥山
王如是等七寶聚有人持用布施若人以此般
若波羅蜜經乃至四句偈等受持讀誦為
他人說於前福德百分不及一百千万億分乃
至筭數譬喻所不能及
須菩提於意云何汝等勿謂如来作是念我
當度衆生須菩提莫作是念何以故實无有
衆生如来度者若有衆生如来度者如来則
有我人衆生壽者須菩提如来說有我者則
非有我而凡夫之人以為有我須菩提凡夫
者如来說則非凡夫
須菩提於意云何可以卅二相觀如来不須
菩提言如是如是以卅二相觀如来佛言須
菩提若以卅二相觀如来者轉輪聖王則是

BD03364號　金剛般若波羅蜜經　（3–2）

有我人衆生壽者須菩提如来說有我者則
非有我而凡夫之人以為有我須菩提凡夫
者如来說則非凡夫
須菩提於意云何可以卅二相觀如来不須
菩提言如是如是以卅二相觀如来佛言須
菩提若以卅二相觀如来者轉輪聖王則是
如来須菩提白佛言世尊如我解佛所說義
不應以卅二相觀如来尒時世尊而說偈言
若以色見我　以音聲求我　是人行邪道　不能見如来
須菩提汝若作是念如来不以具足相故得
阿耨多羅三藐三菩提須菩提莫作是念如
来不以具足相故得阿耨多羅三藐三菩提
須菩提汝若作是念發阿耨多羅三藐三菩
提者說諸法斷滅莫作是念何以故發阿耨
多羅三藐三菩提者於法不說斷滅相須
菩提若菩薩以滿恒河沙等世界七寶布施若
復有人知一切法无我得成於忍此菩薩勝
前菩薩所得功德須菩提以諸菩薩不受福
德故須菩提白佛言世尊云何菩薩不受福
德須菩提菩薩所作福德不應貪著是故
說不受福德

BD03364號　金剛般若波羅蜜經　（3–3）

破壞天王當知
波羅蜜多善能將
信用譬如有人
王善　長者居士咸
亦復如是聲聞獨覺菩薩
為善將導如善將導國王大
咸共尊敬此諸菩薩亦復如是
龍藥□阿素洛等有學無學之所供養如
險曠野行人疲惓遇善將導能令安隱此諸
菩薩亦復如是以巧便力將導有情令於生
死安隱得出如諸貧人依富長者方出險難
一切外道及婆羅門於生死中依此菩薩乃
得出離如大長者無量資財為一切人之所
受用此諸菩薩亦復如是生死有情共所受
用如大長者欲過險難必假多伴飲食資粮
悉皆具足尒乃能度此諸菩薩亦復如是欲
出世間生死險難必以福慧攝諸有情方度
世間至一切智如人遠行多賫寶物為得利
故此諸菩薩亦復如是從生死海趣一切智
要廣脩集福慧珎財為速證得一切智故如
世間人求財無厭此諸菩薩亦復如是樂求
勝法曾無厭心如將導者四事勝他財富位
高使法言言此諸菩薩亦復如是富諸功德

BD03365號　大般若波羅蜜多經卷五六八

（14–1）

故此諸菩薩亦復如是從生死海趣一切智
要廣脩集福慧珎財為速證得一切智故如
世間人求財無厭此諸菩薩亦復如是樂求
勝法曾無厭心如將導者四事勝他財富位
高使能言信此諸菩薩亦復如是富諸功德
豪位尊高於法自在所言無異如人善導至
於大城此諸菩薩亦復如是將導有情至一
切智天王當知諸菩薩摩訶薩行深般若波
羅蜜多善知可得不可行路所謂邪正曲直
安危水有水無若有留難或出離道皆善通
達是諸菩薩知無倒路凡所示導不違衆根
為大乘人說無上道不說獨覺及聲聞道為
獨覺人說獨覺道不說菩薩及聲聞道為聲
聞人說聲聞道不說獨覺及菩薩道為著
我者說无我道為著法者說法空道著二邊者
為說中道為迷亂者說止觀道令不迷乱為
戲論者說真如道令不戲論著生死者說涅
槃道令出世間為迷塗者說正直道令遠邪
路天王是名諸菩薩摩訶薩行深般若波羅
蜜多知邪正路將導有情令得出離
第六分念住品第五
尒時最勝復從座起偏覆左肩右膝著地合
掌恭敬而白佛言諸菩薩摩訶薩行深般若
波羅蜜多能如是知路非路者心緣何住佛
告最勝天王當知諸菩薩摩訶薩行深般若
波羅蜜多心正無亂所以者何是諸菩薩善
脩身受心法念住凡所遊行城邑聚落聞說
利養心不貪染如佛世尊戒經中說善自憶

BD03365號　大般若波羅蜜多經卷五六八

（14–2）

波羅蜜多心正無亂所以者何是諸菩薩善
脩身受心法念住凡所遊行城邑聚落聞說
利養心不貪染如佛世尊契經中說善自憶
念離諸煩惱天王云何諸菩薩摩訶薩行深
般若波羅蜜多脩身念住謂此菩薩以如實
智遠離一切與身相應惡不善法觀察此身
從足至頂唯有種種不淨過失无我无樂无
常敗壞腥臊䑋穢筋脉連持如斯惡色誰當
喜見如是觀已身中貪欲執身我見皆不復
生由此便能順諸善法天王云何諸菩薩摩
訶薩行深般若波羅蜜多脩受念住謂此菩
薩作是思惟諸受皆苦有情顛倒妄起樂想
異生愚癡謂苦為樂聖者但說一切皆苦為
斷滅苦應脩精進亦當勸餘勤脩此法作是
觀已恒住受念不隨受行脩行斷受亦令他
學天王云何諸菩薩摩訶薩行深般若波羅
蜜多脩心念住謂此菩薩作是思惟此心無
常愚謂常住實苦謂樂無我謂我不淨謂淨
此心不住速疾轉易隨眼根本諸惡趣門煩
惱因緣壞滅善趣是不可信貪瞋癡主於一
切法心為前導若善知心悉解衆法種種世
法皆由心造心不自見種種過失若善若惡
皆由心起心性速轉如旋火轉飈忽不停如
風野馬如水暴起如火能燒作如是觀令念
不動令心隨已不隨心行若能伏心則伏衆
法天王云何諸菩薩摩訶薩行深般若波羅
蜜多脩法念住謂此菩薩能如實知世間所
有惡不善法謂貪瞋癡及餘煩惱於諸煩惱

BD03365號　大般若波羅蜜多經卷五六八　（14–3）

不動令心隨已不隨心行若能伏心則伏衆
法天王云何諸菩薩摩訶薩行深般若波羅
蜜多脩法念住謂此菩薩能如實知世間所
有惡不善法謂貪瞋癡及餘煩惱於諸煩惱
應脩對治謂脩貪欲瞋恚愚癡及餘煩惱對
治差別如實知已即迴起念不行彼法亦令
他離天王云何諸菩薩摩訶薩行深般若波
羅蜜多於境起念謂此菩薩若遇色聲香味
觸境便作是念云何於此不真實法而生貪
愛此乃異生愚癡所著即是不善如世尊說
愛即生著著即迷謬由此不知善法惡法以
是因緣墮於惡趣菩薩如是自不漏失不著
境界令他亦尒天王當知諸菩薩摩訶薩行
深般若波羅蜜多念阿練若謂此菩薩住是
思惟阿練若處是無諍人之所居止寂靜住
處天龍藥叉他心智者悉能知我心心所法
不應住此起邪思惟由此思惟即得捨離於
法正念勤脩行之天王當知諸菩薩摩訶薩
行深般若波羅蜜多作是思惟城邑聚落多
諸喧雜非出家人所可行處則不應往所謂
酤酒婬女王宮博弈歌儛如是等處皆遠離
之天王當知諸菩薩摩訶薩行深般若波羅
蜜多聞利養名起正憶念謂作是念為生彼
福應受此財不由貪愛受已祕惜養育妻子
不言我有如是財物而普周給一切貧窮如
是行者人所讚歎終不計著我及我所復作
是念人皆稱我惠施名聞世間無常須臾磨
滅云何智人無常無實不恒無主隨支而行

BD03365號　大般若波羅蜜多經卷五六八　（14–4）

不言我有如是財物而普周給一切貧窮如
是行者人所讚歎終不計着我及我所復作
是念人皆稱我惠施名聞世間無常須臾磨
滅云何智人無常無實不恒無主隨彼而行
執我我所天王當知諸菩薩摩訶薩行深般
若波羅蜜多念佛世尊所說禁戒謂作是念
三世諸佛皆學此戒成无上覺證大涅槃如
是知已精勤脩學天王當知諸菩薩摩訶薩
行深般若波羅蜜多為化有情及自脩習少
欲喜足著糞掃衣心常清潔信力堅固寧失
身命於戒不犯心離憍慢遊行城邑雖服弊
衣而不生耻遠離懈怠常脩精進所作未辯
終不中止於糞掃衣不見過患朽故弊壞終
無輕鄙但取其德夫離欲者乃服此衣如来
所讚息懻貪著亦不自讚我能服此於他不
服終無毀言如此行人諸天礼敬佛所讚歎
菩薩護持婆羅門等恭敬供養天王當知諸
菩薩摩訶薩行深般若波羅蜜多能脩如是
清淨妙行尒時最勝便白佛言高行菩薩行
深般若波羅蜜多何用着此糞掃衣耶佛言
天王諸大菩薩護世間故著糞掃衣所以者
何世間若見著此衣服滅惡生善天王於意
云何菩薩高行何如世尊最勝白言百千万
億乃至鄔波尼殺曇分亦不及一何以故佛
是法王具一切智无有一法不能照故天王
於意云何佛對一切天龍藥叉人非人等亦
現苦行及常讚歎杜多功德此何最所為勝
白言世尊為欲教化可度諸有情類及初發

BD03365號　大般若波羅蜜多經卷五六八　（14–5）

是法王具一切智无有一法不能照故天王
於意云何佛對一切天龍藥叉人非人等亦
現苦行及常讚歎杜多功德此何最所為勝
白言世尊為欲教化可度諸有情類及初發
心諸菩薩等未斷煩惱為說對治佛言如是
如是天王高行菩薩著糞掃衣亦復如是是
故菩薩行深般若波羅蜜多方便善巧饒益
有情天王當知諸菩薩摩訶薩行深般若波
羅蜜多為世間故但畜三衣何以故心喜足
故更不多求即是少欲不求乞故无所聚積
不聚積故則无亡失无亡失故則不憂苦無
憂苦故則離煩惱離煩惱故則无所著无所
著故則為漏盡天王當知諸菩薩摩訶薩行
深般若波羅蜜多為欲饒益諸有情故入諸
城邑持鉢乞食何以故是諸菩薩大悲熏心
觀諸有情多有窮苦欲令富樂受彼供養入
城邑時威儀齊整心無不乱善攝諸根徐步
而行前視六肘不顧左右如法乞食次第而
往不越貧家稱量取食終不長受於所得中
更開一分擬施貧乏供養福田何以故信施
難消為生福故天王當知諸菩薩摩訶薩行
深般若波羅蜜多但一坐食而不移動何以
故菩薩一坐妙菩提座魔来娆乱亦不移動
於出世定慧智法空實際真如如理聖道一
切種智皆不移動何以故一切智法一坐得
故是故菩薩行深般若波羅蜜多但一坐食
天王當知諸菩薩摩訶薩行深般若波羅蜜
多方便善巧為諸有情亦現乞食天王當知

BD03365號　大般若波羅蜜多經卷五六八　（14–6）

十種智皆不利重何以故一十智法一坐得
故是故菩薩行深般若波羅蜜多但一坐食
天王當知諸菩薩摩訶薩行深般若波羅蜜
多方便善巧為諸有情亦現乞食天王當知
諸菩薩摩訶薩行深般若波羅蜜多常勤脩
學阿練若行謂脩梵行於諸根中不起過失
樂多聞力堪脩正行離我怖畏不計著身常
行寂靜是諸菩薩於正法中常樂出家持三
輪戒善知法相如來所說為少壯老三種人
戒悉能了達不緣外境專念自心訶毀世法
讚歎出家調伏諸根不取惡境於阿練若居
無難處城邑乞食不遠不近有清泉水盥洗
便易豐花菓林無惡禽獸巖穴寂靜空閑罕
人如是勝處而為居止所曾聞法晝夜三時
勤加讚誦聲離高下心不緣外專念憶持婆
羅門等來至其處顧命令坐歡喜慰問觀其
根性為說正法令得歡喜信受脩行如是具
足方便善巧遠離我心以無我故於阿練若
不生怖畏離怖畏故樂行靜寂菩薩如是巧
方便力亦現脩行阿練若行天王當知諸菩
薩摩訶薩行深般若波羅蜜多善觀諸行作
是思惟一切飲食清淨香潔身火觸之即成
不淨爛壞穢處愚夫無智愛著此身及諸飲
食若依聖智如實觀察即生猒惡不起樂著
天王當知諸菩薩摩訶薩行深般若波羅蜜
多作是思惟多行瞋恚便起惡業我今當離
直心趣道真實思惟非從口說天王當知諸
菩薩摩訶薩行深般若波羅蜜多作如是念

BD03365號　大般若波羅蜜多經卷五六八　（14–7）

天王當知諸菩薩摩訶薩行深般若波羅蜜
多作是思惟多行瞋恚便起惡業我今當離
直心趣道真實思惟非從口說天王當知諸
菩薩摩訶薩行深般若波羅蜜多作如是念
若法有生即是因緣因緣之法又從緣起云
何智者於此虛妄因緣生法而作罪愆菩薩
身中有障善法即自除斷若不能斷他障善
法心便生捨不起無明云何名為障善之法
謂不恭敬佛法僧寶及清淨戒不敬同學老
少幼小自高陵彼趣向五欲背捨涅槃而起
我見或有情見乃至知者見見者見執空起
斷見執有起常見遠離賢聖親近愚夫捨持
戒人依破戒者親附惡友遠離善友聞甚深
法便生毀謗身惡威儀語無善說心具諂曲
煩惱所覆貪著利養五慢具生一姓貴慢二
種族慢三見勝慢四國土慢五徒眾慢見惡
便助遇善而捨讚美女人童稚外道不樂脩
習阿練若行不觸節食遠離師長雖復讀誦
不知時節見善不重見惡不怖如鳥無鉤馬
無轡勒放逸不制憙生瞋恚心無慈念見苦
不愍遇疾不瞻於死不怖處大火聚都不求
出應作不作非作反作不思而思應思不思
非望而求不出謂出非路謂路未得謂得樂
習重惡遠離大善毀呰大乘及大乘人讚歎
小道及學小者多樂鬪乱好麁惡言心无慈
悲念他怖畏出言麁鄙語无一實樂著戲論
而不能捨如是等事名障善法天王當知諸
菩薩摩訶薩行深般若波羅蜜多脩習空行
戒成命去任是思惟行觀竟眾皆悉空無我

BD03365號　大般若波羅蜜多經卷五六八　（14–8）

悲念他怖畏出言麁獷語无一實樂着鬪諍
而不能捨如是等事名障善法天王當知諸
菩薩摩訶薩行深般若波羅蜜多脩習空行
滅戲論法作是思惟所觀境界皆悉空无能
觀之心亦復非有无能所觀二種差別諸法
一相所謂无相如是思惟遠內外相不見身
心亦不見法次第相續脩學止觀觀謂如實
見法止謂一心不亂菩薩如是脩觀行已即
得淨戒戒清淨故行亦清淨是名菩薩行深
般若波羅蜜多觀行清淨天王當知諸菩薩
摩訶薩行深般若波羅蜜多護持如來無上
法藏聽受正法為護法故不為利養為三寶
種不斷絕故不為恭敬為欲守護大乘行故
不為名譽無歸依者令得歸依無救濟者令
得救濟無安樂者令得安樂無慧眼者令得
慧眼脩小乘者亦聲聞道學中乘者亦獨覺
道行大乘者亦无上道如是聽法為無上智
終不為得下劣之乘天王當知諸菩薩摩訶
薩行深般若波羅蜜多善知種種毗柰耶法
謂毗柰耶毗柰耶行毗柰耶甚深毗柰耶微
細淨與不淨有失无失別解脫本聲聞毗柰
耶菩薩毗柰耶是諸菩薩行深般若波羅蜜
多於如是等毗柰耶法皆悉善知天王當知
諸菩薩摩訶薩行深般若波羅蜜多善知一
切威儀戒行善學聲聞獨覺菩薩所受持戒
既脩戒行若見威儀不稱眾意則應捨離非
處不行若有沙門威儀戒行具足清白即親
近之若婆羅門異學餘行則勸捨離脩毗柰

BD03365號　大般若波羅蜜多經卷五六八　（14–9）

既脩戒行若見威儀不稱眾意則應捨離非
處不行若有沙門威儀戒行具足清白即親
近之若婆羅門異學餘行則勸捨離脩毗柰
耶脩習如是戒行成滿心无巧偽嫉妬便滅
自行布施亦勸他行讚歎布施令他脩學見
他布施心生隨喜不作是念施我非餘但應
思惟諸有情類多有貧乏飢寒困苦願彼得
財現世安樂聞正法故後世安樂我應今世
精勤脩道願與有情同得出離是名菩薩无
嫉妬心於諸有情皆得平等若行布施淨戒
安忍精進靜慮般若乃至一切相智普為有
情其心无二何以故所脩之法與有情共念
為境界令速得道於生死火自既得出亦願
有情同得出離天王譬如長者六子幼稚並
皆愛念无偏黨心長者在外其宅火起於意
云何尒時長者頗有是念於其六子先後救
不不也世尊何以故其父於子心平等故天
王當知菩薩亦尒愚夫貪着處在六趣生死
火宅不知出離是諸菩薩以平等心種種方
便誘化令出皆悉安置圓寂界中天王當知
諸菩薩摩訶薩行深般若波羅蜜多於法亦
等為護正法供養如來種種供具供養如來
如實脩行供養如來利益安樂一切有情守
護一切有情善法隨順有情善能化導行菩
薩道行不違言心无疲倦求无上覺若能如
是乃得名為供養諸佛不以資財而為供養
何以故法是佛身若供養法即供養佛諸佛
世尊皆從如實脩行而來悲為利益安樂有

BD03365號　大般若波羅蜜多經卷五六八　（14–10）

是乃得名為供養諸佛不以資財而為供養
何以故法是佛身若供養法即供養佛諸佛
世尊皆從如實脩行而來悲為利益安樂有
情讚其善法隨順有情若不尒者違本誓願
懶惰懈怠不能成就菩提之心何以故菩薩
所趣无上菩提與有情共若无有情去何能
得无上菩提天王當知諸菩薩摩訶薩行深
般若波羅蜜多脩行正法供養如來名真供
養如是供養拔除我慢遠離俗務剃落鬚髮
於其父母兄弟親戚不相顧預猶如已死形
狀衣服並異於常執持應器遊入城邑若至
親里栴荼羅家亦權我慢下意乞食謂作是
念我命屬他由彼施食我命存濟以是因緣
能除我慢復作是念我今應取師友等意令
生歡喜昔未聞法為得聞故若見他人瞋忿
鬪諍即應忍辱不意避之菩薩如是拔除我
慢天王當知諸菩薩摩訶薩行深般若波羅
蜜多生堅正信何以故多諸功德宿世所種
善根力彊善因具足正見成就不信外緣內
心清淨不依餘師心行調直遠離諂詐諸根
聰利具足般若波羅蜜多離諸蓋障其心清
淨遠離惡友親近善友尋求善言不生懈怠
聞所說法知佛功德尒時最勝便白佛言唯
願大慈哀愍為說如來功德大威神相佛告
最勝天王汝今諦聽善思吾當為汝說佛功
德威神少分最勝白言唯然願說我等樂聞
佛告天王如來具足无邊大慈遍照有情有

BD03365號　大般若波羅蜜多經卷五六八　（14－11）

願大慈哀愍為說如來功德大威神相佛告
最勝天王汝今諦聽善思吾當為汝說佛功
德威神少分最勝白言唯然願說我等樂聞
佛告天王如來具足无邊大慈遍照有情有
情界攝乃至十方盡虛空界亦皆遍照不可
測量如來大悲聲聞獨覺及諸菩薩皆所无
有何以故不共法故十方世界无一有情如
來大悲所不能照如來說法究竟无盡普為
十方諸有情類經无量劫種種因緣說諸法
要亦不可盡若有情界種種言詞一切句義
難問如來一彈指頃一一有情各為分別无
能壞者如來所得无礙靜慮境界甚深无測
量者假使一切世界有情皆得住於菩薩十
地多百千劫入勝等持不能測量如來定境
如來之身量无邊際何以故隨所樂見於一
念頃能現无邊異類身故如來天眼最勝清
淨一切世界一切有情色相差別外餘物類
種種不同如來皆見如觀掌中阿摩洛菓諸
人天眼所不能及如來天耳最勝清淨一切
有情音聲差別及餘物類所有音聲一念悉
聞解了其義如來復有淨他心智一切世界
一切有情一一思惟作業受果无邊差別佛
四威儀於一念頃皆悉了知何以故佛常在
定无散亂故天王當知佛无失念心不散亂
根无異緣何以故離煩惱習最為清淨寂靜
无垢有煩惱者失念散亂根有異緣如來世
尊无漏離垢得一切法自在平等常在等持
及至等故如來但住一種威儀從一等持乃

BD03365號　大般若波羅蜜多經卷五六八　（14－12）

无垢有煩惱者失念散亂根有異緣如來世
尊无漏離垢得一切法自在平等常在等持
及至等故如來但住一種威儀趣一等持乃
至圓寂諸人天等尚不能知況復如來經无
量劫脩習无量无邊等持而有人天能了知
者何以故如來功德不可度量不可思議不
可觀故尒時眾勝便白佛言我聞如來三无
數劫脩行成佛云何今說无量劫脩佛言天
王其義不尒何以故菩薩所趣无上菩提无
量功力乃得成辦非不經於尒許劫數而能
證入法平等理脩至究竟乃稱成佛於是最
勝白言世尊善哉善快說法要善能勸發
一切有情種植善根遠離業障欣樂佛果脩
菩薩行若有情類得聞如來功德威神心生
歡喜信受讚歎當知不久成佛功德威神法
器況復有能受持讀誦書寫供養為他解說
彼所獲福不可思議佛言天王如是如是彼有
情類如來讚持已種善根經多劫數若於
過去供養多佛乃得聞佛功德威神天王當
知若善男子善女人等心无疑惑於七日中
滌洛清淨著新淨衣花香供養一心击念如
前所說如來功德及大威神尒時如來慈悲
護念現身令見使願滿足若有聞少花香等
事但一心念功德威神將命終時必得見佛
尒時眾勝復白佛言煩有有情聞說如是如
來功德及大威神不起信心而毀謗不佛言
亦有謂有有情聞說如是如來功德威神法
門起不善心瞋忿毀謗於說法師生惡友想

BD03365 號　大般若波羅蜜多經卷五六八　（14–13）

護念現身令見使願滿足若有聞少花香等
事但一心念功德威神將命終時必得見佛
尒時眾勝復白佛言煩有有情聞說如是如
來功德及大威神不起信心而毀謗不佛言
亦有謂有有情聞說如是如來功德威神法
門起不善心瞋忿毀謗於說法師生惡友想
彼後捨命必墮地獄多劫受苦若諸有情聞
說如是如來功德及大威神歡喜信受讚歎
憶念於說法師生善友想彼後捨命定昇人
天展轉勝進乃至成佛尒時世尊出廣長舌
相自覆面輪次覆頭頂次覆遍身次覆師子
座次覆菩薩眾次覆聲聞眾然後乃覆釋梵
護世人非人等一切大眾還攝舌相普告大眾
言如來世尊有是舌相豈當妄語汝等大眾
於我所說皆應信受長夜獲安說是法時眾
中八万四千菩薩得无生忍无量有情遠塵
離垢生淨法眼無數有情皆發無上正等覺
心

大般若波羅蜜多經卷第五百六十八

比丘金光明寺恒寂勘定

BD03365 號　大般若波羅蜜多經卷五六八　（14–14）

佛說延壽經
尒時世尊在娑羅雙樹間臨欲涅槃時有四
衆比丘比丘尼優婆塞優婆夷等皆來集會
有一菩薩名曰延壽胡跪合掌前白佛言
世尊我等四衆皆來集會奉請如來莫入
涅槃唯願如來哀愍我等勸請令住一劫莫
入涅槃
尒時世尊告延壽菩薩汝當諦聽諦聽吾
當為汝分別解說吾從成佛以來經今四十
九年教化衆生上至飛鳥下至螻蟻蠢動含
識有形无形四足二足多足无足胎卵濕化
如是等衆生盡令遇善知識而發正覺與
我无異吾今欲入涅槃本為彼句所請彼句
告我言瞿曇三界衆生盡受生死瞿曇
今日若住一劫建我本願

BD03366 號　延壽命經（大本）　　（4–1）

當為汝分別解說吾從成佛以來經今四十
九年教化衆生上至飛鳥下至螻蟻蠢動含
識有形无形四足二足多足无足胎卵濕化
如是等衆生盡令遇善知識而發正覺與
我无異吾今欲入涅槃本為彼句所請彼句
告我言瞿曇三界衆生盡受生死瞿曇
今日若住一劫建我本願
尒時我受彼句所請而入涅槃 我為彼句豈
是諸佛延壽菩薩白佛言世尊彼句外道
生毒害心請佛涅槃擬為三界之主一切衆生
盡入魔網无有休息從生死至生死從煩惱
至煩惱常與摩為眷屬不遇正法又死入地
獄千劫万劫常无光明刀輪鑊湯銅柱鐵狗
牛頭獄卒手如鋒刃利如霜雪終朝竟日
共相撓擾恐怖无療无處藏隱不觸父母三寶
名字一日之中千生万死從地獄出復受種種
諸惡畜生或作騎驢身或生驢中身常負重
常困飢渴若生人中貧窮下賤被人所使衣
不蓋形食不充口或有富貴而无男女或有
貧窮而多子息或有衆生惡病著床痿黃
困篤連年累月形消肉盡患瘡膿血遍體常
流人所惡賤或受盲聾瘖瘂或百歲而不
死受大極羸或三十富貴而忽早亡如是橫
羅其殃並入魔網唯願如來令住一劫莫受
莫受彼句所請
佛告延壽菩薩善男子我滅度後若有衆生
受如是種種惡報但寫延壽經一卷兩卷乃至
百卷譬如一人有力不如十人之力十人之力不
如百人之力若人書寫延壽經者所得功德
亦復如是但寫延壽經最轉與人受持讀誦

BD03366 號　延壽命經（大本）　　（4–2）

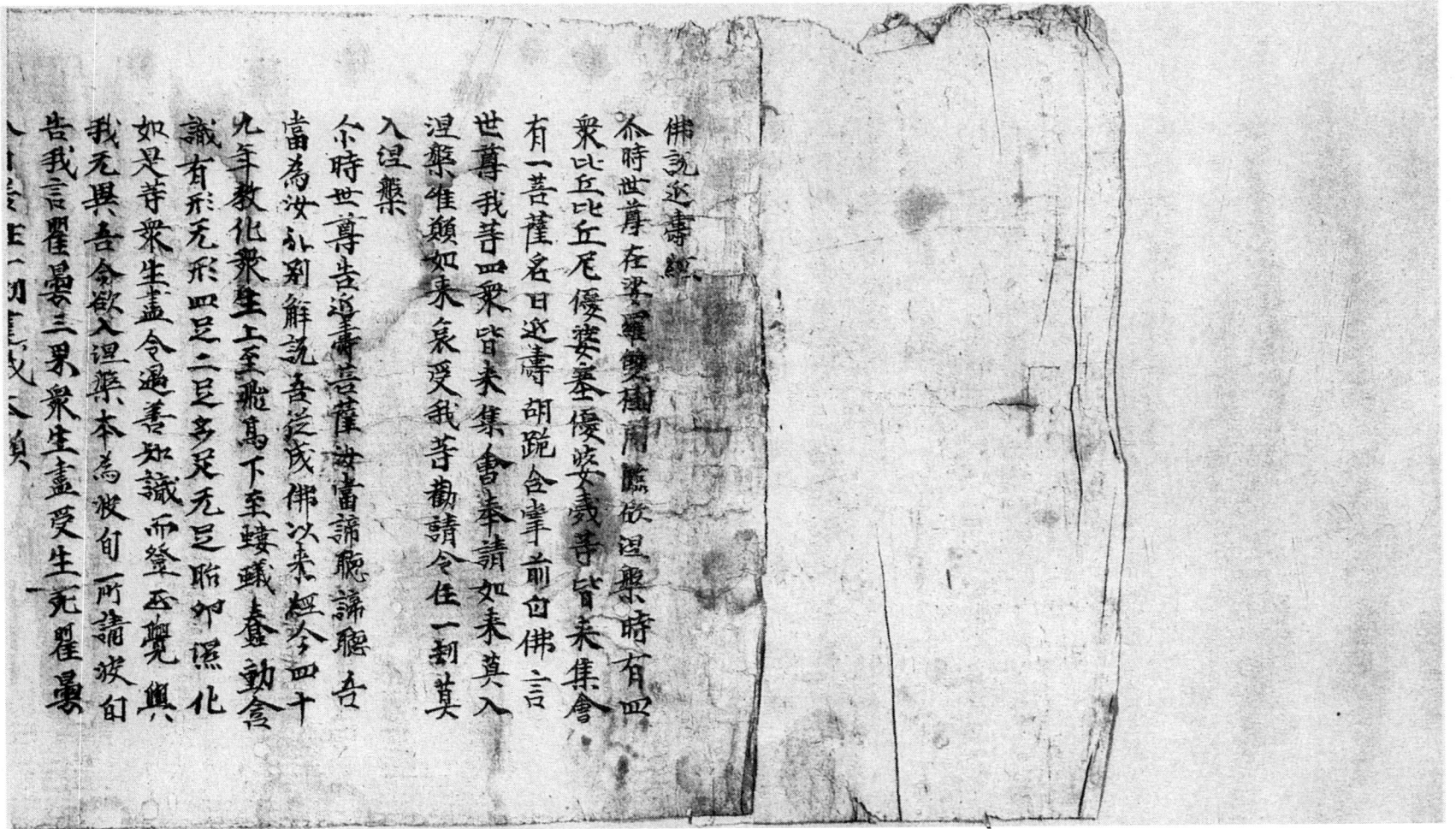

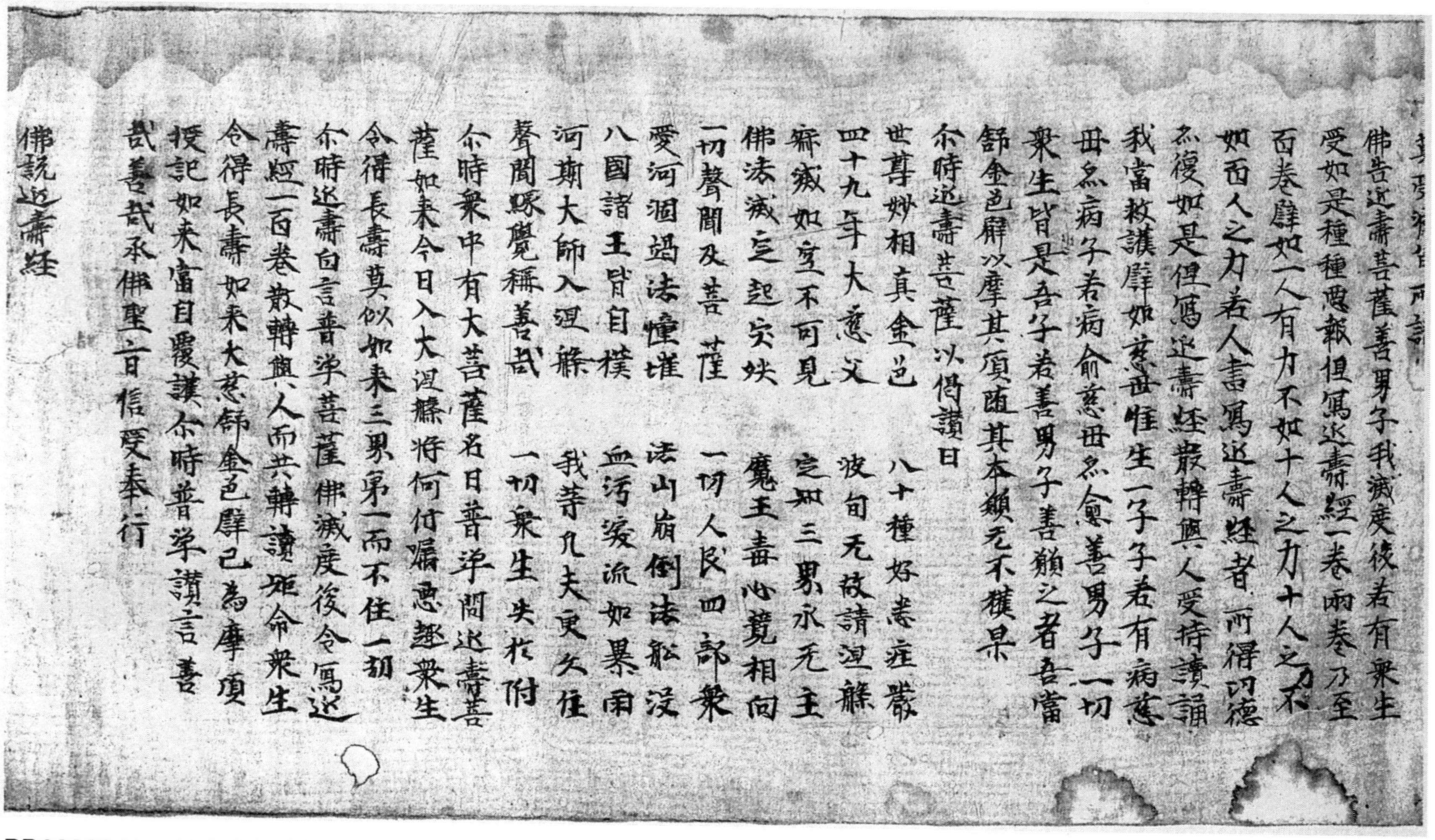

佛告延壽菩薩善男子我滅度後若有衆生
受如是種種惡報但寫延壽經一卷兩卷乃至
百卷譬如一人有力不如十人之力十人之力不
如百人之力若人書寫延壽經者所得功德
亦復如是但寫延壽經展轉與人受持讀誦
我當救護譬如慈母惟生一子子若有病慈
母亦病子若病愈慈母亦愈善男子一切
衆生皆是吾子若善男子善願之者吾當
歸金色身以摩其頂隨其本願无不獲果
尒時延壽菩薩以偈讚曰
世尊妙相真金色　八十種好悉莊嚴
四十九年大慈父　波旬无敢請涅槃
寂滅如空不可見　定知三界永无主
佛法滅亡起災殃　魔王毒心競相向
一切聲聞及菩薩　一切人民四部衆
愛河涸竭法幢摧　法山崩倒法船沒
八國諸王皆自撲　血污溪流如暴雨
河斯大師入涅槃　我等凡夫更久住
聲聞緣覺稱善哉　一切衆生失於附
尒時衆中有大菩薩名曰普淨問延壽菩
薩如來今日入大涅槃將何付囑惡趣衆生
令得長壽莫似如來三界第一而不住一劫
尒時延壽白言普淨菩薩佛滅度後令寫延
壽經一百卷展轉與人而共轉讀延命衆生
令得長壽如來大慈師金色身已為摩頂
授記如來當自覆護尒時普淨讚言善
哉善哉承佛聖旨信受奉行
佛說延壽經

BD03366號　延壽命經（大本）　（4–3）

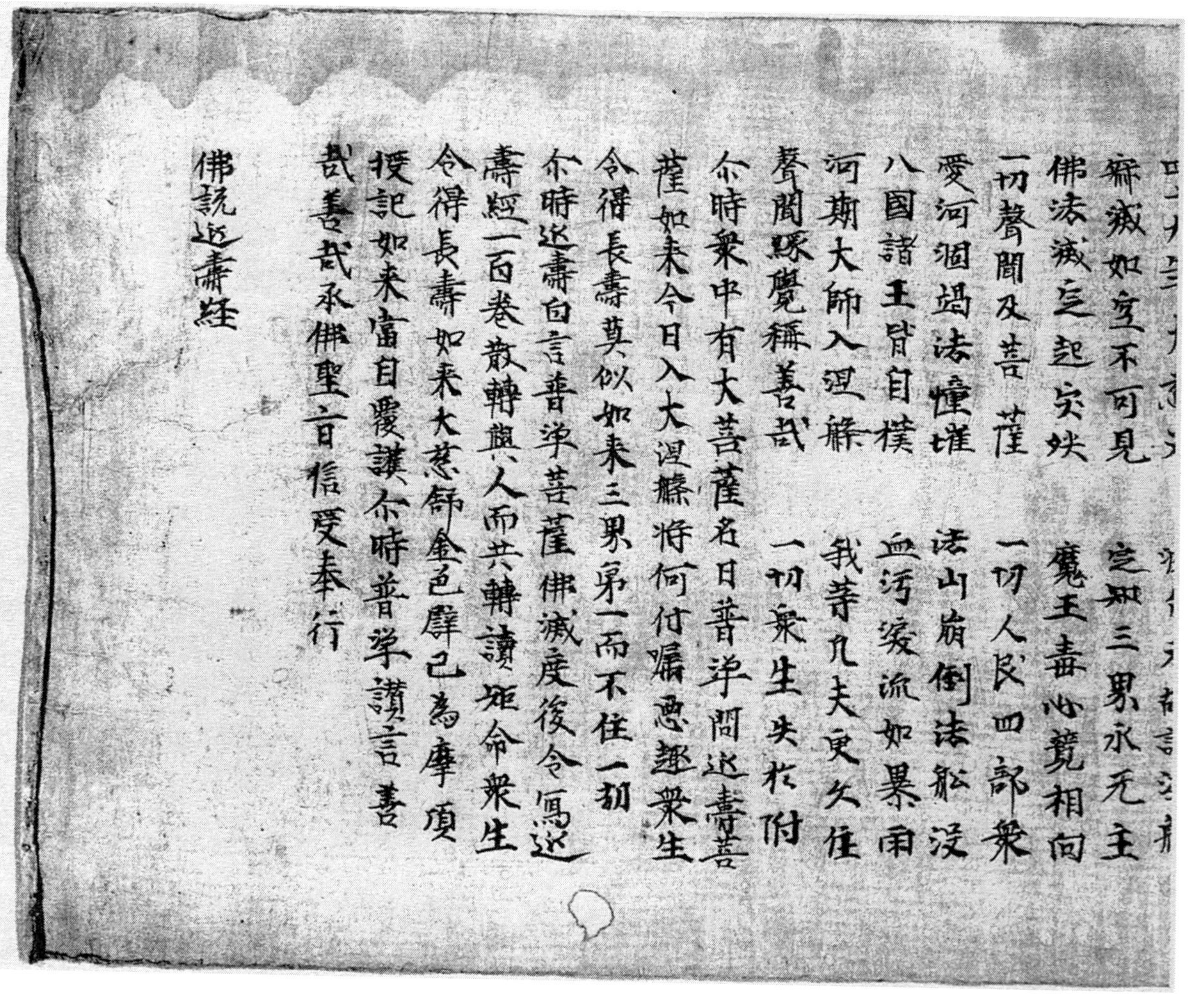

寂滅如空不可見　定知三界永无主
佛法滅亡起災殃　魔王毒心競相向
一切聲聞及菩薩　一切人民四部衆
愛河涸竭法幢摧　法山崩倒法船沒
八國諸王皆自撲　血污溪流如暴雨
河斯大師入涅槃　我等凡夫更久住
聲聞緣覺稱善哉　一切衆生失於附
尒時衆中有大菩薩名曰普淨問延壽菩
薩如來今日入大涅槃將何付囑惡趣衆生
令得長壽莫似如來三界第一而不住一劫
尒時延壽白言普淨菩薩佛滅度後令寫延
壽經一百卷展轉與人而共轉讀延命衆生
令得長壽如來大慈師金色身已為摩頂
授記如來當自覆護尒時普淨讚言善
哉善哉承佛聖旨信受奉行
佛說延壽經

BD03366號　延壽命經（大本）　（4–4）

無量百千衆生病苦深重難療治者即共往
諸長者子所重請醫療時長者子即以妙藥
令服皆蒙除差善女天是長者子於此國內
百千万億衆生病苦悉得除差
金光明最勝王經長者子流水品第廿五
尒時佛告菩提樹神善女天尒時長者子流
水於往昔時在天自在光王國內療諸衆生
所有病苦令得平復受安隱樂時諸衆生以
病除故多修福業廣行惠施以自歡娯即共
往詣長者子所咸生尊敬作如是言善哉善
哉大長者子善能滋長福德之事增益我等
安隱壽命仁今實是大力醫王慈悲菩薩妙
閑醫藥善療衆生無量病苦如是稱歎周遍
城邑善女天時長者子妻名水肩藏有其二
子一名水滿二名水藏是時流水將其二子漸
次遊行城邑聚落過空澤中深險之處見諸
禽獸犲狼狐玃鵰鷲之屬食血肉者皆悉
奔飛一向而去時長者子作如是念此諸禽

BD03367號　金光明最勝王經卷九　（7–1）

子一名水滿二名水藏是時流水將其二子漸
次遊行城邑聚落過空澤中深險之處見諸
禽獸犲狼狐玃鵰鷲之屬食血肉者皆悉
奔飛一向而去時長者子作如是念此諸禽
獸何因緣故一向飛走我當隨後暫往觀之
即便隨去見有大池名曰野生其水將盡於此
池中多有衆魚流水見已生大悲心時有
樹神示現半身作如是語善哉善男子
汝有實義名流水者可愍此魚應與其水有
二因緣名爲流水一能流水二能與水汝今應
當隨名而作是時流水問樹神言此魚頭數
爲有幾何樹神答曰數滿十千善女天時長
者子聞是數已倍益悲心時此大池爲日所
暴餘水无幾是十千魚將入死門旋身婉
轉見是長者心有所希隨逐瞻視目未曾捨時
長者子見是事已馳趣四方欲覓於水竟不
能得復望一邊見有大樹即便昇上折取枝
葉爲作蔭涼復更推求是池中水從何處
來尋覓不已見一大河名曰水生時此河邊
有諸漁人爲取魚故於河上流懸險之處
决棄其水不令下過於所决處卒難修補便作
是念此崖深峻設百千人時經三月亦未能
斷況我一身而堪濟辦時長者子速還本城
至大王所頭面礼足却住一面合掌恭敬作如
是言我爲大王國土人民治種種病悉令安
隱漸次遊行至其空澤見有一池名曰野生

BD03367號　金光明最勝王經卷九　（7–2）

至大王所頭面礼足却住一面合掌恭敬作如
是言我為大王國土人民治種種病悉令安
隱漸次遊行至其空澤見有一池名曰野生
其水欲涸有十千魚為日所暴將死不久唯願
大王慈悲愍念與二十大象暫往負水濟
彼魚命如我與諸病人壽命尒時大王即勅
大臣速疾與此醫王大象時彼大臣奉王勅
已白長者子善哉大士仁今自可至象廄中
隨意選取二十大象利益眾生令得安樂是
時流水及其二子將二十大象又從酒家多
借皮囊往決水處以囊盛水象負至池寫
置池中水即弥滿還復如故善女天時長者子
於池四邊周旋而視時彼眾魚亦復隨逐循
岸而行時長者子復作是念眾魚何故隨我
而行必為飢火之所惱逼復欲從我求索於
食我今當與尒時長者子流水告其子言
汝取一象最大力者速至家中啟父長者家
中所有可食之物乃至父母食噉之分及以
妻子奴婢之分悉皆收取即可持來尒時二
子受父教已乘最大象速往家中至祖父所
說如上事收取家中可食之物置於象上疾
還父所至彼池邊是時流水見其子來身心
喜躍遂取餅食遍散池中魚得食已悉皆
飽足便作是念我今施食令魚得命願於來
世當施法食充濟無邊復更思惟我先曾於
空閑林處見一苾芻讀大乘經說十二緣生

BD03367號　金光明最勝王經卷九　（7–3）

喜躍遂取餅食遍散池中魚得食已悉皆
飽足便作是念我今施食令魚得命願於來
世當施法食充濟無邊復更思惟我先曾於
空閑林處見一苾芻讀大乘經說十二緣生
甚深法要又經中說若有眾生臨命終時得
聞寶髻如來名者即生天上我今當為是十
千魚演說甚深十二緣起亦當稱說寶髻佛
名然贍部洲有二種人一者深信大乘二者不
信毀呰亦當為彼增長信心時長者子作
如是念我入池中可為眾魚說深妙法作是
念已即便入水唱言南謨過去寶髻如來應
正遍知明行足善逝世間解無上士調御丈
夫天人師佛世尊此佛往昔修菩薩行時作
是誓願於十方界所有眾生臨命終時聞我
名者命終之後得生三十三天尒時流水復
為池魚演說如是甚深妙法此有故彼有此
生故彼生所謂無明緣行行緣識識緣名色
名色緣六處六處緣觸觸緣受受緣愛愛緣
取取緣有有緣生生緣老死憂悲苦惱此滅
故彼滅所謂無明滅則行滅行滅則識滅識
滅則名色滅名色滅則六處滅六處滅則觸滅
觸滅則受滅受滅則愛滅愛滅則取滅取
滅則有滅有滅則生滅生滅則老死滅老死
滅則憂悲苦惱滅如是純極苦蘊悉皆除滅
說是法已復為宣說十二緣起相應陀羅尼
曰
[illegible]

BD03367號　金光明最勝王經卷九　（7–4）

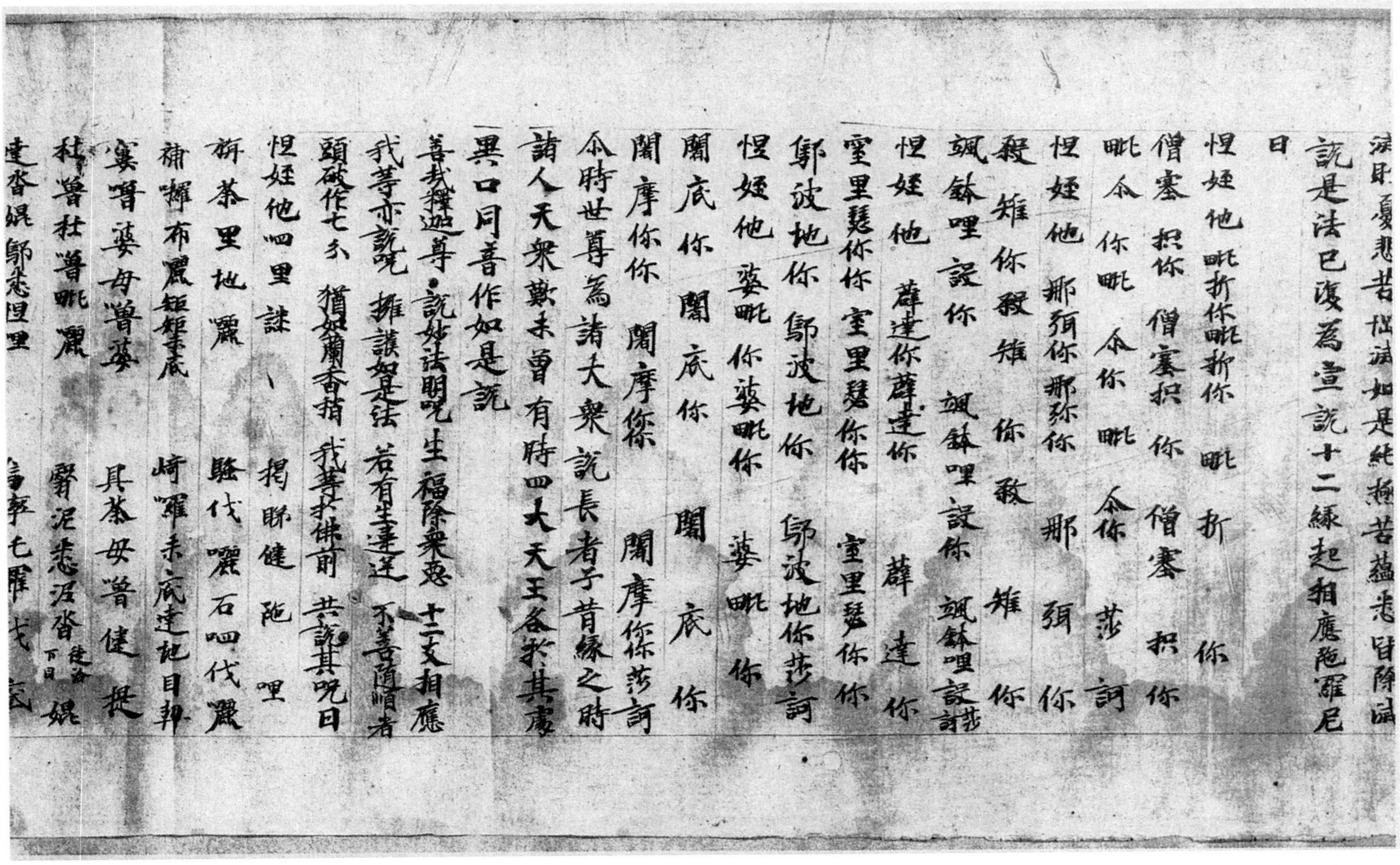

滅死憂悲苦惱滅如是純極苦蘊悉皆除滅
說是法已復為宣說十二緣起相應陀羅尼
曰
怛姪他 毗折你毗折你 毗折你
僧塞枳你 僧塞枳你 僧塞枳你
毗尒你毗尒你 毗尒你 莎訶
怛姪他 娜頞你娜弥你 娜頞你
㲉雉你㲉雉你 㲉雉你
颯缽哩設你 颯缽哩設你 颯缽哩設你莎訶
怛姪他 薜達你薜達你 薜達你
窒里瑟你你 窒里瑟你你 窒里瑟你你
鄔波地你 鄔波地你 鄔波地你莎訶
怛姪他 婆毗你婆毗你 婆毗你
闍底你 闍底你 闍底你
闍摩你你 闍摩你你 闍摩你你莎訶
尒時世尊為諸大眾說長者子昔緣之時
諸人天眾歎未曾有時四大天王各於其處
異口同音作如是說
善哉釋迦尊 說妙法明呪 生福除衆惡 十二支相應
我等亦說呪 擁護如是法 若有生違逆 不善隨順者
頭破作七分 猶如蘭香梢 我等於佛前 共說其呪曰
怛姪他呬里 謎 揭聯健 陀 哩
祈荼里地囇 驟伐囉石呬伐囉
補囉布囇鉅鉅末底 崎囉末底達地目邦
窶䁯婆母䁯婆 具荼母䁯健提
杜䁯杜䁯毗囇 臀泥悉泯沓 徒洽下同 娓
達沓娓鄔悉怛里 烏率乇羅弋底

BD03367號　金光明最勝王經卷九　（7–5）

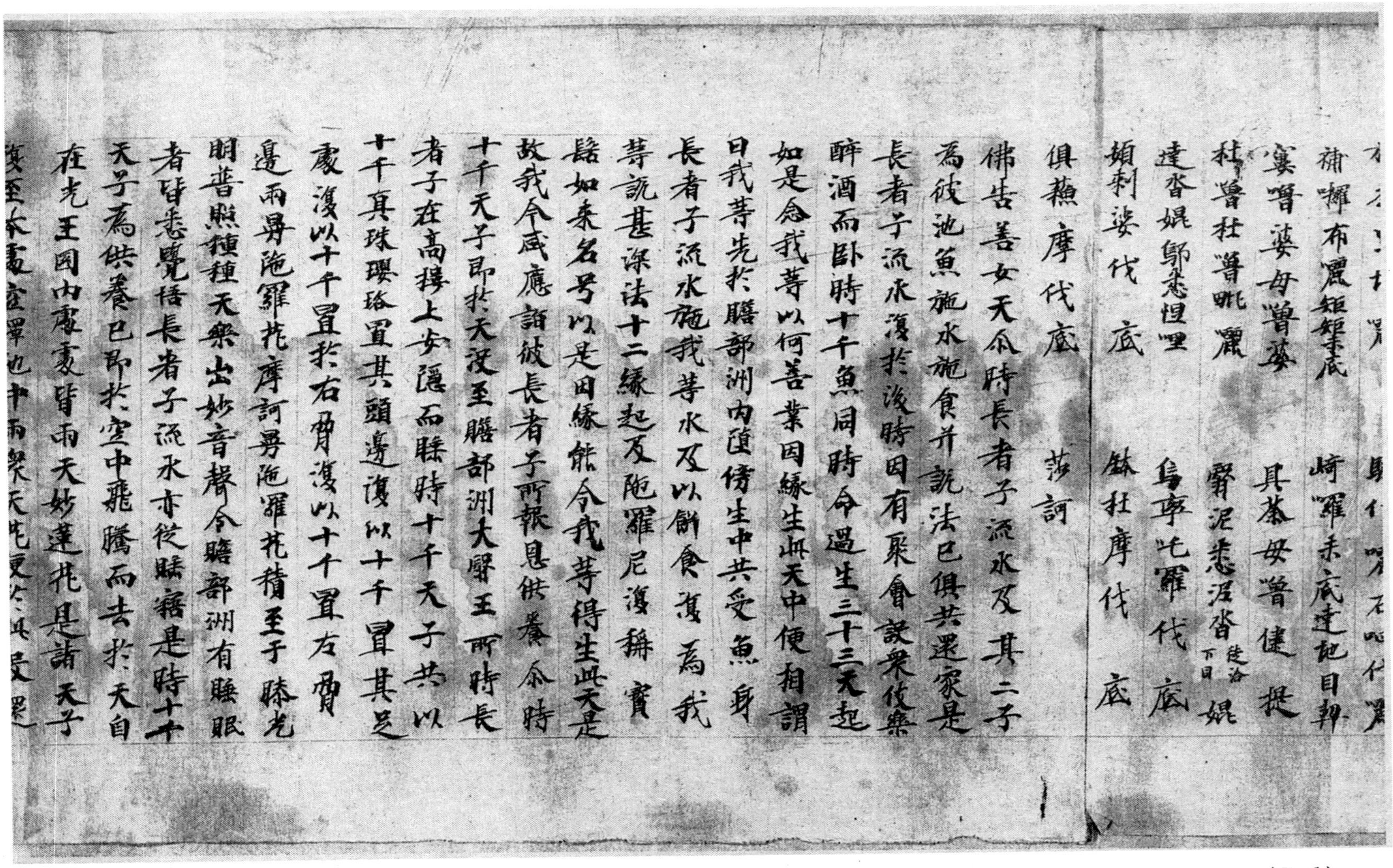

……驟伐……呬伐囉
補囉布囇鉅鉅末底 崎囉末底達地目邦
窶䁯婆母䁯婆 具荼母䁯健提
杜䁯杜䁯毗囇 臀泥悉泯沓 徒洽下同 娓
達沓娓鄔悉怛里 烏率乇羅伐底
頞剌婆伐底 鉢杜摩伐底
俱蘇摩伐底 莎訶
佛告善女天尒時長者子流水及其二子
為彼池魚施水施食并說法已俱共還家是
長者子流水復於後時因有聚會設衆伎樂
醉酒而臥時十千魚同時命過生三十三天起
如是念我等以何善業因緣生此天中便相謂
曰我等先於贍部洲內墮傍生中共受魚身
長者子流水施我等水及以飲食復為我
等說甚深法十二緣起及陀羅尼復稱寶
髻如來名號以是因緣能令我等得生此天是
故我今咸應詣彼長者子所報恩供養尒時
十千天子即於天沒至贍部洲大醫王所時長
者子在高樓上安隱而睡時十千天子共以
十千真珠瓔珞置其頭邊復以十千置其足
處復以十千置於右脅復以十千置左脅
邊雨曼陀羅花摩訶曼陀羅花積至于膝光
明普照種種天樂出妙音聲令贍部洲有睡眠
者皆悉覺悟長者子流水亦從睡寤是時十千
天子為供養已即於空中飛騰而去於天自
在光王國內處處皆雨天妙蓮花是諸天子
復至本處空澤池中雨衆天花便於此沒還

BD03367號　金光明最勝王經卷九　（7–6）

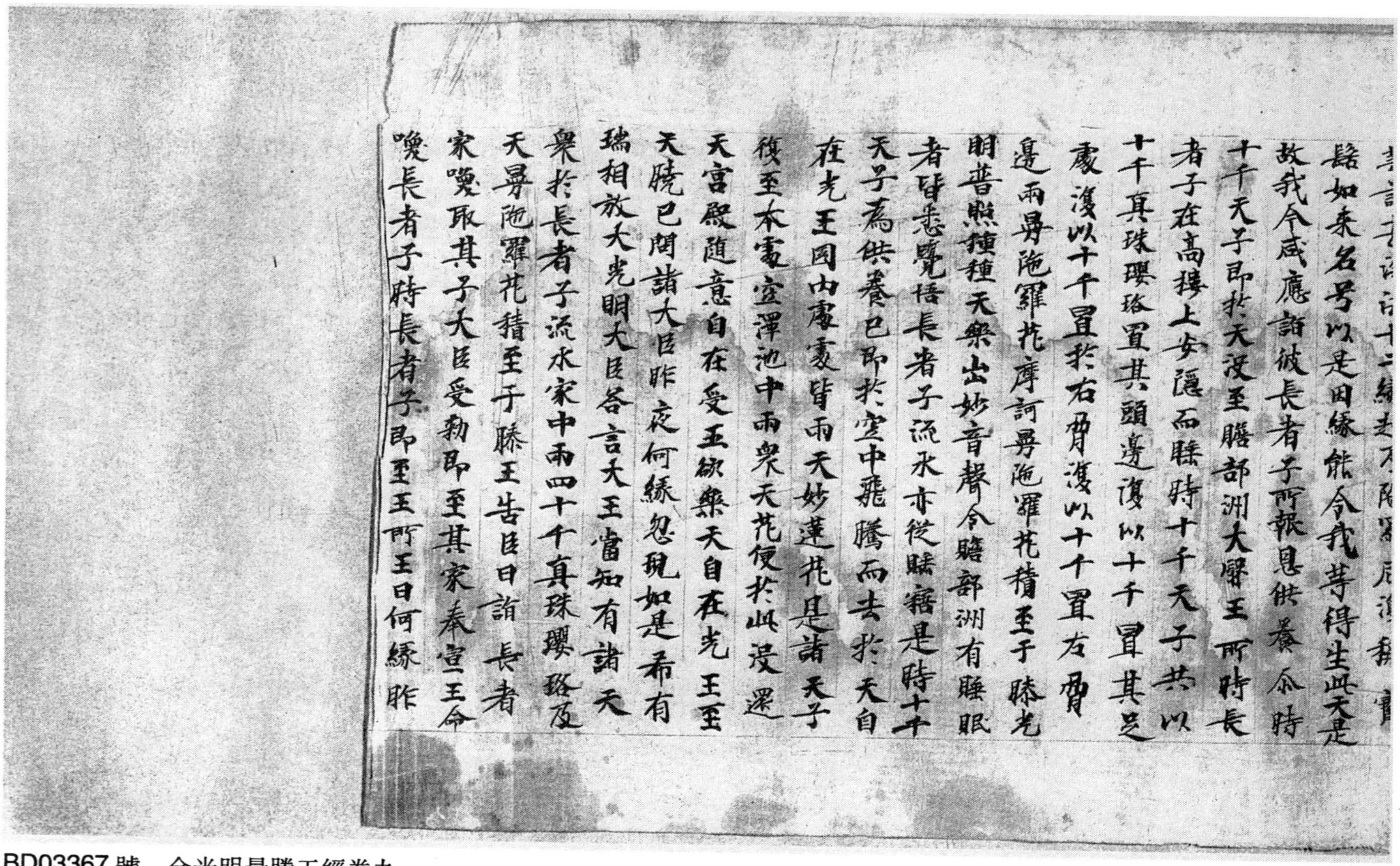

聞如來名號以是因緣能令我等得生此天是
故我今咸應詣彼長者子所報恩供養尒時
十千天子即於天沒至贍部洲大醫王所時長
者子在高樓上安隱而睡時十千天子共以
十千真珠瓔珞置其頭邊復以十千置其足
處復以十千置於右脅復以十千置左脅
邊雨曼陁羅花摩訶曼陁羅花積至于膝光
明普照種種天樂出妙音聲令贍部洲有睡眠
者皆悉覺悟長者子流水亦從睡寤是時十千
天子為供養已即於空中飛騰而去於天自
在光王國内處處皆雨天妙蓮花是諸天子
復至本處空澤池中雨衆天花便於此沒還
天宮殿隨意自在受五欲樂天自在光王至
天曉已問諸大臣昨夜何緣忽現如是希有
瑞相放大光明大臣答言大王當知有諸天
衆於長者子流水家中雨四十千真珠瓔珞及
天曼陁羅花積至于膝王告臣曰詣長者
家喚取其子大臣受勑即至其家奉宣王命
喚長者子時長者子即至王所王曰何緣昨

BD03367 號　金光明最勝王經卷九

（7–7）

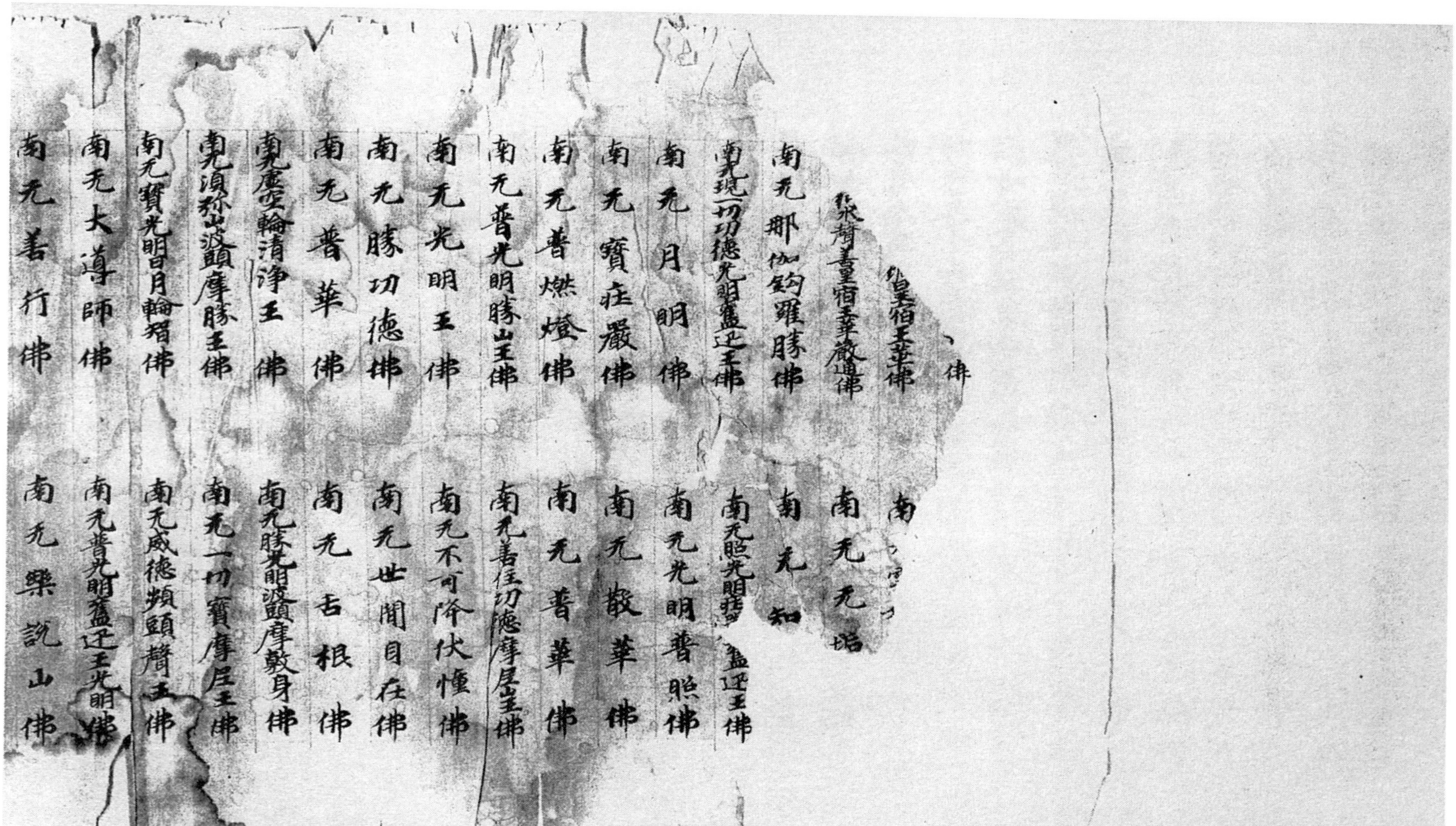

……佛
……宿王華佛　南……
……王宿王華嚴通佛　南无无垢……
南无那伽鈎羅勝佛　南无知……
南无現一切功德光明莊嚴王佛　南无照光明莊嚴王佛
南无月明佛　南无光明普照佛
南无寶莊嚴佛　南无散華佛
南无普燃燈佛　南无普華佛
南无普光明勝山王佛　南无善住功德摩尼山王佛
南无光明王佛　南无不可降伏幢佛
南无勝功德佛　南无世間自在佛
南无普華佛　南无舌根佛
南无虛空輪清淨王佛　南无勝光明波頭摩敷身佛
南无須弥山波頭摩勝王佛　南无一切寶摩尼王佛
南无寶光明月輪稍佛　南无威德頻頭賛王佛
南无大導師佛　南无普光明蓋莊王光明佛
南无善行佛　南无樂說山佛

BD03368 號　佛名經（十二卷本）卷一二

（18–1）

南无普燄燈佛　南无普華佛
南无普光明勝山王佛　南无善住功德摩尼王佛
南无光明王佛　南无不可降伏幢佛
南无勝功德佛　南无世間自在佛
南无普華佛　南无舌根佛
南无虛空輪清淨王佛　南无勝光明踰摩敷身佛
南无須弥山波踰摩勝王佛　南无一切寶摩尼王佛
南无寶光明日月輪智佛　南无威德頻頭智王佛
南无大導師佛　南无普光明蓋迮王光明佛
南无善行佛　南无樂說山佛
南无住佛　南无師子遍鳥蓋迮佛
南无功德王光明佛　南无功德幢佛
南无功德作佛　南无毘天佛
南无寶幢佛　南无金剛合佛
南无一切勝佛　南无安隱色佛
南无妙行佛　南无波羅婆伽羅佛
南无弗波難兜佛　南无妙色佛
南无脩慮遮那佛　南无梨師掘多佛
南无頌破煩惱佛　南无妙佛
南无敷華佛　南无弗加羅佛
南无善光佛　南无吉佛
南无師子威德佛　南无住智德佛
南无婆那多香佛　南无寶法廣稱佛
南无帝沙佛　南无世間喜佛
南无廣光明佛　南无寶稱佛

BD03368號　佛名經（十二卷本）卷一二　（18–2）

南无師子威德佛　南无住智德佛
南无婆那多香佛　南无寶法廣稱佛
南无帝沙佛　南无世間喜佛
南无廣光明佛　南无寶稱佛
南无寶威德佛　南无梵威德佛
南无善智佛　南无善華佛
南无真智佛　南无善行色佛
南无傲咲眼佛　南无功德山佛
南无雲智佛　南无妙色佛
南无命威德佛　南无勝步行佛
南无世間求佛　南无降伏怨佛
南无供養佛　南无喜莊嚴佛
南无含尸難兜佛　南无若功德佛
南无大威德佛　南无普寶蓋佛
南无那羅延佛　南无成就行佛
南无離憂佛　南无无垢喜佛
南无无垢光明佛　南无摩醯因佛
南无无垢雲王佛　南无无垢髀佛
南无義成就佛　南无勝護佛
南无梵功德天王佛　南无虛空步佛
南无妙智佛　南无法寶佛
南无不空見佛　南无難降伏光佛
南无月光佛　南无月佛
南无普光明佛　南无寶勝佛

BD03368號　佛名經（十二卷本）卷一二　（18–3）

南无不空見佛
南无難降伏光佛
南无月光佛
南无月佛
南无普光明佛
南无寶勝佛
南无普觀佛
南无不可數見佛
南无无邊佛
南无清淨光明寶佛
南无善淨无垢成就无邊功德勝王佛
南无寶勝无垢王劫佛
南无第一燃燈佛
南无功德寶勝佛
南无无垢光明佛
南无樂說莊嚴佛
南无无垢月雞兜佛
南无鈎積摩莊嚴佛
南无火步佛
南无寶上佛
南无无畏觀佛
南无師子奮迅佛
南无離怖畏佛
南无不怯弱離驚怖佛
南无金王威德佛
南无梵勝天王佛
南无善月佛
南无光明王佛
南无雞兜幡佛
南无閻浮光明佛
南无多摩羅跋旃檀香佛
南无不動佛
南无彌留山佛
南无師子奮佛
南无師子幢佛
南无住虛空佛
南无常入涅槃佛
南无因陁羅幢佛
南无甘露佛
南无降伏一切世間恐佛
南无得度佛
南无彌留劫佛
南无多摩羅跋旃檀香佛
南无雲自在王佛
南无能破一切世間驚怖畏佛
南无普光明佛
南无法光明佛
南无海住持奮迅通佛
南无法虛空勝王佛

BD03368號　佛名經（十二卷本）卷一二

（18–4）

南无雲自在王佛
南无能破一切世間驚怖畏佛
南无普光明佛
南无法光明佛
南无海住持奮迅通佛
南无法虛空勝王佛
南无七寶波頭摩步佛
南无寶雞兜佛
南无一切眾生愛見佛
南无滿足百千光明幢佛
南无娑羅自在王佛
南无法莊嚴王佛
南无普寶蓋佛
南无星宿佛
南无普光明奮迅王佛
南无法莊嚴佛
南无山燈佛
南无堅精進佛
南无法照光佛
南无住清淨眼佛
南无善住淨境界佛
南无月山佛
南无畢竟莊嚴无邊功德佛
南无離諸煩惱佛
南无不空見佛
南无成就无垢无邊清淨功德勝王佛
南无智上光明佛
南无寶勝功德莊嚴自在王佛
南无清淨光佛
南无敷華娑羅自在王佛
南无大華敷王佛
南无月輪清淨佛
南无寂靜月聲王佛
南无无邊堅精進住勝佛
南无波頭摩勝佛
南无法雞兜佛
南无燃燈佛
南无功德雞兜佛
南无功德成佛
南无旺天佛
南无寶山佛
南无金剛合佛
南无一切勝佛
南无普香佛
南无善華佛
南无善勝佛
南无功德山佛
南无勝成就佛
南无拘鄰佛
南无善眼佛

BD03368號　佛名經（十二卷本）卷一二

（18–5）

南无一切勝佛　南无普香佛
南无善華佛　南无善勝佛
南无力德山佛　南无勝成就佛
南无拘隣佛　南无善眼佛
南无頭陁羅吒佛　南无善生佛
南无梵勝佛　南无寂靜佛
南无梵德佛　南无因陁羅幢佛
南无月色佛　南无无垢色佛
南无无染佛　南无勝龍佛
南无龍天佛　南无金光明佛
南无勝聲因陁羅王佛　南无善須弥山佛
南无善色藏佛　南无火光佛
南无威德因德陁羅佛　南无地迦佛
南无琉璃華佛　南无勝流離金光明佛
南无月勝佛　南无日吼佛
南无敬華莊嚴光明佛　南无娑伽羅勝智奮迅通佛
南无水光明佛　南无大香行光明佛
南无離一切瞋恨意佛　南无寶勝佛
南无勝積佛　南无勝山佛
南无住持多功德通佛　南无日月琉璃光佛
南无心[illegible]香樹華勝佛　南无日月佛
南无日光佛　南无華勝色王佛
南无鉤脩弥多通佛　南无水月光明佛
南无破无明闇佛　南无普蓋寶佛
南无增長法樂佛　南无種師子聲增長吼佛
南[illegible]

BD03368號　佛名經（十二卷本）卷一二　（18–6）

南无日光佛　南无華勝色王佛
南无鉤脩弥多通佛　南无水月光明佛
南无破无明闇佛　南无普蓋寶佛
南无增長法樂佛　南无種師子聲增長吼佛
南无梵目在龍吼佛　南无世間自在佛
南无世間自在王佛　南无難勝佛
南无寶作佛　南无甘露聲佛
南无勝光佛　南无龍天佛
南无均上力佛　南无无垢光佛
南无師子佛　南无世間增上佛
南无德山佛　南无人王佛
南无華勝佛　南无德无畏佛
南无平等作佛　南无初發心離諸畏一切煩惱勝德佛
南无金剛步佛　南无寶光明步鳥佛
南无離諸魔疑佛　南无初發心成就不退輪勝佛
南无能教化諸菩薩佛　南无寶蓋勝光明佛
南无初發心念斷一切煩惱染佛　南无降伏煩惱佛
南无[illegible]王佛　南无三昧手勝佛
南无波頭摩上勝佛　南无日輪光明佛
南无日輪光明勝佛　南无均寶蓋佛
南无增上三昧奮迅佛　南无寶華普照勝佛
南无寶藏佛　南无寶勝佛
南无寶燈王佛　南无堅精進思惟成就義佛
南无普光明觀稱佛　南无莊嚴功德稱佛
南无稱一切衆生念勝功德佛　南无吉稱功德佛
南无畢竟慚愧稱勝佛　南无廣光明佛

BD03368號　佛名經（十二卷本）卷一二　（18–7）

南无寶燈王佛　南无堅精進思惟成就義佛
南无普光明觀稱佛　南无慈莊嚴功德稱佛
南无稱一切衆生念勝功德佛　南无吉稱功德佛
南无畢竟慚愧稱勝佛　南无廣光明佛
南无樂説莊嚴思惟佛　南无寶稱佛
南无拘捐摩莊嚴光明佛　南无无垢月雞兜稱佛
南无伽耶歌王光明佛　南无師子力奮迅佛
南无无畏觀佛　南无賢作佛
南无无垢光明佛　南无功德寶光明佛
南无精進力成就佛　南无善清淨光佛
南无得奪一切縛佛　南无无垢波頭摩藏勝佛
南无得无鄣㝵力解脫佛　南无十方稱名无畏佛
南无金剛勢佛　南无大寶聚佛
南无无邊功德莊嚴威德王劫佛　南无功德寶山佛
南无説一切莊嚴勝佛　南无无邊樂説莊嚴成就智佛
南无无千雲吼聲王佛　南无妙色金光明威德勝照佛
南无種種威德王劫佛　南无阿僧祇劫成就智佛
南无清淨金虚空吼光明佛　南无普光明佛
南无功德多寶海王佛　南无不空功德佛
南无照一切處佛　南无妙鼓聲佛
南无法自在佛　南无普見佛
南无大炎聚佛　南无光明幢佛
南无智雞兜佛　南无娑羅胎佛
南无寶尸棄佛　南无波頭摩藏佛
南无一切勝佛　南无娑伽羅佛

BD03368號　佛名經（十二卷本）卷一二　（18–8）

南无法自在佛　南无普見佛
南无大炎聚佛　南无光明幢佛
南无智雞兜佛　南无娑羅胎佛
南无寶尸棄佛　南无波頭摩藏佛
南无一切勝佛　南无娑伽羅佛
南无波頭摩藏佛　南无娑羅自在王佛
南无華佛　南无勝稱佛
南无見寶佛　南无智弥留佛
南无龍德佛　南无勝行佛
南无星宿佛　南无大莊嚴佛
南无光明王佛　南无能人佛
南无自在山佛　南无日面佛
南无弗沙佛　南无藥王佛
南无師子山佛　南无住持功德佛
南无飲甘露佛　南无放炎佛
南无　佛　南无護世間供養佛
南无多伽羅尸棄佛　南无難勝佛
南无大燈佛　南无波頭摩上佛
南无幢佛　南无能燃燈佛
南无難勝佛　南无難可意佛
南无真聲佛　南无妙聲佛
南无娑羅步佛　南无寶炎佛
南无愛見佛　南无須弥劫佛
南无捐陁光佛　南无日光佛
南无藥樹勝佛　南无覺佛

BD03368號　佛名經（十二卷本）卷一二　（18–9）

南无捐陁光佛　南无日光佛
南无藥樹勝佛　南无覺佛
南无已佛　南无愛作佛
南无作无畏佛　南无波頭摩寶香佛
南无勝德佛　南无无垢佛
南无照佛　南无无煩惱佛
南无善来佛　南无善光佛
南无金色佛　南无能作光明佛
南无清淨佛　南无得脱佛
南无迦陵伽聲佛　南无能與法佛
南无善護諸門佛　南无得意佛
南无離愛佛　南无未生寶佛
南无善護諸根佛　南无梵聲佛
南无[illegible]佛　南无妙聲佛
南无大慧佛　南无无諸濁佛
南无不可動佛　南无樂解脱佛
南无勝二足佛　南无具足一切功德莊嚴佛
南无相莊嚴佛　南无拘牟陁語佛
南无不可降伏語佛　南无常相應語佛
南无梵聲安隱衆主佛　南无娑羅華佛
南无金枝華佛　南无拘牟陁相佛
南无妙頂佛　南无大牟尼佛
南无一切法到彼岸佛　南无无染佛
南无不散心佛　南无荷吒伽色佛

BD03368號　佛名經（十二卷本）卷一二　（18–10）

南无捐陁光佛　南无日光佛
南无藥樹勝佛　南无覺佛
南无已佛　南无愛作佛
南无作无畏佛　南无波頭摩寶香佛
南无勝德佛　南无无垢佛
南无照佛　南无无煩惱佛
南无善来佛　南无善光佛
南无金色佛　南无能作光明佛
南无清淨佛　南无得脱佛
南无迦陵伽聲佛　南无能與法佛
南无善護諸門佛　南无得意佛
南无離愛佛　南无未生寶佛
南无善護諸根佛　南无梵聲佛
南无[illegible]佛　南无妙聲佛
南无大慧佛　南无无諸濁佛
南无不可動佛　南无樂解脱佛
南无勝二足佛　南无具足一切功德莊嚴佛
南无相莊嚴佛　南无拘牟陁語佛
南无不可降伏語佛　南无常相應語佛
南无梵聲安隱衆主佛　南无娑羅華佛
南无金枝華佛　南无拘牟陁相佛
南无妙頂佛　南无大牟尼佛
南无一切法到彼岸佛　南无无染佛
南无不散心佛　南无荷吒伽色佛

BD03368號　佛名經（十二卷本）卷一二　（18–11）

南无一切无盡藏佛　南无功德山藏佛
南无星宿山藏佛　南无虚空智山佛
南无智力天王佛　南无无鄣导海随慎智佛
南无无邊覺海藏佛　南无智王无盡稱佛
南无心意[illegible]王佛　南无自性清淨智佛
南无智自在法王佛　南无差別去佛
南无自在見佛　南无随慎香見法满佛
南无龍月佛　南无自陁羅娑羅无鄣导王佛
南无智雞兜佛　南无智燈佛
南无光明照佛　南无不可勝佛
南无照佛　南无銀雞兜幢蓋佛
南无威德自在王佛　南无覺王佛
南无寶藏佛　南无大娑伽羅佛
南无十力差佛　南无降伏魔佛
南无降伏貪佛　南无降伏瞋佛
南无降伏癡佛　南无憍慢佛
南无降伏瞋恨妬佛　南无法清淨佛
南无[illegible]勝得名佛　南无如意清淨得名佛
南无得施趣名佛　南无得清淨戒名佛
南无趣忍辱成就佛　南无得趣精進名佛
南无得趣禪名佛　南无得趣般若佛
南无成就施不可思議名佛　南无成就戒不可思議佛
南无成就忍辱不可思議佛　南无成就精進不可思議佛
南无成就禪不可思議佛　南无成就般若不可思議佛
南无行成就得名佛　南无成就陁羅尼清淨得名佛

BD03368號　佛名經（十二卷本）卷一二　（18–12）

南无成就忍辱不可思議佛　南无成就精進不可思議佛
南无成就禪不可思議佛　南无成就般若不可思議佛
南无行成就得名佛　南无成就陁羅尼清淨得名佛
南无陁羅尼色清淨得名佛　南无陁羅尼施清淨得名佛
南无空无我自在得名佛　南无眼陁羅尼自在佛
南无自陁羅尼自在佛　南无鼻陁羅尼自在佛
南无舌陁羅尼自在佛　南无身陁羅尼自在佛
南[illegible]尼自在佛　南无色陁羅尼自在佛
南无聲陁羅尼自在佛　南无香陁羅尼自在佛
南无味陁羅尼自在佛　南无卑陁羅尼自在佛
南无法陁羅尼自在佛　南无地陁羅尼自在佛
南无水陁羅尼自在佛　南无火陁羅尼自在佛
南无風陁羅尼自在佛　南无苦自在佛
南无集自在佛　南无滅自在佛
南无道自在佛　南无陰自在佛
南无界自在佛　南无入自在佛
南无三世自在佛　南无陁羅尼華自在佛
南[illegible]吉光明佛　南无香燈衣自在光明佛
南无法幢佛　南无師子贊佛
南无胎藏佛　南无法明軟身佛
南无一切通光佛　南无月智佛
南无妙勝佛　南无賢勝佛
南无普滿佛　南无普賢佛
南无那羅延王佛　南无成就一切義佛
南无[illegible]威德佛　南无无[illegible]觀佛

BD03368號　佛名經（十二卷本）卷一二　（18–13）

南无妙勝佛　南无賢勝佛
南无普滿佛　南无普賢佛
南无那羅延王佛　南无成就一切義佛
南无住持威德佛　南无无畏觀佛
南无如是等現在過去未来无量无邊佛
南无十[illegible]之佛　南无三万同名能醒佛
南无二千同名拘隣佛　南无十八億同名實體法義佛
南无十八億同名日月燈佛　南无千五百同名大威德佛
南无一万五千同名歡喜佛　南无八万四千同名龍王佛
南无一万五千同名日佛　南无一万八千同名娑羅王佛
南无一万八千同名回陁羅幢佛　南无八千同名善光佛
南无八百同名家滅佛　南无廿六億十万九千五百同名佛
此諸佛名百千万劫不可得聞如憂曇鉢華
若人受持讀誦此諸佛名畢竟遠諸煩惱舍
利弗應當敬礼波頭勝如来佛
南[illegible]佛　南无燈作佛
南无天光佛　南无德山佛
南无勝上佛　南无娑羅王佛
南无淨王佛　南无大慧梁佛
南无須弥佛　南无大智慧須弥佛
南无寶作佛　南无寶藏佛
南无破金剛佛　南无賢智不動佛
南无香普佛　南无甘露命佛
南无難勝佛　南无月光佛
南无日照佛　南无智雞兜佛

南无香普佛　南无甘露命佛
南无難勝佛　南无月光佛
南无日照佛　南无智雞兜佛
南无[illegible]佛　南无弥留山佛
南无香光佛　南无德山佛
南无大通佛　南无阿摩羅藏佛
南无寶国佛　南无金剛藏佛
南无憂鉢羅藏佛　南无大日佛
南无橋梁載佛　南无月勝佛
南无樂堅固佛　南无不可思議法身佛
南无勝藏佛　南无不空王佛
南无金剛无㝵智佛　南无寶夫佛
南无除施燈佛　南无降伏一切怨佛
南无[illegible]佛　南无大智真精佛
南无般若香鳥佛　南无大王佛
舍利弗若善男子善女人聞此諸佛名受持
讀誦不生疑者是人八千億劫不入地獄不
入畜生不入鬼道不生邊地不生貧窮家
不生下賤家常生天人豪貴之處常得歡
喜過樂无㝵常得一切世間尊重供養乃
至得大涅槃
舍利弗汝等應當敬礼不可樓身佛
南无稱精佛　南无稱威德佛
南[illegible]佛　南无葉陁佛
南无精炎佛　南无精分勇猛佛

舍利弗汝等應當敬礼不可捷身佛
南无稱讚佛　南无稱威德佛
南无[illegible]佛　南无葉陁佛
南无讚炎佛　南无讚分勇猛佛
南无智勝佛　南无智善知佛
南无智聚佛　南无智勇猛佛
南无梵勝佛　南无淨婆藪佛
南无淨佛　南无淨天佛
南无淨讚佛　南无梵自在佛
南无威德佛　南无毗摩勝佛
南无毗摩意佛　南无毗摩面佛
南无毗摩上佛　南无无過讚佛
南[illegible]佛　南无善眼月佛
南无深讚佛　南无放讚佛
南无鷲怖魔力讚佛　南无淨眼佛
南无過眼佛　南无普眼佛
南无勝眼佛　南无不可行佛
南无寶勝佛　南无善寶心佛
南无善寶根佛　南无善寶意佛
南无善寶德佛　南无善任佛
南无衆目在王佛　南无大衆目在佛
南无衆解脫佛　南无法幢佛
南[illegible]山佛　南无法勝佛
南[illegible]身佛　南无法力佛
南无法勇猛佛　南无法體決定佛

BD03368號　佛名經（十二卷本）卷一二

（18–16）

南无[illegible]佛　[illegible]寶心佛
南无善寶根佛　南无善寶意佛
南无善寶德佛　南无善任佛
南无衆目在王佛　南无大衆目在佛
南无衆解脫佛　南无法幢佛
南[illegible]山佛　南无法勝佛
南[illegible]身佛　南无法力佛
南无法勇猛佛　南无法體決定佛
南无第二劫八十億同名法體決定佛
舍利弗若善男子善女人受持是佛名畢
竟不入地獄速得三昧
舍利弗過是佛名无量无邊阿僧祇劫有佛
名自在讚汝當歸命彼人自在讚佛壽命
七十千万劫住世初會三億讚聞衆集八
十那由他千万菩薩衆集皆得諸神通具
四无导通達一切空到彼岸我若无量劫
住[illegible]會國土莊嚴如大海水中一
渧[illegible]
舍利弗應當敬礼十方諸大菩薩摩訶薩
南无文殊師利菩薩　南无觀世音菩薩
南无大勢志菩薩　南无普賢菩薩
南无龍勝菩薩　南无龍德菩薩
南无勝成就菩薩　南无勝藏菩薩
南无波頭摩勝菩薩　南无成就有菩薩
南无持地菩薩　南无寶掌菩薩
南无寶巾手菩薩　南无師子意菩薩

BD03368號　佛名經（十二卷本）卷一二

（18–17）

舍利弗應當敬礼十方諸大菩薩摩訶薩
南无文殊師利菩薩　南无觀世音菩薩
南无大勢志菩薩　南无普賢菩薩
南无龍勝菩薩　南无龍德菩薩
南无勝成就菩薩　南无勝藏菩薩
南无波頭摩勝菩薩　南无成就有菩薩
南无持地菩薩　南无寶掌菩薩
南无寶巾手菩薩　南无師子意菩薩
南无師子盧王无聲菩薩　南无虛空藏菩薩
……七薩　南无一切聲喜列樂說菩薩
南无山樂說菩薩　南无大海意菩薩
南无大山菩薩　南无愛見菩薩
南无歡喜王菩薩　南无无邊觀菩薩
南无邊觀行菩薩　南无破耶見魔菩薩
南无无憂德菩薩　南无成就一切義菩薩
南无師子菩薩　南无善住意菩薩
南无无比心菩薩　南无那羅德菩薩
南无目陁羅德菩薩　南无海天菩薩
南无浅波羅菩薩　南无藥王
南无盧舍那菩薩　南无、

BD03368 號　佛名經（十二卷本）卷一二　（18–18）

……為癡不起未生善法為令生
生已生善法為令廣增懃脩行道是名精
進如是精進即是脩行六波羅蜜之正因
是懃精進能壞一切諸煩惱界善男子若
於三惡道苦當知是人真實能脩毗梨
耶波羅蜜平等脩集不急不緩精進二種一
耶菩薩遠離耶精進即脩正精進脩信
施戒聞慧慈悲名正精進至心常作三時无
悔施善法所不生知足所學世法及出世法
一切皆名正精進也菩薩雖復不惜身命於
為護法應當受惜身四威儀常脩如法脩善
法時心无懈息失身命時不捨如法若能到
於六通彼岸悉是精進之因緣也若能讀誦
書寫思惟十二部經名曰……精進若
能以是轉化衆生令調伏者名為他懃行
精進若為菩提脩菩提道布施持戒多聞智
慧脩學世法供養……有德脩舍摩他
毗婆舍那讀誦書寫十二部經復能遠離貪
恚癡等名為菩提懃行精進如是悉名為正
精進也是名六波羅蜜之正因也善男子懈

BD03369 號　優婆塞戒經卷七　（6–1）

精進若為菩提脩菩提道布施持戒多聞智
慧脩學世法供養[illegible]長有德脩舍摩他
毗婆舍那讀誦書寫十二部經復能遠離貪
恚癡等名為菩提懃行精進如是悪名為正
精進也是名六波羅蜜之正因也善男子懈
怠之人不能一時一布施不能持戒懃行精
進攝心念定忍於悪事分別善悪是故我言六
波羅蜜因於精進善男子有懃精進非波羅
蜜有波羅蜜非懃精進又有精進又波羅蜜
有非精進非波羅蜜者如耶
精進善事精進聲聞緣覺所有精進有波羅
蜜非精進者所謂般若波羅蜜有又精進又
波羅蜜者所謂布施持戒忍辱精進禪等五
波羅蜜有非精進非波羅蜜者一切凡夫
聲聞緣覺布施持戒忍辱禪定智慧及餘善
法善男子菩薩有二種一者在家二者出
家菩薩脩懃精進是不為難在家脩集是乃
為難何以故在家之人多悪因緣所纏繞故

優婆塞戒禪波羅蜜品第廿七

善生言世尊菩薩摩訶薩脩禪波羅蜜云何
禪定善男子禪定即戒慈悲喜捨遠離諸結
脩集善法是名禪定善男子若離禪定尚不
能得一切世事況出世事是故應當至心脩集
菩薩欲得禪波羅蜜先當親近真善知識脩

BD03369號　優婆塞戒經卷七

（6–2）

禪定善男子禪定即戒慈悲喜捨遠離諸結
脩集善法是名禪定善男子若離禪定尚不
能得一切世事況出世事是故應當至心脩集
菩薩欲得禪波羅蜜先當親近真善知識脩
集三昧方便之道所謂戒戒攝諸根戒斷於
耶命如法而住隨順師教於善法所不生知
足脩行善時心无住息常樂寂靜遠離五蓋
心樂思惟觀生死過常脩善法至心不放具
足正念斷諸放逸省於言語又損眠食心淨
身淨不親悪友不与悪交不樂世事知時知
法了知自身觀心毀法若有喜相愁相瞋相
濡相堅相知已能除猶如金師善知冷煗不
令失所樂甘露味雖處世法身心不動猶如
須弥不為四風之所傾動正念堅固又見知
覺有為多過若人樂脩如是三昧不住不息
當知是人能具足得譬如鑽火不息故火
則易得善男子若離三昧欲得世法出世菩
提无有是處善男子一切三昧即是一切
善法根本以是因緣應當攝心如人執
鏡則見一切善悪之事是故三昧名菩提道
之莊嚴也受身心樂名為三昧不增不減名
等三昧從初骨觀乃至得阿耨多羅三藐三
菩提皆名三昧是三昧有四種一者從欲二從
精進三者從心四者從分別是四緣故得无量

BD03369號　優婆塞戒經卷七

（6–3）

之庄嚴也受身心樂名為三昧不
等三昧從初骨觀乃至得阿耨多羅三藐三
菩提皆名三昧是三昧有四種一者從欲二從
精進三者從心四者從分別是四緣故得无量
福增一切善復有三種一者從聞二者從思三者
從脩從是三法漸漸而生復有三時所謂生
時住時增善男子欲界之中有三昧子是子
因緣得三菩提是三昧者有退住增若在四
禪性則堅固從初乃至非想非非想處上地勝
下次第如是根本禪中則有喜樂非中間禪
六通具足在於根本不在餘處是三昧名菩提庄
嚴因是三昧能得學道及无學道四无量心
三解脫門自利利他无量神足知他心智能
調衆生无量智慧五智三昧轉鈍為利斷於一
切生老病死能得成就一切種智見諸法性解脫
繫縛善男子智者應當作作如是觀一切煩惱
如我大怨何以故因是煩惱能破自他以是因緣
我當脩集慈悲之心為欲利益諸衆生故為得
无量純善法故若有說言離於慈悲得善法
者无有是處如是慈悲能不善能令衆生離
苦受樂能壞欲界是慈若能緣於欲界衆慈
善男子衆生若能脩集慈心是人當得无量功
德脩慈心時若能先於怨中施安是名脩慈
善男子一切衆生凡有三聚一者怨二者

BD03369號　優婆塞戒經卷七　（6–4）

苦受樂能壞欲界是慈若能緣於欲界衆慈
善男子衆生若能脩集慈心是人當得无量功
德脩慈心時若能先於怨中施安是名脩慈
善男子一切衆生凡有三聚一者怨二者
親三者中如是三聚名為慈緣脩慈之人先
從親起欲令受樂此觀既成次及怨家善男
子起慈心時有因戒起有因施起若能觀怨
作子想者是名得慈善男子慈唯能緣不
能拔苦悲則不尔亦緣亦拔善男子若能觀
怨一豪之善不見其惡當知是人名為習慈若
彼怨家設遇病苦能往問訊瞻療所患給其
所須當知是人能善脩慈善男子若能脩忍
當知即是脩慈因緣如是慈心即是一切安樂因
緣若能脩慈當知是人能破一切憍慢因緣能行
施戒忍辱精進禪定知慧如法脩行若人脩之
當知是人脩梵福德得梵身故名梵福德若
人能觀生死罪過涅槃功德是人足下所履
糞土應當頂戴是人難忍能忍難施能施難
作能作是人能脩四禪四空及八解脫復作是
念一切衆生身口意惡未來若受苦惱報者悉
令我受若我所有善果報者悉令衆生因我
受之如是慈悲緣廣故廣緣少故少慈悲三
種謂下中上一者緣親二者緣怨三者緣中
復有三種一者緣愛念二者緣衆生三者緣

BD03369號　優婆塞戒經卷七　（6–5）

糞土應當頂戴是人難忍能忍難施能施難
作能作是人能脩四禪四空及八解脫復作是
念一切衆生身口意惡未來若受苦惱報者悉
令我受若我所有善果報者悉令衆生回我
受之如是慈悲緣廣故廣緣少故少慈悲三
種謂下中上一者緣親二者緣怨三者緣中
復有三種一者緣愛念二者緣衆生三者緣
无緣如是緣者名三昧悲喜捨心亦復如
是善男子有禪非波羅蜜有波羅蜜非禪有
亦是禪亦波羅蜜有非禪非波羅蜜是禪非
波羅蜜者謂世俗禪聲聞緣覺所有禪定
是波羅蜜非禪定者所謂施戒忍辱精進亦禪
亦波羅蜜者謂金剛三昧非禪非波羅蜜者謂
一切衆生聲聞緣覺從聞思惟所生善法善男
子菩薩有二種一者在家二者出家出家菩
薩脩於淨禪是為不難在家脩淨是乃為難
何以故在家之人多惡因緣所纏繞故
優婆塞戒經般若波羅蜜品第廿八

BD03369號　優婆塞戒經卷七

（6–6）

多諸法相如舍利弗所問何
蜜遠離故是名般若波羅蜜
離陰界入遠離檀波羅蜜乃
離內空乃至无法有法空以是因遠離名般
若波羅蜜復次遠離四念處乃至遠離十八
不共法遠離一切智以是因緣故遠離名般
若波羅蜜如舍利弗所問何等是觀舍利弗
菩薩摩訶薩行般若波羅蜜時觀色非常非
无常非樂非苦非我非无我非空非不空非
相非无相非作非无作非寂滅非不寂滅非
離非不離受想行識亦如是檀波羅蜜乃至
般若波羅蜜內空乃至无法有法空四念處
乃至十八不共法一切三昧門一切陁羅尼
門乃至一切種智觀非常非无常非樂非苦
非我非无我非空非不空非相非无相非作
非无作非寂滅非不寂滅非離非不離舍利
弗是名菩薩摩訶薩行般若波羅蜜時觀諸

BD03370號　摩訶般若波羅蜜經（四十卷本）卷一三

（21–1）

非我非无我非空非不空非相非无相非作
非无作非有藏非不有藏非離非不離舍利
弗是名菩薩摩訶薩行般若波羅蜜時觀諸
法舍利弗問須菩提何因緣故色不生是非
色受想行識不生是非識乃至一切種智不
生是非一切種智須菩提言色色相空色空
中无色无生以是因緣故色不生是非色受
想行識識相空識空中无識无生以是因緣
故受想行識不生是非受想行識舍利弗檀
波羅蜜檀波羅蜜相空檀波羅蜜空中无檀
波羅蜜无生尸羅波羅蜜羼提波羅蜜毗梨
耶波羅蜜禪波羅蜜般若波羅蜜般若波羅
蜜相空般若波羅蜜空中无般若波羅蜜无
生以是因緣故舍利弗般若波羅蜜不生是
非般若波羅蜜內空乃至无法有法空四念
處乃至十八不共法一切種智二如是以是
因緣故內空不生是非內空乃至一切種智
不生是非一切種智舍利弗問須菩提何
因緣故言色不滅是非色受想行識不滅是
非識乃至一切種智不滅是非一切種智須
菩提言所有色所有不滅所有受想行識
所有不滅是一切法皆不合不散无色无形
无對一相所謂无相眼乃至一切種智二如
是以是因緣故舍利弗色不滅是非色受想
行識不滅是非識乃至一切種智不滅是非

BD03370號　摩訶般若波羅蜜經（四十卷本）卷一三　（21–2）

无對一相所謂无相眼乃至一切種智二如
是以是因緣故舍利弗色不滅是非色受想
行識不滅是非識乃至一切種智不滅是非
一切種智舍利弗問須菩提何因緣故言是
色入无二法數受想行識入无二法數乃至
一切種智入无二法數須菩提答言色不異
无生无生不異色色即是无生无生即是色
受想行識不異无生无生不異識識即是无
生无生即是識以是因緣故舍利弗色入无
二法數受想行識入无二法數乃至一切種
智二如是尒時須菩提白佛言世尊若菩薩
摩訶薩行般若波羅蜜如是觀諸法是時見
色无生畢竟淨故見受想行識无生畢竟淨
故見我无生乃至知者見者无生畢竟淨故
見檀波羅蜜无生乃至般若波羅蜜无生畢
竟淨故見內空无生乃至无法有法空无生
畢竟淨故見四念處无生乃至十八不共法
无生畢竟淨故見一切三昧一切陀羅尼无
生畢竟淨故乃至見一切種智无生畢竟淨
故見凡人凡人法无生畢竟淨故見須陁洹
須陁洹法斯陁含斯陁含法阿那含阿那含
法阿羅漢阿羅漢法辟支佛辟支佛法菩薩
菩薩法佛佛法无生畢竟淨故舍利弗語須
菩提如我聞須菩提所說義色是不生受想
行識是不生乃至佛佛法是不生若尒者今
不應得須陁洹須陁洹果斯陁含斯陁含果

BD03370號　摩訶般若波羅蜜經（四十卷本）卷一三　（21–3）

菩薩法佛佛法无生畢竟淨故舍利弗言須
菩提如我聞須菩提所說義色是不生受想
行識是不生乃至佛佛法是不生若介者今
不應得須陁洹須陁洹果斯陁含斯陁含果
阿那含阿那含果阿羅漢阿羅漢果辟支佛
辟支佛道不應得菩薩摩訶薩一切種智亦
无六道別異亦不得菩薩摩訶薩五種菩提
須菩提若一切法不生相何以故須陁洹為
斷三結故脩道斯陁含為薄婬恚癡故脩道
阿那含為斷五下分結故脩道阿羅漢為斷
五上分結故脩道辟支佛為辟支佛法故脩
道何以故菩薩摩訶薩作難行為衆生受
種種苦何以故佛得阿耨多羅三藐三菩提何
以故何佛轉法輪須菩提語舍利弗我不欲令
无生法有所得我亦不欲令无生法中得須
陁洹須陁洹果乃至不欲令无生法中得阿
羅漢阿羅漢果辟支佛辟支佛道我亦不
欲令菩薩作難行為衆生受種種苦菩薩亦
不以難行心行道何以故舍利弗生難心苦
心不能利益无量阿僧祇衆生利舍弗舍善
薩憐愍衆生於衆生父母兄弟想如兒子
及己身想如是能利益无量阿僧祇衆生用
无所得故所以者何菩薩摩訶薩應生如是
心如我一切處一切種不可得內外法亦如
是若生如是想則无難心苦心何以故是菩
薩於一切種一切處一切法不受故舍利弗

BD03370號　摩訶般若波羅蜜經（四十卷本）卷一三

（21–4）

无所得故所以者何菩薩摩訶薩應生如是
心如我一切處一切種不可得內外法亦如
是若生如是想則无難心苦心何以故是菩
薩於一切種一切處一切法不受故舍利弗
我亦不欲令无生中佛得阿耨多羅三藐三
菩提亦不欲令无生中轉法輪亦不欲令以
无生法得道舍利弗語須菩提今欲令以生
法得道以无生法得道須菩提語舍利弗我
不欲令以生法得道舍利弗言今須菩提欲
令以无生法得道須菩提言我亦不欲令以
无生法得道舍利弗言如須菩提所說无知
无得須菩提言有知有得不以二法令以世
間名字故有知有得世間名字故有須陁洹
乃至阿羅漢辟支佛諸佛第一實義中无知
无得无須陁洹乃至无佛須菩提若世間名
字故有知有得六道別異亦世間名字故有
非以第一實義耶須菩提言如是如是舍利
弗如世間名字故有知有得六道別異亦世
間名字故有非以第一實義何以故舍利弗
第一實義中无業无報无生无滅无淨无垢
舍利弗語須菩提不生法生生法生須菩提
言我不欲令不生法生亦不欲令生法生舍
利弗言何等不生法不欲令生須菩提言色
是不生法自性空不欲令生受想行識是不
生法自性空不欲令生乃至阿耨多羅三藐
三菩提是不生法自性空不欲令生舍利弗

BD03370號　摩訶般若波羅蜜經（四十卷本）卷一三

（21–5）

是不生法自性空不欲令生受想行識是不
生法自性空不欲令生乃至阿耨多羅三藐
三菩提是不生法自性空不欲令生舍利弗
語須菩提生生不生生須菩提言非生生亦
非不生生何以故舍利弗生不生是二法不
合不散无色无形无對一相所謂无相舍利弗
以是因緣故非生生亦非不生生尒時舍利弗
語須菩提須菩提樂說无生法及无生相須
菩提語舍利弗我樂說无生法亦樂說无生
相何以故諸无生法无生相及樂說語言是
一切法皆不合不散无色无形无對一相所
謂无相舍利弗語須菩提汝樂說不生法亦
樂說不生相是樂說語言亦不生須菩提言
如是如是舍利弗何以故舍利弗色不生受
想行識不生眼不生乃至意不生地種不生
乃至識種不生身行不生口行不生意行不
生檀波羅蜜不生乃至一切種智不生以是
因緣故舍利弗我樂說不生法亦樂說不生
相是樂說語言亦不生舍利弗語須菩提須
菩提於說法人中應最在上何以故須菩提
隨所問皆能荅須菩提言諸法无所依故舍
利弗語須菩提云何諸法无所依須菩提言
色性常空不依內不依外不依兩中間受想
行識性常空不依內不依外不依兩中間眼
耳鼻舌身意性常空不依內不依外不依兩

BD03370號　摩訶般若波羅蜜經（四十卷本）卷一三　（21-6）

色性常空不依內不依外不依兩中間受想
行識性常空不依內不依外不依兩中間眼
耳鼻舌身意性常空不依內不依外不依兩
中間色性常空乃至法性常空不依內不依
外不依兩中間檀波羅蜜性常空乃至般若
波羅蜜性常空不依內不依外不依兩中間
內空性常空乃至无法有法空性常空不依
內不依外不依兩中間舍利弗四念處性常
空乃至一切種智性常空不依內依不外不
依兩中間以是因緣故舍利弗一切諸法无
所依性常空故如是舍利弗菩薩摩訶薩行
六波羅蜜時應淨色受想行識乃至應淨一
切種智舍利弗問須菩提菩薩摩訶薩云何
行六波羅蜜時淨菩薩道須菩提言有世間
檀波羅蜜有出世間檀波羅蜜尸羅波羅蜜
羼提波羅蜜毗梨耶波羅蜜禪波羅蜜般若
波羅蜜有世間有出世間舍利弗問須菩提
云何世間檀波羅蜜云何出世間檀波羅蜜
須菩提言若菩薩摩訶薩作施主能施沙門
婆羅門貧窮乞人須食與食須飲與飲須衣
與衣卧具床褥房舍香華瓔珞醫藥種種所
須資生之物若妻子國土頭目手足支節等
內外之物盡以給施施時作是念我與彼取
我不慳貪我為施主我能捨一切我隨佛教
施我行檀波羅蜜作是施已用得法與一切
衆生共之迴向阿耨多羅三藐三菩提念言

BD03370號　摩訶般若波羅蜜經（四十卷本）卷一三　（21-7）

我不慳貪我為施主我能捨一
施我行檀波羅蜜作是施已用得法與一切
衆生共之迴向阿耨多羅三藐三菩提念言
是布施因緣令衆生得今世樂後當令得入
涅槃是人布施有三导何等三我相他相施
相著是三相布施是名世間檀波羅蜜何因
緣故名世間於世間中不動不出是名世間
檀波羅蜜云何名出世間檀波羅蜜所謂三
分清淨何等三菩薩摩訶薩布施時我不可
得不見受者施物不可得亦不望報是名菩
薩摩訶薩三分清淨檀波羅蜜復次舍利弗
菩薩摩訶薩布施時施與一切衆生衆生亦
不可得以此布施迴向阿耨多羅三藐三菩
提乃至不見微細法相舍利弗是名出世間
檀波羅蜜何以故名為出世間於世間中能
動能出是故名出世間檀波羅蜜尸羅波羅
蜜有所依是為世間尸羅波羅蜜无所依是
為出世間尸羅波羅蜜餘如檀波羅蜜說羼
提波羅蜜毗梨耶波羅蜜禪波羅蜜般若波
羅蜜有所依是名世間无所依是名出世間
餘亦如檀中說如是舍利弗菩薩摩訶薩行
六波羅蜜時淨菩薩道舍利弗問須菩提云
何菩薩摩訶薩為阿耨多羅三藐三菩提道
須菩提言四念處是菩薩摩訶薩為阿耨多
羅三藐三菩提道乃至八聖道分空解脫門
无相解脫門无作解脫門內空乃至无法有

BD03370 號　摩訶般若波羅蜜經（四十卷本）卷一三

（21–8）

須菩提言四念處是菩薩摩訶薩為阿耨多
羅三藐三菩提道乃至八聖道分空解脫門
无相解脫門无作解脫門內空乃至无法有
法空一切三昧門一切陁羅尼門佛十力四
无所畏四无导智十八不共法大慈大悲舍
利弗是名菩薩摩訶薩為阿耨多羅三藐三
菩提道尒時舍利弗讚須菩提言善哉善哉
何等波羅蜜力須菩提言是般若波羅蜜力
所以者何般若波羅蜜能生一切諸善法若
聲聞法辟支佛法菩薩法佛法舍利弗般若波
羅蜜能受一切諸善法聲聞法辟支佛法菩
薩法佛法舍利弗過去諸佛行般若波羅蜜
得阿耨多羅三藐三菩提未來諸佛亦行般
若波羅蜜當得阿耨多羅三藐三菩提舍利
弗今現在十方諸國土中諸佛亦行是般若
波羅蜜得阿耨多羅三藐三菩提舍利弗若
菩薩摩訶薩聞說般若波羅蜜時不起不難
當知是菩薩摩訶薩行菩薩道菩薩道者救
一切衆生故心不捨一切衆生以无所得故
菩薩常應不離是念所謂大悲念舍利弗復
問欲使菩薩摩訶薩常不離是念所謂大悲
念若菩薩摩訶薩不離大悲念令一切衆生
皆當作菩薩何以故須菩提一切衆生亦不
離諸念故須菩提言善哉善哉舍利弗汝欲
離我而成我義何以故衆生无故念亦无衆

BD03370 號　摩訶般若波羅蜜經（四十卷本）卷一三

（21–9）

皆當作菩薩何以故須菩提一切衆生々不
離諸念故須菩提言善哉善哉舍利弗汝欲
難我而成我義何以故衆生无故念々无衆
生性无故念々性无衆生法无故念々法无
衆生離故念々離衆生空故念々空衆生不
可知故念々不可知舍利弗色无故念々无
色性无故念々性无色離故念々離色空故
念々空色不可知故念々不可知受想行識
々如是眼乃至意色乃至法地種乃至識種
種波羅蜜乃至般若波羅蜜内空乃至无法
有法空四念處乃至十八不共法一切三昧
門一切陀羅尼門一切智一切智種乃至阿
耨多羅三藐三菩提无故念々无乃至阿耨
多羅三藐三菩提不可知故念々不可知舍
利弗菩薩摩訶薩行是道我欲使不離是念
所謂大悲尔時佛讃須菩提言善哉善哉是
菩薩摩訶薩般若波羅蜜其有說者々當
如是說汝所說般若波羅蜜皆是承佛意故
菩薩摩訶薩學般若波羅蜜應如汝所說學
須菩提說是般若波羅蜜品時三千大千國
土六種震動東踊西沒西踊東沒南踊北沒
北踊南沒中踊邊沒邊踊中沒尔時佛微須
須菩提白佛言何因緣故咲佛告須菩提如
我於此國土說般若波羅蜜東方无量阿僧
祇國土中諸佛亦為諸菩薩摩訶薩說般若
波羅蜜南西北方四維上下亦說是般若波

BD03370號　摩訶般若波羅蜜經（四十卷本）卷一三　（21-10）

須菩提白佛言何因緣故咲佛告須菩提如
我於此國土說般若波羅蜜東方无量阿僧
祇國土中諸佛亦為諸菩薩摩訶薩說般若
波羅蜜南西北方四維上下亦說是般若波
羅蜜說是般若波羅蜜時十二阿由他諸天
人得无生法忍十方諸佛說是般若波羅蜜
時无量阿僧祇衆生々發阿耨多羅三藐三
菩提心

摩訶般若波羅蜜不住品第廿七

尔時三千大千世界諸四天王天與无數百
千億諸天俱来在會中三千大千世界諸釋
提桓因等諸忉利天須夜摩天王等諸夜摩
天刪兜率陀天王等諸兜率陀天須涅蜜陀
天王等諸妙化天婆舍跋提天王等諸自在
行天各與无數百千億諸天俱来在會中三
千大千世界諸梵天王乃至首陀婆諸天各
與无數百千億諸天俱来在會中是諸四天
王天乃至首陀婆諸天業報生身光明於佛
常光百分千分千万億分不能及一乃至不
可以筭數譬喻為比世尊光明最勝最妙最
上第一諸天業報光明在佛光邊不照不現
譬如焦柱比閻浮檀金尔時釋提桓因白大
德須菩提是三千大千世界諸四天王天乃
至首陀婆諸天一切和合欲聽須菩提說般
若波羅蜜義須菩提菩薩摩訶薩云何應住

BD03370號　摩訶般若波羅蜜經（四十卷本）卷一三　（21-11）

譬如進柱此閻浮提金尒時釋提桓因白大
德須菩提是三千大千世界諸四天王天乃
至首陀婆諸天一切和合欲聽須菩提說般
若波羅蜜義須菩提菩薩摩訶薩云何應住
般若波羅蜜中何等是菩薩摩訶薩般若波
羅蜜云何菩薩摩訶薩應行般若波羅蜜須
菩提語釋提桓因言憍尸迦我今當承順佛
意承佛神力為諸菩薩摩訶薩說般若波羅
蜜如菩薩摩訶薩所應住般若波羅蜜中諸
天子今未發阿耨多羅三藐三菩提心者應
當發諸天子若入聲聞正位是不能發阿耨
多羅三藐三菩提心何以故與生死作障隔
故是人若發阿耨多羅三藐三菩提心者我
亦隨喜所以者何上人應更求上法我終不
斷其功德憍尸迦何等是般若波羅蜜菩薩
摩訶薩應薩婆若心念色无常念色苦念色
空念色无我念色如病如敗瘡創如箭入身
痛惱衰壞憂畏不安以无所得故受想行識
亦如是眼耳鼻舌身意地種水火風空識種
亦如是觀无常乃至憂畏不安是亦无所得故觀色
寂滅離不生不滅不垢不淨受想行識亦如
是觀地種乃至識種寂滅離不生不滅不垢
不淨亦无所得故復次憍尸迦菩薩摩訶薩
應薩婆若心觀无明緣諸行乃至老死因緣
大苦聚集亦无所得故觀无明滅故諸行滅
乃至生滅故老死滅老死滅故憂悲愁大

BD03370 號　摩訶般若波羅蜜經（四十卷本）卷一三

（21–12）

是觀地種乃至識種寂滅離不生不滅不垢
不淨亦无所得故復次憍尸迦菩薩摩訶薩
應薩婆若心觀无明緣諸行乃至老死因緣
大苦聚集亦无所得故觀无明滅故諸行滅
乃至生滅故老死滅老死滅故憂悲愁惱大
苦聚滅以无所得故復次憍尸迦菩薩摩訶
薩應薩婆若心脩四念處以无所得故乃至
脩佛十力十八不共法以无所得故復次憍
尸迦菩薩摩訶薩應薩婆若心行檀波羅蜜
以无所得故行尸羅波羅蜜羼提波羅蜜毗
梨耶波羅蜜禪波羅蜜以无所得故復次憍
尸迦菩薩摩訶薩行般若波羅蜜時作是觀
但諸法諸法共相因緣潤益增長分別挍計
是中无我无我所菩薩迴向心不在阿耨多
羅三藐三菩提心中阿耨多羅三藐三菩提
心不在迴向心中迴向心於阿耨多羅三藐
三菩提心中不可得阿耨多羅三藐三菩提
心於迴向心中不可得菩薩雖觀一切法亦
无法可得是名菩薩摩訶薩般若波羅蜜釋
提桓因問大德須菩提云何菩薩迴向心不
在阿耨多羅三藐三菩提心中云何阿耨多
羅三藐三菩提心不在迴向心中云何迴向
心於阿耨多羅三藐三菩提心中不可得云
何阿耨多羅三藐三菩提心於迴向心中不
可得須菩提語釋提桓因言憍尸迦迴向心

BD03370 號　摩訶般若波羅蜜經（四十卷本）卷一三

（21–13）

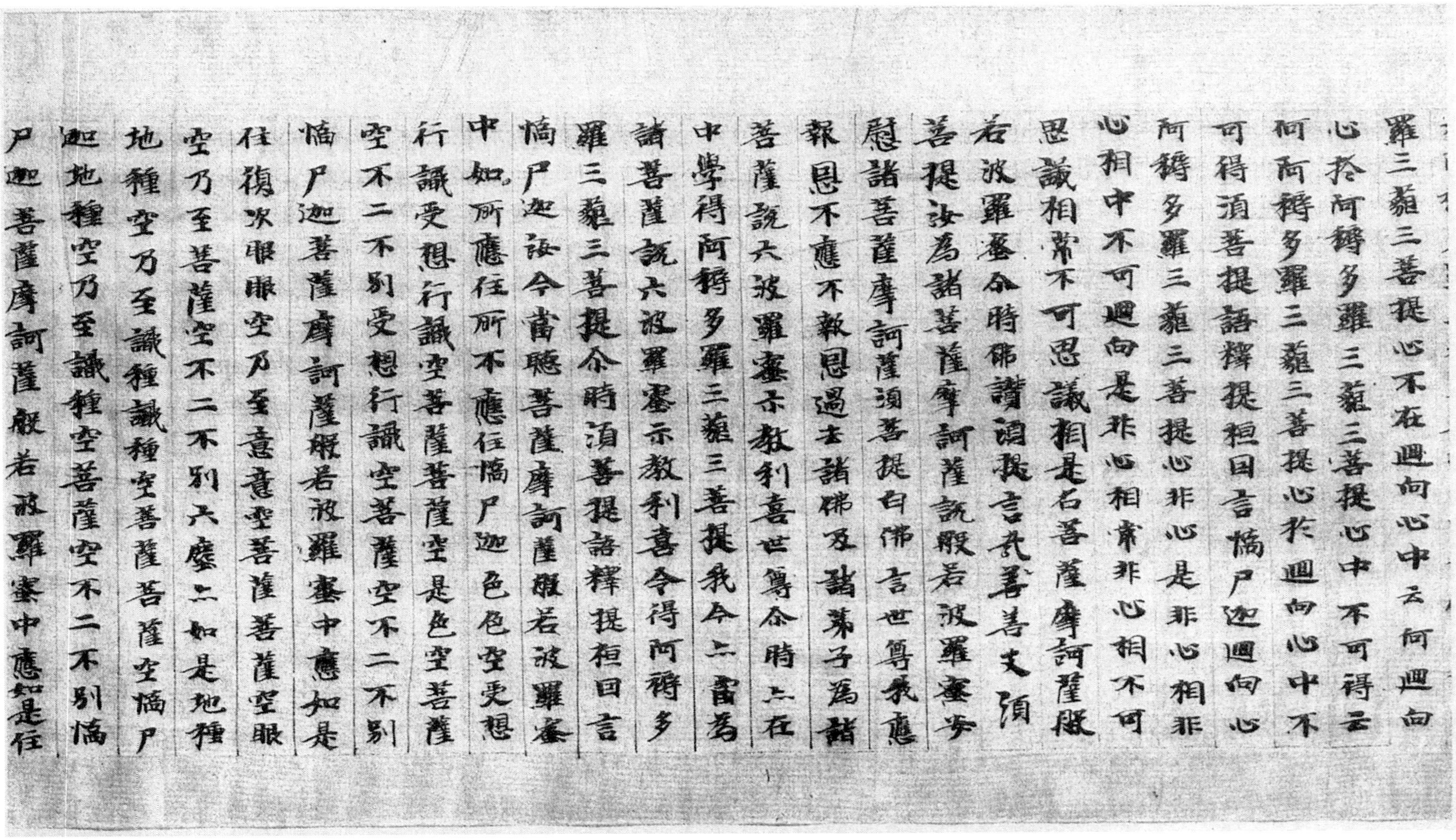

羅三藐三菩提心不在迴向心中云何迴向
心於阿耨多羅三藐三菩提心中不可得云
何阿耨多羅三藐三菩提心於迴向心中不
可得須菩提語釋提桓因言憍尸迦迴向心
阿耨多羅三藐三菩提心非心是非心相非
心相中不可迴向是非心相常非心相不可
思議相常不可思議相是名菩薩摩訶薩般
若波羅蜜尒時佛讚須菩提言善哉善哉須
菩提汝為諸菩薩摩訶薩說般若波羅蜜安
慰諸菩薩摩訶薩須菩提白佛言世尊我應
報恩不應不報恩過去諸佛及諸弟子為諸
菩薩說六波羅蜜示教利喜世尊尒時亦在
中學得阿耨多羅三藐三菩提我今亦當為
諸菩薩說六波羅蜜示教利喜令得阿耨多
羅三藐三菩提尒時須菩提語釋提桓因言
憍尸迦汝今當聽菩薩摩訶薩般若波羅蜜
中如所應住所不應住憍尸迦色色空受想
行識受想行識空菩薩菩薩空是色空菩薩
空不二不別受想行識空菩薩空不二不別
憍尸迦菩薩摩訶薩般若波羅蜜中應如是
住復次眼眼空乃至意意空菩薩菩薩空眼
空乃至菩薩空不二不別六塵亦如是地種
地種空乃至識種識種空菩薩菩薩空憍尸
迦地種空乃至識種空菩薩空不二不別憍
尸迦菩薩摩訶薩般若波羅蜜中應如是住

BD03370號　摩訶般若波羅蜜經（四十卷本）卷一三　（21–14）

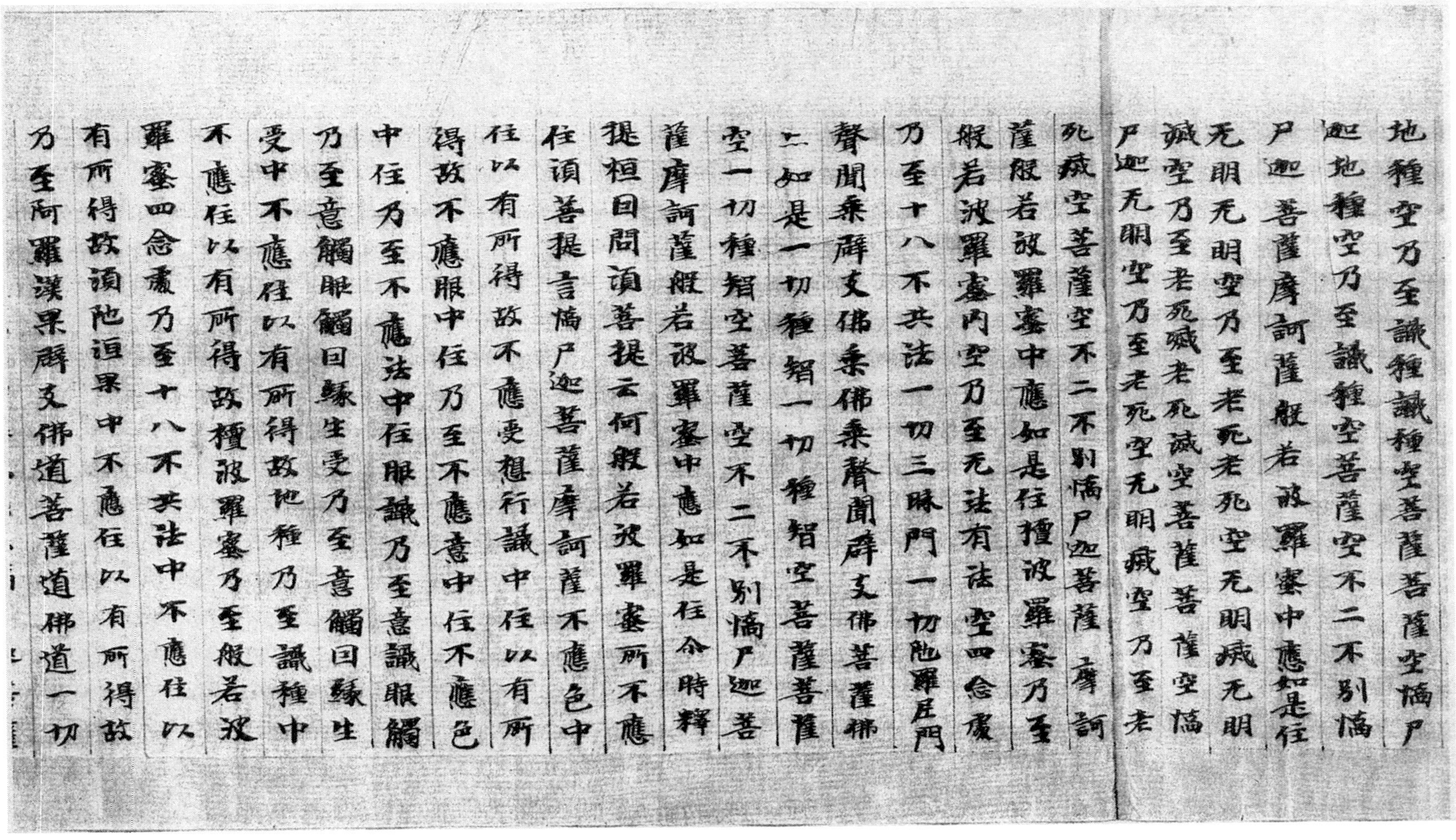

地種空乃至識種識種空菩薩菩薩空憍尸
迦地種空乃至識種空菩薩空不二不別憍
尸迦菩薩摩訶薩般若波羅蜜中應如是住
无明无明空乃至老死老死空无明滅无明
滅空乃至老死滅老死滅空菩薩菩薩空憍
尸迦无明空乃至老死空无明滅空乃至老
死滅空菩薩空不二不別憍尸迦菩薩摩訶
薩般若波羅蜜中應如是住檀波羅蜜乃至
般若波羅蜜內空乃至无法有法空四念處
乃至十八不共法一切三昧門一切陁羅尼門
聲聞乘辟支佛乘佛乘聲聞辟支佛菩薩佛
亦如是一切種智一切種智空菩薩菩薩
空一切種智空菩薩空不二不別憍尸迦菩
薩摩訶薩般若波羅蜜中應如是住尒時釋
提桓因問須菩提云何般若波羅蜜所不應
住須菩提言憍尸迦菩薩摩訶薩不應色中
住以有所得故不應受想行識中住以有所
得故不應眼中住乃至不應意中住不應色
中住乃至不應法中住眼識乃至意識眼觸
乃至意觸眼觸因緣生受乃至意觸因緣生
受中不應住以有所得故地種乃至識種中
不應住以有所得故檀波羅蜜乃至般若波
羅蜜四念處乃至十八不共法中不應住以
有所得故須陁洹果中不應住以有所得故
乃至阿羅漢果辟支佛道菩薩道佛道一切

BD03370號　摩訶般若波羅蜜經（四十卷本）卷一三　（21–15）

有所得故須陁洹果中不應住以有所得故
乃至阿羅漢果辟支佛道菩薩道佛道一切
種智不應住以有所得故復次憍尸迦菩薩
摩訶薩色是常不應住色是无常不應住受
想行識亦如是色若樂若苦若淨若不淨若
我若无我若空若不空若寂若不寂若
離若不離不應住以有所得故受想行識亦
如是復次憍尸迦菩薩摩訶薩須陁洹果无
為相斯陁含果无為相阿那含果无為相阿羅
漢果无為相不應住辟支佛道无為相佛
道无為相不應住須陁洹福田不應住斯陁
含阿那含阿羅漢辟支佛佛福田不應住復
次憍尸迦菩薩摩訶薩初地中不應住以有
不得故乃至十地中不應住以有所得故復
次菩薩摩訶薩住初發心中我當具足檀波
羅蜜不應住乃至我當具足般若波羅蜜不
應住具足六波羅蜜當入菩薩位不應住入
菩薩位已當住阿惟越致地不應住菩薩當
具足五神通不應住以有所得故菩薩住五
神通已我當遊无量阿僧祇佛國禮敬供養
諸佛聽法聽法已為他人說菩薩摩訶薩如
是不應住以有所得故如諸佛國土嚴淨我
亦當莊嚴國土不應住以有所得故成就衆
生令入佛道不應住到无量阿僧祇國土諸
佛所尊重愛敬供養以香華瓔珞塗香擣香

BD03370號　摩訶般若波羅蜜經(四十卷本)卷一三　(21-16)

亦當莊嚴國土不應住以有所得故成就衆
生令入佛道不應住到无量阿僧祇國土諸
佛所尊重愛敬供養以香華瓔珞塗香擣香
幢幡華蓋百千億種寶衣供養諸佛不應住
以有所得故我當令无量阿僧祇衆生發阿
耨多羅三藐三菩提心如是菩薩不應住我
當生五眼肉眼天眼慧眼法眼佛眼不應住
我當生一切三昧門不應住隨所欲遊戲諸
三昧不應住我當生一切陁羅尼門不應住
我當得佛十力不應住我當得四无所畏四
无㝵智十八不共法不應住我當具足大慈
大悲不應住我當具足三十二相不應住我
當具足八十隨形好不應住以有所得故是八
人是信行人是法行人如是不應住須陁洹
極七世生不應住家家不應住須陁洹命終
結盡不應住須陁洹中間入涅槃不應住是
人向斯陁含果證不應住是人斯陁含一來
入涅槃不應住是人向阿那含果證不應住
斯陁含一種不應住是人阿那含彼間入涅
槃不應住是人向阿羅漢果證不應住是人
阿羅漢今世入无餘涅槃不應住是辟支佛
不應住過聲聞辟支佛地我當住菩薩地不
應住道種智中不應住以有所得故一切種
一切法知已斷諸煩惱及習不應住佛得阿
耨多羅三藐三菩提當轉法輪不應住作佛

BD03370號　摩訶般若波羅蜜經(四十卷本)卷一三　(21-17)

應住道種智中不應住以有所得故一切種
一切法知已斷諸煩惱及習不應住佛得阿
耨多羅三藐三菩提當轉法輪不應住作佛
事度无量阿僧祇衆生入涅槃不應住四如
意足中不應住入是三昧住如恒河沙等劫
壽不應住我當得壽命无央數劫不應住三
十二相一一相百福莊嚴不應住我一世界如
十方恒河沙等世界不應住我三千大千世
界然是金剛不應住我菩提樹當出如是香
衆生聞者无有婬欲瞋恚愚癡亦无聲聞辟
支佛心是一切人必當得阿耨多羅三藐三
菩提若衆生聞是香者身病意病皆悉除
盡不應住當使我世界中无有色受想行識名
字不應住當使我世界中无有檀波羅蜜名
字乃至无有般若波羅蜜名字當使我世界
中无有四念處名字乃至无有十八不共法
名字亦无須陁洹名字乃至无佛名字不應
住以有所得故何以故諸佛得阿耨多羅三
藐三菩提時一切諸法无所得故如是憍尸迦
菩薩於般若波羅蜜中不應住以无所得故
尒時舍利弗心念善薩今云何應住般若波
羅蜜中須菩提知舍利弗心所念語舍利弗
言於汝意云何諸佛何所住舍利弗語須菩
提諸佛无有住處諸佛不色中住不受想行
識中住不有為性中住不无為性中住不四

言於汝意云何諸佛何所住舍利弗語須菩
提諸佛无有住處諸佛不色中住不受想行
識中住不有為性中住不无為性中住不四
念處中住乃至不十八不共法中住不一切
種智中住舍利弗菩薩摩訶薩般若波羅蜜
中應如是住如諸佛住於諸法中非住非不住
舍利弗菩薩　摩訶薩般若波羅蜜中應如
是學我當住不住法故尒時會中有諸天子
作是念諸夜叉語言字句所說尚可了知須
菩提所說語言論議解釋般若波羅蜜了不
可知須菩提知諸天子心所念語諸天子不
解不知耶諸天子言大德不解不知須菩提
語諸天子設等法應不知我无所論說乃至
不說一字亦无聽者何以故諸字非般若波
羅蜜般若波羅蜜中无聽者諸佛阿耨多羅
三藐三菩提无字无說諸天子如佛化作化
人是化人復化作四部衆比丘比丘尼優婆
塞優婆夷化人於四部衆中說法於汝意云
何是中有說者有聽者知者不諸天子言不
也大德須菩提言一切法皆如化此中无說者
无聽者无知者諸天子辟如人夢中見佛說
法於汝意云何是中有說者有聽者有知
者不諸天子言不也大德須菩提語諸天子
一切諸法皆如夢无說无聽无知者諸天子
辟如二人在大深澗各住一面讃佛法衆有

法於諸意云何是中有言者有聽者不
者不諸天子言不也大德須菩提諸語天子
一切諸法皆如夢无說无聽无知者諸天子
譬如二人在大澤澗各住一面讚佛法衆有
二響出於諸天子意云何是二響展轉相解
不諸天子言不也大德諸天子一切法二如
是无說无聽无知者諸天子譬如工幻師於
四衢道中化作佛及四部衆於中說法於諸
天子意云何是中有說者有聽者有知者不
諸天子言不也大德諸天子一切諸法如幻
无說者无聽者无知者尒時諸天子念須
菩提所說欲令易解轉深轉妙須菩提知諸
天子心所念語諸天子言色非深非妙受想
行識非深非妙色性非深非妙受想行識性
非深非妙眼性乃至意性色性乃至法性眼
界性乃至意界性眼識乃至意識眼觸乃至
意觸眼觸因緣生受乃至意觸因緣生受檀
波羅蜜乃至般若波羅蜜內空乃至无法有
法空四念處乃至十八不共法一切諸三昧
門一切諸陀羅尼門乃至一切種智一切種
智性非深非妙諸天子復作是念是所說法
中不說色不說受想行識不說眼乃至意觸
因緣生受不說檀波羅蜜乃至般若波羅蜜
不說內空乃至无法有法空不說四念處乃
至十八不共法不說陀羅尼門三昧門乃至
一切種智不說須陀洹果乃至阿羅漢果不

BD03370號　摩訶般若波羅蜜經（四十卷本）卷一三　（21–20）

不說內空乃至无法有法空不說四念處乃
至十八不共法不說陀羅尼門三昧門乃至
一切種智不說須陀洹果乃至阿羅漢果不
說辟支佛道不說阿耨多羅三藐三菩提道
是法中不說名字語言須菩提知諸天子心
所念語諸天子言如是如是諸天子是法中
諸佛阿耨多羅三藐三菩提不可說相是中
无聽者无知者以是故諸天子善男子善女
人欲住須陀洹果欲證須陀洹果者是人不
離是忍斯陀含阿那含阿羅漢果辟支佛道
佛道欲住欲證不離是忍如是諸天子菩薩
摩訶薩從初發心般若波羅蜜中應如是住
以无說无聽故

摩訶般若波羅蜜經卷第十三

BD03370號　摩訶般若波羅蜜經（四十卷本）卷一三　（21–21）

初分難信解品第卅四之九十一　三藏法師玄奘奉　詔譯
善現一切智智清淨故內空清淨內空清淨故
空解脫門清淨何以故若一切智智清淨
若內空清淨若空解脫門清淨無二無二分
無別無斷故一切智智清淨故外空內外空
空空大空勝義空有為空無為空畢竟空無
際空散空無變異空本性空自相空共相空
一切法空不可得空無性空自性空無性自
性空清淨外空乃至無性自性空清淨故空
解脫門清淨何以故若一切智智清淨若外
空乃至無性自性空清淨若空解脫門清淨
無二無二分無別無斷故善現一切智智清
淨故真如清淨真如清淨故空解脫門清淨
何以故若一切智智清淨若真如清淨若空
解脫門清淨無二無二分無別無斷故一切
智智清淨故法界法性不虛妄性不變異性
平等性離生性法定法住實際虛空界不思
議界清淨法界乃至不思議界清淨故空解

BD03371 號　大般若波羅蜜多經卷二七二　（19-1）

何以故若一切智智清淨若真如清淨若空
解脫門清淨無二無二分無別無斷故一切
智智清淨故法界法性不虛妄性不變異性
平等性離生性法定法住實際虛空界不思
議界清淨法界乃至不思議界清淨故空解
脫門清淨何以故若一切智智清淨若法界
乃至不思議界清淨若空解脫門清淨無二無
二分無別無斷故善現一切智智清淨故
苦聖諦清淨苦聖諦清淨故空解脫門清淨
何以故若一切智智清淨若苦聖諦清淨若
空解脫門清淨無二無二分無別無斷故一
切智智清淨故集滅道聖諦清淨集滅道聖
諦清淨故空解脫門清淨何以故若一切智
智清淨若集滅道聖諦清淨若空解脫門清
淨無二無二分無別無斷故善現一切智智
清淨故四靜慮清淨四靜慮清淨故空解脫
門清淨何以故若一切智智清淨若四靜慮
清淨若空解脫門清淨無二無二分無別無
斷故一切智智清淨故四無量四無色定清
淨四無量四無色定清淨故空解脫門清淨
何以故若一切智智清淨若四無量四無色
定清淨若空解脫門清淨無二無二分無別
無斷故善現一切智智清淨故八解脫清淨
八解脫清淨故空解脫門清淨何以故若一
切智智清淨若八解脫清淨若空解脫門清
淨無二無二分無別無斷故一切智智清淨
故八勝處九次第定十遍處清淨八勝處九

BD03371 號　大般若波羅蜜多經卷二七二　（19-2）

八解脫清淨故空解脫門清淨何以故若一
切智智清淨若八解脫清淨若空解脫門清
淨無二無二分無別無斷故一切智智清淨
故八勝處九次第定十遍處清淨八勝處九
次第定十遍處清淨故空解脫門清淨何以
故若一切智智清淨若八勝處九次第定十
遍處清淨若空解脫門清淨無二無二分無
別無斷故善現一切智智清淨故四念住清
淨四念住清淨故空解脫門清淨何以故若
一切智智清淨若四念住清淨若空解脫門
清淨無二無二分無別無斷故一切智智清
淨故四正斷四神足五根五力七等覺支八
聖道支清淨四正斷乃至八聖道支清淨故
空解脫門清淨何以故若一切智智清淨若
四正斷乃至八聖道支清淨若空解脫門清
淨無二無二分無別無斷故善現一切智智
清淨故無相解脫門清淨無相解脫門清淨
故空解脫門清淨何以故若一切智智清淨
若無相解脫門清淨若空解脫門清淨無二
無二分無別無斷故一切智智清淨故無願
解脫門清淨無願解脫門清淨故空解脫門
清淨何以故若一切智智清淨若無願解脫
門清淨若空解脫門清淨無二無二分無別
無斷故善現一切智智清淨故菩薩十地
清淨菩薩十地清淨故空解脫門清淨何以
故若一切智智清淨若菩薩十地清淨若空
解脫門清淨無二無二分無別無斷故

BD03371號　大般若波羅蜜多經卷二七二

（19–3）

無斷故善現一切智智清淨故菩薩十地
清淨菩薩十地清淨故空解脫門清淨何以
故若一切智智清淨若菩薩十地清淨若空
解脫門清淨無二無二分無別無斷故
善現一切智智清淨故五眼清淨五眼清淨
故空解脫門清淨何以故若一切智智清淨
若五眼清淨若空解脫門清淨無二無二分
無別無斷故一切智智清淨故六神通清淨
六神通清淨故空解脫門清淨何以故若一
切智智清淨若六神通清淨若空解脫門清
淨無二無二分無別無斷故善現一切智智
清淨故佛十力清淨佛十力清淨故空解脫
門清淨何以故若一切智智清淨若佛十力
清淨若空解脫門清淨無二無二分無別無
斷故一切智智清淨故四無所畏四無礙解
大慈大悲大喜大捨十八佛不共法清淨四
無所畏乃至十八佛不共法清淨故空解脫
門清淨何以故若一切智智清淨若四無所
畏乃至十八佛不共法清淨若空解脫門清
淨無二無二分無別無斷故善現一切智智
清淨故無忘失法清淨無忘失法清淨故空
解脫門清淨何以故若一切智智清淨若無
忘失法清淨若空解脫門清淨無二無二分
無別無斷故一切智智清淨故恒住捨性清
淨恒住捨性清淨故空解脫門清淨何以故
若一切智智清淨若恒住捨性清淨若空解
脫門清淨無二無二分無別無斷故善現一

BD03371號　大般若波羅蜜多經卷二七二

（19–4）

無別無斷故一切智智清淨故恒住捨性清
淨恒住捨性清淨故空解脫門清淨何以故
若一切智智清淨若恒住捨性清淨若空解
脫門清淨無二無二分無別無斷故善現一
切智智清淨故一切智清淨一切智清淨故
空解脫門清淨何以故若一切智智清淨若
一切智清淨若空解脫門清淨無二無二分
無別無斷故一切智智清淨故道相智一切
相智清淨道相智一切相智清淨故空解脫
門清淨何以故若一切智智清淨若道相智
一切相智清淨若空解脫門清淨無二無二
分無別無斷故善現一切智智清淨故一切
陁羅尼門清淨一切陁羅尼門清淨故空解
脫門清淨何以故若一切智智清淨若一切
陁羅尼門清淨若空解脫門清淨無二無二
分無別無斷故一切智智清淨故一切三摩
地門清淨一切三摩地門清淨故空解脫門
清淨何以故若一切智智清淨若一切三摩
地門清淨若空解脫門清淨無二無二分無別
無斷故
善現一切智智清淨故預流果清淨預流果
清淨故空解脫門清淨何以故若一切智智
清淨若預流果清淨若空解脫門清淨無二
無二分無別無斷故一切智智清淨故一来
不還阿羅漢果清淨一来不還阿羅漢果清
淨故空解脫門清淨何以故若一切智智清
淨若一来不還阿羅漢果清淨若空解脫門

不還阿羅漢果清淨一来不還阿羅漢果清
淨故空解脫門清淨何以故若一切智智清
淨若一来不還阿羅漢果清淨若空解脫門
清淨無二無二分無別無斷故
善現一切智智清淨故獨覺菩提清淨獨覺
菩提清淨故空解脫門清淨何以故若一切
智智清淨若獨覺菩提清淨若空解脫門清
淨無二無二分無別無斷故善現一切智智
清淨故一切菩薩摩訶薩行清淨一切菩薩
摩訶薩行清淨故空解脫門清淨何以故若
一切智智清淨若一切菩薩摩訶薩行清淨
若空解脫門清淨無二無二分無別無斷故
善現一切智智清淨故諸佛無上正等菩提
清淨諸佛無上正等菩提清淨故空解脫門
清淨何以故若一切智智清淨若諸佛無上
正等菩提清淨若空解脫門清淨無二無二
分無別無斷故
復次善現一切智智清淨故色清淨色清淨
故無相解脫門清淨何以故若一切智智清
淨若色清淨若無相解脫門清淨無二無二
分無別無斷故一切智智清淨故受想行識
清淨受想行識清淨故無相解脫門清淨何
以故若一切智智清淨若受想行識清淨若
無相解脫門清淨無二無二分無別無斷故
善現一切智智清淨故眼處清淨眼處清
淨故無相解脫門清淨何以故若一切智智清
淨若眼處清淨若無相解脫門清淨無二無

以故若一切智智清淨若受想行識清淨若
無相解脫門清淨無二無二分無別無斷故
善現一切智智清淨故眼處清淨眼處清
淨故無相解脫門清淨何以故若一切智智清
淨若眼處清淨若無相解脫門清淨無二無
二分無別無斷故一切智智清淨故耳鼻舌
身意處清淨耳鼻舌身意處清淨故無相解
脫門清淨何以故若一切智智清淨若耳鼻
舌身意處清淨若無相解脫門清淨無二無
二分無別無斷故善現一切智智清淨故色
處清淨色處清淨故無相解脫門清淨何以
故若一切智智清淨若色處清淨若無相解
脫門清淨無二無二分無別無斷故一切智智
清淨故聲香味觸法處清淨聲香味觸法
處清淨故無相解脫門清淨何以故若一切
智智清淨若聲香味觸法處清淨若無相解
脫門清淨無二無二分無別無斷故善現一
切智智清淨故眼界清淨眼界清淨故無相
解脫門清淨何以故若一切智智清淨若眼
界清淨若無相解脫門清淨無二無二分無
別無斷故一切智智清淨故色界眼識界及
眼觸眼觸為緣所生諸受清淨色界乃至眼
觸為緣所生諸受清淨故無相解脫門清淨
何以故若一切智智清淨若色界乃至眼觸
為緣所生諸受清淨若無相解脫門清淨無
二無二分無別無斷故善現一切智智清淨
故耳界清淨耳界清淨故無相解脫門清淨

BD03371 號　大般若波羅蜜多經卷二七二

（19–7）

為緣所生諸受清淨若無相解脫門清淨無
二無二分無別無斷故善現一切智智清淨
故耳界清淨耳界清淨故無相解脫門清淨
何以故若一切智智清淨若耳界清淨若無
相解脫門清淨無二無二分無別無斷故一
切智智清淨故聲界耳識界及耳觸耳觸為
緣所生諸受清淨聲界乃至耳觸為緣所生
諸受清淨故無相解脫門清淨何以故若一
切智智清淨若聲界乃至耳觸為緣所生諸
受清淨若無相解脫門清淨無二無二分無
別無斷故善現一切智智清淨故鼻界清淨
鼻界清淨故無相解脫門清淨何以故若一
切智智清淨若鼻界清淨若無相解脫門清
淨無二無二分無別無斷故一切智智清淨
故香界鼻識界及鼻觸鼻觸為緣所生諸受
清淨香界乃至鼻觸為緣所生諸受清淨故
無相解脫門清淨何以故若一切智智清淨若
香界乃至鼻觸為緣所生諸受清淨若無
相解脫門清淨無二無二分無別無斷故善
現一切智智清淨故舌界清淨舌界清淨故
無相解脫門清淨何以故若一切智智清淨
若舌界清淨若無相解脫門清淨無二無二
分無別無斷故一切智智清淨故味界舌識
界及舌觸舌觸為緣所生諸受清淨味界乃
至舌觸為緣所生諸受清淨故無相解脫門
清淨何以故若一切智智清淨若味界乃至
舌觸為緣所生諸受清淨若無相解脫門清

BD03371 號　大般若波羅蜜多經卷二七二

（19–8）

界及舌觸舌觸為緣所生諸受清淨味界乃
至舌觸為緣所生諸受清淨故無相解脫門
清淨何以故若一切智智清淨若味界乃至
舌觸為緣所生諸受清淨若無相解脫門清
淨無二無二分無別無斷故善現一切智智
清淨故身界清淨身界清淨故無相解脫門
清淨何以故若一切智智清淨若身界清淨
若無相解脫門清淨無二無二分無別無斷
故一切智智清淨故觸界身識界及身觸身
觸為緣所生諸受清淨觸界乃至身觸為緣
所生諸受清淨故無相解脫門清淨何以故
若一切智智清淨若觸界乃至身觸為緣所
生諸受清淨若無相解脫門清淨無二無二
分無別無斷故善現一切智智清淨故意界
清淨意界清淨故無相解脫門清淨何以故
若一切智智清淨若意界清淨若無相解脫
門清淨無二無二分無別無斷故一切智智清
淨故法界意識界及意觸意觸為緣所生
諸受清淨法界乃至意觸為緣所生諸受清
淨故無相解脫門清淨何以故若一切智智
清淨若法界乃至意觸為緣所生諸受清淨
若無相解脫門清淨無二無二分無別無斷
故善現一切智智清淨故地界清淨地界清
淨故無相解脫門清淨何以故若一切智智
清淨若地界清淨若無相解脫門清淨無二
無二分無別無斷故一切智智清淨故水大
風空識界清淨水大風空識界清淨故無相

BD03371號　大般若波羅蜜多經卷二七二　（19–9）

淨故無相解脫門清淨何以故若一切智智
清淨若地界清淨若無相解脫門清淨無二
無二分無別無斷故一切智智清淨故水大
風空識界清淨水大風空識界清淨故無相
解脫門清淨何以故若一切智智清淨若水
大風空識界清淨若無相解脫門清淨無二
無二分無別無斷故善現一切智智清淨故
無明清淨無明清淨故無相解脫門清淨何
以故若一切智智清淨若無明清淨若無相
解脫門清淨無二無二分無別無斷故一切
智智清淨故行識名色六處觸受愛取有生
老死愁歎苦憂惱清淨行乃至老死愁歎苦
憂惱清淨故無相解脫門清淨何以故若一
切智智清淨若行乃至老死愁歎苦憂惱清
淨若無相解脫門清淨無二無二分無別無
斷故
善現一切智智清淨故布施波羅蜜多清淨
布施波羅蜜多清淨故無相解脫門清淨何
以故若一切智智清淨若布施波羅蜜多清
淨若無相解脫門清淨無二無二分無別無
斷故一切智智清淨故淨戒安忍精進靜慮
般若波羅蜜多清淨淨戒乃至般若波羅蜜
多清淨故無相解脫門清淨何以故若一切
智智清淨若淨戒乃至般若波羅蜜多清淨
若無相解脫門清淨無二無二分無別無斷
故善現一切智智清淨故內空清淨內空清
淨故無相解脫門清淨何以故若一切智智

BD03371號　大般若波羅蜜多經卷二七二　（19–10）

智智清淨若淨戒乃至般若波羅蜜多清淨
若無相解脫門清淨無二無二分無別無斷
故善現一切智智清淨故內空清淨內空清
淨故無相解脫門清淨何以故若一切智智
清淨若內空清淨若無相解脫門清淨無二
無二分無別無斷故一切智智清淨故外空
內外空空空大空勝義空有為空無為空畢
竟空無際空散空無變異空本性空自相空
共相空一切法空不可得空無性空自性空
無性自性空清淨外空乃至無性自性空清
淨故無相解脫門清淨何以故若一切智智
清淨若外空乃至無性自性空清淨若無相
解脫門清淨無二無二分無別無斷故善現
一切智智清淨故真如清淨真如清淨故無
相解脫門清淨何以故若一切智智清淨若
真如清淨若無相解脫門清淨無二無二分無
別無斷故一切智智清淨故法界法性不
虛妄性不變異性平等性離生性法定法住
實際虛空界不思議界清淨法界乃至不思
議界清淨故無相解脫門清淨何以故若一
切智智清淨若法界乃至不思議界清淨若
無相解脫門清淨無二無二分無別無斷故
善現一切智智清淨故苦聖諦清淨苦聖諦
清淨故無相解脫門清淨何以故若一切智
智清淨若苦聖諦清淨若無相解脫門清淨
無二無二分無別無斷故一切智智清淨故
集滅道聖諦清淨集滅道聖諦清淨故無相

BD03371 號　大般若波羅蜜多經卷二七二

（19–11）

智清淨若苦聖諦清淨若無相解脫門清淨
無二無二分無別無斷故一切智智清淨故
集滅道聖諦清淨集滅道聖諦清淨故無相
解脫門清淨何以故若一切智智清淨若集
滅道聖諦清淨若無相解脫門清淨無二無
二分無別無斷故善現一切智智清淨故四
靜慮清淨四靜慮清淨故無相解脫門清淨
何以故若一切智智清淨若四靜慮清淨若
無相解脫門清淨無二無二分無別無斷故
一切智智清淨故四無量四無色定清淨四
無量四無色定清淨故無相解脫門清淨何
以故若一切智智清淨若四無量四無色定
清淨若無相解脫門清淨無二無二分無別
無斷故善現一切智智清淨故八解脫清淨
八解脫清淨故無相解脫門清淨何以故若
一切智智清淨若八解脫清淨若無相解脫
門清淨無二無二分無別無斷故一切智智
清淨故八勝處九次第定十遍處清淨八勝
處九次第定十遍處清淨故無相解脫門清
淨何以故若一切智智清淨若八勝處九次
第定十遍處清淨若無相解脫門清淨無二
無二分無別無斷故善現一切智智清淨故
四念住清淨四念住清淨故無相解脫門清
淨何以故若一切智智清淨若四念住清淨
若無相解脫門清淨無二無二分無別無斷
故一切智智清淨故四正斷四神足五根五

BD03371 號　大般若波羅蜜多經卷二七二

（19–12）

淨何以故若一切智智清淨若四念住清淨
若無相解脫門清淨無二無二分無別無斷
故一切智智清淨故四正斷四神足五根五
力七等覺支八聖道支清淨四正斷乃至八
聖道支清淨故無相解脫門清淨何以故若
一切智智清淨若四正斷乃至八聖道支清
淨若無相解脫門清淨無二無二分無別無
斷故善現一切智智清淨故空解脫門清淨
空解脫門清淨故無相解脫門清淨何以故
若一切智智清淨若空解脫門清淨若無相
解脫門清淨無二無二分無別無斷故一切
智智清淨故無願解脫門清淨無願解脫門
清淨故無相解脫門清淨何以故若一切智
智清淨若無願解脫門清淨若無相解脫門
清淨無二無二分無別無斷故善現一切智
智清淨故菩薩十地清淨菩薩十地清淨故
無相解脫門清淨何以故若一切智智清淨
若菩薩十地清淨若無相解脫門清淨無二
無二分無別無斷故
善現一切智智清淨故五眼清淨五眼清淨
故無相解脫門清淨何以故若一切智智清
淨若五眼清淨若無相解脫門清淨無二無
二分無別無斷故一切智智清淨故六神通
清淨六神通清淨故無相解脫門清淨何以
故若一切智智清淨若六神通清淨若無相
解脫門清淨無二無二分無別無斷故善現
一切智智清淨故佛十力清淨佛十力清淨
故無相解脫門清淨何以故若一切智智清

BD03371號　大般若波羅蜜多經卷二七二　（19–13）

故若一切智智清淨若六神通清淨若無相
解脫門清淨無二無二分無別無斷故善現
一切智智清淨故佛十力清淨佛十力清淨
故無相解脫門清淨何以故若一切智智清
淨若佛十力清淨若無相解脫門清淨無二
無二分無別無斷故一切智智清淨故四無
所畏四無礙解大慈大悲大喜大捨十八佛
不共法清淨四無所畏乃至十八佛不共法
清淨故無相解脫門清淨何以故若一切智
智清淨若四無所畏乃至十八佛不共法清
淨若無相解脫門清淨無二無二分無別
無斷故善現一切智智清淨故無忘失法清淨
無忘失法清淨故無相解脫門清淨何以故
若一切智智清淨若無忘失法清淨若無相
解脫門清淨無二無二分無別無斷故一切
智智清淨故恒住捨性清淨恒住捨性清淨
故無相解脫門清淨何以故若一切智智清
淨若恒住捨性清淨若無相解脫門清淨無
二無二分無別無斷故善現一切智智清淨
故一切智清淨一切智清淨故無相解脫門
清淨何以故若一切智智清淨若一切智清
淨若無相解脫門清淨無二無二分無別無
斷故一切智智清淨故道相智一切相智清
淨道相智一切相智清淨故無相解脫門清
淨何以故若一切智智清淨若道相智一切
相智清淨若無相解脫門清淨無二無二分
無別無斷故善現一切智智清淨故一切陁
羅尼門清淨一切陁羅尼門清淨故無相解

BD03371號　大般若波羅蜜多經卷二七二　（19–14）

淨何以故若一切智智清淨若道相智一切
相智清淨若無相解脫門清淨無二無二分
無別無斷故善現一切智智清淨故一切陁
羅尼門清淨一切陁羅尼門清淨故無相解
脫門清淨何以故若一切智智清淨若一切
陁羅尼門清淨若無相解脫門清淨無二無
二分無別無斷故一切智智清淨故一切三
摩地門清淨一切三摩地門清淨故無相解
脫門清淨何以故若一切智智清淨若一切
三摩地門清淨若無相解脫門清淨無二無
二分無別無斷故
善現一切智智清淨故預流果清淨預流果
清淨故無相解脫門清淨何以故若一切智
智清淨若預流果清淨若無相解脫門清淨
無二無二分無別無斷故一切智智清淨故
一來不還阿羅漢果清淨一來不還阿羅漢
果清淨故無相解脫門清淨何以故若一切
智智清淨若一來不還阿羅漢果清淨若無
相解脫門清淨無二無二分無別無斷故善
現一切智智清淨故獨覺菩提清淨獨覺菩
提清淨故無相解脫門清淨何以故若一切
智智清淨若獨覺菩提清淨若無相解脫門
清淨無二無二分無別無斷故善現一切智
智清淨故一切菩薩摩訶薩行清淨一切菩
薩摩訶薩行清淨故無相解脫門清淨何以
故若一切智智清淨若一切菩薩摩訶薩行
清淨若無相解脫門清淨無二無二分無別

BD03371 號　大般若波羅蜜多經卷二七二

(19–15)

清淨無二無二分無別無斷故善現一切智
智清淨故一切菩薩摩訶薩行清淨一切菩
薩摩訶薩行清淨故無相解脫門清淨何以
故若一切智智清淨若一切菩薩摩訶薩行
清淨若無相解脫門清淨無二無二分無別
無斷故善現一切智智清淨故諸佛無上正
等菩提清淨諸佛無上正等菩提清淨故
無相解脫門清淨何以故若一切智智清淨若
諸佛無上正等菩提清淨若無相解脫門清淨
無二無二分無別無斷故
復次善現一切智智清淨故色清淨色清淨
故無願解脫門清淨何以故若一切智智清
淨若色清淨若無願解脫門清淨無二無二
分無別無斷故一切智智清淨故受想行識
清淨受想行識清淨故無願解脫門清淨何
以故若一切智智清淨若受想行識清淨若
無願解脫門清淨無二無二分無別無斷故
善現一切智智清淨故眼處清淨眼處清淨
故無願解脫門清淨何以故若一切智智清
淨若眼處清淨若無願解脫門清淨無二無
二分無別無斷故一切智智清淨故耳鼻舌
身意處清淨耳鼻舌身意處清淨故無願
解脫門清淨何以故若一切智智清淨若耳鼻
舌身意處清淨若無願解脫門清淨無二無
二分無別無斷故善現一切智智清淨故色
處清淨色處清淨故無願解脫門清淨何以故
若一切智智清淨若色處清淨若無願解

BD03371 號　大般若波羅蜜多經卷二七二

(19–16)

二分無別無斷故善現一切智智清淨故色
處清淨色處清淨故無願解脫門清淨何以故
若一切智智清淨若色處清淨若無願解
脫門清淨無二無二分無別無斷故一切智
智清淨故聲香味觸法處清淨聲香味觸法
處清淨故無願解脫門清淨何以故若一切
智智清淨若聲香味觸法處清淨若無願
解脫門清淨無二無二分無別無斷故善現
一切智智清淨故眼界清淨眼界清淨故無願
解脫門清淨何以故若一切智智清淨若眼
界清淨若無願解脫門清淨無二無二分無
別無斷故一切智智清淨故色界眼識界及
眼觸眼觸為緣所生諸受清淨色界乃至眼
觸為緣所生諸受清淨故無願解脫門清淨
何以故若一切智智清淨若色界乃至眼觸
為緣所生諸受清淨若無願解脫門清淨無
二無二分無別無斷故善現一切智智清淨
故耳界清淨耳界清淨故無願解脫門清淨
何以故若一切智智清淨若耳界清淨若無
願解脫門清淨無二無二分無別無斷故一
切智智清淨故聲界耳識界及耳觸耳觸為
緣所生諸受清淨聲界乃至耳觸為緣所生
諸受清淨故無願解脫門清淨何以故若一
切智智清淨若聲界乃至耳觸為緣所生諸
受清淨若無願解脫門清淨無二無二分無
別無斷故善現一切智智清淨故鼻界清淨
鼻界清淨故無願解脫門清淨何以故若一

BD03371號　大般若波羅蜜多經卷二七二　（19–17）

聲界乃至耳觸為緣所生諸
受清淨若無願解脫門清淨無二無二分無
別無斷故善現一切智智清淨故鼻界清淨
鼻界清淨故無願解脫門清淨何以故若一
切智智清淨若鼻界清淨若無願解脫門
清淨無二無二分無別無斷故一切智智清淨
故香界鼻識界及鼻觸鼻觸為緣所生諸受
清淨香界乃至鼻觸為緣所生諸受清淨故
無願解脫門清淨何以故若一切智智清淨
若香界乃至鼻觸為緣所生諸受清淨若無
願解脫門清淨無二無二分無別無斷故善
現一切智智清淨故舌界清淨舌界清淨故
無願解脫門清淨何以故若一切智智清淨
若舌界清淨若無願解脫門清淨無二無二
分無別無斷故一切智智清淨故味界舌識
界及舌觸舌觸為緣所生諸受清淨味界乃
至舌觸為緣所生諸受清淨故無願解脫門
清淨何以故若一切智智清淨若味界乃至
舌觸為緣所生諸受清淨若無願解脫門清
淨無二無二分無別無斷故善現一切智智
清淨故身界清淨身界清淨故無願解脫門
清淨何以故若一切智智清淨若身界清淨
若無願解脫門清淨無二無二分無別無斷
故一切智智清淨故觸界身識界及身觸身
觸為緣所生諸受清淨觸界乃至身觸為緣
所生諸受清淨故無願解脫門清淨何以故
若一切智智清淨若觸界乃至身觸為緣所

BD03371號　大般若波羅蜜多經卷二七二　（19–18）

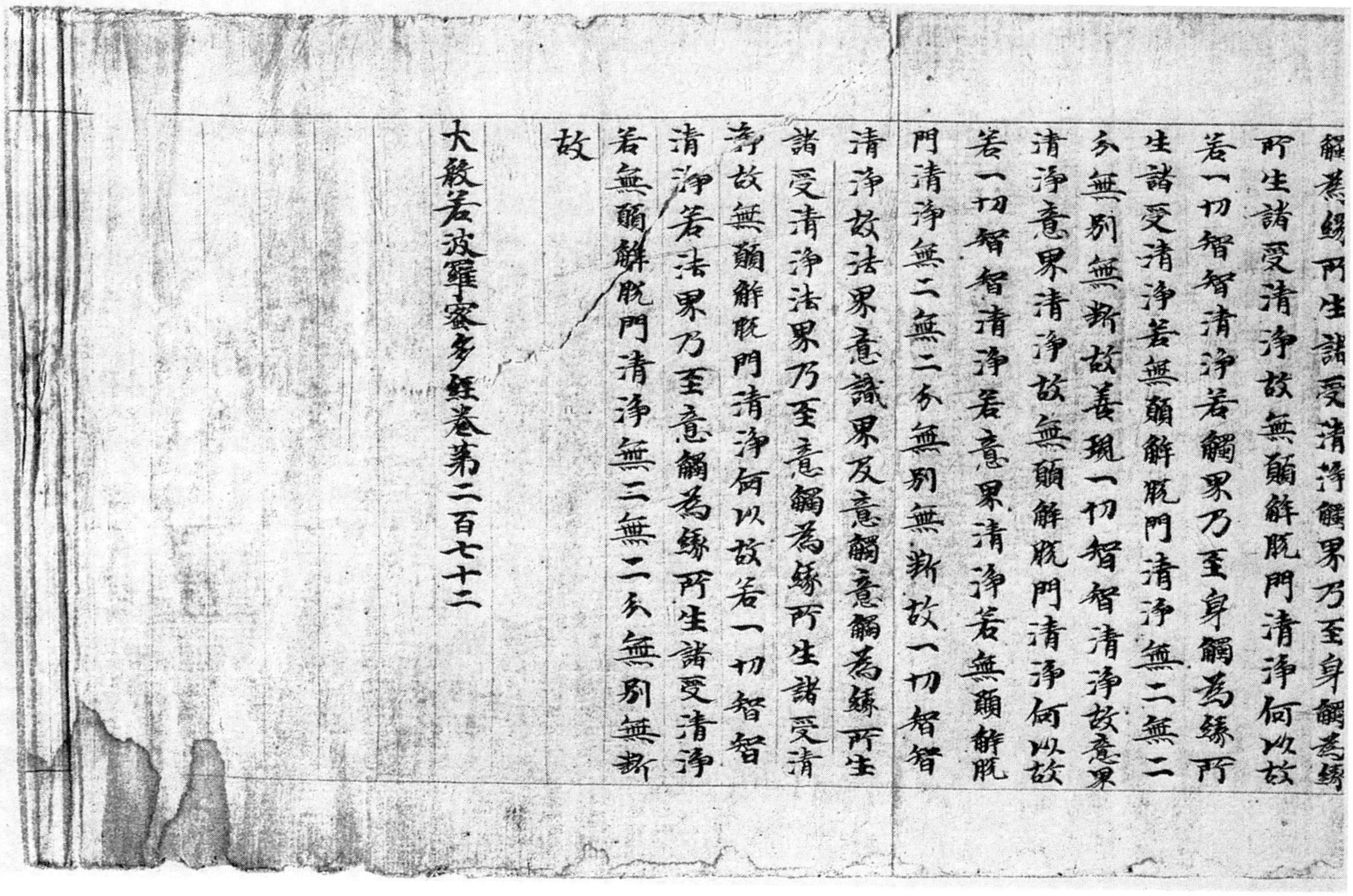
觸爲緣所生諸受清淨若觸界乃至身觸爲緣
所生諸受清淨故無願解脫門清淨何以故
若一切智智清淨若觸界乃至身觸爲緣所
生諸受清淨若無願解脫門清淨無二無二
分無別無斷故善現一切智智清淨故意界
清淨意界清淨故無願解脫門清淨何以故
若一切智智清淨若意界清淨若無願解脫
門清淨無二無二分無別無斷故一切智智
清淨故法界意識界及意觸意觸爲緣所生
諸受清淨法界乃至意觸爲緣所生諸受清
淨故無願解脫門清淨何以故若一切智智
清淨若法界乃至意觸爲緣所生諸受清淨
若無願解脫門清淨無二無二分無別無斷
故
大般若波羅蜜多經卷第二百七十二

BD03371號　大般若波羅蜜多經卷二七二　（19–19）

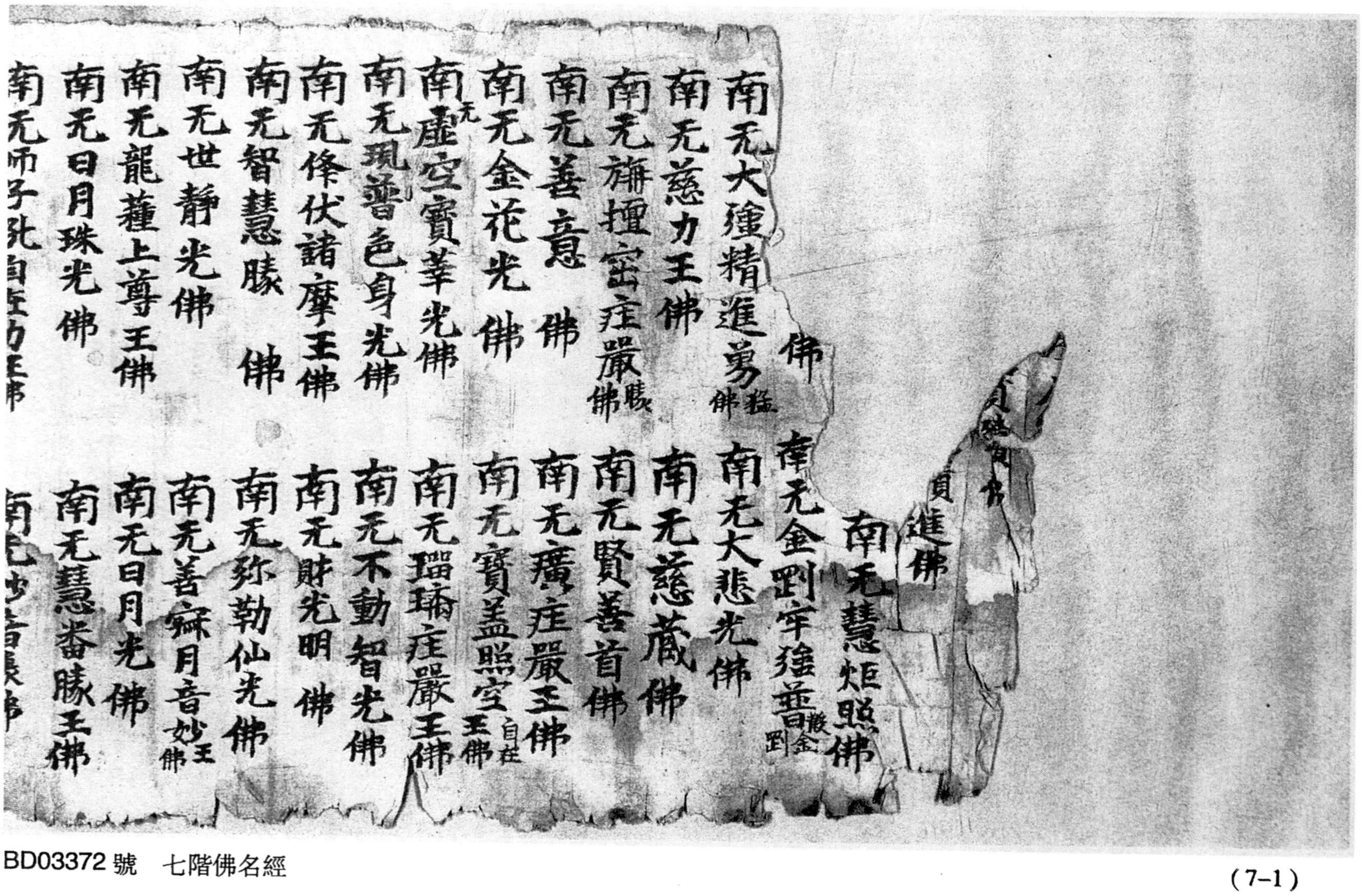
南无大精進勇猛佛
南无慈力王佛
南无旃檀窟莊嚴勝佛
南无善意佛
南无金花光佛
南无虛空寶華光佛
南无現普色身光佛
南无降伏諸魔王佛
南无智慧勝佛
南无世靜光佛
南无龍種上尊王佛
南无日月珠光佛
南无師子吼自在力王佛
[illegible]進佛
南无慧炬照佛
南无金剛牢強普散金剛佛
南无大悲光佛
南无慈藏佛
南无賢善首佛
南无廣莊嚴王佛
南无寶蓋照空自在王佛
南无瑠璃莊嚴王佛
南无不動智光佛
南无財光明佛
南无彌勒仙光佛
南无善寂月音妙王佛
南无日月光佛
南无慧幡勝王佛
南无妙音勝佛

BD03372號　七階佛名經　（7–1）

南无智慧勝　佛　南无弥勒仙光佛
南无世静光佛　南无善寂月音妙王佛
南无龍種上尊王佛　南无日月光佛
南无日月珠光佛　南无慧番勝王佛
南无师子吼自在力王佛　南无妙音勝佛
南无常光幢佛　南无觀世燈佛
南无慧威燈王佛　南无法勝王佛
南无須弥光佛　南无須曼那華光
南无優曇鉢羅華珠勝王佛南无大慧力王佛
南无阿閦毗歡喜光佛　南无大慧力王佛
南无无量音聲王佛　南无財光佛
南无金海光佛　南无山海慧自在通王佛
南无大通光佛　南无一切法常滿王佛
皆乃是過去久遠舊住娑婆世界成就衆生而般
涅槃若有善男子善女人及餘一切中衆生得聞
是五十三佛名者是人於百千万億阿僧祇劫不墮
惡道若復有人能稱是五十三佛名者生生之處常得
值遇十方諸佛若復有人能至心敬礼五十三佛名者
除滅四重五逆及謗方等經皆悉清淨以是諸佛本
誓願故於念念中即得除滅如上諸罪
南无東善德如来十方佛等一切諸佛
南无拘那提如来賢劫千佛等一切諸佛
南无釋迦牟尼如来三十五佛等一切諸佛
南无釋迦牟尼佛　南无金剛不壞佛
南无寶寶光佛　南……

BD03372號　七階佛名經　（7–2）

南无釋迦牟尼如来三十五佛等一切諸佛
南无釋迦牟尼佛　南无金剛不壞佛
南无寶寶光佛　南无龍尊王佛
南无精進軍佛　南无精進喜佛
南无寶火佛　南无寶月光佛
南无現无愚佛　南无寶月佛
南无垢無佛　南无離垢佛
南无勇施佛　南无清淨佛
南无清淨施佛　南无娑留那佛
南无水无天佛　南无堅德佛
南无旃檀功德佛　南无无量掬光佛
南无光德佛　南无无憂德佛
南无那羅延佛　南无功德華佛
南无蓮華光遊戲神通佛　南无財功德佛
南无德念佛　南无善名稱功德佛
南无紅焰幢王佛　南无善遊步功德佛
南无鬪戰勝佛　南无善遊步佛
南无周迊莊功德佛　南无寶華遊步佛
南无寶蓮華善住娑羅樹王佛
樂王樂上經空有其目而無此卅五佛名出决定毗尼經
南无東方阿閦如来十方无量佛等一切諸佛
已上七階佛名依樂王樂上經文次第　已下別依餘部經等略出
南无寶集如来廿五佛等一切諸佛

BD03372號　七階佛名經　（7–3）

樂王樂上經空有其目而無出卌五佛名出此經

南无東方阿閦如來十方无量佛等一切諸佛 此尼經

已上七階佛名依樂王樂上經文次第 已下別依餘部經等顯出

南无寶集如來卌五佛等一切諸佛

南无寶集佛

南无成就盧舍那佛

南无盧舍那光明佛

南无大光明佛

南无阿弥陁鈕沙佛

南无寶光明佛

南无燃燈火佛

南无无邊无垢佛

南无无邊稱佛

南无无垢光明

南无日光明佛

南无華勝佛

南无寶勝佛

南无盧舍那鏡像佛

南无不動佛

南无无量聲如來佛 三唱三礼

南无大稱佛

南无德無畏佛

南无寶聲佛

南无月聲佛

南无日月光明世尊

南无清淨光明佛

南无无邊寶佛

南无妙身佛

南无法光明清淨開敷蓮華佛

此卌五佛名出佛名經苐八卷

南无虛空功德清淨微塵等目端正功德

相光明華波頭摩瑠璃光寶體香最上香

供養衆々莊嚴頂敬无量无邊日月光明願力

變化莊嚴法界出生无障导王如來

南无豪相日月光明華寶蓮華堅金剛

BD03372 號　七階佛名經

（7–4）

南无虛空功德清淨微塵等目端正功德

相光明華波頭摩瑠璃光寶體香最上香

供養衆々莊嚴頂敬无量无邊日月光明願力

變化莊嚴法界出生无障导王如來

南无豪相日月光明華寶蓮華堅金剛

身毗盧遮那无鄣导眼圓滿十方放光照一切

佛剎相王如來

南无過現普賢上界天仙龍梵八部未來盡十

方三世一切諸佛 前悉願斷除諸鄣歸命懺悔

志心懺懺悔 一切業鄣海皆從妄相生

若欲懺悔者 端坐觀實相 衆罪如霜露

慧日能消除 是故應志心勤懺六根罪 懺悔已歸

命礼三寶

衆生皆懺悔 諸福盡隨喜 及諸佛功德

願成無上智 去來來現在佛 於衆生最勝

无量功德海 歸依合掌礼 志心發願

自衆等生生值世世諸佛世世恒聞解脫弘誓平

等度衆生畢竟速成无上道 發願已歸命

一切誦 度世界 如虛空 如蓮華 不著水

說偈發

願以此功德 並及於一切 我等与衆生 皆共成佛道

一切供敬 自歸依佛 當願衆生 體解大道 發无上意

自歸依佛 當願衆生 深入經藏 智慧如海

自歸於僧 當願衆生 統理大衆 一切无导

願諸衆 諸惡莫作 諸善奉行 自淨其意

是諸佛教和尚一切賢聖

晝夜六時无常偈

白衆等聽說黃昏无常偈

人間怱怱營衆務不覺

年命日夜去如燈風中焰難期 茫茫六道无定趣

未得解說出苦海 云何安然不驚懼

BD03372 號　七階佛名經

（7–5）

願以此功德普及於一切 我等与衆生皆共成佛道
一切供敬 自歸依佛 當願衆生 體解大道 發无上意
自歸依法 當願衆生 深入經藏 智慧如海
自歸於僧 當願衆生 統理大衆 一切无㝵
願諸衆 諸惡莫作 諸善奉行 自淨其意
是諸佛教和尚一切賢聖
白衆等聽說黄昏无常偈 人間怱怱營衆務不覺
年命日夜去如燈風中焰難期茫茫六道无定趣
未得解說出苦海云何安然不驚懼各聞强健有
力時自策自勵求常住
白衆等聽說初夜无常偈煩惱深无底生死海
无邊度苦船未立云何樂眠睡眠當覺悟勿令
睡眠覆心勇猛勤精進菩提道自然
白衆等聽說中夜无常偈汝等勿抱臭屍卧
種種不清假名身如得重病箭入體諸苦痛
集安可眠
白衆等聽說後夜无常偈時光遷流轉勿至五
更初无常念〻至恒与死王居念〻催年促由如少
水魚勸諸行道衆備學至无餘
白衆等聽說午時无常偈人生不精進頌若樹无根
採花至日中能可得幾時親花亦不久鮮色亦非
常好人命如剎那須臾難可保諸行无常是生滅
法生滅滅已 寂滅為樂
如來入涅槃 永斷於生死 若能至心聽 常得无量樂
七皆佛名 出樂王樂上菩薩經寅朝礼
一切恭敬礼常住三寶 是諸衆等人各胡跪嚴
持香花如法供養願此香花雲遍滿十方界供
養一切佛化佛并菩薩无數聲聞衆受此香
雲以為光明臺廣於无邊界无邊无量作佛事
一切普誦 如來妙色身世間无與等 无比不思儀
是故今敬礼 如來色無盡 智慧亦復然 一切法常住

BD03372號　七階佛名經　（7–6）

白衆等聽說中夜无常偈汝等勿抱臭屍卧
種種不清假名身如得重病箭入體諸苦痛
集安可眠
白衆等聽說後夜无常偈時光遷流轉勿至五
更初无常念〻至恒与死王居念〻催年促由如少
水魚勸諸行道衆備學至无餘
白衆等聽說午時无常偈人生不精進頌若樹无根
採花至日中能可得幾時親花亦不久鮮色亦非
常好人命如剎那須臾難可保諸行无常是生滅
法生滅滅已 寂滅為樂
如來入涅槃 永斷於生死 若能至心聽 常得无量樂
七皆佛名 出樂王樂上菩薩經寅朝礼
一切恭敬礼常住三寶 是諸衆等人各胡跪嚴
持香花如法供養願此香花雲遍滿十方界供
養一切佛化佛并菩薩无數聲聞衆受此香
雲以為光明臺廣於无邊界无邊无量作佛事
一切普誦 如來妙色身世間无與等 无比不思儀
是故今敬礼 如來色無盡 智慧亦復然 一切法常住
是故我歸依 敬礼常住三寶 歎佛功德
自在熾盛与端嚴名稱吉祥及尊貴如是六

BD03372號　七階佛名經　（7–7）

解月不
諸善根故四者為
為斷衆生煩惱根本故善
摩訶薩成就靜慮波羅蜜善
法菩薩摩訶薩成就智慧波羅
五一者常於一切諸佛菩薩及明智者
近不生厭背二者諸佛如來說甚深法心常
樂聞無有厭足三者真俗勝智樂善分別四
者見脩煩惱咸速斷除五者世間伎術五明之
法皆悉通達善男子是名菩薩摩訶薩成
就智慧波羅蜜善男子復依五法菩薩摩訶
薩成就方便波羅蜜云何為五一者於一切
衆生意樂煩惱心行差別悉皆通達二者無
量諸法對治之門心皆曉了三者大慈悲定
出入自在四者於諸波羅蜜多皆願脩行成
熟滿足五者一切佛法皆願了達攝受無遺
善男子是名菩薩摩訶薩成就方便勝智
波羅蜜善男子復依五法菩薩摩訶薩成

BD03373號　金光明最勝王經卷四

（16–1）

出入自在四者於諸波羅蜜多皆願脩行成
熟滿足五者一切佛法皆願了達攝受無遺
善男子是名菩薩摩訶薩成就方便勝智
波羅蜜善男子復依五法菩薩摩訶薩成
就願波羅蜜云何為五一者於一切法從本以
來不生不滅非有非無心得安住二者觀一切
法最妙理趣離垢清淨心得安住三者過一
切相心本真如無作無行不異不動心得安
住四者為欲利益諸衆生事於俗諦中心得
安住五者於奢摩他毗鉢舍那同時運行心得
安住善男子是名菩薩摩訶薩成就願波羅
蜜善男子復依五法菩薩摩訶薩成就力波
羅蜜云何為五一者以正智力能了一切衆生
心行善惡二者能令一切衆生入於甚深微妙
之法三者一切衆生輪迴生死隨其緣業如實
了知四者於諸衆生三種根性以正智力能分別
知五者於諸衆生如理為說令種善根成熟度
脫皆是智力故善男子是名菩薩摩訶薩成
就力波羅蜜善男子復依五法菩薩摩訶薩
成就智波羅蜜云何為五一者能於諸法分別善
惡二者於黑白法遠離攝受三者能於生死
涅槃不厭不喜四者具福智行至究竟處五

BD03373號　金光明最勝王經卷四

（16–2）

惡二者於黑白法遠離攝受三者能於生死
涅槃不厭不喜四者具福智行至究竟處五
者受勝灌頂能得諸佛不共法等及一切智智
善男子是名菩薩摩訶薩成就智波羅蜜
善男子何者是波羅蜜義所謂脩習勝利是
波羅蜜義滿足無量大甚深智是波羅蜜義
行非行法心不執著是波羅蜜義生死過失涅
槃功德心覺心觀是波羅蜜義愚人智人皆
悉攝受是波羅蜜義能現種種珎(妙法)寶是波
羅蜜義無礙解脫智慧滿足是波羅蜜義法
界衆生界心分別知是波羅蜜義施等及智
能令至不退轉是波羅蜜義無生法忍能令
滿足是波羅蜜義一切衆生功德善根能令成
熟是波羅蜜義能於菩提成佛十力四無所畏
不共法等皆悉成就是波羅蜜義生死涅槃
了無二相是波羅蜜義濟度一切是波羅蜜義
一切外道來相詰難善能解釋令其降伏是波
羅蜜義能轉十二妙行法輪是波羅蜜義無
所著無所見無患累是波羅蜜多義
善男子初地菩薩是相先現三千大千世界無
量無邊種種寶藏無不盈滿菩薩悉見善
男子二地菩薩是相先現三千大千世界地平

BD03373 號　金光明最勝王經卷四　（16–3）

量無邊種種寶藏無不盈滿菩薩悉見善
男子二地菩薩是相先現三千大千世界地平
掌無量無邊種種妙色清淨珎寶莊嚴之具
菩薩悉見善男子三地菩薩是相先現自
身勇健甲仗莊嚴一切怨賊皆能摧伏菩薩
悉見善男子四地菩薩是相先現四方風輪
種種妙花悉皆散灑充布地上菩薩悉見善
男子五地菩薩是相先現有妙寶女衆寶瓔
珞周遍嚴身首冠名花以為其飾菩薩悉見
善男子六地菩薩是相先現七寶花池有四階
道金沙遍布清淨無穢八功德水皆悉盈滿
嗢鉢羅花拘物頭花分陁利花隨處莊嚴於花
池所遊戲快樂清涼無比菩薩悉見善男子
七地菩薩是相先現於菩薩前有諸衆生應
墮地獄以菩薩力便得不墮無有損傷亦無
恐怖菩薩悉見善男子八地菩薩是相先
現於身兩邊有師子王以為衛護一切衆生獸悉
(皆怖畏菩薩悉)見善男子九地菩薩是相先現轉輪聖王無
量億衆圍遶供養頂上白蓋無量衆寶之
所莊嚴菩薩悉見善男子十地菩薩是相先
現如來之身金色晃耀無量淨光悉皆圓滿
有無量億梵王圍遶恭敬供養轉於無上微

BD03373 號　金光明最勝王經卷四　（16–4）

現如來之身金色晃耀無量淨光悉皆圓滿
有無量億梵王圍遶恭敬供養轉於無上微
妙法輪菩薩悉見
善男子云何初地名為歡喜謂初證得出世
之心昔所未得而今始得於大事用如其所願
悉皆成就生極喜樂是故最初名為歡喜諸
微細垢犯戒過失皆得清淨是故二地名為无
垢無量智慧三昧光明不可傾動無能摧伏
聞持陁羅尼以為根本是故三地名為明地以智
慧火燒諸煩惱增長光明脩行覺品是故四
地名為燄地脩行方便勝智自在極難得故
見脩煩惱難伏能伏是故五地名為難勝行
法相續了了顯現無相思惟皆悉現前是故
六地名為現前無漏無間無相思惟解脫三昧
遠脩行故是地清淨無有障礙是故七地名
為行遠無相思惟脩得自在諸煩惱行不能
令動是故八地名為不動說一切法種種差別
皆得自在無患無累增長智慧自在無礙是
故九地名為善慧法身如虛空智慧如大雲
皆能遍滿覆一切故是故第十名為法雲
善男子執著有相我法無明怖畏生死惡趣
無明此二無明障於初地微細學處誤犯無明
發起種種業行無明此二無明障於二地未得

BD03373號　金光明最勝王經卷四

（16–5）

善男子執著有相我法無明怖畏生死惡趣
無明此二無明障於初地微細學處誤犯無明
發起種種業行無明此二無明障於二地未得
令得愛著無明能障殊勝總持無明此二無
明障於三地味著等至喜悅無明微妙淨愛
樂無明此二無明障於四地欲背生死無明希
趣涅槃無明此二無明障於五地觀行流轉無
明麁相現前無明此二無明障於六地微細諸相
現行無明作意欣樂無相無明此二無明障於
七地於無相觀功用無明執相自在無明此二無
明障於八地於所說義及名句文此二無量未
善巧無明於詞辯才不隨意無明此二無明障
於九地於大神通未得自在變現無明微細祕
密未能悟解事業無明此二無明障於十地一切境
微細所知障礙無明極細煩惱麁重無明此二無
明障於佛地
善男子菩薩摩訶薩於初地中行施波羅蜜
於第二地行戒波羅蜜於第三地行忍波羅蜜
於第四地行勤波羅蜜於第五地行定波羅
蜜於第六地行慧波羅蜜於第七地行方便勝
智波羅蜜於第八地行願波羅蜜於第九地
行力波羅蜜於第十地行智波羅蜜善男子
菩薩摩訶薩最初發心攝受能生妙寶三摩

BD03373號　金光明最勝王經卷四

（16–6）

智波羅蜜於第八地行願波羅蜜於第九地
行力波羅蜜於第十地行智波羅蜜善男子
菩薩摩訶薩最初發心攝受能生妙寶三摩
地第二發心攝受能生可愛樂三摩地第三發
心攝受能生難動三摩地第四發心攝受能生
不退轉三摩地第五發心攝受能生寶花
三摩地第六發心攝受能生日圓光焰三摩
地第七發心攝受能生一切願如意成就三摩
地第八發心攝受能生現前證住三摩地第
九發心攝受能生智藏三摩地第十發心攝受
能生勇進三摩地善男子是名菩薩摩訶薩
十種發心善男子菩薩摩訶薩於此地初得
陁羅尼名依功德力尒時世尊即說呪曰
怛　姪　他　晡嵂你曷奴喇剃
獨虎獨虎獨虎　耶跋蘇利瑜
阿婆婆薩底(丁里反下皆同)　耶跋旃達囉
調　怛　底　多跋達哈叉湯
憚荼鉢喇訶嚧　矩嚕　莎訶
善男子此陁羅尼過是一恒河沙數諸佛所
說為護初地菩薩故若有誦持此陁羅尼呪
者得脫一切怖畏所謂虎狼師子惡獸之類一
切惡鬼非人人等怨賊灾橫及諸苦惱解脫五
障不忘念初地

BD03373號　金光明最勝王經卷四　（16-7）

者得脫一切怖畏所謂虎狼師子惡獸之類一
切惡鬼非人人等怨賊灾橫及諸苦惱解脫五
障不忘念初地
善男子菩薩摩訶薩於第二地得陁羅尼
名善安樂住
怛　姪　他　嗢篤(入聲下同)　里
質里質里　嗢篤羅篤羅(引)　喃
繕覩繕覩嗢篤里　虎嚕虎嚕莎訶
善男子此陁羅尼過二恒河沙數諸佛所
說為護二地菩薩故若有誦持此陁羅尼呪
者脫諸怖畏惡獸惡鬼人非人等怨賊灾橫
及諸苦惱解脫五障不忘念二地
善男子菩薩摩訶薩於第三地得陁羅尼
名難勝力
怛　姪　他　憚宅枳　般宅枳
羯喇擻高喇擻　雞由哩憚擻里莎訶
善男子此陁羅尼過三恒河沙數諸佛所
說為護三地菩薩故若有誦持此陁羅尼呪
者脫諸怖畏惡獸惡鬼人非人等怨賊灾橫及
諸苦惱解脫五障不忘念三地
善男子菩薩摩訶薩於第四地得陁羅尼
名大利益
怛　姪　也　室利室利

BD03373號　金光明最勝王經卷四　（16-8）

諸苦惱解脫五障不忘念三地
善男子菩薩摩訶薩於第四地得陁羅尼
名大利益
怛　姪　他　室唎室唎
陁弭你陁弭你　陁哩陁哩你
室唎室唎你　毗舍羅波世波始娜
畔陁弭帝莎訶
善男子此陁羅尼是過四恒河沙數諸佛所
說為護四地菩薩故若有誦持此陁羅尼呪
者脫諸怖畏惡獸惡鬼人非人等怨賊災橫
及諸苦惱解脫五障不忘念四地
善男子菩薩摩訶薩於第五地得陁羅尼
名種種功德莊嚴
怛　姪　他　訶哩訶哩你
遮哩遮哩你　羯喇摩引你
僧羯喇摩引你　三婆山你瞻跋你
悉耽婆你謨漢你　碎闍步陛莎訶
善男子此陁羅尼是過五恒河沙數諸佛所
說為護五地菩薩摩訶薩故若有誦持此陁
羅尼呪者脫諸怖畏惡獸惡鬼人非人等怨賊
災橫及諸苦惱解脫五障不忘念五地
善男子菩薩摩訶薩於第六地得陁羅尼
名圓滿智

BD03373號　金光明最勝王經卷四

（16–9）

羅尼呪者脫諸怖畏惡獸惡鬼人非人等怨賊
災橫及諸苦惱解脫五障不忘念五地
善男子菩薩摩訶薩於第六地得陁羅尼
名圓滿智
怛　姪　他　毗徒哩毗徒哩
摩哩你迦里迦里　毗度漢底
嚕嚕嚕嚕　主嚕主嚕
杜嚕婆杜嚕婆　捨捨設者婆哩灑
莎入悉底薩婆薩埵喃　悉甸覩漫
曼怛囉鉢陁你莎訶
善男子此陁羅尼是過六恒河沙數諸佛所
說為護六地菩薩摩訶薩故若有誦持此陁
羅尼呪者脫諸怖畏惡獸惡鬼人非人等怨
賊災橫及諸苦惱解脫五障不忘念六地
善男子菩薩摩訶薩於第七地得陁羅尼
名法勝行
怛　姪　他　勺訶上勺訶引　嚕
勺訶勺訶勺訶嚕　鞞陛枳鞞陛枳
阿蜜栗多唬漢你　勅里山你
鞞嚕勅枳婆嚕伐底　鞞提呬枳
頻陁鞞哩你　阿蜜哩底枳
薄虎主愈　薄虎主愈莎訶
善男子此陁羅尼是過七恒河沙數諸佛所

BD03373號　金光明最勝王經卷四

（16–10）

鞞嚕鞞枳婆嚕伐底　鞞提呬枳
頞陁鞞哩你　阿蜜哩底枳
薄虎主愈　薄虎主愈莎訶
善男子此陁羅尼是過七恒河沙數諸佛所
說為護七地菩薩故若有誦持此陁羅尼呪
者脫諸怖畏惡獸惡鬼人非人等怨賊災橫
及諸苦惱解脫五障不忘念七地
善男子菩薩摩訶薩於第八地得陁羅尼
名無盡藏
怛　姪　他　室唎室唎室唎你
蜜　底　蜜　底　羯哩羯哩醯嚕醯嚕
主　嚕　主　嚕　畔陁䋝莎訶
善男子此陁羅尼過八恒河沙數諸佛所說
為護八地菩薩故若有誦持此陁羅尼呪者
脫諸怖畏惡獸惡鬼人非人等怨賊災橫及諸
苦惱解脫五障不忘念八地
善男子菩薩摩訶薩於第九地得陁羅尼
名無量門
怛　姪　他　訶哩旃荼哩枳
俱藍婆唎體天里反　覩　剌　死
㧞吒㧞吒死室唎室唎　迦室哩迦必室唎
莎蘇活反　悉　底　薩婆薩埵喃莎訶
善男子此陁羅尼是過九恒河沙數諸佛所

BD03373 號　金光明最勝王經卷四　（16–11）

俱藍婆唎體天里反　覩　剌　死
㧞吒㧞吒死室唎室唎　迦室哩迦必室唎
莎蘇活反　悉　底　薩婆薩埵喃莎訶
善男子此陁羅尼是過九恒河沙數諸佛所
說為護九地菩薩故若有誦持此陁羅尼呪
者脫諸怖畏惡獸惡鬼人非人等怨賊災橫
及諸苦惱解脫五障不忘念九地
善男子菩薩摩訶薩於第十地得陁羅尼
名日破金剛山
怛　姪　他　悉提去　蘇悉提去
謨折你木察你　毗木底菴末黐
毗末黐涅末黐　忙　揭　黐
呬嚩若　揭　鞞　曷唎怛娜揭鞞
三曼多跋姪黐　薩婆頞他娑撣你
摩捺斯莫訶摩捺斯　頞　步　底
頞　窒　步　底　阿唎誓毗唎誓
頞主底菴蜜栗底　阿唎誓毗唎誓
跋　囕　謎　跋囉䶵大含反摩莎黐
晡唎你晡唎娜　曷奴唎剃莎訶
善男子此陁羅尼灌頂吉祥句是過十恒河
沙數諸佛所說為護十地菩薩故若有誦持
此陁羅尼者脫諸怖畏惡獸惡鬼人非人等
怨賊災橫一切毒害皆悉除滅解脫五障不

BD03373 號　金光明最勝王經卷四　（16–12）

善男子此陁羅尼名滿頂吉祥句是過十恒河
沙數諸佛所說為護十地菩薩故若有誦持
此陁羅尼者脫諸怖畏惡獸惡鬼人非人等
怨賊灾橫一切毒害皆悉除滅脫解五障不
忘念十地
尒時師子相無礙光焰菩薩聞佛說此不可
思議陁羅尼已即從座起偏袒右肩右膝
著地合掌恭敬頂禮佛足以頌讚佛
敬禮無譬喻　甚深無相法　眾生失正知　唯佛能濟度
如來明慧眼　不見一法相　復以正法眼　普照不思議
不生於一法　亦不滅一法　由斯平等見　得至無上處
不壞於生死　亦不住涅槃　不著於二邊　是故證圓寂
於淨不淨品　世尊知一味　由不分別故　獲得最清淨
世尊無邊身　不說於一字　令諸弟子眾　法雨皆充滿
佛觀眾生相　一切種皆無　然於苦惱者　常興於救護
苦樂常無常　有我無我等　不一亦不異　不生亦不滅
如是眾多義　隨說有差別　譬如空谷響　唯佛能了知
法界無分別　是故無異乘　為度眾生故　分別說有三
尒時大自在梵天王亦從座起偏袒右肩右膝
著地合掌恭敬頂禮佛足而白佛言世尊此金
光明最勝王經希有難量初中後善文義究
竟皆能成就一切佛法若受持者是人則為報
諸佛恩佛言善男子如是如是如汝所說善男

BD03373 號　金光明最勝王經卷四

（16–13）

光明最勝王經希有難量初中後善文義究
竟皆能成就一切佛法若受持者是人則為報
諸佛恩佛言善男子如是如是如汝所說善男
子若得聽聞是經典者皆不退於阿耨多羅三
藐三菩提何以故善男子是能成熟不退地菩
薩殊勝善根是第一法印是眾經王故應聽聞
受持讀誦何以故善男子若一切眾生未種善根
未成熟善根未親近諸佛者不能聽聞是微妙法
若善男子善女人能聽受者一切罪障皆悉除
滅得最清淨常得見佛不離諸佛及善知識勝
得之人恒聞妙法住不退地獲得如是勝陁羅尼
門所謂無盡無減海印出妙功德陁羅尼無盡
無減通達眾生意行言語陁羅尼無盡無減
日圓無垢相光陁羅尼無盡無減滿月相光陁羅
尼無盡無減能伏諸惑演功德流陁羅尼無盡
無減破金剛山陁羅尼無盡無減說不可說義
因緣藏陁羅尼無盡無減通達實語法則音
聲陁羅尼無盡無減虛空無垢心行印陁羅
尼無盡無減無邊佛身皆能顯現陁羅尼無
盡無減
善男子如是等無盡無減諸陁羅尼門得成就
故是菩薩摩訶薩能於十方一切佛土化佛身

BD03373 號　金光明最勝王經卷四

（16–14）

善男子如是等無盡無滅諸陁羅尼門得成就
故是菩薩摩訶薩能於十方一切佛土化佛身
演說無上種種正法於法真如不動不住不來
不去善能成熟一切衆生善根亦不見一衆生
可成熟者雖說種種諸法於言詞中不動不住
不去不來能於生滅證無生滅以何因緣說諸
行法無有去來由一切法體無異故說是法時
三万億菩薩摩訶薩得無生法忍無量諸菩
薩不退菩提心無量無邊苾芻苾芻尼得法
眼淨無量衆生發菩薩心尒時世尊而說頌
曰
勝法能逆生死流　甚深微妙難得見
有情盲冥貪欲覆　由不見故受衆苦
尒時大衆生俱從座起頂礼佛足而白佛言世
尊若所在處講宣讀誦此金光明最勝王經
我等大衆皆悉往彼為作聽衆是說法師令得
利益安樂無障身意泰然我等皆當盡心
供養亦令聽衆安隱快樂所住國土無諸怨賊
恐怖厄難飢饉之苦人民熾盛此說法處道
場之地一切諸天人非人等一切衆生不應履踐
及以汙穢何以故說法之處即是制底當以香花
繒綵幡蓋而為供養我等常為守護令離

薩不退菩提心無量無邊苾芻苾芻尼得法
眼淨無量衆生發菩薩心尒時世尊而說頌
曰
勝法能逆生死流　甚深微妙難得見
有情盲冥貪欲覆　由不見故受衆苦
尒時大衆生俱從座起頂礼佛足而白佛言世
尊若所在處講宣讀誦此金光明最勝王經
我等大衆皆悉往彼為作聽衆是說法師令得
利益安樂無障身意泰然我等皆當盡心
供養亦令聽衆安隱快樂所住國土無諸怨賊
恐怖厄難飢饉之苦人民熾盛此說法處道
場之地一切諸天人非人等一切衆生不應履踐
及以汙穢何以故說法之處即是制底當以香花
繒綵幡蓋而為供養我等常為守護令離

……水火風……
界證善現如是一切智智不可以無明
證不可以行識名色六處觸受取有生老
死證善現如是一切智智不可以布施波羅
蜜多證不可以淨戒安忍精進靜慮般若波
羅蜜多證善現如是一切智智不可以內空
證不可以外空內外空空空大空勝義空有
為空無為空畢竟空無際空散空無變異空
本性空自相空共相空一切法空不可得空
無性空自性空無性自性空證善現如是一
切智智不可以真如證不可以法界法性不
虛妄性不變異性平等性離生性法定法住
實際虛空界不思議界證善現如是一切智
智不可以四念住證不可以四正斷四神足
五根五力七等覺支八聖道支證善現如是
一切智智不可以苦聖諦證不可以集滅道
聖諦證善現如是一切智智不可以四靜慮
證善現如是一切智智不可以四無量證善
現如是一切智智不可以四無色定證善現
如是一切智智不可以八解脫證善現如是一
切智智不可以八勝處證善現如是一切

BD03374 號　大般若波羅蜜多經卷三一八　（17–1）

證善現如是一切智智不可以四無量證善
現如是一切智智不可以四無色定證善現
如是一切智智不可以八解脫證善現如是一
切智智不可以八勝處證善現如是一切
智智不可以九次第定證善現如是一切智
智不可以十遍處證善現如是一切智智不
可以空解脫門證不可以無相無願解脫門
證善現如是一切智智不可以五眼證善現
如是一切智智不可以六神通證善現如是
一切智智不可以三摩地門證善現如是一
切智智不可以陀羅尼門證善現如是一切
智智不可以佛十力證不可以四無所畏四
無礙解大慈大悲大喜大捨十八佛不共法
證善現如是一切智智不可以預流果證不
可以一來不還阿羅漢果證善現如是一切
智智不可以獨覺菩提證善現如是一切
智智不可以一切智證不可以道相智一切
相智證何以故善現色即是一切智智受想
行識即是一切智智善現眼處即是一切智
智耳鼻舌身意處即是一切智智善現色
處即是一切智智聲香味觸法處即是一切
智智善現眼界即是一切智智耳鼻舌身意
界即是一切智智善現色界即是一切智智
聲香味觸法界即是一切智智善現眼識界
即是一切智智耳鼻舌身意識界即是一切
智智善現眼觸即是一切智智耳鼻舌身意
觸即是一切智智善現眼觸為緣所生諸受

BD03374 號　大般若波羅蜜多經卷三一八　（17–2）

[illegible]
即是一切智智耳鼻舌身意識界即是一切
智智善現眼觸即是一切智智耳鼻舌身意
觸即是一切智智善現眼觸為緣所生諸受
即是一切智智耳鼻舌身意觸為緣所生諸
受即是一切智智善現地界即是一切智智
水火風空識界即是一切智智善現無明即是
一切智智行識名色六處觸受愛取有生、
老死即是一切智智善現布施波羅蜜多即
是一切智智淨戒安忍精進靜慮般若波羅
蜜多即是一切智智善現內空即是一切智、
智外空內外空空空大空勝義空有為空無
為空畢竟空無際空散空無變異空本性空
自相空共相空一切法空不可得空無性空
自性空無性自性空即是一切智智善現真
如即是一切智智法界法性不虛妄性不變
異性平等性離生性法定法住實際虛空界
不思議界即是一切智智善現四念住即是
一切智智四正斷四神足五根五力七等覺
支八聖道支即是一切智智善現苦聖諦即
是一切智智集滅道聖諦即是一切智智善
現四靜慮即是一切智智善現四無量即是
一切智智善現四無色定即是一切智智善
現八解脫即是一切智智善現八勝處即是
一切智智善現九次第定即是一切智智善現
十遍處即是一切智智善現空解脫門即、
是一切智智無相無願解脫門即是一切智

BD03374號　大般若波羅蜜多經卷三一八　（17–3）

一切智智善現四無色定即是一切智智善
現八解脫即是一切智智善現八勝處即是
一切智智善現九次第定即是一切智智善現
十遍處即是一切智智善現空解脫門即、
是一切智智無相無願解脫門即是一切智
智善現五眼即是一切智智現善六神通即
是一切智智善施三摩地門即是一切智智、
善現陀羅尼門即是一切智智善現佛十力
即是一切智智四無所畏四無礙解大慈大
悲大喜大捨十八佛不共法即是一切智智
善現預流果即是一切智智一來不還阿羅
漢果即是一切智智善現獨覺菩提即是一
切智智善現一切智即是一切智智道相智
一切相智即是一切智智
所以者何善現若色真如若一切智智真如
若一切法真如皆一真如無二無別若受想
行識真如若一切智智真如若一切法真如
皆一真如無二無別善現若眼處真如若一
切智智真如若一切法真如皆一真如無二、
無別若耳鼻舌身意處真如若一切智智真
如若一切法真如皆一真如無二無別善現
若色處真如若一切智智真如若一切法真
如皆一真如無二無別若聲香味觸法處真
如若一切智智真如若一切法真如皆一真
如無二無別善現若眼界真如若一切智智真
如若一切法真如皆一真如無二無別若
耳鼻香身意界真如若一切智智真如若一

BD03374號　大般若波羅蜜多經卷三一八　（17–4）

如若一切智智真如若一切法真如皆一真
如無二無別善現若眼界真如若一切智智真
如若一切法真如皆一真如無二無別若
耳鼻舌身意界真如若一切智智真如若一
切法真如皆一真如無二無別善現若色界、
真如若一切智智真如若一切法真如皆一
真如無二無別若聲香味觸法界真如若一
切智智真如若一切法真如皆一真如無二
無別善現若眼識界真如若一切智智真如
若一切法真如皆一真如無二無別若耳鼻舌
身意識界真如若一切智智真如若一切法
真如皆一真如無二無別善現若眼觸真
如若一切智智真如若一切法真如皆一真
如無二無別若耳鼻舌身意觸真如若一切
智智真如若一切法真如皆一真如無二無
別善現若眼觸為緣所生諸受真如若一切
智智真如若一切法真如皆一真如無二無別若
耳鼻舌身意觸為緣所生諸受真如若一切智
智真如若一切法真如皆一真如無二無別善
現若地界真如若一切智智真如若一切法真
如皆一真如無二無別若水火風空識界
真如若一切智智真如若一切法真如皆一真
如無二無別善現若無明真如若一切智
智真如若一切法真如皆一真如無二無別、
若行識名色六處觸受愛取有生老死真如
若一切智智真如若一切法真如皆一真如無
二無別善現若布施波羅蜜多真如若一

BD03374 號　大般若波羅蜜多經卷三一八　（17–5）

智真如若一切法真如皆一真如無二無別、
若行識名色六處觸受愛取有生老死真如
若一切智智真如若一切法真如皆一真如無
二無別善現若布施波羅蜜多真如若一
切智智真如若一切法真如皆一真無二無
別若淨戒安忍精進靜慮般若波羅蜜多
真如若一切智智真如若一切法真如皆一
真如無二無別善現若內空真如若一切智
智真如若一切法真如皆一真如無二無別
若外空內外空空空大勝義空有為空無為
空畢竟空無際空散空無變異空本性空
自相空共相空一切法空不可得空無性空
自性空無性自性空真如若一切智智真如
若一切法真如皆一真如無二無別善現若
真如真如若一切智智真如若一切法真如皆
一真如無二無別若法界法性不虛妄性不
變異性平等性離生性法定法住實際虛空
界不思議界真如若一切智智真如若一
切法真如皆一真如無二無別善現若四念
住真如若一切智智真如若一切法真如皆
一真如無二無別若四正斷四神足五根五
力七等覺支八聖道支真如若一切智智真如
若一切法真如皆一真如無二無別善現、
若苦聖諦真如若一切智智真如若一切法
真如皆一真如無二無別若集滅道聖諦真
如若一切智智真如若一切法真如皆一真如
無二無別善現若四靜慮真如若一切智

BD03374 號　大般若波羅蜜多經卷三一八　（17–6）

若菩聖諦真如若一切智智真如若一切法
真如皆一真如無二無別若集滅道聖諦真
如若一切智智真若一切法真如皆一真如
無二無別善現若四靜慮真如若一切智
智真如若一切法真如皆一真如無二無別
善現若四無量真如若一切智智真如若一
切法真如皆一真如無二無別善現若四無色
定真如若一切智智真如若一切法真如皆
一真如無二無別善現若八解脫真如若
一切智智真如若一切法真如皆一真如無
二無別善現若八勝處真如若一切智智真
如若一切法真如皆一真如無二無別善現若
九次第定真如若一切智智真如若一切法真
如皆一真如無二無別善現若十遍處真如
若一切智智真如若一切法真如皆一真
如無二無別善現若空解脫門真如若一切
智智真如若一切法真如皆一真如無二無
別若無相無願解脫門真如若一切智智真
如若一切法真如皆一真如無二無別善現若
若五眼真如若一切智智真如若一法切真
如皆一真如無二無別善現若六神通真如
若一切智智真如若一切法真如皆一真如
無二無別善現若三摩地門真如若一切智
智真如若一切法真如皆一真如無二無別
善現若陁羅尼門真如若一切智智真如若
一切法真如皆一真如無二無別善現若佛十
力真如若一切智智真如若一切法真如皆

BD03374號　大般若波羅蜜多經卷三一八　（17–7）

善現若陁羅尼門真如若一切智智真如若
一切法真如皆一真如無二無別善現若佛十
力真如若一切智智真如若一切法真如皆
一真如無二無別若四無所畏四無礙解大
慈大悲大喜大捨十八佛不共法真如若
一切智智真如若一切法真如皆一真如無
二無別善現若預流果真如若一切智智真
如若一切法真如皆一真如無二無別若一來
不還阿羅漢果真如若一切智智真如若一切
法真如皆一真如無二無別善現若獨覺菩
提真如若一切智智真如若一切法真如
皆一真如無二無別善現若一切智真如若一
切智智真如若一切法真如皆一真如無
二無別若道相智一切相智真如若一切智
智真如若一切法真如皆一真如無二無別

初分真如品第卌七

尒時欲色界諸天子各持天上多揭羅香多
摩羅香栴檀香末復持天上嗢鉢羅花鉢特
摩花拘某陁花奔荼利花美妙香花美妙音
花大美妙香花遥散佛上來詣佛所頂礼雙足
却住一面白言世尊如是般若波羅蜜多
最爲甚深難見難覺不可尋思過尋思境微
妙沖寂聰敏智者之所能知非諸世間本能
信受即佛無上正等菩提一切如來應正等
覺於此般若波羅蜜多甚深經中皆作是說
色即是一切智智一切智智即是色受想行
識即是一切智智一切智智即是受想行識

BD03374號　大般若波羅蜜多經卷三一八　（17–8）

妙沖寂聰敏智者之所能知非諸世間率能
信受即佛無上正等菩提一切如來應正等
覺於此般若波羅蜜多甚深經中皆作是說
色即是一切智智一切智智即是色受想行
識即是一切智智一切智智即是受想行識
眼處即是一切智智一切智智即是眼處耳
鼻舌身意處即是一切智智一切智智即是
耳鼻舌身意處色處即是一切智智一切智
智即是色處聲香味觸法處即是一切智智
一切智智即是聲香味觸法處眼界即是一
切智智一切智智即是眼界耳鼻舌身意界
即是一切智智一切智智即是耳鼻舌身意
界色界即是一切智智一切智智即是色界
聲香味觸法界即是一切智智一切智智即
是聲香味觸法界眼識界即是一切智智一
切智智即是眼識界耳鼻舌身意識界即是
一切智智一切智智即是耳鼻舌身意識界
眼觸即是一切智智一切智智即是眼觸耳
鼻舌身意觸即是一切智智一切智智即是
耳鼻舌身意觸眼觸為緣所生諸受即是一
切智智一切智智即是眼觸為緣所生諸受
耳鼻舌身意觸為緣所生諸受即是一切智
智一切智智即是耳鼻舌身意觸為緣所生
諸受地界即是一切智智一切智智即是地
界水火風空識界即是一切智智一切智智
即是水火風空識界無明即是一切智智一
切智智即是無明行識名色六處觸受愛取
有生老死即是一切智智一切智智即是行

BD03374號　大般若波羅蜜多經卷三一八

（17–9）

界水火風空識界即是一切智智一切智智
即是水火風空識界無明即是一切智智一
切智智即是無明行識名色六處觸受愛取
有生老死即是一切智智一切智智即是行
乃至老死布施波羅蜜多即是一切智智一
切智智即是布施波羅蜜多淨戒安忍精進
靜慮般若波羅蜜多即是一切智智一切智
智即是淨戒乃至般若波羅蜜多內空即是
一切智智一切智智即是內空外空內外空
空空大空勝義空有為空無為空畢竟空無
際空散空無變異空本性空自相空共相空
一切法空不可得空無性空自性空無性自
性空即是一切智智一切智智即是外空乃
至無性自性空真如即是一切智智一切智
智即是真如法界法性不虛妄性不變異性
平等性離生性法定法住實際虛空界不思
議界即是一切智智一切智智即是法界乃
至不思議界四念住即是一切智智一切智
智即是四念住四正斷四神足五根五力七
等覺支八聖道支即是一切智智一切智智
即是四正斷乃至八聖道支苦聖諦即是一
切智智一切智智即是苦聖諦集滅道聖諦
即是一切智智一切智智即是集滅道聖諦
四靜慮即是一切智智一切智智即是四靜
慮四無量即是一切智智一切智智即是四
無量四無色定即是一切智智一切智智即
是四無色定八解脫即是一切智智一切智

BD03374號　大般若波羅蜜多經卷三一八

（17–10）

即是一切智智一切智智即是集滅道聖諦
四靜慮即是一切智智一切智智即是四靜
慮四無量即是一切智智一切智智即是四
無量四無色定即是一切智智一切智智即
是四無色定八解脫即是一切智智一切智
智即是八解脫八勝處即是一切智智一切
智智即是八勝處九次第定即是一切智智
一切智智即是九次第定十遍處即是一切
智智一切智智即是十遍處空解脫門即是
一切智智一切智智即是空解脫門無相無
願解脫門即是一切智智一切智智即是無
相無願解脫門五眼即是一切智智一切智
智即是五眼六神通即是一切智智一切智
智即是六神通三摩地門即是一切智智一
切智智即是三摩地門陀羅尼門即是一切
智智一切智智即是陀羅尼門佛十力即是
一切智智一切智智即是佛十力四無所畏
四無礙解大慈大悲大喜大捨十八佛不共
法即是一切智智一切智智即是四無所畏
乃至十八佛不共法預流果即是一切智智
一切智智即是預流果一來不還阿羅漢果
即是一切智智一切智智即是一來不還阿羅
漢果獨覺菩提即是一切智智一切智智
即是獨覺菩提一切智即是一切智智一切
智智即是一切智道相智一切相智即是一切
智智一切智智即是道相智一切相智諸
佛無上正等菩提即是一切智智一切智智
即是諸佛無上正等菩提

BD03374號　大般若波羅蜜多經卷三一八　（17–11）

智智即是一切智道相智一切相智即是一切
智智一切智智即是道相智一切相智諸
佛無上正等菩提即是一切智智一切智智
即是諸佛無上正等菩提
所以者何若色真如若一切智智真如若一
切法真如皆一真如無二無別亦無窮盡若
受想行識真如若一切智智真如若一切法
真如皆一真如無二無別亦無窮盡若眼處
真如若一切智智真如若一切法真如皆一
真如無二無別亦無窮盡若耳鼻舌身意處
真如若一切智智真如若一切法真如皆一
真如無二無別亦無窮盡若色處真如若一
切智智真如若一切法真如皆一真如無二
無別亦無窮盡若聲香味觸法處真如若一
切智智真如若一切法真如皆一真如無二
無別亦無窮盡若眼界真如若一切智智真
如若一切法真如皆一真如無二無別亦無
窮盡若耳鼻舌身意界真如若一切智智真
如若一切法真如皆一真如無二無別亦無
窮盡若色界真如若一切智智真如若一切
法真如皆一真如無二無別亦無窮盡若聲
香味觸法界真如若一切智智真如若一切
法真如皆一真如無二無別亦無窮盡若眼
識界真如若一切智智真如若一切法真如
皆一真如無二無別亦無窮盡若耳鼻舌身
意識界真如若一切智智真如若一切法真
如皆一真如無二無別亦無窮盡若眼觸真
如若一切智智真如若一切法真如皆一真

BD03374號　大般若波羅蜜多經卷三一八　（17–12）

識界真如若一切智智
皆一真如無二無別亦無窮盡若耳鼻舌身
意識界真如若一切智智真如若一切法真
如皆一真如無二無別亦無窮盡若眼觸真
如若一切智智真如若一切法真如皆一真
如無二無別亦無窮盡若耳鼻舌身意觸真
如若一切智智真如若一切法真如皆一真
如無二無別亦無窮盡若眼觸為緣所生諸
受真如若一切智智真如若一切法真如皆
一真如無二無別亦無窮盡若耳鼻舌身意
觸為緣所生諸受真如若一切智智真如若
一切法真如皆一真如無二無別亦無窮盡若
地界真如若一切智智真如若一切法真
如皆一真如無二無別亦無窮盡若水火風
空識界真如若一切智智真如若切法真
如皆一真如無二無別亦無窮盡若無明真
如若一切智智真如若一切法真如皆一真如
無二無別亦無窮盡若行識名色六處觸受
愛取有生老死真如若一切智智真如若一切
法真如皆一真如無二無別亦無窮盡若
布施波羅蜜多真如若一切智智真如若一
切法真如皆一真如無二無別亦無窮盡若
淨戒安忍精進靜慮般若波羅蜜多真如若
一切智智真如若一切法真如皆一真如無
二無別亦無窮盡若內空真如若一切智智
真如若一切法真如皆一真如無二無別亦
無窮盡若外空內外空空空大空勝義空有
為空無為空畢竟空無際空散空變異無空

二無別亦無窮盡若內空真如若一切智智
真如若一切法真如皆一真如無二無別亦
無窮盡若外空內外空空空大空勝義空有
為空無為空畢竟空無際空散空變異無空
本性空自相空共相空一切法空不可得空
無性空自性空無性自性空真如若一切智智
真如若一切法真如皆一真如無二無別亦
無窮盡若真如真如若一切智智真如若
一切法真如皆一真如無二無別亦無窮盡
若法界法性不虛妄性不變異性平等性離
生性法定法住實際虛空界不思議界真如
若一切智智真如若一切法真如皆一真如無
二無別亦無窮盡若四念住真如若一切智智真
如若一切法真如皆一真如無二無別亦無窮
盡若四正斷四神足五根五力七等覺支八
聖道支真如若一切智智真如若一切法真如
皆一真如無二無別亦無窮盡若苦聖諦真如
若一切智智真如若一切法真如皆一真如
無二無別亦無窮盡若集滅道聖諦真
如若一切智智真如若一切法真如皆一真如
無二無別亦無窮盡若四靜慮真如若一
切智智真如若一切法真如皆一真如無二無
別亦無窮盡若四無量真如若一切智智
真如若一切法真如皆一真如無二無別亦
無窮盡若四無色定真如若一切智智真如
若一切法真如皆一真如無二無別亦無窮
盡若八解脫真如若一切智智真如若一切

真如若一切法真如皆一真如無二無別亦
無窮盡若四無色定真如若一切智智真如
若一切法真如皆一真如無二無別亦無窮
盡若八解脫真如若一切智智真如若一切
法真如皆一真如無二無別亦無窮盡若八
勝處真如若一切智智真如若一切法真如
皆一真如無二無別亦無窮盡若九次第定
真如若一切智智真如若一法真如皆一真
如無二無別亦無窮盡若十遍處真如若
一切智智真如若一切法真如皆一如真無
二無別亦無窮盡若空解脫門真如若一切
智智真如若一切法真如皆一真如無二無
別亦無窮盡若無相無願解脫門真如若一
切智智真如若一切法真如皆一真如無二
無別亦無窮盡若五眼真如若一切智智真
如若一切法真如皆一真如無二無別亦無窮
盡若六神通真如若一切智智真如若一
切法真如皆一真如無二無別亦無窮盡若
三摩地門真如若一切智智真如若一切法
真如皆一真如無二無別亦無窮盡若陁羅
尼門真如若一切智智真如若一切法真如
皆一真如無二無別亦無窮盡若佛十力真
如若一切智智真如若一切法真如皆一真
如無二無別亦無窮盡若四無所畏四無礙
解大慈大悲大喜大捨十八佛不共法真如
若一切智智真如若一切法真如皆一真如無
二無別亦無窮盡若預流果真如若一切智

BD03374號　大般若波羅蜜多經卷三一八　（17–15）

如若一切智智真如若一切法真如皆一真
如無二無別亦無窮盡若四無所畏四無礙
解大慈大悲大喜大捨十八佛不共法真如
若一切智智真如若一切法真如皆一真如無
二無別亦無窮盡若預流果真如若一切智
智真如若一切法真如皆一真如無二無別
亦無窮盡若一來不還阿羅漢果真如若
一切智智真如若一切法真如皆一真如無二
無別亦無窮盡若獨覺菩提真如若一切
智真如若一切法真如皆一真如無二無別
亦無窮盡若一切智真如若一切智智真
如若一法真如皆一真如無二無別亦無、
窮盡若道相智一切相智真如若一切智智
真如若一切法真如皆一真如無二無別亦
無窮盡若諸佛無上正等菩提真如若一切
智智真如若一切法真如皆一真如無二無
別亦無窮盡

大般若波羅蜜多經卷第三百一十八

BD03374號　大般若波羅蜜多經卷三一八　（17–16）

亦無窮盡若一切智真如若一切智智真
如若一法真如皆一真如無二無別亦無、
窮盡若道相智一切相智真如若一切智智
真如若一切法真如皆一真如無二無別亦
無窮盡若諸佛無上正等菩提真如若一切
智智真如若一切法真如皆一真如無二無
別亦無窮盡

大般若波羅蜜多經卷第三百一十八

BD03374 號　大般若波羅蜜多經卷三一八

(17-17)

BD03374 號背　勘記

(1-1)

……法會自恣如是佛聽有一住處……
自應為僧住自恣人廣說自恣有
……應差為僧住自恣人是比丘應一衆
偏袒右肩脫革屣胡跪合掌應如
……甲比丘大德長老自恣語若見若聞
如法除第二第三亦如是若下坐應從
于起上坐前足應如是語念我長老今
……長老自恣語若見若聞若疑罪語我憐
……除第二第三亦如是住諸比丘得自恣三比丘二比丘
亦…… 有一住處一比丘自恣時應掃大小塔及自恣處次第布床辦
火燈〻籠燈炷揩辦籌如是思惟諸比丘來未住自恣是比丘應共自
恣若不來是中有高處立望若見有比丘喚言疾來諸長老今日僧
自恣若不見應待至暮還坐本處如是心念口言今日僧自恣我
亦今日自恣如是一比丘得自恣　佛在舍衛國是中佛語諸比丘是病
過自恣時到應一比丘邊坐起偏袒右肩合掌白佛大德諸病比……
丘不來佛言取自恣清淨來云何應取應語比丘與自恣清淨來若
言與是名得自恣清淨若言為我僧中說清淨是名得清淨若身
動是名得自恣清淨若言與是名得自恣清淨若身不與口不與
是不得自恣清淨是時一切僧皆病比丘邊住自恣若將來僧中住
自恣諸比丘不應別住自恣若諸比丘別自恣一切比丘犯罪
有一住處二比丘自恣時不應取自恣清淨是二比丘共一處會三語
自恣三比丘四比丘亦如是自恣　有一住處五比丘自恣時是諸比丘
不應與取不應不自恣清淨是比丘一處會差為僧住自恣人廣應自恣
若過五人自恣時一處會若病比丘隨意取自恣清淨云何取自恣
若一人取一人是名取清淨若一人取二人取三取四名是取清淨隨
與人能憶念名字是名取清淨若取清淨人不得取應更與他清
淨若取清淨人若言我白衣若死若言我沙彌若言我非比丘我與
外道不見擯不作擯惡邪不除擯不共住別住犯邊罪本白衣不
能男子比丘尼越濟人殺父母殺阿羅漢破僧若言我惡心出佛身血是

若一人取一人是名取清淨若一人取二人取三取四名是取清淨隨
異人能憶念名字是名取清淨若取清淨人不能取應更与他清
淨若取清淨人若言我白衣若死若言我沙弥若言我非比丘我異
外道不見擯不作擯惡邪不除擯不共住別住犯邊罪本白衣不
能男汙比丘尼賊住殺父母殺阿羅漢破僧若言我惡心出佛身血是
人應更与他清淨若取他清淨竟餘餘道行是名清淨不到乃至惡心
出佛身血應更与清淨若取他清淨竟八難若一々難起故餘道行是名
清淨不到復次取他清淨竟故道中不去若破戒若癲若睡若入定是名
不到是取清淨人有三因緣得罪若故道不行若破戒若癲心二因緣无
罪若睡若入定復次取他清淨竟到僧中不說清淨是名清淨到若
取他清淨竟若死乃至惡心出佛身血人是名清淨到復次取他清淨
竟到僧中八難若一々難故起不說清淨是名清淨到復次取他清淨
竟到僧中故不說若破戒若癲若睡若入定是名清淨到是中取清
淨人有三因緣得罪若故不說若破戒若癲二因緣无罪若睡若入定
有一住處自恣時比丘若王捉若賊若怨家是僧應遣使語主言今日
僧自恣若是比丘當來若与清淨若出界我曹不應別住自恣是比
丘若得來若得清淨若出界如是好若不得諸比丘不應別自恣一切
比丘得罪　有一住處自恣時一切比丘僧有罪不覺是罪新一客比丘
清淨共住同見是客比丘知舊比丘中善好有德是客比丘應問長老
若比丘住如々是々事是當得何等罪答言若比丘如々是々事當得如是
如是罪汝言長老汝自憶如是住事不答言自憶不我一人得是罪一
切僧亦得是罪客比丘言長老汝說一切僧於汝何益長老是罪何以不
如法懺悔若舊比丘更客比丘語是罪如法懺悔餘諸比丘見此比丘
懺悔亦應如法懺悔如是住處應自恣不應破自恣　有一住處自恣
時比丘憶罪欲出是比丘應異比丘邊是罪如法懺悔如是住處應住
自恣不應破自恣　有一住處自恣時比丘一罪疑是比丘應語他比丘
長老我一罪疑後是事當問如是住處應住自恣不應破自恣
有一住處自恣時憶念罪欲出是比丘應疾一心念我後是罪當如法
懺悔如是住處應住自恣不應破自恣若自恣時比丘一罪疑是比丘應疾
一心念後是罪當問如是住處應住自恣不應破自恣　有一住處自
恣時一切比丘僧有罪覺是罪不能得客比丘清淨共住同見是罪如法
懺悔是諸比丘應遣一舊比丘近住處疾事故汝聞是罪如法懺悔竟
來還我曹從汝邊是罪如法懺悔是比丘若得辦是事如是好若不
能辦是僧中一比丘應唱大德僧聽我曹是住處一切僧得罪覺是罪
不能得清淨客比丘共住同見是罪如是懺亦不辦能遣舊比丘住處疾
事故是罪如法懺悔竟還我曹汝邊是罪如法懺悔若僧時到僧忍
聽僧若後是罪如法懺悔如是白如是住處應住自恣不應破自恣

BD03375號　十誦律卷二三　（14–2）

来還我曹從汝邊是罪如法懺悔是比丘若得辯是事如是好若不
能辯是僧中一比丘應唱大德僧聽我曹是住處一切僧得罪覺是罪
不能得清淨客比丘共住同見是罪如是懺亦不辯能遣舊比丘住處床
事故是罪如法懺悔竟還我曹汝邊是罪如法懺悔若僧時到僧忍
聽僧若後是罪如法懺悔如是白如是住竟應住自恣不應破自恣
有一住處自恣時一切僧一罪中疑是中應一比丘僧中如是唱大德僧聽
是中住處一切僧一罪中疑若僧時到僧忍聽僧後是事當問如是白如
是住竟應住自恣不應破自恣自　有一住處自恣時舊比丘若五若過自
恣處會住自恣處會住自恣是舊比丘来清淨共住同見名是諸比
丘應更住自恣如是住竟比丘無罪　若諸比丘自恣竟一切坐處不起
不去更有舊諸比丘来清淨共住同見名是諸比丘應更住自恣如是
住竟先比丘無罪　若是諸比丘住自恣竟有起去不起去更有舊諸
比丘来清淨共住同見名是應更住自恣如是住竟先比丘無罪
若是諸比丘自恣竟一切坐處起去更有舊諸比丘来清淨共住同見
名是諸比丘應更住自恣自如是住竟先比丘無罪等亦如是　有一住
處自恣時舊比丘若五若過自恣處會住自恣與舊比丘来清淨共
住同見少是諸比丘應次第自恣若自恣竟一切坐處不起不去更有
更有衆舊比丘来清淨共住同見少是諸比丘應住三語自恣
若諸比丘自恣竟有起去有不起去更有衆舊比丘来清淨共住同
住同見少是不起不去比丘邊應住三語自恣　若是諸比丘自恣竟
一切起去更有比丘来清淨共住同見少是諸比丘若能得同心應廣住
自恣若不得同心應出界住三語自恣若舊比丘自恣時更舊比丘
来若多若等若少若多若等諸比丘應更住自恣若少應次第住自恣
若舊比丘自恣時客比丘来若多若等若少若多應更住自恣若等
若少應次第住自恣若舊比丘自恣時更舊比丘客比丘来若多若
等若少若多若等應更住自恣若少應次第住自恣客比丘自恣
時客比丘来若多若等若少若多若等少應次第住自
恣客比丘自恣時舊比丘来若多若等若少若多若等應更自恣若
少應次第住自恣若客比丘自恣時舊比丘客比丘来若多若等
若少若多若等應更住自恣若少應次第住自恣舊比丘客比丘共
自恣時舊比丘客比丘来若多若等若少若多若等應更住自恣若
少應次第住自恣若舊比丘客比丘自恣時更舊比丘来若多若等
若少若多若等更應住自恣若少應次第住自恣若舊比丘客比丘
自恣時客比丘来若多若等若少若多應更住自恣若等若少應
次第住自恣　有一住處自恣時舊比丘若五若過自恣處會住自
次更舊比丘来清淨共住同見名是諸比丘如是念是中若舊比丘
若五若過自恣處會竟住自恣我曹應住自恣是諸比丘知淨相

若少若多若等更應住自恣若少應求異住自恣若舊比丘客比丘
自恣時客比丘來若多若等若少若多應更住自恣若等若少應
求異住自恣　有一住處自恣時舊比丘若五若過自恣處會衆住自
恣更舊比丘來清淨共住同見多是諸比丘如是念是中若舊比丘
若五若過自恣處會衆住自恣我曹應住自恣是諸比丘知淨相
善相實別別相住自恣更有舊比丘來清淨共住同見多是諸比丘應
更住自恣先比丘得罪　是諸比丘知淨相實別別相住自恣竟若
一切坐處不起不去若有起去有不起去若一切起去亦時更有舊
比丘來清淨共住同見多是諸比丘應更住自恣先比丘得罪
有一住處自恣時舊比丘若五若過自恣處會衆住自恣更舊比丘
來清淨共住同見多是諸比丘如是念若舊比丘若五若過自恣處
會衆住自恣我曹不應是中住自恣是諸比丘心悔實別知別是中
住自恣更舊比丘來清淨共住同見多是諸比丘更應住自恣先比丘
得罪　是諸比丘心悔實別知別住自恣竟一切坐處不起不去若起
去有不起去若一切起去更有舊比丘來清淨共住同見多是諸比丘
應更住自恣先比丘得罪　有一住處自恣時諸舊比丘若五若過自
恣處會衆住自恣更有舊比丘來清淨共住同見多是諸比丘如是
念我曹應自恣若不應是中住疑知疑實別知別更有舊比丘來清
淨共住同見多是諸比丘應更住自恣先比丘得罪若疑知疑實別知
別住自恣竟一切坐處不起不去有起去有不起去一切起去更有舊
比丘來清淨共住同見多是諸比丘應更住自恣先比丘得罪
有一住處自恣時諸舊比丘若五若過自恣處會衆住自恣更有舊比
住同見多先住比丘聞更有舊比丘來清淨共住同見
有舊比丘來清淨共住同見多是滅除去我不用者
言我曹異是諸比丘欲喜破僧實別知別住自恣更有
來清淨共住同見多是諸比丘應更自恣先比丘得偷蘭罪破
故若是諸比丘欲喜破僧實別知別住自恣竟若坐處一切不
起不去有起去有不起去有一切起去更有舊比丘來清淨共住同見
多是諸比丘應更住自恣先比丘得偷蘭罪破僧種故舊比丘住自恣時
更舊比丘來若多若等若少更應住自恣若舊比丘自恣時客比丘來
若多若等若少更應住自恣若舊比丘自恣時舊比丘客比丘共來若
多若等若少應更盡住自恣　客比丘自恣時客舊比丘來若多若
等若少更應盡住自恣　客比丘自時恣舊比丘來若多若等若少更
應盡住自恣　客比丘自恣時舊比丘來若多若等若少更應盡住自恣
客比丘自恣時舊比丘客比丘來若多若等若少更應盡住自恣
舊比丘客比丘共自恣時舊比丘客比丘共來若多若等若少更應盡住自恣
舊比丘客比丘共自恣時舊比丘來若多若等少若更應盡住自恣

BD03375號　十誦律卷二三　　（14–4）

等若少更應盡住自恣　客比丘自時恣舊比丘來若多若等若少更
應盡住自恣　客比丘自恣時舊比丘來若多若等若少更應盡住自恣
客比丘自恣時舊比丘客比丘來若多若等若少更應盡住自恣
舊比丘客比丘自恣時舊比丘客比丘共來若多若等若少更應盡住自恣
客比丘自恣時客比丘來若多若等若少更應盡住自恣　舊比丘
十四日客比丘十五日客比丘多舊比丘應隨客比丘是日應自恣舊比丘十
四日客比丘十五日客比丘若等若少客比丘應隨舊比丘是日不應自恣
舊比丘十五日客比丘十六日客比丘多舊比丘應隨客比丘出界外住自恣
舊比丘十五日客比丘十六日客比丘若等若少客比丘應隨舊比丘應
是日自恣客比丘十四日舊比丘十五日舊比丘若多若等客比丘應隨舊
比丘是日應住自恣客比丘十四日舊比丘十五日舊比丘若少舊比
丘應隨客比丘是日不住自恣　客比丘十五日舊比丘十六日舊比丘若
多若等客比丘應隨舊比丘出界住自恣　客比丘十五日舊比丘十六日
舊比丘少舊比丘應隨客比丘是日應住自恣　有一住處自恣時舊諸
比丘聞客比丘相客來因緣若卿敷若枕敷若草𦅼敷若異人敷是
諸舊比丘不求不覓客比丘自恣舊比丘得罪　若求得不喚自恣諸
舊比丘得罪若求不能得疑自恣舊比丘得罪若求不能得无所疑自
恣如是舊比丘无罪若覓得是諸客比丘共濡一心歡喜應住自恣如是
舊比丘无罪　有一住處自恣時諸客比丘聞舊比丘相舊比丘來因緣若
戶鑰敷若勤敷若斧敷讀誦敷是諸比丘不求不覓自恣客比丘得
罪若求得不喚自恣客比丘得罪若求不能得无所疑自恣客比丘无罪
若覓得諸舊比丘濡一心歡喜應住自恣客比丘无罪　有一住處自恣
時舊比丘見客比丘相客比丘來因緣若不識衣鉢若不識杖若威油
草囊草屣針筒是諸比丘不求自恣是諸舊比丘得罪若求得不
喚自恣舊比丘得罪若求不能得疑自恣舊比丘得罪若求不能得无
所疑自恣如是舊比丘无罪若求得是舊比丘濡一心歡喜應住自恣如
是舊比丘无罪　有一住處自恣時諸客比丘見舊比丘相舊比丘來
因緣若新掃地大食器水次第敷床是諸比丘不求不覓住自恣客
比丘得罪若覓得不喚住自恣客比丘得罪若覓不能得疑住自恣
客比丘得罪若覓不能得无所疑住自恣客比丘无罪若覓得共濡
一心歡喜住自恣客比丘无罪　有一住處自恣時比丘若他人語若不語若
他人念若不念自言我有僧伽婆尸沙罪是比丘應與別住不成與是
中一比丘應僧中唱大德僧聽是中住處有比丘若他人語若不語若
他人念若不念自言有僧殘罪比丘應與別住不成與若僧時到僧忍
聽僧是比丘後當與別住如是白如是住竟應自恣不應破自恣

他人念若不念自言我有僧伽婆尸沙罪是比丘應与別住不成与是
中一比丘應僧中唱大德僧聽是中住處有比丘若他人語若不語若
他人念若不念自言有僧殘罪比丘應与別住不成与若僧時到僧忍
聽僧是比丘後當与別住如是白如是住處應自恣不應破自恣
有一住處自恣時比丘若他人語若不語若他人念若不念自言有僧
殘罪是比丘若應与摩那埵若應与本日治若應与出罪不成与若僧到
時僧忍聽僧是比丘後當与摩那埵當与本日治當与出罪如是白如是
住處應自恣不應破自恣自言有僧伽婆尸沙罪是比丘与本日治不
成与若僧時到僧忍聽僧是後當与本日治如是白如是住處應自
恣不應破自恣　有住一處自恣時比丘他人語若不語若他念自言
有僧伽婆尸沙應与出罪不成与若僧時到僧忍後當与　有一住處
自恣時比丘若他人語若不語若他人念若不念自言有提捨迦羅尼罪晉
言悔是事共諍有比丘言是小悔有比丘言是事應心生悔是一比丘應
僧中唱大德僧悔聽是中住處有比丘若他人語若不語若他人念
若不念自言有罪提捨迦羅尼是事共諍有比丘言是事小出悔
有比丘言是事應心生悔若僧時到僧忍聽是比丘若得異比丘清
淨共住同見是比丘邊是罪如法當悔如是白如是住處應自恣不
應破自恣　有一住處自恣時比丘若他人語若不語若他念若不念
自言有提舍迦羅尼罪是事共諍有比丘言是罪波逸提有比丘言
是罪波羅提提舍尼四悔過也是中應一比丘僧中唱大德僧聽是中住處有比
丘若他人語若不語若他人念若不念自言有罪提舍迦羅尼是事
共諍有比丘言是波逸提罪有比丘言是罪波羅提提舍尼若僧時
到僧忍聽是比丘若得異比丘清淨共住同見是比丘邊是罪如法懺
悔如是白如是住處應自恣不應破自恣　有一住處自恣時比丘若
他人語若不語若他人念若不念自言有提舍迦羅尼罪是事共諍
有比丘言是事殘可治有比丘言無殘不可治是中言有殘可治是
應共自恣是言無殘不可治是不應共自恣是中應一比丘僧中唱大
德僧聽是中住處有比丘若他語若不語若他念若不念自言有提
舍羅尼罪是事共諍有比丘言是罪殘可治有比丘言無殘不可治若
僧時到僧忍是比丘若得異比丘清淨共住同見是比丘邊是罪如法
悔如是白如是住處應自恣不應破自恣　有一住處自恣時有比丘
說他比丘罪若見若聞若疑諸比丘知是說他罪人身業不淨能婬
能偷能奪人命不應信是比丘語治他罪僧應語汝長老莫瞋莫鬪
莫諍莫相言如是無羞人僧莫數僧應自恣不應破自恣
有一住處自恣時比丘向餘比丘說他罪若見若聞若疑諸比丘知是長
老說他罪人口業不淨是能妄語不知言知〻言不知見言不見〻言見
不疑言疑〻言不疑如是比丘語不應信治他罪〻人僧應語是比丘長老

能偷能奪人命不應信是比丘語治他罪僧應語汝長老莫瞋莫鬬
莫諍莫相言如是无羞人僧莫數僧應自恣不應破自恣
有一住處自恣時比丘向餘比丘說他罪若見若聞若疑諸比丘知是長
老說他罪人口業不淨是能妄語不知言知〻言不知見言不見言見
不疑言疑〻言不疑如是比丘語不應信治他罪人僧應語是比丘長老
汝莫瞋莫鬬莫諍莫相言如是无羞人僧莫數僧應自恣不應破自恣
有一住處自恣時比丘向餘比丘說他罪若見若聞若疑諸比丘知是長
老說他罪人身口業不淨是能婬能偷能奪人命能故出精能故觸
女人身能殺生草能非時食能飲酒是亦能妄語能不知言知〻言
不知見言不〻見言見不疑言疑〻言不疑如是比丘語不應信治他人罪
僧應語是比丘長老汝莫瞋莫鬬莫諍莫相言如是无羞人僧莫數
僧應自恣不應破自恣　有一住處自恣時一比丘向餘比丘說他罪若
見若聞若疑諸比丘知是長老說他罪人身業淨是能不婬不偷不
奪人命不故出精不故觸女人身不殺生草不非時食不飲酒是長老
如小兒不智人不聰明人亦能非法言法〻言非法善言善〻言非善如
是比丘語不應信治他人罪僧應語是比丘長老汝莫瞋莫鬬莫争
莫相言如是无智人僧莫數僧應自恣不應破自恣　有一住處自恣
時一比丘向餘比丘說他罪若見若聞若疑諸比丘知是長老口業淨長
老不能不知　言知〻言不知不見言見〻言不見不疑言疑〻言不疑是
長老如小兒不智人不聰明人是亦能非法言法〻言非法善言善〻
言非善如是比丘語不應信治他人罪僧應語是比丘長老汝莫瞋莫
鬬莫争莫相言如是无智人僧莫數僧應自恣不應破自恣
有一住處自恣時一比丘向餘比丘說他人罪若見若聞若疑諸比丘知是
長老說他罪人身業淨口業淨是長老能不婬不偷不奪人命不故出精
不故觸女身不殺生草不非時食不飲酒不能不知言不知〻言不知不
見言見〻言不見不疑言疑〻言不疑如是長老如小兒不智不聰明人是亦
能非法言法〻言非法非善言善〻言不善如是比丘語不應信治他人罪僧
應語是比丘長老汝莫瞋莫鬬莫争莫相言如是无智人僧莫數僧
應自恣不應破自恣　有一住處自恣時一比丘向餘比丘說他人罪若
見若聞若疑諸比丘知是長老說他罪人身業淨口業淨是能不婬
不偷不奪人命不故出精不故觸女人身不殺生草不非時食不飲酒
不能不知言〻知〻不見言見〻言不見不疑言疑〻言不疑長老說他罪
人大人知人聰明人是亦不法言非法〻言法善言不善非善言善是
長老亦時應安詳切問切教汝長老說他人罪為眼見耳聞心疑耶長
老若言眼見諸比丘應問若眼見不應說耳聞心疑見何等何處見云
何見〻住何事何緣到汝是人若言耳聞說他罪不得言眼見心疑聞何
等何處聞云何聞〻住何事男邊聞女邊聞不能男邊聞二根人邊聞

長老亦時應安詳切問切教汝長老說他人罪為眼見耳聞心疑耶長
老若言眼見諸比丘應問若眼見不應說耳聞心疑見何等何處見云
何見〻作何事何緣到彼是人若言耳聞說他罪不得言眼見心疑聞何
等何處聞云何聞〻作何事男邊聞女邊聞不能男邊聞二根人邊聞
若言心疑不應說眼見耳聞疑何等何處疑云何疑〻何事若身罪中
疑口罪中疑殘罪不殘罪中起疑聚落處空處何處疑是長老應安詳切問切教
得實諸比丘心悅治是罪人不受若罪比丘言我是白衣是應語出去僧
應住自恣不應破自恣若言沙彌非比丘不見擯不作擯惡邪不除擯不
共住別住犯邊罪本白衣不能男汙比丘尼越濟人殺父母殺阿羅漢破僧惡
心邪出佛身血人是應語出去諸比丘應自恣不應破自恣安居比丘鬪諍
處有比丘鬪諍相言從彼聞來欲破此間比丘自恣諸比丘應若二若三
十四日布薩時除置差為僧作自恣人應廣自恣是諸比丘辦若成若
二若三十四日布薩除置差為僧作自恣人廣自恣如是好若不成若
諸比丘若聞彼比丘瞋鬪諍相言從彼發來欲自恣故是時應疾會差作自
恣人應廣自恣諸比丘若成疾會差自恣人廣自恣如是好若不成諸
比丘更聞彼比丘瞋鬪諍相言從彼來入內界是時舊比丘應疾心迎問
訊歡喜為持衣鉢開房舍示臥具長老是汝曹牀榻獨坐牀獨坐敷
被褥汝安住是中應乃至上坐以次辦洗浴具薪染豆湯塗身蘇油苦
比丘入浴室且莫舊比丘應出界差作自恣人廣自恣諸舊比丘是事
成好若不成應語客比丘長老我曹是布薩不自恣後布薩時我曹
當自恣客比丘語舊比丘言長老後布薩時不應自恣若有諍事今
日說為何事故我曹佛聽自恣是事不得舊比丘應語客比丘汝
曹置舊比丘知自恣時若客比丘是時餘處去好若不去舊比丘應語客比
丘我曹不復布薩時自恣我曹八月四日自恣今我夏末月自恣客
得布施若客比丘語舊比丘言長老不聽汝八月四月自恣若有諍事今
日說為何事故我曹佛聽布薩自恣是事不得舊比丘應語客比
丘汝曹置舊比丘知自恣時若客比丘是時餘處去好若不去是中應
一心自恣我曹不應瞋鬪諍相言　有病比丘遮不病比丘自恣僧應
語是病比丘汝長老病莫遮不病比丘自恣何以故病比丘少安隱故
有不病比丘遮病比丘自恣僧應語是不病比丘汝長老莫遮病
比丘自恣何以故病比丘少安隱故　有病比丘遣使遮不病比丘自恣
僧應語是使汝長老莫受病人語遮不病比丘自恣何以故病人少
安隱故是使到病人邊語長病老僧約勅汝病莫遮不比病丘自
恣何以故病人少安隱故是病人言為遮是病比丘得突吉羅是使
受病人語遮不病比丘自恣是使得突吉羅罪不病比丘遣使遮病
比丘自恣亦如是　四種非法遮自恣四種有法遮自恣何等四種非
法遮自恣一者無根破戒遮自恣二者無根破正見三者無根破正命

僧應語是使汝長老莫吏病人語違不病比丘自恣何以故病人少
安隱故是使到病人邊語長病老僧約勑汝病莫違不比病丘自
恣何以故病人少安隱故是病人言為違是病比丘得實吉羅是使
吏病人語違不病比丘自恣是使得突吉羅罪不病比丘遣使違病
比丘自恣亦如是　四種非法違自恣四種有法違自恣何等四種非
法違自恣一者无根破戒違自恣二者无根破正見三者无根破正命
四者无根破威儀違自恣是為四種非法違自恣　何等四種有法違自
恣一者有根破戒違自恣二者有根破正見三者有根破正命四者有
根破威儀違自恣是為四種有法違自恣　佛在舍衛國佛語諸比
丘從今日聽一說自恣二說自恣我前已聽三說自恣一說自恣初時說
未竟若遮是非法遮自恣若有一說竟若遮是有法遮自恣二說自
恣時初說未竟若遮是有法遮自恣初說竟若遮是有法遮自恣三
說未竟若遮是非法遮自恣三說竟若遮有法遮自恣三說自恣時初
說未竟若遮是有法遮自恣初說竟若遮是有法遮自恣二說未竟
若遮是有遮法二說竟若遮是有法遮自恣三說未竟若遮是非
法遮自恣二說竟若遮是有法遮自恣三說竟若遮是有法遮自恣
何處佛聽應一說自恣如一住處自恣時大會僧中諸比丘如是思惟是
住處僧大會若我曹三說自恣夜多過不得自恣若僧時到僧忍
聽僧當一說自恣如是白如是處應一說自恣如一住處自恣時王若
王等諸比丘邊坐為聽法故是中諸比丘說法夜多過諸比丘思惟
是住處王若王等諸比丘邊坐為聽法故是中諸比丘說法夜多過
若我曹三說自恣夜多過不得自恣若僧時到僧忍聽僧當一說自
恣如是白如是處應一說自恣　如一住處自恣時大得布施是中諸比
丘住分布施夜多過諸比丘思惟是住處僧大得布施是中諸比丘住分
布施夜多過若我曹三說自恣夜多過不得自恣若僧時到僧忍聽僧
當一心說自恣如是白如是處應一說自恣　如一住處自恣時二法師
義辯名辯辞辯應辯是二比丘說法時夜多過是中諸比丘如是思惟
是住處二法師義辯名辯辞辯應辯是諸比丘說法夜多過若我
曹是中三說自恣夜竟不得自恣若僧到僧忍聽僧當一說自恣　如
是白如是處應一說自恣　如一住處自恣時諸比丘四事若一一事
事起以是故夜多過諸比丘如是思惟是住處比丘四事若一一事
起以是故夜多過若我曹是中三說自恣是夜竟不得自恣若
僧時到僧忍聽僧當一說自恣如是白如是處應一說自恣
如一住處自恣時多比丘病是中諸比丘如是念是住處諸比丘
病若我曹三說自恣有病比丘不堪胡跪若僧時到僧忍聽僧
當一說自恣如是白如是處應一說自恣　說如一住處自恣時天
雨覆屋薄是中諸比丘如是念若如是住處天雨覆屋薄若

僧時到僧忍聽僧當一說自恣如是白如是處應一說自恣
如一住處自恣時多比丘病是中諸比丘如是念是住處諸比丘
病若我曹三說自恣有病比丘不堪胡跪若僧時到僧忍聽僧
當一說自恣如是白如是處應一說自恣　說如一住處自恣時天
雨覆屋薄是中諸比丘如是念若如是住處天雨覆屋薄若
我曹是中三說自恣屋漏污僧坐具濕諸比丘衣若僧時到僧
忍聽僧當一說自恣如是白如是處應一說自恣　如一住處自恣時
八難若一一難起若王難若賊難若火難若水難若惡獸難若腹行
虫難若人難若非人難云何王難若王瞋約勅捕諸沙門釋子斷
繫驅出奪袈裟与白衣若住象兵馬兵步兵射兵捉鳥約
捉草穀舉拳出入軍陣若一一官難從是中諸比丘思惟是住處王瞋約勅
捕諸沙門釋子斷乃至一一官難從若我曹三說自恣或奪命或破戒
若僧時到僧忍聽僧當一說自恣如是白如是處應一說自恣　云何賊
難若諸賊瞋約勅捕諸沙門釋子斷繫驅出捉頭互撲互撲戶耳念
向住處住宇門關戶擿牛頭象牙找採掾伏衣枷僧房別房垣
墻食處大門間禪室大小便處重閣經行道頭樹下皆持至住宇
住處諸比丘如是思惟是住處賊瞋約勅捕沙門釋子斷乃至樹下
皆以至住宇住處若我曹三說自恣或奪命或破戒若僧時到僧忍
聽僧當一說自恣如是白如是處應一說自恣　云何火難若諸比丘林
樹中住精舍是中天火大火來是火燒諸樹經行道頭重閣僧房
別房垣墻食處門間大小便處父居士牛羊驢馬駱駝廄場使人
皆燒諸比丘如是思惟是林樹中住精舍天火大火來燒樹經行道
頭乃至燒居士甘蔗田稻田麥田蒲萄田牛羊驢馬駱駝廄場奴婢
給使皆燒我曹三說或奪命或破戒若僧時到僧忍聽僧當一心說自恣
如是白如是處應一說自恣云何水難若諸比丘河曲住精舍是中諸
龍大龍依雪山住身增長得力竟入大河歸大海先令水大河水大
是水漂樹經行道頭重閣僧房別房食處門間大小便處亦復漂
諸居士甘蔗田稻田乃至漂廄場漂人是中諸比丘如是思惟若河曲
精舍諸龍大龍依雪山住乃至漂人我曹三說自恣或奪命或破
戒若僧時到僧忍聽僧當一說自恣如是白如是處應一說自恣
云何惡獸難若諸比丘惡獸處住精舍是中惡獸瞋師子虎豹
熊羆狼是惡獸至僧房別房中垣墻食處禪室門間大小便處
浴室重閣經行道頭樹下諸比丘如是思惟若是中惡獸住處
住精舍若獸瞋入僧房乃至經行道頭樹下我曹三說自恣或奪命或
破戒若僧時到僧忍聽僧當一說自恣如是白如是處應一說自恣
云何腹行虫難若諸比丘能處住精舍是中小比丘不知儀法
非處大小便涕唾洟是中諸龍瞋放蛇吳蚣入諸比丘牀下構下

BD03375號　十誦律卷二三　（14–10）

浴室重閣經行道頭樹下諸比丘如是思惟若是中無難住處
住精舍若戰嗔入僧房乃至經行道頭樹下我曹三說自恣或奪命或
破戒若僧時到僧忽聽僧當一說自恣如是白如是處應一說自恣
云何腹行虫難若諸比丘龍處住精舍是中小比丘不知儀法
非處大小便涕唾衣灑是中諸龍瞋故蛇吳公入諸比丘牀下榻下
榻上獨坐牀下戶耳窓向門關戶橝斗頭鳥石椽梁衣架僧房
別房垣墻倉處門間禪窟大小便處浴室重閣經行道頭樹下
是中諸比丘如是思惟是龍處諸比丘住精舍諸比丘不知儀法乃
至樹下我曹三說自恣或奪命或破戒若僧時到僧忽聽僧當一
說自恣如是白如是處應一說自恣　云何人難若諸比丘依城聚
落住諸比丘不知儀法貴人婦女若漂語若罵詈邪命覆從是中
諸人瞋繫縛捶諸沙門釋子驅出不聽入城聚落不聽街陌行
不聽入舍莫使坐乞食莫与供養是中諸比丘如是思惟諸比丘
不知儀法貴人婦女若漂語若罵詈邪命覆從是中諸人瞋繫縛
捶捕乃至莫与供養我曹三說自恣或奪命或破戒若僧時到僧
忽聽僧當一說自恣如是白如是處應一說自恣　云何非人難有諸
比丘非人住處住精舍是中諸比丘不知儀法非人處大小便涕唾
衣灑是中非人瞋恐怖諸比丘持比丘著牀上牀下榻下榻上獨坐
牀上獨坐牀下戶耳窓向門關戶橝斗頭象石栈椽梁衣架僧房
別房垣墻食處門間禪窟大小便處浴室重閣經行道頭樹下捉
比丘倒懸是中諸比丘如是思惟諸比丘不知儀法乃至捉比丘倒
懸我曹三說自恣或奪命或破戒若僧時到僧忽聽僧當一心說
自恣如是白如是處應一說自恣　自恣時有一比丘言置罪事
人共自恣僧應語是比丘長老不得置罪事共自恣若有說事令
說為何事故我曹佛聽自恣是事不得是比丘言置人出罪住
自恣僧應語是比丘長老不得置人出罪自恣若有說事令說
為何事故我曹佛聽自恣是事不得諸比丘言置罪置人餘殘
人共自恣僧應語是比丘長老不得置罪置人餘殘人共故我
曹佛聽自恣不得　有一住處自恣時識罪不識人僧應過自恣時求說
不應自恣時求若說自恣時求說僧得罪　有一住處自恣時識人
不識罪僧應過自恣時求說不應自恣時求若自恣時求說僧得罪
有一住處自恣時識罪識人僧應自恣時求說不應過自恣時求若
過自恣時求說僧得罪　有一住處自恣時不識罪不識人僧應
過自恣時求說若自恣時求僧得罪　有一住處自恣時諸比丘
住如是制限諸長老我曹非三月自恣八月中四月自恣若我夏
末月宮得布施用是自恣布施攝故是時有一比丘本不知若母遣
使若父若兄弟若姊妹若兒若女若本二是中不發已得去是比
丘語諸比丘諸長老我今不知母遣使若父若兄弟若姊妹若

過自恣時來說僧得罪　有一住處自恣時不說罪不說人僧應
過自恣時來說若自恣時來僧得罪　有一住處自恣時諸比丘
作如是制限諸長老我曹非三月自恣若八月中四月自恣若我夏
末月客得布施用是自恣布施囑故是時有一比丘本不知若母遣
使若父若兄弟若姊妹若男若女若本二是中不獲已語是比
丘語諸比丘諸長老我本不知母遣使若父若兄若弟若姊妹若
男若女若本二是中不獲已語我汝曹會今我欲自恣疾遮一比丘
自恣僧應語是比丘長老不得今日自恣亦不得遮他比丘自恣
若有說事今說為何事故我曹佛聽自恣是之事不得自身清淨
故佛聽我曹自恣是之言汝諸長老會今日我自恣後來已遮是一比
丘自恣僧應語長老不得今日自恣後來已遮一比丘自恣若有說
事今說為何事故我曹佛聽自恣是之事不得自身清淨故佛聽我
曹自恣是若言汝諸長老會今日自恣後來已不復遮他比丘自
恣佛言是比丘應與自恣何以故入自恣制限故　自恣時不應
去此有比丘有住處彼有比丘有住處此間比丘不應去彼別住故自
恣時不應去此有比丘有住處彼有比丘無住處此間比丘不應去
彼別住故自恣時不應去此有比丘有住處彼有比丘有住處無住處
此間比丘不應去彼別住故自恣時不應去此有比丘無住處彼有比丘
有住處此間比丘不應去彼別住故自恣時不應去此有比丘無住
處彼有比丘無住處此間比丘不應去彼別住故自恣時不應去此
有比丘無住處彼有比丘有住處無住處此間比丘不應去彼別住
故自恣時不應去此有比丘有住處無住處彼有比丘有住處無住處此間
比丘不應去彼別住故自恣時不應去此有比丘有住處無住處彼
有比丘無住處此間比丘不應去彼別住故　自恣時不應去此有比
丘有住處無住處彼有比丘有住處無住處此間比丘不應去彼別
住故　自恣時不應去此無比丘有住處彼有比丘有住處此間比丘
不應去彼別住故　自恣時不應去此無比丘有住處彼有比丘無
住處此間比丘不應去彼別住故　自恣時不應去此無比丘有住
處彼有比丘有住處無住處此間比丘不應去彼別住故
自恣時不應去此無比丘無住處彼有比丘有住處此間比丘不應
去彼別住故　自恣時不應去此無比丘無住處彼有比丘無住處
此間比丘不應去彼別住故　自恣時不應去此無比丘無住處彼有
比丘有住處無住處此間比丘不應去彼別住故　自恣時不應去此
無比丘有住處無住處彼有比丘有住處此間比丘不應去彼別住故
自恣時不應去此無比丘有住處無住處彼有比丘無住處此間比丘不應
去彼住別故　自恣時不應去此無比丘有住處無住處此間比丘
不應去彼別住故　自恣時不應去此有比丘有住處彼無比丘有
住處此間比丘不應去除僧事急事　自恣時不應去此有比丘有

去汝別故　自恣時不應去此无比丘无住處汝有比丘无住處
此聞比丘不應去汝別住故　自恣時不應去此无比丘无住處汝有
比丘有住處无住處此聞比丘不應去汝別住故　自恣時不應去此
无比丘有住處汝有比丘有住處此聞比丘不應去汝別住故
自恣時不應去此无比丘有住處汝有比丘无住處此聞比丘不應
去汝住別故　自恣時不應去此无比丘有住處无住處此聞比丘
不應去汝別住故　自恣時不應去此有比丘有住處汝无比丘有
住處此聞比丘不應去除僧事急事　自恣時不應去此有比丘有
住處汝无比丘无住處此聞比丘不應去除事急事　自恣時不應
去此有比丘有住處汝无比丘有住處无住處此聞比丘不應去除僧
事急事　自恣時不應去此有比丘无住處汝无比丘有住處此聞
比丘不應去除僧事急事　自恣時不應去此有比丘无住處汝无比
丘无住處此聞比丘不應去除僧事急事　自恣時不應去此有比
丘无住處汝无比丘有住處无住處此聞比丘不應去除僧事急事
自恣時不應去此有比丘有住處无住處汝无比丘有住處此聞比
丘不應去除僧事急事　自恣時不應去此有比丘有住處无住處
汝无比丘无住處此聞比丘不應去除僧事急事、自恣時不應去
此有比丘有住處无住處汝无比丘有住處无住處此聞比丘不應去
除僧事急事　自恣時不應去此有比丘有住處汝有比丘有住處
汝聞比丘清淨共住同見　自恣時應去此有比丘有住處汝有比丘
无住處汝聞比丘清淨共住同見　自恣時應去此有比丘有住處
汝有比丘有住處无住處汝聞比丘清淨共住同見　自恣時應去此
有比丘无住處汝有比丘有住處汝聞比丘清淨共住同見
自恣時應去此有比丘无住處汝有比丘无住處汝聞比丘清淨共住同見
自恣時應去此有比丘无住處汝有比丘有住處无住處汝聞比丘清
淨共住同見　自恣時應去此有比丘有住處无住處汝有比丘有住
處汝聞比丘清淨共住同見　自恣時應去此有比丘有住處无住處
汝有比丘无住處汝聞比丘清淨共住同見　自恣時應去此有比丘有
住處无住處汝聞比丘清淨共住同見　自恣時應去此有比丘有住處无住處
汝有比丘有住處无住處汝聞比丘清淨共住同見
自恣時應去此无比丘有住處汝有比丘无住處汝聞比丘清淨共住同見
自恣時應去此无比丘有住處汝有比丘有住處无住處汝聞比丘清
淨共住同見　自恣時應去此无比丘无住處汝有比丘有住處汝聞
比丘清淨共住同見　自恣時應去此无比丘无住處汝有比丘无住處
汝聞比丘清淨共住同見　自恣時應去此无比丘无住處汝有比丘
有住處无住處汝聞比丘清淨共住同見　自恣時應去此无比丘
有住處汝有比丘有住處汝聞比丘清淨共住同見　自恣時應去
此无比丘有住處汝有比丘无住處汝聞比丘清淨共住同見

淨共住同見　自恣時應去此有比丘有住處無住處汝有比丘有住處汝聞比丘清淨共住同見　自恣時應去此有比丘有住處無住處汝有比丘無住處汝聞比丘清淨共住同見　自恣時應去此有比丘有住處無住處汝有比丘有住處無住處汝聞比丘清淨共住同見　自恣時應去此無比丘有住處汝有比丘有住處汝聞比丘清淨共住同見　自恣時應去此無比丘有住處汝有比丘無住處汝聞比丘清淨共住同見　自恣時應去此無比丘有住處汝有比丘有住處無住處汝聞比丘清淨共住同見　自恣時應去此無比丘無住處汝有比丘有住處汝聞比丘清淨共住同見　自恣時應去此無比丘無住處汝有比丘無住處汝聞比丘清淨共住同見　自恣時應去此無比丘無住處汝有比丘有住處無住處汝聞比丘清淨共住同見　自恣時應去此無比丘有住處無住處汝有比丘有住處汝聞比丘清淨共住同見　自恣時應去此無比丘有住處無住處汝有比丘無住處汝聞比丘清淨共住同見　自恣時應去此無比丘有住處無住處汝有比丘有住處無住處汝聞比丘清淨共住同見　佛婆伽婆語諸比丘不應白衣前自恣不應沙彌前非比丘前外道前不見擯不作擯惡邪不除擯不共住別住犯邊罪本白衣不能男干比丘尼越濟人殺父母殺阿羅漢破僧惡心出佛身血人如是之一切不應在前自恣一切本事住已衆僧應自恣若應与現前毘尼与覓若應与憶念毘尼与覓若應与不癡毘尼与覓若應与自言毘尼与覓若應与罪相覓毘尼与覓若應与多覓毘尼与覓是比丘若應与苦切言与覓若應与依止羯磨与覓若應与驅出羯磨与覓若應与下意羯磨与覓若應与不見羯磨与覓若應与別住羯磨与覓若應与摩那埵羯磨与覓若應与本日治羯磨与覓若應与出罪羯磨与覓者若諍事起如草布地除滅除滅竟應僧中自恣布薩別住人取自恣清淨比丘汝不應共僧自恣自恣竟若僧來起如是得自恣

誑惑世間人　為求名聞
…中　欲毀我等故　向國王大臣　婆羅門居
…丘衆　誹謗說我惡　謂為邪見人　說外道論議
我等敬佛故　悉忍是諸惡　為斯所輕言　汝等皆是佛
如此輕慢言　皆當忍受之　濁劫惡世中　多有諸恐怖
惡鬼入其身　罵詈毀辱我　我等敬信佛　當著忍辱鎧
為說是經故　忍此諸難事　我不愛身命　但惜无上道
我等於來世　護持佛所囑　世尊自當知　濁世惡比丘
不知佛方便　隨宜所說法　惡口而顰蹙　數數見擯出
遠離於塔寺　如是等衆惡　念佛告勅故　皆當忍是事
諸聚落城邑　其有求法者　皆到其所　說佛所囑法
我是世尊使　處衆无所畏　我當善說法　願佛安隱住
我於世尊前　諸來十方佛　發如是誓言　佛自知我心

妙法蓮花經安樂行品第十三

尒時文殊師利法王子菩薩摩訶薩白佛言
世尊是諸菩薩甚為希難有敬順佛故發大
誓願於後惡世護持讀說是法花經世尊菩
薩摩訶薩於後惡世云何能說是經佛告文
殊師利若菩薩摩訶薩於後惡世欲說是經
當安住四法一者安住菩薩行處親近處能
為衆生演說是經文殊師利云何名菩薩摩訶
薩行處若菩薩摩訶薩住忍辱地柔和善順不

BD03376號　妙法蓮華經（十卷本）卷六　（10–1）

殊師利若菩薩摩訶薩於後惡世欲說是經
當安住四法一者安住菩薩行處親近處能
為衆生演說是經文殊師利云何名菩薩摩訶
薩行處若菩薩摩訶薩住忍辱地柔和善順不
卒暴心亦不驚又復於法无所行而觀諸法
如實相亦不行不分別是名菩薩摩訶薩行
處云何名菩薩摩訶薩親近處菩薩摩訶薩
不親近國王王子大臣官長不親近諸外道
梵志尼揵子等及造世俗文筆讚詠外書及
路伽耶陀逆路伽耶陀者亦不親近諸有凶
戲相扠相撲及那羅等種種變現之戲又不
近旃陀羅及畜豬羊雞狗畋獵漁捕諸惡律
儀如是人等或時來者則為說法无所悕望
又不親近求聲聞比丘比丘尼優婆塞優婆夷
亦不問訊若於房中若經行處若在講堂中不
共住止或時來者隨宜說法无所悕求文殊
師利又菩薩摩訶薩不應於女人身取能生欲想
相而為說法亦不樂見若入他家不與小女
處女寡女等共語亦不近五種不男之人以
為親厚不獨入他家若有因緣須獨入時但
一心念佛若為女人說法不露齒笑不現胸
臆乃至為法猶不親厚況復餘事不樂畜年
少弟子沙彌小兒亦不樂與同師常好坐禪
在於閑處修攝其心文殊師利是名初親近處
復次菩薩摩訶薩觀一切法空如實相不顛
倒不動不退不轉如虛空无所有性一切語

BD03376號　妙法蓮華經（十卷本）卷六　（10–2）

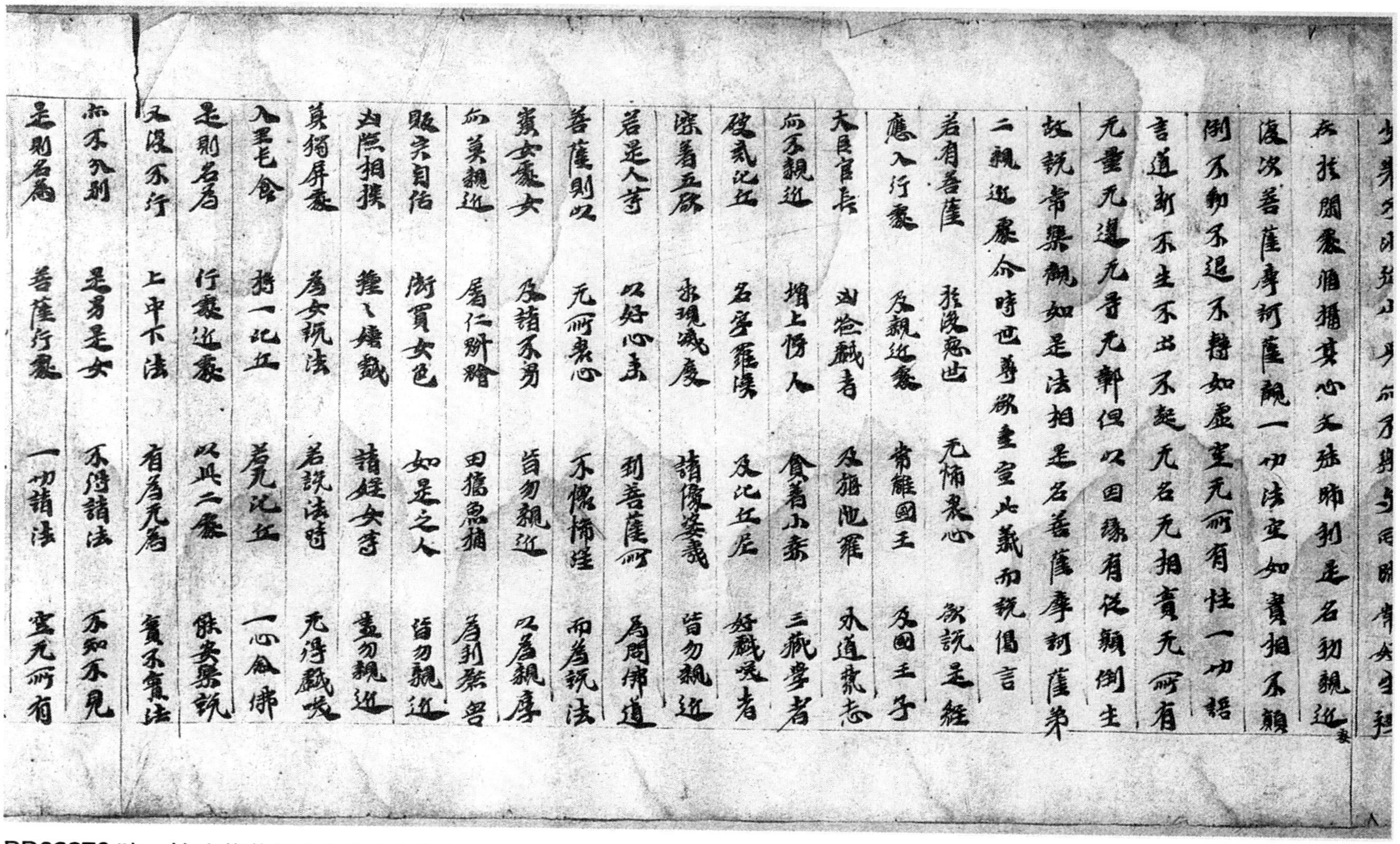

少弟子沙弥小兒亦不樂與同師常好坐禪
在於閑處修攝其心文殊師利是名初親近處
復次菩薩摩訶薩觀一切法空如實相不顛
倒不動不退不轉如虛空无所有性一切語
言道斷不生不出不起无名无相實无所有
无量无邊无礙无障但以因緣有從顛倒生
故說常樂觀如是法相是名菩薩摩訶薩第
二親近處爾時世尊欲重宣此義而說偈言
若有菩薩　於後惡世　无怖畏心　欲說是經
應入行處　及親近處　常離國王　及國王子
大臣官長　兇險戲者　及旃陀羅　外道梵志
亦不親近　增上慢人　貪著小乘　三藏學者
破戒比丘　名字羅漢　及比丘尼　好戲笑者
深著五欲　求現滅度　諸優婆夷　皆勿親近
若是人等　以好心來　到菩薩所　為聞佛道
菩薩則以　无所畏心　不懷悕望　而為說法
寡女處女　及諸不男　皆勿親近　以為親厚
亦莫親近　屠兒魁膾　畋獵漁捕　為利殺害
販肉自活　衒賣女色　如是之人　皆勿親近
兇險相撲　種種嬉戲　諸婬女等　盡勿親近
莫獨屏處　為女說法　若說法時　无得戲笑
入里乞食　將一比丘　若无比丘　一心念佛
是則名為　行處近處　以此二處　能安樂說
又復不行　上中下法　有為无為　實不實法
亦不分別　是男是女　不得諸法　不知不見
是則名為　菩薩行處　一切諸法　空无所有

BD03376號　妙法蓮華經（十卷本）卷六

（10–3）

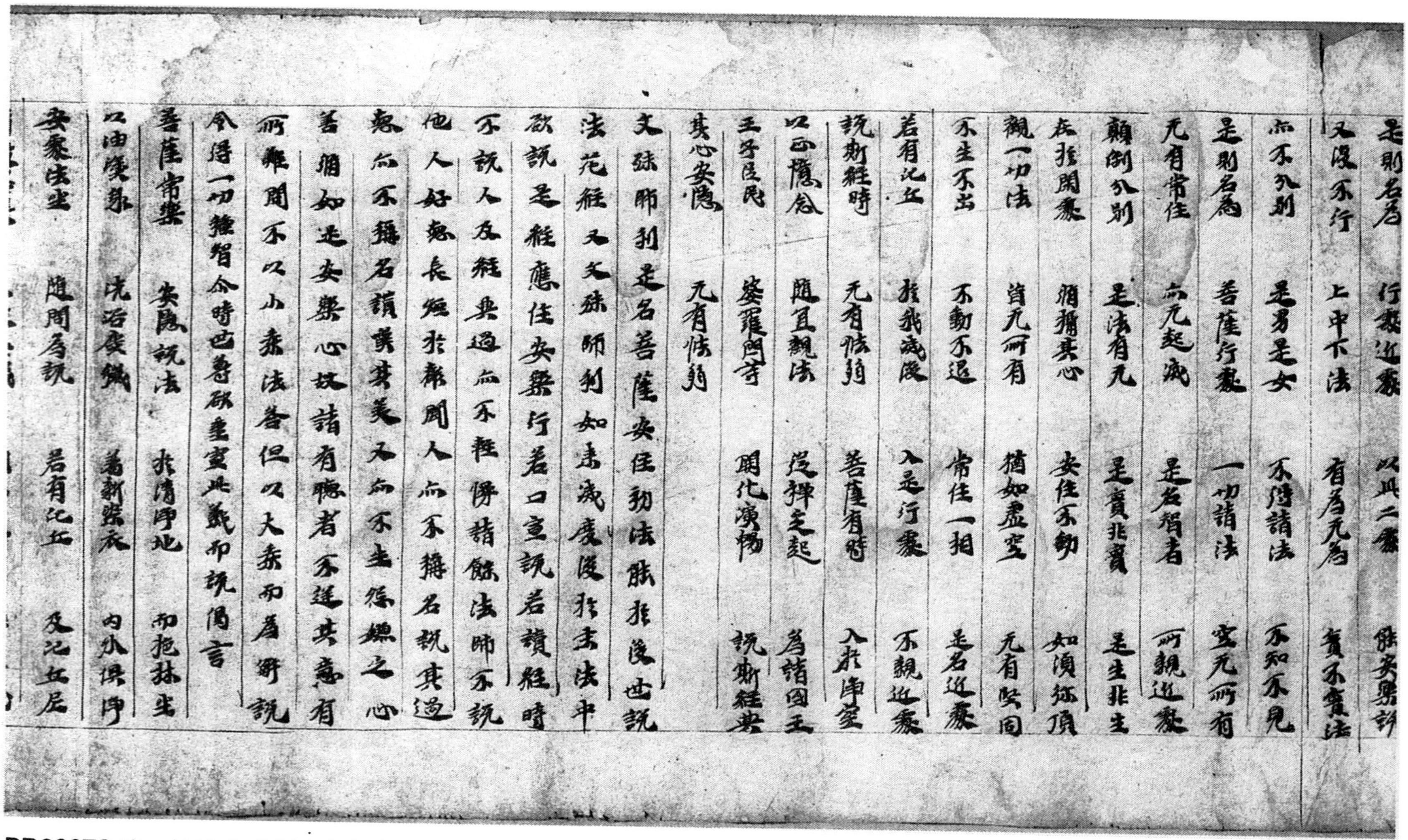

是則名為　行處近處　以此二處　能安樂說
又復不行　上中下法　有為无為　實不實法
亦不分別　是男是女　不得諸法　不知不見
是則名為　菩薩行處　一切諸法　空无所有
无有常住　亦无起滅　是名智者　所親近處
顛倒分別　是法有无　是實非實　是生非生
在於閑處　修攝其心　安住不動　如須弥頂
觀一切法　皆无所有　猶如虛空　无有堅固
不生不出　不動不退　常住一相　是名近處
若有比丘　於我滅後　入是行處　不親近處
說斯經時　无有怯弱　菩薩有時　入於靜室
以正憶念　隨義觀法　從禪定起　為諸國王
王子臣民　婆羅門等　開化演暢　說斯經典
其心安隱　无有怯弱
文殊師利是名菩薩安住初法能於後世說
法花經又文殊師利如來滅後於末法中
欲說是經應住安樂行若口宣說若讀經時
不樂說人及經典過亦不輕慢諸餘法師不說
他人好惡長短於聲聞人亦不稱名說其過
惡亦不稱名讚歎其美又亦不生怨嫌之心
善修如是安樂心故諸有聽者不逆其意有
所難問不以小乘法答但以大乘而為解說
令得一切種智爾時世尊欲重宣此義而說偈言
菩薩常樂　安隱說法　於清淨地　而施床座
以油塗身　澡浴塵穢　著新淨衣　內外俱淨
安處法座　隨問為說　若有比丘　及比丘尼

BD03376號　妙法蓮華經（十卷本）卷六

（10–4）

菩薩常樂　安隱說法　於清淨地　而施牀座
以油塗身　澡浴塵穢　著新淨衣　內外俱淨
安處法坐　隨問為說　若有比丘　及比丘尼
諸優婆塞　及優婆夷　國王王子　群臣士民
以微妙義　和顏為說　若有難問　隨義而答
因緣譬喻　敷演分別　以是方便　皆使發心
漸漸增益　入於佛道　除嬾惰意　及懈怠想
離諸憂惱　慈心說法　晝夜常說　无上道教
以諸因緣　无量譬喻　開示眾生　咸令歡喜
衣服臥具　飲食醫藥　而於其中　无所悕望
但一心念　說法因緣　願成佛道　令眾亦爾
是則大利　安樂供養　我滅度後　若有比丘
能演說斯　妙法花經　心无嫉恚　諸惱鄣礙
亦无憂愁　及罵詈者　又无怖畏　加刀杖等
亦无擯出　安住忍故　智者如是　善脩其心
能住安樂　如我上說　其人功德　千万億劫
筭數譬喻　所不能及
又文殊師利菩薩摩訶薩於後末世法欲滅
時受持讀誦斯經典者无懷嫉妬諂誑之心
亦勿輕罵學佛道者求其長短若比丘比丘
尼優婆塞優婆夷求聲聞者求辟支佛者求
菩薩道者无得惱之令其疑悔語其人言汝
等去道甚遠終不能得一切種智所以者何
汝是放逸之人於道懈怠故又亦不應戲論
諸法有所諍競當於一切眾生起大悲想於
諸如來起慈父想於諸菩薩起大師想於十

BD03376 號　妙法蓮華經（十卷本）卷六　（10–5）

諸法有所諍競當於一切眾生起大悲想於
諸如來起慈父想於諸菩薩起大師想於十
方諸大菩薩常應深心恭敬禮拜於一切眾
生平等說法以順法故不多不少乃至深心
法者亦不為多說文殊師利是菩薩摩訶薩
於後末世法欲滅時有成就是第三安樂行
者說是經得大眾而來聽者受聽已能持已
能誦誦已能說說已能書若使人書供養經
卷恭敬尊重讚歎爾時世尊欲重宣此義而
說偈言
若欲說此經　當捨嫉恚慢　諂誑邪偽心　常脩質直行
不輕蔑於人　亦不戲論法　不令他疑悔　云汝不得佛
是佛子說法　常柔和能忍　慈悲於一切　不生懈怠心
十方大菩薩　愍眾故行道　應生恭敬心　是則我大師
於諸佛世尊　生无上父想　破於憍慢心　說法无鄣礙
第三法如是　智者應守護　一心安樂行　无量眾所敬
又文殊師利菩薩摩訶薩於後末世法欲
滅時有持是法花經者於在家出家人中生
大慈心於非菩薩人中生大悲心應作是念
如是之人則為大失如來方便隨宜說法不
聞不知不覺不問不信不解其人雖不問不
信不解是經我得阿耨多羅三藐三菩提時
隨在何地以神通力智慧力引之令住是法
中文殊師利是菩薩摩訶薩於如來滅後有
成就是第四法者說是法時无有過失常為

BD03376 號　妙法蓮華經（十卷本）卷六　（10–6）

隨在何地，以神通力、智慧力引之，令住是法
中。文殊師利，是菩薩摩訶薩於如來滅後，有
成就是第四法者，說是法時無有過失，常為
比丘、比丘尼、優婆塞、優婆夷、國王、王子、大臣、
人民、婆羅門、居士等供養恭敬尊重讚歎。虛
空諸天為聽法故，亦常隨侍。若在聚落、城邑、
空閑林中，有人來欲難問者，諸天晝夜常為
法故而衛護之，能令聽者皆得歡喜。所以者
何？此經是一切過去未來現在諸佛神力所
護故。文殊師利，是法花經，於無量國中，乃至
名字不可得聞，何況得見受持讀誦。文殊師
利，譬如強力轉輪之王，欲以威勢降伏諸國，
而諸小王不順其命，時轉輪王起種種兵而
往討罰。王見兵衆戰有功者，即大歡喜，隨功
賞賜，或與田宅、聚落、城邑，或與衣服、嚴身之
具，或與種種珍寶、金、銀、琉璃、車渠、馬瑙、珊瑚、虎
珀，象馬車乘、奴婢人民。唯結中明珠，不以與
之。所以者何？獨王頂上有此一珠，若以與之，
王諸眷屬必大驚怪。文殊師利，如來亦復如
是，以禪定智慧力得法國土，王於三界，而諸魔
王不肯順伏。如來賢聖諸將與之共戰，其有
功者，心亦歡喜，於四衆中為說諸經，令其心
悅，賜以禪定、解脫、無漏根、力諸法之財，又復
賜與涅槃之城，言得滅度，引導其心，令皆歡
喜，而不為說是法花經。文殊師利，如轉輪王
見諸兵衆有大功者，心甚歡喜，以此難信之

BD03376號　妙法蓮華經（十卷本）卷六　（10–7）

[illegible]
賜與涅槃之城，言得滅度，引導其心，令皆歡
喜，而不為說是法花經。文殊師利，如轉輪王
見諸兵衆有大功者，心甚歡喜，以此難信之
珠久在結中，不妄與人，而今與之。如來亦復
如是，於三界中為大法王，以法教化一切衆
生，見賢聖軍與五陰魔、煩惱魔、死魔共戰，
有大功勳，滅三毒，出三界，破魔網，爾時如來
亦大歡喜。此法花經能令衆生至一切智，
一切世間多怨難信，先所未說而今說之。文殊
師利，此法花經是諸如來第一之說，於諸說
中最為甚深，末後賜與，如彼強力之王久護
明珠，今乃與之。文殊師利，此法花經，諸佛如
來祕密之藏，於諸經中最在其上，長夜守護，
不妄宣說，始於今日乃與汝等而敷演之。爾時
世尊欲重宣此義，而說偈言：

常行忍辱　哀愍一切　乃能演說　佛所讚法
後末世時　持此經者　於家出家　及非菩薩
應生慈悲　斯等不聞　不信是經　則為大失
我得佛道　以諸方便　為說此法　令住其中
譬如強力　轉輪之王　兵戰有功　賞賜諸物
象馬車乘　嚴身之具　及諸田宅　聚落城邑
或與衣服　種種珍寶　奴婢財物　歡喜賜與
如有勇健　能為難事　王解結中　明珠賜之
如來亦爾　為諸法王　忍辱大力　智慧寶藏
以大慈悲　如法化世　見一切人　受諸苦惱
欲求解脫　與諸魔戰　為是衆生　說種種法

BD03376號　妙法蓮華經（十卷本）卷六　（10–8）

如來亦尔　為諸法王　忍辱大力　智慧寶藏
以大慈悲　如法化世　見一切人　受諸苦惱
欲求解脫　與諸魔戰　為是衆生　說種種法
以大方便　說此諸經　既知衆生　得其力已
末後乃為　說是法花　如王解髻　明珠與之
此經為尊　衆經中上　我常守護　不妄開示
今正是時　為汝等說　我滅度後　求佛道者
欲得安隱　演說斯經　應當親近　如是四法
讀是經者　常无憂惱　又无病痛　顏色鮮白
不生貧窮　卑賤醜陋　衆生樂見　如慕賢聖
諸天童子　以為給使　刀杖不加　毒不能害
若人惡罵　口則閉塞　遊行无畏　如師子王
智慧光明　如日之照　若於夢中　但見妙事
見諸如來　坐師子座　諸比丘衆　圍遶說法
又見龍神　阿脩羅等　數如恒沙　恭敬合掌
自見其身　而為說法　又見諸佛　身相金色
放无量光　照於一切　以梵音聲　演說諸法
佛為四衆　說无上法　見身處中　合掌讚佛
聞法歡喜　而為供養　得陀羅尼　證不退智
佛知其心　深入佛道　即為授記　成最正覺
汝善男子　當於來世　得无量智　佛之大道
國土嚴淨　廣大无比　亦有四衆　合掌聽法
又見自身　在山林中　修習善法　證諸實相
深入禪定　見十方佛
諸佛身金色　百福相莊嚴　聞法為人說　常有是好夢
又夢作國王　捨宮殿眷屬　及上妙五欲　行詣於道場

BD03376號　妙法蓮華經（十卷本）卷六　（10–9）

見諸如來　坐師子座　諸比丘衆　圍遶說法
又見龍神　阿脩羅等　數如恒沙　恭敬合掌
自見其身　而為說法　又見諸佛　身相金色
放无量光　照於一切　以梵音聲　演說諸法
佛為四衆　說无上法　見身處中　合掌讚佛
聞法歡喜　而為供養　得陀羅尼　證不退智
佛知其心　深入佛道　即為授記　成最正覺
汝善男子　當於來世　得无量智　佛之大道
國土嚴淨　廣大无比　亦有四衆　合掌聽法
又見自身　在山林中　修習善法　證諸實相
深入禪定　見十方佛
諸佛身金色　百福相莊嚴　聞法為人說　常有是好夢
又夢作國王　捨宮殿眷屬　及上妙五欲　行詣於道場
在菩提樹下　而處師子座　求道過七日　得諸佛之智
成无上道已　起而轉法輪　為四衆說法　經千萬億劫
說无漏妙法　度无量衆生　後當入涅槃　如煙盡燈滅
若後惡世中　說是第一法　是人得大利　如上諸功德

妙法蓮花經卷第六

BD03376號　妙法蓮華經（十卷本）卷六　（10–10）

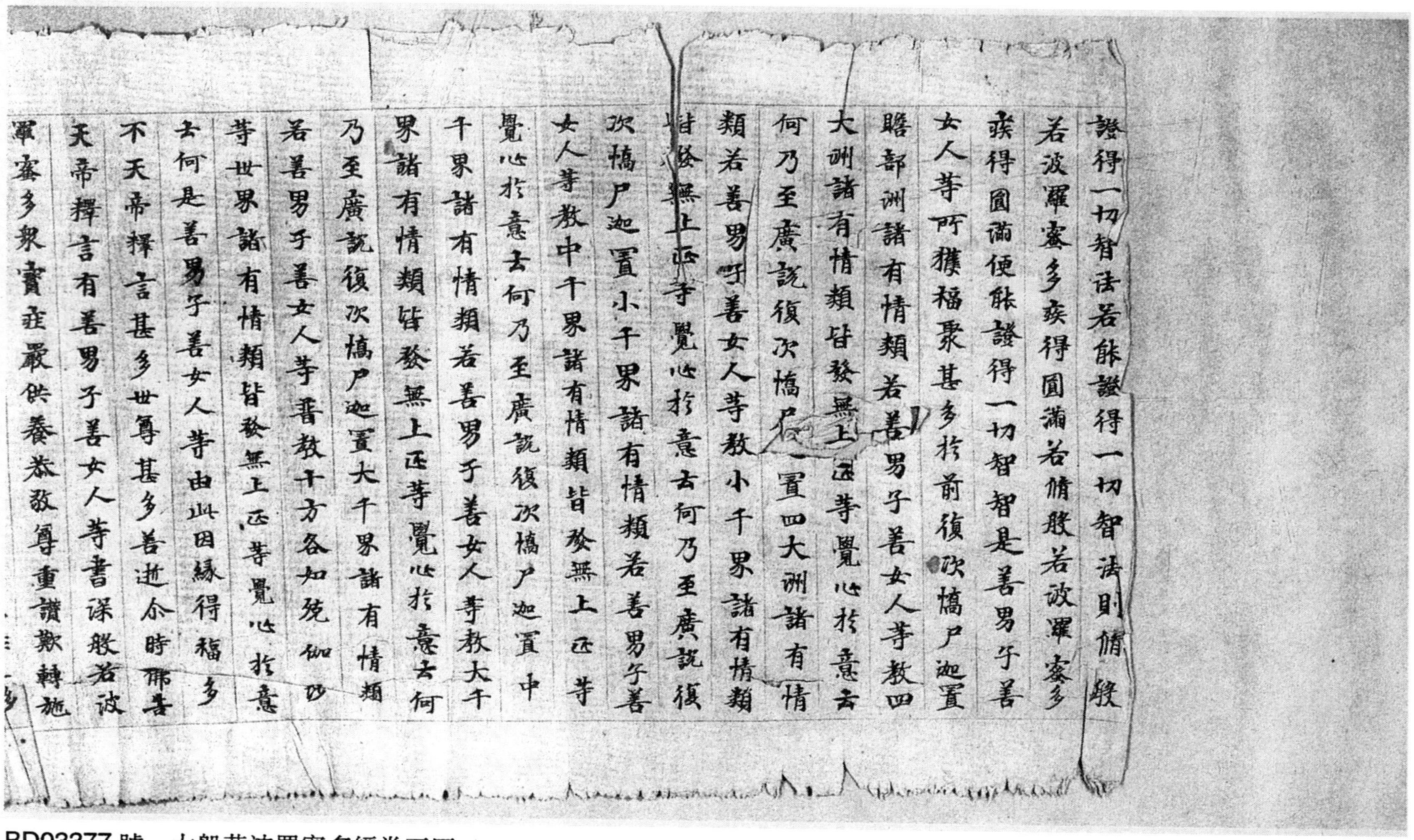

證得一切智法若能證得一切智法則脩般
若波羅蜜多疾得圓滿若脩般若波羅蜜多
疾得圓滿便能證得一切智智是善男子善
女人等所獲福聚甚多於前復次憍尸迦置
贍部洲諸有情類若善男子善女人等教四
大洲諸有情類皆發無上正等覺心於意云
何乃至廣說復次憍尸迦置四大洲諸有情
類若善男子善女人等教小千界諸有情類
皆發無上正等覺心於意云何乃至廣說復
次憍尸迦置小千界諸有情類若善男子善
女人等教中千界諸有情類皆發無上正等
覺心於意云何乃至廣說復次憍尸迦置中
千界諸有情類若善男子善女人等教大千
界諸有情類皆發無上正等覺心於意云何
乃至廣說復次憍尸迦置大千界諸有情類
若善男子善女人等普教十方各如殑伽沙
等世界諸有情類皆發無上正等覺心於意
云何是善男子善女人等由此因緣得福多
不天帝釋言甚多世尊甚多善逝尒時佛告
天帝釋言有善男子善女人等書深般若波
羅蜜多衆寶莊嚴供養恭敬尊重讚歎轉施

BD03377 號　大般若波羅蜜多經卷五四二

（12–1）

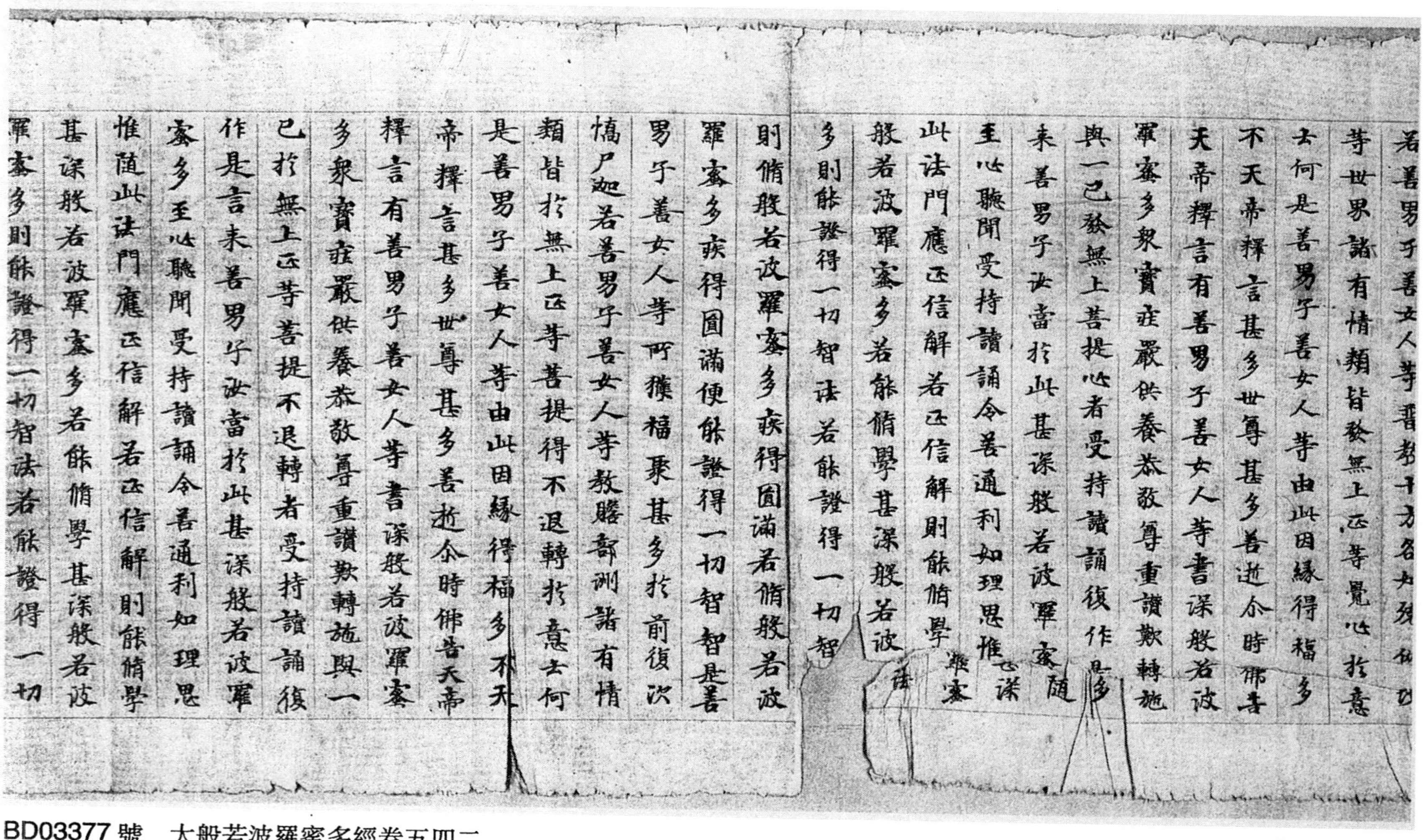

若善男子善女人等普教十方各如殑伽沙
等世界諸有情類皆發無上正等覺心於意
云何是善男子善女人等由此因緣得福多
不天帝釋言甚多世尊甚多善逝尒時佛告
天帝釋言有善男子善女人等書深般若波
羅蜜多衆寶莊嚴供養恭敬尊重讚歎轉施
與一已發無上菩提心者受持讀誦復作是多
來善男子汝當於此甚深般若波羅蜜隨
至心聽聞受持讀誦令善通利如理思惟心深
此法門應正信解若正信解則能脩學羅蜜
般若波羅蜜多若能脩學甚深般若波法
多則能證得一切智法若能證得一切智
則脩般若波羅蜜多疾得圓滿若脩般若波
羅蜜多疾得圓滿便能證得一切智智是善
男子善女人等所獲福聚甚多於前復次
憍尸迦若善男子善女人等教贍部洲諸有情
類皆於無上正等菩提得不退轉於意云何
是善男子善女人等由此因緣得福多不天
帝釋言甚多世尊甚多善逝尒時佛告天帝
釋言有善男子善女人等書深般若波羅蜜
多衆寶莊嚴供養恭敬尊重讚歎轉施與一
已於無上正等菩提不退轉者受持讀誦復
作是言來善男子汝當於此甚深般若波羅
蜜多至心聽聞受持讀誦令善通利如理思
惟隨此法門應正信解若正信解則能脩學
甚深般若波羅蜜多若能脩學甚深般若波
羅蜜多則能證得一切智法若能證得一切

BD03377 號　大般若波羅蜜多經卷五四二

（12–2）

作是言来善男子汝當於此甚深般若波羅
蜜多至心聽聞受持讀誦令善通利如理思
惟隨此法門應正信解若正信解則能脩學
甚深般若波羅蜜多若能脩學甚深般若波
羅蜜多則能證得一切智法若能證得一切
智法則脩般若波羅蜜多疾得圓滿若脩般
若波羅蜜多疾得圓滿便能證得一切智智
是善男子善女人等所獲福聚甚多於前復
次憍尸迦置贍部洲諸有情類若善男子善
女人等教四大洲諸有情類皆於無上正等
菩提得不退轉於意云何乃至廣說復次憍
尸迦置四大洲諸有情類若善男子善女人
等教小千界諸有情類皆於無上正等菩提
得不退轉於意云何乃至廣說復次憍尸迦
置小千界諸有情類若善男子善女人等教
中千界諸有情類皆於無上正等菩提得不
退轉於意云何乃至廣說復次憍尸迦置中
千界諸有情類若善男子善女人等教大千
界諸有情類皆於無上正等菩提得不退轉
於意云何乃至廣說復次憍尸迦置大千界
諸有情類若善男子善女人等普教十方各
如殑伽沙等世界諸有情類皆於無上正等
菩提得不退轉於意云何是善男子善女人
等由此因緣得福多不天帝釋言甚多世尊
甚多善逝尒時佛告天帝釋言有善男子
善女人等書深般若波羅蜜多衆寶莊嚴供養

BD03377 號　大般若波羅蜜多經卷五四二　（12–3）

菩提得不退轉於意云何是善男子善女人
等由此因緣得福多不天帝釋言甚多世尊
甚多善逝尒時佛告天帝釋言有善男子
善女人等書深般若波羅蜜多衆寶莊嚴供養
恭敬尊重讚歎轉施與一已於無上正等菩
提不退轉者受持讀誦復作是言来善男子
汝當於此甚深般若波羅蜜多至心聽聞受
持讀誦令善通利如理思惟隨此法門應正信
解若正信解則能脩學甚深般若波羅蜜多
若能脩學甚深般若波羅蜜多則能證得一
切智法若能證得一切智法則脩般若波羅
蜜多疾得圓滿若脩般若波羅蜜多疾得圓
滿便能證得一切智智是善男子善女人等所
獲福聚甚多於前復次憍尸迦若贍部洲諸
有情類皆發無上正等覺心有若男子善女
人等書深般若波羅蜜多衆寶莊嚴供養恭
敬尊重讚歎書施與彼受持讀誦復作是言
来善男子汝等於此甚深般若波羅蜜多至
心聽聞受持讀誦令善通利如理思惟隨此
法門應正信解若正信解則能脩學甚深般
若波羅蜜多若能脩學甚深般若波羅蜜多
則能證得一切智法若能證得一切智法則
脩般若波羅蜜多疾得圓滿若脩般若波羅
蜜多疾得圓滿便能證得一切智智於意云
何是善男子善女人等由此因緣得福多不
天帝釋言甚多世尊甚多善逝尒時佛告天

BD03377 號　大般若波羅蜜多經卷五四二　（12–4）

蜜多疾得圓滿便能證得一切智智於意云
何是善男子善女人等由此因緣得福多不
天帝釋言甚多世尊甚多善逝尒時佛告天
帝釋言若善男子善女人等書深般若波羅
蜜多衆寶莊嚴供養恭敬尊重讚歎轉施與
一己於無上正等菩提不退轉者受持讀誦
復作是言來善男子汝當於此甚深般若波
羅蜜多至心聽聞受持讀誦令善通利如理
思惟隨此法門應正信解若正信解則能脩
學甚深般若波羅蜜多若能脩學甚深般若
波羅蜜多則能證得一切智法若能證得一切
智法則脩般若波羅蜜多疾得圓滿若脩
般若波羅蜜多疾得圓滿便能證得一切智
智是善男子善女人等所獲福聚甚多於前
所以者何彼菩薩摩訶薩定證無上正等菩
提與諸有情作苦邊際令其速證三乘涅槃
復次憍尸迦置贍部洲諸有情類若四大洲
諸有情類若小千界諸有情類若中千界諸
有情類若大千界諸有情類若復十方各如
殑伽沙等世界諸有情類皆發無上正等覺
心有善男子善女人等書深般若波羅蜜多
衆寶莊嚴供養恭敬尊重讚歎善施與彼受
持讀誦復作是言來善男子汝等於此甚深
般若波羅蜜多至心聽聞受持讀誦令善通
利如理思惟隨此法門應正信解若正信解
則能脩學甚深般若波羅蜜多若能脩學甚

BD03377 號　大般若波羅蜜多經卷五四二

（12–5）

持讀誦復作是言來善男子汝等於此甚深
般若波羅蜜多至心聽聞受持讀誦令善通
利如理思惟隨此法門應正信解若正信解
則能脩學甚深般若波羅蜜多若能脩學甚
深般若波羅蜜多則能證得一切智法若能
證得一切智法則脩般若波羅蜜多疾得圓
滿若脩般若波羅蜜多疾得圓滿便能證得
一切智智於意云何是善男子善女人等由
此因緣得福多不天帝釋言甚多世尊甚多
善逝尒時佛告天帝釋言若善男子善女人
等書深般若波羅蜜多衆寶莊嚴供養恭敬
尊重讚歎轉施與一己於無上正等菩提不
退轉者受持讀誦復作是言來善男子汝當
於此甚深般若波羅蜜多至心聽聞受持讀
誦令善通利如理思惟隨此法門應正信解
若正信解則能脩學甚深般若波羅蜜多若
能脩學甚深般若波羅蜜多則能證得一切
智法若能證得一切智法則脩般若波羅蜜多
疾得圓滿若脩般若波羅蜜多疾得圓滿
便能證得一切智智是善男子善女人等所
獲福聚甚多於前所以者何彼菩薩摩訶薩
定證無上正等菩提與諸有情作苦邊際令
其速證三乘涅槃
復次憍尸迦若贍部洲諸有情類皆於無上
正等菩提得不退轉有善男子善女人等書
深般若波羅蜜多衆寶莊嚴供養恭敬尊重

BD03377 號　大般若波羅蜜多經卷五四二

（12–6）

其速證三乘涅槃
復次憍尸迦若贍部洲諸有情類皆於無上
正等菩提得不退轉有善男子善女人等書
深般若波羅蜜多衆寶莊嚴供養恭敬尊重
讚歎善施與彼受持讀誦復作是言來善男
子汝等於此甚深般若波羅蜜多至心聽聞
受持讀誦令善通利如理思惟隨此法門應
正信解若正信解則能修學甚深般若波羅
蜜多若能修學甚深般若波羅蜜多則能證
得一切智法若能證得一切智法則修般若
波羅蜜多疾得圓滿若修般若波羅蜜多疾
得圓滿便能證得一切智智於意云何是善
男子善女人等由此因緣得福多不天帝釋
言甚多世尊甚多善逝爾時佛告天帝釋言
已於無上正等菩提得不退轉諸菩薩中有
一菩薩作如是言我今欣樂速證無上正等
菩提濟拔有情生死衆苦令得殊勝畢竟安
樂若善男子善女人等為成彼事書深般若
波羅蜜多衆寶莊嚴供養恭敬尊重讚歎
轉施與彼受持讀誦復作是言來善男子汝
當於此甚深般若波羅蜜多至心聽聞受持
讀誦令善通利如理思惟隨此法門應正信
解若正信解則能修學甚深般若波羅蜜多
若能修學甚深般若波羅蜜多則能證得一
切智法若能證得一切智法則修般若波羅
蜜多疾得圓滿若修般若波羅蜜多疾得圓

BD03377號　大般若波羅蜜多經卷五四二　　（12–7）

解若正信解則能修學甚深般若波羅蜜多
若能修學甚深般若波羅蜜多則能證得一
切智法若能證得一切智法則修般若波羅
蜜多疾得圓滿若修般若波羅蜜多疾得圓
滿便能證得一切智智是善男子善女人等所
獲福聚甚多於前無量無邊不可稱數復次
憍尸迦置贍部洲諸有情類若四大洲諸有
情類若小千界諸有情類若中千界諸有情
類若大千界諸有情類若復十方各如殑伽
沙等世界諸有情類皆於無上正等菩提得
不退轉有善男子善女人等書深般若波羅
蜜多衆寶莊嚴供養恭敬尊重讚歎善施與
彼受持讀誦復作是言來善男子汝等於此
甚深般若波羅蜜多至心聽聞受持讀誦令
善通利如理思惟隨此法門應正信解若正
信解則能修學甚深般若波羅蜜多若能修
學甚深般若波羅蜜多則能證得一切智法
若能證得一切智法則修般若波羅蜜多疾
得圓滿若修般若波羅蜜多疾得圓滿便能
證得一切智智於意云何是善男子善女人等
由此因緣得福多不天帝釋言甚多世尊
甚多善逝爾時佛告天帝釋言已於無上正
等菩提得不退轉諸菩薩中有一菩薩作如
是言我今欣樂速證無上正等菩提濟拔有
情生死衆苦令得殊勝畢竟安樂若善男子
善女人等為成彼事書深般若波羅蜜多衆

BD03377號　大般若波羅蜜多經卷五四二　　（12–8）

是言我今欣樂速證無上正等菩提濟拔有
情生死衆苦令得殊勝畢竟安樂若善男子
善女人等為成彼事書深般若波羅蜜多衆
寶莊嚴供養恭敬尊重讚歎轉施與彼受持
讀誦復作是言汝善男子汝當於此甚深般
若波羅蜜多至心聽聞受持讀誦令善通利
如理思惟隨此法門應正信解若正信解則
能脩學甚深般若波羅蜜多若能脩學甚深
般若波羅蜜多則能證得一切智法若能證
得一切智法則脩般若波羅蜜多疾得圓滿
若脩般若波羅蜜多疾得圓滿便能證得一
切智智是善男子善女人等所獲福聚甚多
於前無量無邊不可稱數
復次憍尸迦若贍部洲諸有情類皆發無上
正等覺心有善男子善女人等書深般若波
羅蜜多衆寶莊嚴供養恭敬尊重讚歎善
施與彼受持讀誦令善通利如理思惟於意云
何是善男子善女人等由此因緣得福多不
天帝釋言甚多世尊甚多善逝尒時佛告天
帝釋言若善男子善女人等書深般若波羅
蜜多衆寶莊嚴供養恭敬尊重讚歎於彼衆
中隨施與一受持讀誦令善通利如理思惟復
以種種巧妙文義廣為解釋分別義趣令
其解了教授教誡令勤脩學是善男子善女
人等所獲福聚甚多於前無量無邊不可稱
數復次憍尸迦置贍部洲諸有情類若四大

BD03377 號　大般若波羅蜜多經卷五四二

（12–9）

其解了教授教誡令勤脩學是善男子善女
人等所獲福聚甚多於前無量無邊不可稱
數復次憍尸迦置贍部洲諸有情類若四大
洲諸有情類若小千界諸有情類若中千界
諸有情類若大千界諸有情類若復十方各
如殑伽沙等世界諸有情類皆發無上正等
覺心有善男子善女人等書深般若波羅蜜
多衆寶莊嚴供養恭敬尊重讚歎普施與彼
受持讀誦令善通利如理思惟於意云何是
善男子善女人等由此因緣得福多不天帝
釋言甚多世尊甚多善逝尒時佛告天帝釋
言若善男子善女人等書深般若波羅蜜多
衆寶莊嚴供養恭敬尊重讚歎於彼衆中
隨施與一受持讀誦令善通利如理思惟復以
種種巧妙文義廣為解釋分別義趣令其解
了教授教誡令勤脩學是善男子善女人等
所獲福聚甚多於前無量無邊不可稱數復
次憍尸迦若贍部洲諸有情類皆於無上正
等菩提得不退轉有善男子善女人等書深
般若波羅蜜多衆寶莊嚴供養恭敬尊重
讚歎善施與彼受持讀誦令善通利如理思
惟於意云何是善男子善女人等由此因緣得
福多不天帝釋言甚多世尊甚多善逝尒時
佛告天帝釋言若善男子善女人等書深般
若波羅蜜多衆寶莊嚴供養恭敬尊重讚歎
於彼衆中隨施與一受持讀誦令善通利如理

BD03377 號　大般若波羅蜜多經卷五四二

（12–10）

緣得福多不天帝釋言甚多世尊甚多善逝尒時
佛告天帝釋言若善男子善女人等書深般
若波羅蜜多衆寶莊嚴供養恭敬尊重讚歎
於彼衆中隨施與一受持讀誦令善通利如理
思惟復以種種巧妙文義廣為解釋分別義
趣令其解了教授教誡令勤脩學是善男
子善女人等所獲福聚甚多於前無量無邊
不可稱數復次憍尸迦置贍部洲諸有情類
若四大洲諸有情類若小千界諸有情類若
中千界諸有情類若大千界諸有情類若復
十方各如殑伽沙等世界諸有情類皆於無
上正等菩提得不退轉有善男子善女人等
書深般若波羅蜜多衆寶莊嚴供養恭敬尊
重讚歎普施與彼受持讀誦令善通利如理
思惟於意云何是善男子善女人等由此因
緣得福多不天帝釋言甚多世尊甚多善逝
尒時佛告天帝釋言若善男子善女人等書
深般若波羅蜜多衆寶莊嚴供養恭敬尊重
讚歎於彼衆中隨施與一受持讀誦令善通
利如理思惟復以種種巧妙文義廣為解釋
分別義趣令其解了教授教誡令勤脩學是
善男子善女人等所獲福聚甚多於前無量
無邊不可稱數
復次憍尸迦若贍部洲諸有情類皆發無上
正等覺心既發無上菩提心已同作是言我
今欣樂速證無上正等菩提濟拔有情生死
衆苦令得殊勝畢竟安樂有善男善女人

BD03377 號　大般若波羅蜜多經卷五四二　（12–11）

緣得福多不天帝釋言甚多世尊甚多善逝
尒時佛告天帝釋言若善男子善女人等書
深般若波羅蜜多衆寶莊嚴供養恭敬尊重
讚歎於彼衆中隨施與一受持讀誦令善通
利如理思惟復以種種巧妙文義廣為解釋
分別義趣令其解了教授教誡令勤脩學是
善男子善女人等所獲福聚甚多於前無量
無邊不可稱數
復次憍尸迦若贍部洲諸有情類皆發無上
正等覺心既發無上菩提心已同作是言我
今欣樂速證無上正等菩提濟拔有情生死
衆苦令得殊勝畢竟安樂有善男善女人
等為成彼事書深般若波羅蜜多衆寶莊嚴
供養恭敬尊重讚歎普施與彼受持讀誦令
善通利如理思惟於意云何是善男子善女
人等由此因緣得福多不天帝釋言甚多世
尊甚多善逝尒時佛告天帝釋言若善男子
善女人等書深般若波羅蜜多衆寶莊嚴供
養恭敬尊重讚歎於彼衆中隨施與一受持
讀誦令善通利如理思惟以無量門巧妙文

BD03377 號　大般若波羅蜜多經卷五四二　（12–12）

BD03377 號背　勘記

(1–1)

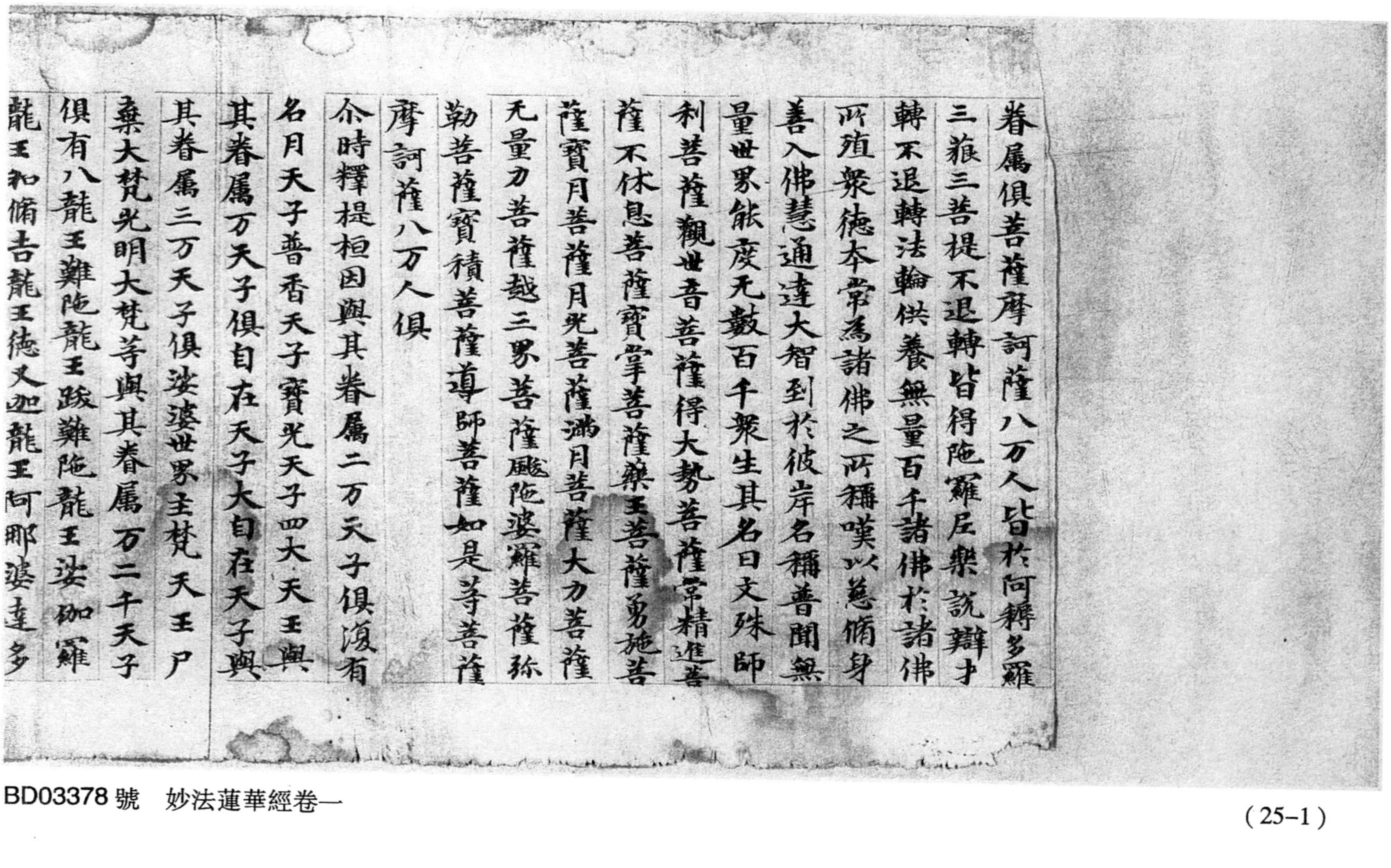

BD03378 號　妙法蓮華經卷一

(25–1)

眷屬俱菩薩摩訶薩八万人皆於阿耨多羅
三藐三菩提不退轉皆得陁羅尼樂說辯才
轉不退轉法輪供養無量百千諸佛於諸佛
所殖衆德本常為諸佛之所稱嘆以慈脩身
善入佛慧通達大智到於彼岸名稱普聞無
量世界能度无數百千衆生其名曰文殊師
利菩薩觀世音菩薩得大勢菩薩常精進菩
薩不休息菩薩寶掌菩薩藥王菩薩勇施菩
薩寶月菩薩月光菩薩滿月菩薩大力菩薩
无量力菩薩越三界菩薩颰陁婆羅菩薩弥
勒菩薩寶積菩薩導師菩薩如是等菩薩
摩訶薩八万人俱
尒時釋提桓因與其眷屬二万天子俱復有
名月天子普香天子寶光天子四大天王與
其眷屬万天子俱自在天子大自在天子與
其眷屬三万天子俱娑婆世界主梵天王尸
棄大梵光明大梵等與其眷屬万二千天子
俱有八龍王難陁龍王跋難陁龍王娑伽羅
龍王和脩吉龍王德叉迦龍王阿那婆達多

名月天子普香天子寶光天子四大天王與
其眷屬万天子俱自在天子大自在天子與
其眷屬三万天子俱娑婆世界主梵天王尸
棄大梵光明大梵等與其眷屬万二千天子
俱有八龍王難陁龍王跋難陁龍王娑伽羅
龍王和脩吉龍王德叉迦龍王阿那婆達多
龍王摩那斯龍王優鉢羅龍王等各與若干
百千眷屬俱有四緊那羅王法緊那羅王妙
法緊那羅王大法緊那羅王持法緊那羅王
各與若干百千眷屬俱有四乾闥婆王樂乾
闥婆王樂音乾闥婆王美乾闥婆王美音乾
闥婆王各與若干百千眷屬俱有四阿脩羅
王婆稚阿脩羅王佉羅騫馱阿脩羅王毗摩
質多羅阿脩羅王羅睺羅阿脩羅王各與若干
百千眷屬俱有四迦樓羅王大威德迦樓羅
王大身迦樓羅王大滿迦樓羅王如意迦樓
羅王各與若干百千眷屬俱韋提希子阿闍
世王與若干百千眷屬俱各礼佛足退坐一
面
尒時世尊四衆圍繞供養恭敬尊重讚歎為
諸菩薩說大乘經名无量義教菩薩法佛所
護念佛說此經已結跏趺坐入於無量義處
三昧身心不動是時天雨曼陁羅華摩訶曼
陁羅華曼殊沙華摩訶曼殊沙華而散佛上
及諸大衆普佛世界六種震動尒時會中比

BD03378號　妙法蓮華經卷一　（25–2）

三昧身心不動是時天雨曼陁羅華摩訶曼
陁羅華曼殊沙華摩訶曼殊沙華而散佛上
及諸大衆普佛世界六種震動尒時會中比
丘比丘尼優婆塞優婆夷天龍夜叉乾闥婆
阿脩羅迦樓羅緊那羅摩睺羅伽人非人等
及諸小王轉輪聖王是諸大衆得未曾有歡
喜合掌一心觀佛
尒時佛放眉間白毫相光照東方万八千世
界靡不周遍下至阿鼻地獄上至阿迦尼吒
天於此世界盡見彼土六趣衆生又見彼土
現在諸佛及聞諸佛所說經法并見彼諸比
丘比丘尼優婆塞優婆夷諸脩行得道者復
見諸菩薩摩訶薩種種因緣種種信解種種
相貌行菩薩道復見諸佛般涅槃者復見
諸佛般涅槃後以佛舍利起七寶塔
尒時弥勒菩薩作是念今者世尊現神變相以
何因緣而有此瑞今佛世尊入于三昧是
不可思議現希有事當以問誰誰能荅者復
作此念是文殊師利法王之子已曾親近供
養過去无量諸佛必應見此希有之相我今
當問尒時比丘比丘尼優婆塞優婆夷及諸
天龍鬼神等咸作此念是佛光明神通之相
今當問誰尒時弥勒菩薩欲自決疑又觀四
衆比丘比丘尼優婆塞優婆夷及諸天龍鬼
神等衆會之心而問文殊師利言以何因緣

BD03378號　妙法蓮華經卷一　（25–3）

天龍鬼神等咸作此念是佛光明神通之相
今當問誰尒時弥勒菩薩欲自決疑又觀四
衆比丘比丘尼優婆塞優婆夷及諸天龍鬼
神等衆會之心而問文殊師利言以何因緣
而有此瑞神通之相放大光明照于東方万
八千土悉見彼佛國界莊嚴於是弥勒菩薩
欲重宣此義以偈問曰
文殊師利 導師何故 眉間白毫 大光普照
雨曼陁羅 曼殊沙華 栴檀香風 悅可衆心
以是因緣 地皆嚴淨 而此世界 六種震動
時四部衆 咸皆歡喜 身意快然 得未曾有
眉間光明 照於東方 万八千土 皆如金色
從阿鼻獄 上至有頂 諸世界中 六道衆生
生死所趣 善惡業緣 受報好醜 於此悉見
又覩諸佛 聖主師子 演說經典 微妙第一
其聲清淨 出柔軟音 教諸菩薩 無數億万
梵音深妙 令人樂聞 各於世界 講說正法
種種因緣 以無量喻 照明佛法 開悟衆生
若人遭苦 厭老病死 為說涅槃 盡諸苦際
若人有福 曾供養佛 志求勝法 為說緣覺
若有佛子 脩種種行 求無上慧 為說淨道
文殊師利 我住於此 見聞若斯 及千億事
如是衆多 今當略說
我見彼土 恒沙菩薩 種種因緣 而求佛道
或有行施 金銀珊瑚 真珠摩尼 車𤦲馬瑙

BD03378號　妙法蓮華經卷一　（25–4）

如是衆多 今當略說
我見彼土 恒沙菩薩 種種因緣 而求佛道
或有行施 金銀珊瑚 真珠摩尼 車𤦲馬瑙
金剛諸珍 奴婢車乘 寶飾輦轝 歡喜布施
迴向佛道 願得是乘 三界第一 諸佛所歎
或有菩薩 駟馬寶車 欄楯華蓋 軒飾布施
復見菩薩 身肉手足 及妻子施 求無上道
又見菩薩 頭目身體 欣樂施與 求佛智慧
文殊師利 我見諸王 往詣佛所 問無上道
便捨樂土 宮殿臣妾 剃除鬚髮 而被法服
或見菩薩 而作比丘 獨處閑靜 樂誦經典
又見菩薩 勇猛精進 入於深山 思惟佛道
又見離欲 常處空閑 深脩禪定 得五神通
又見菩薩 安禪合掌 以千萬偈 讚諸法王
復見菩薩 智深志固 能問諸佛 聞悉受持
又見佛子 定慧具足 以無量喻 為衆講法
欣樂說法 化諸菩薩 破魔兵衆 而擊法鼓
又見菩薩 寂然宴嘿 天龍恭敬 不以為喜
又見菩薩 處林放光 濟地獄苦 令入佛道
又見佛子 未曾睡眠 經行林中 懃求佛道
又見具戒 威儀無缺 淨如寶珠 以求佛道
又見佛子 住忍辱力 增上慢人 惡罵捶打
皆悉能忍 以求佛道
又見菩薩 離諸戲咲 及癡眷屬 親近智者
一心除亂 攝念山林 億千万歲 以求佛道

BD03378號　妙法蓮華經卷一　（25–5）

又見佛子 住忍辱力 增上慢人 惡罵捶打
皆悉能忍 以求佛道
又見菩薩 離諸戲咲 及癡眷屬 親近智者
一心除亂 攝念山林 億千万歲 以求佛道
或見菩薩 餚饍飲食 百種湯藥 施佛及僧
名衣上服 價直千万 或無價衣 施佛及僧
千万億種 栴檀寶舍 衆妙卧具 施佛及僧
清淨園林 華菓茂盛 流泉浴池 施佛及僧
如是等施 種種微妙 歡喜無厭 求無上道
或有菩薩 說寂滅法 種種教詔 無數衆生
或見菩薩 觀諸法性 無有二相 猶如虛空
又見佛子 心無所著 以此妙慧 求無上道
文殊師利 又有菩薩 佛滅度後 供養舍利
又見佛子 造諸塔廟 無數恒沙 嚴飾國界
寶塔高妙 五千由旬 縱廣正等 二千由旬
一一塔廟 各千幢幡 珠交露幔 寶鈴和鳴
諸天龍神 人及非人 香華伎樂 常以供養
文殊師利 諸佛子等 為供舍利 嚴飾塔廟
國界自然 殊特妙好 如天樹王 其華開敷
佛放一光 我及衆會 見此國界 種種殊妙
諸佛神力 智慧希有 放一淨光 照無量國
我等見此 得未曾有 佛子文殊 願決衆疑
四衆欣仰 瞻仁及我 世尊何故 放斯光明
佛子時荅 決疑令喜 何所饒益 演斯光明
佛坐道場 所得妙法 為欲說此 為當授記

四衆欣仰 瞻仁及我 世尊何故 放斯光明
佛子時荅 決疑令喜 何所饒益 演斯光明
佛坐道場 所得妙法 為欲說此 為當授記
示諸佛土 衆寶嚴淨 及見諸佛 此非小緣
文殊當知 四衆龍神 瞻察仁者 為說何等
是時文殊師利語弥勒菩薩摩訶薩及諸大
士善男子等如我惟忖今佛世尊欲說大法
雨大法雨吹大法蠡擊大法鼓演大法義諸
善男子我於過去諸佛曾見此瑞放斯光已
即說大法是故當知今佛現光亦復如是欲
令衆生咸得聞知一切世間難信之法故現
斯瑞諸善男子如過去無量無邊不可思議
阿僧祇劫尒時有佛号日月燈明如來應供
正遍知明行足善逝世間解無上士調御丈
夫天人師佛世尊演說正法初善中善後善
其義深遠其語巧妙純一無雜具足清白梵
行之相為求聲聞者說應四諦法度生老病
死究竟涅槃為求辟支佛者說應十二因緣
法為諸菩薩說應六波羅蜜令得阿耨多羅
三藐三菩提成一切種智次復有佛亦名日
月燈明次復有佛亦名日月燈明如是二万
佛皆同一字号日月燈明又同一姓姓頗羅
墮弥勒當知初佛後佛皆同一字名日月燈
明十号具足所可說法初中後善其最後佛

佛皆同一字号日月燈明又同一姓姓頗羅
墮弥勒當知初佛後佛皆同一字名日月燈
明十号具足所可說法初中後善其最後佛
未出家時有八子一名有意二名善意三
名無量意四名寶意五名增意六名除疑意
七名嚮意八名法意是八王子威德自在各
領四天下是諸王子聞父出家得阿耨多羅
三藐三菩提悉捨王位亦隨出家發大乘意
常脩梵行皆為法師已於千万佛所殖諸善
本是時日月燈明佛說大乘經名無量義教
菩薩法佛所護念說是經已即於大衆中結
跏趺坐入於無量義處三昧身心不動是時
天雨曼陁羅華摩訶曼陁羅華曼殊沙華
摩訶曼殊沙華而散佛上及諸大衆普佛世
界六種震動尒時會中比丘比丘尼優婆塞優
婆夷天龍夜叉乾闥婆阿脩羅迦樓羅緊那
羅摩睺羅伽人非人等及諸小王轉輪聖王
是諸大衆得未曾有歡喜合掌一心觀佛尒
時如來放眉間白毫相光照東方万八千佛
土靡不周遍如今所見是諸佛土弥勒當知
尒時會中有廿億菩薩樂欲聽法是諸菩薩
見此光明普照佛土得未曾有欲知此光所
為因緣時有菩薩名曰妙光有八百弟子是
時日月燈明佛從三昧起因妙光菩薩說大
乘經名妙法蓮華教菩薩法佛所護念六十

BD03378號　妙法蓮華經卷一　（25–8）

為因緣時有菩薩名曰妙光有八百弟子是
時日月燈明佛從三昧起因妙光菩薩說大
乘經名妙法蓮華教菩薩法佛所護念六十
小劫不起于坐時會聽者亦坐一處六十小
劫身心不動聽佛所說謂如食頃是時衆中
無有一人若身若心而生懈惓日月燈明佛
於六十小劫說是經已即於梵魔沙門婆羅
門及天人阿脩羅衆中而宣此言如來於今
日中夜當入無餘涅槃時有菩薩名曰德藏
日月燈明佛即授其記告諸比丘是德藏菩
薩次當作佛号曰淨身多陁阿伽度阿羅訶
三藐三佛陁佛授記已便於中夜入無餘涅
槃佛滅度後妙光菩薩持妙法蓮華經滿八
十小劫為人演說日月燈明佛八子皆師妙光
妙光教化令其堅固阿耨多羅三藐三菩
提是諸王子供養無量百千万億佛已皆成
佛道其最後成佛者名曰然燈八百弟子中
有一人号曰求名貪著利養雖復讀誦衆經
而不通利多所忘失故号求名是人亦以種
諸善根因緣故得值無量百千万億諸佛供
養恭敬尊重讚嘆弥勒當知尒時妙光菩薩
豈異人乎我身是也求名菩薩汝身是也今
見此瑞與本無異是故惟忖今日如來當說
大乘經名妙法蓮華教菩薩法佛所護念尒

BD03378號　妙法蓮華經卷一　（25–9）

豈異人乎我身是也求名菩薩汝身是也
見此瑞與本無異是故惟忖今日如來當說
大乘經名妙法蓮華教菩薩法佛所護念尒
時文殊師利於大眾中欲重宣此義而說偈言
我念過去世　無量無數劫　有佛人中尊　号日月燈明
世尊演說法　度無量眾生　無數億菩薩　令入佛智慧
佛未出家時　所生八王子　見大聖出家　亦隨脩梵行
時佛說大乘　經名無量義　於諸大眾中　而為廣分別
佛說此經已　即於法座上　跏趺坐三昧　名無量義處
天雨曼陁華　天鼓自然鳴　諸天龍鬼神　供養人中尊
一切諸佛土　即時大震動　佛放眉間光　現諸希有事
此光照東方　万八千佛土　示一切眾生　生死業報處
有見諸佛土　以眾寶莊嚴　琉璃頗梨色　斯由佛光照
及見諸天人　神龍夜叉眾　乾闥緊那羅　各供養其佛
又見諸如來　自然成佛道　身色如金山　端嚴甚微妙
如淨琉璃中　內現真金像　世尊在大眾　敷演深法義
一一諸佛土　聲聞眾無數　因佛光所照　悉見彼大眾
或有諸比丘　在於山林中　精進持淨戒　猶如護明珠
又見諸菩薩　行施忍辱等　其數如恒沙　斯由佛光照
又見諸菩薩　深入諸禪定　身心寂不動　以求無上道
又見諸菩薩　知法寂滅相　各於其國土　說法求佛道
尒時四部眾　見日月燈佛　現大神通力　其心皆歡喜
各各自相問　是事何因緣
天人所奉尊　適從三昧起　讚妙光菩薩　汝為世間眼
一切所歸信　能奉持法藏　如我所說法　唯汝能證知

各各自相問　是事何因緣
天人所奉尊　適從三昧起　讚妙光菩薩　汝為世間眼
一切所歸信　能奉持法藏　如我所說法　唯汝能證知
世尊既讚歎　令妙光歡喜　說是法華經　滿六十小劫
不起於此座　所說上妙法　是妙光法師　悉皆能受持
佛說是法華　令眾歡喜已　尋即於是日　告於天人眾
諸法實相義　已為汝等說　我今於中夜　當入於涅槃
汝一心精進　當離於放逸　諸佛甚難值　億劫時一遇
世尊諸子等　聞佛入涅槃　各各懷悲惱　佛滅一何速
聖主法之王　安慰無量眾　我若滅度時　汝等勿憂怖
是德藏菩薩　於無漏實相　心已得通達　其次當作佛
号曰為淨身　亦度無量眾
佛此夜滅度　如薪盡火滅　分布諸舍利　而起無量塔
比丘比丘尼　其數如恒沙　倍復加精進　以求無上道
是妙光法師　奉持佛法藏　八十小劫中　廣宣法華經
是諸八王子　妙光所開化　堅固無上道　當見無數佛
供養諸佛已　隨順行大道　相繼得成佛　轉次而授記
最後天中天　号曰燃燈佛　諸仙之導師　度脫無量眾
是妙光法師　時有一弟子　心常懷懈怠　貪著於名利
求名利無厭　多遊族姓家　棄捨所習誦　廢忘不通利
以是因緣故　号之為求名　亦行眾善業　得見無數佛
供養於諸佛　隨順行大道　具六波羅蜜　今見釋師子
其後當作佛　号名曰彌勒　廣度諸眾生　其數無有量
彼佛滅度後　懈怠者汝是　妙光法師者　今則我身是
我見燈明佛　本光瑞如此　以是知今佛　欲說法華經

供養於諸佛 隨順行大道 具六波羅蜜 今見釋師子
其後當作佛 号名曰弥勒 廣度諸衆生 其數無有量
彼佛滅度後 懈怠者汝是 妙光法師者 今則我身是
我見燈明佛 本光瑞如此 以是知今佛 欲說法華經
今相如本瑞 是諸佛方便 今佛放光明 助發實相義
諸人今當知 合掌一心待 佛當雨法雨 充足求道者
諸求三乘人 若有疑悔者 佛當為除斷 令盡無有餘

妙法蓮華經方便品第二

尒時世尊從三昧安詳而起告舍利弗諸佛
智慧甚深無量其智慧門難解難入一切聲
聞辟支佛所不能知所以者何佛曾親近百
千万億無數諸佛盡行諸佛無量道法勇猛
精進名稱普聞成就甚深未曾有法隨宜所
說意趣難解舍利弗吾從成佛已來種種因
緣種種譬喻廣演言教無數方便引導衆生
令離諸著所以者何如來方便知見波羅蜜
皆已具足舍利弗如來知見廣大深遠無量
無閡力無所畏禪定解脫三昧深入無際成
就一切未曾有法舍利弗如來能種種分別
巧說諸法言辭柔軟悅可衆心舍利弗取要
言之無量無邊未曾有法佛悉成就止舍利
弗不須復說所以者何佛所成就第一希有
難解之法唯佛與佛乃能究盡諸法實相所
謂諸法如是相如是性如是體如是力如是
作如是因如是緣如是果如是報如是本末

BD03378號　妙法蓮華經卷一

(25–12)

弗不須復說所以者何佛所成就第一希有
難解之法唯佛與佛乃能究盡諸法實相所
謂諸法如是相如是性如是體如是力如是
作如是因如是緣如是果如是報如是本末
究竟等尒時世尊欲重宣此義而說偈言
世雄不可量 諸天及世人 一切衆生類 無能知佛者
佛力無所畏 解脫諸三昧 及佛諸餘法 無能測量者
本從無數佛 具足行諸道 甚深微妙法 難見難可了
於無量億劫 行此諸道已 道場得成果 我已悉知見
如是大果報 種種性相義 我及十方佛 乃能知是事
是法不可示 言辭相寂滅 諸餘衆生類 無有能得解
除諸菩薩衆 信力堅固者
諸佛弟子衆 曾供養諸佛 一切漏已盡 住是最後身
如是諸人等 其力所不堪
假使滿世間 皆如舍利弗 盡思共度量 不能測佛智
正使滿十方 皆如舍利弗 及餘諸弟子 亦滿十方剎
盡思共度量 亦復不能知
辟支佛利智 無漏最後身 亦滿十方界 其數如竹林
斯等共一心 於億無量劫 欲思佛實智 莫能知少分
新發意菩薩 供養無數佛 了達諸義趣 又能善說法
如稻麻竹葦 充滿十方剎 一心以妙智 於恒河沙劫
咸皆共思量 不能知佛智
不退諸菩薩 其數如恒沙 一心共思求 亦復不能知
又告舍利弗 無漏不思議 甚深微妙法 我今已具得
唯我知是相 十方佛亦然

BD03378號　妙法蓮華經卷一

(25–13)

咸皆共思量 不能知佛智
不退諸菩薩 其數如恒沙 一心共思求 亦復不能知
又告舍利弗 無漏不思議 甚深微妙法 我今已具得
唯我知是相 十方佛亦然
舍利弗當知 諸佛語無異 於佛所說法 當生大信力
世尊法久後 要當說真實
告諸聲聞衆 及求緣覺乘 我令脫苦縛 逮得涅槃者
佛以方便力 示以三乘教 衆生處處著 引之令得出
尒時大衆中有諸聲聞漏盡阿羅漢阿若憍
陳如等千二百人及發聲聞辟支佛心比丘
比丘尼優婆塞優婆夷各作是念今者世尊
何故慇懃稱歎方便而作是言佛所得法甚
深難解有所言說意趣難知一切聲聞辟支
佛所不能及佛說一解脫義我等亦得此法
到於涅槃而今不知是義所趣尒時舍利弗
知四衆心疑自亦未了而白佛言世尊何因
何緣慇懃稱歎諸佛第一方便甚深微妙難
解之法我自昔來未曾從佛聞如是說今者
四衆咸皆有疑唯願世尊敷演斯事世尊何
故慇懃稱歎甚深微妙難解之法尒時舍利
弗欲重宣此義而說偈言
慧日大聖尊 久乃說是法 自說得如是 力无畏三昧
禪定解脫等 不可思議法 道場所得法 无能發問者
我意難可測 亦无能問者 无問而自說 稱歎所行道
智慧甚微妙 諸佛之所得 无漏諸羅漢 及求涅槃者

BD03378號 妙法蓮華經卷一 （25–14）

禪定解脫等 不可思議法 道場所得法 无能發問者
我意難可測 亦无能問者 无問而自說 稱歎所行道
智慧甚微妙 諸佛之所得 无漏諸羅漢 及求涅槃者
今皆墮疑網 佛何故說是 其求緣覺者 比丘比丘尼
諸天龍鬼神 及乾闥婆等 相視懷猶豫 瞻仰兩足尊
是事為云何 願佛為解說 於諸聲聞衆 佛說我第一
我今自於智 疑惑不能了 為是究竟法 為是所行道
佛口所生子 合掌瞻仰待 願出微妙音 時為如實說
諸天龍神等 其數如恒沙 求佛諸菩薩 大數有八万
又諸万億國 轉輪聖王至 合掌以敬心 欲聞具足道
尒時佛告舍利弗止止不須復說若說是事
一切世間諸天及人皆當驚疑舍利弗重白
佛言世尊唯願說之唯願說之所以者何是
會無數百千万億阿僧祇衆生曾見諸佛諸
根猛利智慧明了聞佛所說則能敬信尒時
舍利弗欲重宣此義而說偈言
法王無上尊 唯說願勿慮 是會無量衆 有能敬信者
佛復止舍利弗若說是事一切世間天人阿
脩羅皆當驚疑增上慢比丘將墜於大坑尒
時世尊重說偈言
止止不須說 我法妙難思 諸增上慢者 聞必不敬信
尒時舍利弗重白佛言世尊唯願說之唯願
說之今此會中如我等比百千万億世世已
曾從佛受化如此人等必能敬信長夜安隱
多所饒益尒時舍利弗欲重宣此義而說偈

BD03378號 妙法蓮華經卷一 （25–15）

尒時舍利弗重白佛言世尊唯願說之唯願
說之今此會中如我等比百千万億世世已
曾從佛受化如此人等必能敬信長夜安隱
多所饒益尒時舍利弗欲重宣此義而說偈
言
无上兩足尊　願說第一法　我為佛長子　唯垂分別說
是會无量衆　能敬信此法　佛已曾世世　教化如是等
皆一心合掌　欲聽受佛語　我等千二百　及餘求佛者
願為此衆故　唯垂分別說　是等聞此法　則生大歡喜
尒時世尊告舍利弗汝已慇懃三請豈得不
說汝今諦聽善思念之吾當為汝分別解說
說此語時會中有比丘比丘尼優婆塞優婆
夷五千人等即從座起礼佛而退所以者何
此輩罪根深重及增上慢未得謂得未證謂
證有如此失是以不住世尊嘿然而不制止
尒時佛告舍利弗我今此衆无復枝葉純有
貞實舍利弗如是增上慢人退亦佳矣汝今
善聽當為汝說舍利弗言唯然世尊願樂欲
聞佛告舍利弗如是妙法諸佛如來時乃說
之如優曇鉢華時一現耳舍利弗汝等當信
佛之所說言不虛妄舍利弗諸佛隨宜說法
意趣難解所以者何我以无數方便種種因
緣譬喻言辭演說諸法是法非思量分別之
所能解唯有諸佛乃能知之所以者何諸佛
世尊唯以一大事因緣故出現於世舍利弗

BD03378 號　妙法蓮華經卷一　（25–16）

意趣難解所以者何我以无數方便種種因
緣譬喻言辭演說諸法是法非思量分別之
所能解唯有諸佛乃能知之所以者何諸佛
世尊唯以一大事因緣故出現於世舍利弗
云何名諸佛世尊唯以一大事因緣故出現
於世諸佛世尊欲令衆生開佛知見使得清
淨故出現於世欲示衆生佛知見故出現
於世欲令衆生悟佛知見故出現於世欲令
衆生入佛知見道故出現於世舍利弗是為
諸佛以一大事因緣故出現於世佛告舍利
弗諸佛如來但教化菩薩諸有所作常為一
事唯以佛之知見示悟衆生舍利弗如來但
以一佛乘故為衆生說法无有餘乘若二若
三舍利弗一切十方諸佛法亦如是舍利弗
過去諸佛以无量无數方便種種因緣譬喻
言辭而為衆生演說諸法是法皆為一佛乘
故是諸衆生從諸佛聞法究竟皆得一切種
智舍利弗未來諸佛當出於世亦以无量无
數方便種種因緣譬喻言辭而為衆生演說
諸法是法皆為一佛乘故是諸衆生從佛聞
法究竟皆得一切種智舍利弗現在十方无
量百千万億佛土中諸佛世尊多所饒益安
樂衆生是諸佛亦以無量無數方便種種因
緣譬喻言辭而為衆生演說諸法是法皆為一
佛乘故是諸衆生從佛聞法究竟皆得一切種

BD03378 號　妙法蓮華經卷一　（25–17）

量百千万億佛土中諸佛世尊多所饒益安
樂衆生是諸佛亦以無量無數方便種種因
緣譬喻言辭而爲衆生演說諸法是法皆爲一
佛乘故是諸衆生從佛聞法究竟皆得一切種
智舍利弗是諸佛但教化菩薩欲以佛之知
見示衆生故欲以佛之知見悟衆生故欲令
衆生入佛　知見故舍利弗我今亦復如是知
諸衆生有種種欲深心所著隨其本性以種
種因緣譬喻言辭方便力故而爲說法舍利
弗如此皆爲得一佛乘一切種智故舍利弗十
方世界中尚無二乘何況有三舍利弗諸佛
出於五濁惡世所謂劫濁煩惱濁衆生濁見
濁命濁如是舍利弗劫濁亂時衆生垢重慳
貪嫉妬成就諸不善根故諸佛以方便力於
一佛乘分別說三舍利弗若我弟子自謂阿
羅漢辟支佛者不聞不知諸佛如來但教化
菩薩事此非佛弟子非阿羅漢非辟支佛又
舍利弗是諸比丘比丘尼自謂已得阿羅漢
是最後身究竟涅槃便不復志求阿耨多羅
三藐三菩提當知此輩皆是增上慢人所以者
何若有比丘實得阿羅漢若不信此法無有
是處除佛滅度後現前無佛所以者何佛滅
度後如是等經受持讀誦解義者是人難得
若遇餘佛於此法中便得決了舍利弗汝等
當一心信解受持佛語諸佛如來言無虛妄

BD03378號　妙法蓮華經卷一　（25-18）

度後如是等經受持讀誦解義者是人難得
若遇餘佛於此法中便得決了舍利弗汝等
當一心信解受持佛語諸佛如來言無虛妄
無有餘乘唯一佛乘尒時世尊欲重宣此義
而說偈言
比丘比丘尼　有懷增上慢　優婆塞我慢　優婆夷不信
如是四衆等　其數有五千
不自見其過　於戒有缺漏　護惜其瑕疵　是小智已出
衆中之糟糠　佛威德故去　斯人尠福德　不堪受是法
此衆無枝葉　唯有諸貞實
舍利弗善聽　諸佛所得法　無量方便力　而爲衆生說
衆生心所念　種種所行道　若干諸欲性　先世善惡業
佛悉知是已　以諸緣譬喻　言辭方便力　令一切歡喜
或說修多羅　伽陀及本事　本生未曾有　亦說於因緣
譬喻并祇夜　優波提舍經
鈍根樂小法　貪著於生死　於諸無量佛　不行深妙道
衆苦所惱亂　爲是說涅槃
我設是方便　令得入佛慧　未曾說汝等　當得成佛道
所以未曾說　說時未至故　今正是其時　決定說大乘
我此九部法　隨順衆生說　入大乘爲本　以故說是經
有佛子心淨　柔軟亦利根　無量諸佛所　而行深妙道
爲此諸佛子　說是大乘經
我記如是人　來世成佛道　以深心念佛　修持淨戒故
此等聞得佛　大喜充遍身　佛知彼心行　故爲說大乘

BD03378號　妙法蓮華經卷一　（25-19）

有佛子心淨　柔軟亦利根　無量諸佛所　而行深妙道
為此諸佛子　說是大乘經　我記如是人　來世成佛道
以深心念佛　脩持淨戒故　此等聞得佛　大喜充遍身
佛知彼心行　故為說大乘　聲聞若菩薩　聞我所說法
乃至於一偈　皆成佛無疑　十方佛土中　唯有一乘法
無二亦無三　除佛方便說　但以假名字　引導於眾生
說佛智慧故　諸佛出於世　唯此一事實　餘二則非真
終不以小乘　濟度於眾生　佛自住大乘　如其所得法
定慧力莊嚴　以此度眾生　自證無上道　大乘平等法
若以小乘化　乃至於一人　我則墮慳貪　此事為不可
若人信歸佛　如來不欺誑　亦無貪嫉意　斷諸法中惡
故佛於十方　而獨無所畏　我以相嚴身　光明照世間
無量眾所尊　為說實法印　舍利弗當知　我本立誓願
欲令一切眾　如我等無異　如我昔所願　今者已滿足
化一切眾生　皆令入佛道　若我遇眾生　盡教以佛道
無智者錯亂　迷惑不受教　我知此眾生　未曾脩善本
堅著於五欲　癡愛故生惱　以諸欲因緣　墜墮三惡道
輪迴六趣中　備受諸苦毒　受胎之微形　世世常增長
薄德少福人　眾苦所逼迫　入邪見稠林　若有若無等
依止此諸見　具足六十二　深著虛妄法　堅受不可捨
我慢自矜高　諂曲心不實　於千萬億劫　不聞佛名字
亦不聞正法　如是人難度　是故舍利弗　我為設方便
說諸盡苦道　示之以涅槃

入邪見稠林　若有若無等　依止此諸見　具足六十二
深著虛妄法　堅受不可捨　我慢自矜高　諂曲心不實
於千萬億劫　不聞佛名字　亦不聞正法　如是人難度
是故舍利弗　我為設方便　說諸盡苦道　示之以涅槃
我雖說涅槃　是亦非真滅　諸法從本來　常自寂滅相
佛子行道已　來世得作佛
我有方便力　開示三乘法　一切諸世尊　皆說一乘道
今此諸大眾　皆應除疑惑　諸佛語無異　唯一無二乘
過去無數劫　無量滅度佛　百千萬億種　其數不可量
如是諸世尊　種種緣譬喻　無數方便力　演說諸法相
是諸世尊等　皆說一乘法　化無量眾生　令入於佛道
又諸大聖主　知一切世間　天人群生類　深心之所欲
更以異方便　助顯第一義
若有眾生類　值諸過去佛　若聞法布施　或持戒忍辱
精進禪智等　種種脩福德　如是諸人等　皆已成佛道
諸佛滅度已　若人善軟心　如是諸眾生　皆已成佛道
諸佛滅度已　供養舍利者　起万億種塔　金銀及頗梨
車璖與馬瑙　玫瑰琉璃珠　清淨廣嚴飾　莊挍於諸塔
或有起石廟　栴檀及沈水　木櫁并餘材　塼瓦泥土等
若於曠野中　積土成佛廟　乃至童子戲　聚沙為佛塔
如是諸人等　皆已成佛道
若人為佛故　建立諸形像　刻雕成眾相　皆已成佛道
或以七寶成　鍮石赤白銅　白鑞及鉛錫　鐵木及與泥
或以膠漆布　嚴飾作佛像　如是諸人等　皆已成佛道
綵畫作佛像　百福莊嚴相　自作若使人　皆已成佛道

若人爲佛故　建立諸形像　刻雕成衆相　皆已成佛道
或以七寶成　鍮石赤白銅　白鑞及鉛錫　鐵木及與泥
或以膠漆布　嚴飾作佛像　如是諸人等　皆已成佛道
綵畫作佛像　百福莊嚴相　自作若使人　皆已成佛道
乃至童子戲　若草木及筆　或以指爪甲　而畫作佛像
如是諸人等　漸漸積功德　具足大悲心　皆已成佛道
但化諸菩薩　度脫無量衆
若人於塔廟　寶像及畫像　以華香幡蓋　敬心而供養
若使人作樂　擊鼓吹角貝　簫笛琴箜篌　琵琶鐃銅鈸
如是衆妙音　盡持以供養　或以歡喜心　歌唄頌佛德
乃至一小音　皆已成佛道
若人散亂心　乃至以一華　供養於畫像　漸見無數佛
或有人禮拜　或復但合掌　乃至舉一手　或復小低頭
以此供養像　漸見無量佛　自成無上道　廣度無數衆
入無餘涅槃　如薪盡火滅
若人散亂心　入於塔廟中　一稱南無佛　皆已成佛道
於諸過去佛　在世或滅後　若有聞是法　皆已成佛道
未來諸世尊　其數無有量　是諸如來等　亦方便說法
一切諸如來　以無量方便　度脫諸衆生　入佛無漏智
若有聞法者　無一不成佛
諸佛本誓願　我所行佛道　普欲令衆生　亦同得此道
未來世諸佛　雖說百千億　無數諸法門　其實爲一乘
諸佛兩足尊　知法常無性　佛種從緣起　是故說一乘
是法住法位　世間相常住　於道場知已　導師方便說

若有聞法者　無一不成佛
諸佛本誓願　我所行佛道　普欲令衆生　亦同得此道
未來世諸佛　雖說百千億　無數諸法門　其實爲一乘
諸佛兩足尊　知法常無性　佛種從緣起　是故說一乘
是法住法位　世間相常住　於道場知已　導師方便說
天人所供養　現在十方佛　其數如恒沙　出現於世間
安隱衆生故　亦說如是法
知第一寂滅　以方便力故　雖示種種道　其實爲佛乘
知衆生諸行　深心之所念　過去所集業　欲性精進力
及諸根利鈍　以種種因緣　譬喻亦言辭　隨應方便說
今我亦如是　安隱衆生故　以種種法門　宣示於佛道
我以智慧力　知衆生性欲　方便說諸法　皆令得歡喜
舍利弗當知　我以佛眼觀　見六道衆生　貧窮無福慧
入生死險道　相續苦不斷　深著於五欲　如犛牛愛尾
以貪愛自蔽　盲瞑無所見　不求大勢佛　及與斷苦法
深入諸邪見　以苦欲捨苦　爲是衆生故　而起大悲心
我始坐道場　觀樹亦經行　於三七日中　思惟如是事
我所得智慧　微妙最第一　衆生諸根鈍　著樂癡所盲
如斯之等類　云何而可度
爾時諸梵王　及諸天帝釋　護世四天王　及大自在
并餘諸天衆　眷屬百千萬　恭敬合掌禮　請我轉法
我即自思惟　若但讚佛乘　衆生沒在苦　不能信
破法不信故　墜於三惡道　我寧不說法　疾入
尋念過去佛　所行方便力　我今所得道　亦應說
作是思惟時　十方佛皆現

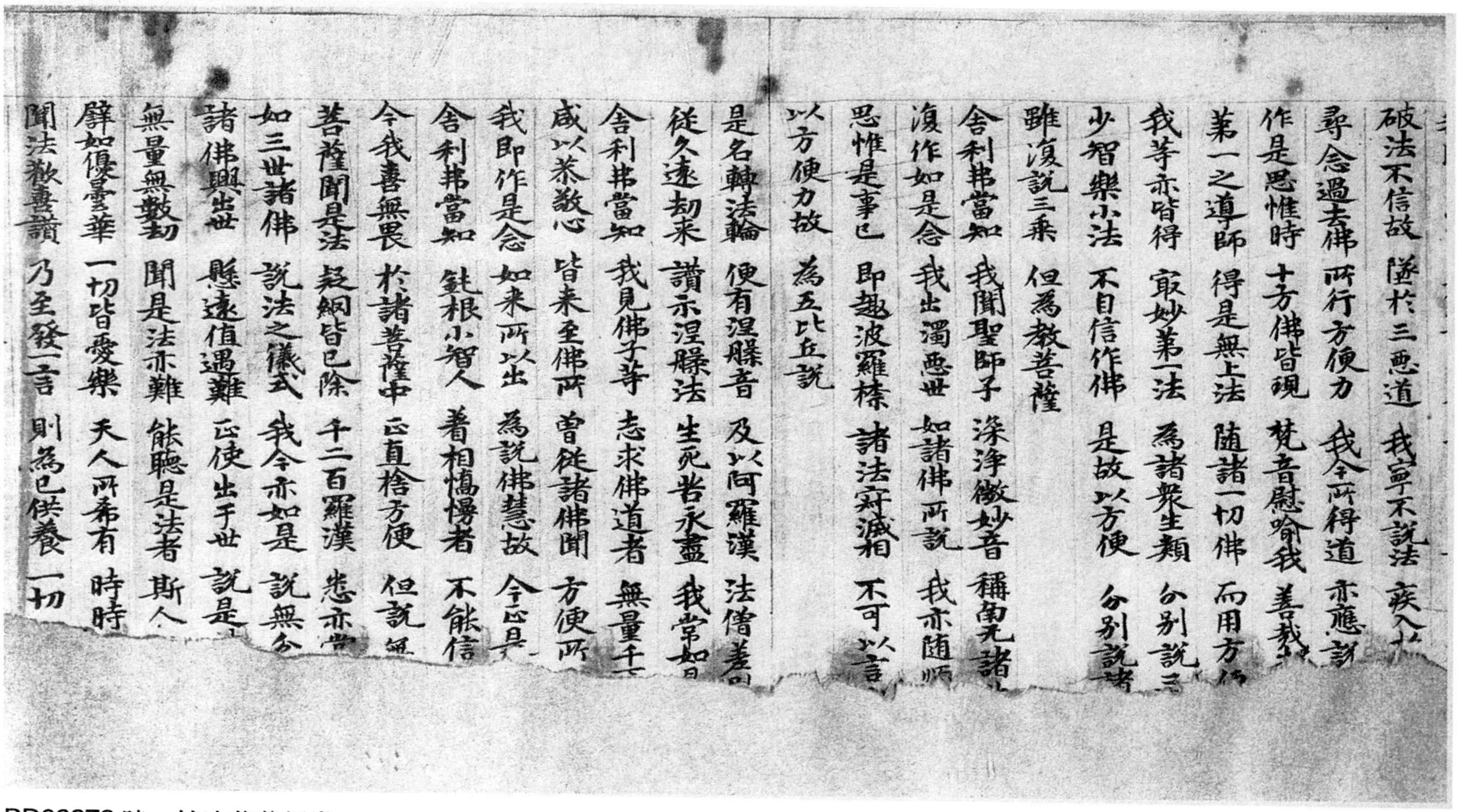

破法不信故　墜於三惡道　我寧不說法　疾入於
尋念過去佛　所行方便力　我今所得道　亦應說
作是思惟時　十方佛皆現　梵音慰喻我　善哉
第一之導師　得是無上法　隨諸一切佛　而用方
我等亦皆得　最妙第一法　為諸眾生類　分別說
少智樂小法　不自信作佛　是故以方便　分別說諸
雖復說三乘　但為教菩薩
舍利弗當知　我聞聖師子　深淨微妙音　稱南無諸
復作如是念　我出濁惡世　如諸佛所說　我亦隨
思惟是事已　即趣波羅㮈　諸法寂滅相　不可以言
以方便力故　為五比丘說
是名轉法輪　便有涅槃音　及以阿羅漢　法僧差
從久遠劫來　讚示涅槃法　生死苦永盡　我常如
舍利弗當知　我見佛子等　志求佛道者　無量千
咸以恭敬心　皆來至佛所　曾從諸佛聞　方便所
我即作是念　如來所以出　為說佛慧故　今正是
舍利弗當知　鈍根小智人　著相憍慢者　不能信
今我喜無畏　於諸菩薩中　正直捨方便　但說無
菩薩聞是法　疑網皆已除　千二百羅漢　悉亦當
如三世諸佛　說法之儀式　我今亦如是　說無分
諸佛興出世　懸遠值遇難　正使出于世　說是
無量無數劫　聞是法亦難　能聽是法者　斯人
譬如優曇華　一切皆愛樂　天人所希有　時時
聞法歡喜讚　乃至發一言　則為已供養　一切

BD03378號　妙法蓮華經卷一

(25–24)

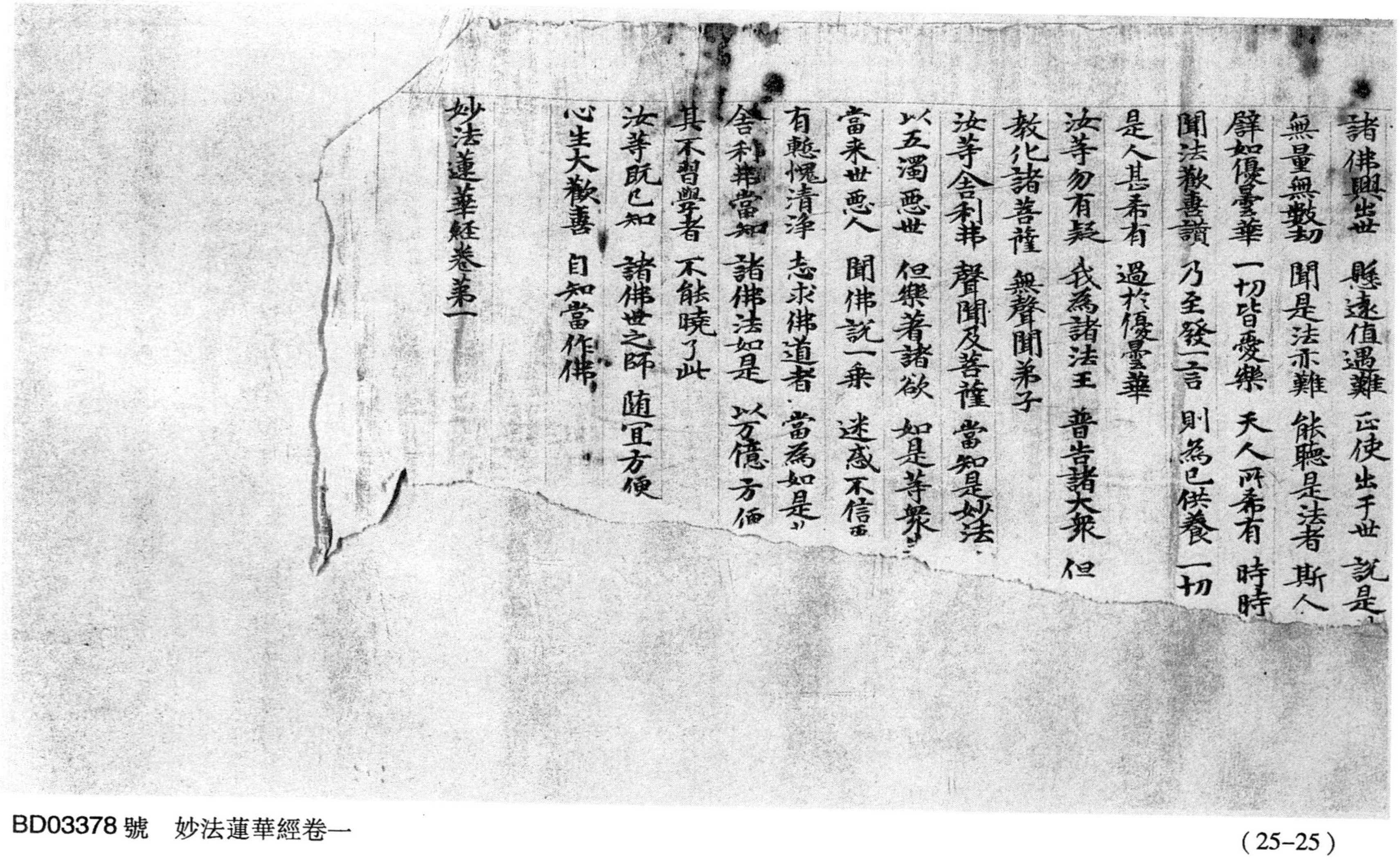

諸佛興出世　懸遠值遇難　正使出于世　說是
無量無數劫　聞是法亦難　能聽是法者　斯人
譬如優曇華　一切皆愛樂　天人所希有　時時
聞法歡喜讚　乃至發一言　則為已供養　一切
是人甚希有　過於優曇華
汝等勿有疑　我為諸法王　普告諸大眾　但
教化諸菩薩　無聲聞弟子
汝等舍利弗　聲聞及菩薩　當知是妙法
以五濁惡世　但樂著諸欲　如是等眾
當來世惡人　聞佛說一乘　迷惑不信
有慚愧清淨　志求佛道者　當為如是
舍利弗當知　諸佛法如是　以万億方便
其不習學者　不能曉了此
汝等既已知　諸佛世之師　隨宜方便
心生大歡喜　自知當作佛

妙法蓮華經卷第一

BD03378號　妙法蓮華經卷一

(25–25)

[illegible]
意云何東方虛空可思
菩提南西北方四維上下
也世尊須菩提菩薩无住
如是不可思量須菩提菩
須菩提於意云何可以身相
世尊不可以身相得見如來何以故如來
說身相即非身相佛告須菩提凡所有相
是虛妄若見諸相非相則見如來
須菩提白佛言世尊頗有衆生得聞如是言
說章句生實信不佛告須菩提莫作是說如
來滅後後五百歲有持戒脩福者於此章句
能生信心以此為實當知是人不於一佛二
佛三四五佛而種善根已於无量千万佛所種
諸善根聞是章句乃至一念生淨信者須
菩提如來悉知悉見是諸衆生得如是无量
福德何以故是諸衆生无復我相人相衆生
相壽者相无法相亦无非法相何以故是諸衆
生若心取相則為著我人衆生壽者若
取法相即著我人衆生壽者何以故若取非法
相即著我人衆生壽者是故不應取法不應

BD03379號　金剛般若波羅蜜經　（14–1）

相壽者相无法相亦无非法相何以故是諸衆
生若心取相則為著我人衆生壽者若
取法相即著我人衆生壽者何以故若取非法
相即著我人衆生壽者是故不應取法不應
取非法以是義故如來常說汝等比丘知我說
法如筏喻者法尚應捨何况非法
須菩提於意云何如來得阿耨多羅三藐三
菩提耶如來有所說法耶須菩提言如我解
佛所說義无有定法名阿耨多羅三藐三菩
提亦无有定法如來可說何以故如來所說
法皆不可取不可說非法非非法所以者何
一切賢聖皆以无為法而有差別
須菩提於意云何若人滿三千大千世界七
寶以用布施是人所得福德寧為多不須菩
提言甚多世尊何以故是福德即非福德性
是故如來說福德多若復有人於此經中受
持乃至四句偈等為他人說其福勝彼何以
故須菩提一切諸佛及諸佛阿耨多羅三藐
三菩提法皆從此經出須菩提所謂佛法者
即非佛法
須菩提於意云何須陁洹能作是念我得須
陁洹果不須菩提言不也世尊何以故須陁
洹名為入流而无所入不入色聲香味觸法是
名須陁洹須菩提於意云何斯陁含能作
是念我得斯陁含果不須菩提言不也世尊
何以故斯陁含名一往來而實无往來是名斯
陁含須菩提於意云何阿那含能作是念

BD03379號　金剛般若波羅蜜經　（14–2）

是念我得斯陁含果不須菩提言不也世尊
何以故斯陁含名一往来而實无往来是名斯
陁含須菩提於意云何阿那含能作是念
我得阿那含果不須菩提言不也世尊何以
故阿那含名為不来而實无来是故名阿那
含須菩提於意云何阿羅漢能作是念我得
阿羅漢道不須菩提言不也世尊何以故實
无有法名阿羅漢世尊若阿羅漢作是念我
得阿羅漢道即着我人衆生壽者世尊佛
說我得无諍三昧人中最為第一是第一離
欲阿羅漢我不作是念我是離欲阿羅漢世
尊我若作是念我得阿羅漢道世尊則不說
須菩提是樂阿蘭那行者以須菩提實无所
行而名須菩提是樂阿蘭那行
佛告須菩提於意云何如来昔在然燈佛所
於法有所得不世尊如来在然燈佛所於法
實无所得須菩提於意云何菩薩莊嚴佛
土不不也世尊何以故莊嚴佛土者則非莊嚴
是名莊嚴是故須菩提諸菩薩摩訶薩應如
是生清淨心不應住色生心不應住聲香味
觸法生心應无所住而生其心須菩提譬如有
人身如須弥山王於意云何是身為大不
須菩提言甚大世尊何以故佛說非身是名
大身須菩提如恒河中所有沙數如是沙等
恒河於意云何是諸恒河沙寧為多不須菩

BD03379 號　金剛般若波羅蜜經　（14–3）

人身如須弥山王於意云何是身為大不
須菩提言甚大世尊何以故佛說非身是名
大身須菩提如恒河中所有沙數如是沙等
恒河於意云何是諸恒河沙寧為多不須菩
提言甚多世尊但諸恒河尚多无數何况其
沙須菩提我今實言告汝若有善男子善女
人以七寶滿尒所恒河沙數三千大千世界以
用布施得福多不須菩提言甚多世尊佛告
須菩提若善男子善女人於此經中乃至
受持四句偈等為他人說而此福德勝前福
德復次須菩提隨說是經乃至四句偈等當
知此處一切世間天人阿脩羅皆應供養如佛
塔廟何况有人盡能受持讀誦須菩提當知
是人成就最上第一希有之法若是經典所
在之處則為有佛若尊重弟子
尒時須菩提白佛言世尊當何名此經我等
云何奉持佛告須菩提是經名為金剛般若
波羅蜜以是名字汝當奉持所以者何須菩
提佛說般若波羅蜜則非般若波羅蜜須菩
提於意云何如来有所說法不須菩提白佛
言世尊如来无所說須菩提於意云何三千
大千世界所有微塵是為多不須菩提言甚
多世尊須菩提諸微塵如来說非微塵是
名微塵如来說世界非世界是名世界須菩提
於意云何可以三十二相見如来不不也世

BD03379 號　金剛般若波羅蜜經　（14–4）

多世尊須菩提諸微塵如來說非微塵是
名微塵如來說世界非世界是名世界須菩提
於意云何可以三十二相見如來不不也世
尊不可以三十二相得見如來何以故如來
說三十二相即是非相是名三十二相須菩
提若有善男子善女人以恒河沙等身命布
施若復有人於此經中乃至受持四句偈等
為他人說其福甚多
尒時須菩提聞說是經深解義趣涕淚悲泣
而白佛言希有世尊佛說如是甚深經典我
從昔來所得慧眼未曾得聞如是之經世尊
若復有人得聞是經信心清淨則生實相當
知是人成就第一希有功德世尊是實相者
則是非相是故如來說名實相世尊我今得
聞如是經典信解受持不足為難若當來世
後五百歲其有眾生得聞是經信解受持是
人則為第一希有何以故此人无我相人相眾
生相壽者相所以者何我相即是非相人相
眾生相壽者相即是非相何以故離一切諸
相則名諸佛
佛告須菩提如是如是若復有人得聞是經
不驚不怖不畏當知是人甚為希有何以故
須菩提如來說第一波羅蜜非第一波羅蜜
是名第一波羅蜜
須菩提忍辱波羅蜜如來說非忍辱波羅蜜
何以故須菩提如我昔為歌利王割截身體
我於尒時无我相无人相无眾生相无壽者

是名第一波羅蜜
須菩提忍辱波羅蜜如來說非忍辱波羅蜜
何以故須菩提如我昔為歌利王割截身體
我於尒時无我相无人相无眾生相无壽者
相何以故我於往昔節節支解時若有我相
人相眾生相壽者相應生瞋恨須菩提又念
過去於五百世作忍辱仙人於尒所世无我相
无人相无眾生相无壽者相是故須菩提
菩薩應離一切相發阿耨多羅三藐三菩提
心不應住色生心不應住聲香味觸法生心
應生无所住心若心有住則為非住是故佛
說菩薩心不應住色布施須菩提菩薩為
利益一切眾生應如是布施如來說一切諸相
即是非相又說一切眾生則非眾生須菩提
如來是真語者實語者如語者不誑語者
不異語者須菩提如來所得法此法无實无
虛須菩提若菩薩心住於法而行布施如人入
闇則无所見若菩薩心不住法而行布施如
人有目日光明照見種種色須菩提當來之
世若有善男子善女人能於此經受持讀誦
則為如來以佛智慧悉知是人悉見是人皆
得成就无量无邊功德
須菩提若有善男子善女人初日分以恒河
沙等身布施中日分復以恒河沙等身布施
後日分亦以恒河沙等身布施如是无量百
千万億劫以身布施若復有人聞此經典信

沙等身布施中日分復以恒河沙等身布施
後日分亦以恒河沙等身布施如是无量百
千万億劫以身布施若復有人聞此經典信
心不逆其福勝彼何況書寫受持讀誦為人
解說須菩提以要言之是經有不可思議不
可稱量无邊功德如來為發大乘者說為發
最上乘者說若有人能受持讀誦廣為人說
如來悉知是人悉見是人皆得成就不可量
不可稱无有邊不可思議功德如是人等則
為荷擔如來阿耨多羅三藐三菩提何以故
須菩提若樂小法者著我見人見衆生見壽
者見則於此經不能聽受讀誦為人解說須
菩提在在處處若有此經一切世間天人阿
脩羅所應供養當知此處則為是塔皆應恭
敬作禮圍繞以諸華香而散其處
復次須菩提善男子善女人受持讀誦此經
若為人輕賤是人先世罪業應墮惡道以今
世人輕賤故先世罪業則為消滅當得阿耨
多羅三藐三菩提須菩提我念過去无量
阿僧祇劫於然燈佛前得值八百四千万億
那由他諸佛悉皆供養承事无空過者若復
有人於後末世能受持讀誦此經所得功德
於我所供養諸佛功德百分不及一千万億分
乃至筭數譬喻所不能及須菩提若善男
子善女人於後末世有能受持讀誦此經所得
功德我若具說者或有人聞心則狂亂狐疑

於我所供養諸佛功德百分不及一千万億分
乃至筭數譬喻所不能及須菩提若善男
子善女人於後末世有能受持讀誦此經所得
功德我若具說者或有人聞心則狂亂狐疑
不信須菩提當知是經義不可思議果報亦
不可思議
尒時須菩提白佛言世尊善男子善女人
發阿耨多羅三藐三菩提心云何應住云何降伏
其心佛告須菩提善男子善女人發阿耨多
羅三藐三菩提者當生如是心我應滅度
一切衆生滅度一切衆生已而无有一衆生
實滅度者何以故若菩薩有我相人相衆生
相壽者相則非菩薩所以者何須菩提實无
有法發阿耨多羅三藐三菩提者須菩提於
意云何如來於然燈佛所有法得阿耨多羅
三藐三菩提不不也世尊如我解佛所說義
佛於然燈佛所无有法得阿耨多羅三藐三
菩提佛言如是如是須菩提實无有如來
得阿耨多羅三藐三菩提須菩提若有法如
來得阿耨多羅三藐三菩提者然燈佛則不
與我受記汝於來世當得作佛号釋迦牟尼
以實无有法得阿耨多羅三藐三菩提是故
然燈佛與我受記作是言汝於來世當得作
佛号釋迦牟尼何以故如來者即諸法如義
若有人言如來得阿耨多羅三藐三菩提須
菩提實无有法佛得阿耨多羅三藐三菩提

佛号釋迦牟尼何以故如来者即諸法如義
若有人言如来得阿耨多羅三藐三菩提須
菩提實无有法佛得阿耨多羅三藐三菩提
須菩提如来所得阿耨多羅三藐三菩提於
是中无實无虛是故如来說一切法皆是佛
法須菩提所言一切法者即非一切法是故名
一切法須菩提譬如人身長大須菩提言
世尊如来說人身長大則為非大身是名大
身須菩提菩薩亦如是若作是言我當滅度
无量衆生則不名菩薩何以故須菩提實无
有法名為菩薩是故佛說一切法无我无人
无衆生无壽者須菩提若菩薩作是言我當
莊嚴佛土是不名菩薩何以故如来說莊嚴
佛土者即非莊嚴是名莊嚴須菩提若菩薩
通達无我法者如来說名真是菩薩
須菩提於意云何如来有肉眼不如是世尊
如来有肉眼須菩提於意云何如来有天眼
不如是世尊如来有天眼須菩提於意云何
如来有慧眼不如是世尊如来有慧眼須菩
提於意云何如来有法眼不如是世尊如来
有法眼須菩提於意云何如来有佛眼不如
是世尊如来有佛眼須菩提於意云何恒河
中所有沙佛說是沙不如是世尊如来說是
沙須菩提於意云何如一恒河中所有沙有
如是等恒河是諸恒河所有沙數佛世界如

BD03379號　金剛般若波羅蜜經　（14–9）

中所有沙佛說是沙不如是世尊如来說是
沙須菩提於意云何如一恒河中所有沙有
如是等恒河是諸恒河所有沙數佛世界如
是寧為多不甚多世尊佛告須菩提尒所國
土中所有衆生若干種心如来悉知何以故
如来說諸心皆為非心是名為心所以者何須
菩提過去心不可得現在心不可得未来
心不可得須菩提於意云何若有人滿三千
大千世界七寶以用布施是人以是因緣得
福多不如是世尊此人以是因緣得福甚多
須菩提若福德有實如来不說得福德多
以福德无故如来說得福德多
須菩提於意云何佛可以具足色身見不不
也世尊如来不應以具足色身見何以故如
来說具足色身即非具足色身是名具足色
身須菩提於意云何如来可以具足諸相見不
不也世尊如来不應以具足諸相見何以故如
来說諸相具足即非具足是名諸相具足須
菩提汝勿謂如来作是念我當有所說法莫
作是念何以故若人言如来有所說法即為
謗佛不能解我所說故須菩提說法者无法
可說是名說法須菩提白佛言世尊佛得阿
耨多羅三藐三菩提為无所得耶如是如是
須菩提我於阿耨多羅三藐三菩提乃至无
有少法可得是名阿耨多羅三藐三菩提復
次須菩提是法平等无有高下是名阿耨

BD03379號　金剛般若波羅蜜經　（14–10）

耨多羅三藐三菩提爲无所得耶如是如是
須菩提我於阿耨多羅三藐三菩提乃至无
有少法可得是名阿耨多羅三藐三菩提復
次須菩提是法平等无有高下是名阿耨多
羅三藐三菩提以无我无人无衆生无壽者
脩一切善法則得阿耨多羅三藐三菩提
須菩提所言善法者如來說非善法是名
善法須菩提若三千大千世界中所有諸須弥
山王如是等七寶聚有人持用布施若人以此
般若波羅蜜經乃至四句偈等受持讀誦爲
他人說於前福德百分不及一百千万億分乃
至筭數譬喻所不能及
須菩提於意云何汝等勿謂如來作是念我
當度衆生須菩提莫作是念何以故實无有
衆生如來度者若有衆生如來度者如來
則有我人衆生壽者須菩提如來說有我者則
非有我而凡夫之人以爲有我須菩提凡夫
者如來說則非凡夫須菩提於意云何可以
三十二相觀如來不須菩提言如是如是以三
十二相觀如來佛言須菩提若以三十二
相觀如來者轉輪聖王則是如來須菩提白
佛言世尊如我解佛所說義不應以三十二
相觀如來尒時世尊而說偈言
若以色見我　以音聲求我　是人行邪道　不能見如來
須菩提汝若作是念如來不以具足相故得阿

BD03379號　金剛般若波羅蜜經

(14–11)

相觀如來尒時世尊而說偈言
若以色見我　以音聲求我　是人行邪道　不能見如來
須菩提汝若作是念如來不以具足相故得阿
耨多羅三藐三菩提須菩提莫作是念如來
不以具足相故得阿耨多羅三藐三菩提須
菩提汝若作是念發阿耨多羅三藐三菩
提者說諸法斷滅相莫作是念何以故發阿
耨多羅三藐三菩提者於法不說斷滅相須
菩提若菩薩以滿恒河沙等世界七寶布施
若復有人知一切法无我得成於忍此菩薩
勝前菩薩所得功德須菩提以諸菩薩不受
福德故須菩提白佛言世尊云何菩薩不受
福德須菩提菩薩所作福德不應貪着是故
說不受福德須菩提若有人言如來若來若
去若坐若臥是人不解我所說義何以故如來
者无所從來亦无所去故名如來
須菩提若善男子善女人以三千大千世界
碎爲微塵於意云何是微塵衆寧爲多不甚
多世尊何以故若是微塵衆實有者佛則不
說是微塵衆所以者何佛說微塵衆則非微
塵衆是名微塵衆世尊如來所說三千大千
世界則非世界是名世界何以故若世界實
有者則是一合相如來說一合相則非一合相
是名一合相須菩提一合相者則是不可說但
凡夫之人貪着其事須菩提若人言佛說
我見人見衆生見壽者見須菩提於意云何

BD03379號　金剛般若波羅蜜經

(14–12)

有者則是一合相如來說一合相則非一合相
是名一合相須菩提一合相者則是不可說但
凡夫之人貪著其事須菩提若人言佛說
我見人見衆生見壽者見須菩提於意云何
是人解我所說義不世尊是人不解如來所
說義何以故世尊說我見人見衆生見壽者
見即非我見人見衆生見壽者見是名我見
人見衆生見壽者見須菩提發阿耨多羅三
藐三菩提心者於一切法應如是知如是見如
是信解不生法相須菩提所言法相者如
來說即非法相是名法相須菩提若有人以
滿无量阿僧祇世界七寶持用布施若有善
男子善女人發菩薩心者持此於經乃至四
句偈等受持讀誦為人演說其福勝彼云何
為人演說不取於相如如不動何以故
一切有為法　如夢幻泡影　如露亦如電　應作如是觀
佛說是經已長老須菩提及諸比丘比丘尼優
婆塞優婆夷一切世間天人阿脩羅聞佛所
說皆大歡喜信受奉行

金剛般若波羅蜜經

BD03379號　金剛般若波羅蜜經　（14–13）

滿无量阿僧祇世界七寶持用布施若有善
男子善女人發菩薩心者持此於經乃至四
句偈等受持讀誦為人演說其福勝彼云何
為人演說不取於相如如不動何以故
一切有為法　如夢幻泡影　如露亦如電　應作如是觀
佛說是經已長老須菩提及諸比丘比丘尼優
婆塞優婆夷一切世間天人阿脩羅聞佛所
說皆大歡喜信受奉行

金剛般若波羅蜜經

BD03379號　金剛般若波羅蜜經　（14–14）

相无法相亦无非……衆
生若心取相則為著我人衆生壽者若取
法相即著我人衆生壽者何以故若取非法
相即著我人衆生壽者是故不應取法不應
取非法以是義故如來常說汝等比丘知我
說法如筏喻者法尚應捨何況非法
須菩提於意云何如來得阿耨多羅三藐三
菩提耶如來有所說法耶須菩提言如我解
佛所說義无有定法名阿耨多羅三藐三菩
提亦无有定法如來可說何以故如來所說
法皆不可取不可說非法非非法所以者何
一切賢聖皆以无為法而有差別
須菩提於意云何若人滿三千大千世界七
寶以用布施是人所得福德寧為多不須菩
提言甚多世尊何以故是福德即非福德性
是故如來說福德多若復有人於此經中受
持乃至四句偈等為他人說其福勝彼何以
故須菩提一切諸佛及諸佛阿耨多羅三藐

BD03380號　金剛般若波羅蜜經

（13–1）

提言甚多世尊何以故是福德即非福德性
是故如來說福德多若復有人於此經中受
持乃至四句偈等為他人說其福勝彼何以
故須菩提一切諸佛及諸佛阿耨多羅三藐
三菩提法皆從此經出須菩提所謂佛法者
即非佛法
須菩提於意云何須陁洹能作是念我得須
陁洹果不須菩提言不也世尊何以故須陁
洹名為入流而无所入不入色聲香味觸法
是名須陁洹須菩提於意云何斯陁含能作
是念我得斯陁含果不須菩提言不也世尊
何以故斯陁含名一往來而實无往來是名
斯陁含須菩提於意云何阿那含能作是念
我得阿那含果不須菩提言不也世尊何以
故阿那含名為不來而實无來是故名阿那
含須菩提於意云何阿羅漢能作是念我得
阿羅漢道不須菩提言不也世尊何以故實
无有法名阿羅漢世尊若阿羅漢作是念我
得阿羅漢道即為著我人衆生壽者世尊佛
說我得无諍三昧人中最為第一是第一離
欲阿羅漢我不作是念我是離欲阿羅漢世
尊我若作是念我得阿羅漢道世尊則不說
須菩提是樂阿蘭那行者以須菩提實无所
行而名須菩提是樂阿蘭那行
佛告須菩提於意云何如來昔在然燈佛所
於法有所得不世尊如來在然燈佛所於法

BD03380號　金剛般若波羅蜜經

（13–2）

須菩提是樂阿蘭那行者以須菩提實无所
行而名須菩提是樂阿蘭那行
佛告須菩提於意云何如來昔在然燈佛所
於法有所得不世尊如來在然燈佛所於法
實无所得須菩提於意云何菩薩莊嚴佛土
不不也世尊何以故莊嚴佛土者則非莊嚴
是名莊嚴是故須菩提諸菩薩摩訶薩應如
是生清淨心不應住色生心不應住聲香味
觸法生心應无所住而生其心須菩提譬如
有人身如須弥山王於意云何是身為大不
須菩提言甚大世尊何以故佛說非身是名
大身
須菩提如恒河中所有沙數如是沙等恒河
於意云何是諸恒河沙寧為多不須菩提言
甚多世尊但諸恒河尚多无數何況其沙須
菩提我今實言告汝若有善男子善女人以
七寶滿尒所恒河沙數三千大千世界以用
布施得福多不須菩提言甚多世尊佛告須菩
提若善男子善女人於此經中乃至受持四
句偈等為他人說而此福德勝前福德復次
須菩提隨說是經乃至四句偈等當知此處
一切世間天人阿脩羅皆應供養如佛塔廟
何況有人盡能受持讀誦須菩提當知是人
成就最上第一希有之法若是經典所在之
處則為有佛若尊重弟子

BD03380 號　金剛般若波羅蜜經　（13–3）

何況有人盡能受持讀誦須菩提當知是人
成就最上第一希有之法若是經典所在之
處則為有佛若尊重弟子
尒時須菩提白佛言世尊當何名此經我等
云何奉持佛告須菩提是經名為金剛般若
波羅蜜以是名字汝當奉持所以者何須菩
提佛說般若波羅蜜則非般若波羅蜜須菩
提於意云何如來有所說法不須菩提白佛
言世尊如來无所說須菩提於意云何三千
大千世界所有微塵是為多不須菩提言甚
多世尊須菩提諸微塵如來說非微塵是名
微塵如來說世界非世界是名世界須菩提
於意云何可以卅二相見如來不不也世尊
不可以卅二相得見如來何以故如來說卅
二相即是非相是名卅二相須菩提若有善
男子善女人以恒河沙等身命布施若復有
人於此經中乃至受持四句偈等為他人說
其福甚多
尒時須菩提聞說是經深解義趣涕淚悲泣
而白佛言希有世尊佛說如是甚深經典我
從昔來所得慧眼未曾得聞如是之經世尊
若復有人得聞是經信心清淨則生實相當
知是人成就第一希有功德世尊是實相者
則是非相是故如來說名實相世尊我今得
聞如是經典信解受持不足為難若當來世

BD03380 號　金剛般若波羅蜜經　（13–4）

若復有人得聞是經信心清淨則生實相當知是人成就第一希有功德世尊是實相者則是非相是故如来說名實相世尊我今得聞如是經典信解受持不足為難若當来世後五百歲其有衆生得聞是經信解受持是人則為第一希有何以故此人无我相人相衆生相壽者相所以者何我相即是非相人相衆生相壽者相即是非相何以故離一切諸相則名諸佛

佛告須菩提如是如是若復有人得聞是經不驚不怖不畏當知是人甚為希有何以故須菩提如来說第一波羅蜜非第一波羅蜜是名第一波羅蜜

須菩提忍辱波羅蜜如来說非忍辱波羅蜜何以故須菩提如我昔為歌利王割截身體我於尒時无我相无人相无衆生相无壽者相何以故我於往昔節節支解時若有我相人相衆生相壽者相應生瞋恨須菩提又念過去於五百世作忍辱仙人於尒所世无我相无人相无衆生相无壽者相是故須菩提菩薩應離一切相發阿耨多羅三藐三菩提心不應住色生心不應住聲香味觸法生心應生无所住心若心有住則為非住是故佛說菩薩心不應住色布施須菩提菩薩為利

BD03380 號　金剛般若波羅蜜經

（13–5）

心不應住色生心不應住聲香味觸法生心應生无所住心若心有住則為非住是故佛說菩薩心不應住色布施須菩提菩薩為利益一切衆生應如是布施如来說一切諸相即是非相又說一切衆生則非衆生須菩提如来是真語者實語者如語者不誑語者不異語者須菩提如来所得法此法无實无虛須菩提若菩薩心住於法而行布施如人入闇則无所見若菩薩心不住法而行布施如人有目日光明照見種種色須菩提當来之世若有善男子善女人能於此經受持讀誦則為如来以佛智慧悉知是人悉見是人皆得成就无量无邊功德

須菩提若有善男子善女人初日分以恒河沙等身布施中日分復以恒河沙等身布施後日分亦以恒河沙等身布施如是无量百千万億劫以身布施若復有人聞此經典信心不逆其福勝彼何況書寫受持讀誦為人解說須菩提以要言之是經有不可思議不可稱量无邊功德如来為發大乘者說為發最上乘者說若有人能受持讀誦廣為人說如来悉知是人悉見是人皆成就不可量不可稱无有邊不可思議功德如是人等則為荷擔如来阿耨多羅三藐三菩提何以故須菩提若樂小法者着我見人見衆生見壽者

BD03380 號　金剛般若波羅蜜經

（13–6）

如來悉知是人悉見是人皆成就不可量不
可稱无有邊不可思議功德如是人等則為
荷擔如來阿耨多羅三藐三菩提何以故須
菩提若樂小法者著我見人見衆生見壽者
見則於此經不能聽受讀誦為人解說須菩
提在在處處若有此經一切世間天人阿脩
羅所應供養當知此處則為是塔皆應恭敬
作禮圍繞以諸華香而散其處
復次須菩提善男子善女人受持讀誦此經
若為人輕賤是人先世罪業應墮惡道以今
世人輕賤故先世罪業則為消滅當得阿耨
多羅三藐三菩提須菩提我念過去无量阿
僧祇劫於然燈佛前得值八百四千万億那
由他諸佛悉皆供養承事无空過者若復有
人於後末世能受持讀誦此經所得功德於
我所供養諸佛功德百分不及一千万億分
乃至筭數譬喻所不能及須菩提若善男子
善女人於後末世有受持讀誦此經所得功
德我若具說者或有人聞心則狂亂狐疑不
信須菩提當知是經義不可思議果報亦不
可思議
尒時須菩提白佛言世尊善男子善女人發
阿耨多羅三藐三菩提心云何應住云何降
伏其心佛告須菩提善男子善女人發阿耨
多羅三藐三菩提者當生如是心我應滅度

BD03380號　金剛般若波羅蜜經　（13–7）

尒時須菩提白佛言世尊善男子善女人發
阿耨多羅三藐三菩提心云何應住云何降
伏其心佛告須菩提善男子善女人發阿耨
多羅三藐三菩提者當生如是心我應滅度
一切衆生滅度一切衆生已而无有一衆生
實滅度者何以故若菩薩有我相人相衆生
相壽者相則非菩薩所以者何須菩提實无
有法發阿耨多羅三藐三菩提者須菩提於
意云何如來於然燈佛所有法得阿耨多羅
三藐三菩提不不也世尊如我解佛所說義
佛於然燈佛所无有法得阿耨多羅三藐三
菩提佛言如是如是須菩提實无有法如來
得阿耨多羅三藐三菩提須菩提若有法如
來得阿耨多羅三藐三菩提者然燈佛則不
與我受記汝於來世當得作佛号釋迦牟尼
以實无有法得阿耨多羅三藐三菩提是故
然燈佛與我受記作如是言汝於來世當得
作佛号釋迦牟尼何以故如來者即諸法如
義若有人言如來得阿耨多羅三藐三菩提
須菩提實无有法佛得阿耨多羅三藐三菩
提須菩提如來所得阿耨多羅三藐三菩提
於是中无實无虛是故如來說一切法皆是
佛法須菩提所言一切法者即非一切法是
故名一切法須菩提譬如人身長大須菩提
言世尊如來說人身長大則為非大身是名

BD03380號　金剛般若波羅蜜經　（13–8）

佛法須菩提所言一切法者即非一切法是
故名一切法須菩提譬如人身長大須菩提
言世尊如來說人身長大則為非大身是名
大身須菩提菩薩亦如是若作是言我當滅
度无量衆生則不名菩薩何以故須菩提實
无有法名為菩薩是故佛說一切法无我无
人无衆生无壽者須菩提若菩薩作是言我
當莊嚴佛土是不名菩薩何以故如來說莊
嚴佛土者即非莊嚴是名莊嚴須菩提若菩
薩通達无我法者如來說名真是菩薩
須菩提於意云何如來有肉眼不如是世尊
如來有肉眼須菩提於意云何如來有天眼
不如是世尊如來有天眼須菩提於意云何
如來有慧眼不如是世尊如來有慧眼須菩
提於意云何如來有法眼不如是世
法眼須菩提於意云何如來有佛眼不如是
世尊如來有佛眼須菩提於意云何恒河中
所有沙數佛說是沙不如是世尊如來說是
沙須菩提於意云何如一恒河中所有沙有
如是等恒河是諸恒河所有沙數佛世界如
是寧為多不甚多世尊佛告須菩提爾所國
土中所有衆生若干種心如來悉知何以故
如來說諸心皆為非心是名為心所以者何
須菩提過去心不可得現在心不可得未來
心不可得須菩提於意云何若有人滿三千

BD03380 號　金剛般若波羅蜜經　（13–9）

如來說諸心皆為非心是名為心所以者何
須菩提過去心不可得現在心不可得未來
心不可得須菩提於意云何若有人滿三千
大千世界七寶以用布施是人以是因緣得
福多不如是世尊此人以是因緣得福甚多
須菩提若福德有實如來不說得福德多以
福德无故如來說得福德多
須菩提於意云何佛可以具足色身見不不
也世尊如來不應以具足色身見何以故如
來說具足色身即非具足色身是名具足色
身須菩提於意云何如來可以具足諸相見
不不也世尊如來不應以具足諸相見何以
如來說諸相具足即非具足是名諸相具足
須菩提汝勿謂如來作是念我當有所說法
莫作是念何以故若人言如來有所說法即
為謗佛不能解我所說故須菩提說法者无
法可說是名說法須菩提白佛言世尊佛得
阿耨多羅三藐三菩提為无所得耶如是如
是須菩提我於阿耨多羅三藐三菩提乃至
无有少法可得是名阿耨多羅三藐三菩提
復次須菩提是法平等无有高下是名阿耨
多羅三藐三菩提以无我无人无衆生无壽
者脩一切善法則得阿耨多羅三藐三菩提
須菩提所言善法者如來說非善法是名善
法須菩提若三千大千世界中所有諸須弥山

BD03380 號　金剛般若波羅蜜經　（13–10）

須菩提所言善法者如來說非善法是名善
法須菩提若三千大千世界中所有諸須弥山
王如是等七寶聚有人持用布施若人以此
般若波羅蜜經乃至四句偈等受持讀誦為
他人說於前福德百分不及一百千万億分乃
至筭數譬喻所不能及
須菩提於意云何汝等勿謂如來作是念我當
度衆生須菩提莫作是念何以故實无有
衆生如來度者若有衆生如來度者如來則
有我人衆生壽者須菩提如來說有我者則
非有我而凡夫之人以為有我須菩提凡夫
者如來說則非凡夫須菩提於意云何可以
卅二相觀如來不須菩提言如是如是以卅二
相觀如來佛言須菩提若以卅二相觀如來者
轉輪聖王則是如來須菩提白佛言世尊如
我解佛所說義不應以卅二相觀如來尒時
世尊而說偈言
若以色見我　以音聲求我　是人行耶道　不能見如來
須菩提汝若作是念如來不以具足相故得
阿耨多羅三藐三菩提須菩提莫作是念如
來不以具足相故得阿耨多羅三藐三菩提
須菩提汝若作是念發阿耨多羅三藐三菩
提者說諸法斷滅莫作是念何以故發阿耨
多羅三藐三菩提者於法不說斷滅相須菩
提若菩薩以滿恒河沙等世界七寶布施若

BD03380號　金剛般若波羅蜜經　（13–11）

提者說諸法斷滅莫作是念何以故發阿耨
多羅三藐三菩提者於法不說斷滅相須菩
提若菩薩以滿恒河沙等世界七寶布施若
復有人知一切法无我得成於忍此菩薩勝
前菩薩所得功德須菩提以諸菩薩不受福
德故須菩提白佛言世尊云何菩薩不受福
德須菩提菩薩所作福德不應貪著是故說
不受福德須菩提若有人言如來若來若去
若坐若卧是人不解我所說義何以故如來
者无所從來亦无所去故名如來
須菩提若善男子善女人以三千大千世界
碎為微塵於意云何是微塵衆寧為多不甚
多世尊何以故若是微塵衆實有者佛則不
說是微塵衆所以者何佛說微塵衆則非微
塵衆是名微塵衆世尊如來所說三千大千
世界則非世界是名世界何以故若世界實
有者則是一合相如來說一合相則非一合相
是名一合相須菩提一合相者則是不可說但
凡夫之人貪著其事須菩提若人言佛說我
見人見衆生見壽者見須菩提於意云何是
人解我所說義不世尊是人不解如來所說
義何以故世尊說我見人見衆生見壽者見
即非我見人見衆生見壽者見是名我見人
見衆生見壽者見須菩提發阿耨多羅三
藐三菩提心者於一切法應如是知如是見

BD03380號　金剛般若波羅蜜經　（13–12）

義何以故世尊說我見人見衆生見壽者見
即非我見人見衆生見壽者見是名我見人
見衆生見壽者見須菩提發阿耨多羅三
藐三菩提心者於一切法應如是知如是見
如是信解不生法相須菩提所言法相如來
說即非法相是名法相須菩提若有人以滿
无量阿僧祇世界七寶持用布施若有善男
子善女人發菩薩心者持於此經乃至四句偈
等受持讀誦為人演說其福勝彼云何為人
演說不取於相如如不動何以故
一切有為法　如夢幻泡影　如露亦如電　應作如是觀
佛說是經已長老須菩提及諸比丘比丘尼
優婆塞優婆夷一切世間天人阿脩羅聞佛
所說皆大歡喜信受奉行

金剛般若波羅蜜經

BD03380號　金剛般若波羅蜜經

（13–13）

惡鬼尚不[illegible]惡眼視之況復加害
設復有人若有罪若无罪杻械枷鎖檢繫其
身稱觀世音菩薩名者皆悉斷壞即得解脫
若三千大千國土滿中怨賊有一商主將諸商
人賷持重寶經過險路其中一人作是唱言
諸善男子勿得恐怖汝等應當一心稱觀世音
菩薩名号是菩薩能以无畏施於衆生汝
等若稱名者於此怨賊當得解脫衆商人
聞俱發聲言南无觀世音菩薩稱其名故即
得解脫无盡意觀世音菩薩摩訶薩威神
之力巍巍如是
若有衆生多於婬欲常念恭敬觀世音菩薩
便得離欲若多瞋恚常念恭敬觀世音菩薩
便得離瞋若多愚癡常念恭敬觀世音菩薩
便得離癡无盡意觀世音菩薩有如是等大
威神力多所饒益是故衆生常應心念
若有女人設欲求男礼拜供養觀世音菩薩
便生福德智慧之男設欲求女便生端政有
相之女宿殖德本衆人愛敬无盡意觀世音
菩薩有如是力若有衆生恭敬礼拜觀世音
菩薩福不唐捐是故衆生皆應受持觀世音
菩薩名号无盡意若有人受持六十二億恒河

BD03381號　觀世音經

（6–1）

便生福德智慧之男設欲求女便生端政有
相之女宿殖德本眾人愛敬无盡意觀世音
菩薩有如是力若有眾生恭敬礼拜觀世音
菩薩福不唐捐是故眾生皆應受持觀世音
菩薩名号无盡意若有人受持六十二億恒河
沙菩薩名字復盡形供養飲食衣服卧具醫
藥於意云何是善男子善女人功德多不无
盡意言甚多世尊佛言若復有人受持觀世
音菩薩名号乃至一時礼拜供養是二人福正
等无異於百千万億劫不可窮盡无盡意受
持觀世音菩薩名号得如是无量无邊福德
之利
无盡意菩薩白佛言世尊觀世音菩薩云何遊
此娑婆世界云何而為眾生說法方便之力其
事云何佛告无盡意菩薩善男子若有國土眾
生應以佛身得度者觀世音菩薩即現佛身而
為說法應以辟支佛身得度者即現辟支佛身
而為說法應以聲聞身得度者即現聲聞身而
為說法應以梵王身得度者即現梵王身而
為說法應以帝釋身得度者即現帝釋身而
為說法應以自在天身得度者即現自在天身
而為說法應以大自在天身得度者即現大自在
天身而為說法應以天大將軍身得度者即現
天大將軍身而為說法應以毗沙門身得度者

BD03381號　觀世音經　（6–2）

為說法應以自在天身得度者即現自在天身
而為說法應以大自在天身得度者即現大自在
天身而為說法應以天大將軍身得度者即現
天大將軍身而為說法應以毗沙門身得度者
即現毗沙門身而為說法應以小王身得度者
即現小王身而為說法應以長者身得度者即
現長者身而為說法應以居士身得度者即現
居士身而為說法應以宰官身得度者即現
宰官身而為說法應以婆羅門身得度者即
現婆羅門身而為說法應以比丘比丘尼優婆塞
優婆夷身得度者即現比丘比丘尼優婆塞優婆
夷身而為說法應以長者居士宰官婆羅門婦女
身得度者即現婦女身而為說法應以童男童
女身得度者即現童男童女身而為說法應以
天龍夜叉乾闥婆阿脩羅迦樓羅緊那羅摩睺
羅伽人非人等身得度者即皆現之而為說法
應以執金剛神得度者即現執金剛神而為說法
无盡意是觀世音菩薩成就如是功德以種種形遊
諸國土度脫眾生是故汝等應當一心供養觀世音
菩薩是觀世音菩薩摩訶薩於怖畏急難之中能
施无畏是故此娑婆世界皆号之為施无畏者
无盡意菩薩白佛言世尊我今當供養觀世
音菩薩即解頸眾寶珠瓔珞價直百千兩金
而以與之作是言仁者受此法施珎寶瓔珞時

BD03381號　觀世音經　（6–3）

施无畏是故此娑婆世界皆号之爲施无畏者
无盡意菩薩白佛言世尊我今當供養觀世
音菩薩即解頸衆寶珠瓔珞價直百千兩金
而以與之作是言仁者受此法施珎寶瓔珞時
觀世音菩薩不肯受之无盡意復白觀世
音菩薩言仁者愍我等故受此瓔珞尒時佛
告觀世音菩薩當愍此无盡意菩薩及四衆
天龍夜叉乾闥婆阿脩羅迦樓羅緊那羅摩睺
羅伽人非人等故受是瓔珞即時觀世音菩薩
愍諸四衆及於天龍人非人等受其瓔珞分作二
分一分奉釋迦牟尼佛一分奉多寶佛塔无盡
意觀世音菩薩有如是自在神力遊於娑婆
世界尒時无盡意菩薩以偈問曰
世尊妙相具　我今重問彼　佛子何因緣　名爲觀世音
具足妙相尊　偈荅无盡意　汝聽觀音行　善應諸方所
弘誓深如海　歷劫不思議　侍多千億佛　發大清淨願
我爲汝略說　聞名及見身　心念不空過　能滅諸有苦
假使興害意　推落大火坑　念彼觀音力　火坑變成池
或漂流巨海　龍魚諸鬼難　念彼觀音力　波浪不能沒
或在須弥峰　爲人所推墮　念彼觀音力　如日虛空住
或被惡人逐　墮落金剛山　念彼觀音力　不能損一毛
或值怨賊遶　各執刀加害　念彼觀音力　咸即起慈心
或遭王難苦　臨刑欲壽終　念彼觀音力　刀尋段段壞
或囚禁枷鎖　手足被杻械　念彼觀音力　釋然得解脫
呪咀諸毒藥　所欲害身者　念彼觀音力　還著於本人

BD03381號　觀世音經

（6–4）

或被惡人逐　墮落金剛山　念彼觀音力　不能損一毛
或值怨賊遶　各執刀加害　念彼觀音力　咸即起慈心
或遭王難苦　臨刑欲壽終　念彼觀音力　刀尋段段壞
或囚禁枷鎖　手足被杻械　念彼觀音力　釋然得解脫
呪咀諸毒藥　所欲害身者　念彼觀音力　還著於本人
或遇惡羅剎　毒龍諸鬼等　念彼觀音力　時悉不敢害
若惡獸圍遶　利牙爪可怖　念彼觀音力　疾走无邊方
蚖蛇及蝮蝎　氣毒煙火然　念彼觀音力　尋聲自迴去
雲雷鼓掣電　降雹澍大雨　念彼觀音力　應時得消散
衆生被困厄　无量苦逼身　觀音妙智力　能救世間苦
具足神通力　廣脩智方便　十方諸國土　无刹不現身
種種諸惡趣　地獄鬼畜生　生老病死苦　以漸悉令滅
真觀清淨觀　廣大智慧觀　悲觀及慈觀　常願常瞻仰
无垢清淨光　慧日破諸闇　能伏災風火　普明照世間
悲體戒雷震　慈意妙大雲　澍甘露法雨　滅除煩惱炎
諍訟經官處　怖畏軍陣中　念彼觀音力　衆怨悉退散
妙音觀世音　梵音海潮音　勝彼世間音　是故須常念
念念勿生疑　觀世音淨聖　於苦惱死厄　能爲作依怙
具一切功德　慈眼視衆生　福聚海无量　是故應頂禮
尒時持地菩薩即從座起前白佛言世尊若
有衆生聞是觀世音菩薩品自在之業普門
示現神通力者當知是人功德不少佛說是
普門品時衆中八万四千衆生皆發无等等
阿耨多羅三藐三菩提心

BD03381號　觀世音經

（6–5）

悲體戒雷震　慈音妙大雲　澍甘露法雨　滅除煩惱炎
諍訟經官處　怖畏軍陣中　念彼觀音力　衆怨悉退散
妙音觀世音　梵音海潮音　勝彼世間音　是故須常念
念念勿生疑　觀世音淨聖　於苦惱死厄　能為作依怙
具一切功德　慈眼視衆生　福聚海无量　是故應頂禮
尒時持地菩薩即從座起前白佛言世尊若
有衆生聞是觀世音菩薩品自在之業普門
示現神通力者當知是人功德不少佛說是
普門品時衆中八万四千衆生皆發无等等
阿耨多羅三藐三菩提心

觀世音經

BD03381號　觀世音經　（6–6）

況復餘事不樂畜年少弟子沙弥小兒亦不
樂與同師常好坐禪在於閑處脩攝其心文
殊師利是名初親近處復次菩薩摩訶薩觀
一切法空如實相不顛倒不動不退不轉如
虛空无所有性一切語言道斷不生不出不
起无名无相實无所有无量无邊无礙无障
但以因緣有從顛倒生故說常樂觀如是法
相是名菩薩摩訶薩第二親近處尒時世尊
欲重宣此義而說偈言
若有菩薩　於後惡世　无怖畏心　欲說是經
應入行處　及親近處　常離國王　及國王子
大臣官長　凶險戲者　及旃陀羅　外道梵志
亦不親近　增上慢人　貪著小乘　三藏學者
破戒比丘　名字羅漢　及比丘尼　好戲咲者
深著五欲　求現滅度　諸優婆夷　皆勿親近
若是人等　以好心來　到菩薩所　為聞佛道
菩薩則以　无所畏心　不懷悕望　而為說法
寡女處女　及諸不男　皆勿親近　以為親厚
亦莫親近　屠兒魁膾　畋獵魚捕　為利煞害
販肉自活　衒賣女色　如是之人　皆勿親近
凶險相撲　種種嬉戲　諸婬女等　盡勿親近

BD03382號　妙法蓮華經卷五　（2–1）

若有菩薩　於後惡世　无怖畏心　欲說是經
應入行處　及親近處　常離國王　及國王子
大臣官長　凶險戲者　及旃陁羅　外道梵志
亦不親近　增上慢人　貪著小乘　三藏學者
破戒比丘　名字羅漢　及比丘尼　好戲咲者
深著五欲　求現滅度　諸優婆夷　皆勿親近
若是人等　以好心來　到菩薩所　為聞佛道
菩薩則以　无所畏心　不懷悕望　而為說法
寡女處女　及諸不男　皆勿親近　以為親厚
亦莫親近　屠兒魁膾　田獵魚捕　為利煞害
販肉自活　衒賣女色　如是之人　皆勿親近
凶險相撲　種種嬉戲　諸婬女等　盡勿親近
莫獨屏處　為女說法　若說法時　无得戲咲
入里乞食　將一比丘　若无比丘　一心念佛
是則名為　行處近處　以此二處　能安樂說
又復不行　上中下法　有為无為　實不實法
亦不分別　是男是女　不得諸法　不知不見
是則名為　菩薩行處　一切諸法　空无所有
无有常住　亦无起滅　是名智者　所親近處

BD03382 號　妙法蓮華經卷五

（2–2）

夫相莊嚴其身故名[illegible]勝由諸如來
自利利他利益安樂无量衆生哀愍世間令
諸天人獲得義利利益安樂而行正行故名
正行最勝由諸如來无上无等四種圓滿謂
戒圓滿見圓滿軌則圓滿淨命圓滿皆悉成
就故名圓滿最勝由諸如來无上无等四无
礙解謂法无礙解義无礙解訓詞无礙解辯
說无礙解皆悉成就故名智最勝由諸如來无
上无等如前所說六種神通皆悉成就故
名威力最勝由諸如來无上无等一切煩惱
習氣永斷及一切所知障永斷皆悉成就故
名斷最勝由諸如來名住无上无等三住謂
聖住天住梵住故名住最勝當知此中空无
願无相住及滅盡定住是名聖住四靜慮
四无色定是名天住四種无量是名梵住於
此三住中如來多住四最勝住謂於聖住中
多住空住滅盡定住於天住中多住无動第
四靜慮住於梵住中多住大悲住由是如來
晝夜六時晝三夜三常以佛眼觀察世間誰
增誰減我應令誰未起善根而種善根廣說

BD03383 號　瑜伽師地論卷三八

（21–1）

多住空住滅盡定住於天住中多住无動 謂
四靜慮住於梵住中多住大悲住由是如來
晝夜六時晝三夜三常以佛眼觀察世間誰
增誰減我應令誰未起善根而種善根廣說
乃至我應令誰逮立最勝阿羅漢果又諸如
來所依最勝故名大丈夫正行最勝故名大
悲者圓滿最勝故名大仙者及大法者 智最
勝故名大慧者威力最勝故名大神通者 斷
最勝故名大解脫者住最勝故名多安住 廣
大住者
又諸如來略有十種功德名号隨念功德 何
等為十謂薄伽梵号為如來應正等覺明行
圓滿善逝世間解无上丈夫調御士天人師
佛薄伽梵言无虛妄故名如來已得一切所
應得義應作世間无上福田應為一切恭敬
供養是故名應如其勝義覺諸法故名正等
覺所謂三明行如經說正觀二品趣善圓滿是
故說名明行圓滿上升最極永不退還故
名善逝善知世界及有情界一切品類染淨
相故名世間解一切世間唯一丈夫善知最
勝調心方便是故說名无上丈夫調御士為
實眼故為實智故為實義故為實法故與顯
了義為開導故與一切義為所依故與不了
義為能了故與所生疑為能斷故與甚深處
為能顯故令明淨故與一切法為根本 故為
開導故為所依故能正教誡教授天人令其
出離一切衆苦是故說佛名天人師於能引

BD03383號　瑜伽師地論卷三八　（21–2）

義為能了故與所生疑為能斷故與甚深處
為能顯故令明淨故與一切法為根本 故為
開導故為所依故能正教誡教授天人令其
出離一切衆苦是故說佛名天人師於能引
攝義利法聚於能引攝非義利法聚於能
引攝非義利非非義利法聚遍一切種現前等
覺故名為佛能破諸魔大力軍衆具多功德
名薄伽梵
或有多劫无有一佛出現於世或有一劫有
衆多佛出現於世彼彼十方无量无數諸世
界中應知同時有无量佛出現於世何以故於
十方界現有无量无數菩薩同時發願同勤修
集菩提資糧若一菩薩於如是日於如是分
於如是月於如是年發菩提心願趣菩提即
於此日即於此分即於此月即於此年一切亦
尒如一菩薩勇悍策勵熾然精進一切亦尒
於今現見此世界中多百菩薩同時發願同
修惠施同修淨戒同修忍辱同修精進同修
靜慮同修智慧況於十方无量无邊諸佛世
界又於十方現有无量无數三千大千佛土
无二菩薩同時修集菩提資糧俱時圓滿於
一佛土並出於世一時成佛況有无量无數
菩薩於一世界一時成佛又不應言衆多菩
薩同時修集菩提資糧俱時圓滿前後相
避次第成佛亦不應言一切菩薩皆不成佛是
故當知衆多菩薩同時修集菩提資糧俱圓
滿者於十方面无量无數隨其所淨空无如
來諸佛國土各別出世同時成佛由此道理

BD03383號　瑜伽師地論卷三八　（21–3）

薩次第同佛亦不有言諸菩薩次作佛
故當知衆多菩薩同時脩集菩提資糧俱圓
滿者於十方面无量无數隨其所淨空无如
来諸佛國土各別出世同時成佛由此道理
多世界中決定應有衆多菩薩同時成佛決
定无有一佛土中有二如来俱時出世何以
故菩薩長夜起如是願隨令增長我當獨一
於无導首諸世界中為作導首調伏有情令
脫衆苦令般涅槃如是長夜所起大願隨令
增長攝受正行得成滿故无二如来於一世界
俱時出現又一如来於一三千大千佛土普能
施作一切佛事是故第二如来出世无所利
益又一如来於一佛土出現於世令諸有情
成辦自義極為熾盛極為隨順何以故彼作
是思一切世間唯一如来更无第二若於此
土化事已訖或往餘方或入滅度我等何從
當脩梵行我等何從當聞正法如是思已發
起深厚欲勤精進速脩梵行速聞正法若一
佛土多佛出世彼於所作不能速疾故一佛土
一佛出世令諸有情成辦自義極為熾盛
極為隨順
一切如来一切功德平等平等无有差別唯
隨四法一者壽量二者名号三者族姓四者
身相一切如来於此四法有增減相非餘功
德又非女身能證无上正等菩提何以故一
切菩薩於過第一无數劫時已捨女身乃至
安坐妙菩提座曾不為女一切母邑性多煩
惱性多惡慧非諸亩宗性多煩惱身多惡慧

身相一切如来於此四法有增減相非餘功
德又非女身能證无上正等菩提何以故一
切菩薩於過第一无數劫時已捨女身乃至
安坐妙菩提座曾不為女一切母邑性多煩
惱性多惡慧非諸亩宗性多煩惱身多惡慧
身能證无上正等菩提
如是无上正等菩提如說自性應如實知如
說最勝應如實知如說十種功德名号隨念
功德應如實知如說出現應如實知如說差
別應如實知
又此菩提為不思議超過一切尋思道故為
无有量无邊功德所集成故為无有上生成
一切聲聞獨覺及與如来諸功德故是故唯
佛所證菩提最上最尊最妙最勝
已說菩薩所應學處如是應學我今當說嗢
大地分中菩薩地第十五初持瑜伽處力種姓品第八
柁南曰
勝解多求法　說法脩法行　正教授教誡　方便攝三業
若諸菩薩欲於菩薩所應學處精勤脩學
最初定應具多勝解應求正法應說正法應正
脩行法隨法行應正教授應正教誡應住无
倒教授教誡方便所攝身語意業
云何菩薩具多勝解謂諸菩薩於其八種勝
解依處具足成就淨信為先決定喜樂一者
於三寶功德勝解依處具足成就淨信為先
決定喜樂謂於佛法僧真實功德具多勝解
二者於佛菩薩威力勝解依處具足成就淨
信為先決定喜樂謂於佛菩薩威力具多

解依處具足成就淨信為先決定喜樂一者
於三寶功德勝解依處具足成就淨信為先
決定喜樂謂於佛法僧真實功德具多勝解
二者於佛菩薩威力勝解依處具足成就淨
信為先決定喜樂謂於如前所說威力具多
勝解三者於真實義勝解依處具足成就淨
信為先決定喜樂謂於如前所說真實義
具多勝解四者於因勝解依處具足成就淨
信為先決定喜樂謂於種種如應所攝无顛
倒因具多勝解五者於果勝解依處具足成
就淨信為先決定喜樂謂於種種如應所攝
无顛倒果具多勝解六者於應得義勝解依
處具足成就淨信為先決定喜樂謂於无上
正等菩提所應得義我有堪任定當能得具
多勝解七者於得方便勝解依處具足成就
淨信為先決定喜樂謂於一切菩薩學道
能得方便有此方便得應得義具多勝解八
者於善言善語善說勝解依處具足成就淨信
為先決定喜樂謂於契經應頌記別等法具
多勝解於此八種勝解依處應知菩薩由二
因緣具多勝解一者多脩勝解故二者積集
猛利忍故
彼諸菩薩求正法時當何所求云何而求何
義故求謂諸菩薩以要言之當求一切菩薩藏
法聲聞藏法一切外論一切世間工業處論當知
於彼十二分教方廣一分唯菩薩藏所餘諸
分有聲聞藏一切外論略有三種一者因論
二者聲論三者醫方論一切世間工業處論

BD03383號　瑜伽師地論卷三八

(21-6)

法聲聞藏法一切外論一切世間工業處論當知
於彼十二分教方廣一分唯菩薩藏所餘諸
分有聲聞藏一切外論略有三種一者因論
二者聲論三者醫方論一切世間工業處論
非一眾多種種品類謂金師鐵師末尼師等
工業智處如是一切明處所攝有五明處一
內明處二因明處三聲明處四醫方明處五
工業明處菩薩於此五種明處若正勤求則名
勤求一切明處諸佛語言名內明論此略相
轉如是乃至一切世間工巧業處名工業明
論此略相轉謂內明論略二相轉一者顯示
正因果相二者顯示已作不失未作不得相
因明論亦二相轉一者顯示摧伏他論勝利
相二者顯示免脫他論勝利相聲明論亦二
相轉一者顯示安立界相能成立相二者顯
示語工勝利相醫方明論四種相轉一者顯示
病體善巧相二者顯示病因善巧相三者顯示
斷已生病善巧相四者顯示已斷之病當不
更生善巧相一切世間工業明論顯示各別工
巧業處所作成辦種種異相云何內明論顯示
正因果相謂有十種因當知建立无顛倒因
攝一切因或為雜染或為清淨或為世間彼彼
稼穡等无記法轉云何十因一隨說因二觀待
因三牽引因四攝受因五生起因六引發因七
定異因八同事因九相違因十不相違因謂一
切法名為先故想想為先故說是名彼諸法隨
說因觀待此故此為因故於彼彼事若求若取
此名彼觀待因如觀待手故手為因故有執持

BD03383號　瑜伽師地論卷三八

(21-7)

定異因八同事因九相違因十不相違因謂一
切法名為先故想想為先故說是名彼諸法隨
說因觀待此故此為因故於彼彼事若求若取
此名彼觀待因如觀待手故手為因故有執持
業觀待足故足為因故有往來業觀待節故
節為因故有屈申業觀待飢渴故飢渴為因故
於諸飲食若求若取隨如是等无量道理應
當了知觀待因相一切種子望後自果名牽引
因除種子外所餘諸緣名攝受因即諸種子
望初自果名生起因即初種子所生起果望後
種種子所牽引果名引發因種種異類各別
因緣名定異因若觀待因若牽引因若攝受因若
生起因若引發因若定異因如是諸因揔攝為
一名同事因於所生法能障礙因名相違因此障
礙因若闕若離名不相違因當知相違略有六
種一語言相違謂有一類或謂沙門或婆羅門
所造諸論前後相違二道理相違謂為成立諸
所成立諸所知義建立比量不與證成道理
相應三生起相違謂所生法能生緣闕障生緣
會四同處相違謂明闇貪瞋苦樂等法五怨敵
相違謂蚩虵鼠狼猫狸鼬鼠手為怨敵惡知識
等六障治相違謂脩不淨與諸貪欲脩慈與
瞋脩悲與害脩七覺支八聖道支與三界繫一
切煩惱於此義中正意唯取生起相違此一
切因二因所攝一能生因二方便因當知此
中牽引種子生起種子名能生因所餘諸因
名方便因復有四緣一因緣二等无間緣三
所緣緣四增上緣當知此中若能生因是名

BD03383號　瑜伽師地論卷三八

（21–8）

切因二因所攝一能生因二方便因當知此
中牽引種子生起種子名能生因所餘諸因
名方便因復有四緣一因緣二等无間緣三
所緣緣四增上緣當知此中若能生因是名
因緣若方便因是增上緣等无間緣及所緣
緣唯望一切心心法說由彼一切心及心法前
生開導所攝受故所緣境界所攝受故方
生方轉是故當知等无間緣及所緣緣攝受
因攝如是十因云何能令一切世間種種事轉
云何能令雜染事轉云何能令清淨事轉
謂於世間種種稼穡隨諸穀麦數世資生物所
有種種名想言說謂大麦小稻穀胡麻大
小豆等即此望彼種種稼穡為隨說因如言
大麦持去持來若磨若置如是等類種種隨
說如說大麦餘小麦等當知亦尒觀待飢渴
羸劣身住觀待段食所有愛味於彼追求執
取受用即說彼法為觀待因由彼各別自種
子故種種稼穡差別而生即說彼種子為此
牽引因地水等緣能生於牙名攝受因即彼
種子望所生牙名生起因牙莖葉等展轉相
續望彼稼穡若成若熟為引發因從大麦種
生大麦牙大麦苗稼不生餘類如是所餘當
知亦尒即說彼為此定異因即彼一切從觀
待因至定異因同為稼穡而得成熟名同事
因非彼稼穡隨闕一因而得成熟是故一切和
合說為此同事因霜雹災等諸障礙法望彼
稼穡為相違因彼闕无障是諸稼穡不相違

BD03383號　瑜伽師地論卷三八

（21–9）

得因至定異因同義和合而得成熟名同事
因非彼緣積隨闕一因而得成熟是故一切和
合說名此同事因霜雹災等諸障礙法望彼
滋稼為相違因彼闕无障是諸滋稼不相違
因如是十因相餘世間種種事物隨其所應
當知廣如攝款論說又於一切雜染緣起所有
種種名想言說謂无明行識名色廣說乃至
老死愁悲憂苦擾惱即此望彼諸雜染法
為隨說因如言无明緣行乃至生緣老死如
是等類種種隨說觀待境界所有愛味諸
有支相續流轉即彼望此諸雜染法為觀待
因於現法中无明等法所有已生已長種子
令此種子望於餘生生老死等為牽引因近
不善士聞不正法非理作意及先串習所引數
力生无明等名攝受因无明等法各別種子名
生起因從无明支乃至有支展轉引發後後相
續望於餘生生者死等為引發因餘无明支
及自種子乃至有支能生那洛迦餘无明支
及自種子乃至有支能生傍生餓鬼人天當
知亦尒即此望彼諸雜染法名定異因即彼
一切從觀待因至定異因名同事因此雜染
法相違因者謂出世間種姓具足值佛出世
演說正法親近善士聽聞正法如理作意法
隨法行及與一切菩提分法即如所說種種
善法若闕若離是雜染法不相違因如是十
因應知能起一切有情一切雜染又於一切
清淨品法及滅涅槃所有種種名想言說
即此望彼諸清淨法為隨說因如言念住正

善法若闕若離是雜染法不相違因如是十
因應知能起一切有情一切雜染又於一切
清淨品法及滅涅槃所有種種名想言說
即此望彼諸清淨法為隨說因如言念住正
斷乃至八聖道支无明滅故行滅廣說乃至
生滅故老死滅如是等類種種隨說觀待諸
行多過患故樂求清淨攝受清淨成滿清淨
彼望於此為觀待因安住種姓補特伽羅種
姓具足能為上首諸有餘依及无餘依二
涅槃界彼望清淨為牽引因親近善士聽
聞正法如理作意及先所作諸根成熟名
攝受因種姓所攝一切无漏菩提分法所有
種子望彼一切菩提分法為生起因即自種
子所生一切菩提分法漸次能證有餘依
及无餘依二涅槃界名引發因聲聞種姓以
聲聞乘能般涅槃獨覺種姓以獨覺乘能
般涅槃大乘種姓以无上乘能般涅槃彼望清
淨為定異因若清淨品觀待因乃至定異
因彼望清淨為同事因種姓不具足不值佛
出世生諸无暇處不親近善士不聽聞正法
不如理作意數習諸邪行彼望清淨為相違
因此相違因若闕若離是名清淨不相違
因若雜染品諸相違因當知即是清淨法
因若清淨品諸相違因當知即是雜染法
因如是現有雜染十因清淨十因過去未
來曾當染淨皆亦如是一切唯有如是十
因除此无有若過若增於此相中云何為果
謂略有五一者異熟果二者等流果三者

[illegible]
因如是現有雜染十因清淨十因過去未
來曾當染淨皆亦如是一切唯有如是十
因除此无有若過若增於此相中亦何為果
謂略有五一者異熟果二者等流果三者
離繫果四者士用果五者增上果諸不善
法於諸惡趣受異熟果善有漏法於諸善
趣受異熟果是名異熟果習不善故樂住
不善不善法增修習善故樂住善法善法
增長或似先業後果隨轉是名等流果八
支聖道滅諸煩惱名離繫果若諸異生以
世俗道滅諸煩惱不究竟故非離繫果諸
有一類於現法中依止隨一工巧業處起
士夫用所謂農作商賈事王書畫算數占
卜等事由此成辦諸稼穡等財利等果是
名士用果若眼識等是眼根增上果乃至
意識等是意根增上果衆生身分不散不
壞是命根增上果廿二根各各能起自增上
果當知一切名增上果廿二根增上作用
如攝事分應知其相菩薩於是內明所顯
正因果相如實知已精勤修習令處非處知
力種姓漸得清淨漸得增長亦何內明論
顯示已作不失未作不得相謂諸有情自
所作業雖復作已經多百劫與果功能終无
失壞亦无不作或復異作而有果熟或異果
熟菩薩於是內明所顯已作不失未作不得
相如實知已精勤修習令其自業知力種姓
漸得清淨漸得增長菩薩亦何求聞正法謂

BD03383號　瑜伽師地論卷三八

（21–12）

熟菩薩於是內明所顯已作不失未作不得
相如實知已精勤修習令其自業知力種姓
漸得清淨漸得增長菩薩亦何求聞正法謂
諸菩薩於善說法應當安住猛利愛重求
聞正法如是略說於善說法安住猛利愛
重之相謂諸菩薩為欲聽聞一善說法假使
路由猛焰熾然大熱鐵地无餘方便可得聞
是善說法者即便發趣猛利愛重歡喜而入
何況欲聞多善言義又諸菩薩於自身分及
於一切資身衆具飲食等事所有愛重於欲
聽聞諸善說法所有愛重以前愛重方後愛
重於百分中不及其一於千分中亦不及一
於數分中亦不及一於算分中亦不及一乃
至鄔波尼殺曇分亦不及一菩薩如是於善
說法深生敬重常樂聽聞諸善說法无有猒
倦亦无猒足淨信深厚其性柔和心直見直
愛敬德故愛敬法故往法師所无難詰心有
敬重心无高慢心專為求善非顯己德為欲
安立自他善根不為利養恭敬因緣菩薩具
足如是功德往法師所无雜染心无散亂心
聽聞正法亦何菩薩无雜染心聽聞正法謂
聽法時其心遠離貢高雜染其心遠離輕慢
雜染其心遠離怯弱雜染由六種相其心遠
離貢高雜染由四種相其心遠離輕慢雜染
由一種相其心遠離怯弱雜染謂聽法時應
時而聽殷重而聽恭敬而聽不為損害不為
隨順不求過失由此六相其心遠離貢高雜
染又聽法時恭敬正法恭敬說法補特伽羅

BD03383號　瑜伽師地論卷三八

（21–13）

由一種相其心遠離怯弱雜染謂聽法時應
時而聽殷重而聽恭敬而聽不為損害不為
隨順不求過失由此六相其心遠離貢高雜
染又聽法時恭敬正法恭敬說法補特伽羅
不輕正法不輕說法補特伽羅由此四相其
心遠離輕慢雜染又聽法時不自輕蔑由此
一相其心遠離怯弱雜染菩薩如是无雜染
心聽聞正法云何菩薩无散亂心聽聞正法
謂由五相一者求悟解心聽聞正法二者專
一趣心聽聞正法三者聆音屬耳聽聞正法
四者掃滌其心聽聞正法五者攝一切心聽
聞正法菩薩如是求聞正法菩薩何故求聞
正法謂諸菩薩求內明時為正脩行法隨法
行為廣開示利悟於他若諸菩薩求因明時
為欲如實了知外道所造因論是惡言說
為欲降伏他諸異論為欲於此真實聖教
未淨信者令其淨信已淨信者信令增廣
若諸菩薩求聲明時為令信樂典語眾生
於菩薩身深生敬信為欲悟入詁訓言音文
句差別於一義中種種品類殊音隨說若
諸菩薩求醫明時為息眾生種種疾病為
欲饒益一切大眾若諸菩薩求諸世間工
業智處為少功力多集珍財為欲利益諸
眾生故為發眾生甚希奇想為以巧智平
等分布饒益攝受无量眾生菩薩求此一
切五明為令无上正等菩提大智資糧速得
圓滿非不於此一切明處次第修學能得无

BD03383號　瑜伽師地論卷三八　（21-14）

切五明為令无上正等菩提大智資糧速得
圓滿非不於此一切明處次第修學能得无
障一切智智如是已說一切菩薩正所應求
如是而求為義求
菩薩為他說正法時當何所說云何而說何
義故說謂諸菩薩正所應求即是所說為此
義求即為此義而為他說依二種相應為
他說一者依隨順說二者依清淨說謂諸
說應為他說云何依隨順說應為他說謂諸
菩薩應當安住如法威儀而為他說非不安
住如法威儀不為无病處高坐者而說正法
不為坐者立說正法不應居後為前行者而
說正法不為覆頭而說正法如別解脫經廣說
應知何以故諸佛菩薩敬重法故又於正法生
尊重時令他於法起極珍貴恭敬聽聞而不輕
毀又為一切說一切法无間而說又於正法不
生慳希不作師拳又於正法如其文句次第而
標如其文句第而釋如其次第分別其義文
善引攝義利法義應標應釋應廣分別非
不引攝義利法義又應示現所應示現又應
教導所應教導又應讚勵所應讚勵又應慶
慰所應慶慰又依現比至教道理而說正法
非不依彼三量道理又所宣說順往善趣又所
宣說无亂易入而不隱密又所宣說應四聖諦
又處一切眾說正法時隨眾所應而為宣說
菩薩依此十五種相諸隨順說普為利他應
如是說云何依清淨說應為他說謂諸菩薩於
已有怨諸有情類應住慈心為說正法於

BD03383號　瑜伽師地論卷三八　（21-15）

菩薩行此十三種相隨順說善為利他應
如是說云何依清淨說應為他說謂諸菩薩於
己有怨諸有情類應住慈心為說正法於行
惡行諸有情類住利益心應說正法於諸有樂
有苦放逸下劣有情應當安住利益安樂
哀愍之心為說正法不以嫉纏增上力故自
讚毀他以无染心不希利益恭敬讚頌為他說
法菩薩依止此五種相諸清淨說普為利他應
如是說如是菩薩說正法相略有廿一者以時
二者重法三者次第四者相續五者隨順六
者歡喜七者愛樂八者悅豫九者欣勇十者
不積十一者應理十二者稱順十三者无亂
十四者如法十五者順眾十六者慈心十七
者利益心十八者哀愍心十九者不自讚毀
他二十者不依利養恭敬讚頌菩薩如是應
常為他宣說正法
云何菩薩法隨法行當知此行略有五種謂
如所求如所受法身語意業无倒隨轉正思正
脩善佛世尊於彼諸法制身語意令不造作
於此諸法開身語意令其造作即於如是二種
法中身語意業无倒遠離无倒脩證是名
菩薩於諸法中身語意業无倒隨轉法隨法
行云何菩薩於法正思謂諸菩薩獨居閑靜
隨所聞法樂欲思惟樂欲稱量樂欲觀察先
當遠離不思議處思惟彼法恒常思惟无間
加行殷重加行而无慢緩是諸菩薩勇猛精
進思惟法時於其少分以理觀察而隨悟入於
其少分但深信解凡所思惟但依其義不依其

BD03383號　瑜伽師地論卷三八　（21–16）

加行殷重加行而无慢緩是諸菩薩勇猛精
進思惟法時於其少分以理觀察而隨悟入於
其少分但深信解凡所思惟但依其義不依其
文如實了知黑說大說正能悟入最初思惟
既悟入已數數作意令得堅固是諸菩薩由
能遠離不應思議而思惟故其心不墮迷悶
錯亂由能恒常无間殷重加行无緩而思惟
故先未知義得正了知得正決了先已知義
得无失壞得不忘失由於少分以理觀察隨悟
入故於隨正理觀察法中不由他緣由於少分
但信解故於極甚深自少覺慧不能達法
仰推如來言如是法是佛所行非我境界如
是於法不生誹謗不自損害遠離衰惡无諸
過罪由諸菩薩思惟法時但依其義不依文
故於佛世尊一切所說密意語言能隨悟入
由諸菩薩普於一切黑說大說得善巧故於
真實義无物无法能傾能動是諸菩薩正能
悟入初思惟故能得先來所未得忍是諸菩
薩由即於此已所得忍數數作意令堅牢故
能於其脩隨順趣入菩薩由是八種相故能
正脩行正思所攝法隨法行云何菩薩於法
正脩當知此脩略有四相一者奢摩他二者
毗鉢舍那三者脩習奢摩他毗鉢舍那四者
樂脩習奢摩他毗鉢舍那云何奢摩他謂諸
菩薩由八種思善依持故於離言說唯事唯
義所緣境中繫心令住離諸戲論離心擾亂
想作意故於諸所緣而作勝解於諸定相令
心內住安住等住廣說乃至一趣等持是名

BD03383號　瑜伽師地論卷三八　（21–17）

謂諸菩薩由八種或九種相令心住於離言說唯事唯
義所緣境中繫心令住離諸戲論離心擾亂
想作意故於諸所緣而作勝解於諸定相令
心內住安住等住廣說乃至一趣等持是名
奢摩他云何毗鉢舍那謂諸菩薩由奢摩他
熏修作意即於如先所思惟法思惟其相如
理簡擇最極簡擇極簡擇法廣說乃至覺
明慧行是名毗鉢舍那云何修習奢摩他毗
鉢舍那謂諸菩薩於奢摩他毗鉢舍那无間
加行殷重加行恒常修習是名修習奢摩他
毗鉢舍那云何樂修習奢摩他毗鉢舍那謂
諸菩薩即於如是正觀相中其心无動於无
功用離諸加行任運轉處攝受无亂是名樂
修習奢摩他毗鉢舍那當知此中是諸菩薩
如如修習奢摩他毗鉢舍那如是如是樂住
奢摩他毗鉢舍那如如樂住奢摩他毗鉢舍
那如是如是奢摩他毗鉢舍那清淨如如奢
摩他清淨如是如是身安心安增長廣大如
如毗鉢舍那清淨如是如是智見增長
廣大齊此名為修所應作謂於所依中應除
遣麁重及於一切所知應清淨智見如是一
切修所作業菩薩由前四種修相皆能成
辦
云何教授當知教授略有八種謂諸菩薩或三
摩地為依止故或於長時共彼住故於彼慈悲
為教授或由其餘諸菩薩衆或由如來為作教
授於教授時先當審諦尋思其心如實了知
尋思如實了知心已尋思其根如實了知尋

摩地為依止故或於長時共彼住故於彼慈悲
為教授或由其餘諸菩薩衆或由如來為作教
授於教授時先當審諦尋思其心如實了知
尋思如實了知心已尋思其根如實了知尋
思如實了知根已尋思意樂如實了知尋思
如實知意樂已尋思隨眠如實了知尋思如
實知隨眠已如其所應隨其所宜示現種種
所趣入門令其趣入謂或修不淨或復修慈
或修種種緣性緣起或修界別或修阿那
波那念如其所應隨其所宜示現種種所趣
入門令趣入已為說能治常邊邪執處中之
行為說能治斷邊邪執處中之行令其除捨
未作謂作未得謂得未觸謂觸未證謂證
諸增上慢如是菩薩八種教授當知略說三
處所攝云何三處一未住心者為令住故令
於所緣无倒繫念二心已住者為令獲得自義
利故為其宣說正方便道三於自所作未究
竟者令捨中間所有留難若知彼心根意樂
隨眠已如其所應隨其所宜示現種種所趣
入門令其趣入當知是名未住心者為令住故
令於所緣无倒繫念若為宣說能治斷常二邊
邪執處中之行當知是名心已住者為令獲
得自義利故為其宣說正方便道若令除捨
未作謂作廣說乃至未證謂證諸增上慢當
知是名於自所作未究竟者令捨中間所有
留難如是三處當知能攝八種教授如是菩薩
或由從他得正教授或由施他无倒教授能令所
餘八力種姓漸得清淨漸得增長謂靜慮

知是名於自所作事究竟者令於中間所有
留難如是三處當知能攝八種教授如是菩薩
或由從他得正教授或由施他無倒教授能令所
餘八力種姓漸得清淨漸得增長謂靜慮
解脫等持等至智力種姓諸根勝劣智力種
姓種種勝解智力種姓種種界智力種姓遍
趣行智力種姓宿住隨念智力種姓死生
智力種姓漏盡智力種姓
云何教誡當知教誡略有五種一者遮止有
罪現行二者開許無罪現行三者若有於所
遮止開許法中數行犯者如法諫誨四者若
有於彼法中數數憍而毀犯者以無染濁無
有變異親善意樂如法訶擯與作憶念五者
若有於所遮止開許法中能正行者慈愛稱
歎真實功德令其歡喜當知是名略說菩薩
五種教誡所謂遮止開許諫誨訶擯慶慰
云何菩薩方便所攝身語意業當知略說菩
薩所有四種攝事是名方便如世尊言菩薩成
就四種攝事所攝方便名菩薩復何因緣
唯四攝事說名方便謂諸菩薩略由如是攝事
所攝四種方便於諸有情普能攝受調伏成熟
除此無有若過若增何等名為四種方便一隨
攝方便二能攝方便三令入方便四隨轉方便若
諸菩薩先行布施當知是名隨攝方便何以故
先以種種財物布施饒益有情為欲令彼聽
受所說奉教行故若諸菩薩次行愛語於彼
彼處有愚癡者為欲除彼所有愚癡令無餘
故令其攝受瞻察正理如是愛語當知名為

BD03383號　瑜伽師地論卷三八

（21–20）

除此無有若過若增何等名為四種方便一隨
攝方便二能攝方便三令入方便四隨轉方便若
諸菩薩先行布施當知是名隨攝方便何以故
先以種種財物布施饒益有情為欲令彼聽
受所說奉教行故若諸菩薩次行愛語於彼
彼處有愚癡者為欲除彼所有愚癡令無餘
故令其攝受瞻察正理如是愛語當知名為
能攝方便若諸菩薩知彼有情攝受瞻察正
道理已次行利行拔彼有情出不善處於其
善處勸導調伏安處建立如是利行當知名
為令入方便若諸菩薩如是方便令諸有情
得趣入已最後與其於正事業同共脩行令彼
隨轉由是因緣令所化者不作是說汝自無
有圓滿淨信圓滿尸羅圓滿惠捨圓滿智
慧何賴於善勸導於他諫誨訶擯與作憶念
是故菩薩所行第四同事攝事當知是名隨
轉方便如是菩薩四種方便善攝善別所攝
身業語業意業是名方便所攝三業於諸有
情能正攝受調伏成熟

瑜伽師地論卷第卅八

BD03383號　瑜伽師地論卷三八

（21–21）

舍城
衆皆是阿羅漢諸漏已
利盡諸有結心得自在
摩訶迦葉優樓頻螺迦
舍利弗大目揵連摩
馱劫賓那憍梵波提離波
蹉薄拘羅摩訶拘絺羅難陀孫
陀羅難陀富樓那彌多羅尼子須菩提阿難
羅睺羅如是衆所知識大阿羅漢等復有學
无學二千人摩訶波闍波提比丘尼與眷屬
六千人俱羅睺羅母耶輸陀羅比丘尼亦與
眷屬俱菩薩摩訶薩八萬人皆於阿耨多羅
三藐三菩提不退轉皆得陀羅尼樂說辯才
轉不退轉法輪供養无量百千諸佛於諸佛
所殖衆德本常為諸佛之所稱歎以慈脩身
善入佛慧通達大智到於彼岸名稱普聞无
量世界能度无數百千衆生其名曰文殊師
利菩薩觀世音菩薩得大勢菩薩常精進菩
薩不休息菩薩寶掌菩薩藥王菩薩勇施菩
薩寶月菩薩月光菩薩滿月菩薩大力菩薩
无量力菩薩越三界菩薩跋陀婆羅菩薩彌

BD03384號　妙法蓮華經卷一　（22–1）

量世界能度无數百千衆生其名曰文殊師
利菩薩觀世音菩薩得大勢菩薩常精進菩
薩不休息菩薩寶掌菩薩藥王菩薩勇施菩
薩寶月菩薩月光菩薩滿月菩薩大力菩薩
无量力菩薩越三界菩薩跋陀婆羅菩薩彌
勒菩薩寶積菩薩導師菩薩如是等菩薩摩
訶薩八萬人俱尒時釋提桓因與其眷屬二
萬天子俱復有名月天子普香天子寶光天
子四大天王與其眷屬萬天子俱自在天子
大自在天子與其眷屬三萬天子俱娑婆世
界主梵天王尸棄大梵光明大梵等與其眷
屬萬二千天子俱有八龍王難陀龍王跋難
陀龍王娑伽羅龍王和脩吉龍王德叉迦龍
王阿那婆達多龍王摩那斯龍王優鉢羅龍
王等各與若干百千眷屬俱有四緊那羅王
法緊那羅王妙法緊那羅王大法緊那羅王
持法緊那羅王各與若干百千眷屬俱有四
乾闥婆王樂乾闥婆王樂音乾闥婆王美乾
闥婆王美音乾闥婆王各與若干百千眷屬
俱有四阿脩羅王婆稚阿脩羅王佉羅騫大
阿脩羅王毗摩質多羅阿脩羅王羅睺阿脩
羅王各與若干百千眷屬俱有四迦樓羅王
大威德迦樓羅王大身迦樓羅王大滿迦樓
羅王如意迦樓羅王各與若干百千眷屬俱
韋提希子阿闍世王與若干百千眷屬俱各
礼佛足退坐一面
尒時世尊四衆圍繞供養恭敬尊重讚歎為
諸菩薩說大乘經名无量義教菩薩法佛所

BD03384號　妙法蓮華經卷一　（22–2）

羅王如意迦樓羅王各與若干百千眷屬俱
韋提希子阿闍世王與若干百千眷屬俱各
礼佛足退坐一面
尒時世尊四衆圍繞供養恭敬尊重讚歎為
諸菩薩說大乘經名无量義教菩薩法佛所
護念佛說此經已結跏趺坐入於无量義處
三昧身心不動是時天雨雰陁羅華摩訶雰
陁羅華雰殊沙華摩訶雰殊沙華而散佛上
及諸大衆普佛世界六種震動尒時會中比
丘比丘尼優婆塞優婆夷天龍夜叉乾闥婆
阿脩羅迦樓羅緊那羅摩睺羅伽人非人及
諸小王轉輪聖王是諸大衆得未曾有歡喜
合掌一心觀佛尒時佛放眉間白豪相光照
東方萬八千世界靡不周遍下至阿鼻地獄
上至阿迦尼吒天於此世界盡見彼土六趣
衆生又見彼土現在諸佛及聞諸佛所說經
法并見彼諸比丘比丘尼優婆塞優婆夷諸
脩行得道者復見諸菩薩摩訶薩種種因緣
種種信解種種相貌行菩薩道復見諸佛般
涅槃者復見諸佛般涅槃後以佛舍利起七
寶塔尒時弥勒菩薩作是念今者世尊現神
變相以何因緣而有此瑞今佛世尊入于三
昧是不可思議現希有事當以問誰誰能荅
者復作此念是文殊師利法王之子已曾親
近供養過去无量諸佛必應見此希有之相
我今當問尒時比丘比丘尼優婆塞優婆夷
及諸天龍鬼神等咸作此念是佛光明神通
之相今當問誰尒時弥勒菩薩欲自決疑又

近供養過去无量諸佛必應見此希有之相
我今當問尒時比丘比丘尼優婆塞優婆夷
及諸天龍鬼神等咸作此念是佛光明神通
之相今當問誰尒時弥勒菩薩欲自決疑又
觀四衆比丘比丘尼優婆塞優婆夷及諸天
龍鬼神等衆會之心而問文殊師利言以何
因緣而有此瑞神通之相放大光明照于東
方萬八千土悉見彼佛國界莊嚴於是弥勒
菩薩欲重宣此義以偈問曰
文殊師利　導師何故　眉間白豪　大光普照
雨雰陁羅　雰殊沙華　栴檀香風　悅可衆心
以是因緣　地皆嚴淨　而此世界　六種震動
時四部衆　咸皆歡喜　身意快然　得未曾有
眉間光明　照于東方　萬八千土　皆如金色
從阿鼻獄　上至有頂　諸世界中　六道衆生
生死所趣　善惡業緣　受報好醜　於此悉見
又覩諸佛　聖主師子　演說經典　微妙第一
其聲清淨　出柔耎音　教諸菩薩　无數億萬
梵音深妙　令人樂聞　各於世界　講說正法
種種因緣　以无量喻　照明佛法　開悟衆生
若人遭苦　猒老病死　為說涅槃　盡諸苦際
若人有福　曾供養佛　志求勝法　為說緣覺
若有佛子　脩種種行　求无上慧　為說淨道
文殊師利　我住於此　見聞若斯　及千億事
如是衆多　今當略說　我見彼土　恒沙菩薩
種種因緣　而求佛道　或有行施　金銀珊瑚
真珠摩尼　車𤦲馬瑙　金鋼諸珎　奴婢車乘
寶餝輦轝　歡喜布施　迴向佛道　願得是乘

文殊師利　我住於此　見聞若斯　及千億事
如是衆多　今當略說　我見彼土　恒沙菩薩
種種因緣　而求佛道　或有行施　金銀珊瑚
真珠摩尼　車璖馬瑙　金剛諸珍　奴婢車乘
寶飾輦輿　歡喜布施　迴向佛道　願得是乘
三界第一　諸佛所歎　或有菩薩　駟馬寶車
欄楯華蓋　軒飾布施　復見菩薩　身肉手足
及妻子施　求无上道　又見菩薩　頭目身體
欣樂施與　求佛智慧　文殊師利　我見諸王
往詣佛所　問无上道　便捨樂土　宮殿臣妾
剃除鬚髮　而被法服　或見菩薩　而作比丘
獨處閑靜　樂誦經典　又見菩薩　勇猛精進
入於深山　思惟佛道　又見離欲　常處空閑
深脩禪定　得五神通　又見菩薩　安禪合掌
以千萬偈　讚諸法王　復見菩薩　智深志固
能問諸佛　聞悉受持　又見佛子　定慧具足
以无量喻　為衆講法　欣樂說法　化諸菩薩
破魔兵衆　而擊法鼓　又見菩薩　寂然宴默
天龍恭敬　不以為喜　又見菩薩　處林放光
濟地獄苦　令入佛道　又見佛子　未嘗睡眠
經行林中　勤求佛道　又見具戒　威儀无缺
淨如寶珠　以求佛道　又見佛子　住忍辱力
增上慢人　惡罵捶打　皆悉能忍　以求佛道
又見菩薩　離諸戲笑　及癡眷屬　親近智者
一心除亂　攝念山林　億千萬歲　以求佛道
或見菩薩　餚饍飲食　百種湯藥　施佛及僧
名衣上服　價直千萬　或无價衣　施佛及僧
千萬億種　栴檀寶舍　衆妙臥具　施佛及僧

BD03384號　妙法蓮華經卷一　（22–5）

又見菩薩　離諸戲笑　及癡眷屬　親近智者
一心除亂　攝念山林　億千萬歲　以求佛道
或見菩薩　餚饍飲食　百種湯藥　施佛及僧
名衣上服　價直千萬　或无價衣　施佛及僧
千萬億種　栴檀寶舍　衆妙臥具　施佛及僧
清淨園林　華果茂盛　流泉浴池　施佛及僧
如是等施　種種微妙　歡喜无猒　求无上道
或有菩薩　說寂滅法　種種教詔　无數衆生
或見菩薩　觀諸法性　无有二相　猶如虛空
又見佛子　心无所著　以此妙慧　求无上道
文殊師利　又有菩薩　佛滅度後　供養舍利
又見佛子　造諸塔廟　无數恒沙　嚴飾國界
寶塔高妙　五千由旬　縱廣正等　二千由旬
一一塔廟　各千幢幡　珠交露幔　寶鈴和鳴
諸天龍神　人及非人　香華伎樂　常以供養
文殊師利　諸佛子等　為供舍利　嚴飾塔廟
國界自然　殊特妙好　如天樹王　其華開敷
佛放一光　我及衆會　見此國界　種種殊妙
諸佛神力　智慧希有　放一淨光　照无量國
我等見此　得未曾有　佛子文殊　願決衆疑
四衆欣仰　瞻仁及我　世尊何故　放斯光明
佛子時荅　決疑令喜　何所饒益　演斯光明
佛坐道場　所得妙法　為欲說此　為當授記
示諸佛土　衆寶嚴淨　及見諸佛　此非小緣
文殊當知　四衆龍神　瞻察仁者　為說何等
尒時文殊師利語彌勒菩薩摩訶薩及諸大
士善男子等如我惟忖今佛世尊欲說大法
雨大法雨吹大法螺擊大法鼓演大法義諸

BD03384號　妙法蓮華經卷一　（22–6）

尒時文殊師利語弥勒菩薩摩訶薩及諸大
士善男子等如我惟忖今佛世尊欲說大法
雨大法雨吹大法螺擊大法鼓演大法義諸
善男子我於過去諸佛曾見此瑞放斯光已
即說大法是故當知今佛現光亦復如是欲
令衆生咸得聞知一切世間難信之法故現
斯瑞諸善男子如過去无量无邊不可思議
阿僧祇劫尒時有佛号日月燈明如來應供
正遍知明行足善逝世間解无上士調御丈
夫天人師佛世尊演說正法初善中善後善
其義深遠其語巧妙純一无雜具足清白梵
行之相為求聲聞者說應四諦法度生老病
死究竟涅槃為求辟支佛者說應十二因緣
法為諸菩薩說應六波羅蜜令得阿耨多羅
三藐三菩提成一切種智次復有佛亦名日
月燈明次復有佛亦名日月燈明如是二萬
佛皆同一字号日月燈明又同一姓姓頗羅
墮弥勒當知初佛後佛皆同一字名日月燈
明十号具足所可說法初中後善其最後佛
未出家時有八王子一名有意二名善意三
名无量意四名寶意五名增意六名除疑意
七名嚮意八名法意是八王子威德自在各
領四天下是諸王子聞父出家得阿耨多羅
三藐三菩提悉捨王位亦隨出家發大乘意
常脩梵行皆為法師已於千萬佛所殖諸善
本是時日月燈明佛說大乘經名无量義教
菩薩法佛所護念說是經已即於大衆中結
加[illegible]

常脩梵行皆為法師已於千萬佛所殖諸善
本是時日月燈明佛說大乘經名无量義教
菩薩法佛所護念說是經已即於大衆中結
加趺坐入於无量義處三昧身心不動是時
天雨曼陁羅華摩訶曼陁羅華曼殊沙華摩
訶曼殊沙華而散佛上及諸大衆普佛世界
六種震動尒時會中比丘比丘尼優婆塞優
婆夷天龍夜叉乾闥婆阿脩羅迦樓羅緊那
羅摩睺羅伽人非人及諸小王轉輪聖王等
是諸大衆得未曾有歡喜合掌一心觀佛尒
時如來放眉間白豪相光照東方萬八千佛
土靡不周遍如今所見是諸佛土弥勒當知
尒時會中有二十億菩薩樂欲聽法是諸菩
薩見此光明普照佛土得未曾有欲知此光
所為因緣時有菩薩名曰妙光有八百弟子
是時日月燈明佛從三昧起因妙光菩薩說
大乘經名妙法蓮華教菩薩法佛所護念六
十小劫不起于座時會聽者亦坐一處六十
小劫身心不動聽佛所說謂如食頃是時衆
中无有一人若身若心而生懈惓日月燈明
佛於六十小劫說是經已即於梵魔沙門婆
羅門及天人阿脩羅衆中而宣此言如來於
今日中夜當入无餘涅槃時有菩薩名曰德
藏日月燈明佛即授其記告諸比丘是德藏
菩薩次當作佛号曰淨身多陁阿伽度阿羅
訶三藐三佛陁佛授記已便於中夜入无餘
涅槃佛滅度後妙光菩薩持妙法蓮華經滿
八十小劫為人演說日月燈明佛八子皆師

菩薩次當作佛号曰淨身多陁阿伽度阿羅
訶三藐三佛陁佛授記已便於中夜入无餘
涅槃佛滅度後妙光菩薩持妙法蓮華經滿
八十小劫為人演說日月燈明佛八子皆師
妙光妙光教化令其堅固阿耨多羅三藐三
菩提是諸王子供養无量百千萬億佛已皆
成佛道其冣後成佛者名曰然燈八百弟子
中有一人号曰求名貪著利養雖復讀誦衆
經而不通利多所忘失故号求名是人亦以
種諸善根因緣故得值无量百千萬億諸佛
供養恭敬尊重讚歎弥勒當知尒時妙光菩
薩豈異人乎我身是也求名菩薩汝身是也
今見此瑞與本无異是故惟忖今日如來當
說大乘經名妙法蓮華教菩薩法佛所護念
尒時文殊師利於大衆中欲重宣此義而說
偈言
我念過去世　无量无數劫　有佛人中尊　号日月燈明
世尊演說法　度无量衆生　无數億菩薩　令入佛智慧
佛未出家時　所生八王子　見大聖出家　亦隨脩梵行
時佛說大乘　經名无量義　於諸大衆中　而為廣分別
佛說此經已　即於法座上　跏趺坐三昧　名无量義處
天雨曼陁華　天鼓自然鳴　諸天龍鬼神　供養人中尊
一切諸佛土　即時大震動　佛放眉間光　現諸希有事
此光照東方　萬八千佛土　示一切衆生　生死業報處
有見諸佛土　以衆寶莊嚴　琉璃頗梨色　斯由佛光照
及見諸天人　龍神夜叉衆　乹闥緊那羅　各供養其佛
又見諸如來　自然成佛道　身色如金山　端嚴甚微妙
如淨瑠璃中　內現真金像　世尊在大衆　敷演深法義

及見諸天人　龍神夜叉衆　乹闥緊那羅　各供養其佛
又見諸如來　自然成佛道　身色如金山　端嚴甚微妙
如淨瑠璃中　內現真金像　世尊在大衆　敷演深法義
一一諸佛土　聲聞衆无數　因佛光所照　悉見彼大衆
或有諸比丘　在於山林中　精進持淨戒　猶如護明珠
又見諸菩薩　行施忍辱等　其數如恒沙　斯由佛光照
又見諸菩薩　深入諸禪定　身心寂不動　以求无上道
又見諸菩薩　知法寂滅相　各於其國土　說法求佛道
尒時四部衆　見日月燈佛　現大神通力　其心皆歡喜
各各自相問　是事何因緣　天人所奉尊　適從三昧起
讚妙光菩薩　汝為世間眼　一切所歸信　能奉持法藏
如我所說法　唯汝能證知　世尊既讚歎　令妙光歡喜
說是法華經　滿六十小劫　不起於此座　所說上妙法
是妙光法師　悉皆能受持　佛說是法華　令衆歡喜已
尋即於是日　告於天人衆　諸法實相義　已為汝等說
我今於中夜　當入於涅槃　汝一心精進　當離於放逸
諸佛甚難值　億劫時一遇　世尊諸子等　聞佛入涅槃
各各懷悲惱　佛滅一何速　聖主法之王　安慰无量衆
我若滅度時　汝等勿憂怖　是德藏菩薩　於无漏實相
心已得通達　其次當作佛　号曰為淨身　亦度无量衆
佛此夜滅度　如薪盡火滅　分布諸舍利　而起无量塔
比丘比丘尼　其數如恒沙　倍復加精進　以求无上道
是妙光法師　奉持佛法藏　八十小劫中　廣宣法華經
是諸八王子　妙光所開化　堅固无上道　當見无數佛
供養諸佛已　隨順行大道　相繼得成佛　轉次而授記
冣後天中天　号曰然燈佛　諸仙之導師　度脫无量衆
是妙光法師　時有一弟子　心常懷懈怠　貪著於名利

供養諸佛已　隨順行大道　相繼得成佛　轉次而授記
冣後天中天　号曰然燈佛　諸仙之導師　度脫无量衆
是妙光法師　時有一弟子　心常懷懈怠　貪著於名利
求名利无猒　多遊族姓家　棄捨所習誦　廢忘不通利
以是因緣故　号之為求名　亦行衆善業　得見无數佛
供養於諸佛　隨順行大道　具六波羅蜜　今見釋師子
其後當作佛　号名曰弥勒　廣度諸衆生　其數无有量
彼佛滅度後　懈怠者汝是　妙光法師者　今則我身是
我見燈明佛　本光瑞如此　以是知今佛　欲說法華經
今相如本瑞　是諸佛方便　今佛放光明　助發實相義
諸人今當知　合掌一心待　佛當雨法雨　充足求道者
諸求三乘人　若有疑悔者　佛當為除斷　令盡无有餘

妙法蓮華經方便品第二

尒時世尊從三昧安詳而起告舍利弗諸佛
智慧甚深无量其智慧門難解難入一切聲
聞辟支佛所不能知所以者何佛曾親近百
千萬億无數諸佛盡行諸佛无量道法勇猛
精進名稱普聞成就甚深未曾有法隨宜所
說意趣難解舍利弗吾從成佛已來種種因
緣種種譬喻廣演言教无數方便引導衆生
令離諸著所以者何如來方便知見波羅蜜
皆已具足舍利弗如來知見廣大深遠无量
无礙力无所畏禪定解脫三昧深入无際成
就一切未曾有法舍利弗如來能種種分別
巧說諸法言辭柔耎悅可衆心舍利弗取要
言之无量无邊未曾有法佛悉成就止舍利
弗不須復說所以者何佛所成就第一希有

就一切未曾有法舍利弗如來能種種分別
巧說諸法言辭柔耎悅可衆心舍利弗取要
言之无量无邊未曾有法佛悉成就止舍利
弗不須復說所以者何佛所成就第一希有
難解之法唯佛與佛乃能究盡諸法實相所
謂諸法如是相如是性如是體如是力如是
作如是因如是緣如是果如是報如是本末
究竟等尒時世尊欲重宣此義而說偈言
世雄不可量　諸天及世人　一切衆生類　无能知佛者
佛力无所畏　解脫諸三昧　及佛諸餘法　无能測量者
本從无數佛　具足行諸道　甚深微妙法　難見難可了
於无量億劫　行此諸道已　道場得成果　我已悉知見
如是大果報　種種性相義　我及十方佛　乃能知是事
是法不可示　言辭相寂滅　諸餘衆生類　无有能得解
除諸菩薩衆　信力堅固者　諸佛弟子衆　曾供養諸佛
一切漏已盡　住是冣後身　如是諸人等　其力所不堪
假使滿世間　皆如舍利弗　盡思共度量　不能測佛智
正使滿十方　皆如舍利弗　及餘諸弟子　亦滿十方剎
盡思共度量　亦復不能知　辟支佛利智　无漏冣後身
亦滿十方界　其數如竹林　斯等共一心　於億无量劫
欲思佛實智　莫能知少分　新發意菩薩　供養无數佛
了達諸義趣　又能善說法　如稻麻竹葦　充滿十方剎
一心以妙智　於恒河沙劫　咸皆共思量　不能知佛智
不退諸菩薩　其數如恒沙　一心共思求　亦復不能知
又告舍利弗　无漏不思議　甚深微妙法　我今已具得
唯我知是相　十方佛亦然　舍利弗當知　諸佛語无異
於佛所說法　當生大信力　世尊法久後　要當說真實
告諸聲聞衆　及求緣覺乘　我令脫苦縛　逮得涅槃者

又告舍利弗　无漏不思議　甚深微妙法　我今已具得
唯我知是相　十方佛亦然　舍利弗當知　諸佛語无異
於佛所說法　當生大信力　世尊法久後　要當說真實
告諸聲聞衆　及求緣覺乘　我令脫苦縛　逮得涅槃者
佛以方便力　示以三乘教　衆生處處著　引之令得出
尒時大衆中有諸聲聞漏盡阿羅漢阿若憍
陳如等千二百人及發聲聞辟支佛心比丘
比丘尼優婆塞優婆夷各作是念今者世尊
何故慇懃稱歎方便而作是言佛所得法甚
深難解有所言說意趣難知一切聲聞辟支
佛所不能及佛說一解脫義我等亦得此法
到於涅槃而今不知是義所趣尒時舍利弗
知四衆心疑自亦未了而白佛言世尊何因
何緣慇懃稱歎諸佛第一方便甚深微妙難
解之法我自昔來未曾從佛聞如是說今者
四衆咸皆有疑唯願世尊敷演斯事世尊何
故慇懃稱歎甚深微妙難解之法尒時舍利
弗欲重宣此義而說偈言
慧日大聖尊　久乃說是法　自說得如是　力无畏三昧
禪定解脫等　不可思議法　道場所得法　无能發問者
我意難可測　亦无能問者　无問而自說　稱歎所行道
智慧甚微妙　諸佛之所得　无漏諸羅漢　及求涅槃者
今皆墮疑網　佛何故說是　其求緣覺者　比丘比丘尼
諸天龍鬼神　及乾闥婆等　相視懷猶豫　瞻仰兩足尊
是事為云何　願佛為解說　於諸聲聞衆　佛說我第一
我今自於智　疑惑不能了　為是究竟法　為是所行道
佛口所生子　合掌瞻仰待　願出微妙音　時為如實說
者天龍神等　其數如恒沙　求佛者菩薩　大數有八萬

是事為云何　願佛為解說　於諸聲聞衆　佛說我第一
我今自於智　疑惑不能了　為是究竟法　為是所行道
佛口所生子　合掌瞻仰待　願出微妙音　時為如實說
諸天龍神等　其數如恒沙　求佛諸菩薩　大數有八萬
又諸萬億國　轉輪聖王至　合掌以敬心　欲聞具足道
尒時佛告舍利弗止止不須復說若說是事
一切世間諸天及人皆當驚疑舍利弗重白
佛言世尊唯願說之唯願說之所以者何是
會无數百千萬億阿僧祇衆生曾見諸佛諸
根猛利智慧明了聞佛所說則能敬信尒時
舍利弗欲重宣此義而說偈言
法王无上尊　唯說願勿慮　是會无量衆　有能敬信者
佛復止舍利弗若說是事一切世間天人阿
脩羅皆當驚疑增上慢比丘將墜於大坑尒
時世尊重說偈言
止止不須說　我法妙難思　諸增上慢者　聞必不敬信
尒時舍利弗重白佛言世尊唯願說之唯願
說之今此會中如我等比百千萬億世世已
曾從佛受化如此人等必能敬信長夜安隱
多所饒益尒時舍利弗欲重宣此義而說偈
言
无上兩足尊　願說第一法　我為佛長子　唯垂分別說
是會无量衆　能敬信此法　佛已曾世世　教化如是等
皆一心合掌　欲聽受佛語　我等千二百　及餘求佛者
願為此衆故　唯垂分別說　是等聞此法　則生大歡喜
尒時世尊告舍利弗汝已慇懃三請豈得不
說汝今諦聽善思念之吾當為汝分別解說

皆一心合掌　欲聽受佛語　我等千二百　及餘求佛者
願為此衆故　唯垂分別說　是等聞此法　則生大歡喜
尒時世尊告舍利弗汝已慇懃三請豈得不
說汝今諦聽善思念之吾當為汝分別解說
說此語時會中有比丘比丘尼優婆塞優婆
夷五千人等即從座起礼佛而退所以者何
此輩罪根深重及增上慢未得謂得未證謂
證有如此失是以不住世尊默然而不制止
尒時佛告舍利弗我今此衆无復枝葉純有
貞實舍利弗如是增上慢人退亦佳矣汝今
善聽當為汝說舍利弗言唯然世尊願樂欲
聞佛告舍利弗如是妙法諸佛如來時乃說
之如優曇鉢華時一現耳舍利弗汝等當信
佛之所說言不虛妄舍利弗諸佛隨宜說法
意趣難解所以者何我以无數方便種種因
緣譬喻言辭演說諸法是法非思量分別之
所能解唯有諸佛乃能知之所以者何諸佛
世尊唯以一大事因緣故出現於世舍利弗
云何名諸佛世尊唯以一大事因緣故出現
於世諸佛世尊欲令衆生開佛知見使得清
淨故出現於世欲示衆生佛之知見故出現
於世欲令衆生悟佛知見故出現於世欲令
衆生入佛知見道故出現於世舍利弗是為
諸佛以一大事因緣故出現於世佛告舍利
弗諸佛如來但教化菩薩諸有所作常為一
事唯以佛之知見示悟衆生舍利弗如來但
以一佛乘故為衆生說法无有餘乘若二若
三舍利弗一切十方諸佛法亦如是舍利弗

BD03384號　妙法蓮華經卷一

（22–15）

諸佛以一大事因緣故出現於世佛告舍利
弗諸佛如來但教化菩薩諸有所作常為一
事唯以佛之知見示悟衆生舍利弗如來但
以一佛乘故為衆生說法无有餘乘若二若
三舍利弗一切十方諸佛法亦如是舍利弗
過去諸佛以无量无數方便種種因緣譬喻
言辭而為衆生演說諸法是法皆為一佛乘
故是諸衆生從諸佛聞法究竟皆得一切種
智舍利弗未來諸佛當出於世亦以无量无
數方便種種因緣譬喻言辭而為衆生演說
諸法是法皆為一佛乘故是諸衆生從佛聞
法究竟皆得一切種智舍利弗現在十方无
量百千萬億佛土中諸佛世尊多所饒益安
樂衆生是諸佛亦以无量无數方便種種因
緣譬喻言辭而為衆生演說諸法是法皆為
一佛乘故是諸衆生從佛聞法究竟皆得一
切種智舍利弗是諸佛但教化菩薩欲以佛
之知見示衆生故欲以佛之知見悟衆生故
欲令衆生入佛之知見故舍利弗我今亦復
如是知諸衆生有種種欲深心所著隨其本
性以種種因緣譬喻言辭方便力故而為說
法舍利弗如此皆為得一佛乘一切種智故
舍利弗十方世界中尚无二乘何況有三舍
利弗諸佛出於五濁惡世所謂劫濁煩惱濁
衆生濁見濁命濁如是舍利弗劫濁亂時衆
生垢重慳貪嫉妬成就諸不善根故諸佛以
方便力於一佛乘分別說三舍利弗若我弟

BD03384號　妙法蓮華經卷一

（22–16）

利弗諸佛出於五濁惡世所謂刧濁煩惱濁
衆生濁見濁命濁如是舍利弗刧濁亂時衆
生垢重慳貪嫉妬成就諸不善根故諸佛以
方便力於一佛乘分別說三舍利弗若我弟
子自謂阿羅漢辟支佛者不聞不知諸佛如
來但教化菩薩事此非佛弟子非阿羅漢非
辟支佛又舍利弗是諸比丘比丘尼自謂已
得阿羅漢是最後身究竟涅槃便不復志求
阿耨多羅三藐三菩提當知此輩皆是增上
慢人所以者何若有比丘實得阿羅漢若不
信此法无有是處除佛滅度後現前无佛所
以者何佛滅度後如是等經受持讀誦解義
者是人難得若遇餘佛於此法中便得決了
舍利弗汝等當一心信解受持佛語諸佛如
來言无虛妄无有餘乘唯一佛乘尒時世尊
欲重宣此義而說偈言
比丘比丘尼　有懷增上慢　優婆塞我慢　優婆夷不信
如是四衆等　其數有五千　不自見其過　於戒有缺漏
護惜其瑕疵　是小智已出　衆中之糟糠　佛威德故去
斯人尠福德　不堪受是法　此衆无枝葉　唯有諸貞實
舍利弗善聽　諸佛所得法　无量方便力　而為衆生說
衆生心所念　種種所行道　若干諸欲性　先世善惡業
佛悉知是已　以諸緣譬喻　言辭方便力　令一切歡喜
或說修多羅　伽陁及本事　本生未曾有　亦說於因緣
譬喻并祇夜　優波提舍經　鈍根樂小法　貪着於生死
於諸无量佛　不行深妙道　衆苦所惱亂　為是說涅槃
我設是方便　令得入佛慧　未曾說汝等　當得成佛道

譬喻并祇夜　優波提舍經　鈍根樂小法　貪着於生死
於諸无量佛　不行深妙道　衆苦所惱亂　為是說涅槃
我設是方便　令得入佛慧　未曾說汝等　當得成佛道
所以未曾說　說時未至故　今正是其時　決定說大乘
我此九部法　隨順衆生說　入大乘為本　以故說是經
有佛子心淨　柔軟亦利根　无量諸佛所　而行深妙道
為此諸佛子　說是大乘經　我記如是人　來世成佛道
以深心念佛　修持淨戒故　此等聞得佛　大喜充遍身
佛知彼心行　故為說大乘　聲聞若菩薩　聞我所說法
乃至於一偈　皆成佛无疑　十方佛土中　唯有一乘法
无二亦无三　除佛方便說　但以假名字　引導於衆生
說佛智慧故　諸佛出於世　唯此一事實　餘二則非真
終不以小乘　濟度於衆生　佛自住大乘　如其所得法
定慧力莊嚴　以此度衆生　自證无上道　大乘平等法
若以小乘化　乃至於一人　我則墮慳貪　此事為不可
若人信歸佛　如來不欺誑　亦无貪嫉意　斷諸法中惡
故佛於十方　而獨无所畏　我以相嚴身　光明照世間
无量衆所尊　為說實相印　舍利弗當知　我本立誓願
欲令一切衆　如我等无異　如我昔所願　今者已滿足
化一切衆生　皆令入佛道　若我遇衆生　盡教以佛道
无智者錯亂　迷惑不受教　我知此衆生　未曾修善本
堅着於五欲　癡愛故生惱　以諸欲因緣　墜墮三惡道
輪迴六趣中　備受諸苦毒　受胎之微形　世世常增長
薄德少福人　衆苦所逼迫　入邪見稠林　若有若无等
依止此諸見　具足六十二　深着虛妄法　堅受不可捨
我慢自矜高　諂曲心不實　於千萬億劫　不聞佛名字
亦不聞正法　如是人難度　是故舍利弗　我為設方便
說諸盡苦道　示之以涅槃　我雖說涅槃　是亦非真滅

依止此諸見　具足六十二　深著虛妄法　堅受不可捨
我慢自矜高　諂曲心不實　於千萬億劫　不聞佛名字
亦不聞正法　如是人難度　是故舍利弗　我為設方便
說諸盡苦道　示之以涅槃　我雖說涅槃　是亦非真滅
諸法從本來　常自寂滅相　佛子行道已　來世得作佛
我有方便力　開示三乘法　一切諸世尊　皆說一乘道
今此諸大眾　皆應除疑惑　諸佛語无異　唯一无二乘
過去无數劫　无量滅度佛　百千萬億種　其數不可量
如是諸世尊　種種緣譬喻　无數方便力　演說諸法相
是諸世尊等　皆說一乘法　化无量眾生　令入於佛道
又諸大聖主　知一切世間　天人群生類　深心之所欲
更以異方便　助顯第一義　若有眾生類　值諸過去佛
若聞法布施　或持戒忍辱　精進禪智等　種種脩福慧
如是諸人等　皆已成佛道　諸佛滅度已　若人善軟心
如是諸眾生　皆已成佛道　諸佛滅度已　供養舍利者
起萬億種塔　金銀及頗梨　車璖與馬瑙　玫瑰瑠璃珠
清淨廣嚴飾　莊校於諸塔　或有起石廟　栴檀及沉水
木櫁并餘材　甎瓦泥土等　若於曠野中　積土成佛廟
乃至童子戲　聚沙為佛塔　如是諸人等　皆已成佛道
若人為佛故　建立諸形像　刻雕成眾相　皆已成佛道
或以七寶成　鍮石赤白銅　白鑞及鉛錫　鐵木及與泥
或以膠漆布　嚴飾作佛像　如是諸人等　皆已成佛道
綵畫作佛像　百福莊嚴相　自作若使人　皆已成佛道
乃至童子戲　若草木及筆　或以指爪甲　而畫作佛像
如是諸人等　漸漸積功德　具足大悲心　皆已成佛道
但化諸菩薩　度脫无量眾　若人於塔廟　寶像及畫像
以華香幡蓋　敬心而供養　若使人作樂　擊鼓吹角貝

BD03384號　妙法蓮華經卷一

（22–19）

乃至童子戲　若草木及筆　或以指爪甲　而畫作佛像
如是諸人等　漸漸積功德　具足大悲心　皆已成佛道
但化諸菩薩　度脫无量眾　若人於塔廟　寶像及畫像
以華香幡蓋　敬心而供養　若使人作樂　擊鼓吹角貝
簫笛琴箜篌　琵琶鐃銅鈸　如是眾妙音　盡持以供養
或以歡喜心　歌唄頌佛德　乃至一小音　皆已成佛道
若人散亂心　乃至以一華　供養於畫像　漸見无數佛
或有人禮拜　或復但合掌　乃至舉一手　或復小低頭
以此供養像　漸見无量佛　自成无上道　廣度无數眾
入无餘涅槃　如薪盡火滅　若人散亂心　入於塔廟中
一稱南无佛　皆已成佛道　於諸過去佛　在世或滅後
若有聞是法　皆已成佛道　未來諸世尊　其數无有量
是諸如來等　亦方便說法　一切諸如來　以无量方便
度脫諸眾生　入佛无漏智　若有聞法者　无一不成佛
諸佛本誓願　我所行佛道　普欲令眾生　亦同得此道
未來世諸佛　雖說百千億　无數諸法門　其實為一乘
諸佛兩足尊　知法常无性　佛種從緣起　是故說一乘
是法住法位　世間相常住　於道場知已　導師方便說
天人所供養　現在十方佛　其數如恒沙　出現於世間
安隱眾生故　亦說如是法　知第一寂滅　以方便力故
雖示種種道　其實為佛乘　知眾生諸行　深心之所念
過去所習業　欲性精進力　及諸根利鈍　以種種因緣
譬喻亦言辭　隨應方便說　今我亦如是　安隱眾生故
以種種法門　宣示於佛道　我以智慧力　知眾生性欲
方便說諸法　皆令得歡喜　舍利弗當知　我以佛眼觀
見六道眾生　貧窮无福慧　入生死險道　相續苦不斷
深著於五欲　如犛牛愛尾　以貪愛自蔽　盲瞑无所見
不求大勢佛　及與斷苦法　深入諸邪見　以苦欲捨苦

BD03384號　妙法蓮華經卷一

（22–20）

以種種法門　宣示於佛道　我以智慧力　知衆生性欲
方便說諸法　皆令得歡喜　舍利弗當知　我以佛眼觀
見六道衆生　貧窮无福慧　入生死嶮道　相續苦不斷
深著於五欲　如犛牛愛尾　以貪愛自蔽　盲瞑无所見
不求大勢佛　及與斷苦法　深入諸邪見　以苦欲捨苦
為是衆生故　而起大悲心　我始坐道場　觀樹亦經行
於三七日中　思惟如是事　我所得智慧　微妙最第一
衆生諸根鈍　著樂癡所盲　如斯之等類　云何而可度
尒時諸梵王　及諸天帝釋　護世四天王　及大自在天
并餘諸天衆　眷屬百千萬　恭敬合掌礼　請我轉法輪
我即自思惟　若但讚佛乘　衆生沒在苦　不能信是法
破法不信故　墜於三惡道　我寧不說法　疾入於涅槃
尋念過去佛　所行方便力　我今所得道　亦應說三乘
作是思惟時　十方佛皆現　梵音慰喻我　善哉釋迦文
第一之導師　得是无上法　隨諸一切佛　而用方便力
我等亦皆得　最妙第一法　為諸衆生類　分別說三乘
少智樂小法　不自信作佛　是故以方便　分別說諸果
雖復說三乘　但為教菩薩　舍利弗當知　我聞聖師子
深淨微妙音　稱南无諸佛　復作如是念　我出濁惡世
如諸佛所說　我亦隨順行　思惟是事已　即趣波羅柰
諸法寂滅相　不可以言宣　以方便力故　為五比丘說
是名轉法輪　便有涅槃音　及以阿羅漢　法僧差別名
從久遠劫來　讚示涅槃法　生死苦永盡　我常如是說
舍利弗當知　我見佛子等　志求佛道者　无量千萬億
咸以恭敬心　皆來至佛所　曾從諸佛聞　方便所說法
我即作是念　如來所以出　為說佛慧故　今正是其時
舍利弗當知　鈍根小智人　著相憍慢者　不能信是法

BD03384號　妙法蓮華經卷一　（22–21）

咸以恭敬心　皆來至佛所　曾從諸佛聞　方便所說法
我即作是念　如來所以出　為說佛慧故　今正是其時
舍利弗當知　鈍根小智人　著相憍慢者　不能信是法
今我喜无畏　於諸菩薩中　正直捨方便　但說无上道
菩薩聞是法　疑網皆已除　千二百羅漢　悉亦當作佛
如三世諸佛　說法之儀式　我今亦如是　說无分別法
諸佛興出世　懸遠值遇難　正使出于世　說是法復難
无量无數劫　聞是法亦難　能聽是法者　斯人亦復難
譬如優曇華　一切皆愛樂　天人所希有　時時乃一出
聞法歡喜讚　乃至發一言　則為已供養　一切三世佛
是人甚希有　過於優曇華　汝等勿有疑　我為諸法王
普告諸大衆　但以一乘道　教化諸菩薩　无聲聞弟子
汝等舍利弗　聲聞及菩薩　當知是妙法　諸佛之秘要
以五濁惡世　但樂著諸欲　如是等衆生　終不求佛道
當來世惡人　聞佛說一乘　迷惑不信受　破法墮惡道
有慚愧清淨　志求佛道者　當為如是等　廣讚一乘道
舍利弗當知　諸佛法如是　以萬億方便　隨宜而說法
其不習學者　不能曉了此　汝等既已知　諸佛世之師
隨宜方便事　无復諸疑惑　心生大歡喜　自知當作佛

妙法蓮華經卷第一

BD03384號　妙法蓮華經卷一　（22–22）

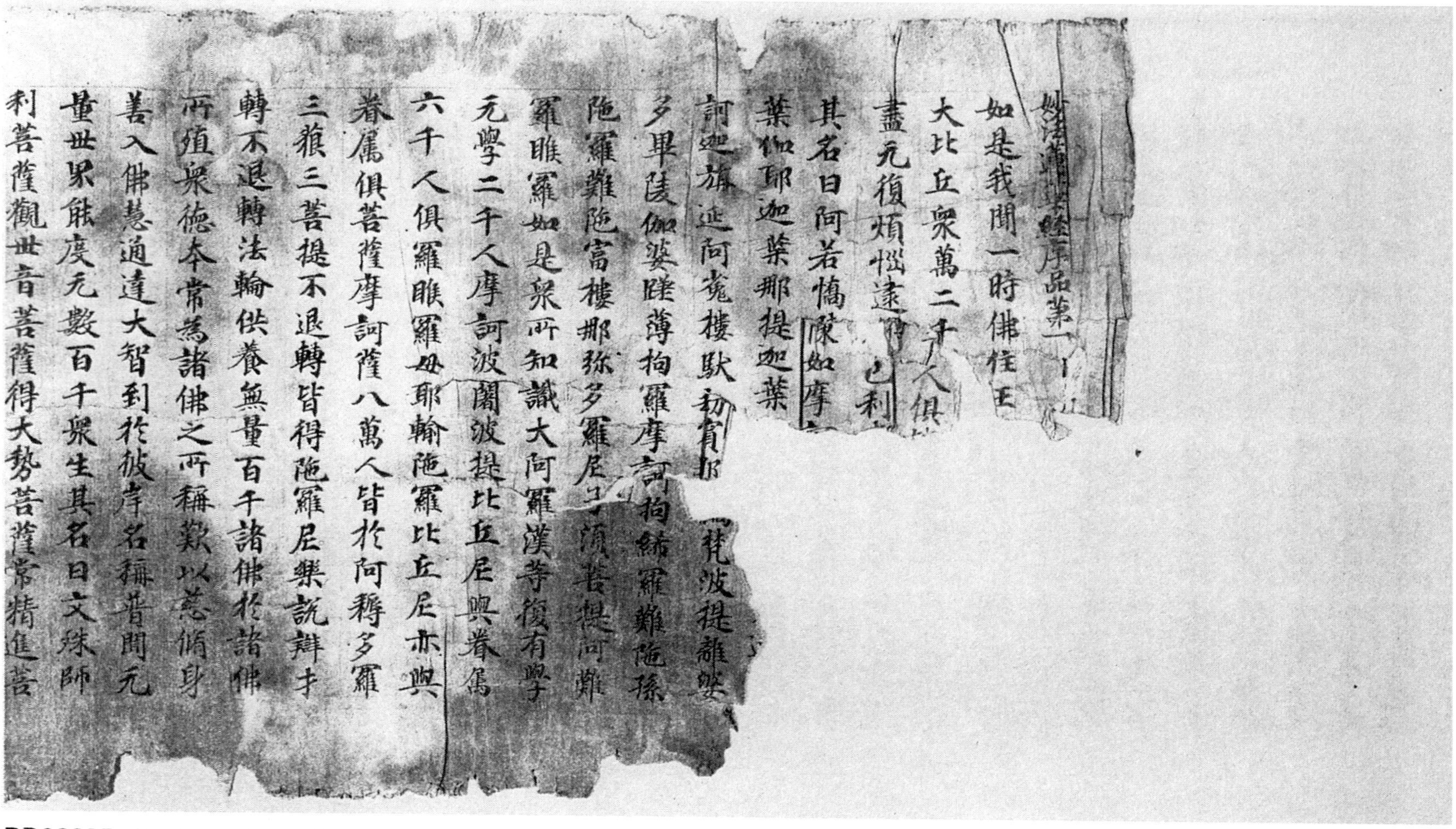

妙法蓮華經序品第一
如是我聞一時佛住王
大比丘衆萬二千人俱
盡无復煩惱逮得己利
其名曰阿若憍陳如摩
葉伽耶迦葉那提迦葉
訶迦旃延阿㝹樓馱劫賓那梵波提離婆
多畢陵伽婆蹉薄拘羅摩訶拘絺羅難陀孫
陀羅難陀富樓那彌多羅尼子須菩提阿難
羅睺羅如是衆所知識大阿羅漢等復有學
无學二千人摩訶波闍波提比丘尼與眷屬
六千人俱羅睺羅母耶輸陀羅比丘尼亦與
眷屬俱菩薩摩訶薩八萬人皆於阿耨多羅
三藐三菩提不退轉皆得陀羅尼樂說辯才
轉不退轉法輪供養無量百千諸佛於諸佛
所殖衆德本常為諸佛之所稱歎以慈脩身
善入佛慧通達大智到於彼岸名稱普聞无
量世界能度无數百千衆生其名曰文殊師
利菩薩觀世音菩薩得大勢菩薩常精進菩

BD03385號　妙法蓮華經卷一

（25–1）

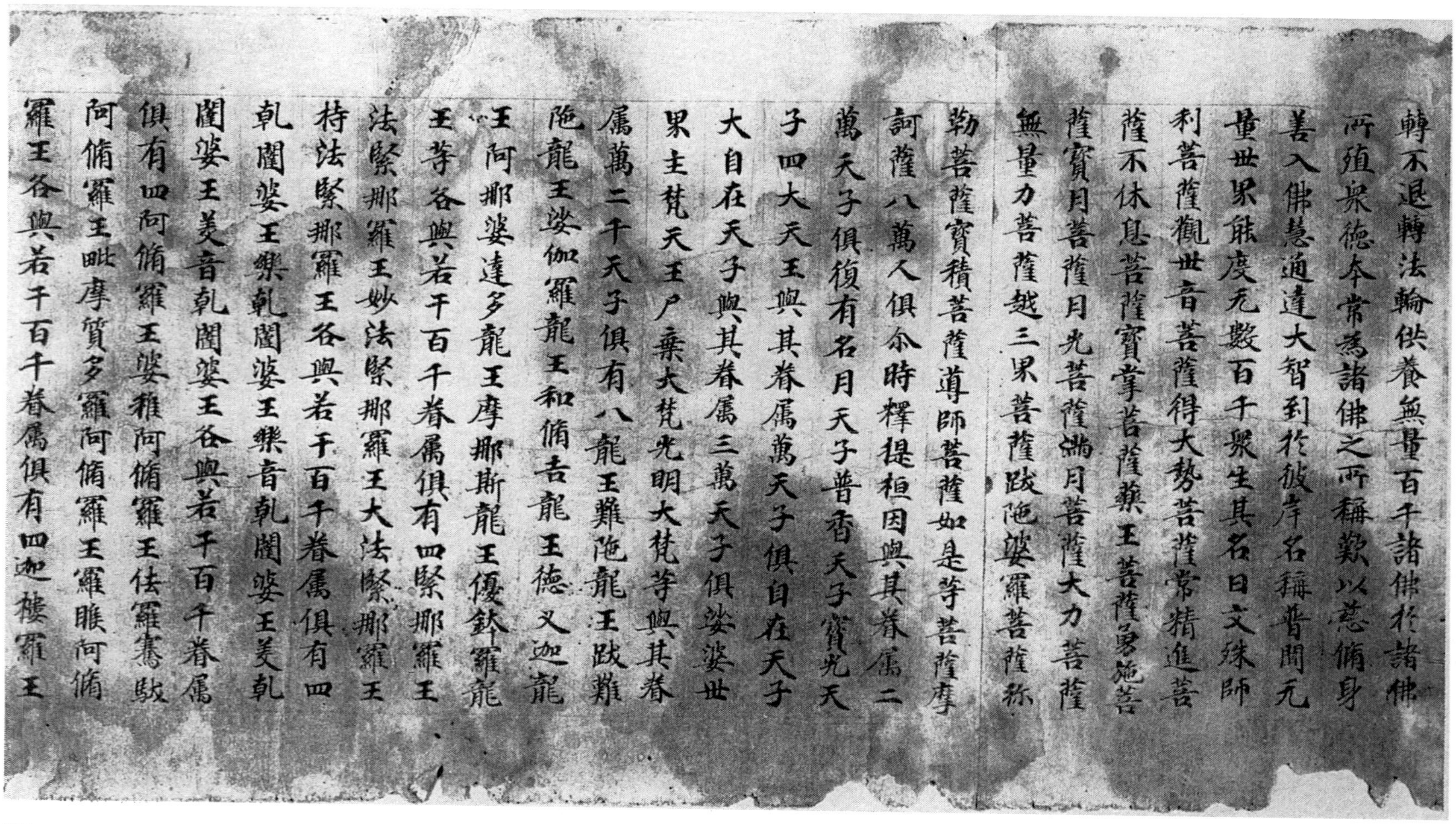

轉不退轉法輪供養無量百千諸佛於諸佛
所殖衆德本常為諸佛之所稱歎以慈脩身
善入佛慧通達大智到於彼岸名稱普聞无
量世界能度无數百千衆生其名曰文殊師
利菩薩觀世音菩薩得大勢菩薩常精進菩
薩不休息菩薩寶掌菩薩藥王菩薩勇施菩
薩寶月菩薩月光菩薩滿月菩薩大力菩薩
无量力菩薩越三界菩薩跋陀婆羅菩薩彌
勒菩薩寶積菩薩導師菩薩如是等菩薩摩
訶薩八萬人俱尒時釋提桓因與其眷屬二
萬天子俱復有名月天子普香天子寶光天
子四大天王與其眷屬萬天子俱自在天子
大自在天子與其眷屬三萬天子俱娑婆世
界主梵天王尸棄大梵光明大梵等與其眷
屬萬二千天子俱有八龍王難陀龍王跋難
陀龍王娑伽羅龍王和脩吉龍王德叉迦龍
王阿那婆達多龍王摩那斯龍王優鉢羅龍
王等各與若干百千眷屬俱有四緊那羅王
法緊那羅王妙法緊那羅王大法緊那羅王
持法緊那羅王各與若干百千眷屬俱有四
乾闥婆王樂乾闥婆王樂音乾闥婆王美乾
闥婆王美音乾闥婆王各與若干百千眷屬
俱有四阿脩羅王婆稚阿脩羅王佉羅騫䭾
阿脩羅王毗摩質多羅阿脩羅王羅睺阿脩
羅王各與若干百千眷屬俱有四迦樓羅王

BD03385號　妙法蓮華經卷一

（25–2）

俱有四阿脩羅王婆稚阿脩羅王佉羅騫䭾
阿脩羅王毗摩質多羅阿脩羅王羅睺阿脩
羅王各與若干百千眷屬俱有四迦樓羅王
大威德迦樓羅王大身迦樓羅王大滿迦樓
羅王如意迦樓羅王各與若干百千眷屬俱
韋提希子阿闍世王與若干百千眷屬俱各
礼佛足退坐一面
尒時世尊四衆圍繞供養恭敬尊重讚歎為
諸菩薩說大乘經名无量義教菩薩法佛所
護念佛說此經已結跏趺坐入於无量義處
三昧身心不動是時天雨曼陁羅華摩訶曼
陁羅華曼殊沙華摩訶曼殊沙華而散佛上
及諸大衆普佛世界六種震動尒時會中比
丘比丘尼優婆塞優婆夷天龍夜叉乹闥婆
阿脩羅迦樓羅緊那羅摩睺羅伽人非人及
諸小王轉輪聖王是諸大衆得未曾有歡喜
合掌一心觀佛尒時佛放眉間白豪相光照
東方萬八千世界靡不周遍下至阿鼻地獄
上至阿迦尼吒天於此世界盡見彼土六趣
衆生又見彼土現在諸佛及聞諸佛所說經
法并見彼諸比丘比丘尼優婆塞優婆夷諸
脩行得道者復見諸菩薩摩訶薩種種因緣
種種信解種種相貌行菩薩道復見諸佛般
涅槃者復見諸佛般涅槃後以佛舍利起七
寶塔尒時弥勒菩薩作是念今者世尊現神

BD03385號　妙法蓮華經卷一　（25–3）

脩行得道者復見諸菩薩摩訶薩種種因緣
種種信解種種相貌行菩薩道復見諸佛般
涅槃者復見諸佛般涅槃後以佛舍利起七
寶塔尒時弥勒菩薩作是念今者世尊現神
變相以何因緣而有此瑞今佛世尊入于三
昧是不可思議現希有事當以問誰誰能荅
者復作此念是文殊師利法王之子已曾親
近供養過去無量諸佛必應見此希有之相
我今當問尒時比丘比丘尼優婆塞優婆夷
及諸天龍鬼神等咸作此念是佛光明神通
之相今當問誰尒時弥勒菩薩欲自決疑又
觀四衆比丘比丘尼優婆塞優婆夷及諸天
龍鬼神等衆會之心而問文殊師利言以何
因緣而有此瑞神通之相放大光明照于東
方萬八千土悉見彼佛國界莊嚴於是弥勒
菩薩欲重宣此義以偈問曰
文殊師利　導師何故　眉間白豪　大光普照
雨曼陁羅　曼殊沙華　旃檀香風　悅可衆心
以是因緣　地皆嚴淨　而此世界　六種震動
時四部衆　咸皆歡喜　身意快然　得未曾有
眉間光明　照于東方　萬八千土　皆如金色
從阿鼻獄　上至有頂　諸世界中　六道衆生
生死所趣　善惡業緣　受報好醜　於此悉見
又覩諸佛　聖主師子　演說經典　微妙第一
其聲清淨　出柔軟音　教諸菩薩　无數億萬

BD03385號　妙法蓮華經卷一　（25–4）

生死所趣　善惡業緣　受報好醜　於此悉見
又覩諸佛　聖主師子　演說經典　微妙第一
其聲清淨　出柔軟音　教諸菩薩　无數億萬
梵音深妙　令人樂聞　各於世界　講說正法
種種因緣　以无量喻　照明佛法　開悟眾生
若人遭苦　厭老病死　為說涅槃　盡諸苦際
若人有福　曾供養佛　志求勝法　為說緣覺
若有佛子　修種種行　求无上慧　為說淨道
文殊師利　我住於此　見聞若斯　及千億事
如是眾多　今當略說　我見彼土　恒沙菩薩
種種因緣　而求佛道　或有行施　金銀珊瑚
真珠摩尼　車渠馬瑙　金剛諸珍　奴婢車乘
寶飾輦轝　歡喜布施　迴向佛道　願得是乘
三界第一　諸佛所歎　或有菩薩　駟馬寶車
欄楯華蓋　軒飾布施　復見菩薩　身肉手足
及妻子施　求无上道　又見菩薩　頭目身體
欣樂施與　求佛智慧　文殊師利　我見諸王
往詣佛所　問无上道　便捨樂土　宮殿臣妾
剃除鬚髮　而被法服　或見菩薩　而作比丘
獨處閑靜　樂誦經典　又見菩薩　勇猛精進
入於深山　思惟佛道　又見離欲　常處空閑
深修禪定　得五神通　又見菩薩　安禪合掌
以千萬偈　讚諸法王　復見菩薩　智深志固
能問諸佛　聞悉受持　又見佛子　定慧具足
以无量喻　為眾講法　欣樂說法　化諸菩薩

BD03385號　妙法蓮華經卷一

（25–5）

以千萬偈　讚諸法王　復見菩薩　智深志固
能問諸佛　聞悉受持　又見佛子　定慧具足
以无量喻　為眾講法　欣樂說法　化諸菩薩
破魔兵眾　而擊法鼓　又見菩薩　寂然宴默
天龍恭敬　不以為喜　又見菩薩　處林放光
濟地獄苦　令入佛道　又見佛子　未嘗睡眠
經行林中　懃求佛道　又見具戒　威儀无缺
淨如寶珠　以求佛道　又見佛子　住忍辱力
增上慢人　惡罵捶打　皆悉能忍　以求佛道
又見菩薩　離諸戲笑　及癡眷屬　親近智者
一心除亂　攝念山林　億千萬歲　以求佛道
或見菩薩　餚膳飲食　百種湯藥　施佛及僧
名衣上服　價直千萬　或无價衣　施佛及僧
千萬億種　栴檀寶舍　眾妙臥具　施佛及僧
清淨園林　華菓茂盛　流泉浴池　施佛及僧
如是等施　種種微妙　歡喜无厭　求无上道
或有菩薩　說寂滅法　種種教詔　无數眾生
或見菩薩　觀諸法性　无有二相　猶如虛空
又見佛子　心无所著　以此妙慧　求无上道
文殊師利　又有菩薩　佛滅度後　供養舍利
又見佛子　造諸塔廟　无數恒沙　嚴飾國界
寶塔高妙　五千由旬　縱廣正等　二千由旬
一一塔廟　各千幢幡　珠交露幔　寶鈴和鳴
諸天龍神　人及非人　香華伎樂　常以供養
文殊師利　諸佛子等　為供舍利　嚴飾塔廟

BD03385號　妙法蓮華經卷一

（25–6）

寶塔高妙五千由旬縱廣正等二千由旬
一一塔廟各千幢幡珠交露幔寶鈴和鳴
諸天龍神人及非人香華伎樂常以供養
文殊師利諸佛子等為供舍利嚴飾塔廟
國界自然殊特妙好如天樹王其華開敷
佛放一光我及衆會見此國界種種殊妙
諸佛神力智慧希有放一淨光照无量國
我等見此得未曾有佛子文殊願決衆疑
四衆欣仰瞻仁及我世尊何故放斯光明
佛子時答決疑令喜何所饒益演斯光明
佛坐道場所得妙法為欲說此為當授記
示諸佛土衆寶嚴淨及見諸佛此非小緣
文殊當知四衆龍神瞻察仁者為說何等
是時文殊師利語弥勒菩薩摩訶薩及諸大
士善男子等如我惟忖今佛世尊欲說大法
雨大法雨吹大法螺擊大法鼓演大法義諸
善男子我於過去諸佛曽見此瑞放斯光已
即說大法是故當知今佛現光亦復如是欲
令衆生咸得聞知一切世間難信之法故現
斯瑞諸善男子如過去无量无邊不可思議
阿僧祇劫尒時有佛号日月燈明如来應供
正遍知明行足善逝世間解无上士調御丈
夫天人師佛世尊演說正法初善中善後善
其義深遠其語巧妙純一无雜具足清白梵
行之相為求聲聞者說應四諦法度生老病

BD03385號　妙法蓮華經卷一　（25–7）

夫天人師佛世尊演說正法初善中善後善
其義深遠其語巧妙純一无雜具足清白梵
行之相為求聲聞者說應四諦法度生老病
死究竟涅槃為求辟支佛者說應十二因緣
法為諸菩薩說應六波羅蜜令得阿耨多羅
三藐三菩提成一切種智次復有佛亦名日
月燈明次復有佛亦名日月燈明如是二萬
佛皆同一字号日月燈明又同一姓姓頗羅
墮弥勒當知初佛後佛皆同一字名日月燈
明十号具足所可說法初中後善其最後佛
未出家時有八王子一名有意二名善意三
名无量意四名寶意五名增意六名除疑意
七名嚮意八名法意是八王子威德自在各
領四天下是諸王子聞父出家得阿耨多羅
三藐三菩提悉捨王位亦隨出家發大乘意
常脩梵行皆為法師已於千萬佛所殖諸善
本是時日月燈明佛說大乘經名无量義教
菩薩法佛所護念說是經已即於大衆中結
跏趺坐入於无量義處三昧身心不動是時
天雨曼陁羅華摩訶曼陁羅華曼殊沙華摩
訶曼殊沙華而散佛上及諸大衆普佛世界
六種震動尒時會中比丘比丘尼優婆優婆
夷天龍夜叉乾闥婆阿脩羅迦樓羅緊那
羅摩睺羅伽人非人及諸小王轉輪聖王等
是諸大衆得未曽有歡喜合掌一心觀佛尒

BD03385號　妙法蓮華經卷一　（25–8）

娑夷天龍夜叉乾闥婆阿脩羅迦樓羅緊那
羅摩睺羅伽人非人及諸小王轉輪聖王等
是諸大衆得未曾有歡喜合掌一心觀佛尒
時如来放眉間白毫相光照東方万八千佛
土靡不周遍如今所見是諸佛土弥勒當知
尒時會中有二十億菩薩樂欲聽法是諸菩
薩見此光明普照佛土得未曾有欲知此光
所為因緣時有菩薩名曰妙光有八百弟子
是時日月燈明佛從三昧起因妙光菩薩說
大乘經名妙法蓮華教菩薩法佛所護念六
十小劫不起于座時會聽者亦坐一處六十
小劫身心不動聽佛所說謂如食頃是時衆
中無有一人若身若心而生懈惓日月燈明
佛於六十小劫說是經已即於梵魔沙門婆
羅門及天人阿脩羅衆中而宣此言如来於
今日中夜當入无餘涅槃時有菩薩名曰德
藏日月燈明佛即授其記告諸比丘是德藏
菩薩次當作佛号曰淨身多陁阿伽度阿羅
訶三藐三佛陁佛授記已便於中夜入无餘
涅槃佛滅度後妙光菩薩持妙法蓮華經滿
八十小劫為人演說日月燈明佛八子皆師
妙光妙光教化令其堅固阿耨多羅三藐三
菩提是諸王子供養无量百千萬億佛已皆
成佛道其最後成佛者名曰然燈八百弟子
中有一人号曰求名貪著利養雖復讀誦衆

BD03385號　妙法蓮華經卷一

（25–9）

妙光妙光教化令其堅固阿耨多羅三藐三
菩提是諸王子供養无量百千萬億佛已皆
成佛道其最後成佛者名曰然燈八百弟子
中有一人号曰求名貪著利養雖復讀誦衆
經而不通利多所忘失故号求名是人亦以
種諸善根因緣故得值无量百千万億諸佛
供養恭敬尊重讚歎弥勒當知尒時妙光菩
薩豈異人乎我身是也求名菩薩汝身是也
今見此瑞與本无異是故惟忖今日如来當
說大乘經名妙法蓮華教菩薩法佛所護念
尒時文殊師利於大衆中欲重宣此義而說
偈言
我念過去世　无量无數劫　有佛人中尊　号日月燈明
世尊演說法　度无量衆生　无數億菩薩　令入佛智慧
佛未出家時　所生八王子　見大聖出家　亦隨脩梵行
時佛說大乘　經名无量義　於諸大衆中　而為廣分別
佛說此經已　即於法座上　加趺坐三昧　名无量義處
天雨曼陁華　天鼓自然鳴　諸天龍鬼神　供養人中尊
一切諸佛土　即時大震動　佛放眉間光　現諸希有事
此光照東方　萬八千佛土　示一切衆生　生死業報處
有見諸佛土　以衆寶莊嚴　琉璃頗梨色　斯由佛光照
及見諸天人　龍神夜叉衆　乾闥緊那羅　各供養其佛
又見諸如来　自然成佛道　身色如金山　端嚴甚微妙
如淨琉璃中　內現真金像　世尊在大衆　敷演深法義
一一諸佛土　聲聞衆无數　因佛光所照　悉見彼大衆

BD03385號　妙法蓮華經卷一

（25–10）

又見諸如來 自然成佛道 身色如金山 端嚴甚微妙
如淨琉璃中 內現真金像 世尊在大眾 敷演深法義
一一諸佛土 聲聞眾无數 因佛光所照 悉見彼大眾
或有諸比丘 在於山林中 精進持淨戒 猶如護明珠
又見諸菩薩 行施忍辱等 其數如恒沙 斯由佛光照
又見諸菩薩 深入諸禪定 身心寂不動 以求无上道
又見諸菩薩 知法寂滅相 各於其國土 說法求佛道
尒時四部眾 見日月燈佛 現大神通力 其心皆歡喜
各各自相問 是事何因緣 天人所奉尊 適從三昧起
讚妙光菩薩 汝為世間眼 一切所歸信 能奉持法藏
如我所說法 唯汝能證知 世尊既讚歎 令妙光歡喜
說是法華經 滿六十小劫 不起於此座 所說上妙法
是妙光法師 悉皆能受持 佛說是法華 令眾歡喜已
尋即於是日 告於天人眾 諸法實相義 已為汝等說
我今於中夜 當入於涅槃 汝一心精進 當離於放逸
諸佛甚難值 億劫時一遇 世尊諸子等 聞佛入涅槃
各各懷悲惱 佛滅一何速 聖主法之王 安慰无量眾
我若滅度時 汝等勿憂怖 是德藏菩薩 於无漏實相
心已得通達 其次當作佛 号曰為淨身 亦度无量眾
佛此夜滅度 如薪盡火滅 分布諸舍利 而起无量塔
比丘比丘尼 其數如恒沙 倍復加精進 以求无上道
是妙光法師 奉持佛法藏 八十小劫中 廣宣法華經
是諸八王子 妙光所開化 堅固无上道 當見无數佛
供養諸佛已 隨順行大道 相繼得成佛 轉次而授記

BD03385號　妙法蓮華經卷一　（25–11）

比丘比丘尼 其數如恒沙 倍復加精進 以求无上道
是妙光法師 奉持佛法藏 八十小劫中 廣宣法華經
是諸八王子 妙光所開化 堅固无上道 當見无數佛
供養諸佛已 隨順行大道 相繼得成佛 轉次而授記
最後天中天 号曰然燈佛 諸仙之導師 度脫无量眾
是妙光法師 時有一弟子 心常懷懈怠 貪著於名利
求名利无猒 多遊族姓家 棄捨所習誦 廢忘不通利
以是因緣故 号之為求名 亦行眾善業 得見无數佛
供養於諸佛 隨順行大道 具六波羅蜜 今見釋師子
其後當作佛 号名曰弥勒 廣度諸眾生 其數无有量
彼佛滅度後 懈怠者汝是 妙光法師者 今則我身是
我見燈明佛 本光瑞如此 以是知今佛 欲說法華經
今相如本瑞 是諸佛方便 今佛放光明 助發實相義
諸人今當知 合掌一心待 佛當雨法雨 充足求道者
諸求三乘人 若有疑悔者 佛當為除斷 令盡无有餘

妙法蓮華經方便品第二

尒時世尊從三昧安詳而起告舍利弗諸佛
智慧甚深无量其智慧門難解難入一切聲
聞辟支佛所不能知所以者何佛曾親近百
千萬億无數諸佛盡行諸佛无量道法勇猛
精進名稱普聞成就甚深未曾有法隨宜所
說意趣難解舍利弗吾從成佛已來種種因
緣種種譬喻廣演言教无數方便引導眾生
令離諸著所以者何如來方便知見波羅蜜
皆已具足舍利弗如來知見廣大深遠无量

BD03385號　妙法蓮華經卷一　（25–12）

說意趣難解舍利弗吾從成佛已來種種因
緣種種譬喻廣演言教无數方便引導衆生
令離諸著所以者何如來方便知見波羅蜜
皆已具足舍利弗如來知見廣大深遠无量
无礙力无所畏禪定解脫三昧深入无際成
就一切未曾有法舍利弗如來能種種分別
巧說諸法言辭柔軟悅可衆心舍利弗取要
言之无量无邊未曾有法佛悉成就止舍利
弗不須復說所以者何佛所成就第一希有
難解之法唯佛與佛乃能究盡諸法實相所
謂諸法如是相如是性如是體如是力如是
作如是因如是緣如是果如是報如是本末
究竟等尒時世尊欲重宣此義而說偈言
世雄不可量 諸天及世人 一切衆生類 无能知佛者
佛力无所畏 解脫諸三昧 及佛諸餘法 无能測量者
本從无數佛 具足行諸道 甚深微妙法 難見難可了
於无量億劫 行此諸道已 道場得成果 我已悉知見
如是大果報 種種性相義 我及十方佛 乃能知是事
是法不可示 言辭相寂滅 諸餘衆生類 无有能得解
除諸菩薩衆 信力堅固者 諸佛弟子衆 曾供養諸佛
一切漏已盡 住是最後身 如是諸人等 其力所不堪
假使滿世間 皆如舍利弗 盡思共度量 不能測佛智
正使滿十方 皆如舍利弗 及餘諸弟子 亦滿十方剎
盡思共度量 亦復不能知 辟支佛利智 无漏最後身
亦滿十方界 其數如竹林 斯等共一心 於億无量劫

BD03385號　妙法蓮華經卷一　（25–13）

假使滿世間 皆如舍利弗 盡思共度量 不能測佛智
正使滿十方 皆如舍利弗 及餘諸弟子 亦滿十方剎
盡思共度量 亦復不能知 辟支佛利智 无漏最後身
亦滿十方界 其數如竹林 斯等共一心 於億无量劫
欲思佛實智 莫能知少分 新發意菩薩 供養无數佛
了達諸義趣 又能善說法 如稻麻竹葦 充滿十方剎
一心以妙智 於恒河沙劫 咸皆共思量 不能知佛智
不退諸菩薩 其數如恒沙 一心共思求 亦復不能知
又告舍利弗 无漏不思議 甚深微妙法 我今已具得
唯我知是相 十方佛亦然 舍利弗當知 諸佛語无異
於佛所說法 當生大信力 世尊法久後 要當說真實
告諸聲聞衆 及求緣覺乘 我令脫苦縛 逮得涅槃者
佛以方便力 示以三乘教 衆生處處著 引之令得出
尒時大衆中有諸聲聞漏盡阿羅漢阿若憍
陳如等千二百人及發聲聞辟支佛心比丘
比丘尼優婆塞優婆夷各作是念今者世尊
何故慇懃稱歎方便而作是言佛所得法甚
深難解有所言說意趣難知一切聲聞辟支
佛所不能及佛說一解脫義我等亦得此法
到於涅槃而今不知是義所趣尒時舍利弗
知四衆心疑自亦未了而白佛言世尊何因
何緣慇懃稱歎諸佛第一方便甚深微妙難
解之法我自昔來未曾從佛聞如是說今者
四衆咸皆有疑唯願世尊敷演斯事世尊何
故慇懃稱歎甚深微妙難解之法尒時舍利
弗欲重宣此義而說偈言

BD03385號　妙法蓮華經卷一　（25–14）

解之法我自昔來未曾從佛聞如是說今者
四衆咸皆有疑唯願世尊敷演斯事世尊何
故慇懃稱歎甚深微妙難解之法尒時舍利
弗欲重宣此義而說偈言
慧日大聖尊　久乃說是法　自說得如是　力无畏三昧
禪定解脫等　不可思議法　道場所得法　无能發問者
我意難可測　亦无能問者　无問而自說　稱歎所行道
智慧甚微妙　諸佛之所得　无漏諸羅漢　及求涅槃者
今皆墮疑網　佛何故說是　其求緣覺者　比丘比丘尼
諸天龍鬼神　及乾闥婆等　相視懷猶豫　瞻仰兩足尊
是事為云何　願佛為解說　於諸聲聞衆　佛說我第一
我今自於智　疑惑不能了　為是究竟法　為是所行道
佛口所生子　合掌瞻仰待　願出微妙音　時為如實說
諸天龍神等　其數如恒沙　求佛諸菩薩　大數有八萬
又諸萬億國　轉輪聖王至　合掌以敬心　欲聞具足道
尒時佛告舍利弗止止不須復說若說是事
一切世間諸天及人皆當驚疑舍利弗重白
佛言世尊唯願說之唯願說之所以者何是
會无數百千萬億阿僧祇衆生曾見諸佛諸
根猛利智慧明了聞佛所說則能敬信尒時
舍利弗欲重宣此義而說偈言
法王无上尊　唯說願勿慮　是會无量衆　有能敬信者
佛復止舍利弗若說是事一切世間天人阿
脩羅皆當驚疑增上慢比丘將墜於大坑尒
時世尊重說偈言

BD03385號　妙法蓮華經卷一　（25–15）

法王无上尊　唯說願勿慮　是會无量衆　有能敬信者
佛復止舍利弗若說是事一切世間天人阿
脩羅皆當驚疑增上慢比丘將墜於大坑尒
時世尊重說偈言
止止不須說　我法妙難思　諸增上慢者　聞必不敬信
尒時舍利弗重白佛言世尊唯願說之唯願
說之今此會中如我等比百千萬億世世已
曾從佛受化如此人等必能敬信長夜安隱
多所饒益尒時舍利弗欲重宣此義而說偈
言
无上兩足尊　願說第一法　我為佛長子　唯垂分別說
是會无量衆　能敬信此法　佛已曾世世　教化如是等
皆一心合掌　欲聽受佛語　我等千二百　及餘求佛者
願為此衆故　唯垂分別說　是等聞此法　則生大歡喜
尒時世尊告舍利弗汝已慇懃三請豈得不
說汝今諦聽善思念之吾當為汝分別解說
說此語時會中有比丘比丘尼優婆塞優婆
夷五千人等即從座起礼佛而退所以者何
此輩罪根深重及增上慢未得謂得未證謂
證有如此失是以不住世尊默然而不制止
尒時佛告舍利弗我今此衆无復枝葉純有
貞實舍利弗如是增上慢人退亦佳矣汝今
善聽當為汝說舍利弗言唯然世尊願樂欲
聞佛告舍利弗如是妙法諸佛如來時乃說
之如優曇鉢華時一現耳舍利弗汝等當信

BD03385號　妙法蓮華經卷一　（25–16）

善聽當為汝說舍利弗言唯然世尊願樂欲
聞佛告舍利弗如是妙法諸佛如來時乃說
之如優曇鉢華時一現耳舍利弗汝等當信
佛之所說言不虛妄舍利弗諸佛隨宜說法
意趣難解所以者何我以无數方便種種因
緣譬喻言辭演說諸法是法非思量分別之
所能解唯有諸佛乃能知之所以者何諸佛
世尊唯以一大事因緣故出現於世舍利弗
云何名諸佛世尊唯以一大事因緣故出現
於世諸佛世尊欲令衆生開佛知見使得清
淨故出現於世欲示衆生佛之知見故出現
於世欲令衆生悟佛知見故出現於世欲令
衆生入佛知見道故出現於世舍利弗是為
諸佛以一大事因緣故出現於世佛告舍利
弗諸佛如來但教化菩薩諸有所作常為一
事唯以佛之知見示悟衆生舍利弗如來但
以一佛乘故為衆生說法无有餘乘若二若
三舍利弗一切十方諸佛法亦如是舍利弗
過去諸佛以无量无數方便種種因緣譬喻
言辭而為衆生演說諸法是法皆為一佛乘
故是諸衆生從諸佛聞法究竟皆得一切種
智舍利弗未來諸佛當出於世亦以无量无
數方便種種因緣譬喻言辭而為衆生演說
諸法是法皆為一佛乘故是諸衆生從佛聞

BD03385號　妙法蓮華經卷一

(25–17)

智舍利弗未來諸佛當出於世亦以无量无
數方便種種因緣譬喻言辭而為衆生演說
諸法是法皆為一佛乘故是諸衆生從佛聞
法究竟皆得一切種智舍利弗現在十方无
量百千万億佛土中諸佛世尊多所饒益安
樂衆生是諸佛亦以无量无數方便種種因
緣譬喻言辭而為衆生演說諸法是法皆為
一佛乘故是諸衆生從佛聞法究竟皆得一
切種智舍利弗是諸佛但教化菩薩欲以佛
之知見示衆生故欲以佛之知見悟衆生故
欲令衆生入佛之知見故舍利弗我今亦復
如是知諸衆生有種種欲深心所著隨其本
性以種種因緣譬喻言辭方便力故而為說
法舍利弗如此皆為得一佛乘一切種智故舍
利弗十方世界中尚无二乘何況有三舍利弗
諸佛出於五濁惡世所謂劫濁煩惱濁衆
生濁見濁命濁如是舍利弗劫濁亂時衆生
垢重慳貪嫉妬成就諸不善根故諸佛以方
便力於一佛乘分別說三舍利弗若我弟子
自謂阿羅漢辟支佛者不聞不知諸佛如來
但教化菩薩事此非佛弟子非阿羅漢非辟
支佛又舍利弗是諸比丘比丘尼自謂已得
阿羅漢是最後身究竟涅槃便不復志求阿
耨多羅三藐三菩提當知此輩皆是增上慢

BD03385號　妙法蓮華經卷一

(25–18)

但教化菩薩事此非佛弟子非阿羅漢非辟
支佛又舍利弗是諸比丘比丘尼自謂已得
阿羅漢是最後身究竟涅槃便不復志求阿
耨多羅三藐三菩提當知此輩皆是增上慢
人所以者何若有比丘實得阿羅漢若不信
此法无有是處除佛滅度後現前无佛所以
者何佛滅度後如是等經受持讀誦解義者
是人難得若遇餘佛於此法中便得決了舍
利弗汝等當一心信解受持佛語諸佛如
來言无虛妄无有餘乘唯一佛乘尒時世尊
欲重宣此義而說偈言
比丘比丘尼　有懷增上慢　優婆塞我慢　優婆夷不信
如是四眾等　其數有五千　不自見其過　於戒有缺漏
護惜其瑕疵　是小智已出　眾中之糟糠　佛威德故去
斯人尠福德　不堪受是法　此眾无枝葉　唯有諸貞實
舍利弗善聽　諸佛所得法　无量方便力　而為眾生說
眾生心所念　種種所行道　若干諸欲性　先世善惡業
佛悉知是已　以諸緣譬喻　言辭方便力　令一切歡喜
或說修多羅　伽陀及本事　本生未曾有　亦說於因緣
譬喻并祇夜　優波提舍經　鈍根樂小法　貪著於生死
於諸无量佛　不行深妙道　眾苦所惱亂　為是說涅槃
我設是方便　令得入佛慧　未曾說汝等　當得成佛道
所以未曾說　說時未至故　今正是其時　決定說大乘
我此九部法　隨順眾生說　入大乘為本　以故說是經
有佛子心淨　柔軟亦利根　无量諸佛所　而行深妙道
為此諸佛子　說是大乘經　我記如是人　來世成佛道

BD03385號　妙法蓮華經卷一　（25–19）

我設是方便　令得入佛慧　未曾說汝等　當得成佛道
所以未曾說　說時未至故　今正是其時　決定說大乘
我此九部法　隨順眾生說　入大乘為本　以故說是經
有佛子心淨　柔軟亦利根　无量諸佛所　而行深妙道
為此諸佛子　說是大乘經　我記如是人　來世成佛道
以深心念佛　修持淨戒故　此等聞得佛　大喜充遍身
佛知彼心行　故為說大乘　聲聞若菩薩　聞我所說法
乃至於一偈　皆成佛无疑　十方佛土中　唯有一乘法
無二亦無三　除佛方便說　但以假名字　引導於眾生
說佛智慧故　諸佛出於世　唯此一事實　餘二則非真
終不以小乘　濟度於眾生　佛自住大乘　如其所得法
定慧力莊嚴　以此度眾生　自證无上道　大乘平等法
若以小乘化　乃至於一人　我則墮慳貪　此事為不可
若人信歸佛　如來不欺誑　亦无貪嫉意　斷諸法中惡
故佛於十方　而獨无所畏　我以相嚴身　光明照世間
无量眾所尊　為說實相印　舍利弗當知　我本立誓願
欲令一切眾　如我等无異　如我昔所願　今者已滿足
化一切眾生　皆令入佛道　若我遇眾生　盡教以佛道
无智者錯亂　迷惑不受教　我知此眾生　未曾修善本
堅著於五欲　癡愛故生惱　以諸欲因緣　墜墮三惡道
輪迴六趣中　備受諸苦毒　受胎之微形　世世常增長
薄德少福人　眾苦所逼迫　入邪見稠林　若有若无等
依止此諸見　具足六十二　深著虛妄法　堅受不可捨
我慢自矜高　諂曲心不實　於千萬億劫　不聞佛名字
亦不聞正法　如是人難度　是故舍利弗　我為設方便

BD03385號　妙法蓮華經卷一　（25–20）

薄德少福人　衆苦所逼迫　入邪見稠林　若有若无等
依止此諸見　具足六十二　深著虛妄法　堅受不可捨
我慢自矜高　諂曲心不實　於千万億劫　不聞佛名字
亦不聞正法　如是人難度　是故舍利弗　我為設方便
說諸盡苦道　示之以涅槃　我雖說涅槃　是亦非真滅
諸法從本來　常自寂滅相　佛子行道已　來世得作佛
我有方便力　開示三乘法　一切諸世尊　皆說一乘道
今此諸大衆　皆應除疑惑　諸佛語无異　唯一无二乘
過去无數劫　无量滅度佛　百千萬億種　其數不可量
如是諸世尊　種種緣譬喻　无數方便力　演說諸法相
是諸世尊等　皆說一乘法　化无量衆生　令入於佛道
又諸大聖主　知一切世間　天人群生類　深心之所欲
更以異方便　助顯第一義　若有衆生類　值諸過去佛
若聞法布施　或持戒忍辱　精進禪智等　種種脩福慧
如是諸人等　皆已成佛道　諸佛滅度已　若人善耎心
如是諸衆生　皆已成佛道　諸佛滅度已　供養舍利者
起萬億種塔　金銀及頗梨　車璖與馬瑙　玫瑰瑠璃珠
清淨廣嚴飾　莊校於諸塔　或有起石廟　栴檀及沉水
木蜜并餘材　塼瓦泥土等　若於曠野中　積土成佛廟
乃至童子戲　聚沙為佛塔　如是諸人等　皆已成佛道
若人為佛故　建立諸形像　刻雕成衆相　皆已成佛道
或以七寶成　鍮石赤白銅　白鑞及鈆錫　鐵木及與泥
或以膠漆布　嚴飾作佛像　如是諸人等　皆已成佛道
彩畫作佛像　百福莊嚴相　自作若使人　皆已成佛道
乃至童子戲　若草木及筆　或以指爪甲　而畫作佛像

BD03385號　妙法蓮華經卷一

(25–21)

或以膠漆布　嚴飾作佛像　如是諸人等　皆已成佛道
彩畫作佛像　百福莊嚴相　自作若使人　皆已成佛道
乃至童子戲　若草木及筆　或以指爪甲　而畫作佛像
如是諸人等　漸漸積功德　具足大悲心　皆已成佛道
但化諸菩薩　度脫无量衆　若人於塔廟　寶像及畫像
以華香幡蓋　敬心而供養　若使人作樂　擊鼓吹角貝
簫笛琴箜篌　琵琶鐃銅鈸　如是衆妙音　盡持以供養
或以歡喜心　歌唄頌佛德　乃至一小音　皆已成佛道
若人散亂心　乃至以一華　供養於畫像　漸見无數佛
或有人禮拜　或復但合掌　乃至舉一手　或復小低頭
以此供養像　漸見无量佛　自成无上道　廣度无數衆
入无餘涅槃　如薪盡火滅　若人散亂心　入於塔廟中
一稱南无佛　皆已成佛道　於諸過去佛　在世或滅後
若有聞是法　皆已成佛道　未來諸世尊　其數无有量
是諸如來等　亦方便說法　一切諸如來　以无量方便
度脫諸衆生　入佛无漏智　若有聞法者　无一不成佛
諸佛本誓願　我所行佛道　普欲令衆生　亦同得此道
未來世諸佛　雖說百千億　无數諸法門　其實為一乘
諸佛兩足尊　知法常无性　佛種從緣起　是故說一乘
是法住法位　世間相常住　於道場知已　導師方便說
天人所供養　現在十方佛　其數如恒沙　出現於世間
安隱衆生故　亦說如是法　知第一寂滅　以方便力故
雖示種種道　其實為佛乘　知衆生諸行　深心之所念
過去所習業　欲性精進力　及諸根利鈍　以種種因緣
譬喻亦言辭　隨應方便說　今我亦如是　安隱衆生故

BD03385號　妙法蓮華經卷一

(25–22)

天人所供養 現在十方佛 其數如恒沙 出現於世間
安隱衆生故 亦說如是法 知第一寂滅 以方便力故
雖示種種道 其實為佛乘 知衆生諸行 深心之所念
過去所習業 欲性精進力 及諸根利鈍 以種種因緣
譬喻亦言辭 隨應方便說 今我亦如是 安隱衆生故
以種種法門 宣示於佛道 我以智慧力 知衆生性欲
方便說諸法 皆令得歡喜 舍利弗當知 我以佛眼觀
見六道衆生 貧窮无福慧 入生死險道 相續苦不斷
深著於五欲 如犛牛愛尾 以貪愛自蔽 盲瞑无所見
不求大勢佛 及與斷苦法 深入諸邪見 以苦欲捨苦
為是衆生故 而起大悲心 我始坐道場 觀樹亦經行
於三七日中 思惟如是事 我所得智慧 微妙最第一
衆生諸根鈍 著樂癡所盲 如斯之等類 云何而可度
尒時諸梵王 及諸天帝釋 護世四天王 及大自在天
并餘諸天衆 眷屬百千万 恭敬合掌礼 請我轉法輪
我即自思惟 若但讚佛乘 衆生沒在苦 不能信是法
破法不信故 墜於三惡道 我寧不說法 疾入於涅槃
尋念過去佛 所行方便力 我今所得道 亦應說三乘
作是思惟時 十方佛皆現 梵音慰喻我 善哉釋迦文
第一之導師 得是无上法 隨諸一切佛 而用方便力
我等亦皆得 最妙第一法 為諸衆生類 分別說三乘
少智樂小法 不自信作佛 是故以方便 分別說諸果
雖復說三乘 但為教菩薩 舍利弗當知 我聞聖師子
深淨微妙音 稱南无諸佛 復作如是念 我出濁惡世
如諸佛所說 我亦隨順行 思惟是事已 即趣波羅柰

BD03385號　妙法蓮華經卷一　（25–23）

少智樂小法 不自信作佛 是故以方便 分別說諸果
雖復說三乘 但為教菩薩 舍利弗當知 我聞聖師子
深淨微妙音 稱南无諸佛 復作如是念 我出濁惡世
如諸佛所說 我亦隨順行 思惟是事已 即趣波羅柰
諸法寂滅相 不可以言宣 以方便力故 為五比丘說
是名轉法輪 便有涅槃音 及以阿羅漢 法僧差別名
從久遠劫來 讚示涅槃法 生死苦永盡 我常如是說
舍利弗當知 我見佛子等 志求佛道者 无量千万億
咸以恭敬心 皆來至佛所 曾從諸佛聞 方便所說法
我即作是念 如來所以出 為說佛慧故 今正是其時
舍利弗當知 鈍根小智人 著相憍慢者 不能信是法
今我喜无畏 於諸菩薩中 正直捨方便 但說无上道
菩薩聞是法 疑網皆已除 千二百羅漢 悉亦當作佛
如三世諸佛 說法之儀式 我今亦如是 說无分別法
諸佛興出世 懸遠值遇難 正使出于世 說是法復難
无量无數劫 聞是法亦難 能聽是法者 斯人亦復難
譬如優曇華 一切皆愛樂 天人所希有 時時乃一出
聞法歡喜讚 乃至發一言 則為已供養 一切三世佛
是人甚希有 過於優曇華 汝等勿有疑 我為諸法王
普告諸大衆 但以一乘道 教化諸菩薩 无聲聞弟子
汝等舍利弗 聲聞及菩薩 當知是妙法 諸佛之秘要
以五濁惡世 但樂著諸欲 如是等衆生 終不求佛道
當來世惡人 聞佛說一乘 迷惑不信受 破法墮惡道
有慚愧清淨 志求佛道者 當為如是等 廣讚一乘道
舍利弗當知 諸佛法如是 以萬億方便 隨宜而說法

BD03385號　妙法蓮華經卷一　（25–24）

諸如優曇華 一切皆愛樂 天人所希有 時時乃一出
聞法歡喜讚 乃至發一言 則為已供養 一切三世佛
是人甚希有 過於優曇華 汝等勿有疑 我為諸法王
普告諸大衆 但以一乘道 教化諸菩薩 无聲聞弟子
汝等舍利弗 聲聞及菩薩 當知是妙法 諸佛之秘要
以五濁惡世 但樂著諸欲 如是等衆生 終不求佛道
當來世惡人 聞佛說一乘 迷惑不信受 破法墮惡道
有慚愧清淨 志求佛道者 當為如是等 廣讚一乘道
舍利弗當知 諸佛法如是 以萬億方便 隨宜而說法
其不習學者 不能曉了此 汝等既已知 諸佛世之師
隨宜方便事 无復諸疑惑 心生大歡喜 自知當作佛

妙法蓮華經卷第一

BD03385 號　妙法蓮華經卷一

（25–25）

知上行七步示現不為不淨之物之所染汙
猶如虛空下行七步示現法雨滅地獄火令
彼衆生受安隱樂毀禁戒者示作霜雹於閻
浮提生七日已又示剃髮諸人皆謂我為嬰
兒初始剃髮一切人天魔王波旬沙門婆羅
門无有能見我頂相者況有持刀臨之剃髮
若有持刀至我頂者无有是處我久已於无
量劫中剃除鬚髮為欲隨順世間法故示現
剃髮我既生已父母將我入天祠中以我示
於摩醯首羅摩醯首羅即見我時合掌恭敬
立在一面
為欲度脫諸衆生故坐於道場菩提樹下草為坐
摧伏衆魔衆皆謂我始於道場菩提樹下降
伏魔官然我已於无量劫中久降伏已為欲
降伏剛強衆生故現是化我又示現大小便
利出息入息衆生皆謂我有大小便利出息
入息然我是身所得果報悉无如是大小便
利出入息等隨順世間故示現如是我又示
現受人信施然我是身都无飢渴隨順世法
故示如是我又示同諸衆生故現有睡眠然

BD03386 號　大般涅槃經鈔

（28–1）

入息然我是身所得果報悉无如是大小便
利出入息等隨順世間故示現如是我又示
現受人信施然我是身都无飢渴隨順世法
故示如是我又示同諸衆生故現有腦眠然
我已於无量劫中具足无上涂妙智慧遠離
三有進止威儀頭痛腹痛背痛木槍洗足洗
手洗面漱口嚼楊枝等衆皆謂我有如是事
然我此身都无此事我之清淨猶如蓮華
氣潔淨如優鉢羅香一切衆生謂我是人我
實非人我又示現受糞掃衣浣濯縫打然我
久已不須是衣衆人皆謂羅睺羅者是我之
子輸頭檀王是我之父摩耶夫人是我之母
處在世間受諸快樂離如是事出家學道衆
人復言是王太子瞿曇大姓遠離世樂求出
世法然我久離世間婬欲如是等事悉是示
現一切衆生咸謂是人然我實非善男子我雖
在此閻浮提中數數示現入於涅槃然我實
不畢竟涅槃而諸衆生皆謂如來真實滅盡
而如來性實不永滅是故當知是常住法不
變易法善男子大涅槃者即是諸佛如來法
界

卷第五

不空者謂真實善色常樂我淨不動不變猶
如彼靚色香味觸故名不空
佛告迦葉善男子一切衆生怖畏生死故求
三歸以三歸故則知佛性決定涅槃善男子

BD03386號　大般涅槃經鈔　（28–2）

不空者謂真實善色常樂我淨不動不變猶
如彼靚色香味觸故名不空
佛告迦葉善男子一切衆生怖畏生死故求
三歸以三歸故則知佛性決定涅槃善男子
有法名一義異有法名義俱異名一義異者
佛常法常比丘僧常涅槃虛空皆亦是常是
名名一義異名義俱異者佛名為覺法名不
覺僧名和合涅槃名解脫虛空名非善亦名
㝵无是為名義俱異善男子三歸依者亦復
如是名義俱異
以諸譬喻知諸法性皆亦如是迦葉復言云何
如來作二種說佛言善男子譬如有人執持刀
劍以瞋恚心欲害如來如來和悅无瞋恨色是人
當得壞如來身成逆罪不不也世尊何以故如
來身界不可壞故所以者何以无身聚唯有
法性法性之性理不可壞是人云何能壞佛
身
我為聲聞有肉眼者說言降伏不為修學大
乘人說聲聞之人雖有天眼故名肉眼學大
乘者雖有肉眼乃名佛眼何以故是大乘經
名為佛乘而此佛乘最上最勝

卷第六

持是微妙經典送至彼方與彼菩薩令發无
上菩提之心安住菩提以是菩薩得是經已即
便廣為他人演說令无量衆得受如是大乘法
味皆悉是此一菩薩力所未聞經悉令得聞

BD03386號　大般涅槃經鈔　（28–3）

持是微妙經典送至彼方典彼菩薩令發无
上菩提之心安住菩提以是菩薩得是緣已即
便廣為他人演說令无量衆得受如是大乘法
味皆悉是此一菩薩力所未聞經悉令得聞如
彼人民因王力故得常有食又善男子是大
涅槃微妙經典所流布處當知其地即是金
剛是中諸人亦如金剛若有能聽如是經者
即不退轉於阿耨多羅三藐三菩提隨其所
願悉得成就
若復有人能信如是大乘經典本所受形雖復
麁陋以經功德即便端政威顔色力日更增
多常為人天之所樂見恭敬愛念情无捨離
國王大臣及家親屬聞其所說悉皆敬信若
我聲聞弟子之中欲行第一希有事者當為
世間廣宣如是大乘經典善男子譬如霜露
勢雖欲住不過日出日既出已消滅无餘善
男子是諸衆生所有惡業亦復如是住世勢
力不過得見大涅槃日是日既出悉能消滅
一切惡業復次善男子譬如有人出家剃鬚
雖服袈裟故未得受沙弥十戒或有長者來
請衆僧未受戒者即與大衆俱共受請雖未
受戒已墮僧數善男子若有衆生發心始學
是大乘典大涅槃經書持讀誦亦復如是雖
未具足位階十住則已墮於十住數中
有知法者　若老若少　故應供養　恭敬禮拜
猶如事火　婆羅門等　如第二天　奉事帝釋

BD03386號　大般涅槃經鈔

（28–4）

…大涅槃經書持讀誦亦復如是雖
未具足位階十住則已墮於十住數中
有知法者　若老若少　故應供養　恭敬禮拜
猶如事火　婆羅門等　如第二天　奉事帝釋
以是因緣我亦不為學聲聞人但為菩薩而
說是得迦葉菩薩白佛言世尊如是等菩薩
摩訶薩於戒緩者本所受戒為具在不佛言
善男子汝今不應作如是說何以故本所受
戒如本不失設有所犯即應懺悔悔已清淨
善男子如故隄塘穿穴有孔水則淋漏何以
故无人治故若有人治水則不出菩薩亦尒
雖與破戒共作布薩受戒自恣同其僧事所
有戒律不如隄塘穿穴淋漏何以故若无清
淨持戒之人僧則損減縱緩懈怠日有增長
若有清淨持戒之人即能具足不失本戒善
男子於乘緩者乃名為緩於戒緩者不名為
緩菩薩摩訶薩於此大乘心不懈慢是名本
戒為護正法以大乘水而自澡浴是故菩薩
雖現破戒不名為緩
譬如金剛珎寶異物如佛所說是諸比丘
當依四法何等為四依法不依人依義不
依語依智不依識依了義經不依不了義經
如是四法應當證知非四種人佛言善男子
依法者即是如來大般涅槃一切佛法即是
法性法性者即是如來是故如來常住不變
若復有言如來无常是故不知不見法性若

BD03386號　大般涅槃經鈔

（28–5）

依語依智不依識依了義經不依不了義經
如是四法應當證知非四種人佛言善男子
依法者即是如來大般涅槃一切佛法即是
法性法性者即是如來是故如來常住不變
若復有言如來无常是人不知不見法性若
不知見是法性者不應依止如上所說四人
出世護持法者應當證知而為依止何以故
是人善解如來微密深奧藏故能知如來常
住不變若言如來无常變易无有是處如是
四人即名如來何以故是人能解如來密語
及能說故若有人能了知如來甚深密藏及
知如來常住不變如是之人若為利養說言
如來是无常者无有是處如是之人尚可依
止何況不依是四人也依法者即是法性不
依人者即是聲聞法性者即是如來聲聞者
即是有為如來者即是常住有為者即是无
常善男子若人破戒為利養故說言如來无
常變易如是之人所不應依善男子是名定
義依義不依語者義者名曰覺了了義者名
不羸劣不羸劣者名曰滿足滿足義者名曰
如來常住不變如來常住不變義者即是法
常法常義者即是僧常是名依義不依語也
何等語言所不應依所謂諸論綺飾文辭如
佛所說无量諸經貪求无厭多姧諂詐現
親附現相求利經理白衣為其執役又復唱
言佛聽比丘畜諸奴婢不淨之物金銀琉寶
穀米倉庫牛羊象馬販賣求利於飢饉世憐

佛所說无量諸經貪求无厭多姧諂詐現
親附現相求利經理白衣為其執役又復唱
言佛聽比丘畜諸奴婢不淨之物金銀琉寶
穀米倉庫牛羊象馬販賣求利於飢饉世憐
愍子故復聽比丘儲貯陳宿手自作食不受
而噉如是等語所不應依依智不依識者所
言智者即是如來若有聲聞不能善知如來
功德如是之識不應依止若知如來即是法
身如是真智所應依止若見如來方便之身
言是陰界諸入所攝食所長養亦不應依是
故知識不可依止若復有人作是說者及其
經書亦不應依依了義經不依不了義經不
了義經者謂聲聞乘聞佛如來深密藏處悉
生疑怪不知是藏出大智海猶如嬰兒无所
別知是則名為不了義也了義者名為菩薩
真實智慧隨於自心无导大智猶如大人无
所不知是名了義又聲聞乘名不了義无上
大乘乃名了義若言如來无常變易名不了
義若言如來常住不變是名了義聲聞所說
應證知者名不了義菩薩所說應證知者名
為了義若言如來食所長養是不了義若言
常住不變易者是名了義若言如來入於涅
槃如薪盡火滅名不了義若言如來入法性
者是名了義聲聞乘法則不應依何以故如
來為欲度衆生故以方便力說聲聞乘猶如
長者教子半字善男子聲聞乘者猶如初耕

者是名了義聲聞乘法則不應依何以故如
來為欲度眾生故以方便力說聲聞乘猶如
長者教子半字善男子聲聞乘者猶如初耕
未得果實如是名為不了義也是故不應依
聲聞乘大乘之法則應依止何以故如來為
欲度眾生故以方便力說於大乘是故應依
是名了義如是四依應當證知善男子若有經
律作如是言如來正覺久已成佛今方示現成
佛道者為欲度脫諸眾生故示有父母依因
愛欲和合而生隨順世間作是示現如是經律
佛當知真是如來所說

卷第七

我說四大无有壽命若有經律作是說者是
名佛說若有隨順佛所說者當知是輩真我
弟子若有不隨佛所說者是魔眷屬若有隨
隨順經律者當知是人是大菩薩善男子魔
說佛說差別之相今已為汝廣宣分別
迦葉白佛言世尊我今始知魔說佛說差別
之相因是得入佛法深義佛讚迦葉善哉善
哉善男子汝能如是曉了分別是名黠慧若
能發心見於如來常住无變法僧解脫亦
復如是乘此一念於无量世自在果報隨意
而得
是人復言我今審能女人答言我亦欲見并可
示我是人即於其家掘出真金之藏女人人

BD03386號　大般涅槃經鈔

（28–8）

而得
是人復言我今審能女人答言我亦欲見并可
示我是人即於其家掘出真金之藏女人人
見已心生歡喜生奇特想宗仰是人善男子
眾生佛性亦復如是一切眾生不能得見如彼
寶藏貧女不知善男子我今普示一切眾生所
有佛性為諸煩惱之所覆蔽如彼貧人有真
金藏不能得見如來今日普示眾生諸覺寶
藏所謂佛性而諸眾生見是事已心生歡喜
歸仰如來善方便者即是如來貧女人者即
是一切无量眾生真金藏者即佛性也善男
子如來秘藏其味亦尒為諸煩惱叢林所覆
无明眾生不能得見一味者喻佛如性以煩惱
故出種種味所謂地獄畜生餓鬼天人男女非
男非女剎利婆羅門毗舍首陁佛性雄猛難
可沮壞是故无有能殺害者若有殺者則斷
佛性如是佛性終不可斷性若可斷无有是
處如我性者即是如來秘密之藏如是密藏
一切无能沮壞燒滅雖不可壞然不可見若
得成就阿耨多羅三藐三菩提尒乃證知以
是因緣无能殺者迦葉菩薩白佛言世尊若
无殺者應當无有不善之業佛告迦葉實有
殺生何以故善男子眾生佛性住五陰中若壞
五陰名曰殺生若有殺生即墮惡道循餘
法常者是則名曰如來秘藏所謂涅槃无有

BD03386號　大般涅槃經鈔

（28–9）

煞生何以故善男子衆生佛性住五陰中若壞
五陰名曰煞生若有煞生即墮惡道脩餘
法常者是則名曰如來秘藏所謂涅槃无有
窟宅脩餘无常法者即是財物脩餘常法者
謂佛法僧及正解脫當知如是佛法中道遠
離二邊而說正法
卷第八
如喻雪山雖復成就種種功德多生諸藥亦
有毒草諸衆生身亦復如是雖有四大毒
蛇之種其中亦有妙藥大王所謂佛性非是
作法但為煩惱客塵所覆若刹利婆羅門毗
舍首陀能斷除者即見佛性成无上道譬如
虛空震雷起雲一切象牙上皆生華若无雷
震華則不生亦无名字衆生佛性亦復如是常
為一切煩惱所覆不可得見是故我說衆生
无我若得聞是大般涅槃微妙經典則見佛
性如象牙華雖聞契經一切三昧不聞是經
不知如來微妙之相如无雷時象牙上華不
可得見聞是經已即知一切如來所說秘藏
佛性喻如天雷見象牙華聞是經已即知一
切无量衆生皆有佛性以是義故說大涅槃
名為如來秘密之藏增長法身猶如雷時象
牙上華以能長養如是大義故得名為大般
涅槃若有善男子善女人有能習學是大涅
槃微妙經典當知是人能報佛恩真佛弟子
迦葉菩薩復白佛言世尊所言字者其義云

BD03386號　大般涅槃經鈔　（28–10）

牙上華以能長養如是大義故得名為大般
涅槃若有善男子善女人有能習學是大涅
槃微妙經典當知是人能報佛恩真佛弟子
迦葉菩薩復白佛言世尊所言字者其義云
何善男子有十四音名為字義所言字者名為
涅槃常故不流若不流者則為无盡夫无盡者
即是如來金剛之身是十四音名為字本惡
者不破壞故不破壞者名曰三寶喻如金剛
又復惡者不流故不流者即是如來如來九
孔无所流故是故不流又无九孔是故不流不
流即常常即如來如來无住是故不流又復惡
者名為功德功德者即是三寶是故名惡阿者
名阿闍梨阿闍梨者義何謂也於世間
中得名聖者何謂為聖聖名无著少欲知足
亦名清淨能度衆生於三有流生死大海是
名為聖又復阿者名曰制度脩持淨戒隨順
威儀又復阿者名依聖人應學威儀進止舉
動供養恭敬礼拜三尊孝養父母及學大乘
善男女等具持禁戒及諸菩薩摩訶薩等是
名聖人又復阿者名曰教誨汝言如來如是
應作如是莫作若有能遮非威儀法是名聖
人是故名阿億者即是佛法梵行廣大清淨
无垢喻如滿月汝等如是應作不作是義非
義此是佛說此是魔說是故名億伊者佛法
微妙甚深難得如自在天大梵天王法名自

BD03386號　大般涅槃經鈔　（28–11）

无垢喻如滿月汝等如是應作不作是義非
義此是佛說此是魔說是故名憶伊者佛法
微妙甚深難得如自在天大梵天王法名自
在若能持者則名護法又自在者名四護世
是四自在則能攝護大涅槃經亦能自在敷
揚宣說又復伊者能為衆生自在說法復次
伊者為自在故說何等是也所謂脩集方等
經典復次伊者為斷嫉妬如除稗穢皆悉能
令變成吉祥是故名伊郁者於諸經中最上
最勝增長上上謂大涅槃復次郁者如來之
性聲聞緣覺所未曾聞如一切處北欝單曰
最為殊勝菩薩若能聽受是經於一切衆生
最為殊勝以是義故是經得名最上最勝是
故名郁優者喻如牛乳諸味中上如來之性
亦復如是於諸經中最尊最上若有誹謗當知
是人與牛無別復次優者是人名為无慧正念
誹謗如來微密秘藏當知是人甚可憐愍遠
離如來秘密之藏說无我法是故名優哩者
即是諸佛法性涅槃是故名哩黳者謂如來
義復次黳者如來進止屈申舉動无不利益
一切衆生是故名黳烏者名煩惱義煩惱者
名曰諸漏如來永斷一切煩惱是故名烏炮
者謂大乘義於十四音是究竟義大乘經典
亦復如是於諸經論最為究竟是故名炮菴
者能遮一切諸不淨物於佛法中能捨一切

BD03386號　大般涅槃經鈔

（28–12）

名曰諸漏如來永斷一切煩惱是故名烏炮
者謂大乘義於十四音是究竟義大乘經典
亦復如是於諸經論最為究竟是故名炮菴
者能遮一切諸不淨物於佛法中能捨一切
金銀寶物是故名菴何者名勝乘義何以故
此大乘典大涅槃經於諸經中最為殊勝是
故名何迦者於諸衆生起大慈悲生於子想
如羅睺羅作妙善義是故名迦呿者名非善
友非善友者名曰雜穢不信如來秘密之藏
是故名呿伽者名藏藏者即是如來秘藏一
切衆生皆有佛性是故名伽恒者如來常音
何等名為如來常音所謂如來常住不變是
故名恒俄者一切諸行破壞之相是故名俄
遮者即是脩義調伏一切諸衆生故名為脩
義是故名遮車者如來覆蔭一切衆生喻如
大蓋是故名車闍者是正解脫无有老相是
故名闍膳者煩惱繁茂喻如稠林是故名膳
若者是智慧義知真法性是故名若咤者於
閻浮提示現半身而演說法喻如半月是故
名咤咃者法身具足喻如滿月是故名咃荼
者是愚癡僧不知常與无常喻如小兒是故
名荼袒者不知師恩喻如羝羊是故名袒拏
者非是聖義喻如外道是故名拏多者如來
於彼告諸比丘宜離驚畏當為汝等說微妙
法是故名多他者名愚癡義衆生流轉生死
纏裹如蠶蜣蜋是故名他陀者名曰大施所

BD03386號　大般涅槃經鈔

（28–13）

者非是聖義皆文外道是故名多多者如來
非彼告諸比丘宜離鬱毘當為汝等說微妙
法是故名多他者名愚癡義衆生流轉生死
纏裹如蠶蜣蜋是故名他他者名曰大施所
謂大乘是故名池彌者稱讚功德所謂三寶
如須弥山高峻廣大无有傾倒是故名彌那
者三寶安住无有傾動如喻門閫是故名那
波者名顛倒義若言三寶悉皆滅盡當知是
人為自疑惑是故名波頗者是世間災若言
世間災起之時三寶亦盡當知是人愚癡无
智違失聖旨是故名頗婆者名佛十力是故
名婆沈者名為重擔堪任荷負无上正法當
知是人是大菩薩是故名沈摩者是諸菩薩
嚴峻制度所謂大乘大般涅槃是故名摩虵
者是諸菩薩在在處處為諸衆生說大乘法
是故名虵囉者能壞貪欲瞋恚愚癡說真實
法是故說囉羅者名聲聞乘動轉不住大乘
安固无有傾動捨聲聞乘精懃脩集无上大
乘是故名羅和者如來世尊為諸衆生雨大
法雨所謂世間呪術經書是故名和奢者遠
離三箭是故名奢沙者名具足義若能聽是
大涅槃經則為已得聞持一切大乘經典是
故名沙娑者為諸衆生演說正法令心歡喜
是故名娑呵者名心歡喜奇哉世尊離一切
行怪哉如來入般涅槃是故名呵復次呵者
名曰魔義无量諸魔不能毀壞如來秘藏是

故名沙娑者為諸衆生演說正法令心歡喜
是故名娑呵者名心歡喜奇哉世尊離一切
行怪哉如來入般涅槃是故名呵復次呵者
名曰魔義无量諸魔不能毀壞如來秘藏是
故名呵復次呵者乃至示現隨順世間有父
母妻子是故名呵魯流盧樓如是四字說有
四義謂佛法僧及以對法言對法者是迦葉如
來之性清淨无染猶如化身何處當有憂悲
苦惱若言如來无憂悲者云何能利一切衆生
知廣佛法若言无者云何而言等視衆生如羅
睺羅譬如空中舍宅微塵不可住立若言舍
宅不因空住无有是處以是義故不可說舍
住於虛空不住虛空凡夫之人雖復說言舍
住虛空而是虛空實无所住何以故性无住故
善男子心亦如是不可說言住陰界入及以不
住无想天壽亦復如是如來憂悲亦復如是
復次善男子譬如日出有三時異謂春夏冬冬
日則極春日處中夏日極長如來亦爾於此三千
大千世界為極壽者及諸聲聞示現壽極斯等
見已咸謂如來壽命極促喻於冬日為諸菩
薩示現中壽若至一劫若減一劫喻如春日唯
佛覩佛其壽无量喻如夏日善男子如來
所說方等大乘微密之教示現世間雨大法
雨於未來世若有人能護持是典開示分別
利益衆生當知是輩真是菩薩喻如盛夏天
降甘雨若有聲聞緣覺之人聞佛如來秘密之

而於未來世若有人能讀持是典開示分別
利益衆生當知是輩真是菩薩喻如盛夏天
降甘雨若有聲聞緣覺之人聞佛如來秘密之
教喻如冬日多遇冷患菩薩之人若聞如是
微密教誨如來常住性无變易喻如春日萌
牙開敷而如來性實无長短為世間故示現如
是即是諸佛真實法性
卷第九
迦葉菩薩白佛言世尊如佛所說大涅槃光
入於一切衆生毛孔衆生雖无菩提之心而
能為作菩提因者是義不然何以故世尊犯
四重禁作五逆人及一闡提光明入身作菩
提因者如是等輩與淨持戒脩集諸善有何
差別若无差別如來何故說四依義世尊又
如佛言若有衆生聞大涅槃一逕於耳則得
斷除諸煩惱者如來云何先說有人恒河沙
等佛所發心聞大涅槃不解其義若不解義
云何能斷一切煩惱佛言善男子除一闡提
其餘衆生聞是經已悉皆能作菩提因緣法
聲光明入毛孔者必定當得阿耨多羅三藐
三菩提何以故若有人能供養恭敬无量諸
佛方乃得聞大涅槃經薄福之人則不得聞
所以者何大德之人乃能得聞如是大事斯
下小人則不得聞何等為大所謂諸佛甚深
秘藏謂能性是以是義故名為大事譬如王
使善能談論巧於方便

所以者何大德之人乃能得聞如是大事斯
下小人則不得聞何等為大所謂諸佛甚深
秘藏謂能性是以是義故名為大事譬如王
使善能談論巧於方便奉命他國寧喪身命
終不匿王所說言教智者亦尒於凡夫中不
惜身命要必宣說大乘方等如來秘藏一切
衆生皆有佛性是故當知大乘方等微妙經
典必定清淨如摩尼珠投之濁水水即為清大
乘經典亦復如是復次善男子譬如蓮華為
日所照无不開敷一切衆生亦復如是若得
見聞大涅槃日未發心者悉令發心為菩提
因是故我說大涅槃光所入毛孔必為妙因除一
闡提雖有佛性而為无量罪垢所纏不能得
出如蠶處繭以是業緣不能生於菩提妙因
流轉生死无有窮已
譬如良醫善解八術為治衆生一切病苦與種種
方吐下諸藥及以塗身薰藥灌鼻散藥丸藥
若貧愚人不欲服之良醫慈愍即時是人還
其舍宅强與令服以藥力故所患得除女人
產時兒衣不出與之令服服已即出并令嬰
兒安樂无患是大乘典大涅槃經亦復如是
所至之處若至舍宅能除衆生无量煩惱犯
四重禁五无間罪未發心者悉令發心除一闡
提迦葉菩薩白佛言世尊犯四重禁及五无
間名橛重惡譬如斷截多羅樹頭更不復生
是等未發菩提之心云何能與作菩提因佛言

四重禁五无間罪若發心者應令發心除一闡
提迦葉菩薩白佛言世尊犯四重禁及五无
間名極重惡譬如斷截多羅樹頭更不復生
是等未發菩提之心云何能與作菩提因佛言
善男子是諸衆生若於夢中夢墮地獄受
諸苦惱即生悔心哀哉我等自招此罪若我
今得脫是罪者必定當發菩提之心我今所
見最是極惡從是悟已即知正法有大果
報如彼嬰兒漸漸長大常作是念是醫最良
善解方藥我本處胎與我母藥母以藥故身
得安隱以是因緣我命得全奇哉我母受大
苦惱滿足十月懷抱我胎既生之後推乾去
濕除去不淨大小便利乳餔長養將護我身
以是義故我當報恩色養侍衛隨順供養犯
四重禁及五无間罪臨命終時念是大乘大
涅槃經雖墮地獄畜生餓鬼天上人中如是
經典亦爲是人作菩提因除一闡提復次善
男子譬如良醫及良醫子所知深奧出過諸
醫善知除毒无上呪術若惡毒蛇若龍若蝮
以諸呪術呪藥令良復以此藥用塗革屣以
此革屣觸諸毒虫毒爲之消唯除一毒名曰
大龍是大乘典大涅槃經亦復如是若有衆
生犯四重禁五无間罪悉能除滅令住菩提
如藥革屣能消衆毒未發心者悉能令發安
心住於菩提之道是彼大乘大涅槃經威神
藥故令諸衆生住於安樂學大乘者雖學報

如藥革屣能消衆毒未發心者悉能令發安
心住於菩提之道是彼大乘大涅槃經威神
藥故令諸衆生住於安樂學大乘者雖學報
經一切諸定要待大乘大涅槃日聞於如來微
密之教然後乃當造菩提業安住正法猶如
天雨潤益增長一切諸種成就菓實悉除飢饉
多受豐樂如來密藏无量法雨亦復如是悉
能除滅八種熱病是經出世如彼菓實多所利益
安樂一切能令衆生見於佛性如法華中八
千聲聞得受記莂成大菓實如秋收冬藏更
无所作一闡提輩亦復如是於諸善法无所
營作復次善男子譬如大舡從海此岸至於彼
岸復從彼岸還至此岸如來應供正遍知亦
復如是乘大涅槃大乘寶舡周旋往返濟度
衆生在在處處有應度者悉令得見如來之
身以是義故如來名曰无上舡師譬如有舡
則有舡師有舡師則有衆生渡於大海如來
常住化度衆生亦復如是復次善男子譬如
有人在大海中乘舡欲度若得順風須臾之
間則能得過无量由旬若不得者雖復久住
逕无量歲不離本處有時舡壞沒水而死衆
生如是在於愚癡生死大海乘諸行舡若得
值遇大般涅槃猛利之風則能疾到无上道岸
若不值遇當久流轉无量生死或時破壞
墮於地獄畜生餓鬼復次善男子譬如有人
不遇風王久住大海作是思惟我等今者必

生如是在於愚癡生死大海乘諸行舩若得
值遇大般涅槃猛利之風則能疾到无上道岸
若不值遇當久流轉无量生死或時破壞
墮於地獄畜生餓鬼復次善男子譬如有人
不遇風主久住大海作是思惟我等今者必
在此死如是念時忽遇利風隨順渡海復作
是言快哉是風未曾有也令我等輩安隱
得過大海之難衆生如是久處愚癡生死大海
困苦窮悴未遇如是大涅槃風則應生念我
等必定墮於地獄畜生餓鬼是諸衆生思惟
是時忽遇大乘大涅槃風隨順吹向入於阿
耨多羅三藐三菩提方知真實生奇特想歎
言快哉我從昔來未曾見聞如是如來微密
之藏尒乃於是大涅槃經生清淨信復次善
男子如虵脫皮為死滅耶不也世尊善男
子如來亦尒方便示現棄捨毒身可言如來
无常滅耶不也世尊如來於此閻浮提中方
便捨身如彼毒虵捨於故皮是故如來名為
常住復次善男子譬如金師得好真金隨意
造作種種諸器如來亦尒於廿五有悉能示
現種種色身為化衆生拔生死故是故如來
名无邊身雖復示現種種說身亦名常住无
有變易復次善男子如菴羅樹及閻浮樹
一年三變有時生華光色敷榮有時生葉滋茂
翁欝有時彫落狀似枯死善男子於意云何
是樹實為枯戚[illegible]也世尊善男子如來

BD03386號　大般涅槃經鈔

（28–20）

一年三變有時生華光色敷榮有時生葉滋茂
翁欝有時彫落狀似枯死善男子於意云何
是樹實為枯戚[illegible]也世尊善男子如來
亦尒於三界中示三種身有時初生有時長
大有時涅槃而如來身實非无常迦葉菩薩
讚言善哉善哉誠如聖教如來常住无有變
易善男子如來密語甚深難解譬如大王告
諸群臣先陁婆來先陁婆者一名四實一者
鹽二者器三者水四者馬如是四法皆同此
名有智之臣善知此名若王洗時索先陁婆
即便奉水若王食時索先陁婆即便奉鹽
若王食已將欲飲漿索先陁婆即便奉器若
王欲遊索先陁婆即便奉馬如是知臣善解大
王四種密語是大乘經亦復如是有四无常
大乘智臣應當善知若佛出世為衆生說如
來涅槃智臣當知此是如來為計常者說无
常相欲令比丘修无常想或復說言正法當
滅智臣應知此是如來為計樂者說於苦相
欲令比丘多修苦想或復說言我今病苦衆
僧破壞智臣當知此是如來為計我者說无
我相欲令比丘修无我想或復說言所謂空
者是正解脫智臣當知此是如來說正解脫
无廿五有欲令比丘修學空相以是義故是
正解脫則名為空亦名不動謂不動者是解
脫中无有苦故是故不動是正解脫為无有

BD03386號　大般涅槃經鈔

（28–21）

无毋亦有欲令比丘修學空相以是義故是
正解脫則名為空亦名不動謂不動者是解
脫中无有苦故是故不動是正解脫為无有
相謂无相者无有色聲香味觸等故名无相
是正解脫常不變易是解脫中无有无常熱
惱變易是故解脫名曰常住不變清涼或復
說言一切衆生有如來性智臣當知是如
來說於常法欲令比丘修正常法是諸比丘
若能如是隨順學者當知是人真我弟子
善知如來微密之藏如彼大王智慧之臣善知
王意善男子如是大王亦有如是密語之法
何況如來而當无也善男子是故如來微密
之教難可得知唯有智者乃能解我甚深佛
法非是世間凡夫品類所能信也復次善男
子如波羅奢樹迦尼迦樹阿叔迦樹值天亢
旱不生華實及餘水陸所生之物皆悉枯悴
无有潤澤不能增長一切諸藥无復勢力善
男子是大乘典大涅槃經亦復如是於我滅
後有諸衆生不能恭敬无有威德何以故是
諸衆生不知如來微密藏故所以者何以是
衆生薄福德故復次善男子如來正法將欲
滅盡尒時多有行惡比丘不知如來微密之
藏懶惰懈怠不能讀誦宣揚分別如來正法
譬如癡賊棄捨真寶擔負草䅖不解如來微
密藏故於是經中懈怠不懃哀哉大嶮當來

藏懶惰懈怠不能讀誦宣揚分別如來正法
譬如癡賊棄捨真寶擔負草䅖不解如來微
密藏故於是經中懈怠不懃哀哉大嶮當來
之世甚可怖畏苦哉衆生不懃聽受是大乘
典大涅槃經唯諸菩薩摩訶薩等能於是經
取真實義不著文字隨順不逆為衆生說善
男子以是義故諸善男子善女人等聽是大乘
大涅槃經常應呵責女人之相求於男子何以
故是大經典有丈夫相所謂佛性若人不知是
佛性者則无男相所以者何不能自知有佛性
故若有不能知佛性者我說是等名為女人若
能自知有佛性者我說是人為丈夫相若有
女人能知自身定有佛性當知是等即為男子
善男子是大乘典大涅槃經无量无邊不可
思議功德之聚何以故以說如來秘密藏故
是故善男子善女人若欲速知如來密藏應
當方便懃脩此經迦葉菩薩白佛言世尊如
是如是如佛所說我今以有丈夫之相得入如
來微密藏故如來今日始桔悟我因是即得決
定通達佛言善哉善哉

卷第十

復次善男子譬如金鑛陶鍊滓穢然後消融
金之後價直无量善男子聲聞緣覺菩薩亦
尒皆得成就同一佛性何以故除煩惱故如彼金
鑛除諸滓穢以是義故一切衆生同一佛性无
有差別以其先聞如來密藏後成佛時自然

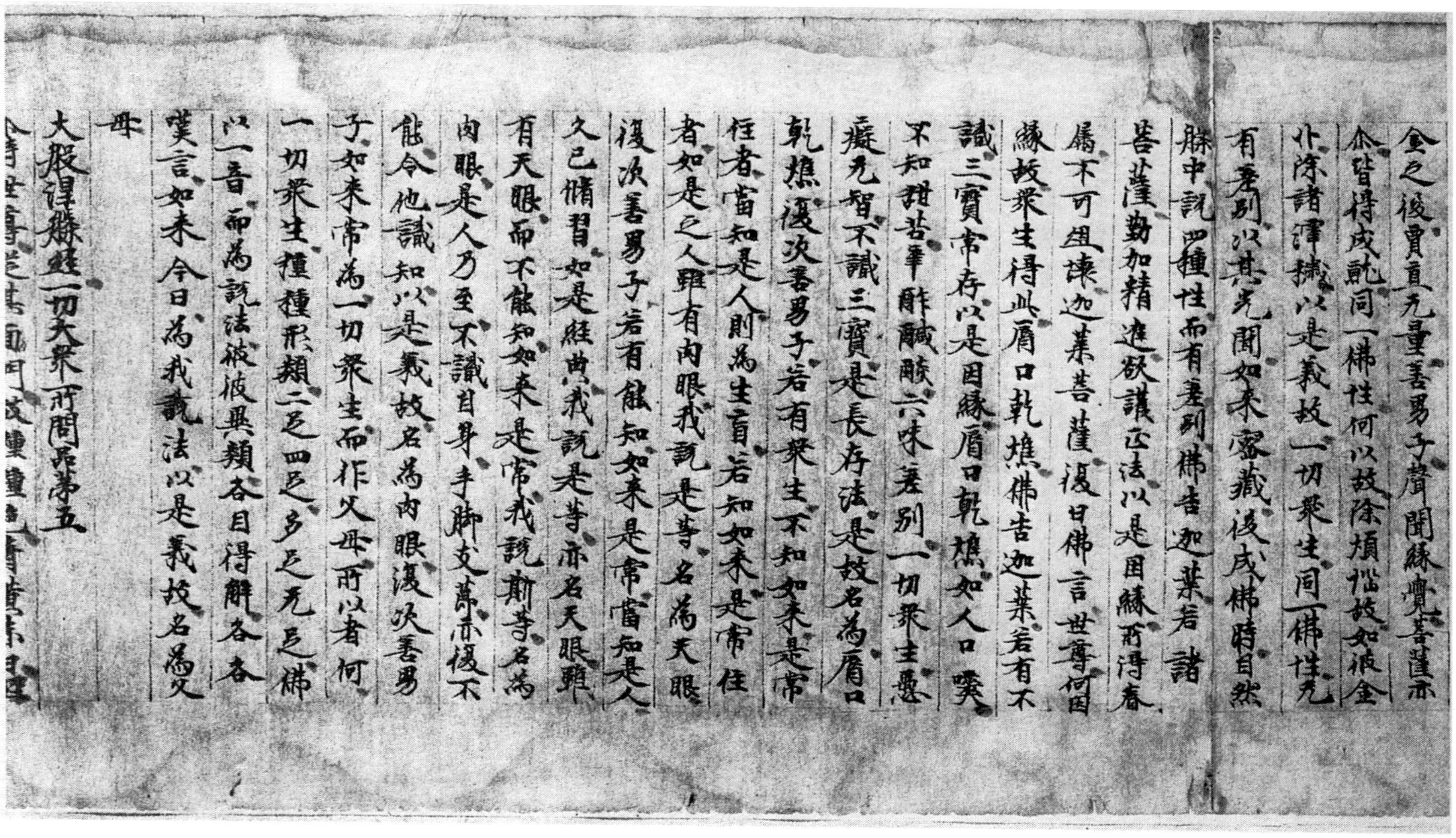

金之後貫直无量善男子聲聞緣覺菩薩亦
尒皆得成就同一佛性何以故除煩惱故如彼金
卝陶諸滓穢以是義故一切衆生同一佛性无
有差別以其先聞如來密藏後成佛時自然
勝中說四種性而有差別佛告迦葉若諸
菩薩勤加精進欲護正法以是因緣所得眷
屬不可沮壞迦葉菩薩復白佛言世尊何因
緣故衆生得此脣口乾燋佛告迦葉若有不
識三寶常存以是因緣脣口乾燋如人口爽
不知甜苦辛酢鹹淡六味差別一切衆生愚
癡无智不識三寶是長存法是故名為脣口
乾燋復次善男子若有衆生不知如來是常
住者當知是人則為生盲若知如來是常住
者如是之人雖有肉眼我說是等名為天眼
復次善男子若有能知如來是常當知是人
久已脩習如是經典我說是等亦名天眼雖
有天眼而不能知如來是常我說斯等名為
肉眼是人乃至不識自身手脚支節亦復不
能令他識知以是義故名為肉眼復次善男
子如來常為一切衆生而作父母所以者何
一切衆生種種形類二足四足多足无足佛
以一音而為說法彼彼異類各自得解各各
嘆言如來今日為我說法以是義故名為父
母
大般涅槃經一切大衆所問品第五
尒時世尊從其面門放種種光青黃赤白

BD03386號　大般涅槃經鈔

（28–24）

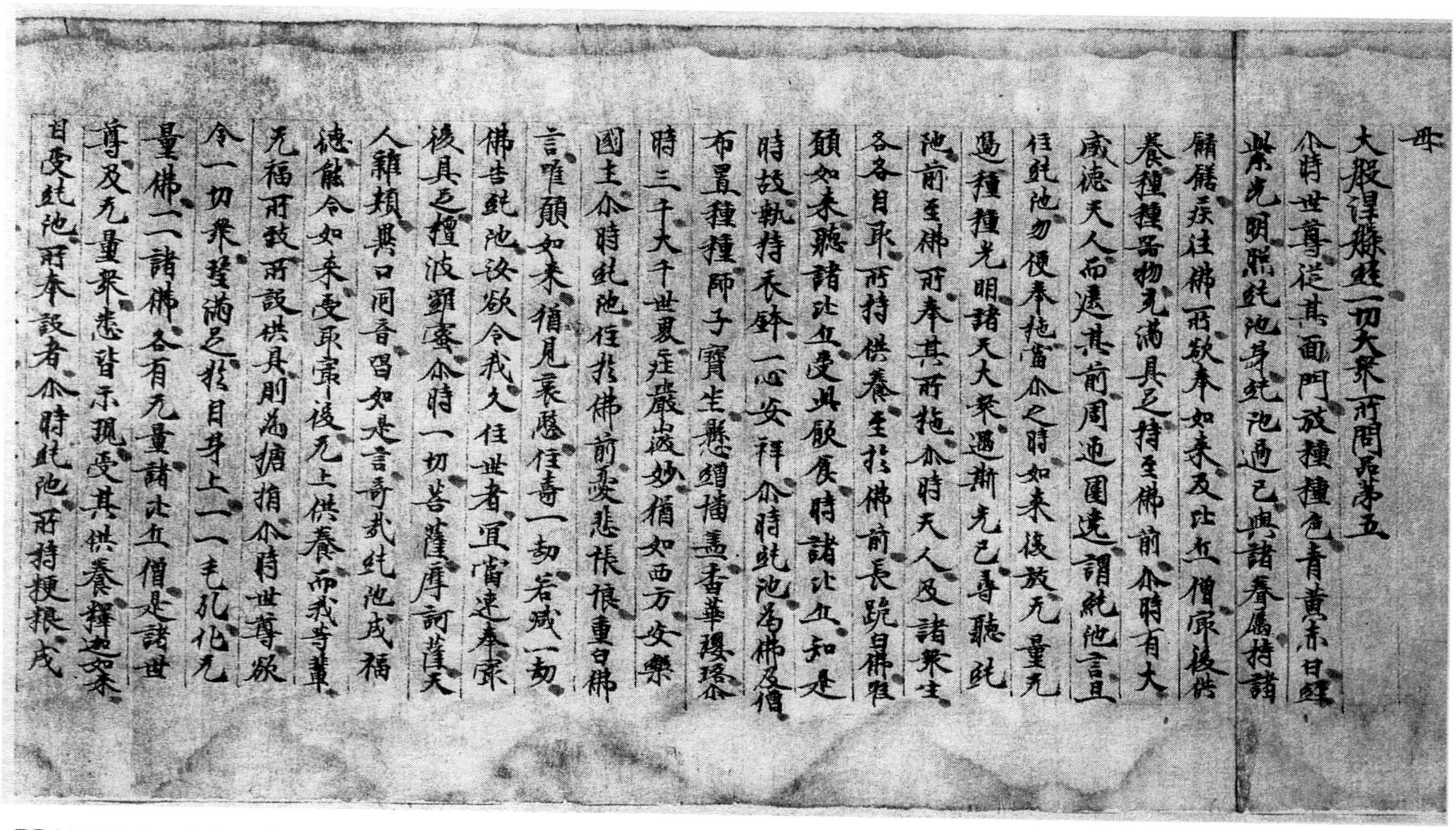

母
大般涅槃經一切大衆所問品第五
尒時世尊從其面門放種種色青黃赤白頗
梨光明照純陀身純陀遇已與諸眷屬持諸
餚饍疾往佛所欲奉如來及比丘僧最後供
養種種器物无滿具足持至佛前尒時有大
威德天人而遮其前周匝圍遶謂純陀言且
住純陀勿便奉施當尒之時如來復放无量无
邊種種光明諸天大衆遇斯光已尋聽純
陀前至佛所奉其所施尒時天人及諸衆生
各各自取所持供養至於佛前長跪白佛唯
願如來聽諸比丘受此飲食時諸比丘知是
時故執持衣鉢一心安祥尒時純陀為佛及僧
布置種種師子寶坐懸繒幡蓋香華瓔珞尒
時三千大千世界莊嚴微妙猶如西方安樂
國土尒時純陀住於佛前憂悲悵悢重白佛
言唯願如來猶見哀愍住壽一劫若減一劫
佛告純陀汝欲令我久住世者宜當速奉最
後具足檀波羅蜜尒時一切菩薩摩訶薩天
人雜類異口同音唱如是言奇哉純陀成福
德能令如來受取最後无上供養而我等輩
无福所設供具則為唐捐尒時世尊欲
令一切衆望滿足於自身上一一毛孔化无
量佛一一諸佛各有无量諸比丘僧是諸世
尊及无量衆悉皆示現受其供養釋迦如來
自受純陀所奉設者尒時純陀所持粳粮成

BD03386號　大般涅槃經鈔

（28–25）

量佛一一諸佛各有无量諸比丘僧是諸世
尊及无量衆悉皆示現受其供養釋迦如來
自受此池所奉設者尒時此池所持粳粮成
熟之食摩伽陀國滿足八斛以佛神力皆悉
充足一切大會尒時世尊為欲慰喻一切
大衆而說偈言
汝等莫悲歎　諸佛法應尒　我入於涅槃　已逕无量劫
常受最勝樂　永處安隱處　汝今至心聽　我當入涅槃
我已離食想　終无飢渴患　我今當為汝　說其隨順願
令諸一切衆　咸得安隱樂　汝聞應脩行　諸佛常住
假使烏與鵄　同共一樹棲　猶如親兄弟　尒乃永涅槃
如來視一切　猶如羅睺羅　常為衆生尊　云何永涅槃
假使蛇鼠狼　同處一穴遊　相愛如兄弟　尒乃永涅槃
如來視一切　猶如羅睺羅　常為衆生尊　云何永涅槃
假使七葉華　轉為婆師香　迦樓迦菓樹　轉為鎮頭菓
如來視一切　猶如羅睺羅　云何捨慈悲　永入於涅槃
假使一闡提　現身成佛道　永處第一樂　尒乃入涅槃
如來視一切　皆如羅睺羅　云何捨慈悲　永入於涅槃
假使一切衆　一時成佛道　遠離諸過惡　尒乃入涅槃
如來視一切　皆如羅睺羅　云何捨慈悲　永入於涅槃
假使蚊子尿　假壞於大地　諸山及百川　大海悉為滿
若有如是事　尒乃入涅槃　悲心視一切　皆如羅睺羅
常為衆生尊　云何永涅槃　以是故汝等　應深樂正法
不應生憂惱　號泣而啼哭　若欲自正行　應脩如來常
當觀如是法　長存不變易　復應生是念　三寶皆常住
是則護大護　如呪枯生菓　是名為三寶　四衆應善聽

當觀如是法　長存不變易　復應生是念　三寶皆常住
是則護大護　如呪枯生菓　是名為三寶　四衆應善聽
聞已應歡喜　即發菩提心　若能計三寶　常住同真諦
此則是諸佛　最上之誓願
諸我食肉我　於是時非受彼諸於諸衆生善慈
悲心如羅睺羅而說偈言
當令汝長壽　久久住於世　受持不害法　猶如諸佛壽
是故我說偈　一切畏刀杖　无不愛壽命　恕己可為喻
勿煞勿行杖
佛言善哉善哉文殊師利為諸菩薩摩訶薩
故諮問如來如是密教尒時文殊師利復說
是偈
云何敬父母　隨順而尊重　云何脩此法　墮於无間獄
於是如來復以偈荅文殊師利
若以貪愛母　无明以為父　隨順尊重者　則墮无間獄
尒時如來復為文殊師利菩薩重說偈言
一切屬他　則名為苦　一切由己　自在安樂
一切憍慢　勢極暴惡　賢善之人　一切愛念
文殊師利汝若得病我亦如是應得病苦何
以故諸阿羅漢及辟支佛菩薩如來實无所
食但欲化彼示現受用无量衆生所施之物令
其具足檀波羅蜜拔濟地獄畜生餓鬼若
言如來六年苦行身羸瘦者无有是處諸佛
世尊獨拔諸有不同凡夫云何而得身羸劣
耶諸佛世尊精懃脩集獲金剛身不同世人

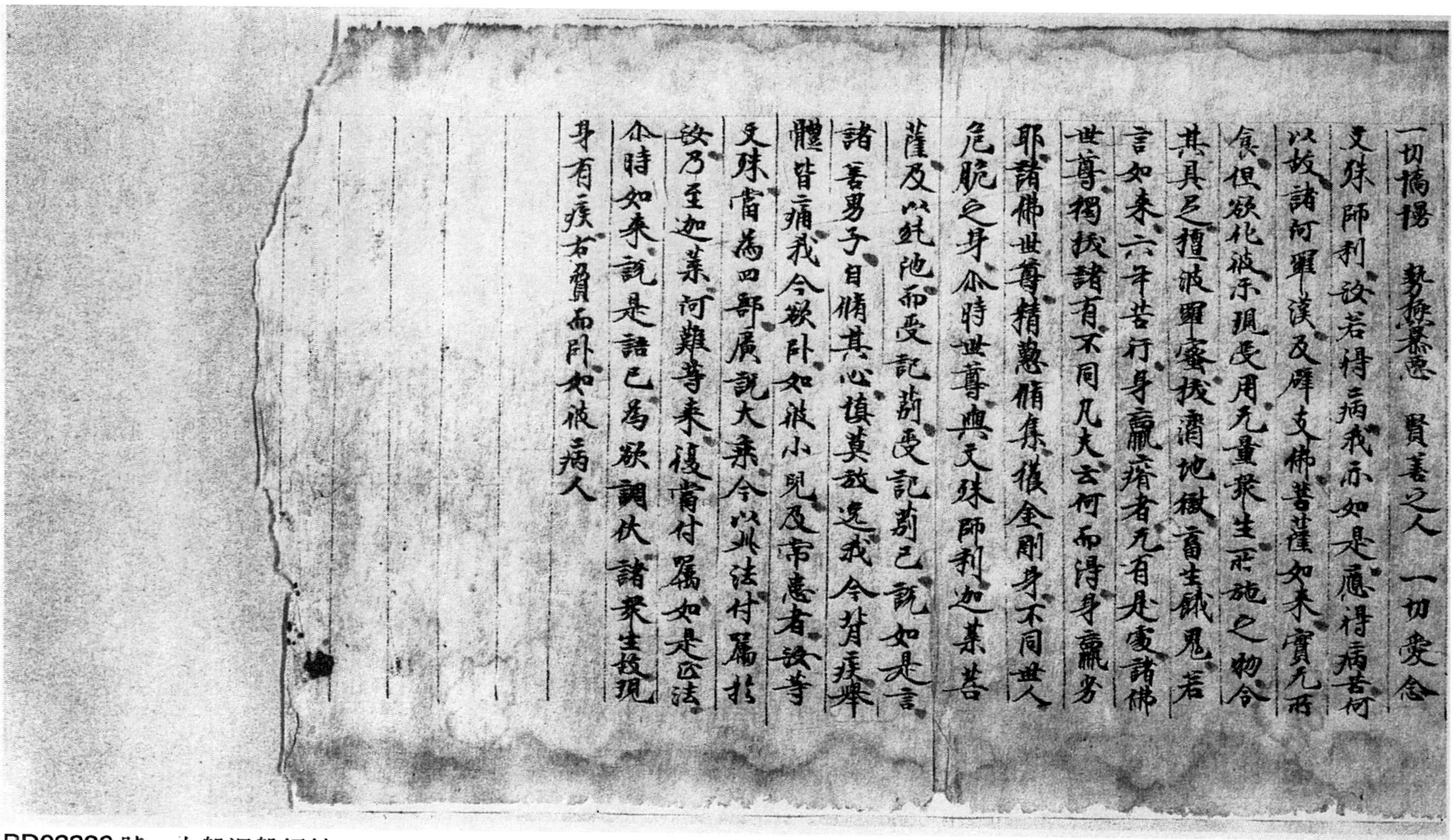
一切憍慢　執持暴惡　賢善之人　一切愛念
文殊師利汝若得病我亦如是應得病苦何
以故諸阿羅漢及辟支佛菩薩如來實无所
食但欲化彼示現受用无量衆生所施之物令
其具足檀波羅蜜拔濟地獄畜生餓鬼若
言如來六年苦行身羸瘦者无有是處諸佛
世尊獨拔諸有不同凡夫云何而得身羸劣
耶諸佛世尊精懃脩集獲金剛身不同世人
危脆之身尒時世尊與文殊師利迦葉菩
薩及以純陀而受記莂受記莂已說如是言
諸善男子自脩其心慎莫放逸我今背疾舉
體皆痛我今欲卧如彼小兒及常患者汝等
文殊當爲四部廣說大乘今以此法付囑於
汝乃至迦葉阿難等來復當付囑如是正法
尒時如來說是語已爲欲調伏諸衆生故現
身有疾右脅而卧如彼病人

BD03386 號　大般涅槃經鈔

（28–28）

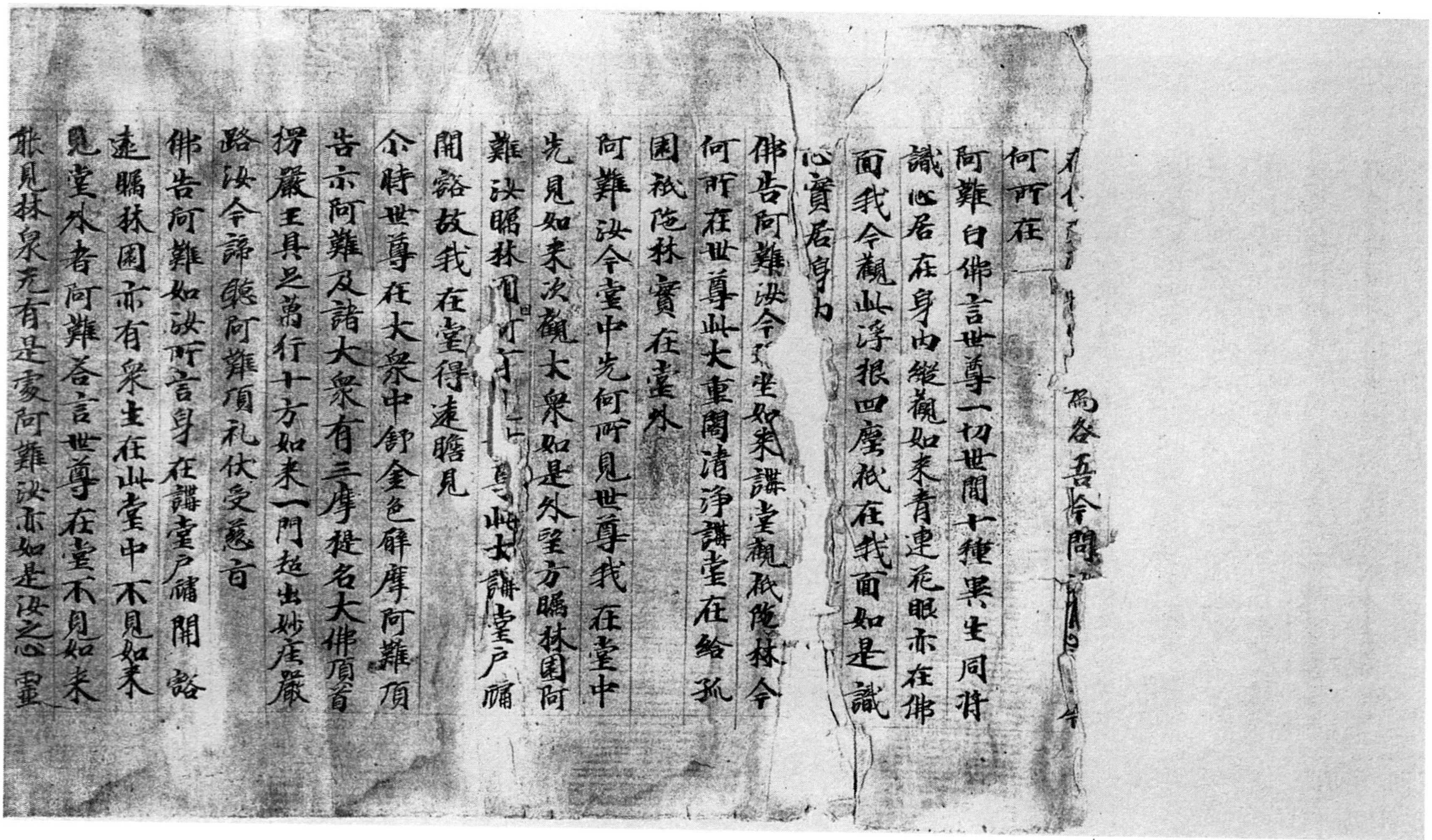
爲咎吾今問
何所在
阿難白佛言世尊一切世間十種異生同將
識心居在身内縱觀如來青蓮花眼亦在佛
面我今觀此浮根四塵秖在我面如是識
心實居身內
佛告阿難汝今現坐如來講堂觀祇陁林今
何所在世尊此大重閣清淨講堂在給孤
園祇陁林實在堂外
阿難汝今堂中先何所見世尊我在堂中
先見如來次觀大衆如是外望方矚林園阿
難汝矚林園因何有見世尊此大講堂戶牖
開豁故我在堂得遠瞻見
尒時世尊在大衆中舒金色臂摩阿難頂
告示阿難及諸大衆有三摩提名大佛頂首
楞嚴王具足萬行十方如來一門超出妙莊嚴
路汝今諦聽阿難頂禮伏受慈旨
佛告阿難如汝所言身在講堂戶牖開豁
遠矚林園亦有衆生在此堂中不見如來
見堂外者阿難荅言世尊在堂不見如來
能見林泉无有是處阿難汝亦如是汝之心靈

BD03387 號　大佛頂如來密因修證了義諸菩薩萬行首楞嚴經卷一

（5–1）

路汝今諦聽阿難頂礼伏受慈旨
佛告阿難如汝所言身在講堂户牖開豁
遠矚林園亦有衆生在此堂中不見如來
見堂外者阿難荅言世尊在堂不見如來
能見林泉无有是處阿難汝亦如是汝之心靈
一切明了若汝現前所明了心實在身内尒時
先合了知内身頗有衆生先見身中後觀外
物縱不能見心肝脾胃爪生髮長筋轉脉搖誠
合明了如何不知必不内知云何知外是故應
知汝言覺了能知之心住在身内无有是處
阿難稽首而白佛言我聞如來如是法音
悟知我心實居身外所以者何譬如燈光然
於室中是燈必能先照室内從其室門後及
庭際一切衆生不見身中獨見身外亦如燈
光居在室外不能照室是義必明將无所惑
同佛了義得无妄耶
佛告阿難是諸比丘適來從我室羅筏城
循乞摶食歸祇陁林我已宿齋汝觀比丘一
人食時諸人飽不阿難荅言不也世尊何以故
是諸比丘雖阿羅漢軀命不同云何一人能
令衆飽佛告阿難若汝覺了知見之心實
在身外身心相外自不相干則心所知身不能
覺覺在身際心不能知我今視汝兜羅綿
手汝眼見時心分別不阿難荅言如是世尊
佛告阿難若相知者云何在外是故應知汝言
覺了能知之心住在身外无有是處
阿難白佛言世尊如佛所言不見内故不居

BD03387號　大佛頂如來密因修證了義諸菩薩萬行首楞嚴經卷一　（5–2）

手汝眼見時心分別不阿難荅言如是世尊
佛告阿難若相知者云何在外是故應知汝言
覺了能知之心住在身外无有是處
阿難白佛言世尊如佛所言不見内故不居
身内身心相知不相離故不在身外我今思
惟知在一處佛言處今何在阿難言此了知
心既不知内而能見外如我思忖潛伏根裏猶
如有人取瑠璃椀合其兩眼雖有物合而不
留礙彼根隨見隨即分別然我覺了能知
之心不見内者爲在根故分明矚外无障礙
者潛根内故
佛告阿難如汝所言潛根内者猶如瑠璃彼人
當以瑠璃籠眼當見山河見瑠璃不如是世
尊是人當以瑠璃籠眼實見瑠璃佛告阿
難汝心若同瑠璃合者當見山河何不見眼
若見眼者眼即同境不得成隨若不能見
云何說言此了知心潛在根内如瑠璃合是
故應知汝言覺了能知之心潛伏根裏如瑠
璃合无有是處
阿難白佛言世尊我今又作如是思惟是
衆生身府藏在中竅穴居外有藏則暗
有竅則明今我對佛開眼見明名爲見
外閇眼見暗名爲見内是義云何
佛告阿難汝當閇眼見暗之時此暗境界爲
與眼對爲不對眼若與眼對暗在眼前云何
成内若成内者居暗室中无日月燈此室暗

BD03387號　大佛頂如來密因修證了義諸菩薩萬行首楞嚴經卷一　（5–3）

佛告阿難汝當開眼見暗之時此暗境界為
與眼對為不對眼若與眼對暗在眼前云何
成内若成内者居暗室中无日月燈此室暗
中皆汝焦府若不對者云何成見若離外見
内對所成合眼見暗名為身中開眼見明何
不見面若不見面内對不成見面若成此了
知心及與眼根乃在虛空何成在内若在虛
空自非汝體即應如來今見汝面亦是汝身
汝眼已知身合非覺必汝執言身眼兩覺
應有二知即汝一身應成兩佛是故應知
汝言見暗名見内者无有是處
阿難言我常聞佛開示四衆由心生故種種
法生由法生故種種心生我今思惟即思惟體
實我心性隨所合處心則隨有亦非内外中
間三處
佛告阿難汝今說言由法生故種種心生隨
所合處心隨有者是心无體則无所合若无
有體而能合者則十九界因七塵合是義不
然若有體者如汝以手自挃其體汝所知
心為復内出為從外入若復内出還見身中
若從外來先合見面
阿難言見是其眼心知非眼為見非義佛言
若眼能見汝在室中門能見不則諸已死尚
有眼存應皆見物若見物者云何名死阿難
又汝覺了能知之心若必有體為復一體
為有多體今在汝身為復遍體為不遍體
若一體者則汝以手挃一肢時四肢應覺若

BD03387 號　大佛頂如來密因修證了義諸菩薩萬行首楞嚴經卷一

（5–4）

佛告阿難汝今說言由法生故種種心生隨
所合處心隨有者是心无體則无所合若无
有體而能合者則十九界因七塵合是義不
然若有體者如汝以手自挃其體汝所知
心為復内出為從外入若復内出還見身中
若從外來先合見面
阿難言見是其眼心知非眼為見非義佛言
若眼能見汝在室中門能見不則諸已死尚
有眼存應皆見物若見物者云何名死阿難
又汝覺了能知之心若必有體為復一體
為有多體今在汝身為復遍體為不遍體
若一體者則汝以手挃一肢時四肢應覺若
咸覺者挃應无在若挃有所則汝一體自
不能成若多體者則成多人何體為汝若
遍體者同前所挃若不遍者當汝觸頭亦
觸其足頭有所覺足應无知今汝不然是
故應知隨所合處心則隨有无有是處
阿難白佛言世尊我亦聞佛與文殊等諸法
王子談實相時世尊亦言心不在内亦不在
外如我思惟内无所見外不相知内无知故
在内不成身心相知在外非義今相知故復
内无見當在中間

BD03387 號　大佛頂如來密因修證了義諸菩薩萬行首楞嚴經卷一

（5–5）

文殊師
利法王子而為上首爾時王舍大城有一太
子名阿闍世隨順調達惡友之教收執父
王頻婆娑羅幽閉置於七重室內制諸群
臣一不得往國大夫人名韋提希恭敬王
澡浴清淨以酥蜜和麨用塗其身諸瓔珞
中盛蒲桃漿密以上王
爾時大王食麨飲漿求水漱口漱口畢已合
掌恭敬向耆闍崛山遙禮世尊而作是言大
目犍連是吾親友願興慈悲授我八戒時目
犍連如鷹隼飛疾至王所日日如是授王八戒
世尊亦遣尊者富樓那為王說法如是時間
經三七日王食麨蜜得聞法故顏色和悅時阿闍
世問守門者父王今者猶存在耶時守門人白
言大王國大夫人身塗麨蜜瓔珞盛漿持用
上王沙門目連及富樓那從空而來為王說法
不可禁制
時阿闍世聞此語已怒其母曰我母是賊與賊
為伴沙門惡人幻惑呪術令此惡王多日不死

BD03388 號　觀無量壽佛經　（21–1）

言大王國大夫人身塗麨蜜瓔珞盛漿持用
上王沙門目連及富樓那從空而來為王說法
不可禁制
時阿闍世聞此語已怒其母曰我母是賊與賊
為伴沙門惡人幻惑呪術令此惡王多日不死
執利劍欲害其母時有一臣名曰月光聰明多
智及與耆婆為王作禮白言大王臣聞毗陀
論經說劫初已來有諸惡王貪國位故殺害
其父一万八千未曾聞有無道害母王今為此
殺逆之事汙剎利種臣不忍聞是旃陀羅不
宜住此時二大臣說此語已以手按劍卻行而退
時闍阿世驚怖惶懼告耆婆言汝不為我耶耆
婆白言大王慎莫害母王聞此語懺悔求救便即
捨劍止不害母勅語內官閉置深宮不令復出
時韋提希被幽閉已愁憂憔悴遙向耆闍崛
山為佛作禮而作是言如來世尊在昔之時恒
遣阿難來慰問我我今愁憂世尊威重無由
得見願遣目連尊者阿難與我相見作是語
已悲泣雨淚遙向佛禮未舉頭頃爾時世尊在
耆闍崛山知韋提希心之所念勅大目犍連及
以阿難從空而來佛從耆闍崛山沒於王宮
出時韋提希禮已舉頭見世尊釋迦牟尼佛
身紫金色坐百寶蓮華目連侍左阿難侍
右釋梵護世諸天在虛空中普雨天華持用
供養
時韋提希見佛世尊自絕瓔珞舉身投地

BD03388 號　觀無量壽佛經　（21–2）

出時韋提希礼已舉頭見世尊釋迦牟尼佛
身紫金色坐百寶蓮華目連侍左阿難侍
右釋梵護世諸天在虛空中普雨天華持用
供養
時韋提希見佛世尊自絕瓔珞舉身投地
號泣向佛白言世尊我宿何罪生此惡子世
尊復有何等因緣與提婆達多共為眷屬
唯願世尊為我廣說无憂惱處我當往生
不樂閻浮提濁惡世也此濁惡處地獄餓鬼
生盈滿多不善聚願我未來不聞惡聲不見惡
人今向世尊五體投地求哀懺悔唯願佛日教我
觀於清淨業處
尒時世尊放眉間光其光金色遍照十方无量世
界還住佛頂化為金臺如須弥山十方諸佛淨
妙國土皆於中現或有國土七寶合成復有國
土純是蓮華復有國土如自在天宮復有國土
如頗梨鏡十方國土皆於中現有如是等无量
諸佛國土嚴顯可觀令韋提希見時韋提希
白佛言世尊是諸佛土雖復清淨皆有光明
我今樂生極樂世界阿弥陁佛所唯願世尊教
我思惟教我正受
尒時世尊即便微笑有五色光從佛口出一一光照
頻婆娑羅頂尒時大王雖在幽閉心眼无鄣遙
見世尊頭面作礼自然增進成阿那含
尒時世尊告韋提希汝今知不阿弥陁佛去此
不遠汝當繫念諦觀彼國淨業成者我今為

BD03388號　觀無量壽佛經

（21–3）

尒時世尊即便微笑有五色光從佛口出一一光照
頻婆娑羅頂尒時大王雖在幽閉心眼无鄣遙
見世尊頭面作礼自然增進成阿那含
尒時世尊告韋提希汝今知不阿弥陁佛去此
不遠汝當繫念諦觀彼國淨業成者我今為
汝廣說眾譬亦令未來世一切凡夫欲脩淨業
者得生西方極樂國土欲生彼國者當脩三福
一者孝養父母奉事師長慈心不煞脩十善業
二者受持三歸具足眾戒不犯威儀三者發菩提
心深信因果讀誦大乘勸進行者如此三事名
為淨業佛告韋提希汝今知不此三種業過去
未來現在三世諸佛淨業正因
佛告阿難及韋提希諦聽諦聽善思念之如來
今者為未來世一切眾生為煩惱賊之所害者說
清淨業善哉韋提希快問此事阿難汝當受
持廣為多眾宣說佛語如來今者教韋提希
及未來世一切眾生觀於西方極樂世界以佛力
故當得見彼清淨國土如執明鏡自見面像
見彼國土極妙樂事心歡喜故應時即得无生法忍
佛告韋提希汝是凡夫心想羸劣未得天眼
不能遠觀諸佛如來有異方便令汝得見
時韋提希白佛言世尊如我今者以佛力故見
彼國土若佛滅後諸眾生等濁惡不善五苦
所逼云何當見阿弥陁佛極樂世界佛告韋
提希汝及眾生應當專心繫念一處想於西
方云何作想凡作想者一切眾生自非生盲有

BD03388號　觀無量壽佛經

（21–4）

彼國土若佛滅後諸衆生等濁惡不善五苦
所逼云何當見阿弥陁佛極樂世界佛告韋
提希汝及衆生應當專心繫念一處想於西
方云何作想凡作想者一切衆生自非生盲有
目之徒皆見日沒當起想念正坐西向諦觀
於日令心堅住專想不移見日欲沒狀如懸
鼓既見日已閉目開目皆令明了是爲日想名
曰初觀
次作水想見水澄清亦令明了无分散意既見
水已當起氷想見氷暎徹作瑠璃想此想成已
見瑠璃地內外暎徹下有金剛七寶金幢擎
瑠璃地其幢八方八楞具足一一方面百寶所
成一一寶珠有千光明一一光明八万四千色暎
瑠璃地如億千日不可具見瑠璃地上以黃金
繩雜廁間錯以七寶界分齊分明一一寶中
有五百色光其光如華又似星月懸處虛
空成光明臺樓閣千万百寶合成於臺兩邊
各有百億華幢无量樂器以爲莊嚴八種清
風從光明出鼓此樂器演說苦空无常无我
之音是爲水想名第二觀
令散失唯除食時恒憶此事如此想者名爲粗
見極樂國土若得三昧見彼國地了了分明不
可具說是爲地想名第三觀
佛告阿難汝持佛語爲未來世一切大衆欲說
苦者說是觀地法若觀是地者除八十億劫生
死之罪捨身他世必生淨國心得无疑作是觀

BD03388號　觀無量壽佛經　（21–5）

可具說是爲地想名第三觀
佛告阿難汝持佛語爲未來世一切大衆欲說
苦者說是觀地法若觀是地者除八十億劫生
死之罪捨身他世必生淨國心得无疑作是觀
者名爲正觀若他觀者名爲耶觀佛告阿難
及韋提希地想成已次觀寶樹觀寶樹者一一
觀之作七重行樹想一一樹高八千由旬其諸寶
樹七寶華葉无不具足一一華葉作異寶色瑠璃
色中出金色光頗梨色中出紅色光馬瑙色中出
車𤦲光車𤦲色中出綠真珠光珊瑚虎珀一切衆
寶以爲暎飾妙真珠網弥覆樹上一一樹上有七重網
一一網間有五百億妙華宮殿如梵王宮諸天童
子自然在中一一童子五百億釋迦毗楞伽摩尼
以爲瓔珞其摩尼光照百由旬如和合百億日
月不可具名衆寶間錯色中上者此諸寶林行
行相當葉葉相次於衆葉間生諸妙華華上
自然有七寶菓一一樹葉縱廣正等廿五由旬其葉
千色有百種畫如天瓔珞有衆妙華作閻浮檀
金色如旋火轉婉轉葉間踊生諸菓如帝釋瓶有
大光明化成幢幡无量寶蓋是寶蓋中暎現三千
大千世界一切佛事十方佛國亦於中現見此樹已
亦當次第一一觀之觀見樹莖枝葉華菓皆令分
明是爲樹想名第四觀
次當想水想水者極樂國土有八池水一一池水
七寶所成其寶柔濡從如意珠王生分爲十
四支一一支作七寶色黃金爲渠渠下皆以雜

BD03388號　觀無量壽佛經　（21–6）

千世界一切佛事十方佛國亦於中現見此樹已
亦當次第一一觀之觀見樹莖枝葉華菓皆令分
明是為樹想名第四觀
次當想水想水者極樂國土有八池水一一池水
七寶所成其寶柔濡從如意珠王生分為十
四支一一支作七寶色黃金為渠渠下皆以雜
色金剛以為底沙一一水中有六十億七寶
蓮華一一蓮華團圓正等十二由旬其摩尼水
流注華間尋樹上下其聲微妙演說苦空无
常无我諸波羅蜜復有讚歎諸佛相好者
如意珠王踊出金色微妙光明其光化為百
寶色鳥和鳴哀雅常讚念佛念法念僧是
八功德水想名第五觀
衆寶國土一一界上有五百億寶樓其樓閣中有
无量諸天作天伎樂又有樂器懸處虛空如
天寶幢不鼓自鳴此衆音中皆說念佛念法
念比丘僧此想成已名為粗見極樂世界寶
樹寶地寶池是為總觀想名第六觀若見
此者除无量億劫極重惡業命終之後必生
彼國作是觀者名為正觀若他觀者名為耶觀
佛告阿難及韋提希諦聽諦聽善思念之佛
當為汝分別解說除苦惱法汝等憶持廣為
大衆分別解說是語時无量壽佛住立空中
觀世音大勢至是二大士侍立左右光明熾盛
不可具見百千閻浮檀金色不得為比時韋提
希見无量壽佛已接足作礼白佛言世尊我
令因佛力故得見无量壽佛及二菩薩未來衆

BD03388 號　觀無量壽佛經

（21–7）

大衆分別解說是語時无量壽佛住立空中
觀世音大勢至是二大士侍立左右光明熾盛
不可具見百千閻浮檀金色不得為比時韋提
希見无量壽佛已接足作礼白佛言世尊我
令因佛力故得見无量壽佛及二菩薩未來衆
生當云何觀无量壽佛及二菩薩佛告韋提
希欲觀佛者當起想念於七寶地上作蓮華
想令其蓮華一一葉作百寶色有八万四千脉
猶如天畫脉有八万四千光了了分明皆令得
見華葉小者縱廣二百五十由旬如是華有八
万四千葉一一葉間有百億摩尼珠王以為暎餝
一一摩尼放千光明其光如蓋七寶合成遍覆地
上釋迦毗楞伽寶以為其臺此蓮華臺八万金
剛甄叔迦寶梵摩尼寶妙真珠網以為交餝
於其臺上自然而有四柱寶幢一一寶幢如百千
万億須弥山幢上有寶縵如夜摩天宮有五百億
微妙寶珠以為暎餝一一寶珠有八万四千光
一一光作八万四千異種金色一一金光遍其寶
土處處變化各作異相或為金剛臺或作真
珠網或作雜華雲於十方面隨意變現施作佛
事是為華座想名第七觀佛告阿難如此妙華
是本法藏比丘願力所成若欲念彼佛者當先
作此華坐想作此想時不得雜觀皆應一一觀
之一一葉一一珠一一光一一臺一一幢皆令分明如
於鏡中自見面像此想成者滅除五万劫生死
之罪必定當生極樂世界作是觀者名為正

BD03388 號　觀無量壽佛經

（21–8）

作此華坐想作此想時不得雜觀皆應一一觀
之一一葉一一珠一一光一一臺一一幢皆令分明如
於鏡中自見面像此想成者滅除五万劫生死
之罪必定當生極樂世界作是觀者名為正
觀若他觀者名為耶觀
佛告阿難及韋提希見此事已次當想佛所以
者何諸佛如來是法界身入一切衆生心想中是
故汝等心想佛時是心即是卅二相八十隨形
好是心作佛是心是佛諸佛正遍知海從心想
生是故應當一心繫念諦觀彼佛多陁阿伽度
阿羅呵三藐三佛陁想彼佛者先當想像閉目
見一寶像如閻浮檀金色坐彼華上既見坐已
心眼得開了了分明見極樂國七寶莊嚴寶地
寶池寶樹行列諸天寶縵弥覆其上衆寶羅網
滿虛空中見如此事極令明了如觀掌中見此事
已復當更作一大蓮華在佛左邊如前蓮華等
无有異復作一大蓮華在佛右邊想一觀世音菩
薩像坐左華坐亦放金光色如前无異想一大勢至
菩薩像坐右華坐此想成時佛菩薩像皆放金色
光其光金色照諸寶樹一一樹下亦有三蓮
華諸蓮華各有一佛二菩薩像遍滿彼國
此想成時行者當聞水流光明及諸寶樹
鳧鴈鴛鴦皆說妙法出定入定恒聞妙
法行者所聞出定之時憶持不捨令與脩
多羅合若不合者名為妄想若合者名為麁想
見極樂世界是為像想名第八觀作是觀者

BD03388號　觀無量壽佛經　（21–9）

此想成時行者當聞水流光明及諸寶樹
鳧鴈鴛鴦皆說妙法出定入定恒聞妙
法行者所聞出定之時憶持不捨令與脩
多羅合若不合者名為妄想若合者名為麁想
見極樂世界是為像想名第八觀作是觀者
除无量億劫生死之罪於現身中得念
佛三昧
佛告阿難此想成已次當更觀无量壽佛身
相光明阿難當知无量壽佛身如百千万億
夜摩天閻浮檀金色佛身高六十万億那由
他恒河沙由旬眉間白毫右旋婉轉如五須
弥山佛眼如四大海水清白分明身无毛孔
演出光明如須弥山彼佛圓光如百億三千大
千世界於圓光中有百万億那由他恒河沙
化佛一一化佛亦有衆多无數化菩薩以為
侍者无量壽佛有八万四千相一一相各有
八万四千隨形好一一好復有八万四千光
明一一光明遍照十方世界念佛衆生攝取
不捨其光相好及與化佛不可具說但當
憶想令心眼見見此事已即見十方一切諸
佛以見諸佛故名念佛三昧作是觀者名觀
一切佛身以觀佛身故亦見佛心佛心者大
慈悲是以无緣慈攝諸衆生作此觀者捨身
他世生諸佛前得无生法忍是故智者應當
繫心諦觀无量壽佛觀无量壽佛者從一相
好入但觀眉間白毫極令明了見眉間白毫

BD03388號　觀無量壽佛經　（21–10）

慈悲是以无緣慈攝諸衆生作此觀者捨身
他世生諸佛前得无生法忍是故智者應當
繫心諦觀无量壽佛觀无量壽佛者從一相
好入但觀眉間白豪極令明了見眉間白豪
者八万四千相好自然當見見无量壽佛者即
見十方无量諸佛得見无量諸佛故諸佛現
前授記是為遍觀一切色想名第九觀作
此觀者名為正觀若他觀者名為耶觀
佛告阿難及韋提希見无量壽佛了了分明
已次應觀觀世音菩薩此菩薩身長八十億那
由他由旬身紫金色頂有肉髻項有圓光面
各有百千由旬其圓光中有五百化佛如釋迦
牟尼佛一一化佛有五百菩薩无量諸天以為
侍者舉身光中五道衆生一切色相皆於中
現頂上毗楞伽摩尼寶以為天冠其天冠中有
一立化佛高廿五由旬觀世音菩薩面如閻浮
檀金色眉間豪相備七寶色流出八万四千
種光明一一光明有无量无數百千化佛一
一化佛无數菩薩以為侍者變現自在滿
十方世界譬如紅蓮華色有八十億光明
以為瓔珞其瓔珞普現一切諸莊嚴事手
掌作五百億雜蓮華色手十指端一一指
端有八万四千畫猶如印文一一畫有八万
四千色一一色有八万四千光其光柔濡普
照一切以此寶手接引衆生舉足時足
下千輻輪相自然化成五百億光明臺下

BD03388號　觀無量壽佛經

(21-11)

掌作五百億雜蓮華色手十指端一一指
端有八万四千畫猶如印文一一畫有八万
四千色一一色有八万四千光其光柔濡普
照一切以此寶手接引衆生舉足時足
下千輻輪相自然化成五百億光明臺下
足時有金剛摩尼華布散一切莫不彌滿
其餘身相衆好具足如佛无異唯頂上肉
髻及无見頂相不及世尊是為觀世音菩
薩真實色身想名第十觀佛告阿難若
欲觀觀世音菩薩當作是觀作是觀者不
遇諸禍淨除業鄣除无數劫生死之罪如此
菩薩但聞其名獲无量福何況諦觀若欲
有觀觀世音菩薩者先觀頂上肉髻次觀
天冠其餘衆相亦次第觀之亦令明了如觀
掌中作是觀者名為正觀若他觀者名為
耶觀次觀大勢至菩薩此菩薩身量大小亦
如觀世音圓光面各百廿五由旬照二百五十由
旬舉身光明照十方國作紫金色有緣衆生
皆悉得見但見此菩薩一毛孔光即見十方
无量諸佛淨妙光明是故号此菩薩名无邊
光以智慧光普照一切令離三塗得无上力
是故号此菩薩名大勢至此菩薩天冠有五
百寶華一一寶華有五百寶臺一一臺中十
方諸佛淨妙國土廣長之相皆於中現頂上
肉髻如鉢頭摩華於肉髻上有一寶瓶盛諸光
明普現佛事餘諸身相如觀世音等无有異

BD03388號　觀無量壽佛經

(21-12)

方諸佛淨妙國土廣長之相皆於中現頂上
肉髻如鉢頭摩華於肉髻上有寶瓶盛諸光
明普現佛事餘諸身相如觀世音等无有異
此菩薩行時十方世界一切震動當地動處有
五百億寶華一一寶華莊嚴高顯如極樂世界
此菩薩坐時七寶國土一時動搖從下方金光
佛刹乃至上方光明王佛刹於其中間无量
塵數分身无量壽佛分身觀世音大勢至皆
悉雲集極樂國土側塞空中坐蓮華坐演
說妙法度苦衆生作此觀者名為正觀大勢至
菩薩是為觀大勢至色身相觀此菩薩
者名第十一觀除无量阿僧祇生死之罪作
是觀者不處胞胎常遊諸佛淨妙國土此觀
成已名為具足觀觀世音大勢至
見此相時當起自心生於西方極樂世界於
蓮華中結跏趺坐作蓮華合相作蓮華開
相蓮華開時有五百色光來照身相眼目開
想見佛菩薩滿虛空中水鳥樹林及與諸佛
所出音聲皆演妙法與十二部經合出定之時
憶持不失見此事已名見无量壽佛極樂世
界是為普觀想名第十二觀无量壽佛化
身无數與觀世音大勢至常來至此行人之
所佛告阿難及韋提希若欲至心生西方者
先當觀於一丈六像在池水上如先所說无量
壽佛身量无邊非是凡夫心力所及然彼如來
宿願力故有憶想者必得成就但想佛像

所佛告阿難及韋提希若欲至心生西方者
先當觀於一丈六像在池水上如先所說无量
壽佛身量无邊非是凡夫心力所及然彼如來
宿願力故有憶想者必得成就但想佛像
得无量福況復觀佛具足身相阿彌陀佛神
通如意於十方國變現自在或現大身滿
虛空中或現小身丈六八尺所現之形皆真金
色圓光化佛及寶蓮華如上所說觀世音菩
薩及大勢至於一切處身同衆生但觀首相
知是觀世音菩薩知是大勢至此二菩薩助
阿彌陀佛普化一切是為雜觀想名第十三觀
佛告阿難及韋提希上品上生者若有衆生願
生彼國者發三種心即便往生何等為三一者
至誠心二者深心三者迴向發願心具三心者
必生彼國復有三種衆生當得往生何等為
三一者慈心不殺具諸戒行二者讀誦大乘方
等經典三者修行六念迴向發願願生彼國
具此功德一日乃至七日即得往生生彼國時
此人精進勇猛故阿彌陀如來與觀世音大
勢至无數化佛百千比丘聲聞大衆无量
諸天七寶宮殿觀世音菩薩執金剛臺與
大勢至菩薩至行者前阿彌陀佛放大光
明照行者身與諸菩薩授手迎接觀世音
大勢至與无數菩薩讚歎行者勸進其心
行者見已歡喜踊躍自見其身乘金剛
臺隨從佛後如彈指頃往生彼國已見佛

明照行者身與諸菩薩授手迎接觀世音
大勢至與无數菩薩讚歎行者勸進其心
行者見已歡喜踊躍自見其身乘金剛
臺隨從佛後如彈指頃往生彼國已見佛
色身衆相具足見佛菩薩色相具足光明寶
林演說妙法聞已即悟无生法忍經須臾間
歷事諸佛遍十方界於諸佛前次第授記
還至本國得无量百千陀羅尼門是名上品
上生者
上品中生者不必受持讀誦方等經典善解
義趣於第一義心不驚動深信因果不謗大
乘以此功德迴向願求生極樂國行此行者
命欲終時阿彌陀佛與觀世音大勢至无量
大衆眷屬圍遶持紫金臺至行者前讚言
法子汝行大乘解第一義是故我今來迎接
汝與千化佛一時授手行者自見坐紫金臺合
掌叉手讚歎諸佛如一念頃即生彼國七寶
池中此紫金臺如大寶華經宿即開行者身
作紫磨金色足下亦有七寶蓮華佛及菩薩
俱時放光照行者身目即開明因前宿習普
聞衆聲純說甚深第一義諦即下金臺礼佛
佛合掌讚歎世尊經於七日應時即於阿耨
多羅三藐三菩提得不退轉應時即能飛至
十方歷事諸佛於諸佛所脩諸三昧經一小劫
得无生忍現前受記是名上品中生者

多羅三藐三菩提得不退轉應時即能飛至
十方歷事諸佛於諸佛所脩諸三昧經一小劫
得无生忍現前受記是名上品中生者
上品下生者亦信因果不謗大乘但發无上道
心以此功德迴向願求極樂國行者命欲終時
阿彌陀佛及觀世音大勢至與諸眷屬持金
蓮華化作五百化佛來迎此人五百化佛一時
授手讚言法子汝今清淨發无上道心我來
迎汝見此事時即自見身坐金蓮華坐已華
合隨世尊後即得往生七寶池中一日一夜蓮
華乃開七日之中乃得見佛雖見佛身於衆
相好心不明了於三七日後乃了了見聞衆音
聲皆演妙法遊歷十方供養諸佛於諸佛前
聞甚深法經三小劫得百法明門住歡喜地是
名上品下生者是名上輩生想名第十四觀
復次阿難及韋提希中品上生者若有衆生
受持五戒持八戒齋脩行諸戒不造五逆无衆
過患以此善根迴向願求生於西方極樂世界臨
命終時阿彌陀佛與諸比丘眷屬圍遶放金
色光至其人所演說苦空无常无我讚歎出
家得離衆苦行者見已心大歡喜自見己
身坐蓮華臺長跪合掌為佛作礼未舉頭
頃即得往生極樂世界蓮華尋開當華敷
時聞衆音聲讚歎四諦應時即得阿羅漢
道三明六通具八解脫是名中品上生者

身坐蓮華臺長跪合掌為佛作礼未舉頭
頃即得往生極樂世界蓮華尋開當華敷
時聞衆音聲讃歎四諦應時即得阿羅漢
道三明六通具八解脫是名中品上生者
中品中生者若有衆生若一日一夜受持八戒齋
若一日一夜持沙弥戒若一日一夜持具足戒威儀无
缺以此功德迴向願求生極樂國戒香勲脩
如此行者命欲終時見阿弥陁佛與諸眷屬
放金色光持七寶蓮華至行者前行者自
見空中有聲讃言善男子如汝善人隨順
三世諸佛教故我來迎汝行者自見坐蓮華
上蓮華即合生於西方極樂世界在寶池中
經於七日蓮華開敷華既敷已開目合掌讃
歎世尊聞法歡喜得須陁洹經半劫已成阿
羅漢是名中品中生者
中品下生者若有善男子善女人孝養父母行
世仁慈此人命欲終時遇善知識為其廣
說阿弥陁佛國土樂事亦說法藏比丘卌八
大願聞此事已尋即命終譬如壯士屈申臂頃
即生西方極樂世界生經七日遇觀世音
及大勢至聞法歡喜逕一小劫成阿羅漢是
名中品下生者是名中輩生想名第十五觀
復次阿難及韋提希下品上生者或有衆生
作衆惡業雖不誹謗方等經典如此愚人多
造衆惡无有慚愧命欲終時遇善知識為讃
大乘十二部經首題名字以聞如是諸經名

BD03388號　觀無量壽佛經

（21–17）

復次阿難及韋提希下品上生者或有衆生
作衆惡業雖不誹謗方等經典如此愚人多
造衆惡无有慚愧命欲終時遇善知識為讃
大乘十二部經首題名字以聞如是諸經名
故除却千劫極重惡業智者復教合掌叉
手稱南无阿弥陁佛稱佛名故除五十億劫
生死之罪尒時彼佛即遣化佛化觀世音化
大勢至行者前讃言善男子汝稱佛名故
諸罪消滅我來迎汝作是語已行者即見化
佛光明遍滿其室見已歡喜即便命終乘寶
蓮華隨化佛後生寶池中經七七日蓮華
乃敷當華敷時大悲觀世音菩薩放大光明
住其人前為說甚深十二部經聞已信解發无
上道心經十小劫具百明法門得入初地是名下
品上生者得聞佛名法名及聞僧名聞三寶
名即得往生
復次阿難及韋提希下品中生者或有衆生
毀犯五戒八戒及具足戒如此愚人偷僧祇物
盜現前僧物不淨說法无有慚愧以諸惡業
而自莊嚴如此罪人以惡業故應墮地獄命欲
終時地獄衆火一時俱至遇善知識以大慈悲
為說阿弥陁佛十力威德廣說彼佛光明神
力亦讃戒定慧解脫解脫知見此人聞已除
八十億劫生死之罪地獄猛火化為清涼風
吹諸天華華上皆有化佛菩薩迎接此人如
一念頃即得往生七寶池中蓮華之內經於六

BD03388號　觀無量壽佛經

（21–18）

為說阿彌陀佛十力威德廣說彼佛光明神
力亦讚戒定慧解脫解脫知見此人聞已除
八十億劫生死之罪地獄猛火化為清涼風
吹諸天華華上皆有化佛菩薩迎接此人如
一念頃即得往生七寶池中蓮華之內經於六
劫蓮華乃敷觀世音大勢至以梵音聲安慰
彼人為說大乘甚深經典聞此法已應時即
發无上道心是名下品中生者
佛告阿難及韋提希下品下生者或有眾生
作不善業五逆十惡具諸不善如此愚人以惡
業故應墮惡道經歷多劫受苦无窮如此愚
人臨命終時遇善知識種種安慰為說妙法教
令念佛彼人苦逼不遑念佛善友告言汝若
不能念者應稱无量壽佛如是至心令聲不
絕具足十念稱南无佛名故於念念中除八
十億劫生死之罪命終之後見金蓮華猶如
日輪住其人前如一念頃即得往生極樂世
界於蓮華中滿十二大劫蓮華方開觀世
音大勢至以大悲音聲為其廣說諸法實
相除滅罪法聞已歡喜應時即發菩提之
心是名下輩生想名第十六觀
說是語時韋提希與五百侍女聞佛所說應
時即見極樂世界廣長之想得見佛身及二
菩薩心生歡喜歎未曾有廓然大悟逮无生
忍五百侍女發阿耨多羅三藐三菩提心願生

BD03388號　觀無量壽佛經

（21–19）

說是語時韋提希與五百侍女聞佛所說應
時即見極樂世界廣長之想得見佛身及二
菩薩心生歡喜歎未曾有廓然大悟逮无生
忍五百侍女發阿耨多羅三藐三菩提心願生
彼國世尊悉記皆當往生生彼國已得佛現前
三昧无量諸天發无上道心
尒時阿難即從坐起前白佛言世尊當何名
此經此法之要當云何受持佛告阿難此經名
觀極樂國土无量壽佛觀世音菩薩
大勢至菩薩亦名淨除業鄣生諸佛前汝
當受持无令忘失行此三昧者現身得見无
量壽佛及二大士若善男子善女人但聞佛名
二菩薩名除无量劫生死之罪何況憶念若念
佛者當知此人是人中分陁利華觀世音菩
薩大勢至菩薩為其勝友當坐道場生諸佛
家佛告阿難汝好持是語持是語者即是持
无量壽佛名佛說此語時尊者目揵連阿難
及韋提希等聞佛所說皆大歡喜
尒時世尊足步虛空還耆闍崛山尒時阿難
廣為大眾說如上事无量諸天龍夜叉聞佛
所說皆大歡喜礼佛而退

佛說无量壽觀經

BD03388號　觀無量壽佛經

（21–20）

二菩薩名除无量劫生死之罪何况憶念若念
佛者當知此人是人中分陁利華觀世音菩
薩大勢至菩薩爲其勝友當坐道場生諸佛
家佛告阿難汝好持是語持是語者即是持
无量壽佛名佛說此語時尊者目揵連阿難
及韋提希等聞佛所說皆大歡喜
尒時世尊足步虛空還耆闍崛山尒時阿難
廣爲大衆說如上事无量諸天龍夜叉聞佛
所說皆大歡喜礼佛而退

佛說无量壽觀經

BD03388號　觀無量壽佛經　　（21–21）

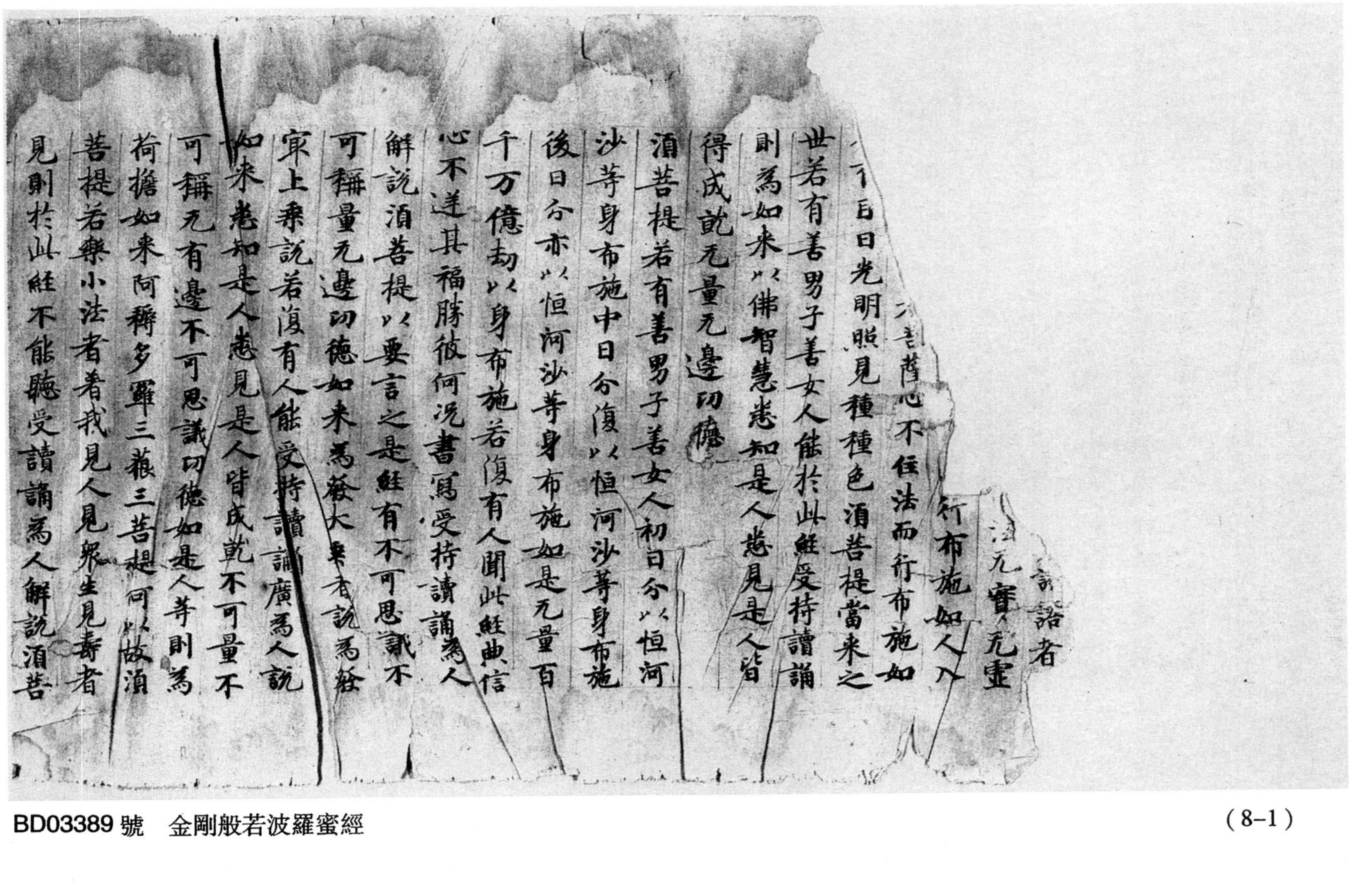

誑語者
法无實无虛
行布施如人入
菩薩心不住法而行布施如
有目日光明照見種種色須菩提當來之
世若有善男子善女人能於此經受持讀誦
則爲如來以佛智慧悉知是人悉見是人皆
得成就无量无邊功德
須菩提若有善男子善女人初日分以恒河
沙等身布施中日分復以恒河沙等身布施
後日分亦以恒河沙等身布施如是无量百
千万億劫以身布施若復有人聞此經典信
心不逆其福勝彼何况書寫受持讀誦爲人
解說須菩提以要言之是經有不可思議不
可稱量无邊功德如來爲發大乘者說爲發
最上乘者說若復有人能受持讀誦廣爲人說
如來悉知是人悉見是人皆成就不可量不
可稱无有邊不可思議功德如是人等則爲
荷擔如來阿耨多羅三藐三菩提何以故須
菩提若樂小法者著我見人見衆生見壽者
見則於此經不能聽受讀誦爲人解說須菩

BD03389號　金剛般若波羅蜜經　　（8–1）

㝡上乘說若復有人能受持讀誦廣為人說
如来悉知是人悉見是人皆成就不可量不
可稱无有邊不可思議功德如是人等則為
荷擔如来阿耨多羅三藐三菩提何以故須
菩提若樂小法者著我見人見衆生見壽者
見則於此經不能聽受讀誦為人解說須菩
提在在處處若有此經一切世間天人阿脩
羅所應供養當知此處則為是塔皆應恭敬
作礼圍繞以諸華香而散其處
復次須菩提善男子善女人受持讀誦此
若為人輕賤是人先世罪業應墮惡道
世人輕賤故先世罪業則為消滅當得阿
多羅三藐三菩提須菩提我念[illegible]
僧祇劫於然燈佛前得值八百四
由他諸佛悉皆供養承事无空過者若復有
人於後末世能受持讀誦[illegible]得功德於
我所供養諸佛功德百分不及一千万億分
乃至筭數譬喻所不能及須菩提若善男子
善女人於後末世有受持讀誦此[illegible]所得功
德我若具說者或有人聞心則狂亂狐疑不
信須菩提當知是經義不可思議果報亦不
可思議
尒時須菩提白佛言世尊善男子善女人發
阿耨多羅三藐三菩提心云何應住云何降
伏其心佛告須菩提善男子善女人發阿耨
多羅三藐三菩提者當生如是心我應滅度

BD03389號　金剛般若波羅蜜經

（8–2）

阿耨多羅三藐三菩提心云何應住云何降
伏其心佛告須菩提善男子善女人發阿耨
多羅三藐三菩提者當生如是心我應滅度
一切衆生滅度一切衆生已而无有一衆生
實滅度者何以故若菩薩有我相人相衆生
相壽者相則非菩薩所以者何須菩提實无
有法發阿耨多羅三藐三菩提者須菩提於
意云何如来於然燈佛所有法得阿耨多羅
三藐三菩提不不也世尊如我解佛所說義
佛於然燈佛所无有法得阿耨多羅三藐三
菩提佛言如是如是須菩提實无有法如来
得阿耨多羅三藐三菩提須菩提若有法如
来得阿耨多羅三藐三菩提者然燈佛則不
與我受記汝於来世當得作佛号釋迦牟尼
以實无有法得阿耨多羅三藐三菩提是故
然燈佛與我受記作是言汝於来世當得作
佛号釋迦牟尼何以故如来者即諸法如義
若有人言如来得阿耨多羅三藐三菩提須
菩提實无有法佛得阿耨多羅三藐三菩提
須菩提如来所得阿耨多羅三藐三菩提於
是中无實无虛是故如来說一切法皆是佛
法須菩提所言一切法者即非一切法是故
名一切法須菩提譬如人身長大須菩提言
世尊如来說人身長大則為非大身是名大
身須菩提菩薩亦如是若作是言我當滅度

BD03389號　金剛般若波羅蜜經

（8–3）

世尊如来說人身長大則為非大身是名大
身須菩提菩薩亦如是若作是言我當㓕度
无量衆生則不名菩薩何以故須菩提實无
有法名為菩薩是故佛說一切法无我无人
无衆生无壽者須菩提若菩薩作是言我當
莊嚴佛土是不名菩薩何以故如来說莊嚴
佛土者即非莊嚴是名莊嚴須菩提若菩薩
通達无我法者如来說名真是菩薩
須菩提於意云何如来有肉眼不如是世尊
如来有肉眼須菩提於意云何如来有天眼
不如是世尊如来有天眼須菩提於意云何
如来有慧眼不如是世尊如来有慧眼須菩
提於意云何如来有法眼不如是世尊如来
有法眼須菩提於意云何如来有佛眼不如
是世尊如来有佛眼須菩提於意云何恒河
中所有沙佛說是沙不如是世尊如来說是
沙須菩提於意云何如一恒河中所有沙有
如是等恒河是諸恒河所有沙數佛世界如
是寧為多不甚多世尊佛告須菩提尒所國
土中所有衆生若干種心如来悉知何以故
如来說諸心皆為非心是名為心所以者何
須菩提過去心不可得現在心不可得未来
心不可得須菩提於意云何若有人滿三千
大千世界七寶以用布施是人以是因緣得
福多不如是世尊此人以是因緣得福甚多

BD03389號　金剛般若波羅蜜經　（8–4）

須菩提過去心不可得現在心不可得未来
心不可得須菩提於意云何若有人滿三千
大千世界七寶以用布施是人以是因緣得
福多不如是世尊此人以是因緣得福甚多
須菩提若福德有實如来不說得福德多以
福德无故如来說得福德多
須菩提於意云何佛可以具足色身見不不
也世尊如来不應以具足色身見何以故如
来說具足色身即非具足色身是名具足色
身須菩提於意云何如来可以具足諸相見
不不也世尊如来不應以具足諸相見何以
故如来說諸相具足即非具足是名諸相具
足須菩提汝勿謂如来作是念我當有所說
法莫作是念何以故若人言如来有所說法
即為謗佛不能解我所說故須菩提說法者
无法可說是名說法須菩提白佛言世尊佛
得阿耨多羅三藐三菩提為无所得耶如是
如是須菩提我於阿耨多羅三藐三菩提乃
至无有少法可得是名阿耨多羅三藐三菩
提復次須菩提是法平等无有高下是名阿
耨多羅三藐三菩提以无我无人无衆生无
壽者脩一切善法則得阿耨多羅三藐三菩
提須菩提所言善法者如来說非善法是名
善法須菩提若三千大千世界中所有諸須
弥山王如是等七寶聚有人持用布施若人
以此般若波羅蜜經乃至四句偈等受持為

BD03389號　金剛般若波羅蜜經　（8–5）

提[illegible]所言善法者如来說非善法是名
善法須菩提若三千大千世界中所有諸須
弥山王如是等七寶聚有人持用布施若人
以此般若波羅蜜經乃至四句偈等受持為
他人說於前福德百分不及一百千万億分
乃至筭數譬喻所不能及
須菩提於意云何汝等勿謂如来作是念我
當度衆生須菩提莫作是念何以故實无有
衆生如来度者若有衆生如来度者如来則
有我人衆生壽者須菩提如来說有我者則
非有我而凡夫之人以為有我須菩提凡夫
者如来說則非凡夫須菩提於意云何可以
卅二相觀如来不須菩提言如是如是以卅
二相觀如来佛言須菩提若以卅二相觀如
来者轉輪聖王則是如来須菩提白佛言世
尊如我解佛所說義不應以卅二相觀如来
尒時世尊而說偈言
若以色見我　以音聲求我　是人行耶道　不能見如来
須菩提汝若作是念如来不以具足相故得
阿耨多羅三藐三菩提須菩提莫作是念如
来不以具足相故得阿耨多羅三藐三菩提
須菩提汝若作是念發阿耨多羅三藐三菩
提者說諸法斷滅相莫作是念何以故發阿
耨多羅三藐三菩提者於法不說斷滅相須
菩提若菩薩以滿恒河沙等世界七寶布施
若復有人知一切法无我得成於忍此菩薩

BD03389號　金剛般若波羅蜜經

（8–6）

提者說諸法斷滅相莫作是念何以故發阿
耨多羅三藐三菩提者於法不說斷滅相須
菩提若菩薩以滿恒河沙等世界七寶布施
若復有人知一切法无我得成於忍此菩薩
勝前菩薩所得功德須菩提以諸菩薩不受
福德故須菩提白佛言世尊云何菩薩不受
福德須菩提菩薩所作福德不應貪著是故
說不受福德須菩提若有人言如来若来若
去若坐若卧是人不解我所說義何以故如
来者无所從来亦无所去故名如来
須菩提若善男子善女人以三千大千世界
碎為微塵於意云何是微塵衆寧為多不甚
多世尊何以故若是微塵衆實有者佛則不
說是微塵衆所者何佛說微塵衆則非微
塵衆是名微塵衆世尊如来所說三千大千
世界則非世界是名世界何以故若世界實
有者則是一合相如来說一合相則非一合
相是名一合相須菩提一合相者則是不可
說但凡夫之人貪著其事須菩提若人言佛
說我見人見衆生壽者見須菩提於意云
何是人解我所說義不世尊是人不解如来
所說義何以故世尊說我見人見衆生見壽
者見即非我見人見衆生見壽者見是名我
見人見衆生見壽者見須菩提發阿耨多羅
三藐三菩提心者於一切法應如是知如是

BD03389號　金剛般若波羅蜜經

（8–7）

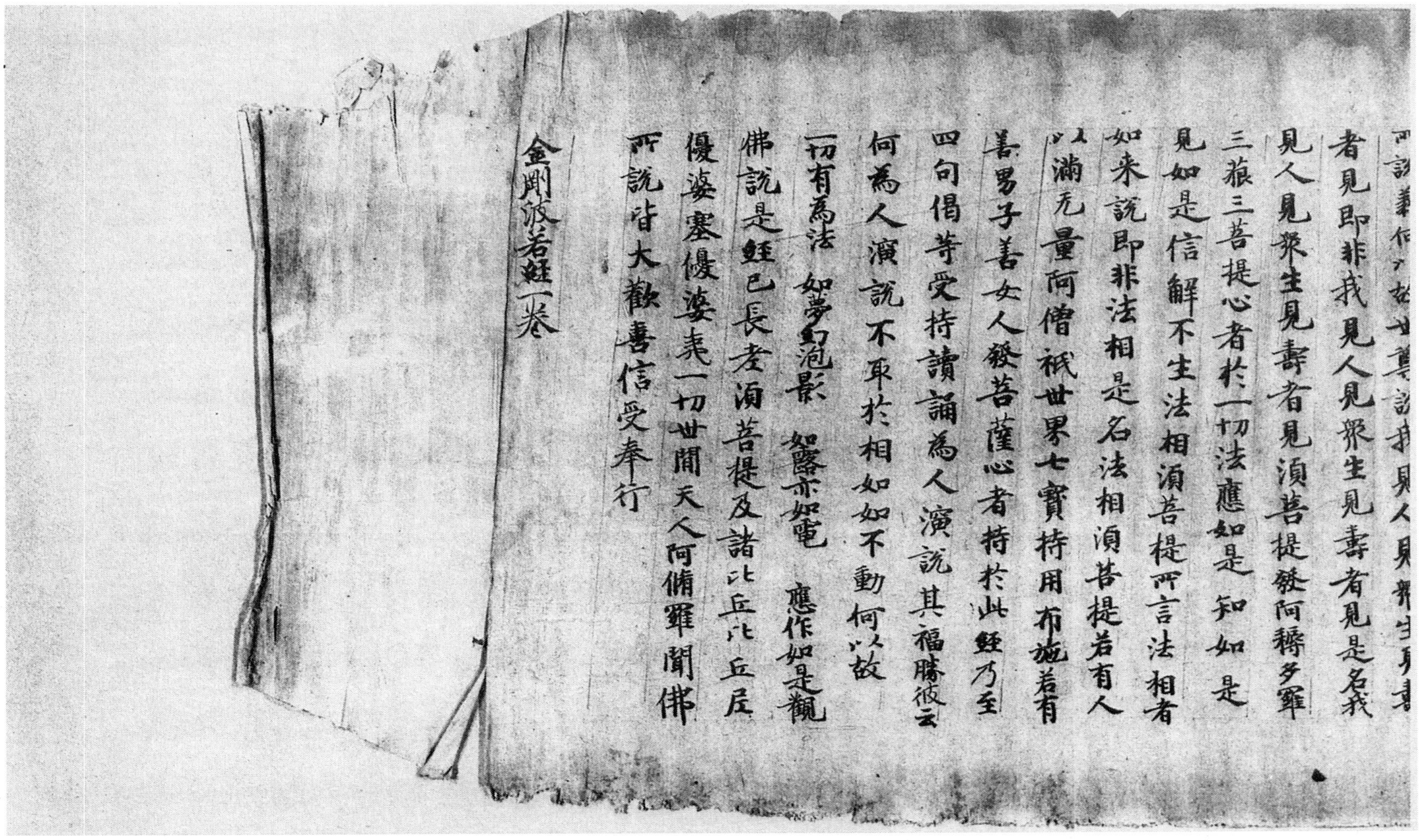
所說義何以故世尊說我見人見衆生見壽
者見即非我見人見衆生見壽者見是名我
見人見衆生見壽者見須菩提發阿耨多羅
三藐三菩提心者於一切法應如是知如是
見如是信解不生法相須菩提所言法相者
如來說即非法相是名法相須菩提若有人
以滿无量阿僧祇世界七寶持用布施若有
善男子善女人發菩薩心者持於此經乃至
四句偈等受持讀誦為人演說其福勝彼云
何為人演說不取於相如如不動何以故
一切有為法　如夢幻泡影　如露亦如電　應作如是觀
佛說是經已長老須菩提及諸比丘比丘尼
優婆塞優婆夷一切世間天人阿脩羅聞佛
所說皆大歡喜信受奉行
金剛波若經一卷

BD03389號　金剛般若波羅蜜經　（8–8）

万德涅槃一名[illegible]

[illegible]万德之時不應隨德更立名字故說万德

[illegible]非[illegible]若言以有无名能播是義不然如下文中如來隨顯[illegible]

[illegible]今日如来將欲涅槃隨計異善立何名播令正相播名之義隨義

名列多種或去不生或去不滅或稱不然或言不識[illegible]

為或去无相如是非一去何得知是義非揔令此是以義驗之[illegible]

求知来首於餘部經中無常宣說生死因果盡无之處以為涅槃

涅槃名不異昔何忽是揔二據終以驗知如來今於娑羅樹間大尋

今涅槃衆生聞已咸皆悲惱諸仏請住若使涅槃名揔万德是身

万德亦人衆生聞言何故悲泣諸仏請住以斯驗明知非揔三准[illegible]

言其外國人見人死咸咸皆稱言某甲涅槃世人死咸何德可揔四[illegible]

文為證如下文中仏嘆純陀能知如來亦同衆生方便涅槃世間衆生[illegible]

有彼万德涅槃可以亦同蓋万如來同世盡咸名亦涅槃又法華中明日月燈仏

說法華竟於夜後分入般涅槃下偈說之仏此夜滅度如薪盡火滅明知

涅槃是滅非揔問曰若言涅槃名滅下文說言諸結火滅名為滅度離

覺觀故名曰涅槃是則涅槃者滅義異去何而言涅槃名滅釋言外

國滅有多名所謂涅槃略尼叉与弥留陀等以名多故隨其異義各

施異名故滅覺觀說為涅槃諸結火滅更作異稱此播名滅此方名

少涅槃毗尼弥留陀等同播名滅其猶外國菩提末伽此傳名道何者

是滅滅有四義一是事滅生死因盡生死果二是德滅捨循[illegible]故名為

滅諸仏真德離性故說為滅言離相者如淨提胡貯雖是有而无

青黃赤白等相如如一切衆生心識貯雖是有而无大小長短等相涅槃

是我〻有四義一是事我〻生死因盡生死果二是德我捨循旁故名為
我諸佛真德離性故說為我言離相者如淨提胡躰雖是有而无
青黃赤白等相〻如一切眾生心識躰雖是有而无大小長短等相涅槃
亦尒躰雖是有而无一相无何等相如下文說謂无色聲香味觸相无生住
我男女等相乃至无有自可取言離性者大涅槃中諸德同躰乎相集
成无有一德別守自性如就諸德互說常義離諸德外无別有一常
性可得諸義齊然故下文言又非別異故成涅槃三是應我隨化世間
示我有因現六身智四是理我如經中說一苦我諦一切眾生畢竟言我
即涅槃相如是等也理我有二一是相空妄想諸法空无自實二是真
空如來藏中恒沙仏法離相離性言離相者如馬鳴說謂非有相非无相
非〻有相非〻无相非有无俱相非自相非〻自相非〻他相非自他相如是
一切妄心分別悉不相應唯證境界言離性者是諸仏法同一躰性乎相集
成不離不脫不斷不異以同躰故无有一門別守自性我義雖眾要唯此〻
四〻我中理我為本由見相空成前事我由見真空成前德我依德
起用便有應我若以分相說前三我以為涅槃攝相論之四我俱是問曰此
經具明諸義何故偏言涅槃〻〻為宗故偏言耳亦可諸義不可備顯且舉
涅槃耶者名息今略不舉息有三義一息生死有為因果趣入无為名之
為息二息煩惱業名之為息故下文言若能斷除世七品所行之事是
名涅槃三息化歸真名之為息此舉所詮經為能詮外國正音名脩多
羅此翻名綖以能貫穿一切法相如綖貫華是故就喻說之為綖而言經者
經能貫華經能持緯其用相似故復名經若依俗訓經者常也教之一
法還古歷今恒有曰常壽命品者依多品經名為序品依少品經名壽
命品諸經立品大例有三或有從廣或復就略或當相以名此言壽命
從略言耳以下迦葉偈請之後明其慈悲不殺因緣得壽命長就此彰
然〻壽命〻命限稱壽神慮不斷目之為命品者品別〻可品者是其品
類〻隨其所明類〻同聚故言品類此經合有十三章別此品建始故稱第一
此經始終文別有五一者序分二純陀下開宗顯德分三〻告下爭脩成德
分四若人能知是名沙門婆羅門下破邪道正分五如來或變現雖洪基分

BD03390號　大般涅槃經義記卷一　　（63–2）

名々壽命，々命限稱壽，神患不斷日之為命。品者品別，之可品者是其品
類，隨其所明類々同聚，故言品。類此經合有十三章，別此品建始，故稱第一。
此經始終文別有五：一者序分，二純陀下開宗顯德分，三々告下弁脩成德
分，四善人能知是名沙門婆羅門下破耶通正分，五如來藏度闍維供養分。
此後一分外國未來。化必有由，故先明序。由序既興，宜顯所明，故次第二
開宗顯德。宗諸佛圓極，果々由成因，故次第三弁脩成德。真法既
開，欲以所明傳化不絕，故次第四破耶通正。故下文中對破外道以通正義，
對破衆魔以通正說。為化既周，遷影歸寂，故次第五如來示滅，人天
大衆闍維供養。問曰：諸人多以三分科判此經，今以何故離分為五？釋言：
准依勝鬘經等，三分科文，實有道理。故經中十五章前別有由序，
五章後別立流通。此經判文不得同彼，以第五分非流通故。又諸論者
作論解經，多亦不以三分科文。五中初一化益方便，中三正益，後之一分化訖取滅。就初
序中義要有二：一發起序，二證信序。弁此二序略有五門：一釋名義，并顯立意；
二明兩序名之差別，并顯得失；三明二序名之通局；四定二序文之前卻；五隨
文解釋。就初門中先釋名義。言發起者，佛將說經，先託時處神力集
衆發起所說，名為發起。以此發起與說為由，名發起序。言證信者，阿難
稟承佛化，欲以所聞傳之末代，先對衆生言如是法我從佛聞，證成可信，
名為證信。以此證信與傳經為由，名證信序。名義如是。次顯立意，何故
有二？由經二故。經正是一，何曾有二？經雖是一，約時就人故得分二：一如來所說
經，二阿難所傳經。如來所說益在當時，阿難所傳々之末代。對斯二經，故立
兩序：對佛所說立發起序，對阿難所傳立證信序。第二門中先明二序名
之差別，後弁得失。名別有四：一當相以名，々為發起及以證信；二就人為名，
々如來序及阿難序。發起序者如來所為，名如來序；證信序者阿難
所作，名阿難序。三就時為名，々現在序及未來序。如來序者名現在序，
阿難序者名未來序。四對經為名，々經前序及經後序。如來序者名為
經前，阿難序者說為經後。此名佛說以之為經，約對此經以別前後。彼證
信序更有一名，々遺教序。佛將滅度，遺言教置，故曰遺教。名別如此。次明

所作名阿難序三乾時為名〻現在序及未來序如來序者名現在序
阿難序者名未來序四對經為名〻經前序及經後序如來序者名為
經前阿難序者說為經後此名仏說以之為經約對此經以別前後彼證
信序更有一名〻遺教序仏將滅度遺言教置故曰遺教名別如此次明
淂失此四對中證信發起名義无乖第二對中阿難者名〻无過　尊
如來序義有不足去何不足如說㨾𧰼有仏他主王及夫人祇提賜五
人影響共為發起諸經起發多不獨仏若使發起名如來序失他餘人
發起之義以如來序有過須廢阿難序者對〻不立第三對中現在无
乘未來不便是義去何若使如來現在說經所立之序名為現在阿難
傳時〻是現在所立之序何為非現若對如來現在說時阿難之序遂
名未來是則對於阿難傳時如來之序應名過去仏雖過去正取說時
「一」為現在阿難〻尒對仏雖未正取傳時〻是現在二俱現在何可偏名
一為未來良以未來有過須廢所對現在事〻不立第四對中經前无過
經後不便若尊經後去何名序若說為序則非經後當知二序約對二
經皆是經前不可論判一為經後[良以經後]不便須廢所對經前義〻不立良
以諸名斯皆有過故今釋者論存證信發起之稱
第三明其名之通局通則二序俱名證信齊号發起立序之意皆為
生信故通名證信同為發起故齊号發起今為別二序故如來序偏名發
起阿難序者偏号證信等為別序隨便義以彰便義如何阿難小聖
懼人輕謗立序之意尊為生信故今釋者望其本意名阿難序以為
證信如來大聖人皆重信立序之意多為起發不專為信故今釋者望其本
意說為發起　第四定其文之前却先序異說次弁淂失後顯正義異說
去何昔來相傳言證信中句別有五一如是二我聞三一時四住處五同聞後來
釋者更加一仏通餘說六異說如此言淂失者如是我聞判為證信此言
當理是其淂也一時仏等定判經後此言乖理是其失也是義去何一時仏
等若是經後經前无仏誰之說經无時无處說何所詺經前无衆
說何所被賴藉此等起發所說何得一向判為經後人須救言事雖
經前經後引來證成可信故判經後若尒何獨五句六句正說已前本

當理是其淂也一時仏等定判經後此言示理是其失也是義云何時仏
等若是經後經前无仏誰之説經无時无處説何所詺經前无衆
説何所被賴藉此等起發所説何得一向判為經後人須救言事雖
經前經後引来證成可信故判經後若尒何獨五句六句正説已前本
但有事所有言説皆後引来如此經中流血已前當時但可有事而已
是中言説悉是阿難後時引来然下文中六種相等雖後引来淂判經
前一時仏等何為不尒以斯推驗一時仏等定判經後實非道理事驗如此
今此又證如彼地論解仏在於第二七日他化天説言時處等校量顯示
勝故此法勝故在於初時又勝處説仏將説經先説時處表彰法勝然
後起説明知時處經前起發又法華論釋法華經義亦同尒彼言何故
在王舍城耆闍堀山此法勝故寄處表法然後起説明非經後淂失如是
次顯正義如是我聞一句證信一時仏下義有兩兼取其當時起發之義
判為發起阿難引来證成可信判為證信義既兩兼不可偏取第五門
中先解如是我聞之言三門弁釋一解如是我聞有之所由二明立意三釋其
文如是我聞何因緣有由仏教故仏何故教阿難請故彼何緣請阿尼樓大教
故彼何因教由見阿難心憂惱故阿難比丘何故憂惱由見如来般涅槃故
仏將滅度在雙林間北首而卧阿難尒時以仏將滅心懐悲惱莫能自勝阿尼
樓大開覺阿難汝傳法人何不請仏未来世事徒悲何益阿難對曰我今心
沒憂海知何所問阿尼樓大遂教阿難請仏四事一問仏滅後諸比丘等以
何為師二問比丘依何而住三問惡性比丘云何共居四問一切經首當置字何
阿難聞之心少惺悟受教請仏ミ依答之諸比丘等以何為師者當依波羅提
木叉為師若我住世无異於此木叉是我比丘所學故説為師一切比丘依何
住者當依四念所謂比丘觀内身脩身觀精懃一心除世貪憂如是觀外身内
外身受心法ミ如是ミ謂比丘所依住處故經説言若住四念自境界不為
魔縛若住五欲名他境界為魔所縛惡性比丘云何共住者梵壇治之若調
為説離有无經梵壇是其嘿不共語一切經首置何字者當置如是我聞
仏在某方某處林等由仏本教故有斯言ミ立意者為生物信云何生信言
如是者阿難彰己自信仏語尊仏所説以為如是令他衆生同己生信言我
聞者阿難自是下足之人若首此法是我所説人多不信尊我聞故人多生

為說雖有无經梵讚是其哭不共語一切經首置何字者當置如是我聞
仏在某方某聚林等由仏本教故有斯言言立意者為生物信云何生信言
如是者阿難歎已自信仏語尊仏所說以為如是令他衆生同已生信言我
聞者阿難自是不足之人若道此法是我所說人多不信道我聞故人多生
信生信如是信有何義而為生手信者是其入法初門攝法上首凡入仏法
要先生信故華嚴中說信為手如人有手至彼寶所隨意採取若當
无手空无所獲如是入仏法者有信心手隨意採取道法之寶若无信心空
无所得次釋其文先解如是於中初先就人以定然後解釋定之云何昔來多
就阿難以釋阿難所傳如仏所說故名為如簡去相似故復云是究尋此言就
仏以釋非就阿難何以得知如大智論言如是者信順之辞信者言是事如是
不信者言是事不如是阿難信順仏語名仏所說以為如是又溫室初云阿難
日吾從仏聞如是故知阿難名仏所說以為如是但方言不同彼溫室經傾
此方語故說從辭仏聞於如是餘経多悟外國人語先舉如是後彰我聞定
之奈尔釋之言如是者解有兩義一約法解阿難尊彼如來所說如於
諸法故名為如說理如理說事如事說因如因說果如法之言是當道
理故曰如是良以乖法名為非故如法之言得稱為是二約人解阿難尊
令釋迦所說如於過去一切仏說故名為如如諸仏說是當道理故曰如是良
以乖仏所說為非如諸仏說得名為是言我聞者阿難對彼未來衆生
尊已食說故曰我聞聞實是耳云何稱我諸根之別皆我用具就主名
故曰我聞法中无人云何就主宣說我聞釋言法中雖无定主非无假名
詺御衆生故得稱我譬如四兵合以為軍雖无定主乃舉稱言
我軍勇健我軍勝彼此亦同尔問曰阿難得理聖人以何義故同凡
說我釋言阿難雖復說我不同凡夫云何不同說我有三一見心說我
謂諸凡夫我見未亡於此心中稱說有我二慢心說我謂諸學人我見雖亡
我慢猶在於此心中宣說有我三世流布謂无學人見慢已除隨世流布
稱說有我阿難當於結集法時身居无學見慢已除隨世流布稱說有
我是故不同問曰无是我勝有我不如何不從勝就劣說我化衆生法須
如是若不說我何由可得樹別彼此令人識知是故聖仏化衆生皆自
說我一時已下義雖兩兼對前一向證信序故今論就其緣起入壽之中

稱說有我阿難富於結集法時身居無學見惑已除隨世流布稱說有
我是故不同問曰無是我勝有我不如何不從勝說為說我化眾生法須
如是若不說我何由可得樹別彼此令人識知是故聖人化我眾生皆自
說我一時已下義雖兩兼對前一句證信序故今論說其發起以釋於中
初先說仏明處与大已下說仏明眾時則兼通前中有三一明化時二明
仏化主三明化處言一時者為化時也釋此時中先序異說次并還非後
顯正義言異說者昔來相傳言仏說時阿難聞時更無後先兩去
傳謀成上我聞故去一時異說如是并還去何先以事徵後以文證言事
徵者阿難是仏得道夜生佛成道已過六七日即便說經若依大乘過二
七日仏便說經阿難尔時猶在懷抱身不預會度廿年方始出家廿年
後方為侍者自斯已前所說諸經多不親聞而所集經皆去一時判知
時非前傳之辭又小乘中不得說言阿難是權何由得言說聽一時以斯
準驗定知人語為非去何得知阿難是仏得道夜生為證此義須知阿難
立字因緣阿難陀者是外國語此名歡喜有三緣一過去因緣釋迦過去
行菩薩時見過去世釋迦遮文仏父名淨飯母名摩耶侍者弟子名曰
阿難國土眷屬与今不別因即發願我當來成得仏道如今無異由
斯本願今得果成故今侍者還字阿難二現在因緣阿難端正人見皆
喜故字歡喜三父母立字父母何緣名字歡喜時生故何者喜時仏
得道時如來十九踰城出家已五年習定六年自餓父王知子身極徵
为常恐不全菩薩後時知餓非道受食乳糜故即正覺魔作是念若
仏成道空我境界男道未成當敗其志遂率官屬十八億万持諸兵具
來怖菩薩菩薩尔時入意勝慈之令魔眷屬顛倒墮落魔既被
降便作是念菩薩力大非我能勝當惱其父遂便往詣淨飯宮上
唱如是言悉達太子昨夜了矣王聞是已從床而墮良久乃穌念子
在家當為輪王何期出家空無所獲未久之間菩提樹神以仏道成
遂持天華慶賀父王之往淨飯宮上唱如是言大王當知悉達太子
昨夜明星出時降魔兵眾成得仏道故以天華用相慶賀王聞生疑

在家當為輪王何期出家空无所獲未久之間菩提樹神以仏道成
遂持天華慶賀父王云注淨飯宮上白如是言大王當知悉達太子
昨夜明星出時降魔兵衆成淂仏道故以天華用相慶賀王聞生疑
向者有天言我子死今復有天言子成道何者可信菩提神曰我言
可信向者是魔故来惱亂王便作念我子在家當為輪王今日出家
為法輪王彼此无失向者聞死今忽聞活一重大喜復聞道成兩重大
喜未久之間王弟斛飯夜生阿難實施詣王弟於昨夜生此一男王
便對曰我子成道汝復生男衆慶并集与字歡喜以斯准驗阿難
定是淂道夜生何緣淂言聽說一時事驗如此次以文證如輪輪法
經宣說阿難結集法時先昇高坐而說偈言仏初說法時尒時
我不見如是展轉聞仏経波羅捺為五比丘衆轉四諦法輪然彼
經首亡云一時彼言傳聞復云一時明非簡傳之辞次弁正義盖乃
如来為化之辰說之為時化時衆多簡別餘時是故言一此云何知
如彼地経大本之中云言尒時仏在天中及其別傳致尒為一尒時之言不可
成上致尒為一寧不屬下諸経之中大有此例如下文中我於一時在尸首林
我於一時在迦尸国我於一時在王舍城我於一時在恒河坪如是非一所言
仏者樹其化主此憍名覺之有兩義一覺察名覺如人覺賊二覺悟
名覺如人睡悟言覺察者對煩惱鄣煩惱侵害事等如賊唯聖覺
知不為其害故名為覺言覺悟者對其智鄣无明昏侵事等如睡聖
慧一起朗然大悟如睡淂寤故名為覺覺无明有二性結无明迷覆實性
對除彼故覺窮自實如来藏性故名為覺二者事中无知不了世諦對
除彼故覺知一切善惡无記三聚之法故名為覺故地持云於義饒益聚
非義饒益聚非義非非義饒益聚平等開覺故名為仏義聚是善
非義不善非義非非義是其无記於此悉知故名覺矣既能自覺復能
覺他覺行窮滿名之為仏自覺簡凡覺他簡異聲聞緣覺覺行窮滿
彰異菩薩是故獨此偏名為仏拘尸国等是化處也處別有四一國二地三
河四林道化處中目之為在拘尸国者從城為名此云濡草阿含経中名曰茅

非義不善非義非非是其无記於此悉知故名覺矣既能自覺復能
覺他覺行窮滿名之為仏自覺簡凡覺他簡異聲聞緣覺覺行窮滿
彰異菩薩是故獨此滿名為仏拘尸國等是化處也處別有四一國二城三
河四林遊化處中目之為在拘尸國者從城為名此土濡革阿含經中名曰茅
城力士生地約人別處國界寬滯故復別指諸力士子生於此處是故復
為力士生地阿利羅跋提河邊約河別處生地猶寬故復弁之此方偤名
金沙河也阿利跋羅樹約林別處河猶寬長故復指此方偤名堅固林
冬夏不改名堅固林何故在此國樹二處下文自解地河二處當之有以文
中不弁不輒可言有人於此寄事表法言拘尸城是仙人城人仙長命表
仏長壽力士生地表仏大力不為四魔之所摧伏金沙河者表涅槃河
有仏性沙堅固林者表示如来有身堅固不可破壞或可如此但非經
說未可為定自下第二就仏明衆三門分別一就仏分別二就衆分別三就
仏衆相對分別為知化相是故宜須就仏分別為知所化新舊之異是
故宜須就衆分別為識其文是故宜須仏衆参論言就仏者仏現六相
一出聲二放光三動地四雙林五淨土六攝光歸口於此六中先弁正義後
非異說正義如何通則此六斯皆表成与成為相於中別分前三居衆
後三起說就前三中兩門分別一表成分別初一聲相令知成時及知成人第
二光相令知成處第三動地彰成決定亦成不貫二居衆分別初一聲
相告成令知為使衆生應聖故来第二光相令知成處并除惱导
備聞聖藏有心欲赴惱导纓纏莫能自運故放慈光除其惱导故下
文言其中衆生遇斯光者罪垢煩惱一切消除第三動地催令速集故下
大衆觀相相催後三相中亦兩門分別一表成分別第一雙林敗常住處顯
聖必去第二淨土亦所歸處彰聖必赴第三攝光亦化已周彰成不貫
二斂廣衆心起說分別初一雙林此方衆集見聖猶在望仏不成求法
心貫仏為斂廣雙林現成以增求心第二淨土他方衆集見仏猶在望
仏不成求法心貫仏為斂廣雙土現成以增求心前雖知成謂成不即
應情猶貫受法不懸故復斂廣攝光歸口彰化已周亦成在今令憎渴
仰聞法耶受正義如是次非異說於中有三一彼多相有人於此建立七相六
[illegible]

BD03390號　大般涅槃經義記卷一　（63–9）

心貫仏為敎屬憂林現滅以增求心第二淨土他方衆集見仏猶在塗
仏不滅求法心貫仏為敎屬憂土現滅以增求心前雖知滅謂滅不耶
慼情猶貫受法不怨故復數慶播光歸口彰化已圓亦滅在今令憎渴
仰聞法即受二義如是次非異說於中有三一彼多相有人於此建立七相六
種知前加一現臺通前為七若林上現臺臺為列相臺下池池亦異池中
有華華亦應別池華嚴臺不可別分臺為嚴林何淨為別故下文中現臺
之後方言尒時娑羅樹林種種莊嚴甚可愛樂如帝釋趣園歡喜之園
明知不別二級以相有於此但立四相動地淨土非涅槃相故但有四何故動地
非涅槃相以衆哀泣故令地動非仏所現故非滅相何故淨土非涅槃相淨土
由於大衆心淨非仏所現又淨殊好故非滅相若言地動由衆哀泣非表滅相
何故大衆見動心悲相催詣仏見動相催何為非相若動非相大衆曰何共
相抑心若上言土淨由衆心淨非仏所現令非滅相何故下言仏神力故地皆
柔濡不言由心若土嚴淨便非滅相莊嚴樹林何淨為相彼淨為相此亦同
不三破異表有人說言菩聲相為表滅時不餘表義聲中舉時便名
表時聲中尊仏將欲涅槃何為不表人復說言光亦滅衆不表餘義者
今文中應言衆生遇光知憂不應說言衆生遇光罪垢煩惱皆悉消除
人復說言何故憂林淨表滅者林白死相故淨表滅此乃鮮白故下文言
其林憂白猶如白鵠甚可愛樂林白可愛云何死相人復說言淨土為欲顯
說淨法不為表滅此同前破嚴林表滅淨土似彼何為不表此是第一就
仏分別第二別就徒衆分別開合不定或合為二唯新与舊雖合為三列
舊衆二列新衆三尒時娑羅吉祥已下總結舊新文別有五一明舊衆二
聲相下明其新衆覩相增悲相催詣仏有无量大弟子下明前舊衆覩
相增悲四復八十百千已下明新衆雲集五吉祥已下捴結衆集若隨
衆別有卅八新舊比丘通尼為三始從一恒乃至十恒通前十三廿恒下乃
至林白有廿四通前合為卅七衆林白已後梵衆新集并有十方菩薩新
來通前合為卅八也若分欲天色天并四方无量无數无邊身衆衆
別无限舊傳五十四衆之言一向非是此第二門就衆分別第三仏衆合明之中
文有十二一明舊衆二聲[illegible]光五新三明新衆覩相增悲第四如來動地催集五

娑林白有廿四通前合為廿七娑林白已後梵衆新集并有十方菩薩新
來通前合為卅也若分散天色天并四方无量无數无邊身衆々
副无限舊傳五十四衆之言一向非是此第二門就衆分别第三仏衆合明之中
又有十三明舊衆二股光明新三明新衆覩相增悲第四如來動地催集五
明諸衆見動相催雲集仏所六明如來處林數匝七重明諸衆覩相增悲雲
集歔欷八總結衆集九彰變土令淨十衆回淨土普見十方其第十一如來
攝光其第十二衆回攝光悲嘆流血下即依此十二段文次第解釋就初
段中言尒時者集衆時也謂仏在於拘尸國時言世尊者是集衆人
仏備衆德為世欽重故号世尊与大已下是所集衆以身兼彼稱之為与
大比丘者攝别其衆大者外国名曰摩訶此播有三一名為多知世多人名
為大衆二名為勝々過餘衆三名為大曠備高德比丘胡語此播有五一名
怖魔初出家時令魔戰怯魔怪妬弊懼他勝已故生怯怖二名乞士既出
家已无所貯畜乞求自活三名淨命以正乞求離於耶命四名破惡持戒離
過至名淨持戒以離故持戒清淨王中初一就始彰名中二據次後二就終八十
百千列其數也前後圍遶彰其所在々仏前後圍遶如來自下第二聲
光告新先聲後光音聲是語表此分明故先出之二月十五日者出聲
時也垂滅日臨晨朝出聲後夜當滅去滅不遠故日臨也此說化滅以為
涅槃文復息化歸於真家之名涅槃問日何故此時涅槃下經自釋依於
阿含經如來八月八日涅槃此經下文之有此相故下文言須跋陀羅竟安居
已當至我所是故我昔告魔波旬過三月已吾當涅槃令言二月十五日
者當是見聞不同故尒以仏神力明出聲人々得名為聲發所由此
是如來如意通力非餘通等通有幾種而言非餘通有四種一是幻
通轉變外事二如意通運變自身大音普告三法智通々達諸
法四種聖自在通能於苦中生於樂相於樂事中生於苦想苦樂法
苦樂法中生不苦樂想不隨緣變名聖自在今出大音是其第二
如意通矣出大音下正明出聲出大音聲是其檢也音謂言音謂
胡漢等音聲是聲下列顯之大有三義一寬遠故大二普告故大三說大事

若樂法中生不若樂想不隨緣變名聖自在令出大音是其第二
如意通矣出大音下正明出聲出大音聲是其梵世音謂言音謂
胡漢等音聲是聲下別顯之大有三義一寬遠故大二普告故大三說大事
故名為大其聲遍滿乃至有頂是其初大傍遍餘方上極有頂非想
是其三有之窮故曰有頂上明所至餘略不弁當知十方隨所至處皆
從阿鼻上至有頂非獨此界隨類音告第二大也胡中胡語漢中漢言
者隨類音此乃一音令人異解非作多音有緣審語故曰普告令日已下第三
大也於中有二一告聖令感為令衆生意聖故來二舉疑勸問故使衆生
為蒼故集又唱聖感欲令衆生獻供請住以稱功德舉疑勸問為
使衆生要集請法以生智慧前唱感中言令日者告示感時言如來等告
語感人將欲涅槃告其感事人中如來應正遍知是自利德乘如實道來
成正覺故曰如來應者是其感事應供之号諸過永斷證成相應故名為應又應
供養又為應正遍知者理无偏邪故名為正於理窮照稱曰遍知自德究竟
且舉此三憐愍已下是利他德初憐愍等顯利他相大覺世尊舉利他号
利他相中憐謂慈憐愍者悲愍此二内心覆者覆令善去惜長護者防護
使其離惡此二外相等視生等顯前憐愍等視正弁如羅睺羅類以顯之為
作歸等顯前覆護作歸法說歷等喻況利他号中大覺仏号言世尊者是
世尊号化德无量略舉此耳將欲涅槃是告感事塞感日將下勸問中一切衆
生有疑悉問彰已无偏欲令齊問舉齊餘故名一切衆生法感生故曰衆生
又多生死之名衆生有疑須決故遣可問為前後問顯已定感故令悉問
何故此中无衆悲嘆生聞唱感心未審定悲惚相微為是不說又設有悲
々相同後故不別論光相之中初明如來放光普照其中已下明諸衆生蒙光
獲益初中尒時放光時也言世尊者放光人也晨朝時重復明時日時竟
長故復曲指從其面門明放光費口是面門何故此放仏々相備含多用寧
可具青又復如來面門放光多為授記下說衆生皆有仏性悉當作仏即是
普授衆生記前故此放之下明放光放種々㮣以標舉其明雜色總顯其相
青黃赤等別以顯之別有六色光遍已下弁光分齊近照三千遠至十方三千
世界如論中說千四天下合之為名一小千世界數小至千復合為一名為中千數

普椄衆生記前故此放之下明放光放種種槵以標舉其明雜色摽顯其相
青黃赤白等別以顯之別有六色光遍已下弁光分齊近照三千遠至十方三千
世界如論中說千四天下合之為名一小千世界數小至千復合為一名為中千數
中至千復合為一大千此三千界名世界剎同時成壞故合為一光今遍之人言
此光与下所攝光相別異云何知異此六彼五故知不同此照十方下但還會
明知別異計應无別何以得知下文說言所放光明還從口入自下更无放光
之處故知是一若尒何故此六下五一義辨玄類梨馬瑙為一雜色故下說五
外國相傳所放光中攝五為一以通正法故下說五或可如此何故此中大照十方
下言還會蓋隨所照衆生故尒此中所照衆生未集故隨所照言至十
方下衆皆集故遂所照去言還復會若下所攝唯還一會何故下言必
於十方所作已辦將是宣後涅槃之相說言十方所作已辦明与此同下明衆
生蒙光益中其中六趣舉其所益謂前光明所照之中六趣衆生皆得益
也人天脩羅及三惡道為因所向故名六趣道別不同故立名道經或說五
雜合故尒六脩羅攝入餘道故但說五攝入何道經論不同依毗曇論攝入
鬼道依法念經攝入鬼畜知彼羅睺阿脩羅王是師子兒名為畜生依
伽陀經是天鬼畜三趣所攝毗摩之母天女所生名之為天是故經言汝
本是天又復經中名為第天今此別分故云六趣遍斯光者簡去无
緣罪垢煩惱一切消除正明利益罪名罪報即是報鄣垢是業鄣
煩惱即是煩惱鄣也遇仏光故三鄣皆除上可罪垢是其惡業業与
煩惱過光皆滅 自下第三明其新衆覩相增悲是諸衆生舉悲衆人
見聞是已生悲所由見光聞聲名見聞已下顯悲相心大憂愁意業煩惱
舉聲啼等口業傷嘆舉手拍頭身業悲惚身熱不同或有悲切不能自
裁舉手拍頭椎胷大叫或有自抑內心難忍身躰戰慄涕泣哽咽問曰何
故拍頭椎胷有人釋言拍頭顯已失於尊首椎胷彰已心胷不暢未必
如此蓋乃世人悲惡之相世人悲惡相別種種或有拍頭或復椎胷或有拍
手或時拍頰或復蹹地何必一一別有所表 自下第四動地催集言尒時者動
地時也下正明動大地山海皆震動者大異小故下文言獨地動者名為地動
山河海水一切動者名大地動是中略无動地所由若具應言以仏神力故地震
動自下第五明諸大衆見動相催云集仏所於中有三一明舊衆見動相催

手疏時指顯或復踊地何必一一別有所表自下第四動地催集言尒時者動
地時也下三明動大地山海皆震動彰大異小故下文言獨地動者名為地動
山河海水一切動者名大地動是中略无動地所由若具應言以仏神力故地震
動自下第五明諸大衆見動相催雲集仏所於中有三一明諸衆見動相催
二時有无量大弟子下明其舊衆覩相增悲三復有尒百千已下明新衆
雲集初中有三應上三相初應地動相催詣仏二手相執下應前光相而為
傷嘆三復作是言世間空下應前聲相重為傷嘆初中有二相抑止且答哉
抑莫大愁若若不詣仏徒悲无益故相抑止望當聖住未敢專決故言且抑
莫大愁若二當疾往下共相驗催三相煩現聖威不背故須疾詣頭面礼
等明催所為ゝ請仏住礼敬身請頭面已尊仏足彼畢以巳至尊礼接彼畢頭
敬慇至勸下口請何故請仏一切及咸有人釋言請住一切為顕滿字請咸一
切為表半字此何必尒若此大衆已知滿字便辭仏常何勞請住蓋乃大衆自
許之辭多望一切脫若不遂望咸一切下應光相於中有三初相執手共相
開慰同失所尊故相執手二復作言下發言傷嘆世間虛空傷失所尊時
中无仏故言世空衆生福下傷巳失利由仏滅度无人教善故生衣盡无人示
惡教令裁斷故不善業增長出世十惡是其不善諸業惡本性成加以現
起故言增長流行世間名為出世非是增長過出世法何故此中為此傷嘆
前蒙仏光罪垢消除聖若去我等罪業誰復能滅故為此嘆三仁等已下共
相驗催速ゝ往ゝ正相催驗不久必入須速所以下應聲相而為傷嘆復作是言
世ゝ空ゝ傷失所尊何故重言人言前空傷失如来後空失法當爾不然直是大
衆悲嗟之深重言空耳如世間人得稱意事快ゝ哉ゝ得違意事禍ゝ哉ゝ何必
重言即有異表我等已下傷已失利我等從今无救護等對上聲中慘毀
覆護而為傷嘆一旦遠下對上聲中舉毀勸問而為傷嘆前中初言我等從
今明无救時先来有師失蔭在後故言從今无有救護无辭惡處現惡无
救當惡无護无所宗仰无集善處言貧窮者彰无宗指謂无法財言
孤露者顕无救護所以孤露後中初言一旦遠者就始為言設有疑者現疑
仏斷後疑不定故言設有當復問誰以除疑也此三段中初應地動共相抑止
後二略无文之隱顕第二段中共相開慰餘二略无亡是隱顕初二段中共相
驗催後一略无亡是隱顕後兩段中發言傷嘆初段略无亡是隱顕道理齊

祕密者顯无救護所以祕密後中初言一旦遠者動始為言設有疑者現疑
仏斷後疑不定救言設有當復問誰以除疑也此三段中初應地動共相惱
後二略无文之隱顯第二段中共相閗慰餘二略无之是隱顯初二段中共相
勸催後一略无之是隱顯後而段中發言傷嘆初段略无之是隱顯道理齊
等自下第二明其舊眾覩相增悲云何知此是前舊眾文不說來故
知舊眾下簡未集不簡此眾故知是舊以是舊故六卷經中全无此文
問曰憍梵仏滅度時在忉利天文不說來下之不簡而非舊眾今此所介
何必不然釋言不同依大智論仏滅度後結集法時准說憍梵在天不來
遣人往喚不言更有故知不同時有无量諸大弟子揀別其人學在仏
後故名為弟從仏化生故復言子迦葉延等列其名字過仏先下覩相增悲
先別後結別中過先其身戰等身業不安心濁意惚發聲大叫口言傷嘆
如是下結問曰羅漢已離懷苦何故悲惚釋言羅漢於世法中憂悲心斷於仏
境界不能自裁故生悲惚其猶迦葉及阿難等世間五欲不能傾動大樹緊
那鼓瑠璃琴摩訶迦葉不覺起儛阿難比丘不覺歌吟大樹緊那是其菩薩上
人五欲小乘不堪此之相似之可現悲生眾惠意息自下第三新眾雲集何故須集
所為有八一為請住故上文言乃至仏所勸請如來莫般涅槃二為獻供故下諸
眾辯供奉仏三為闍維故下文言為欲闍毗如來身故四為決疑故下文言
并可祀敬請決所疑五為顯法故下文言中為顯如來方便密教六為眾生
故下文言為益眾生七為論難如下文中十仙雲集八為覩希如偉中說仏滅度
後摩訶迦葉見一尼乹手持天華尋路而行問從何來尼乹對曰從拘尸
來見世尊不答言我見平安以不答言滅來已逕七日我從彼會持此華來
如是等輩宜為覩希來意如是今所此列具前八意所以來集文中初先
隨數多少漸增以列廿恒河鴛王已下訖列眾前漸增中初列道眾四恒已下
明常流眾道眾德尊數少故先常流行果數多故後道法眾中先列出
家後列在家者形尊數少是故先列在家形卑數多故後出家眾中先列
聲聞後列菩薩諸經多尔何故而然汎解有四一遠近分別聲聞之人多隨如來
曰明仏後隨近先列如上所列比丘眾是菩薩不尔故在後論何故聲聞多近如
來釋有兩義一聲聞智劣未閑道法雖得聖果進止威儀常須仏教是故如
來乃至威變常為引成二聲聞眾現家仏變陰見成聖荷恩深重雖

BD03390號　大般涅槃經義記卷一　（63–15）

家仏列迦葉者永尊數少是故先列迦葉衆數多故後出衆中先列
聲聞後列菩薩諸經多尔何故而然汎解有四一遠近分別聲聞之人多隨如來
回明仏後隨近先列如上所列比丘衆是菩薩不尔故在後論何故聲聞多近如
來釋有兩義一聲聞習少未聞道法雖得聖果進心威儀常須仏教是故如
來乃至威度常為割截二聲聞衆現蒙仏度捨凡成聖荷恩深重雖
得漏盡常隨供養故近如來菩薩兩義故不近仏一習解殊勝深閑道法
不假仏教二隨感現化故不近仏此是第一遠近分別二形相分別聲聞
之人執持威儀形相端嚴世共尊敬故列在先菩薩隨化身无定准形儀
不愸故列在後三就德分別二得名為約教分別如龍樹說教有二種一秘
密教二顯示教秘密教中菩薩德尊理應在前如華嚴經顯示教中羅漢
辟支同仏漏盡人多重敬宜在先列菩薩隨化現豈諸漏若聞菩薩在
羅漢上人多驚怖故列在後如大品等今依顯示先列聲聞四就數分別聲
聞衆少故列在先菩薩衆多故彰在後雖有四義此中且依後三釋之聲
聞衆中先列比丘後列尼衆比丘人尊數少故先尼衆形卑數多故後比
丘衆中文別有三一列衆嘆德二覩相增悲三云集仏所就初段中先列
其衆舉數弁衆文顯可知下嘆其德初先總嘆次別後結此等皆阿羅
漢是摠嘆也羅漢胡語此名无生隨義傍翻亦名无著无生報亡无著回
盡心淨下別中初先嘆其德備如栴檀下嘆其衆純德備如准下嘆尼衆
初少一諸漏已盡通其所少文有八句別嘆八雖有四所謂四智前四嘆淺
四重顯所少漏盡明我生盡即是斷集之智故盡諸漏名我
生盡心淨自在明梵行立依毗婆沙是脩道智道行成滿進往從意名心自
在所作已辦即是所作已辦智也依毗婆沙是證滅智證滅功成名所作辦
離怨是其不受後有准毗婆沙是斷苦智今言離怨舉顯果由離怨故不受
後有此之四義廣如後釋調根顯初諸漏已盡從眼至意生識名根善
調諸根故不生漏如龍有威顯前自在成忠顯前所作已辦斯乃成就
衆生空忠遠得已利顯前離怨煩惚損已故離煩惚名為已利遂名為至
言及実下嘆衆先自行共俱故言如栴林栴檀圍遶備斷同聚故如師子
王師子圍遶行德著動其循栴檀斷德權忠狀同師子上來別嘆成就
下結嘆已量等結嘆前德一切皆等結嘆前人從仏化生名真仏子第二覩相

音及實下嘆衆德有行共俱故言如旃檀林旃檀圍遶循斷同聚故如師子
王師子圍遶行德普動其循旃檀斷德權思状同師子上來別嘆咸就
下結成无量等結嘆前德一切皆等結嘆前人從佛化生名真佛子第二顯相
增悲之中初明見光次明驗催後增悲哽戀情深重沸血將出故射血現如波
羅華六卷經云如日初出照青樹葉赤膝皆現自下第三雲集佛所於中先
明集之所為為益衆生句別有五為欲利益安樂衆生一句是總中三是別
成就大乘第一空行大乘法化大乘雖相故名空行顯發如來方便密教
小乘法化无小權施故名方便權言覆實名為密教為不斷絕種種說法世
間法化世行畢竟名為種種又可此三同成大乘成就大乘第一空行令其入證
顯發已下令入阿含顯發密教令知昔權棄而不從不斷說法令循今實是
義云何由諸比丘集詣佛所佛教循學大乘空行他聞同入故令他成由其
詣佛佛對破小乘昔是權論昔覆實名顯如來方便密教由其詣佛佛教
循習大乘諸行名為不斷種種說法為生調伏一句總結上來五句明集所
為疾至佛所正明雲集皆者佛等到已設敬　列尼衆中先實後權實中五
分與比丘同於初段中先列其衆列名舉數并衆可知下嘆其德一切又是大阿
羅漢是總嘆也諸漏已下是別嘆也別中准上文少不足前比丘中先嘆德
循後嘆衆既令此略无嘆衆之就嘆德中准嘆比丘未後少一逮得己利通
其所少文又八句所嘆四智與上无別諸漏盡者煩惱連注其猶瘡漏故名
為漏漏別有三所謂欲有无明漏等下畜是并三漏非一是故言諸无
學斷竟名之為盡餘如前釋又於晨朝覩相增悲又欲利下雲集佛所
文如上說明權衆中於尼衆中復有諸尼皆是菩薩權權顯實人中龍
下就實嘆德先嘆自德人中之龍彰其人尊龍是一切畜中最
勝與龍相似約喻名人人中龍位階已下明其位位階十住簡異前
九安住不動簡異初住下嘆利他為化現女是化他身常循无量是化
他心四无量義下當別論得自在力能化作佛是化他能通力自在故能
作佛　次列菩薩文又有三與比丘同初中有四一列其衆二略嘆德三列其
名四廣嘆德初列衆中一恒舉數菩薩摩訶薩者攝其衆別菩薩胡語
此方翻之名道衆生此人求道內懷道行以道成人名道衆生二乘之人
並皆求道斯有道行何故菩薩獨得其名釋言賢聖名有通別通則

他心四无量義下當別論得自在力能化作仏是化他能通力自在故能
作仏　次列菩薩文之有三句文亦同初中有四一列其衆二略嘆德三列其
名四廣嘆德初列衆中一恒舉數菩薩摩訶薩者標其衆列菩薩胡語
此方憣之名道衆生此人求道内懐道行以道成人名道衆生二乘之人
並皆求道斯有道行何故菩薩獨得其名釋言賢聖名有通別通則
須陁乃至諸仏名同无別如下文說別則各異今為分別賢聖不同故此菩
薩偏得名為道衆生也何故如此釋有三義一就願心望果分別唯此衆生求
大菩提餘悉不求是故獨此名道衆生故投論言上求大菩提故
偏言菩薩故二就解心望理分別凡夫著有二乘住无有无乖中不會中道
是故不得名道衆生唯此菩薩妙捨有无契會中道是故獨此名道衆生
三就行分別入仏法中有三種門一教二義三者是行教淺義深行為最勝
聲聞軟根從教為名聲者是教飡聲悟解故号聲聞緣覺次勝從義
立稱緣者是義於緣悟解故名緣覺菩薩最勝就行彰名以能成就
自利利他俱利之道故名菩薩故地持云聲聞緣覺但能自度菩薩不尒
自度度他是名道勝以道勝故名道衆生摩訶薩者此憣名大大有三種
如地論說一者願大期大菩提二者行大曠集諸度三利衆生大四攝善
人中龍下第二略嘆先嘆自德方便現身嘆利他德第三列名名別可知其
心皆下第四廣嘆廣中初別後総如是下総以結嘆別中嘆其三世功德先嘆現
德次過後未此三世中皆嘆自利利他之德就現在中先嘆自德句別有五前
四攝法後一護法就前四中敬重大乘是自分始乘者是其行之功用行能
運通名之為乘乘別有三所謂聲聞緣覺仏乘諸仏所乘前二不加故名為
大安住大乘是自分終循成不退故曰安住深解大乘是勝進始於未循
處觀解分明故曰深解愛樂大乘是勝進終於前所解樂敬循行上來攝
法守護大乘是護法行不令他誹謗毀滅故言守護是義如下金剛身
品具廣分別上嘆自德下嘆利他善隨世世間世間法化世間有二一衆生世間二
器世間今此善隨衆生世間衆生云何得名世間世者是時間者名中所化衆
生不出時中故名世間住是地下出世法化已於過下嘆過去德先嘆自利已
於過去循持淨戒是雖過行善持所行是橋善行解未解下嘆利他德解

明其廣分別上嘆自德下嘆利他善隨世間法化世間有二一衆生世間二
器世間今此善隨衆生世間衆生去何得名世間世者是時間者名中所化衆
生不出時中故名世間住是埵下出世法化已於過下嘆過去德先嘆自利已
於過去脩持淨戒是雖過行善持所行是橋善行解未解下嘆利他德解
未解者小乘法化紹三寶等大乘法化此如華嚴明法品說彼有三播能令
衆生發菩提心令仏寶不斷開示演說十二部經甚深法藏令法寶不
斷受持戒儀行法令僧寶不斷其第二播讚嘆大願令仏寶
不斷分別顯示十二緣起令法寶不斷脩六和敬令僧寶不斷其第
三播下仏種子於衆生田生正覺牙令仏寶不斷護持法藏不惜身命
令法寶不斷善御大衆心无憂悔令僧寶不斷此三播中久有階降先就
仏寶彰其階降初播能令發菩提心起求仏願第二播中讚大願者
讚起行願令其脩習第三播中下仏種子於生田者化成行種次就法寶彰
其階降初播演說十二部經是其教法第二播中顯示緣起是其理法第
三播中護持法者是其行法下就僧寶彰其階降初播受持戒儀法者
僧行方便第二播中脩六和者行成不乖第三播中善御大衆德勤播
他下嘆未来於未来世當轉法輪是利他德未来成仏故能轉法以大嚴
等是自利德謂以功德智惠庄嚴而自嚴也上来別嘆下總結之成如
是等結前自利等觀生下結前利他上来第一列衆嘆德增悲雲集並
同前釋問曰何故上来諸衆不明獻供以出家者无為法住无所貯畜
故无奉獻　自下次明在家二衆以優婆塞彩尊數少故在前列優婆
夷等彩卑數多彰之在後優婆塞中文別有四一列衆嘆德二於晨朝下辯
供奉仏三世尊知下如来不受四不果却住此之四分諸衆多同宜審記知初中
有四一列其衆二恒舉數前說一恒今增說二問曰現觀人類不多今此何從
獨優婆塞有其二恒餘衆漸多釋言今此三千同聚故有二恒文隨報別
一處之中有多種人斯皆雲集故有二恒如法華中衆生見劫盡大火所燒時天
人常充滿如是等也下諸衆中恒數漸增其例皆尓諸優婆塞偶列其衆
此云近住近善而居之名善宿男懐善而住名為善丈夫名為請信士也
二受持下略嘆其德受持五戒明離重過威儀具足彰離輕罪五戒是其
在家正行故偏嘆之三其名下列其名字四深樂已下廣嘆其德於中初嘆護頌

衆生[illegible]人其皆雲集故有二恒如法華中衆生見劫盡大火所燒時天
人常充滿如是等也下諸衆中恒數漸增其例皆尒諸優婆塞樹別其衆
出去近住近善而居之名善宿男懷善而住名為善又之名為請信士也
二受持下略嘆其德受持五戒明雖重過藏儀具足彰雖輕罪五戒是其
在家正行故偏嘆之三其名下列其名字四深樂已下廣嘆其德於中初嘆護煩
惚德之欲樂下嘆護小乘行護煩惚中初捴次別後捴結之深樂觀察諸對治
門是其捴也此下所觀皆能治過故名治門所謂下別治門无量今此略舉
六種門矣初苦樂等是八倒門觀生死法无常苦等觀涅槃法常樂淨
等二實不等是二諦門真諦為實世諦不實三歸非歸是忻猒門歸向三
寶名為歸依背離耶法名非歸依之可趣向出世涅槃名為歸依遠皆生
死名非歸依四生非生者是假實門五陰非所成假人名為衆生五恒非恒
者是因果門恒与非恒是其果門涅槃是恒生死非恒安与非安是因行門
善行是安惡行非安之可无漏聖行是安有漏非安六為无為等是四諦門為
為无為者是其苦諦有為是苦色法心法非色心法是有為也无為非苦
相對故來虛空數滅等是无為也斷者是集可斷名斷不斷
非集相對故來涅槃是滅非涅槃者相對故來增上是道以殊勝
故非增上者相對故來常樂已下第三捴結讚小乘中初別後結別中唯
嘆現來功德初對不嘆過去以優婆塞迹居近行故略不嘆就嘆現中自他並
嘆文有三對行始第二行次第三行終也欲樂聞无上大乘是自利
始對前稱之如聞為他是利他始也此是初對善持淨戒渴仰大乘是自
行次持戒離過渴大脩善既自充足復充餘渴是利他次此第二對
善能攝等是自利終句別有三前之兩句明攝法行攝无上智求大
果也愛樂大乘樂大因也之可攝取无上智惠求於證法愛樂大乘求
於教法守護一句是護法行善能隨下是利他終善脩世間法化度未
度等小乘法化度未度者令度苦果解未解者令斷集因紹三寶等大
乘法化此第三對下嘆未來當轉利他以大莊嚴等是其自利以大莊嚴是
攝善行深味淨戒是離過行上來別嘆下捴結之悉能成等結前自利
於衆生等結上利他自下第二辨供奉仏以在家者有供可奉故下辨之
文別有四一辨供具二復作念如來今者受我供下念仏受已當入涅槃

攝善行深味淨戒是離過行上來別嘆下總結之悪能成等結前自利
於衆生等結上利他自下第二辨供奉仏以在家者有供可奉故下辨之
文別有四一辨供具二復作念如來今者受我供下念仏受已當入涅槃
心懷悲惱三各各賷下持供奉仏舉聲號下哀請仏受前中有二一財供
養二各作是念一切衆生若有之下明行供養財中有八一辨香木二具寶
幢三持寶蓋四作衆樂五擎妙華六賷衆香七備食具八嚴處所就初
段中亦於晨朝辨木時也為欲闍毗辨木所為此土焚尸人之皆取正明
辨木其種種等是其木體先香華幡蓋木之事車馬二種運木之具
第二寶幢加以細嚴第三寶蓋雜以華飾是華蓋中多有黑蜂何故在
此蜂多依華何故土黑人言為表无明衆生容有所表文中不說不可輒
定何故道此是蜂出聲有所陳說所以舉之使樂華香文別可知第七
食中為仏及僧辨食是總下別顯之香薪德水成食之緣苦酢辛等食
之體味下有三德顯食殊勝成食緣中八功德水之所成者清淨不臭輕冷
潤美飲時調適飲已无患是其八也清色入是香入輕冷及潤此三
觸入美為味入後二法入此八是其水之功能水家之德故名功德 食體味
中六味總舉苦等列名下說甜穢八味具足今此言六其義何也然六与八
離合言耳合則說六離則為八分甘為三一不甞名甘幡對苦味二不酢名甘
幡對酢味三不辛名甘幡對辛味其猶鹹醎二味相濫外國語中應有別名
此元異稱通說為甘後三德中先舉後列言輕濡者是食功能食之令人身
輕軟濡言淨潔者食體精純无餘穢汙言如法者受用順道非酒宍等第
八處中先列後嚴初嚴其地次坐後樹諸優婆塞現居人部安能嚴坐如
須彌山釋言此等雖居人位護是出世不思善薩故能如是又是如來三昧
法門之所示現故能如此下皆同尒上來第一明財供養下明行供之名法供施
持名為至處道供於中有三初作是念一切衆生若有之等念衆生心二作
是施時離欲瞋等護煩惱心三无餘思下求菩提心无餘思惟求世福樂唯
其菩提求仏果也皆已安住於菩薩道具仏因也又復前句是求仏願皆從
安等是求仏行上來第一辨諸供具復作念下是第二段念受當滅心懷悲惱
各各賷下是第三段持供奉仏舉聲號下是第四段哀請仏受初先號泣復

…放明…諸…明等說…然也三无能思下…菩提心无能思惟未世衆等…
其菩薩求仏果也皆已安住於菩薩道具仏因也又復前句是求仏願皆以
安等是求仏行上来第一辯諸供具復住念下是第二段念受意戚心懐悲惱
啚啚曹下是第三段持供奉仏舉聲號下是第四段衆請仏受初先號泣復
相謂下發言傷嘆便自舉下正請仏受舉身身請而白言請上来第三辯供
奉仏自下第三如来不受言知時者不受所以知今非是受供之時故曰知時何
者受時受時有二一許受時純陀章中二正受時大衆問品前許受時顯
亦仏常淺正受時顯涅槃常今非彼時所以不受言嘿然者明不受相何故
復嘿如来大人睞道少言若受不受多皆嘿然云何可別現相令知言不受
者正明不受釋意有四一勸令諸衆各有獻奉故此不受若受此供餘
衆絶意何敢更獻二為使純陀獻供顯法故此不受若受此供純陀何敢
更生獻意三欲令諸衆於施重心故此不受至後大衆問品之中方為受之
四於此獻處未對純陀顯仏常義強使諸衆施无所悕故此不受下對純陀
顯常已竟衆問品中等為受之今對此供不受既然下餘衆中不受例
亦自下第四不果却住初先不果後悲却住於中初法次以喻顯供仏善根
可愛如子如来不受名為虛設棄塚名送塚間无善復本名為歸還
施心不中名為悵恨下合可知優婆夷中文亦有四一列衆嘆徳二辯供奉仏三
如来不受四不果却住初中有四第一列衆三恒舉數諸優婆夷標列其衆此云
近住女亦云善宿女義同前釋二受持下略嘆其德亦如上解三列其名四廣
嘆其德於中初別後總結嘆別中有四初能堪任護小乘行二可責家法護
煩惱行三自觀下廣護煩惱四深樂諮下廣護小乘初中悉能護持正法是護
法行為度已下是攝人行第二段中呵嘖家法者呵責自家五陰身法呵義
如後第三段中文別有二一觀過生猒二以是緣下修治斷除前中初先觀身五
過率以牛下二事顯失是故當下摧結生猒初觀過中先觀身苦觀身如地
是其初苦辟如四蛇性相乖反四大如是地堅而重風動而輕水濕而冷火爆而熱
各相乖反故如四蛇諸虫唼食是其外苦各別无量略要此二是身苦下觀身
不淨本淨有五一種子不淨現在父母精血為種過去煩惱結業為種二住處
不淨在母腹中生藏之上安置已熟三自體不淨卅六物共成已熟四自相不淨
九孔常流五畢竟不淨此身死已虫食成糞火燒為灰埋之為土至竟无

各相乘反故如四蛇諸虫唼食是其外苦〻别无量略舉此二是身臭下觀身
不淨者淨有五一種子不淨現在父母精血為種過去煩惱結業為種二住處
不淨在母腹中生藏之上安置已訖三自體不淨卅六物共成已訖四自相不淨
九孔常流五畢竟不淨此身死已虫食成糞火燒為灰埋之為土至竟无
淨今此文中略舉三種身臭貪縛種子不淨現在父母精血為種故身臭穢過去
貪愛煩惱為種名貪獄縛身如死狗自體不淨九孔常流自相不淨兩眼
兩耳兩鼻及口大小便道是九孔也身如城下觀身无我於中初先當相觀察
寄託城喻明身假文相可知如是身城諸仏棄捨彰〻實无我凡愚常味
貪等心住明著是處又仏棄捨舉聖呵凡〻愚味著責凡異聖是身不
堅如蘆葦等觀身是空下觀无常初先正觀 誰有智下寄聖顯過前
中况論无常有三一分段无常六道果報三世分異二念无常念念遷謝三
者自性不成實无常有法盡集都无自性今略論二是身无常念〻不住
是念无常如電光等以喻況之是身易下分段无常是身易壞如河岸等
觀生易死先法後喻不久已下觀死易至上來正觀 誰有智者當樂此身
舉聖不樂明身可猒上來第一觀身五過自下第二〻章顯失兩義釋之一難
易分別牛迹感海丸地如棗乃至如塵是事至難猶可為之具說身過
畢竟叵得二多少分別大海深廣牛迹感之數〻可盡大地寬廣丸之如棗
乃至如塵數〻可盡身患多彼具說叵盡是故當捨如棄涕唾是第三段捴結
生猒上來第一觀過生猒以是緣下脩治斷除以是觀身多過回緣
故脩空等而為對治空无相顯廣如別章訖第四段廣讚小中嘆其
現在未來功德不嘆過去義同前釋現中嘆其自利〻他文別三對初對
行始第二行次第三行終涅槃諮受自行始也聞已演說利他始也此是
初對護本願等自行次也護持本願守菩提心毀世女下起菩提行先猒
有為次忻无為猒有為中毀世女等現過能猒破壞生等當過能感
渴仰大乘是趣无為既自充下利他次也此第二對涅槃大下是自行終涅
槃空守護訖實嘆德涅槃還是攝法之行守護還是護法之行雖現女
下捨權顯實善能隨下是利他終善隨世間世間法化度未度等小乘
法化令度若果解其集因紹三寶下大乘法化此第三對嘆未來中當轉
利他以大莊嚴等嘆其自利以大莊嚴是攝善行堅持禁戒是離惡行上來
[illegible]

BD03390號　大般涅槃經義記卷一　　（63–23）

下彿權顯實善能隨下是利他終善隨世間世間法化度未度等小乘
法化令度若果解其集因紹三寶下大乘法化此第三對嘆未來中當轉
利他以大嚴等嘆其自利以大莊嚴是攝善行堅持禁戒是離惡行上來
別嘆下總結之皆悉成等結前自利於諸生等結上利他上來第一列衆
嘆德後三可知上明道衆下列常流先列離車以此人供多前少後故次列
之文別有四一引衆嘆德二辯供奉仏三如來不受四仏力住空就初段中先
列衆次嘆德後列其名初列衆中四恒衆數離車并諱離車胡語有人傳
釋此名送治是其王種送治國事故云送治一列諸王過於五恒夫人七恒王種
應多今此何故但有四恒有緣者來無緣不集多少何定次嘆其德先別
後結別中有三一護法行二願令我下明護法願三常歡樂下明護法心此三
段中皆利自他護法行中為求法故善脩戒等是攝法行此即自利催伏
異等是護法行此即利他權伏異學壞正法者是權耶行異學外道耶
見無信壞正內學破戒無行並以王力而權伏之常相謂下是通正行常相
謂言相與知法當以金等捨財通道使人使學故令甘露久住於世仏法能
除煩惱熾渴故如甘露寬廣離窮名無盡法淵邃叵測名深奧藏護
法願中願我常學是攝法願此即自利誹謗已下是護法願此即利他於中四
句前二罰惡後二賞善前罰惡中若有謗等外道毀正斷舌令息若出
家等內學犯戒罷以清衆下賞善中有能樂等在俗有信教事若尊若舊
僧下出家有行善助如親故令得力護法心中常歡聞等是攝法心此即是自
利亦為人說是通法心此即是利他上來別嘆下總結之列名可知此初段竟次
亦可解第四段中初明離車不果悲惱後以仏力令其住空何故而然以諸離
車專情護法護法功高故令住空使人放習七多羅者一多羅樹去地七刃一
刃七尺一樹合有卌九尺七樹合有三百卌三尺　次列大臣及諸長者亦以人供多
前少後故次列之文亦有四一列衆　嘆德并衆嘆德列名可知二辯供奉
仏五倍前者當應望彼離初說五三如來不受四仏力住空此亦護法故令
住空次列諸王亦以人供多前少後故此列之文別有六一列其衆二辯供具三
嘆其德四持供奉仏五如來不受六不果卻住就初段中先明所集除阿闍
下簡所未集世王煞父愧懼情深故此未來下列其名以何義故不列其

前少後故次列之文亦有四一列衆 嘆德弁衆嘆德列名可知二辨供奉
仏五僧前者當應聖彼甫初說五三如来不受四仏力住空此之護法故令
住空次列諸王亦以人供多前少後故此列之文别有六一列其衆二辨供具三
嘆其德四持供奉仏五如来不受六不果却住就初段中先明所集除阿闍
下蘭所未集世王煞父愧懼情深故此未来下列其名以何義故不列其
數當以諸王過於五恒不滿六恒分齊難彰故隱不列第二可知第三
嘆中先自後他自中四句前之兩句捨耶歸正後之兩句棄小學大利他可知後
三易解　次列夫人亦以人供多前少後故此列之文别有四一列衆
嘆德二辨供奉仏三如来不受四不果却住初中有四一列其衆二嘆其德
三列其数四重嘆德初列衆中七恒夫人正列所集除阿闍下蘭所未集
世王未至夫人亦尒隨王未来第二嘆中為度現女是利他德常觀身等
是自利德列名可知第四嘆中初明自利安法橋善脩戒防惡憐下利他後
三可知　次列天女文别有六一列其衆二住是言下詳宜獻奉
三嘆其德四辨供奉仏五如来不受六不果却住初段可知第二段中初相
當觀勸他所設我等亦下自欲獻奉於中有四一許有奉獻二念仏受已當
入涅槃顯必須為三明甫後供仏至難彰必須作四舉如来戒後世空明
今應供第三嘆中先别後結别中嘆其現未功德不嘆過去義同前釋現中
嘆其自利利他文有三對初對行始第二行次第三行終受樂欲聞自利始
如也聞已為人利他始也此是初對渴仰大乘自利次也既自充下利他
次也此第二對守護大等自利終也於中先明橋善之行此以護法為橋
善行守大是擬若有異下别顯護相持戒儀具是難遇行善能隨
下是利他終善隨世之間之法化度未度等出世法化此第三對下嘆未来當
轉法等是其利他以大衆等是其自利上来别嘆下擬結之成如是德結前
自利等慈生下結上利他第四辨供奉仏之中文别有四一嚴辨供具供事有
十四謂香木蓋帳幢幡甘饍伎樂床座燈華二念仏持戒心懷悲愴三
為生諸仏文同前釋四請仏受供後二可知龍等衆中多先列衆次辨
供奉仏後如来不受下不果却住文顯可知上来隨數漸增以列廿恒河爲
王已此列諸衆下時閻等亡足一切集者与上河列而莫列之前准

十所謂香木蓋帳幢幡甘饍伎樂床座燈華二念仏持戒心懷悲愴三
爲生請仏文同前釋四請仏受供後二可知龍等衆中多先列衆次辯
供奉仏後如來不受下不果却住文顯可知上來隨數漸增以列廿恒河鳥
王已訖列諸衆尒時閻浮比丘及尼一切集者與上何列而復列之前唯
无學此通上下凡聖皆集故去一切唯除迦葉阿難衆者阿難林外爲魔
所燒故此未至迦葉後來仏現雙足廣益多人故此未集問曰如來般涅
槃時憍梵波提在天不來何故不簡釋言迦葉及與阿難今雖未至後
必當來故此簡之憍梵在天畢竟不來故今不簡如此流例亦應非一
此第五竟自下第六如來變林㕘數衆心何故須尒新衆既來見仏猶
在望聖不戒慼情容貰故仏變林表戒敦歷文中初弁次顯後合弁
中初先變林令白明是鮮白故說如鶴何故現白人言白色是樹死相爲表
聖戒此如前破又人復去白是色本顯仏歸本或容可尒但非經說未可尋
定次現寶盖映發雙林人之龍此種種異表難知且此下現衆池妙華盈
滿映餝寶盖類合可知准此合文定知林變非是別相現盖之後方言
樹林種種莊嚴甚可愛等　自下第七重明諸衆覩相增悲獻奉供養於
中有二一明此方所集諸衆覩相增悲奉獻供養二尒時東方去此已下明
他方衆雲集獻供就初段中先明覩相皆悉悲感是增悲也各前變林爲
涅槃相下明獻供問曰此等是前衆不釋言欲天及阿脩羅是上所列天及
脩羅二衆所攝今復舉之故前文中樹列四王今復重舉餘亦如是梵衆新
來如下所列故天脩羅既是前衆何故至此方論獻供釋言此等向前空
來既至雙林見衆施設方生獻意故此列之故下相謂汝觀人天大設供
養我等亦供亦可前者人供俱來其中人供漸次增者前即具列或有
人多而供戒少或復人少而供增多前列不便故此弁之於中有六一欲界
地天獻供二明欲界空天獻供三諸梵獻供四明摩醯首羅獻供五
魔王獻供六大自在天王獻供此等隨供漸增以列初中有三一四王帝釋詳
議獻奉二四天王獻供三帝釋獻供初中汝等觀天人等觀他施設我等亦
下自欲獻奉若我家下舉益相勸四王獻中先樹供主須弥四面有四耶乾
呵羅山去地四万二千由旬縱廣亦尒上有四王東方天王名提頭賴咤此云持

魔王獻供六大自在天王獻供此菩薩供准增以分初中有三一四王帝釋詳
議獻奉二四天王獻供三帝釋獻供初中汝等觀天人等觀他施誤我等亡
下自說獻奉若我家下舉益相勸四王獻中先樹供主須弥四面有四耶乾
呵羅山其地四万二千由旬縱廣亦尔上有四王東方天王名提頭賴吒此云持
國領諸天衆并乾闥婆及毗舍闍二部鬼神其南方天王名毗樓勒此云
增長主領諸天衆并鳩槃荼及薜荔多二部鬼神西方天王名毗樓博
此云雜語領諸天衆及龍富單那二部之神北方天王名毗沙門此云名聞
主領諸天衆及夜叉羅剎二部鬼神是故曰前鬼神王中列毗沙門等四王
今來獻奉所設已下辨供奉仏倍過前者倍過上來一切所設下仏不受不果却
住帝釋獻中先樹供主釋提桓因忉利天王此楷名為能為天主卅三天兼
列其衆須弥頂上有其卅三處之別當中釋居面各八国臣民所住通說為
卅三天次明獻供倍過前者倍過四王亦可倍前一切所設如來不受不果同
前乃至第六所設已下是其欲界空天獻供始從夜摩乃至他化皆來獻
奉文相可知諸梵獻中文別有五一總明梵衆一切來集上至有頂一切來者
所謂至於色界有頂无色无形所以不說亦可上至非想有頂四空无色彼
云何來釋言凡夫二乘不見故云无色聖賢有之故涅說來故阿含中說舍
利弗般涅槃時无色諸天咸來淚下如春細雨華嚴亦云菩薩鼻根聞於
色界宮殿之香此經下文亦說有色故至非想悉皆來耳以色界上悉皆離欲
通名梵衆二尔時下樹別供主前所集中有設不設故別舉之此惟是彼中間
梵王云何得知其惟短者但楷梵宮明知非上亦可是其三禪梵王三辨供
奉仏四如來不受五不果却住毗摩獻中先樹供主此大菩故放身光遍於
莫所作二辨供奉仏三獻神呪請仏受供五仏許受呪不受其供六不果却住
初中欲界魔王波旬樹列供主魔羅胡語此云煞者害人善故波旬胡語此
云極惡依於仏法而得善利不念酬報反欲加毀故名極惡他化天上別有
魔界通亦是其他化天攝故今說為欲界魔王此多菩隨化亦往故引養
屬來此供養開地獄下嘆其所為先救獄苦後攝魔民救獄苦中初明所
與後明所去所與是何與樂與善開獄施水是與樂也回告已下是與善也
我前施水兼勸以善故曰回告汝无能為彰所不堪不堪供仏雖當已下
量其所堪故陷善導物故令仏[illegible]下明[illegible]

魔界通〻是其他化天攝故今說為欲界魔王此多並隨化六住故引眷
屬來此供養開地獄下嘆其所為先棘獄苦後攝魔民救獄苦中初明所
与後明所去所与是何与樂与善開獄施水是与樂也曰告已下是与善也
乘前施水兼勸以善故日曰告汝无能為彰〻所不堪不堪供仏雖當已下
量其所堪教脩善意初教念仏次教隨喜當會汝下明脩利益生死長
寢說之為夜輪轉无際謂之為長得善自寤名為獲安此明所与魔於
地獄悉除力下明其所去為除刀劒注雨滅火此是衆生惡業果報魔復
安能為之除遣直尒得由前教勸念仏隨喜罪垢消薄故得滅除又
魔是其不思善薩有逢過者宿世善人受報可轉故為除之貧窮難
是果報可以䄂救彼亦同尒上救獄若下攝魔民以仏神力生心所由復發
是心重起化意令諸已下識捨開具魔專壞亂壞人善時多以開具恐怖
行者今勸捨之第二辨供文顯可知就第三段廣呪文中別有六段一自宣已
心彰已受法二男子女人為供養下明呪所為〻於一切諸持法者三嘆只下正
宣呪辞四是呪能下弁呪功能五為伏已下明說呪意六若有能下明持者
獲益〻淨名為舉益勸持初中我等愛樂大乘是攝法心守護大乘是護
法心魔多虛誑懼仏不信故發此言顯已誠意第二段中明已為護受法之
人說呪以防人通真偽道為人〻之為真為身為財說以為偽文中具論應
有三分一舉其真二弁其偽三或真偽下雙除真偽彰已為說文但有二略
不舉真偽者尚為真則亡言故略不舉偽中有五為供養者為得衣食
卧具湯藥四事供養受持經法為怖畏者畏見諸菩當來惡道為誑他
人令其敬已為財利者為得金銀倉庫等物為隨他者為他抑遣自无
誠意為斯五事受是大乘所以名偽通則受於一切經法斯皆是偽今對此
經且云受大偽乃无量且舉斯五〻中怖畏一向為身供養財利一向為財
誑他隨他通為身財下除為說或真際前所少真也或偽牒上所弁偽也
我為是人除畏說呪捴明為說益事非一除畏切強是以偏舉第三呪
辞何故不播〻懼敗失因不神驗所以不播又復呪辞未必專是天竺人語播
者不解是以不譯諸經呪辞不播多尒第四能中語義不足若具應言是
呪能令諸失心者怖者說者不斷法者離諸怖畏離畏如後持益中說
故此不舉言失心者偽中之芳此前偽中為供誑他為財隨他四種人也此等

辞何故不播〻懼敗失用不神驗所以不播又復呪辞未必尊是天竺人語播
者不解是以不譯諸經呪辞不播多尔第四能中語義不足若具應言是
呪能令諸失心者怖者説者不斷法者雜諸怖畏雜畏如後梓益中説
故此不舉言失心者為中之劣此前為中為供誑他為財隨他四種人也此等
失於出離善心故名失心言怖畏者為中之勝此前為中為怖畏也言説法
者真中之勝所謂宣説大乘經法不斷法者真中之劣所謂不斷小乘法
者權化不絶名不斷法以此呪力通護一切四部衆故小通舉此四種人呪
皆能令除滅怖畏第五明魔説呪意中先別後結別中初四句前二為人
後二為法就為人中初言為伏外道故者對前説者不斷法者彰説所為〻
使世人宣通正法降伏外道故為説呪防護其人護已身者對前失心及
怖畏者彰説所為使彼人得此神呪防護己身受持仏經故為説呪就
為法中護正法者護小乘法魔意為護小乘法故説呪護前不斷法者
護大乘者魔意為護大乘法故説呪護前説大法者説如是呪樣以結
之第六持者獲益之中初獲法益先別後結文中可知持是呪者我當護
下獲其人益持者我護如龜藏六護前失心及怖畏者令无衰惱龜藏四
叉頭尾為六我不訣諂至誠益力助前説者不斷法者令增説力故令未
來傳法之人知魔實護決意弘法故説不諂至誠益矣上來六段合為第
三廣奉神呪第四請仏受供可知第五段中初不受供次為受呪後明受意
為安四衆唯此之知魔意通為諸持法者非唯此經下釋不受第六不
果却住同前大自在中先攝供主自在者猶是摩醯首羅天王如龍樹説五
淨居上別有菩薩淨居天處名摩醯首羅十地菩薩多生其中 今來
獻供所設已下辨供奉仏於中有三一辨供過前持至所二白仏已下彰已
供儀顯仏四重三是故下請仏衮受初段可知第二段中別有三文一彰已
供儀二若以三千大千已下舉多顯少三何以下釋前中初法次喻後令法説
可知喻中初先別舉五喻就初喻中叠喻自已我喻如來餘四可知豈言
已下結前微少不能益多何者是大自在所獻何者名所謂如來淨土依果
但結後四初喻不論豈益大海結前第二明一掬水不益大海喻已所獻
不益如來淨土依果豈益日明結前第三明小燈不益多日豈益
結前第四明其一華不益衆華豈益須弥結前第五明一亭塵不益須弥
下合可知上來第一正并共數自下第二舉多顯少仏德恩深假以三千大千

二二毛下見其身中國土人民三尔時无邊与无量菩薩國迭已下見其所
持供養之具初段可知第二段中初見國土是二城各有八万四千王下見
其人民於中有三一見其受樂二是中已下見其脩善三安心已下見其傷嘆
初中先見人王受樂後見人民文顯可知見脩善中初明所聞純聞大乘
華中有師子坐下明其所說大乘其衣微妙出三界者出世淨報故
遍三界或有衆生書持已下明其所脩純脩大乘見傷嘆中安心无量於
自身已喋前起後今捨世衆生其歡亡皆言世空增其悪心悪聖懷戚發
言傷嘆此等所見為實為化釋言應實若實何故在於无邊身而住
釋言身土相依不定或身依土如常所見或土依身如華嚴說諸仏國土
所依不定或依菩薩天冠中住或有菩薩衣文中住或在力士掌中而住或依
普賢願力而住今在无邊毛孔中住何足可怪上来第二見其身中國
土人民自下第三見所持供養尔時无邊亦神通已喋前起後下明供事
先明香華幡蓋等事種種多也无量廣也謂二種皆有无量下明飲食
上妙香美食味勝也若聞始咸資用勝也上来第一見其神變以是菩薩神
通力下是第二段結明大衆得見所由從衆悉見无邊身来合為第八自
下第九明其无邊身量分齊唯仏所覩餘不能見身大无邊量同空者
量同彼界虛空仏也久可同於法性虛空上来大衆雖覩其化齊时竟
廣如於法界三世諸仏法身体同故唯仏知餘不能見等行菩薩久應見之
今略不論上来九分合為第三承命来此第四獻供第五不受第六却住
文顯可知下弁餘方无邊身来南西北方彰其来處立有无量无邊身
者弁引其人謂二方各有无量无數菩薩字无邊身同来獻供非謂一方各
有一来供倍前者南方所設倍過東方并上所獻乃至北方倍過三方无邊所
設及上所奉越請不受越舉却住故曰乃至　自下第八撿緒衆集於中有四一
明娑羅衆集多少縱廣卅二由旬處大衆充滿此處生善名吉祥地其
西旬有卅里卅二由旬合有一千二百八十里衆皆充滿前優婆塞莊嚴處中
十二由旬此中卅二由旬下師子中卅由旬何故不壽當應三廣住處故尔与法
華同二尔時四方无邊身下釋防疑難疑相土何无邊身大卅二由旬其處益
狭安淂相受復容餘衆故今釋之四方无邊所坐之處或如錐頭針鋒

明婆羅眾集多少縱廣卅二由旬處大眾充滿此處生善名吉祥地其
西旬有卅里卅二由旬合有一千二百八十里眾皆充滿前優婆塞戒嚴處中
十二由旬此中卅二由旬下師子中卅由旬何故不壽當應三廣住處故尓与法
華同二尓時四方无邊身下釋防疑難疑相云何无邊身大卅二由旬其處云
狹安淂相受復客餘眾故今釋之四方无邊所坐之處或如錐頭針鋒
座許故淂相受人多說言有其十方无邊身來進前驗此唯有四方三十
方下明眾皆集於中先明他方眾集唯此菩薩及闍浮下此方眾集雜類
皆聚先明人集除迦葉等乃至已下餘眾皆集十六行遥如下師子品中宣
說四陁耶婆下明所集眾皆捨惡念慈心相視於中初法次喻後合下蘭闍
提自下第九變土令淨三千大千淨之分齊以仏神力土淨所由地皆源等正明土
淨猶如西方類顯淨相其土常淨物本見穢由前心善仏力轉之令皆見淨
此為變土理實變心自下第十明諸大眾由土清淨徹見十方微塵數刹
於中初法次喻後合文殊向前言以仏力當見九方楕此事可此見十方何故
言九前者告時已見東方對其所見故偏言九
下第十一如来化周擒光歸口前放六光何故言五此如上釋頗梨馬瑙合為
雜色是以言五又外国人相傳釋云所放六中留一傳法故但收五前照十方
令此何故但言靈會之如上釋隨其所照眾生故尓亦化已周故從口入
下第十二明諸大眾覩相悲惱於中有四一覩相驚疑見光入口皆恐怖心驚
也身毛皆豎形不安也二復作言下弁光入意三何期已下發言傷嘆所傷
有四一傷已善現今悲惱當墮生死是其苦也无處幸奉故曰何
期哉是助辞惡嗟之甚重言以嘆二一旦下傷受供昔行四事饒益世
間今廢名捨四无量心如下具論不受供養是捨離相三聖慧永滅傷
失明師聖慧除闇如日如月故從喻名四法船沉沒傷法平滅法能沉濟從
喻名船此第三竟四嗚呼下悲惡懊惱悲惡過增血流灑地此序分說第二
明宗顯德分中先序異說次弁得失後顯正義異說如何昔来相傳從此
至後迦葉品来同為正宗正宗之中廣判有二細分有六廣判二者雖略与廣
初至眾品是其略說眾品已後是其廣說細分六者略中有三一明仏現果二
三告下顯其緣因三世五有之義不下彰仏性正因廣中亦三初大眾問品廣前
現果二現病已下廣上緣因三師子品下廣前正因異說如此次弁得失昔来

聞宗顯德分中先序異説次弁得失後顯正義異説如何昔来相傳從此
至後迦葉品来同為正宗正宗之中麁判有二細分有六麁判二者雅略与廣
初至衆品是其略説衆品已後是其廣説細分六者略中有三明仏現果二
三告下顯其縁因三廿五有〻我不下章仏性正因廣中亦三初大衆問品廣前
現果二現病已下廣上縁因三師子品下廣前正因異説如此次弁得失昔来
所傳麁看似是細窮則非而義弁之一准問以驗二即文以求准問驗者
若衆品前与衆品後廣略別者便應兩處別答何縁略中与廣為問
廣文之中与略作答然三告下迦葉廣問如来廣答廣答未竟忽尔中分
前略後廣不乏枉者三告已下并問通答明是一分非別廣略又若六分一次
第説是則應在純陁章初并問使訖然後弁答不應純陁哀嘆章後
方始為問純陁哀歎二章之後別為問答明知与前分齊全別不得相從合
為六分若使純陁哀嘆所弁与後義異不得一處并答三告已後并問
并答明是一分不得与前合為六分准問如是次須尋文驗其是非就前
所立六分之中初分明果第二分中弁明縁因麁有此相若言廿五有已下至
後衆品通皆明其仏性正因是義不然如下文中弁明菩見難見性解字
半滿未發心者得為菩於衆无畏處在濁世汙如華處在烟〻炎〻不染
觀察三寶得不揀衆為諸生盲作眼目導此答九問明皆菩薩縁因行
之行云何得名仏性正因又如下説如来現化如迦陵提日月歲星仏為船師
仏捨生死如蛇脱皮仏亦多顯説如初月此答六問皆明如来現果作用云何
得名仏性正因人復釋言雖弁此義宗顯仏性故名正因文既不説云何得知
命許經文偏顯仏性是大難解又若此等齊不論性而言顯性純陁哀歎實
不弁因應名顯因三告已下實不説果應名顯果然説果處不可名因説因
之處不可名果不説性處云何強抑令使説性良以世人不識其文妄為此
判六分料文大過在斯人言衆品廣前現果是亦不然云何不然下衆品中
具答七問答初一問明仏常住可使名果答後六問皆明因行云何得名廣
前現果又言師子迦葉二品廣前正因是亦不然准下問答後迦葉品乃明
如来德用善巧能答闡提非為顯性云何得名廣前正因以斯驗求六分之
非次顯正義此經始終文別五分備如前判上来序分此極哀嘆第二開宗
顯德分也三告已下是其第三弁消成德若能知此是名入門〻下是其

前現果又言師子迦葉二品廣前正因是立不然准下問答後迦葉品乃明
如來德用善巧能益 闡提非為顯性云何得名廣前正因以斯驗求六分定
非次顯正義此經始終文别五分備如前判上來序分此極哀嘆第二開宗
顯德分也三告已下是其第三弁脩成德若能知此是名沙門婆門下是其
第四破邪通正第五一分如來藏度人天大衆闍維供養外國下來五中初分
化益方便中三正益末後一分化訖取滅中間三分正化益人有三文别有
四細分有六益人三者化益凡夫聲聞廿廿是其三也之别四者從初訖盡是
辯已來化益聲聞令其學大故下文中多明如來破小歸大二辟如日出
衆露除下化益凡夫令入仏法故下文中多明化益三罪人等令入仏法王聖
行已下化益菩薩故下文中純明廿廿所脩所證四迦葉品下盡陳如品化益
凡夫故下文中明化闡提諸魔外道令入仏法細分六者前第二十相别分
二從初極盡大衆問品多明化益有罪凡夫令離三罪趣入仏法現病一品多
明化益有苦凡夫現通說法令其離苦第四重明化益凡中相别之三初迦
葉品明化闡提令信仏性陳如品中化魔外道令歸仏法通餘說六中間
三分益人如是就初開宗顯德分中四句釋之一弁開宗顯德之義宗謂常
果開有二種一者拂應顯真名開二者破小顯大名開純陀章中拂應顯
真名為開宗哀嘆章中破小顯大說為開宗良以常宗昔為无常化迹所
隱故須拂應顯真以開昔為小乘言迹所覆故須破小顯大以開二就人弁
開人有二種一是所寄二是所為寄是仏所為衆生所為衆生身有常性
惑鄣所覆而不覺知猶如貧女宅中寶藏莫能知者今欲即妄顯
真令入但就妄弁真理在難彰故寄仏開雖說仏常意顯衆生有常法
性令其趣入三對人弁開人有二種一聖化所對影響之流二聖化所為當機
之衆純陀文殊是其影響諸比丘等无常學人是其所為所為猶劣分外
常義不能諮啓是故先於純陀章中對其影響開示常法四前所開
諸比丘等於常法中微能悟入故哀嘆下對其所為廣解常義四分文弁
釋純陀章中對其影響示開如來菩提報常哀嘆章中對其所為顯明
如來涅槃法常此二可異而須別論通釋是一切諸德家名涅槃盡道究竟

常義不能諮啟是故先於純陀章中對其影響開示常法回前所開
諸比丘等於常法中徹能悟入故哀嘆下對其所為廣解常義四分文弁
釋純陀章中對其影響示開如來菩提報常哀嘆章中對其所為顯明
如來涅槃法常此二何異而須別論通釋是一一切諸德家名涅槃虛通无畢
恙名菩提隨相別分非无差異々有一曰果別分回名菩提菩提是道回
中所行通人趣果故恙名道果名涅槃涅槃是滅至果捨脩无為安寧
故恙名滅二行斷別說一切行德恙名菩提一切斷德齊稱涅槃三就性淨
方便別論如下文說生回所起方便之果恙名菩提了曰所顯性淨之果說
為涅槃今依後門方便報義為是先明性淨法細故在後弁問曰此經
涅槃為宗今以何故宣說菩提釋言分相菩提涅槃兩門各別若據脩
相平滑相成今據脩相故說菩提立成涅槃立可此經具明菩提涅槃
常果經初題言大涅槃者名不盡法且舉一邊不與言可純陀章中義
二文三言義二者一明如來真身常住二明如來應身无常問曰真常昔
來隱沒今可須開應是舊化昔來恒見何勞說乎釋言應身雖是
舊化昔來言實今方言應是故須弁又復權隱冀引化廣故須明應
明仏真常欲令衆生趣入无為顯仏應滅為使衆生同歎有為文別三
者初仏對純陀開真弁應二純陀白仏如是如是誠如聖下純陀對文
殊廣顯前真三從光照文殊已下仏對純陀廣顯前應前中初回純陀歎
供明仏應受寶則无待无差故常爾時大衆聞仏世尊善為已下回純陀
請住明仏應滅寶則不還无為故常前中初回純陀破請略開常宗二
純陀白仏二施无差不然已下回純陀設難廣解常義就初段中先請
後答請中初先標列請人　爾時會中彰其所在有優婆塞標列其人
此賫大聖示居始學冀引不及是拘尸城出其住處功巧之子彰其種
姓名曰純陀弁其名諱与其同類十五人俱兼列其衆問曰此等是上所列
優婆塞不釋言非是云何知非前從遠來此是舊衆又復向前優婆塞
等已辦食具獻仏不受今此純陀未有施設下蒙仏許方始備辦故知
不同者非前衆向前序中何故不別拘尸舊衆不列者多何獨責此下正
為請為令世間淨善果故意業方便廿廿悲深无所施往无不為物故

姓名曰純陁弁其名諱与其同類十五人俱兼列其衆問曰此等是上所列
優婆塞不釋言非是云何知非前從遠來此是舊衆又復向前優婆塞
等已辨食具獻仏不受今此純陁未有施設下蒙仏許方始備辨故知
不同若非前衆向前序中何故不別拘尸舊衆不列者多何獨責此下正
為請為令世間得善果故意業方便𦬇𦬇悲深无所施作无不為物故
令獻供為世得善々謂因果々是樂果純陁自獻云何令世得善果乎由
獻成仏化他同已故令得之捨身已下身業方便威儀有四行住坐卧今
捨坐儀進詣仏所從坐而起顯其捨相偏袒有所作右膝著地釋
有三義一右膝有力跪能安久二右膝有力起已便易三右多搖動
著地令安故坐禪人右手右足皆令在下合掌向仏為專其心悲泣墮淚求
仏哀憐愍世長苦傷已沉溺并緣仏去所以悲泣頂礼仏足顯已之重
是已尊足是仏果以尊接果顯敬之極而白仏下口言正請先請受供如
剎利下請仏說法我今所供雖復微下重請受供純陁因前大衆獻供
如來不受故先請供請供為福求智依法故次請法前雖請供懼畏如
來同上不受故復重請前請供中初先為他我等從今无主已下第二自為
就為他中先請受供後顯所為文顯可知就自為中先彰所為後請
受供文之右右明所為中句別有八初六无人次一无法後一結來從今无主
无雜惡覆言无親者无集善覆對先有仏故說從今无救无護明无
主失現惡无救當惡无護无歸无趣明无親先如无所歸終无所趣此六无
人貧窮飢困明无善法數從如來求將來食結已所求以從今後无主親
等故從如來貧窮飢困故求來食供仏期果說之為求當來仏果
濟已盡求就喻名食又是現在施食家果從因名食上明所為雖願
已下結請受供雖是專義專求受供故曰雖願食竟取滅名後涅
槃純陁今者非直獻供亦欲請住何故言中聽仏涅槃事不並設且乞
受供蒙受供已然後請住又復純陁為仏將滅罪後獻供不澤請住
若請仏住不得為滅請仏受供下復請法初先自為極反已下第二為他
与前左右就自為中初喻次合雖願已下結請今說喻中六句如剎利等
是第一句喻於自己求法之人剎利王種婆羅門者淨行高良毗舍中

BD03390號　大般涅槃經義記卷一

受供養受供已無請住又後純陀無仏將滅寶讚歡供不淨請住
若請仏住不淨為滅請仏受供下次請法初先自為極及已下第二為他
与前左右說自為中初論次合雖願已下結請今說論中六句如刹利等
是第一句論於自己末法之人刹利王種婆羅門者淨行高良毗舍中
壹首陁雜侵此四姓中趣舉一種貧者為論不具取四人言舉此為
欲要請仏若說法我同刹利及婆羅門仏若不說我即同於毗舍首陁
若尒世人可淨天雨即名刹利及婆羅門不淨天雨便為毗舍及与首陁
義充斯理以貧窮故是第二句論已所乏遠至他下是第三句論冀作
純陀昔日捨耶歸正耶正𨽻異故名為遠歸投仏法名至他國行因貿果
名侵力作淨好已下是第四句論已所有无諸汝下是第五句論已所无
雅怖天下是第六句論已所求合中不次而復不盡先合後三却合初二
故云不次第三不合故言不盡先合第四言調牛者喋舉前論〻身口七合
之顯法此明有行純陀先來為優婆塞身三耶除離口四過是其七也良田
平正喋舉前論〻意顯法此明有解純陀先來脩習小解能為大因故名
為田正解不耶秤曰平正通則過去所脩大解斯為始慧次合第五无請
沙等喋舉前論〻除煩惱合以顯法純陀昔來所斷見或如彼沙鹵所
斷脩或如草株杌〻可所斷四住之地如彼沙鹵四住所起如草株杌荒萆
已下合第六句我今身有調牛良田喋前第四除去株杌喋前第五求
法依此所以喋之雅怖已下正合第六如來合天甘露法雨合前雨也約論名法
甘露雨四姓我是合第一句貧法財寶合第二句上來合竟雖願良路
除斷我貧結請合說上來自為下明為他極猶濟也曰說廣濟名極无
量苦惱衆生下重請供我供雖少謙已供微如下文說飯雖八斛故言微
少所奉雖少望得廣充并少兼多是以言雖問純陀下為如來莊嚴處
所令三千界如安樂國應甚多辯何故彼少釋言純陀實能多辯為歎
奇少顯示如來不思議力令衆歸信故下大衆見此神變皆大歡喜冀得
充足如來大衆中已廣意冀猶望也望以此食充足仏衆如維摩詰聚飯
一鉢望充一切為此言者欲使如來遂已心願寅少為多令諸大衆覩仏神
變歡喜信樂令我无主无親已下請仏衆受此還喋上无主親等請仏
憐愍末仏深憐乜同羅〻睺〻是仏生身之子慈愛深重諸陰衆生多取

一鉢望充一切為此言者欲使如來遂已心願演少為多令諸大衆覩仏神
變歡喜信樂今我无主无親已下請仏哀受此還慄上无主親等請仏
憐愍求仏湌捧乜同羅ヽ睺ヽ是仏生身之子慈愛深重諸憐衆生多取
為覆　下仏荅之尒時世尊舉酬荅人一切種智无上調御舉酬荅德
於一切法種别而知名一切智自調ヽ他調御中極名无上調御别則種智是
能說德无上調御是受供德自調心故能受物養通則義等一切智故能
為說法能受其供并知說時(又乍受時)无上調故能調衆生為之說法
為之受供告純陁下明酬荅𨀣先投嘆善所請車好是故言善哉是助
𨀣由請契當重言以嘆下正荅之先許說法後許受供何故前請𨀣不
次良以純陁意專獻供故先請受仏意在法故先說法我今為汝除斷貧
窮對上請中雅願哀愍除斷我貧由說淂果故斷貧窮此明所去无上法
雨ヽ汝身田對上請中惟悕法雨依前身口七支校法名雨汝身依前智慧
良田校法名雨汝田約簡名法是故名雨由說起彼法身種子名生法牙
此明所与許受供中汝今於我欲求壽等慄其所求名前所求將來之食為
壽命等我當施下正許受供由仏受供令彼淂果故是去施常田殖福
淂報不還是以言常壽命色等是其果解現在施食能令受者淂其壽
命色力安辯五事利益故於未來還淂此果何以下釋初先徵問ヽ有兩
意一問行因自能淂果我以何故去言施汝二問五果是有為法我以何故
言施汝常下别釋之先解施常釋意如何由我常故能施汝常然今文中但解
仏常仏常既成彼常自顯不勞更弁問曰何不望直就彼所淂解常乃就
仏手釋去彼常當來未現真莫難彰故就仏論仏常為菩權迹所隱今
須拂權以顯其實故約二時无差以顯呼言純陁起發其心施食有二果報无
差正解常義施食有二文少難解若具應言受施食人有二㡀者為ヽ四
字成文略去初受此去何知下就受者以弁二故果无差者拂權顯實隨化
以論前受施時是因非果後受施時是果非因ヽ果兩差即是无常權實二
時无非仏果ヽ雖无差所以是常問曰上言此段回於純陁獻供明仏无待故名
為常今以何故无差釋常釋言无差猶是无待今昔兩時並无假待故
日无差下弁二相先問後弁一者受已淂菩提者未成仏前先受二女
所奉乳糜然後成仏阿耨菩提是外國語此云无上正真正道何言无耨多

時无非仏果〻無无善所以是常問曰上言此段曰於純陀獻供明仏无待故名
為常今以何故无善釋常釋言无善猶是无待今昔兩時並无假待故
曰无善下弁二相先問後弁一者受已得菩提者未成仏前先受二女
所奉乳糜然後成仏阿耨菩提是外國語此云无上正真正道阿言无耨多
羅言上三之言正藐言之真三復言正菩提名道二受已入於涅槃損今所受上來解
常下釋施義我今受汝最後供養令汝具檀未來得果故名為施此是法
施上來因請略開常法自下第二因純陀設難廣解常義純陀先難无
善之言求昔所聞是以難之如仏所說二施果報无善不然嗟以旌非何以
故下廣顯不然先自徵責我以何故尊仏不然下舉五事難破无善成前
不然一就田為難第二就人第三就身第四就因第五就緣受施是田故先
就田〻者是人故次就人〻必有身故次約身〻必有本故次就因身有假藉
故次就緣此五難中例應有三一彰昔異今二明今異昔三結破无善然今
文中有具不具就初田中但有前二初彰昔異今先受施者煩惱未盡斷德
不成未成種智〻德未備未能令生具足檀者生福不勝二明今異昔後
受施者煩惱已盡明斷德成已成種智明智德備令生具足明生福勝三
應結破文中略无第二人中應具三文但有二初先受直是眾生彰昔異
今前受施時生死未盡猶是眾多生死所攝故名眾生二後受下明今異昔
如下文中天有五種一是世天大智論中名假號天謂世人王名為天子或
云天王二者生天從四天王乃至非想三者淨天從須陀洹乃至辟支四者
義天從初地上乃至法雲諸菩薩等解達空義故名義天五第一義天
謂仏如來見性窮極名第一義仏於如是五天之中最為上天名天中天三難
結破文略无也就身難中文具有三一彰昔異今先受施者是雜食身約
緣弁身煩惱身者約因弁身從煩惱生〻煩惱故是後邊身无常身
者當相弁身後邊後邊簡前生死之窮故曰後邊无常異遷後樓未息
故名无常二明今異昔後受施者无煩惱身播前煩惱金剛別論非是
播前其身難壞故如金剛法身播前雜食之身諸功德法集成仏身
故名法身常播无常无邊播邊問曰純陀難破无善成仏无常今言
如來後受施時法身常身无邊身者已知仏常何須更難釋言純陀道
仏常者一得不退故名為常非是凝然故得為難之可純陀且縱仏常今

播前其身難壞故如金剛法身播前雜食之身諸切德法集成仏身
故名法身常播无常无邊播邊問曰純陀雖破无著成仏无常今言
如來後受施時法身常身无邊身著已知仏常何須更難釋言純陀道
仏常者一得不退故名為常非是凝然故得為難之可純陀且縱仏常今
与昔著今昔既著還是无常雖意如是三云何下結破无著就曰難中
之三有三一彰昔異今先受施者未具檀等明行未圓六度之義廣如別
章雅得向下章解不具何故五眼乃名為解於五眼中仏慧法眼是初解
故五眼之義之如別章於五眼中宍眼為始天眼為次慧眼第三法眼第四仏眼
第五於此五中宍眼先有故云雅得餘四猶起尒時未得就未得中天眼凡法
未得慧眼乃至仏眼今此文中從上向下是故說言未得仏眼乃至慧眼越
今廢不論餘三聖智今此弁之就此三中從下向上應當說言
法者乃此約三乘別教言耳據實廿廾亦分具五眼二明今異昔後受施者
已具檀等明其行圓以此諸度攝在廿廾成在仏故具仏眼等彰其解
具就聖眼中從上向下故云具仏乃至慧眼天宍不論三云何下結破无
著就緣難中文之有三初言先受入腹消等彰昔異今二後受已下明
今異昔无五果者无食所成色力壽等五事果也三云何下結破无著
下仏釋難与問不次初先就身釋成无著第二就因第三就人第四就田第
五就緣身是德聚故先就之身必有本故次就因身能成人故次就人身能
受法故次就田身有假待故次就緣就此五中例應有三一彰昔同今二明
今同昔三結成无著然今文中有无不等就初身中但有前一无後兩句文
顯可知第二因中之應具三文中但有第一第三略无第二就初段中釋難不
盡云何不盡向前難中言先受施六度不具五眼不足今但釋眼六度
不論就五眼中但釋仏眼餘四不解故云不盡一義既通餘類可知故不
身釋云何得知偏釋仏眼由見仏性是仏眼故文中初言未見仏性名煩惱身
雜食身第約前顯實之得名為約果顯因曰顯之云何未見仏性名煩惱身
雜食後邊无常身故向前宣說无量劫來无有食身煩惱身等明知
我於无量劫來已見仏性已見仏性故先有仏眼廿廾尒時受是食下約真
顯應顯之云何實則如來无量劫來[illegible]

難食身苐約前顯實之淂名為約果顯曰顯之去何未見仏性名煩惱身
雜食後邊无常身故向前宣說无量劫来无有食身煩惱身等明知
我於无量劫来已見仏性已見仏性故先有仏眼廿廿尒時受是食下約真
顯應顯之去何實則如来无量劫来已是常身已見仏性而言尒時受
飯食已入金剛定始見仏性淂菩提者明知是應是故我下結成无
差良以今昔同見性故二果无差第三人中文具有三初言尒時之破四魔
釋昔同今煩惱陰死及与天魔是其四也破煩惱魔　雖生死曰破壞天
魔雖生无縁破陰破死雖生死果破此四魔故非衆生二今入下明今
同昔三是故下結成无差第四田中文之有三初言尒時雖不廣等彰昔
同今釋雖不盡向前雖去前受施者煩惱未盡未成種智未能令人
具足檀度然今宣釋有智便爾餘皆不論此明如来前受施時雖
不廣說十二部經先已通達是故我先具一切智十二部經下當具弁二令
入下明今同昔三是故下結成无差第五縁中之應具三一彰昔同今二
明今同昔三結成无差今有前二略无第三初中如来於无量劫不受飲
食正顯其實為聲聞下拂權顯實先舉昔權言受難陁波羅乳者
昔有二女長名難陁小名難陁波羅共牧千牛於一時中搆千牛乳用飲百
頭復搆百頭用飲十頭復搆十頭用飲一頭搆一牛乳諸以為糜之在空中
七尺而淨文見奇異不敢自食用上樹神仏在樹下二女不知到已遍見遂
即奉獻故今舉之上来舉權即是顯應我實不食拂之顯實我今為
下是第二段明今同昔為於此會受汝所奉應同昔也實之不食真同昔
也問曰應身為一向食之有不食仏化種之非是一向如轉女身經說仏應
身如金剛无生熟藏无大小便无出入息凡所受食持至十方施諸
大會自无所食故知應身之有不食今樓一化且言食也
自下第三曰純陁請住明仏應滅實則不遷无為故常純陁先請如来後
荅請中有二一衆推純陁以為請主二純陁喜下為衆正請前中初先摽
明衆喜尒時大衆舉歡喜人聞仏普為大會受供明喜所由歡喜踴躍正
明歡喜之有二意一純陁獻供普為大衆如来今受衆則有分所以歡喜彼
成仏時能度我故二純陁為衆獻奉供養如来為受為衆請住仏之應

[illegible]於淨純陀先請如来後
答請中有二一衆推純陀以爲請主二純陀喜下爲衆正請前中初先捡
明衆喜尒時大衆擧歡喜人間仏普爲大會受供明喜所由歡喜踊躍云
明歡喜了有二意一純陀獻供普爲大衆如来今受衆則有分所以歡喜彼
成仏時能度我故二純陀爲衆獻奉供養如来爲受爲衆請住仏應
留預望仏住是故歡喜二同聲下別顯喜意別中有二初盡長行顯初
喜意下有四偈顯後喜意前長行中初嘆後歸善哉嘆也南无歸也以
其所成檀行可上故衆同嘆所成可伏故衆同歸嘆中初言善哉希有
是捴嘆也汝今立下是別嘆也別中有四一進德驗字嘆名不虛二嘆淨
名利三嘆願滿四嘆成五難於初段中別有四句一嘆名不虛二言純陀下釋其
名義三汝今建下彰其實德如地經中十波羅密有大義利同名大義
純陀獻仏成就檀度名建大義四是故下就德結名能立大義故名純陀
問曰純陀所建大義今時始立名字先有今云何言從義立名故名純
陀解云賢聖所有名字雖是父母生時建立冥与德會如維摩詰
名无垢稱如須淨帝名曰空生如是等也自下第二嘆淨名利由仏受供
義響遐布稱淨大名由淨名故衆皆歸從成橋他行說淨大利
自下第三嘆其願滿純陀過去迦葉仏時曾起供仏橋功德願欲願令
遂名德願滿又於現在起供仏心上是純陀橋功德願此願得遂名德
願滿自下第四嘆成五難甚奇純陀捴以標嘆下別顯之何者是五一人身
難得二仏世難值三信心難生四正法難聞五後供難成生在人中是初難也
下擧餘四復得難得无上之利捴以標擧於人身上更得四難故云復得
人身世利後四出世名无上利下別列之於中先明仏出世難如優曇華世間
希有喻說彰難此方名爲靈瑞華也輪王出世此華乃現名世希有仏出
世難今喻顯難下約此仏明後四難差別可知以此皆於難出仏邊而成就
故所以種難上來嘆竟下歸命中初歸純陀供仏之行難受人下歸命純
陀供仏之心行能度物故歸其行心爲物故歸其心前歸行中初法後
喻後合下結法中初言南无純陀是歸命辭胡言南无此言歸命成心
歸命故重言顯之汝已具檀出所歸事喻中如月乃至无賢喻所歸
[illegible]

[illegible]
陀供佛之心行能度物故歸其行心專爲物故歸其心前歸行中初法次
喻後合下結法中初言南无純陀是歸命辭胡言南无此言歸命成心
歸命故重言顯之次已具檀出所歸事喻中如月乃至无翳喻前所歸
秋月正喻純陀之身十五日夜喻佛成時淨滿无翳喻成檀行一切衆生
无不瞻仰喻上能歸合中初言汝亦如是合上如月淨滿无翳而爲我下合
一切衆无不瞻仰下喻結之先嘆前法佛受汝供令汝具檀嘆上所歸南无
純陀嘆上能歸是故已下結之同喻是汝具檀故說如月衆咸歸汝故說
一切无不瞻仰下歸純陀供佛心中南无純陀歸命之辭雖受人下出所歸事
雖受人身心如佛心正出所歸身劣心勝舉劣兼勝是故去雖佛心爲物純
陀亦尒是故去如汝真佛子嘆人顯心心如佛故終能紹繼名真佛子如羅
睺羅類以顯之純陀是佛法身之子羅睺是佛生身之子子義不異是以言如
因下第二顯後喜意推爲請主偈請之中初之一偈推爲請主第二偈正
勸令請第三偈章請所爲爲留住身口益物其第四偈結勸令請初中
上半嘆其人尊以人尊故堪爲道首爲衆啓請所以嘆之解有兩義一約純
陀內心以釋純陀之心爲物如佛是故雖復生在人趣已超第六天道之上二
約純陀請德以解佛欲成時初禪梵王請佛說法純陀今者請德同彼是
故雖復生在人中已超第六他化天上我及一切今故稽首推爲請主第
二偈中上之半偈舉佛滅事下之半偈正勸令請第三偈中上之半偈爲留
佛住身業益物演說已下半偈之文爲留佛住口業益物无上甘露是大
乘法爲佛智者之所稱讚顯住演說第四偈中上半明其不請有損解有
二義一現在悲苦身命不全二流轉生死患命不全下之半偈結勸令
請此偈須記純陀下還述此爲請 上來大衆共推純陀以爲請主
自下第二純陀爲請於中初明純陀心喜彼何故喜還有二意一蒙佛受
供成檀故喜二准前驗後望留佛住所以生喜文中初法次以喻顯父母
卒喪忽還活者解有二義一就檀行以釋還活供佛善根可尊可重如世
父母佛前不受人天供養名爲卒喪今純陀所奉供養如似還活二就佛
解佛如父母向前唱滅名爲卒喪純陀今者推前驗後望留佛住說爲

自下第二純陀為請於中初明純陀心喜彼何故喜還有二意一蒙仏受
供成檀故喜二准前顯後望留仏住所以生喜文中初法次以喻顯父母
卒喪忽還活者解有二義一就檀行以釋還活供仏善根可尊可重如世
父母仏前不受人天供養名為卒喪今純陀所奉供養如似還活二就仏
解仏如父母向前習滅名為卒喪純陀今者准前驗後望留仏住說為
還活下令可知次以身礼下以口請偈言巧妙少字之中能攝多義故以偈請
於中偈有十八行半判以為二初十偈半慶前所得下之八偈啓請於
後對前大衆嘆成五難所以慶前對上大衆四偈推請所以請後此二即顯
喜中二意問曰純陀今為請住直請便足何勞慶前欲使如來述後同前
故須慶前於中初偈慶得人身快哉獲利慶善之辞下出所慶善得人
身彰已所得々身循善故名善得觸除貪等明已所離觸貪恚等明離
悪因舉除貪恚等取離庭永離三悪明離苦果依六巻經此離泥犁
地獄之苦今以人身勝過三塗故言永離三悪道也第二偈慶得值仏快
哉慶辞下出所慶過得金聚值過調師明已所得先喻後法不攞頭首
彰已所離值仏除癡故離畜生前得人身應離地獄隱別彰通後值
仏等久難道難隱道彰別文之左右次一偈半慶得生信及与聞法先
彰所得仏如優曇明仏希有下對此仏明其生信聞法為值々難生信難
慶生信也過以種善慶聞法也下明所離永滅餓鬼生信所離信樂供
養故離餓鬼之復損滅脩羅種者聞法所離聞法除癡故離脩羅下
有七偈慶成檀度於中有二初之五偈舉其所慶下有兩偈彰已歡喜
前五偈中初明所得度人天下彰其所離前所得中芥子投針仏出難是
明仏難值舉仏難值明於仏所成檀至難先舉難事後約顯仏我以具
檀明於向前難值仏所成檀可慶所下明所離度人天死捨明所離仏不染
下別明所離於中有二一以已檀行上求仏果故得度於人天生死二一切煩
惱推破已下不將檀行求人天報故得度於人天生死前中先明仏出生死
生世難下用已檀行迴以求之明仏出中仏洗不世離生死緣々謂煩惱善
斷有種離生死因々謂業行非想是其三有之窮名為有頂仏斷其種
下別亡言度生死流離生死果下以檀度願求之中初明生世為人至難

生世難下用已種行迴以求之明仏出中仏涤不世離生死緣〻謂煩惱善
斷有種離生死因〻謂業行非想是其三有之窮名為有頂仏斷其種
下明六言度生死流離生死果下以種度願求之中初明生世為人豈難
舉此為顯難得身中所起種行雖應求仏不應餘彼云何難如下文說
捨於人身還生人中如抓上土值仏世下明仏難逢先法後喻舉此為顯難
值仏邊所成種行雖應求仏不應求餘我今奉食願无上報正願求仏求
前不深乃至永度生死流仏名无上報以求此報故得度於人天生死下明不
求人天之中一切惱結摧破不堅破人天因行種求仏故能破之我今於下離
人天果我今此處不求天人未得不求謂今於此供仏所成種行之處不求
未來人天之身設使得之心亦不樂已得不愛上來五偈舉已所慶下明歡
喜於中初法次喻後合結可知上來慶前自下請後述前大衆四偈所
勸即為請也下八偈中初之一偈述前大衆第一偈意明衆推已以為請主
次有兩偈述前大衆第二偈意為之正請次有三偈述前大衆第三偈意
彰請所為為留仏住身口益物此之即明聖住有益下有兩偈述前大衆
第四偈意明衆有苦此之即顯聖去有損就初偈中我得現報衰勝上處
述上偈中汝雖生人已超六天由仏受供得為大衆橋法上首名得現報
為勝上處釋梵天等悉來供我述上偈中我及一切今稽首請次二偈中
初至高聲唱无調御述上偈中人中勝尊今當涅槃明衆悲苦一切世間
悉生苦惱以知世尊欲入涅槃明衆心苦高聲唱言世无調御明衆口悲
導仏涅槃名无調御不應捨生應視如子述上偈中汝應憐我唯遠請
仏為之正請次三偈中如来在僧述上偈中久住世間利无量衆明住身
益僧猶是前无量衆矣演无上法述前偈中演智所讚无上甘露明住
口益如須弥山安處大海顯前如来在僧之益須弥寶成映發大海仏
衆德成顯發大衆仏智能下顯前演說无上法益仏智能斷我等无
明除无明地如虛空中起雲清涼喻以顯之仏如虛空說如起雲由斷
无明四住不生故如空中起雲清涼如来能除一切煩惱能斷四住猶如日
出除雲光照喻以顯之斷除四住由滅无明故如日出除雲光照斯乃本
末平相顯亦下兩偈中初偈述上第四偈中汝若不請我命全不是諸衆

明除无明地如風吹空中起雲清涼者以顯之仏如風吹說如起雲出斷
无明四住不生故如空中起雲清涼如來能除一切煩惱能斷四住猶如日
出除雲光照喻以顯之斷除四住由滅无明故如日出除雲光照斯乃本
末平相顯亦下兩偈中初偈述上第四偈中汝若不請我命全不是諸衆
生啼泣面腫明現悲苦身命不全者為生死苦水所漂明沒生死惠命
不全後偈述上是故應見為啓請調御師以是故者以衆啼泣生死漂故
應長信者對前啼泣請仏住也衆謂仏滅所以啼泣仏重久住長其常
信為斷生死對前生死苦水所漂請仏斷也久住於世總以結請
下仏答之文還有二一述前所慶二不應請下遠其後請前中先述所成五難
汝今已下述勸令喜前中初言如是如是如汝所說總述其言仏出世下別
述其言上有五難今述其三人身聞法略而不舉於中先明如來難出下約
此仏明其值遇生信等難下勸令喜於中初言莫大愁苦勸捨愁心應生
踊等教生喜心得值如來亦後供等舉上後難成前應喜下遠請中之
別有二一明如來化必須滅不應請住二從離欲善思已下明真常存不應
請住前則顯應後則開真前中有二一正遠其請不應請仏久住於世二
汝今觀下明化須滅成前不應於中初先明應須滅弃請不應即為純
陀而說偈下九偈半文明有為樂成請不應前中初言汝觀仏境悉无常
者明應境界是无常也應身分齊名仏境界隨化亦滅故曰无常斯乃
如來得大涅槃不捨世間常共无常諸行性相之如是者以聖類凡五陰
諸法遷流名行同仏无常故云如是正應先明諸行无常後類於仏令此何
故先說諸仏境界无常後類諸行釋言取義左右不同若欲知仏有為无
常舉行以顯若欲令人知行无常舉仏以類然令化意為使衆生因仏无常
知有為行无常可猒故先舉仏後類諸行自下第二明有為樂成請不應
為純陀說經寄標舉下正說之於中合有九偈半文前九廣明有為多
過末後半偈結已不樂前九偈中明有為法五非常過初三偈半明其无
常次一偈明苦次半偈明空次兩偈半明其无我下一偈半明其不淨空与
无我有何差別空是法空无我是其衆生无我初中約就生老病死以
說无常初偈明其生法无常一切世間生皆歸死明无常竟盛壽雖无

常次一偈明苦次半偈明空次兩偈半明其无我下一偈半明其不淨空與
无我有何差別空是法空无我是其衆生无我初中約就生老病死以
說无常初偈明其生法无常一切世間生皆歸死明无常竟遍壽雖无
量要必當盡明死无常決定生无常故皆死必盡次有三句明老无常夫
盛有衰合會別離況衆世事類身必老壯年不亭正明老歸盛色病
侵一句明病下有偈半明死无常命為死吞當相弁死无法常下衆類顯
死无有法常衆法以顯諸王自在勢力无雙一切遷動衆人以顯壽之
如是約類顯死就明苦中初有半偈明其麁苦言衆苦者是其重苦中有
生老病死等苦外有飢渴逼迫等苦名為衆苦无際无息是其深苦過
去无際未來无息下半明其生滅細苦三界无常明苦所以諸有无樂正
明其苦良以三界皆无常故三有之中悉无有樂就明空中有道性相一切
空者三有六道因緣虛集求其性相一切空也假中无性為名性空
緣假之无名為相空明无我中初之二偈正明无我下有半偈約殺顯過
前兩偈中初一偈半就生死果以說无我後之半偈就生死因以明无
我前偈半中初偈正弁後半結之前正弁中可壞流動約无常義以
顯无我常有憂等約其苦過以顯无我憂患心苦怨等身苦就身
苦中怨怖諸惡是其外苦老病死等是其內苦亡可憂者是其心苦患
是身苦此二並舉是故名等怨怖諸惡出其所憂老病死等出其所患
上來正弁下次結之是諸无邊是總結也是前諸過細分廣多故曰无邊
易壞怨侵是別結也易壞結前可壞流動怨侵結前常有憂等上
來就果下就因說煩惱所纏法說以論如蠶處繭以顯之雅是喪
想煩惱所纏故无我辭上來正弁何有智者而當樂此約過顯過下明
不淨此身苦集一切不淨果體不淨枙縛癰瘡根本无利種子不淨枙
者四枙所謂欲有无明及見欲界煩惱除无明見名為欲枙色无色界一切煩
惱除无明見名為有枙三界无明名无明枙三界諸見名為見枙此等四
種能令衆生為苦所枙故名為枙如雜心釋縛翻四縛名同四枙癰瘡
是漏漏有三種所謂欲有及无明漏廣如下釋用此以為身之根本故无義
利上來至天身皆之如是明其分齊下至地獄上至天身皆是苦集根本

BD03390號　大般涅槃經義記卷一　（63–48）

種能令衆生爲苦所依故名爲依如雜心釋縛纏四縛名同四依　癰瘡
是漏〻有三種所謂欲有及无明漏廣如下釋用此以爲身之根本故无義
利上来至天身皆之如是明其分齊下至地獄上至天身皆是苦集根本
无利故是不淨上来廣弁五非常過諸欲无常故我不貪棄結搐離上
有五過以何義故偏言无常无常在初故偏說之之可諸義弁以相顯显
言无常上来第一明應須滅不應請住自下第二明真常存不應請住於
中偈文多少不定凡有三别依一経本但有兩偈依一経本有五偈半依一経
本有六行偈六行者是今依解釋於中分二初三偈半明真常住彰其不
應請住所以後兩偈半正勸不應前明應中先勸不應後出不應請住
所以今此先明不應所以後勸不應文之右前三偈半明真常中分之爲
四一斷集證真二究竟下除苦淨滅三我度有下明其除苦淨滅故樂
四以是緣下明其斷集證真故常初中雜歎明其斷集諸過皆斷歎過
深重受生之本三毒之首故偏說離善思已下明其證真善思是其趣證
方便而證真實正明入證如来藏性是其真實捨妄歸真設以爲證第
二段中究竟斷有明其除苦今當涅槃明其淨滅實自久證對今息化
如歸其實故言今日當涅槃矣第三段中我度有垪牒前斷有已淨過苦
牒前涅〻槃〻之果超出衆苦故言過苦下約此義以明仏樂以過諸苦故
於今者純受上樂第四段中以是緣者以初段中離歎因緣證无戲邊
猶初段中善思證實妄心分别名爲戲論淨實除捨故名爲證无戲論
邊下約此義明仏常住永斷纏縛令入槃涅離无常回以前離歎故斷纏
縛纏有十種謂无慚无愧睡悔慳嫉掉眠忿及覆此是十也通則諸結斯
名纏矣縛如上弁我无老病壽命不盡離无常果由前證實故令不
盡上来第一明仏常住自下第二彰請不應於中分二初一偈半對向來斷
諸纏等勸其莫思下有一偈對前今者純受上樂勸其莫啼前中初
言我今涅槃猶如火滅對前文中永斷纏縛令入涅槃明已諸過畢竟
永滅純陁不應思如来者對上我无老病死等勸其莫思莫思如来
有老病死諸過之義當觀如来如須弥山對文中壽命不盡教其正
觀正觀如来常住不動如須弥山後中初言我入涅槃受第一樂牒前文
中是故今者純受上樂諸仏如是不應啼哭結勸止悲上来第一仏對

觀三觀如來常住不動如須弥山後中初言我入涅槃定第一樂慄前文
中是故今者純受上樂諸仏如是不應啼哭縚勸止悲上來第一仏對
純陁開真弁應自下純陁對於文殊廣顯前真文漠前来仏對純陁以理
四教生其常解自下文殊反試純陁顯其常解然下純陁對於文殊涅
頭向前兩段中真先對後段廣顯如來不滅之真如來次後自當廣下
廣顯如來无待之真乘言便故從後向前次第顯之初中有四一純陁乘
前所請為由二文殊反試三純陁自識自中已解四文殊述讚堅其常解
初中有三第一純陁述仏前言歎己智微不能思仏涅槃深義故須仏
住二我今与下明已所解高参上流開說堪受故留仏住三辟如飢下請
仏深攘以為已住初中如是試如聖教捨述仏語依舊経本向前偈中
仏勸純陁不應思量如来之義故今述之我今智微何能思量如来深
義別述仏言以我智微不能思量如来涅槃故須仏住第二請中初法次
喻後合下結法中明己内有常解故与文殊法王子等喻中幼年初出家
者習道未久名為幼年常解如生名初出家未有常行名是具解常審
同名堕僧數合中初言我之如是正今前喻以仏廿神通力故得在如
是菩薩數者純陁明己在數所以現以仏力過去廿教化之力生我常解
故在如是大廿數是故下結是我有解上同廿堪受法故之請仏住第
三請中如飢无吐立喻請仏々常思化如世飢人願莫捨我名不變吐願
使己下約喻求仏願如飢人莫捨我等入涅槃去　　第二文殊反試
之中先可後教初文殊告汝今不應發是言等是可鐘也明仏无常是故
不應汝今觀下是教鐘也教觀如来有為无常息其請意汝今當觀諸
行性相正教趣觀小乘法中仏是有為諸行所攝若觀諸行性相无常自
然知仏終歸盡滅不應請住如是觀行具空三昧等者勸為由觀无常
知法无性故具空定故來正法應如是學結勸循習故求空法應當如
是學觀有為性相无常　　第三純陁顯己解中初先受前文殊所教
以理觀仏非是有為後斥喻下以己所知教可文殊前中初言夫如來者天上
人中最尊最勝宜立道理下約以理推驗如來明非有為於中初明同於
有為非尊非勝力士喻下明是尊勝以喻明有為行中有二一文明如來是

是異觀不忍性相无常　第三從下還已解中初先受前文殊所教
以理觀仏非是有為短壽喻下以己所知教可文殊前中初言夫如来者天上
人中最尊最勝宜立道理下約此理推驗如来明非有為於中初明同於
有為非尊非勝力士喻下明是尊勝以破有為前中有二一正明如来是
其有為非尊非勝二復次文殊為知說下重審文殊前中有四初如是如来
豈是行者審定其言二若是行下從此亦過明同諸行則有生滅流轉
之過三我聞下明有生滅流轉之過便非尊勝四是故下結呵文殊就初
段中如是如来牒上之辞所謂如是天上人中最勝如来豈是行耶審定
其言起問不決故言豈耶第二段中若是行者牒其所立下就顯過於
中初先就仏明過一切行下類以顯之前中初言為生滅法說明有生
滅之過譬如水泡速起速滅喻說明有生滅之過往来流轉法說明有流
轉之過猶如車輪立喻彰過下類顯中一切諸行亦如是者生死諸行亦同
有此二種過也諸行例然仏是有為何獨不尒第三段中初就生滅明仏
不得為尊為勝如聚落下就前流轉明仏不得為尊為勝前中我聞諸
天極長寿凡驗聖亦得名為并凡過聖如四天王壽五百歲乃至非想
壽八万劫名為極長云何世尊是天不満百年准凡責聖亦得名為章聖
者凡世尊既是天中之天壽應无量云何命短満不百年不満百故不
得名為天中之天最尊最勝下就流轉明非尊中初先立喻如聚落主
喻仏得為三千化主勢力自在能制他者喻仏自在能調衆生其後
貧賤人所輕者喻仏流轉為人輕也為他使者交為他化所以下釋下
合顯法世尊亦尒合聚落主勢力自在能制化他同於諸行合其福盡
不得稱為天中之天合後貧賤為人輕也何以下釋即是合上失勢力故第
四結中是故文殊勿觀如来同諸行者以同諸行便有生滅流轉之過不
得名為天中天故莫觀如来同有為行非尊非勝自下第二重審文
殊々高人喜有異見故須審之復次文殊為知而說不知而說審定審
其言為當知仏定是有為說同諸行為當不知闇心妄說設使己下縱以
示過設知如来同於諸行命報短促不得名為天中之天流轉不定如
聚落主不得名為自在王上来明仏同[illegible]有為非尊非勝[illegible]

其言為當知仏定是有為説同諸行為當不知闇心妄説設使已下縱以
示過設知如來同於諸行命報短促不得名為天中之天流轉不定如
聚落主不得名為自在法王上來明仏同於有為非尊非勝自下第二
明是尊勝必破有為破離四魔有為生死方得名為三界尊故於中
先喻次合後結喻中有三一仏破有為喻二如是力士王所愛下世共尊
敬喻三所以下仏具无為喻初中如王有力士者衆生有其威 聖之力
為仏隨從故名為王仏能摧破四魔強敵名為力士力當千當敵四
魔更无降者魔不能伏故稱當千結仏力勝第二段中如是力士嗟仏
如來王所愛念為世尊仰偏賜爵莑別迦供養第三段中所以得稱當
千人者問前起後是人未必力敵千者簡前起後未必專以破章之力
當敵千人種種伎能能勝千者具足種種无為功德過千人也故稱結也如來
下合依前三段次第合之合初段中如來亦尔合前力士降煩惱等合力當
千更无降者降煩惱魔斷生死因降伏天魔摧生死緣降陰及死離生
死果以降此四故非有為是故如來名三界尊合第二段王所愛念偏賜
爵禄如彼已下舉喻以怙以是緣下合第三段以是緣者牒前顯後以
仏破壞有為因緣成就種種无為功德成就種種无量真德合上種之
伎能勝千故稱如來應正遍知合前喻中故稱當千文殊不應憶想如來
同於諸行總以結呵上來純陀受文殊教以理推驗仏非有為自下純陀以
已所知教呵文殊於中先呵貧女下教可中先喻辟如臣冨長者生子喻凡
感聖感聖之人内有道機名為長者感聖出現名為生子相師占之有
短壽相喻前文殊説仏有為文殊相師觀仏名占説仏令滅名短壽相父
母聞下喻世輕賤父母聞等喻明感聖機衆生聞短不受知仏不能
常流法化名為不任紹继家嗣由是不愛觀同凡夫聲聞緣覺名視如
草夫短壽下喻明其餘无道衆生聞短不敬次合顯法若使如來同諸行
者合前生子有短壽相立復不為世間敬者趁合不為沙門等敬如來
所説不變真法立无受者却合父母不復愛等以不愛故所説不受是
故文殊不應説下總以結呵自下純陀以已所知反教文殊於中兩喻初貧
女喻反教文殊顕仏无為後大人喻反教文殊還仏有為前中先喻次

所說不變真法上无受者却令父母不復變等以不憂故所說不受是
故文殊不應說下總以結呵自下純陁以己所知反教文殊於中兩喻初貧
女喻反教文殊顯佛无為後火人喻反教文殊還佛有為前中先喻次
合喻中六句一發菩求善喻二以他已下依教生解喻三是客舍下教授
令出喻四其産未下懷解向果喻五於其中路遇惡已下逢苦不退喻
六慈念已下賞解淨果喻初中貧女喻脩行人无德稱貧能生常解
故名為女无境安心名无居家離善知識說无救護煩惱纏名加
病苦无法充神名飢渴遍訪友逆行求法乞匄第二句中以他客舍生
一子者名佛為他大乘教法是佛攝人所安之處名為客舍依教曰以起解
名生終能紹繼故說為子第三句中是客舍主驅逐去者佛是舍
主教授向果名驅逐去亦可教令捨詮求實名驅逐去第四句中其
産未久携抱是兒至他國者解生不逸名為未久懷解在心名抱是
兒歸心向果名為欲至无上菩提是佛住處名為他國第五句中於脩
行名為中路身對塵境名遇風雨起惡招苦逼切自身名寒苦至
加為惡虫侵害善法名為毒虫之所唼食中逢小乘名遇恒河貪
解求出名抱兒度小乘衆生共相逼勸名水漂疾守解不從名不放捨
乃至為彼小乘所殺人喪道處是故名為母子俱沒未死有此蓋乃假設
過分為言縱使有此亦須堅守第六句中如是女人生梵天者喻諸菩薩
貴解功德終得菩提上來立喻下次教勸於中有二一勸愚人一切莫說
二若正見下勸其智者定說无為前中文殊勸護正法勿說如來同於諸
行不同諸行勸其莫說良以愚人心未見法言多謬失是故勸其一切莫
說次教莫著雖當自責我今愚癡勸捨執心如來正法不可思議教生
信心是故已下結勸莫說是如來法不可思故不應定說有為无為下勸
智者定說无為若正見者應說如來定是无為以理正勸何以下釋
先問後解由說无為令人正解起脩趣向名生善法不說有為令人捨
謗不墮三惡名擇路下次合喻前六句中但合後二如女在河愛念子等
勝前第五護法菩薩亦應如是寧捨身等舉法以合以說如來同无為下

智者定說无為若正見者應說如來定是无為以理正勸何以下釋
先問後解由說无為令人正解起循趣向名生善法不說有為令人捨
謗不墮三惡名攝路下次合喻前六句中但合後二如女在河喪命子等
喋前第五護法廿廿上應如是寧捨身等舉法以合以說如來同无為下
合第六句於中有二一明得果二明其人得果自然前得果中初先正合如彼
文下舉喻以帖何以下釋云何護下顯護法相謂說如來同於无為所謂同
於涅槃无為之得同於法性无為下自然中初先舉法後以喻帖文中可知
下教文殊覆有為中初先立喻次勸後合喻中有一行循中廢喻二寄以
下退住小乘喻三卧寐下聞說无常喻四即時驚下懷說毀仏喻五具
慚愧下正言覆仏喻六生切利下覆仏得果喻就初句中起循長久名為
遠行行循中廢名為疲極第二句中正他舍小乘之法是小乘人所安止
處名為他舍退住名正暫停名寄第三句中大解未發名卧寐中聞說
无常娩諸世間名室忽然大火卒起權教忽施所以言卒第四覺知无常
毀仏之過名即驚悟於處仏身為彼无常權教所隱名自思惟我於今者
必死无疑此以自身喻於仏身諸仏法身是已躰故第五句中具慚愧故
衣纏身者仏現无常似若身醜恥仏无常名具慚愧說仏真常隱仏无
常名衣纏身護仏至死名即命終第六句中生刀利天喻得世二相之果
滿八十支作大梵王喻得如來八十種好滿百千世為轉輪王等喻得十
八不共法等无量功德上來立喻下次教勸於中之有六句三對一耶正
相對有慚愧者不應觀仏同於諸行明正不應外道耶見可說如來同
於諸行彰耶所應二持犯相對持戒比丘不應如是生有為想明持不
應若言如來是有為下彰犯所為若言有為即是妄語明有罪因死
入地獄彰有罪果三心言相對如來无為不應說言如來有為勸捨
耶言汝從今日應捨无智求正智等勸捨耶心上來教勸若能下合前
六句中但合第六文有可知　上來第三純陁曰試自顯已解自下第四
文殊述嘆堅其常解文殊嘆言善哉善哉是總嘆也下別嘆之別中初
先約貧女喻反嘆純陁汝今已任長壽因緣嘆其所成能知如來是常
法等嘆其所解是常住也不變无為是其判也誰田主哉名下嘆其推

[illegible]善哉善哉是極嘆也下別嘆之別中初
先約貪女喻及嘆純陀汝今已任長壽因緣嘆其所成能知如來是常
法等嘆其所解是常極也不變无為是其別也離細生滅名不變易離
麁分段名曰无為亦可如來真身无生名曰无為以无終滅說為不變下
還約前大人之喻及嘆純陀汝今如是善護如來有為相等嘆其所說
於中先法後以喻帖以其善心生刀利下嘆其所得於中先喻汝之下合汝
之如是善護有為合前以是善心言也必定當得卅二相合生刀利八十種
好合為梵王十八共无量壽命合為輪王不在生死合不至惡常受安
樂合常受樂　上來四段合為第一顯仏无為自下第二明仏无待於中
有四一明如來身患已去二仏告已下如來述讚三因前言重明如來心進
已盡四文殊言如如是是如汝說下文殊述讚就初段中文殊初先催供及試
純陀言下純陀以釋明仏无待文殊催中先以前言下正催之以前言中如來
次後自當廣說惟說歸仏仏策嘆下廣顯已常名後自說我与汝下自
相抑以我之与汝俱護有為是其論心有為无為且共置者以其論言轄
停非永故言且置下正催中句別有四一催速施二如是施下嘆勝勸為何故
此施偏得為宗解有三義一因此施廣顯法化故得為宗二仏食此已入天
涅槃所為事大故施為宗三如來當成道衆斯集供奉寬廣故得為
宗三若比丘下舉類顯勝然此況舉一切比丘比丘尼等遠行疲極隨時
給施具種種子類令立然不言此會四者有宗後施仏已下舉盛重催上
來文殊催供及試自下純陀明仏无待於中四句一可文殊汝今何故自貪此食
令我時施問曰文殊為仏催供純陀何故可責文殊自貪此食釋言文
殊為仏催供无由自己須食心起自己須食謂仏立然純陀深恻就本以可故
去何故自貪此食又復文殊細前催供為仏及僧文殊是僧為己催食是
故可之汝今何故自貪此食直其自貪明仏无待二如來昔下正明仏无
待於中舉昔菩行以驗三汝今實謂如來已下審定文殊四我定知下
中已所解彰仏无待第二如來讚純陀中初對文殊作可純陀文殊深
焰明練是非對之述可以顯純陀所言決定善哉已下對純陀而為述嘆
純陀始學人多不信故仏述可令人歸信汝成大智正是實[illegible]

中已所解歎佛无特苐二如来讃純陁中初對文殊作可純陁文殊深
智明練是非對之述可以顯純陁所言決定善哉已下對純陁而為述嘆
純陁始學人多不信故佛述可令人歸信汝成大智正是嘆辞善入已下顯大
智相入猶解也謂解大乗經中深義目下苐三重明如来心虛已盡何因弁此由
向如如来述可純陁似有愛憎故下遣之於中有二一明如来體无分别二體
如國王下明佛出過分别境界前中有四一因文殊反試明佛无偏二文殊言如
来於汝及以我下因文殊反試明佛无恱三如来无有愛念想下顯前苐二
四等視一切如羅睺下顯前苐一初中文殊先為反試語純陁言汝謂如来
是无為者謂其上言如来之身即是長壽自述其語看住是下明佛恱
純陁荅言非獨恱我亦恱一切明佛无偏苐二段中初文殊言如来於汝及
我一切皆恙恱可文殊反試純陁荅下明佛无恱於中有四一提呵文殊決不
應言如来恱可二夫恱可下明恱可過、有四重恱可一重倒想而重生死
三重有為四重三結可文殊勿謂如来是其有為攝後以可四縺以六
過若言有為我与人者俱行顛倒言佛恱可即是有為故是顛倒自下苐
三明佛无愛戍前苐二无恱可義如来无有愛念之相正明无愛夫愛念下
舉過章雖先舉其過夫愛念者捻以樹舉如彼已下寄喻顯過如世毋牛
愛念子故雖復飢渴行求水草若足不足忽然還歸到其子所喻明世人有
愛念故雖復行化饒益他人若竟不竟忽然旋棓還益所親佛无此念對
過彰辯自下苐四舉佛等慈成上苐一无偏之義等視一切如羅睺羅云
明等慈如是念者是佛境界結德屬人上来明佛體无分别下明出過分别境界
於中兩喻初喻明其近不及遠亦淂名為鈍不及利後喻明其下不測上前中先辟
辟如國王調御駕駟喻佛勝出久習勝慧名調駕駟欲令驢及无有是
處喻已不及下合可知下不測中先喻後法喻中偏明上能知下如金翅鳥喻
佛真身界盡空者喻佛真身住法性空无量由旬顯證深遠此明證智下觀海者
喻佛教智照知世間生死大海悉見水性魚鼈等者喻見衆生愚智差别反
見已柔喻見自己應身隨世法中偏明下不測上文之右右凡夫小智不能量
者明凡二乘不能知上二乘之人名之小智我与仁者亦復如是不能量者明諸
菩薩不能知上純陁尊已及与文殊亦如向前凡夫小智不能量也尊已及与文

見已彩奇見自己應身隨世法中偈明下不堪上文之右右凡夫小智不能量
者明凡二乘不能知上二乘之人名之小智我与仁者之復如是不能量者明諸
卄卄不能知上純陁尊己及与文殊亦如向前凡夫小智不能量也尊己及与文
殊不量顯諸卄卄一切皆尔上來明仏心惠已盡自下第四文殊述讚何故須
然文殊高人言說非理人多從受故讚純陁人歸信如是如是印可其言我於
此下迴解歸已章已先解成其說是直欲試下彿會上言自已久知身為試
彼是故方直試汝純陁同諸卄卄所解之事故方試汝諸菩薩事由前純陁
自言已解已与諸大卄卄齊等故須試之自下第三仏對純陁廣顯前應問
日直尔弁真便足何勞說應釋言權隱真引化處故須弁應其義何也
若不明仏應身有戒无由使人厭捨有為若不明仏應身受供无由使人成
熟種行趣入无為故須弁應之中有四初仏催供明仏有待二尔時純陁聞仏
語已舉聲啼下明應有為三如來不欲久住已下對前第二明應有戒四我
今受汝所獻供下對上第一明應有受問曰何故有此四段良以牒前成上故尔
四中前二牒上純陁所弁二真後之兩段成前如來所顯二故有四段是義
云何向前純陁初明如來真身无為後顯如來真身无待今乘言便從
後向前次第牒之初段牒後真身无待明應有待第二牒前真身无為
明應有為後之兩段成上如來所弁之應如來向前初明如來應身有受
後明如來應身有戒今乘言便從後向前次第成之第三成上應身
有戒第四成前應身有受初中有二一光照文殊身業催供二言告純
陁口業催供前中有三一光照文殊何故須照上來文中純陁弁真文殊顯
應今欲述成文殊所顯故光照之又復文殊前已催供如來今欲令其重
催是以光照又仏大人望直發言自為催食於化不便故照文殊令其先
催照後勸第二文殊遇光知來催令速施遇斯光者身遇光也知
是事者內知也知仏滅事又知放光為催供事尋告已下口言催也先弁
光意仏現是相不久涅槃以勸速施下純陁令知光意仏故是光
為催汝供非无因緣三純陁聞已悲塞嘿然仏口催中聖意懇懃鄭重
告之上來第一明應有待自下第二明應有為於中純陁先請為由後仏答之

為催汝供非无因緣三純陁聞已悲塞嘿然仏口催中聖意懇懃鄭重
至三上来第一明應有待自下第二明應有為於中純陁先請為由後仏答之
請中有二開如来言尔涅槃悲號啼哭二復白衆下求衆共請一人之
感未若多人故求衆請答中還二對前悲哭勸之莫啼二當觀已下
對前請住勸觀五非明應有為不可久住初先勸觀空无我義壞
器已下勸觀无常當觀諸行如雜毒食勸觀其苦有為多過勸觀不淨
世六物集成已離名多過患自下第三明應有感文別有四一純陁請二如
来荅三純陁領解四如来述請中有二對前如来莫啼之言明仏不住悲啼
難以二雖顯已下對上如来勸觀有為請仏衆憐為我久住請意如
何雖知如来自歎有為顯仏憐我為我等故久住於世又復我等有斯
五過未能捨離願仏慈憐久住於世教我捨離荅中五二一對上後請明
為憐汝令入涅槃二汝今觀下對上初請明有為法不可久住勸令以悲前
中四句一可其請辞汝不應言憐我故住二我以憐下顯已化意憐其請辞我
以憐汝對前雖願憐愍我也又一切者對前諸衆生言也令入涅槃憐前
久住勿入言也云何以憐令入涅槃令入涅槃為令衆生同捨有為趣入无為
故曰憐愍三何以下釋顯憐相我以何故令入涅槃名為憐汝諸仏法
尔有為之然對問弁釋諸仏為化法尔盡滅故云法尔有為同仏
故名之然令諸衆生知仏法尔有為之然歎離有為故名憐愍此者向前
諸仏境界皆悉无常諸行之然其義相似四是故下顯前有為亦然之
相有為无常生已不住明同如来有是无常无常故若寂滅樂者明
同如来滅已為樂下對初請勸以悲中先對向前如来不欲久住之言明有
為法多過難住是故已下對上文中我當云何而不啼哭結勸以悲前中汝
觀一切行雜勸其觀苦諸法无我勸觀无我无常不住勸觀无常
此身多有无量患觀勸不淨猶如水泡勸觀其空是故汝今不應啼
者是有為法具前諸過不可住故不應啼泣第三純陁領解之中如是如是
誠如尊教總述仏語如仏所說一切皆是故曰如是下列對之雖知如来便方
[illegible]

誠如尊教諗述佛語如佛所說一切皆是故曰如是下別對之雖知如來使方
涅槃而我不懷不能普惚對佛後勸不應啼泣頭悲難以復自思下對
佛前咨明已歡喜由佛亦滅知有為過趣入无為所以歡喜第四如來讚述之中
初對向前雖知如來方便涅槃而為讚嘆善哉嘆辭能知已下出其所嘆
汝今已下對前不能不懷苦惚而為開解於中有三一明如來化必須滅二
不應思下明佛壽命長短難惻不應愁惚三一切法下明佛於有心不染著
今來捨離不應慈惚初中先喻如婆羅婆鳥喻佛應身春陽月者是春
子月喻諸衆生直機熟時皆共集彼阿耨池者喻佛同歸盡滅大池
鳥入大池引子同入佛入涅槃為引衆生趣入无為下次合之諸佛亦尒合
婆羅鳥皆至是處含春陽月集阿耨池所謂至於盡滅之處第二句
中不應思佛長壽短壽以理試勸長短難惻故不應思第三句中一切諸
法皆如幻者明有虛妄如來在中以方便力无所染著明佛不染在而不著
故曰方便何以下釋諸佛於有法皆不染故曰法亦以不著故今入涅槃不應愁
惚上來第三明應有滅自下第四明應有受於中有二一佛許受供催
令速施二純陀奉命歸家辦供前中復二一對上純陀自為之心許為受
供二汝若為生作福田下對上純陀為他之心催令速施前中我今受
汝所獻正許受供為欲令汝度生死者明已受意若諸人天於後供
下嘆益勸為謂得如來不動果報何以故下釋得所以以我是生良福田
故供者皆得對為他中汝欲為生作福田者舉其所求速辦催施就明純陀
辦供之中句別有三初言為生得度脫故往頭歡淚強抑哀情若不供佛
來度生死徒悲无益故須強抑哉已哀情使淚不墮名為歡淚二白
佛下領佛前勸明已現在不能思量佛壽長短於中先明當來能知我等
今下明見不知此名如來應化亦滅以為涅槃真身常住為非涅槃若
我成佛堪為衆生作福田時知佛化滅名知涅槃知真常存名非涅槃
現在未知如來化滅故言我等不能思量如來涅槃云不知佛真身
常住名非涅槃三尒時下辭佛辦供純陀獻供須人教亦故与之殊相隨
而去上來第一對其影嚮明菩提樂常自下第二對其所為明涅槃法
常相中初先動地為由時天龍下比丘衆請如來為說前中有三一正明動

我成仏堪為衆生作福田[illegible]
現在未知如来化減故言我弟不能思量如来涅槃亦不知仏真身
常住名非涅槃三尒時下辞仏雜供純陀獻供須人教亦教与之殊相随
而去上来第一對其影響明菩提槃常自下第二對其所為明涅槃法
常樂中初先動地為由時天龍下比丘衆請如来為說前中有三一正明動
地二動有二下泯明地動大小差別三從覓摩下明動所為就初段中其土
未久明動地時是時大動六種動者正明地動六如地經一動二踊三起四
振五覺六吼乃至梵世明動分齊第二段中先舉二數次列亦名或有
地動是小動也或大地動是大動也依如經動別有三請動遍動普遍
動一覺動者直名為動前後次第周遍動者名為遍動一時遍動名普
遍動今橋為二初直動者名之為小遍及普遍說之為大下廣辨之句
別有五第一就動以辨大小動如車掉第二就吼地中出聲三就振起振
則下去起如麵起第四就踊踊如泉沸第五就覺令人覺知之相可解此集
經者所以列可第三段中初集經家泯明所為如来八相成道之中且就六相
以明所為一從兜率下閻浮時二初生時三出家時四成仏時五轉法時六般
涅槃時上生兜率及住胎中二時不論今日已下地動聲中自辨所為故
下之言人非人等聞是語已身毛皆竪
自下第二比丘衆請仏為宣說於此分中義二之四言義二者一明如来三事
涅槃二時諸比丘聞仏世尊芝涅槃下明四法寶義言之四者一諸比丘等聞
請為由二仏告比丘莫如凡夫請天人下如来為說三事涅槃三諸比丘聞
仏世尊芝涅槃下比丘重復哀請為由四仏告比丘諦聽已下如来為說四
法寶義第一段中初明大衆覩相悲哀先舉悲人聞是語已悲哀所由謂
聞向前地動聲中今日如来將入涅槃如是大動身毛已下正明悲哀先舉
後二下請仏住於中有二一舉如来去住損益求請如来二偈後長行舉聖
去不應徵請如来前中偈有十三行半分之為二初十一偈半明聖去有損未後
兩偈明聖住有益損中有四初四行半明已无救次有四偈彰已无依次有
一偈舉聖去不還成前无救下有二偈舉仏放捨成前无依第一段中初有
二偈明无救者後兩偈半明无救損无救者中初有半偈自宣已心次有
半偈明无救者後之一偈彰已悲苦无救損中初法次喻後合下結貧窮无

而偈明聖住有益損中有四初四行半明已无救次有四偈彰已无依次有
一偈舉聖去不還成前无救下有二偈舉仏放捨成前无依第一段中初有
二偈明无救者後兩偈半明无救損无救者中初有半偈自直已心次有
半偈明无救者後之一偈彰已悲苦无救損中初法次喻後合下結貧窮无
救是法說也貧无善財是无救護猶如下喻衆生下合是故下結其次
偈明无依中初偈明无功德所依先喻後合我等今人失陰合前國无
君主及法味者合前飢餓第二一偈明已悲苦先法後喻第三一偈无慧
所依大仙涅槃仏日墜地无所依人法水枯涸无所依法我等空死明无依
損慧命不續故名空死第四一偈明已悲苦先法後喻其次其次一偈舉仏
不還成无救中初之半偈舉仏不還後之半偈彰已无救其次兩偈舉仏放捨
成无依中初有半偈明已悲苦後之半偈舉仏放捨成已无依上明去損下彰住
益初一偈半明仏住世令人離苦初偈立喻後半合之如来道光合前三日能
除我苦合後一句下有半偈明能生善先法後喻自下第二明去不垂彼請
如来請別有五兩義名之一約所化以別五請別之云何一所化有本所別異請
二所化堪受請三所化未出請四所化未齊請五所化迷惑請二就能化以別五
請此復云何一明如来有始无終請二有怖未除請三所作未訖請四所為未
等請五未同慈尊請第一請中初喻次合雖顯已下結請仏住喻中如王喻仏
如来生育諸子喻諸比丘從仏化起故言生育直機不耶名貌端正聖心
慈憐名常愛念勸教三學名教使藝所習皆成名善通利此喻有始下況无
終仏捨燋度令諸比丘為其憂易生死所切名為將付魁膾令斂下次合之我等
弟今日為法王子合前王子蒙仏教誨合教使藝以具見正合善通利之可
合前形貌端正此合有始下合无終願莫放捨反合付斂如其放捨慎合付斂結
請可知第二請中初明如来有畏未除若使已下請住除畏前中先喻
有人喻仏善學論者喻自知法復於此論而生畏者懼他不信下次合
之如来亦尔合前有人通達法者合學諸論所謂通達大乘諸法於
法畏者合於此論而生怖畏畏人不信墮於地獄下請住中若使如来久住
於世說甘露味充足一切請住說法名大乘法以為甘露如是衆生則
不復畏墮地獄者明說利益謂於如是所化衆生如来不復畏其不信

之如來亦不合前有人通達法者合學諸論所謂通達大乘諸法教
法畏者合於此論而生怖畏畏人不信墮於地獄下請住中若使如來久住
於世說甘露味充足一切諸住說法名大乘法以為甘露如是衆生則
不復畏墮地獄者明說利益謂於如是所化衆生如來不滅畏其不信
墮於地獄第三請中先喻後合喻中如人初學仕務為官所收閉囹圄
者喻佛化始隨物在有有人喻佛本在因時始習化人名學仕務感聖之
機名之為官藏佛在有名官所收恒隨不捨名閉囹圄古舊方獄名為囹
圄有人問下喻化未訖不得自安有人問之汝受何事假問起發同行之流
者為有人問佛在於三有所以名受何事答曰我今受大苦者假答顯德為
物章懃名受大苦若其脫下喻明化訖方得受樂下次合之世尊亦不合
有人也為我等故備諸苦行合初學仕為官所收我等今者未免生死亦
何如來得受樂者合有人問汝受何事答言我今受大苦惱我未出普
佛今已應為我受苦云何捨我自受安樂若脫受樂略而不合第四請
中文別有三一明如來所為不等二如來於法應无慳下以理責佛三唯願下結
請佛住初中先喻醫王喻佛不善解方藥喻佛能知大乘秘法偏教
子者喻勸文殊不教餘者喻佛不教諸比丘等下次合之如來亦爾
合醫解藥獨以秘藏偏教文殊合以秘方偏教其子遣棄我等合不
教餘外受學者第二責中初明如來於法无慳者同世醫後明如來於
人无偏責同世醫前中初言如來於法應无慳者量聖異凡以理測
尋未敢專決是以言應如彼醫王偏教子等責聖同凡後中初言彼醫
所以不能普教情存勝負蘭凡異聖如來之心終无勝負量聖異凡何
不見論責聖同凡第三結請文顯可知第五請中先喻後合喻中辟如
老少病人比丘喻己離善行險諸己退或更有人等喻佛如來應見不
棄異人喻佛見之憐愍喻應憐已即使亦等喻應教已合中初先合已退
我我亦如是下捨合世所謂下別唯願已下約前異人請佛亦導唯願示
我甘露正道請佛說法无上涅槃能除熱惱故曰甘露約喻名法說
為正道久住世等請佛不滅然此二請下佛對之有摸有遮宜審記知

涅槃義記卷第一　大隋沙門慧遠法師撰之

經生元衆法師校經

BD03390號　大般涅槃經義記卷一　（63–62）

等者豁勸文致不壽食著皆化不教諸比丘善下次合之此未上示
合譬解藥獨以秘藏偏教不殊合以秘方偏教其子遺棄我等合不
教餘外受學者第二責中初明如來於法无悋責同世醫後明如來於
人无偏責同世醫前中初言如來於法應无慳者量聖異凡以理測
尋未敢專決是以言應如彼醫王偏教子等責聖同凡後中初言彼醫
所以不能普教情存勝負簡凡異聖如來之心終无勝負量聖異凡何
不見論責聖同凡第三結請文顯可知第五請中先喻後合喻中譬如
老少病人比丘喻已離善行於彰已遠或更有人等喻仏如來應見示
導異人喻仏見之憐愍喻應憐已即使示等喻應教已合中初先合已遠
我我久如是了於合世所謂下別唯願已下約喻異人請仏示導唯願示
我甘露正道請仏說法无上涅槃能除熱惱故曰甘露約喻名法說
為正道久住世等請仏不滅然此二請下仏對之有憶有遣迴審記知

涅槃義記卷第一　大隱沙門慧遠法師撰之　經甯元年[illegible]

大隋大業十一年敦煌郡沙門曇扶敬寫

BD03390號背　雜寫

（1-1）

是華光佛滅度之後正法住世三十二小劫
像法亦住世亦三十二小劫尒時世尊欲重宣
此義而說偈言
舍利弗來世 成佛普智尊 号名曰華光 當度無量衆
供養無數佛 具足菩薩行 十力等功德 證於無上道
過無量劫已 劫名大寶嚴 世界名離垢 清淨無瑕穢
以琉璃為地 金繩界其道 七寶雜色樹 常有華菓實
彼國諸菩薩 志念常堅固 神通波羅蜜 皆已悉具足
於無數佛所 善學菩薩道 如是等大士 華光佛所化
佛為王子時 棄國捨世榮 於冣末後身 出家成佛道
華光佛住世 壽十二小劫 其國人民衆 壽命八小劫
佛滅度之後 正法住於世 三十二小劫 廣度諸衆生
正法滅盡已 像法三十二 舍利廣流布 天人普供養
華光佛所為 其事皆如是 其兩足聖尊 冣勝無倫匹
彼即是汝身 宜應自欣慶
尒時四部衆比丘比丘尼優婆塞優婆夷天
龍夜叉乾闥婆阿脩羅迦樓羅緊那羅摩睺

BD03391號　妙法蓮華經卷二

（25–1）

佛滅度之後 正法住於世 三十二小劫 廣度諸衆生
正法滅盡已 像法三十二 舍利廣流布 天人普供養
華光佛所為 其事皆如是 其兩足聖尊 冣勝無倫匹
彼即是汝身 宜應自欣慶
尒時四部衆比丘比丘尼優婆塞優婆夷天
龍夜叉乾闥婆阿脩羅迦樓羅緊那羅摩睺
羅伽等大衆見舍利弗於佛前受阿耨多羅
三藐三菩提記心大歡喜踊躍無量各各脫
身所著上衣以供養佛釋提桓因梵天王等
與無數天子亦以天妙衣天曼陀羅華摩訶
曼陀羅華等供養於佛所散天衣住虛空中
而自迴轉諸天伎樂百千萬種於虛空中一
時俱作雨衆天華而作是言佛昔於波羅柰
初轉法輪今乃復轉無上冣大法輪尒時諸
天子欲重宣此義而說偈言
昔於波羅柰 轉四諦法輪 分別說諸法 五衆之生滅
今復轉冣妙 無上大法輪 是法甚深奧 少有能信者
我等從昔來 數聞世尊說 未曾聞如是 深妙之上法
世尊說是法 我等皆隨喜 大智舍利弗 今得受尊記
我等亦如是 必當得作佛 於一切世間 冣尊無有上
佛道叵思議 方便隨宜說 我所有福業 今世若過世
及見佛功德 盡迴向佛道
尒時舍利弗白佛言世尊我今無復疑悔親
於佛前得受阿耨多羅三藐三菩提記是諸
千二百心自在者昔住學地佛常教化言我
法能離生老病死究竟涅槃是學無學人亦
[illegible]

BD03391號　妙法蓮華經卷二

（25–2）

尒時舍利弗白佛言世尊我今無復疑悔
於佛前得受阿耨多羅三藐三菩提記是記
千二百心自在者昔住學地佛常教化言我
法能離生老病死究竟涅槃是學無學人亦
各自以離我見及有無見等謂得涅槃而今
於世尊前聞所未聞皆墮疑惑善哉世尊願
為四衆說其因緣令離疑悔尒時佛告舍利
弗我先不言諸佛世尊以種種因緣譬喻言
辭方便說法皆為阿耨多羅三藐三菩提耶
是諸所說皆為化菩薩故然舍利弗今當復
以譬喻更明此義諸有智者以譬喻得解舍
利弗若國邑聚落有大長者其年衰邁財富
無量多有田宅及諸僮僕其家廣大唯有一
門多諸人衆一百二百乃至五百人止住其
中堂閣朽故墻壁隤落柱根腐敗梁棟傾危
周帀俱時欻然火起焚燒舍宅長者諸子若
十二十或至三十在此宅中長者見是大火
從四面起即大驚怖而作是念我雖能於此
所燒之門安隱得出而諸子等於火宅內樂
著嬉戲不覺不知不驚不怖火來逼身苦痛
切己心不猒患無求出意舍利弗是長者作
是思惟我身手有力當以衣裓若以几案從
舍出之復更思惟是舍唯有一門而復狹小
諸子幼稚未有所識戀著戲處或當墮落為
火所燒我當為說怖畏之事此舍已燒宜時
疾出無令為火之所燒害作是念已如所思

舍出之復更思惟是舍唯有一門而復狹小
諸子幼稚未有所識戀著戲處或當墮落為
火所燒我當為說怖畏之事此舍已燒宜時
疾出無令為火之所燒害作是念已如所思
惟具告諸子汝等速出父雖憐愍善言誘喻
而諸子等樂著嬉戲不肯信受不驚不畏了
無出心亦復不知何者是火何者為舍云何
為失但東西走戲視父而已尒時長者即作
是念此舍已為大火所燒我及諸子若不時
出必為所焚我今當設方便令諸子等得免
斯害父知諸子先心各有所好種種珍玩奇
異之物情必樂著而告之言汝等所可玩好
希有難得汝若不取後必憂悔如此種種羊
車鹿車牛車今在門外可以遊戲汝等於此
火宅宜速出來隨汝所欲皆當與汝尒時諸
子聞父所說珍玩之物適其願故心各勇銳
互相推排競共馳走爭出火宅是時長者見
諸子等安隱得出皆於四衢道中露地而坐
無復障礙其心泰然歡喜踊躍時諸子等各
白父言父先所許玩好之具羊車鹿車牛車
願時賜與舍利弗尒時長者各賜諸子等一
大車其車高廣衆寶莊挍周帀欄楯四面懸
鈴又於其上張設幰蓋亦以珍奇雜寶而嚴
飾之寶繩交絡垂諸華瓔重敷綩綖安置丹
枕駕以白牛膚色充潔形體姝好有大筋力

鈴又於其上張設幰蓋亦以珍奇雜寶而嚴
飾之寶繩交絡垂諸華瓔重敷綩綖安置丹
枕駕以白牛膚色充潔形體姝好有大筋力
行步平正其疾如風又多僕從而侍衛之所
以者何是大長者財富無量種種諸藏悉皆
充溢而作是念我財物無極不應以下劣小
車與諸子等今此幼童皆是吾子愛無偏黨
我有如是七寶大車其數無量應當等心各
各與之不宜差別所以者何以我此物周給
一國猶尚不匱何況諸子是時諸子各乘大
車得未曾有非本所望舍利弗於汝意云何
是長者等與諸子珍寶大車寧有虛妄不舍
利弗言不也世尊是長者但令諸子得免火
難全其軀命非為虛妄何以故若全身命便
為已得玩好之具況復方便於彼火宅而拔
濟之世尊若是長者乃至不與最小一車猶
不虛妄何以故是長者先作是意我以方便
令子得出以是因緣無虛妄也何況長者自
知財富無量欲饒益諸子等與大車佛告舍
利弗善哉善哉如汝所言舍利弗如來亦復
如是則為一切世間之父於諸怖畏衰惱憂
患無明闇蔽永盡無餘而悉成就無量知見
力無所畏有大神力及智慧力具足方便智
慧波羅蜜大慈大悲常無懈惓恒求善事利
益一切而生三界朽故火宅為度衆生生老

患無明闇蔽永盡無餘而悉成就無量知見
力無所畏有大神力及智慧力具足方便智
慧波羅蜜大慈大悲常無懈惓恒求善事利
益一切而生三界朽故火宅為度衆生生老
病死憂悲苦惱愚癡闇蔽三毒之火教化令
得阿耨多羅三藐三菩提見諸衆生為生老
病死憂悲苦惱之所燒煑亦以五欲財利故
受種種苦又以貪著追求故現受衆苦後受
地獄畜生餓鬼之苦若生天上及在人間貧
窮困苦愛別離苦怨憎會苦如是等種種諸
苦衆生沒在其中歡喜遊戲不覺不知不驚
不怖亦不生猒不求解脫於此三界火宅東
西馳走雖遭大苦不以為患舍利弗佛見此
已便作是念我為衆生之父應拔其苦難與
無量無邊佛智慧樂令其遊戲舍利弗如來
復作是念若我但以神力及智慧力捨於方
便為諸衆生讚如來知見力無所畏者衆生
不能以是得度所以者何是諸衆生未免生
老病死憂悲苦惱而為三界火宅所燒何由
能解佛之智慧舍利弗如彼長者雖復身手
有力而不用之但以慇懃方便勉濟諸子火
宅之難然後各與珍寶大車如來亦復如是
雖有力無所畏而不用之但以智慧方便於
三界火宅拔濟衆生為說三乘聲聞辟支佛
佛乘而作是言汝等莫得樂住三界火宅勿
貪麁弊色聲香味觸也若貪著生愛則為所燒

宅之難然後各與珎寶大車如来亦復如是
雖有力無所畏而不用之但以智慧方便於
三界火宅拔濟衆生為說三乘聲聞辟支佛
佛乘而作是言汝等莫得樂住三界火宅勿
貪麁弊色聲香味觸也若貪著生愛則為所
燒汝速出三界當得三乘聲聞辟支佛佛乘
我今為汝保任此事終不虛也汝等但當懃
脩精進如来以是方便誘進衆生復作是言
汝等當知此三乘法皆是聖所稱歎自在無
繫無所依求乘是三乘以無漏根力覺道禪
定解脫三昧等而自娛樂便得無量安隱快
樂舍利弗若有衆生內有智性從佛世尊聞
法信受懃懃精進欲速出三界自求涅槃是
名聲聞乘如彼諸子為求羊車出於火宅若
有衆生從佛世尊聞法信受懃懃精進求自
然慧樂獨善寂深知諸法因緣是名辟支佛
乘如彼諸子為求鹿車出於火宅若有衆
從佛世尊聞法信受懃脩精進求一切智佛
智自然智無師智如来知見力無所畏愍念
安樂無量衆生利益天人度脫一切是名大
乘菩薩求此乘故名為摩訶薩如彼諸子為
求牛車出於火宅舍利弗如彼長者見諸子
等安隱得出火宅到無畏處自惟財富無量
等以大車而賜諸子如来亦復如是為一切
衆生之父若見無量億千衆生以佛教門出
三界苦怖畏險道得涅槃樂如来尒時便作

求牛車出於火宅舍利弗如彼長者見諸子
等安隱得出火宅到無畏處自惟財富無量
等以大車而賜諸子如来亦復如是為一切
衆生之父若見無量億千衆生以佛教門出
三界苦怖畏險道得涅槃樂如来尒時便作
是念我有無量無邊智慧力無畏等諸佛法
藏是諸衆生皆是我子等與大乘不令有人
獨得滅度皆以如来滅度而滅度之是諸衆
生脫三界者悉與諸佛禪定解脫等娛樂之
具皆是一相一種聖所稱歎能生淨妙第一
之樂舍利弗如彼長者初以三車誘引諸子
然後但與大車寶物莊嚴安隱第一然後長
者無虛妄之咎如来亦復如是無有虛妄初
說三乘引導衆生然後但以大乘而度脫之
何以故如来有無量智慧力無所畏諸法之
藏能與一切衆生大乘之法但不盡能受舍
利弗以是因緣當知諸佛方便力故於一佛
乘分別說三佛欲重宣此義而說偈言
譬如長者　有一大宅　其宅久故　而復頓弊
堂舍高危　柱根摧朽　梁棟傾斜　基陛隤毀
墻壁圮坼　泥塗褫落　覆苫亂墜　椽梠差脫
周障屈曲　雜穢充遍　有五百人　止住其中
鵄梟鵰鷲　烏鵲鳩鴿　蚖蛇蝮蠍　蜈蚣蚰蜒
守宮百足　狖狸鼷鼠　諸惡虫輩　交橫馳走
屎尿臭處　不淨流溢　蜣蜋諸虫　而集其上

墻壁圮坼　泥塗褫落　覆苫亂墜　椽梠差脫
周障屈曲　雜穢充遍　有五百人　止住其中
鵄梟鵰鷲　烏鵲鳩鴿　蚖蛇蝮蝎　蜈蚣蚰蜒
守宮百足　狖狸鼷鼠　諸惡蟲輩　交橫馳走
屎尿臭處　不淨流溢　蜣蜋諸蟲　而集其上
狐狼野干　咀嚼踐蹋　嚌齧死屍　骨肉狼藉
由是群狗　競來搏撮　飢羸慞惶　處處求食
鬪諍摣掣　啀喍嘷吠　其舍恐怖　變狀如是
處處皆有　魑魅魍魎　夜叉惡鬼　食噉人肉
毒蟲之屬　諸惡禽獸　孚乳產生　各自藏護
夜叉競來　爭取食之　食之既飽　惡心轉熾
鬪諍之聲　甚可怖畏　鳩槃茶鬼　蹲踞土埵
或時離地　一尺二尺　往返遊行　縱逸嬉戲
捉狗兩足　撲令失聲　以腳加頸　怖狗自樂
復有諸鬼　其身長大　裸形黑瘦　常住其中
發大惡聲　叫呼求食　復有諸鬼　其咽如針
復有諸鬼　首如牛頭　或食人肉　或復噉狗
頭髮蓬亂　殘害兇險　飢渴所逼　叫喚馳走
夜叉餓鬼　諸惡鳥獸　飢急四向　窺看窗牖
如是諸難　恐畏無量　是朽故宅　屬于一人
其人近出　未久之間　於後宅舍　忽然火起
四面一時　其焰俱熾　棟梁椽柱　爆聲震裂
摧折墮落　墻壁崩倒　諸鬼神等　揚聲大叫
鵰鷲諸鳥　鳩槃茶等　周慞惶怖　不能自出
惡獸毒蟲　藏竄孔穴　毗舍闍鬼　亦住其中
薄福德故　為火所逼　共相殘害　飲血噉肉

四面一時　其焰俱熾　棟梁椽柱　爆聲震裂
摧折墮落　墻壁崩倒　諸鬼神等　揚聲大叫
鵰鷲諸鳥　鳩槃茶等　周慞惶怖　不能自出
惡獸毒蟲　藏竄孔穴　毗舍闍鬼　亦住其中
薄福德故　為火所逼　共相殘害　飲血噉肉
野干之屬　並已前死　諸大惡獸　競來食噉
臭烟熢㶿　四面充塞　蜈蚣蚰蜒　毒蛇之類
為火所燒　爭走出穴　鳩槃茶鬼　隨取而食
又諸餓鬼　頭上火燃　飢渴熱惱　周章悶走
其宅如是　甚可怖畏　毒害火災　眾難非一
是時宅主　在門外立　聞有人言　汝諸子等
先因遊戲　來入此宅　稚小無知　歡娛樂著
長者聞已　驚入火宅　方宜救濟　令無燒害
告喻諸子　說眾患難　惡鬼毒蟲　災火蔓莚
眾苦次第　相續不絕　毒蛇蚖蝮　及諸夜叉
鳩槃茶鬼　野干狐狗　鵰鷲鵄梟　百足之屬
飢渴惱急　甚可怖畏　此苦難處　況復大火
諸子無知　雖聞父誨　猶故樂著　嬉戲不已
是時長者　而作是念　諸子如此　益我愁惱
今此舍宅　無一可樂　而諸子等　耽湎嬉戲
不受我教　將為火害　即便思惟　設諸方便
告諸子等　我有種種　珍玩之具　妙寶好車
羊車鹿車　大牛之車　今在門外　汝等出來
吾為汝等　造作此車　隨意所樂　可以遊戲
諸子聞說　如此諸車　即時奔競　馳走而出
到於空地　離諸苦難　長者見子　得出火宅

吾為汝等　造作此車　隨意所樂　可以遊戲
諸子聞說　如此諸車　即時奔競　馳走而出
到於空地　離諸苦難　長者見子　得出火宅
住於四衢　坐師子座　而自慶言　我今快樂
此諸子等　生育甚難　愚小無知　而入險宅
多諸毒虫　魑魅可畏　大火猛焰　四面俱起
而此諸子　貪樂嬉戲　我已救之　令得脫難
是故諸人　我今快樂　尒時諸子　知父安坐
皆詣父所　而白父言　願賜我等　三種寶車
如前所許　諸子出來　當以三車　隨汝所欲
今正是時　唯垂給與　長者大富　庫藏眾多
金銀琉璃　車璖馬瑙　以眾寶物　造諸大車
裝校嚴飾　周帀欄楯　四面懸鈴　金繩交絡
真珠羅網　張施其上　金華諸瓔　處處垂下
眾采雜餝　周帀圍繞　柔軟繒纊　以為裀褥
上妙細氎　價直千億　鮮白淨潔　以覆其上
有大白牛　肥壯多力　形體姝好　以駕寶車
多諸儐從　而侍衛之　以是妙車　等賜諸子
諸子是時　歡喜踊躍　乘是寶車　遊於四方
嬉戲快樂　自在無礙　告舍利弗　我亦如是
眾聖中尊　世間之父　一切眾生　皆是吾子
深著世樂　無有慧心　三界無安　猶如火宅
眾苦充滿　甚可怖畏　常有生老　病死憂患
如是等火　熾然不息　如來已離　三界火宅
寂然閑居　安處林野　今此三界　皆是我有
其中眾生　悉是吾子　而今此處　多諸患難

BD03391 號　妙法蓮華經卷二　（25–11）

眾苦充滿　甚可怖畏　常有生老　病死憂患
如是等火　熾然不息　如來已離　三界火宅
寂然閑居　安處林野　今此三界　皆是我有
其中眾生　悉是吾子　而今此處　多諸患難
唯我一人　能為救護　雖復教詔　而不信受
於諸欲染　貪著深故　以是方便　為說三乘
令諸眾生　知三界苦　開示演說　出世間道
是諸子等　若心決定　具足三明　及六神通
有得緣覺　不退菩薩　汝舍利弗　我為眾生
以此譬喻　說一佛乘　汝等若能　信受是語
一切皆當　成得佛道　是乘微妙　清淨第一
於諸世間　為無有上　佛所悅可　一切眾生
所應稱讚　供養礼拜　無量億千　諸力解脫
禪定智慧　及佛餘法　得如是乘　令諸子等
日夜劫數　常得遊戲　與諸菩薩　及聲聞眾
乘此寶乘　直至道場　以是因緣　十方諦求
更無餘乘　除佛方便　告舍利弗　汝諸人等
皆是吾子　我則是父　汝等累劫　眾苦所燒
我皆濟拔　令出三界　我雖先說　汝等滅度
但盡生死　而實不滅　今所應作　唯佛智慧
若有菩薩　於是眾中　能一心聽　諸佛實法
諸佛世尊　雖以方便　所化眾生　皆是菩薩
若人小智　深著愛欲　為此等故　說於苦諦
眾生心喜　得未曾有　佛說苦諦　真實無異
若有眾生　不知苦本　深著苦因　不能暫捨
為是等故　方便說道　諸苦所因　貪欲為本

BD03391 號　妙法蓮華經卷二　（25–12）

若人小智　深著愛欲　為此等故　說扵苦諦
衆生心喜　得未曾有　佛說苦諦　真實無異
若有衆生　不知苦本　深著苦因　不能暫捨
為是等故　方便說道　諸苦所因　貪欲為本
若滅貪欲　無所依止　滅盡諸苦　名第三諦
為滅諦故　脩行扵道　離諸苦縛　名得解脫
是人扵何　而得解脫　但離虛妄　名為解脫
其實未得　一切解脫　佛說是人　未實滅度
斯人未得　無上道故　我意不欲　令至滅度
我為法王　扵法自在　安隱衆生　故現扵世
汝舍利弗　我此法印　為欲利益　世間故說
在所遊方　勿妄宣傳　若有聞者　隨喜頂受
當知是人　阿惟越致　若有信受　此經法者
是人已曾　見過去佛　恭敬供養　亦聞是法
若人有能　信汝所說　則為見我　亦見扵汝
及比丘僧　并諸菩薩　斯法華經　為深智說
淺識聞之　迷惑不解　一切聲聞　及辟支佛
扵此經中　力所不及　汝舍利弗　尚扵此經
以信得入　況餘聲聞　其餘聲聞　信佛語故
隨順此經　非己智分　又舍利弗　憍慢懈怠
計我見者　莫說此經　凡夫淺識　深著五欲
聞不能解　亦勿為說　若人不信　毀謗此經
則斷一切　世間佛種　或復頻蹙　而懷疑惑
汝當聽說　此人罪報　若佛在世　若滅度後
其有誹謗　如斯經典　見有讀誦　書持經者
輕賤憎嫉　而懷結恨　此人罪報　汝今復聽

BD03391號　妙法蓮華經卷二　（25–13）

則斷一切　世間佛種　或復頻蹙　而懷疑惑
汝當聽說　此人罪報　若佛在世　若滅度後
其有誹謗　如斯經典　見有讀誦　書持經者
輕賤憎嫉　而懷結恨　此人罪報　汝今復聽
其人命終　入阿鼻獄　具足一劫　劫盡更生
如是展轉　至無數劫　從地獄出　當墮畜生
若狗野干　其形頓瘦　黧黮疥癩　人所觸嬈
又復為人　之所惡賤　常困飢渴　骨肉枯竭
生受楚毒　死被瓦石　斷佛種故　受斯罪報
若作駝驢　或生驢中　身常負重　加諸杖捶
但念水草　餘無所知　謗斯經故　獲罪如是
有作野干　来入聚落　身體疥癩　又無一目
為諸童子　之所打擲　受諸苦痛　或時致死
扵此死已　更受蟒身　其形長大　五百由旬
聾騃無足　宛轉腹行　為諸小虫　之所唼食
晝夜受苦　無有休息　謗斯經故　獲罪如是
若得為人　諸根闇鈍　矬陋攣躄　盲聾背傴
有所言說　人不信受　口氣常臭　鬼魅所著
貧窮下賤　為人所使　多病痟瘦　無所依怙
雖親附人　人不在意　若有所得　尋復忘失
若脩醫道　順方治病　更增他疾　或復致死
若自有病　無人救療　設服良藥　而復增劇
若他反逆　抄劫竊盜　如是等罪　橫羅其殃
如斯罪人　永不見佛　衆聖之王　說法教化
如斯罪人　常生難處　狂聾心亂　永不聞法
扵無數劫　如恒河沙　生輒聾瘂　諸根不具

BD03391號　妙法蓮華經卷二　（25–14）

若他反逆　抄劫竊盜　如是等罪　横羅其殃
如斯罪人　永不見佛　衆聖之王　說法教化
如斯罪人　常生難處　狂聾心亂　永不聞法
於無數劫　如恒河沙　生輙聾瘂　諸根不具
常處地獄　如遊園觀　在餘惡道　如己舍宅
駝驢猪狗　是其行處　謗斯經故　獲罪如是
若得爲人　聾盲瘖瘂　貧窮諸衰　以自莊嚴
水腫乾痟　疥癩癰疽　如是等病　以爲衣服
身常臭處　垢穢不淨　深著我見　增益瞋恚
婬欲熾盛　不擇禽獸　謗斯經故　獲罪如是
告舍利弗　謗斯經者　若說其罪　窮劫不盡
以是因緣　我故語汝　無智人中　莫說此經
若有利根　智慧明了　多聞强識　求佛道者
如是之人　乃可爲說　若人曾見　億百千佛
殖諸善本　深心堅固　如是之人　乃可爲說
若人精進　常脩慈心　不惜身命　乃可爲說
若人恭敬　無有異心　離諸凡愚　獨處山澤
如是之人　乃可爲說　又舍利弗　若見有人
捨惡知識　親近善友　如是之人　乃可爲說
若見佛子　持戒清潔　如淨明珠　求大乘經
如是之人　乃可爲說　若人無瞋　質直柔軟
常愍一切　恭敬諸佛　如是之人　乃可爲說
復有佛子　於大衆中　以清淨心　種種因緣
譬喻言辭　說法無礙　如是之人　乃可爲說
若有比丘　爲一切智　四方求法　合掌頂受
但樂受持　大乘經典　乃至不受　餘經一偈

復有佛子　於大衆中　以清淨心　種種因緣
譬喻言辭　說法無礙　如是之人　乃可爲說
若有比丘　爲一切智　四方求法　合掌頂受
但樂受持　大乘經典　乃至不受　餘經一偈
如是之人　乃可爲說　如人至心　求佛舍利
如是求經　得已頂受　其人不復　志求餘經
亦未曾念　外道典籍　如是之人　乃可爲說
告舍利弗　我說是相　求佛道者　窮劫不盡
如是等人　則能信解　汝當爲說　妙法華經

妙法蓮華經信解品第四

尒時慧命須菩提摩訶迦旃延摩訶迦葉摩
訶目揵連從佛所聞未曾有法世尊授舍利
弗阿耨多羅三藐三菩提記發希有心歡喜
踊躍即從座起整衣服偏袒右肩右膝著地
一心合掌曲躬恭敬瞻仰尊顔而白佛言我
等居僧之首年並朽邁自謂已得涅槃無所
堪任不復進求阿耨多羅三藐三菩提世尊
往昔說法既久我時在座身體疲懈但念空
無相無作於菩薩法遊戲神通淨佛國土成
就衆生心不喜樂所以者何世尊令我等出
於三界得涅槃證又今我等年已朽邁於佛
教化菩薩阿耨多羅三藐三菩提不生一念
好樂之心我等今於佛前聞授聲聞阿耨多
羅三藐三菩提記心甚歡喜得未曾有不謂
於今忽然得聞希有之法深自慶幸獲大善

教化菩薩阿耨多羅三藐三菩提不生一念
好樂之心我等今於佛前聞授聲聞阿耨多
羅三藐三菩提記心甚歡喜得未曾有不謂
於今忽然得聞希有之法深自慶幸獲大善
利無量珎寶不求自得世尊我等今者樂說
譬喻以明斯義譬若有人年旣幼稚捨父逃
逝久住他國或十二十至五十歲年旣長大
加復窮困馳騁四方以求衣食漸漸遊行遇
向本國其父先來求子不得中止一城其家
大富財寶無量金銀琉璃珊瑚虎珀頗梨珠
等其諸倉庫悉皆盈溢多有僮僕臣佐吏民
象馬車乘牛羊無數出入息利乃遍他國商
估賈客亦甚衆多時貧窮子遊諸聚落經歷
國邑遂到其父所止之城父每念子與子離
別五十餘年而未曾向人說如此事但自思
惟心懷悔恨自念老朽多有財物金銀珎寶
倉庫盈溢無有子息一旦終沒財物散失無
所委付是以慇懃每憶其子復作是念我若
得子委付財物坦然快樂無復憂慮世尊爾
時窮子傭賃展轉遇到父舍住立門側遙見
其父踞師子床寶几承足諸婆羅門剎利居
士皆恭敬圍遶以真珠瓔珞價直千萬莊嚴
其身吏民僮僕手執白拂侍立左右覆以寶
帳垂諸華幡香水灑地散衆名華羅列寶物
出內取與有如是等種種嚴飾威德特尊窮
子見父有大力勢卽懷恐怖悔來至此竊作

BD03391號　妙法蓮華經卷二

（25–17）

士皆恭敬圍遶以真珠瓔珞價直千萬莊嚴
其身吏民僮僕手執白拂侍立左右覆以寶
帳垂諸華幡香水灑地散衆名華羅列寶物
出內取與有如是等種種嚴飾威德特尊窮
子見父有大力勢卽懷恐怖悔來至此竊作
是念此或是王或是王等非我傭力得物之
處不如往至貧里肆力有地衣食易得若久
住此或見逼迫强使我作作是念已疾走而
去時富長者於師子座見子便識心大歡喜
卽作是念我財物庫藏今有所付我常思念
此子無由見之而忽自來甚適我願我雖年
朽猶故貪惜卽遣傍人急追將還爾時使者
疾走往捉窮子驚愕稱怨大喚我不相犯何
爲見捉使者執之逾急强牽將還于時窮子
自念無罪而被囚執此必定死轉更惶怖悶
絕躄地父遙見之而語使言不須此人勿强
將來以冷水灑面令得醒悟莫復與語所以
者何父知其子志意下劣自知豪貴爲子所
難審知是子而以方便不語他人云是我子
使者語之我今放汝隨意所趣窮子歡喜得
未曾有從地而起往至貧里以求衣食爾時
長者將欲誘引其子而設方便密遣二人形
色憔悴無威德者汝可詣彼徐語窮子此有
作處倍與汝直窮子若許將來使作若言欲
何所作便可語之雇汝除糞我等二人亦共
汝作時二使人卽求窮子旣已得之具陳上

BD03391號　妙法蓮華經卷二

（25–18）

長者將欲誘引其子而設方便密遣二人形
色憔悴無威德者汝可詣彼徐語窮子此有
作處倍與汝直窮子若許將來使作若言欲
何所作便可語之雇汝除糞我等二人亦共
汝作時二使人即求窮子既已得之具陳上
事尒時窮子先取其價尋與除糞其父見子
愍而怪之又以他日於窗牖中遥見子身羸
瘦憔悴糞土塵坌汙穢不淨即脫瓔珞細軟
上服嚴飾之具更著麁弊垢膩之衣塵土坌
身右手執持除糞之器狀有所畏語諸作人
汝等懃作勿得懈息以方便故得近其子後
復告言咄男子汝常此作勿復餘去當加汝
價諸有所須瓫器米麪塩酢之屬莫自疑難
亦有老弊使人須者相給好自安意我如汝
父勿復憂慮所以者何我年老大而汝少壯
汝常作時无有欺怠瞋恨怨言都不見汝有
此諸惡如餘作人自今已後如所生子即時
長者更與作字名之為兒尒時窮子雖欣
遇猶故自謂客作賤人由是之故於二十年
中常令除糞過是已後心相體信入出无難
然其所止猶在本處世尊尒時長者有疾自
知將死不久語窮子言我今多有金銀珎寶
倉庫盈溢其中多少所應取與汝悉知之我
心如是當體此意所以者何今我與汝便為
不異宜加用心无令漏失尒時窮子即受教
勅領知衆物金銀珎寶及諸庫藏而无希取

倉庫盈溢其中多少所應取與汝悉知之我
心如是當體此意所以者何今我與汝便為
不異宜加用心无令漏失尒時窮子即受教
勅領知衆物金銀珎寶及諸庫藏而无希取
一飡之意然其所止故在本處下劣之心亦
未能捨復經少時父知子意漸以通泰成就
大志自鄙先心臨欲終時而命其子并會親
族國王大臣剎利居士皆悉已集即自宣言
諸君當知此是我子我之所生於某城中捨
吾逃走跉跰辛苦五十餘年其本字某我名
某甲昔在本城懷憂推覓忽於此間遇會得
之此實我子我實其父今我所有一切財物
皆是子有先所出內是子所知世尊是時窮
子聞父此言即大歡喜得未曾有而作是念
我本无心有所希求今此寶藏自然而至世
尊大富長者則是如來我等皆似佛子如來
常說我等為子世尊我等以三苦故於生死
中受諸熱惱迷惑无知樂著小法今日世尊
令我等思惟蠲除諸法戲論之糞我等於中
懃加精進得至涅槃一日之價既得此已心
大歡喜自以為足便自謂言於佛法中懃精進
故所得弘多然世尊先知我等心著弊欲樂
於小法便見縱捨不為分別汝等當有如來
知見寶藏之分世尊以方便力說如來智慧
我等從佛得涅槃一日之價以為大得於此

於小法便見縱捨不爲分別汝等當有如来
知見寶藏之分世尊以方便力說如来智慧
我等從佛得涅槃一日之價以爲大得於此
大乘无有志求我等又因如来智慧爲諸菩
薩開示演說而自於此无有志願所以者何
佛知我等心樂小法以方便力隨我等說而
我等不知真是佛子今我等方知世尊於佛
智慧无所悋惜所以者何我等昔来真是佛
子而但樂小法若我等有樂大之心佛則爲
我說大乘法於此經中唯說一乘而昔於菩
薩前毀呰聲聞樂小法者然佛實以大乘教
化是故我等說本無心有所希求今法王
大寶自然而至如佛子所應得者皆已得之
尒時摩訶迦葉欲重宣此義而說偈言
我等今日　聞佛音教　歡喜踊躍　得未曾有
佛說聲聞　當得作佛　無上寶聚　不求自得
譬如童子　幼稚無識　捨父逃逝　遠到他土
周流諸國　五十餘年　其父憂念　四方推求
求之既疲　頓止一城　造立舍宅　五欲自娛
其家巨富　多諸金銀　車𤦲馬瑙　真珠琉璃
象馬牛羊　輦輿車乘　田業僮僕　人民衆多
出入息利　乃遍他國　商估賈人　無處不有
千萬億衆　圍繞恭敬　常爲王者　之所愛念
羣臣豪族　皆共宗重　以諸緣故　往来者衆
豪富如是　有大力勢　而年朽邁　益憂念子

BD03391號　妙法蓮華經卷二　（25–21）

千萬億衆　圍繞恭敬　常爲王者　之所愛念
羣臣豪族　皆共宗重　以諸緣故　往来者衆
豪富如是　有大力勢　而年朽邁　益憂念子
夙夜惟念　死時將至　癡子捨我　五十餘年
庫藏諸物　當如之何　尒時窮子　求索衣食
從邑至邑　從國至國　或有所得　或無所得
飢餓羸瘦　體生瘡癬　漸次經歷　到父住城
傭賃展轉　遂至父舍　尒時長者　於其門内
施大寶帳　處師子座　眷屬圍繞　諸人侍衛
或有計筭　金銀寶物　出内財產　注記券疏
窮子見父　豪貴尊嚴　謂是國王　若國王等
驚怖自恠　何故至此　覆自念言　我若久住
或見逼迫　强驅使作　思惟是已　馳走而去
借問貧里　欲往傭作　長者是時　在師子座
遥見其子　嘿而識之　即勑使者　追捉將来
窮子驚喚　迷悶躄地　是人執我　必當見殺
何用衣食　使我至此　長者知子　愚癡狹劣
不信我言　不信是父　即以方便　更遣餘人
眇目矬陋　無威德者　汝可語之　云當相雇
除諸糞穢　倍與汝價　窮子聞之　歡喜隨来
爲除糞穢　淨諸房舍　長者於牖　常見其子
念子愚劣　樂爲鄙事　於是長者　著弊垢衣
執除糞器　往到子所　方便附近　語令勤作
既益汝價　并塗足油　飲食充足　薦席厚煖
如是苦言　汝當勤作　又以軟語　若如我子
長者有智　漸令入出　經二十年　執作家事

BD03391號　妙法蓮華經卷二　（25–22）

執除糞器　往到子所　方便附近　語令懃作
既益汝價　并塗足油　飲食充足　薦席厚暖
如是苦言　汝當懃作　又以軟語　若如我子
長者有智　漸令入出　經二十年　執作家事
示其金銀　真珠頗梨　諸物出入　皆使令知
猶處門外　止宿草庵　自念貧事　我無此物
父知子心　漸已曠大　欲與財物　即聚親族
國王大臣　剎利居士　於此大眾　說是我子
捨我他行　經五十歲　自見子來　已二十年
昔於某城　而失是子　周行求索　遂來至此
凡我所有　舍宅人民　悉以付之　恣其所用
子念昔貧　志意下劣　今於父所　大獲珍寶
并及舍宅　一切財物　甚大歡喜　得未曾有
佛亦如是　知我樂小　未曾說言　汝等作佛
而說我等　得諸無漏　成就小乘　聲聞弟子
佛勅我等　說最上道　脩習此者　當得成佛
我承佛教　為大菩薩　以諸因緣　種種譬喻
若干言辭　說無上道　諸佛子等　從我聞法
日夜思惟　精懃脩習　是時諸佛　即授其記
汝於來世　當得作佛　一切諸佛　秘藏之法
但為菩薩　演其實事　而不為我　說斯真要
如彼窮子　得近其父　雖知諸物　心不希取
我等雖說　佛法寶藏　自無志願　亦復如是
我等內滅　自謂為足　唯了此事　更無餘事
我等若聞　淨佛國土　教化眾生　都無欣樂

BD03391號　妙法蓮華經卷二　（25–23）

如彼窮子　得近其父　雖知諸物　心不希取
我等雖說　佛法寶藏　自無志願　亦復如是
我等內滅　自謂為足　唯了此事　更無餘事
我等若聞　淨佛國土　教化眾生　都無欣樂
所以者何　一切諸法　皆悉空寂　無生無滅
無大無小　無漏無為　如是思惟　不生喜樂
我等長夜　於佛智慧　無貪無著　無復志願
而自於法　謂是究竟　我等長夜　脩習空法
得脫三界　苦惱之患　住最後身　有餘涅槃
佛所教化　得道不虛　則為已得　報佛之恩
我等雖為　諸佛子等　說菩薩法　以求佛道
而於是法　永無願樂　導師見捨　觀我心故
初不勸進　說有實利　如富長者　知子志劣
以方便力　柔伏其心　然後乃付　一切財物
佛亦如是　現希有事　知樂小者　以方便力
調伏其心　乃教大智　我等今日　得未曾有
非先所望　而今自得　如彼窮子　得無量寶
世尊我今　得道得果　於无漏法　得清淨眼
我等長夜　持佛淨戒　始於今日　得其果報
法王法中　久脩梵行　今得無漏　無上大果
我等今者　真是聲聞　以佛道聲　令一切聞
我等今者　真阿羅漢　於諸世間　天人魔梵
普於其中　應受供養　世尊大恩　以希有事
憐愍教化　利益我等　无量億劫　誰能報者
手足供給　頭頂禮敬　一切供養　皆不能報
若以頂戴　兩肩荷負　於恒沙劫　盡心恭敬

BD03391號　妙法蓮華經卷二　（25–24）

我等今者　真是聲聞　以佛道聲　令一切聞
我等今者　真阿羅漢　扵諸世間　天人魔梵
普扵其中　應受供養　世尊大恩　以希有事
憐愍教化　利益我等　无量億劫　誰能報者
手足供給　頭頂礼敬　一切供養　皆不能報
若以頂戴　兩肩荷負　扵恒沙劫　盡心恭敬
又以美饍　无量寶衣　及諸卧具　種種湯藥
牛頭栴檀　及諸珎寶　以起塔廟　寶衣布地
如斯等事　以用供養　扵恒沙劫　亦不能報
諸佛希有　无量无邊　不可思議　大神通力
无漏无為　諸法之王　能為下劣　忍于斯事
取相凡夫　隨宜而說　諸佛扵法　得最自在
知諸衆生　種種欲樂　及其志力　隨所堪任
以无量喻　而為說法　隨諸衆生　宿世善根
又知成熟　未成熟者　種種籌量　分別知已
扵一乘道　隨宜說三

妙法蓮華經卷第二

BD03391號　妙法蓮華經卷二　（25–25）

飢渴所逼必還噉……子聞言此虎
常所食何物第一王……
虎豹豺師子唯噉熱血肉　更無餘飲食可濟此羸
第二王子聞此語已作如是言此虎羸瘦飢
渴所逼餘命無幾我等何能為求如是難得
飲食誰復為斯自捨身命濟其飢苦第一
王子言一切難捨無過己身薩埵王子言我等
今者於自己身各生愛戀復無智慧不能於
他而興利益然有上士懷大悲心常為利他
忘身濟物復作是念我今此身於百千生虛
棄爛壞曾無所益云何今日而不能捨以濟
飢苦如捐涕唾時諸王子作是議已各起慈心
悽傷愍念共觀羸虎目不暫移徘徊久之
俱捨而去尒時薩埵王子便作是念我捨身
命今正是時何以故
我從久來持此身　臭穢膿流不可愛
供給敷具并衣食　象馬車乘及珎財
變壞之法體無常　恒求難滿難保守
雖常供養懷怨害　終歸棄我不知恩
復次此身不堅於我無益可畏如賊不淨
如糞我於今日當使此身修廣大業於生死

BD03392號　金光明最勝王經卷一〇　（18–1）

供給敷具并衣食　象馬車乘及珍財
變壞之法體無常　恒求難滿難保守
雖常供養懷怨害　終歸棄我不知恩
復次此身不堅於我無益可畏如賊不淨
如糞我於今日當使此身修廣大業於生死
海作大舟航棄捨輪迴令得出離復作是念若
捨此身則捨無量癰疽惡疾百千怖畏是身
唯有大小便利不堅如泡諸蟲所集血脈筋
骨共相連持甚可猒患是故我今應當棄
捨以求無上究竟涅槃永離憂患無常苦
惱生死休息斷諸塵累以定慧力圓滿熏習
百福莊嚴成一切智諸佛所讚微妙法身既證得
已施諸衆生無量法樂是時王子興大勇猛
發弘誓願以大悲念增益其心慮彼二兄情
懷怖懼共為留難不果所祈即便白言二兄
前去我且於後尒時王子摩訶薩埵還入
林中至其虎所脫去衣服置於竹上作是誓
言

我為法界諸衆生　志求無上菩提處
起大悲心不傾動　常捨凡夫所愛身
菩提無患無熱惱　諸有智者之所樂
三界苦海諸衆生　我今拔濟令安樂

是時王子作是言已於餓虎前委身而臥由
此菩薩慈悲威勢虎無能為菩薩見已即
上高山投身于地復作是念虎今羸瘦不
能食我即起求刀竟不能得即以乾竹刺頸出

是時王子作是言已於餓虎前委身而臥由
此菩薩慈悲威勢虎無能為菩薩見已即
上高山投身于地復作是念虎今羸瘦不
能食我即起求刀竟不能得即以乾竹刺頸出
血漸近虎邊是時大地六種震動如風激水涌
沒不安日無精明如羅睺障諸方闇蔽无復
光輝天雨名花及妙香末繽紛亂墜遍滿林
中尒時虛空有諸天衆見是事已生隨喜心
歎未曾有咸共讚言善哉大士即說頌曰

大士救護運悲心　等視衆生如一子
勇猛歡喜情無悋　捨身濟苦福難思
定至真常勝妙處　永離生死諸纏縛
不久當獲菩提果　寂靜安樂證無生

是時餓虎既見菩薩頸下血流即便舐血噉
肉皆盡唯留餘骨尒時第一王子見地動已
告其弟曰

大地山河皆震動　諸方闇蔽日无光
天花亂墜遍空中　定是我弟捨身相

第二王子聞兄語已說伽他曰

我聞薩埵作悲言　見彼餓虎身羸瘦
飢苦所纏恐食子　我今疑弟捨其身

時二王子生大愁苦啼泣悲歎即共相隨還
至虎所見弟衣服在竹枝上骸骨及髮在
處縱橫流血成泥霑汙其地見已悶絕不能自
持投身骨上久乃得蘇即起舉手哀號大
哭俱時歎曰

時二王子生大愁苦啼泣悲歎即共相随還
至虎所見弟衣服在竹枝上骸骨及髮在
處縱横流血成泥霑汙其地見已悶絶不能自
持投身骨上久乃得蘇即起舉手哀號大
哭俱時歎曰
我弟貌端嚴　父母偏愛念　云何俱共出　捨身而不歸
父母若問時　我等如何答　寧可同捐命　豈復自存身
時二王子悲泣懊惱漸捨而去時小王子所將
侍從互相謂曰王子何在宜共推求
尒時國大夫人寢高樓上便於夢中見不祥
相被割兩乳牙齒墮落得三鴿鶵一為鷹奪
二被驚怖地動之時夫人遂覺心大愁惱作
如是言
何故今時大地動　江河林樹皆搖震
日無精光如覆蔽　目瞤乳動異常時
如箭射心憂苦逼　遍身戰掉不安隱
我之所夢不祥徵　必有非常灾變事
夫人兩乳忽然流出念此必有變怪之事時
有侍女聞外人言求覓王子今猶未得心大
驚怖即入宮中白夫人曰大家知不外聞諸
人散覓王子遍求不得時彼夫人聞是語已
生大憂惱悲淚盈目至大王所白言大王我
聞外人作如是語失我最小所愛之子王聞
語已驚惶失所悲哽而言苦哉今日失我愛
子即便捫淚慰喻夫人告言賢首汝勿憂慼

BD03392號　金光明最勝王經卷一〇　（18–4）

生大憂惱悲淚盈目至大王所白言大王我
聞外人作如是語失我最小所愛之子王聞
語已驚惶失所悲哽而言苦哉今日失我愛
子即便捫淚慰喻夫人告言賢首汝勿憂慼
吾今共出求覓愛子王与大臣及諸人衆即
共出城各各分散随處求覓未久之頃有一
大臣前白王曰聞王子在願勿憂愁其最
小者今猶未見王聞是語悲歎而言苦哉
苦哉失我愛子
初有子時歡喜少　後失子時憂苦多
若使我兒重壽命　縱我身亡不為苦
夫人聞已憂惱纏懷如被箭中而嗟歎曰
我之三子并侍從　俱往林中共遊賞
最小愛子獨不還　定有乖離灾厄事
次第二臣來至王所王問臣曰愛子何在
第二大臣懊惱啼泣喉舌乾燥口不能言竟
無所荅夫人問曰
速報小子今何在　我身熱惱遍燒然
悶亂荒迷失本心　勿使我胸今破裂
時第二臣即以王子捨身之事具白王知王
及夫人聞其事已不勝悲噎望捨身處驟
駕前行詣竹林所至彼菩薩捨身之地見其
骸骨随處交横俱時投地悶絶將死猶如
猛風吹倒大樹心迷失緒都無所知時大臣
等以水遍灑王及夫人良久乃蘇舉手而
哭咨嗟歎曰

BD03392號　金光明最勝王經卷一〇　（18–5）

往前行詣竹林所至彼菩薩捨身之地見其
骸骨隨處交横俱時投地悶絶將死猶如
猛風吹倒大樹心迷失緒都無所知時大臣
等以水遍灑王及夫人良久乃蘇舉手而
哭咨嗟歎曰
禍哉愛子端嚴相　因何死苦先來逼
若我得在汝前亡　豈見如斯大苦事
尒時夫人迷悶稍止頭髮蓬亂兩手椎胷
宛轉于地如魚處陸若牛失子悲泣而言
我子誰屠割　餘骨散于地　失我所愛子　憂悲不自勝
苦哉誰殺子　致斯憂惱事　我心非金剛　云何而不破
我夢中所見　兩乳皆被割　牙齒悉墮落　今遭大苦痛
又夢三鴿鶵　一被鷹擒去　今失所愛子　惡相表非虛
尒時大王及於夫人并二王子盡哀號哭瓔
珞不御与諸人衆共收菩薩遺身舍利爲於
供養置窣覩波中阿難陁汝等應知此即是
彼菩薩舍利復告阿難陁我於昔時雖具
煩惱貪瞋癡等能於地獄餓鬼傍生五趣之
中隨緣救濟令得出離何况今時煩惱覩盡无
復餘習号天人師具一切智而不能爲一一
衆生經於多劫在地獄中及於餘處代受
衆苦令出生死煩惱輪迴尒時世尊欲重宣此
義而說頌言
我念過去世　無量無數劫　或時作國王　或復爲王子
常行於大施　及捨所愛身　願出離生死　至妙菩提處
昔時有大國　國主名大車　王子名勇猛　常施心無悋
王子有二兄　号大渠大天　三人同出遊　漸至山林所

義而說頌言
我念過去世　無量無數劫　或時作國王　或復爲王子
常行於大施　及捨所愛身　願出離生死　至妙菩提處
昔時有大國　國主名大車　王子名勇猛　常施心無悋
王子有二兄　号大渠大天　三人同出遊　漸至山林所
見虎飢所逼　便生如是心　此虎飢火燒　更無餘可食
大士覩如斯　恐其將食子　捨身無所顧　救子不令傷
大地及諸山　一時皆震動　江海皆騰躍　驚波水逆流
天地失光明　昏冥无所見　林野諸禽獸　飛奔喪所依
二兄怪不還　憂慼生悲苦　即与諸侍從　林藪遍尋求
兄弟共籌議　復往深山處　四顧无所有　見虎處空林
其母并七子　口皆有血汙　殘骨并餘髮　縱横在地中
復見有流血　散在竹林所　二兄既見已　心生大恐怖
悶絶俱投地　荒迷不覺知　塵土坌其身　六情皆失念
王子諸侍從　啼泣心憂惱　以水灑令蘇　舉手號咷哭
菩薩捨身時　慈母在宮内　五百諸婇女　共受於妙樂
夫人之兩乳　忽然自流出　遍體如針刺　苦痛不能安
欻生失子想　憂箭苦傷心　即白大王知　陳斯苦惱事
悲泣不堪忍　哀聲向王說　大王今當知　我生大苦惱
兩乳忽流出　禁止不隨心　如針遍刺身　煩冤胷欲破
我先夢惡徵　必當失愛子　願王濟我命　知兒存与亡
夢見三鴿鶵　小者是愛子　忽被鷹奪去　悲愁難具陳
我今沒憂海　趣死將不久　恐子命不全　願爲速求覓
又聞外人語　小子求不得　我今意不安　願王哀愍我
夫人白王已　擧身而躄地　悲痛心悶絶　荒迷不覺知
婇女見夫人　悶絶在於地　擧聲皆大哭　憂惶失所依

又聞外人語　小子求不得　我今意不安　願王哀愍我
夫人白王已　舉身而躃地　悲痛心悶絶　荒迷不覺知
婇女見夫人　悶絶在於地　舉聲皆大哭　憂惶失所依
王聞如是語　懷憂不自勝　因命諸群臣　尋求所愛子
皆共出城外　隨處而追覓　涕泣問諸人　王子今何在
今者為存亡　誰知所去處　云何令得見　適我憂惱心
諸人悉共傳　咸言王子死　聞者皆傷悼　悲歎苦難裁
尒時大車王　悲號從座起　即就夫人處　以水灑其身
夫人蒙水灑　久乃得醒悟　悲啼以問王　我兒今在不
王告夫人曰　我已使諸人　四向求王子　尚未有消息
王又告夫人　汝莫生煩惱　且當自安慰　可共出追尋
王即与夫人　嚴駕而前進　號動聲悽感　憂心若火然
士庶百千万　亦隨王出城　各欲求王子　悲號聲不絶
王求愛子故　目視於四方　見有一人來　被髮身塗血
遍體蒙塵土　悲哭逆前來　王見是惡相　倍復生憂惱
王便舉兩手　哀號不自裁　初有一大臣　忩忙至王所
進白大王曰　幸願勿悲哀　王之所愛子　今雖求未獲
不久當來至　以釋大王憂　王複更前行　見次大臣至
其臣詣王所　流淚白王言　二子今現存　被憂火所逼
其第三王子　已被无常吞　見餓虎初生　將欲食其子
彼薩埵王子　見此起悲心　願求無上道　當度一切衆
繫想妙菩提　廣大深如海　即上高山頂　投身餓虎前
虎羸不能食　以竹自傷頸　遂噉王子身　唯有餘骸骨
時王及夫人　聞已俱悶絶　心沒於憂海　煩惱火燒然
臣以旃檀水　灑王及夫人　俱起大悲號　舉手椎胷臆
第三大臣來　白王如是語　我見二王子　悶絶在林中

虎羸不能食　以竹自傷頸　遂噉王子身　唯有餘骸骨
時王及夫人　聞已俱悶絶　心沒於憂海　煩惱火燒然
臣以旃檀水　灑王及夫人　俱起大悲號　舉手椎胷臆
第三大臣來　白王如是語　我見二王子　悶絶在林中
臣以冷水灑　尒乃蹔蘇息　顧視於四方　如猛火周遍
蹔起而還伏　悲號不自勝　舉手以哀言　稱歎弟希有
王聞如是說　倍增憂火煎　夫人大號咷　高聲作是語
我之小子偏重愛　已為无常羅刹吞
餘有二子今現存　復被憂火所燒逼
我今速可之山下　安慰令其保餘命
即便馳駕望前路　一心詣彼捨身崖
路逢二子行啼泣　推胷懊惱失容儀
父母見已抱憂悲　俱往山林捨身處
既至菩薩捨身地　共聚悲號生大苦
脫去瓔珞盡哀心　收取菩薩身餘骨
与諸人衆同供養　共造七寶窣覩波
以彼舍利置函中　整駕懷憂趣城邑
復告阿難陁　往時薩埵者　即我牟尼是　勿生於異念
王是父淨飯　后是母摩耶　太子謂慈氏　次是曼殊室利
虎是大世主　五兒五苾芻　一是大目連　一是舍利子
我為汝等說　往昔利他緣　如是菩薩行　成佛因當學
菩薩捨身時　發如是弘誓　願我身餘骨　來世益衆生
此是捨身處　七寶窣覩波　以經无量時　遂沉於厚地
由昔本願力　隨緣興濟度　為利於人天　從地而涌出
尒時世尊說是往昔因緣之時无量阿僧企
耶人天大衆皆大悲喜歎未曾有悉發阿耨

此是捨身處　七寶窣覩波　以經无量時　遂沉於厚地
由昔本願力　隨緣興濟度　為利於人天　從地而涌出
尒時世尊說是往昔因緣之時无量阿僧企
耶人天大衆皆大悲喜歎未曾有悉發阿耨
多羅三藐三菩提心復告樹神我為報恩
故致礼敬佛攝神力其窣覩波還沒于地

金光明㝡勝王經十方菩薩讚歎品第廿七

尒時釋迦牟尼如來說是經時於十方世界
有无量百千万億諸菩薩衆各從本土詣
鷲峯山至世尊所五輪著地礼世尊已一心
合掌異口同音而讚歎曰
佛身微妙真金色　其光普照等金山
清淨柔㝠若蓮花　无量妙彩而嚴飾
三十二相遍莊嚴　八十種好皆圓備
光明晒著无與等　離垢猶如淨滿月
其聲清徹甚微妙　如師子吼震雷音
八種微妙應群機　超勝迦陵頻伽等
百福妙相以嚴容　光明具足淨无垢
智慧明燈如大海　功德廣大若虛空
圓光遍滿十方界　隨緣普濟諸有情
煩惱愛染習皆除　法炬恒然不休息
哀愍利益諸衆生　現在未來能与樂
常為宣說第一義　令證涅槃真寂靜
佛說甘露殊勝法　能与甘露微妙義
引入甘露涅槃城　令受甘露无為樂
常於生死大海中　解脫一切衆生苦
[illegible]

BD03392號　金光明最勝王經卷一〇　（18–10）

哀愍利益諸衆生　現在未來能与樂
常為宣說第一義　令證涅槃真寂靜
佛說甘露殊勝法　能与甘露微妙義
引入甘露涅槃城　令受甘露无為樂
常於生死大海中　解脫一切衆生苦
令彼能住安隱路　恒与難思如意樂
如來德海甚深廣　非諸譬喻所能知
於衆常起大悲心　方便精勤恒不息
如來智海无邊際　一切人天共測量
假使千万億劫中　不能得知其少分
我今略讚佛功德　於德海中唯一渧
迴斯福聚施群生　皆願速證菩提果
尒時世尊告諸菩薩言善哉善哉汝等善能
如是讚佛功德利益有情廣興佛事能滅
諸罪生無量福

金光明㝡勝王經妙幢菩薩讚歎品第廿八

尒時妙幢菩薩即從座起偏袒右肩右膝著
地合掌向佛而說讚曰
牟尼百福相圓滿　無量功德以嚴身
廣大清淨人樂觀　猶如千日光明照
燄彩无邊光熾盛　如妙寶聚相端嚴
如日初出映虛空　紅白分明間金色
亦如金山光普照　悉能周遍百千土
能滅衆生无量苦　皆与无邊勝妙樂
諸相具足悉嚴淨　衆生樂觀无猒足
頭髮柔㝠紺青色　猶如黑蜂集妙花
[illegible]

BD03392號　金光明最勝王經卷一〇　（18–11）

能滅衆生无量苦　皆与无邊勝妙樂
諸相具足悲嚴淨　衆生樂觀无猒足
頭髮柔耎紺青色　猶如黑蜂集妙花
大喜大捨淨莊嚴　大慈大悲皆具足
衆妙相好爲嚴飾　菩提分法之所成
如来能施衆福利　令彼常蒙大安樂
種種妙德共莊嚴　光明普照千万土
如来光相極圓滿　猶如赫日遍空中
佛如須弥功德具　亦現能周於十方
如來金口妙端嚴　齒白齊密如珂雪
如来面貌無倫疋　眉間毫相常右旋
光潤鮮白等頗梨　猶如滿月居空界
佛告妙幢菩薩汝能如是讚佛功德不可思
議利益一切令未知者隨順修學
金光明最勝王經菩提樹神讚歎品第廿九
尒時菩提樹神亦以伽他讚世尊曰
敬礼如來清淨慧　敬礼常求正法慧
敬礼能離非法慧　敬礼恒無分別慧
希有世尊無邊行　希有難見比優曇
希有如海鎮山王　希有善逝光无量
希有調御弘慈願　希有釋種明逾日
能說如是經中寶　哀愍利益諸群生
牟尼寂靜諸根定　能入寂靜涅槃城
能住寂靜等持門　能知寂靜深境界
兩足中尊住空寂　聲聞弟子身亦空
一切法體性皆无　一切衆生悉空寂

BD03392號　金光明最勝王經卷一〇　（18–12）

牟尼寂靜諸根定　能入寂靜涅槃城
能住寂靜等持門　能知寂靜深境界
兩足中尊住空寂　聲聞弟子身亦空
一切法體性皆无　一切衆生悉空寂
我常憶念於諸佛　我常樂見諸世尊
我常發起慇重心　常得值遇如来日
我常頂礼於世尊　願常渴仰心不捨
悲泣流淚情无間　常得奉事不知猒
唯願世尊起悲心　和顏常得令我見
佛及聲聞衆清淨　願常普濟於人天
佛身本淨若虛空　亦如幻焰及水月
願說涅槃甘露法　能生一切功德聚
世尊所有淨境界　慈悲正行不思議
聲聞獨覺非所量　大仙菩薩不能測
唯願如來哀愍我　常令覩見大悲身
三業無倦奉慈尊　速出生死歸真際
尒時世尊聞是讚已以梵音聲告樹神曰善
哉善哉善女天汝能於我真實无妄清淨法
身自利利他宣揚妙相以此功德令汝速證
最上菩提一切有情同所修習若得聞者皆
入甘露無生法門
金光明最勝王經大辯才天女讚歎品第卅
尒時大辯才天女即從座起合掌恭敬以直
言詞讚世尊曰
南謨釋迦牟尼如來應正覺身真金色
咽如蠡貝面如滿月目類青蓮脣口赤好如頗

BD03392號　金光明最勝王經卷一〇　（18–13）

言詞讚世尊曰
南謨釋迦牟尼如来應正覺身真金色
咽如螺貝面如滿月目類青蓮脣口赤好如頗
梨色鼻高脩直如截金鋌齒白齊密如拘物
頭花身光普照如百千日光彩暎徹如贍部
金所有言詞皆无謬(失)示三解脫門開三菩
提路心常清淨意樂亦然佛所住處及所行
境亦常清淨離非威儀進止无謬六年苦行
三轉法輪度苦衆生令歸彼岸身相圓滿如
拘陁樹六度薰修三業無失具一切智自他
利滿所有宣說常為衆生言不虛設於釋種
中為大師子堅固勇猛具八解脫我今隨力
稱讚如来少分功德猶如蚊子飲大海水願
以此福廣及有情永離生死成無上道
尒時世尊告大辯天曰善哉善哉汝久修習
具大辯才今復於我廣陳讚歎令汝速證无
上法門相好圓明普利一切
金光明最勝王經付囑品第卅一
尒時世尊普告無量菩薩及諸人天一切大
衆汝等當知我於无量无數大劫勤修苦行
獲甚深法菩提正因已為汝說汝等誰能發
勇猛心恭敬守護我涅槃後於此法門廣宣
流布能令正法久住世間尒時衆中有六十
俱胝諸大菩薩六十俱胝諸天大衆異口同
音作如是語世尊我等咸有欣樂之心於佛
世尊无量大劫勤修苦行所獲甚深微妙之

BD03392號　金光明最勝王經卷一〇　（18–14）

勇猛心恭敬守護我涅槃後於此法門廣宣
流布能令正法久住世間尒時衆中有六十
俱胝諸大菩薩六十俱胝諸天大衆異口同
音作如是語世尊我等咸有欣樂之心於佛
世尊无量大劫勤修苦行所獲甚深微妙之
法菩提正因恭敬護持不惜身命佛涅槃
後於此法門廣宣流布當令正法久住世間尒
時諸大菩薩即於佛前說伽他曰
世尊真實語　安住於實法　由彼真實故　護持於此經
大悲為甲冑　安住於大慈　由彼慈悲力　護持於此經
福資粮圓滿　生起智資粮　由資粮滿故　護持於此經
降伏一切魔　破滅諸邪論　斷除惡見故　護持於此經
護世幷釋梵　乃至阿蘇羅　龍神藥叉等　護持於此經
地上及虛空　久住於斯者　奉持佛教故　護持於此經
四梵住相應　四聖諦嚴飾　降伏四魔故　護持於此經
虛空成質礙　質礙成虛空　諸佛所護持　无能傾動者
尒時四大天王聞佛說此護持妙法各生隨
喜護正法心一時同聲說伽他曰
我今於此經　及男女眷屬　皆一心擁護　令得廣流通
若有持經者　能作菩提因　我常於四方　擁護而承事
尒時天帝釋合掌恭敬說伽他曰
諸佛證此法　為欲報恩故　饒益菩薩衆　出世演斯經
我於彼諸佛　報恩常供養　護持如是經　及以持經者
尒時覩史多天子合掌恭敬說伽他曰
佛說如是經　若有能持者　當住菩提位　来生覩史天
世尊我慶悅　捨天殊勝報　住於贍部洲　宣揚是經典

BD03392號　金光明最勝王經卷一〇　（18–15）

我於彼說伴　菩提常修習　護持如是經　及以持經者
尒時覩史多天子合掌恭敬說伽他曰
佛說如是經　若有能持者　當住菩提位　来生覩史天
世尊我慶悅　捨天殊勝報　住於贍部洲　宣揚是經典
時索訶世界主梵天王合掌恭敬說伽他曰
諸靜慮无量　諸乘及解脫　皆從此經出　是故演斯經
若說是經處　我捨梵天樂　為聽如是經　亦常為擁護
尒時魔王子名曰商主合掌恭敬說伽他曰
若有受持此　正義相應經　不隨魔所行　淨除魔惡業
我等於此經　亦當勤守護　發大精進意　隨處廣流通
尒時魔王合掌恭敬說伽他曰
若有持此經　能伏諸煩惱　如是衆生類　擁護令安樂
若有說是經　諸魔不得便　由佛威神故　我當擁護彼
尒時妙吉祥天子亦於佛前說伽他曰
諸佛妙菩提　於此經中說　若持此經者　是供養如来
我當持此經　為俱胝天說　恭敬聽聞者　勸至菩提處
尒時慈氏菩薩合掌恭敬說伽他曰
若見住菩提　与為不請友　乃至捨身命　為護此經王
我聞如是法　當往覩史天　由世尊加護　廣為人天說
尒時上坐大迦攝波合掌恭敬說伽他曰
佛於聲聞乘　說我尠智慧　我今隨自力　護持如是經
若有持此經　我當攝受彼　受其詞辯力　常隨讚善哉
尒時具壽阿難陁合掌向佛說伽他曰
我親從佛聞　无量衆經典　未曾聞如是　深妙法中王
我今聞是經　親於佛前受　諸樂菩提者　當為廣宣通
尒時世尊見諸菩薩人天大衆各各發心於

佛於聲聞乘　說我尠智慧　我今隨自力　護持如是經
若有持此經　我當攝受彼　受其詞辯力　常隨讚善哉
尒時具壽阿難陁合掌向佛說伽他曰
我親從佛聞　无量衆經典　未曾聞如是　深妙法中王
我今聞是經　親於佛前受　諸樂菩提者　當為廣宣通
尒時世尊見諸菩薩人天大衆各各發心於
此經典流通擁護勸進菩薩廣利衆生讚言
善哉善哉汝等能於如是微妙經王虔誠流
布乃至於我般涅槃後不令散滅即是无上
菩提正因所獲功德於恒沙劫說不能盡若
有苾芻苾芻尼鄔波索迦鄔波斯迦及餘善
男子善女人等供養恭敬書寫流通為人解
說所獲功德亦復如是是故汝等應勤修習
尒時無量無邊恒河沙大衆聞佛說已皆大歡
喜信受奉行

金光明最勝王經卷第十

憩去例　舤胡郎　鶏仕于　擒巨今　鋌庭頂　瘠情昔　捫胡本　鞕庚杏

BD03392 號　金光明最勝王經卷一〇　　　（18–18）

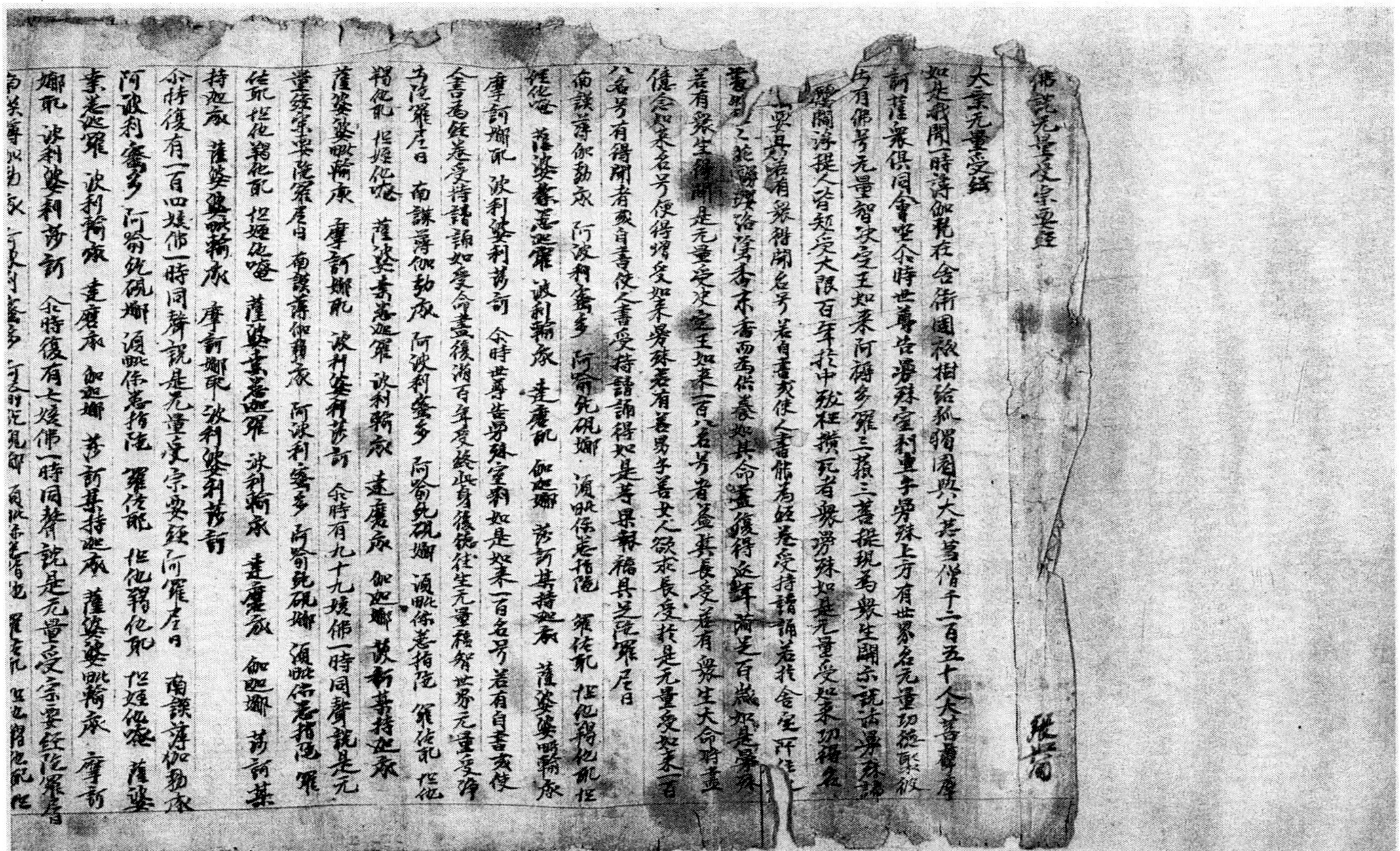

BD03393 號 1　無量壽宗要經　　　（5–1）
BD03393 號 2　無量壽宗要經

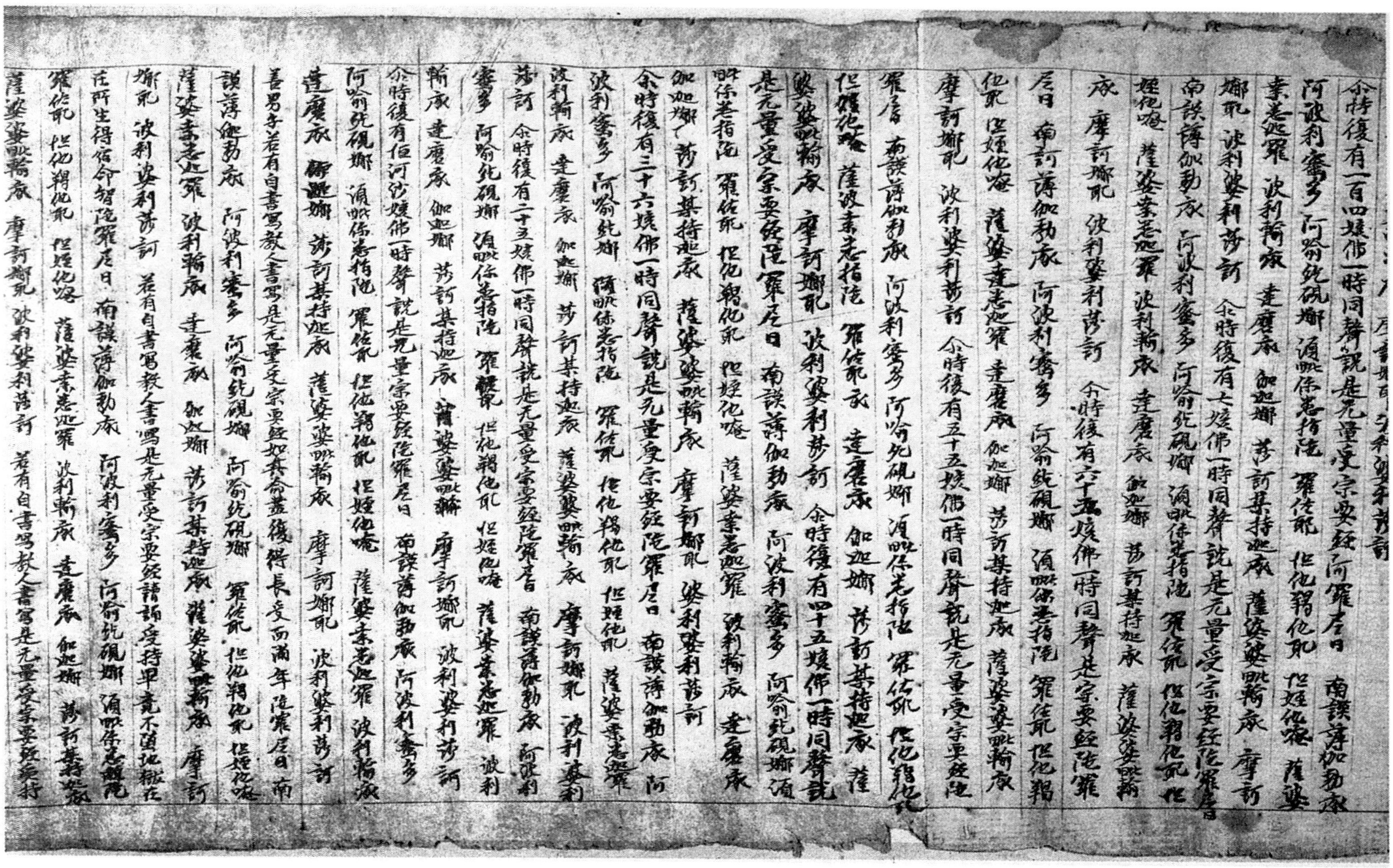

BD03393 號 2　無量壽宗要經　　（5–2）

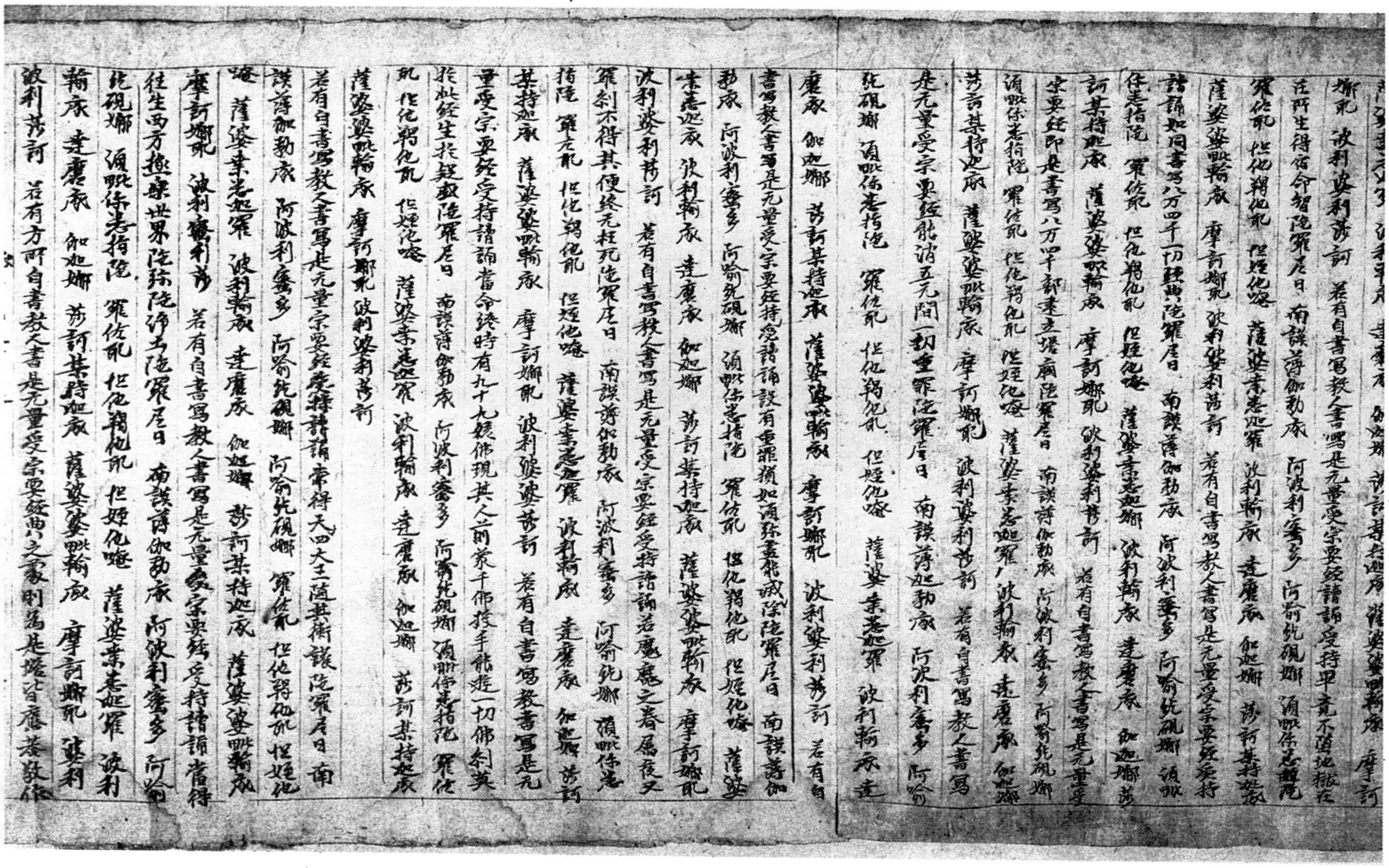

BD03393 號 2　無量壽宗要經　　（5–3）

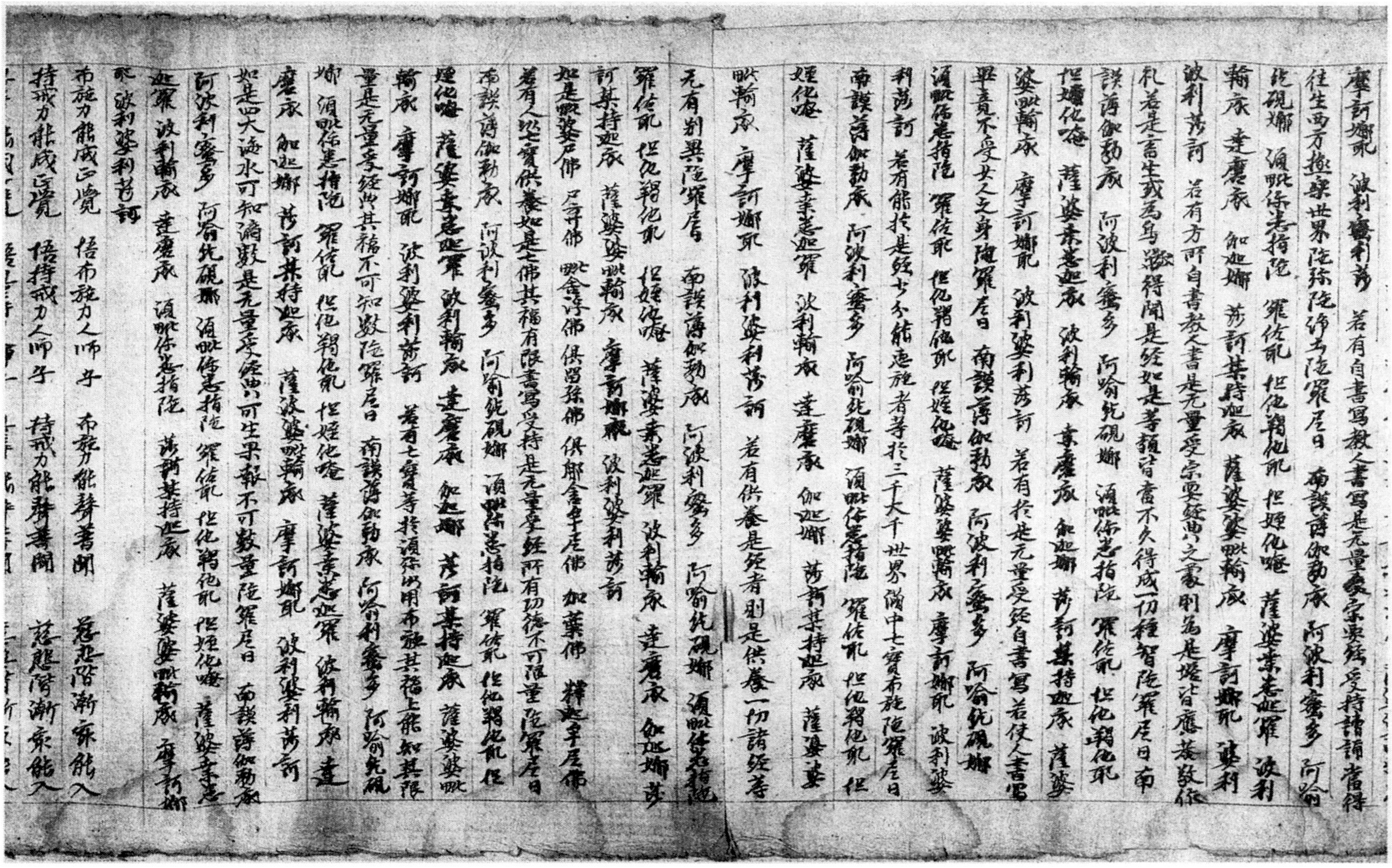
摩訶娜耶 波利婆利莎訶 若有自書寫教人書寫是无量壽宗要經受持讀誦當得
往生西方極樂世界陀弥陀佛土陀羅尼曰 南謨薄伽勃底 阿波利蜜多 阿喻
紇硯娜 須毗你悉指陀 羅佐耶 怛他羯他耶 怛姪他唵 薩婆桑塞迦羅 波利
輸底 達摩底 伽迦娜 莎訶其持迦底 薩婆婆毗輸底 摩訶娜耶 波利
婆利莎訶 若有方所自書教人書是无量壽宗要經典之處則爲是塔皆應恭敬作
禮 若是畜生或爲鳥獸得聞是經如是等類皆當不久得成一切種智陀羅尼曰 南
謨薄伽勃底 阿波利蜜多 阿喻紇硯娜 須毗你悉指陀 羅佐耶 怛他羯他耶
怛姪他唵 薩婆桑塞迦羅 波利輸底 達摩底 伽迦娜 莎訶其持迦底 薩婆
婆毗輸底 摩訶娜耶 波利婆利莎訶 若有於是无量壽經自書寫若使人書寫
畢竟不受女人之身陀羅尼曰 南謨薄伽勃底 阿波利蜜多 阿喻紇硯娜
須毗你悉指陀 羅佐耶 怛他羯他耶 怛姪他唵 薩婆婆毗輸底 摩訶娜耶 波利婆
利莎訶 若有能於是經少分能惠施者等於三千大千世界滿中七寶布施陀羅尼曰
南謨薄伽勃底 阿波利蜜多 阿喻紇硯娜 須毗你悉指陀 羅佐耶 怛他羯他耶 怛
姪他唵 薩婆桑塞迦羅 波利輸底 達摩底 伽迦娜 莎訶其持迦底 薩婆婆
毗輸底 摩訶娜耶 波利婆利莎訶 若有供養是經者則是供養一切諸經等
无有別異陀羅尼曰 南謨薄伽勃底 阿波利蜜多 阿喻紇硯娜 須毗你悉指陀
羅佐耶 怛他羯他耶 怛姪他唵 薩婆桑塞迦羅 波利輸底 達摩底 伽迦娜 莎
訶其持迦底 薩婆婆毗輸底 摩訶娜耶 波利婆利莎訶
如是毗婆尸佛 尸棄佛 毗舍浮佛 俱留孫佛 俱那含牟尼佛 迦葉佛 釋迦牟尼佛
若有人以七寶供養如是七佛其福有限書寫受持是无量壽經所有功德不可限量陀羅尼曰
南謨薄伽勃底 阿波利蜜多 阿喻紇硯娜 須毗你悉指陀 羅佐耶 怛他羯他耶 怛
姪他唵 薩婆桑塞迦羅 波利輸底 達摩底 伽迦娜 莎訶其持迦底 薩婆婆毗
輸底 摩訶娜耶 波利婆利莎訶 若有七寶等於須彌山用布施其福上能知其限
量是无量受經典其福不可知數陀羅尼曰 南謨薄伽勃底 阿波利蜜多 阿喻紇硯
娜 須毗你悉指陀 羅佐耶 怛他羯他耶 怛姪他唵 薩婆桑塞迦羅 波利輸底 達
麼底 伽迦娜 莎訶其持迦底 薩婆婆毗輸底 摩訶娜耶 波利婆利莎訶
如是四大海水可知滴數是无量受經典之可生果報不可數量陀羅尼曰 南謨薄伽勃底
阿波利蜜多 阿喻紇硯娜 須毗你悉指陀 羅佐耶 怛他羯他耶 怛姪他唵 薩婆桑塞
迦羅 波利輸底 達摩底 伽迦娜 莎訶其持迦底 薩婆婆毗輸底 摩訶娜
耶 波利婆利莎訶
布施力能成正覺 悟布施力人師子 布施力能聲普聞 慈悲潛漸能入
持戒力能成正覺 悟持戒力人師子 持戒力能聲普聞 慈悲潛漸能入

BD03393 號 2　無量壽宗要經　　（5–4）

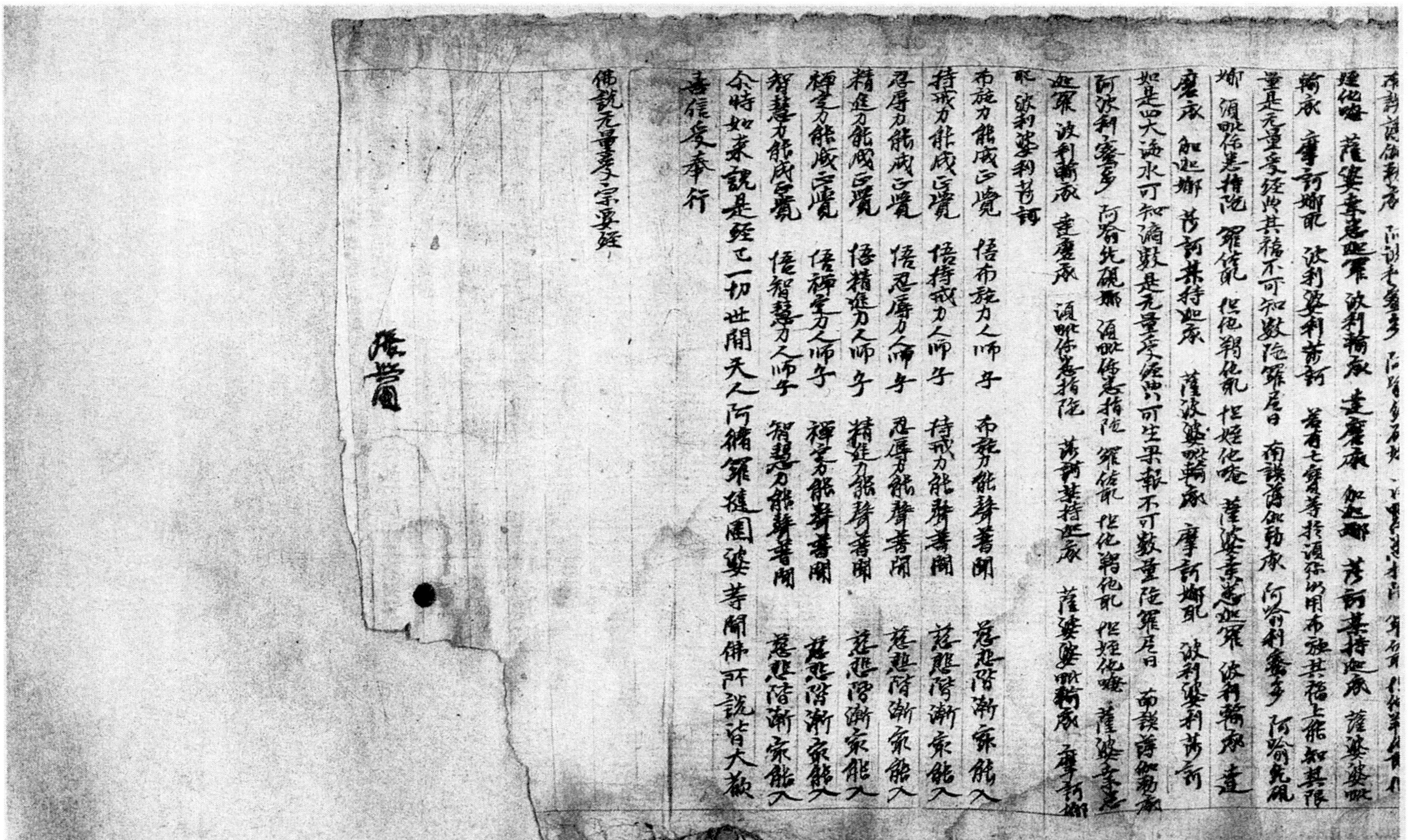
姪他唵 薩婆桑塞迦羅 波利輸底 達摩底 伽迦娜 莎訶其持迦底 薩婆婆毗
輸底 摩訶娜耶 波利婆利莎訶 若有七寶等於須彌山用布施其福上能知其限
量是无量受經典其福不可知數陀羅尼曰 南謨薄伽勃底 阿波利蜜多 阿喻紇硯
娜 須毗你悉指陀 羅佐耶 怛他羯他耶 怛姪他唵 薩婆桑塞迦羅 波利輸底 達
麼底 伽迦娜 莎訶其持迦底 薩婆婆毗輸底 摩訶娜耶 波利婆利莎訶
如是四大海水可知滴數是无量受經典之可生果報不可數量陀羅尼曰 南謨薄伽勃底
阿波利蜜多 阿喻紇硯娜 須毗你悉指陀 羅佐耶 怛他羯他耶 怛姪他唵 薩婆桑塞
迦羅 波利輸底 達摩底 伽迦娜 莎訶其持迦底 薩婆婆毗輸底 摩訶娜
耶 波利婆利莎訶
布施力能成正覺 悟布施力人師子 布施力能聲普聞 慈悲潛漸能入
持戒力能成正覺 悟持戒力人師子 持戒力能聲普聞 慈悲潛漸能入
忍辱力能成正覺 悟忍辱力人師子 忍辱力能聲普聞 慈悲潛漸能入
精進力能成正覺 悟精進力人師子 精進力能聲普聞 慈悲潛漸能入
禪定力能成正覺 悟禪定力人師子 禪定力能聲普聞 慈悲潛漸能入
智慧力能成正覺 悟智慧力人師子 智慧力能聲普聞 慈悲潛漸能入
尒時如來說是經已一切世間天人阿脩羅揵闥婆等聞佛所說皆大歡
喜信受奉行
佛說无量壽宗要經
[illegible]

BD03393 號 2　無量壽宗要經　　（5–5）

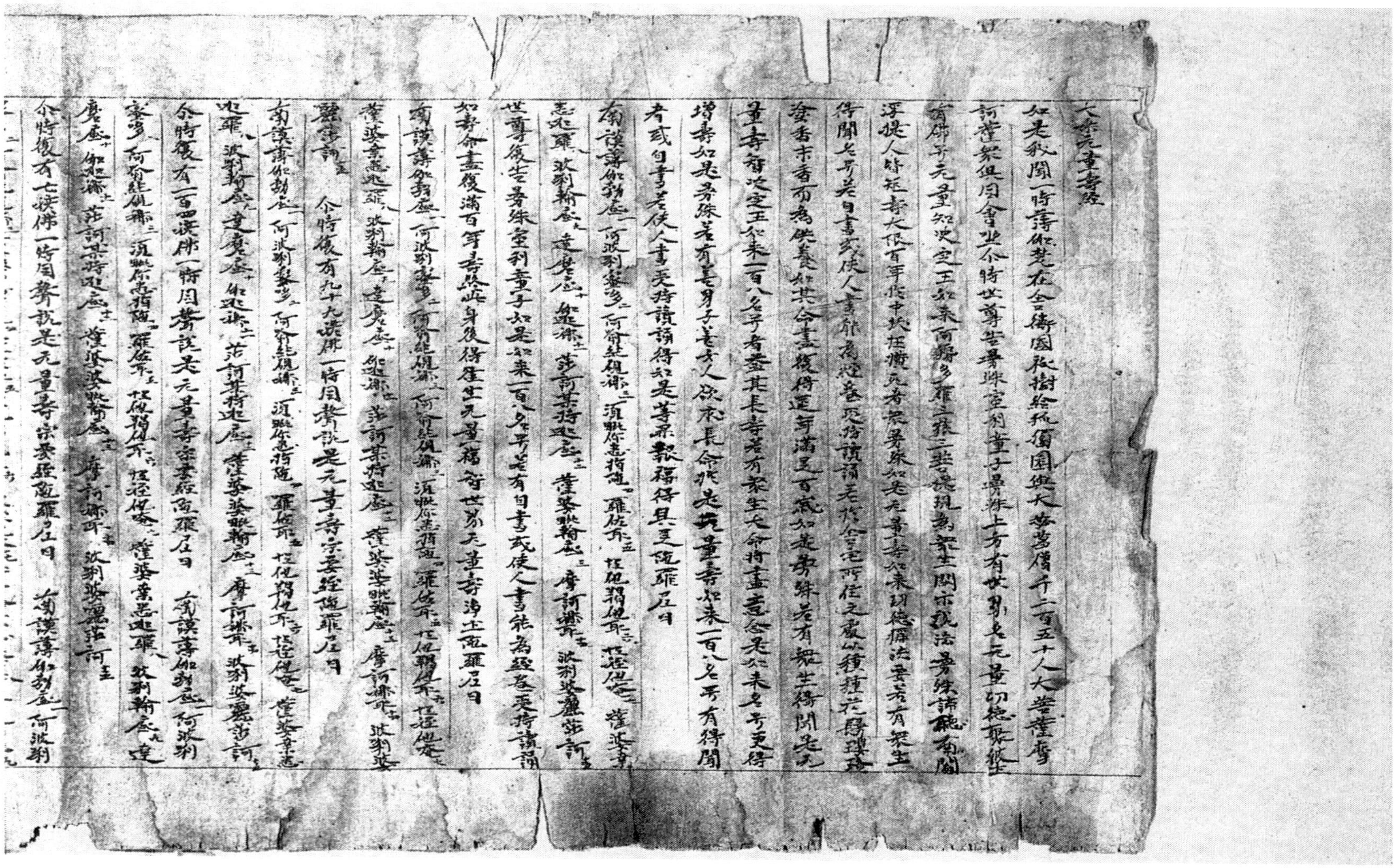

BD03394 號　無量壽宗要經　（5–1）

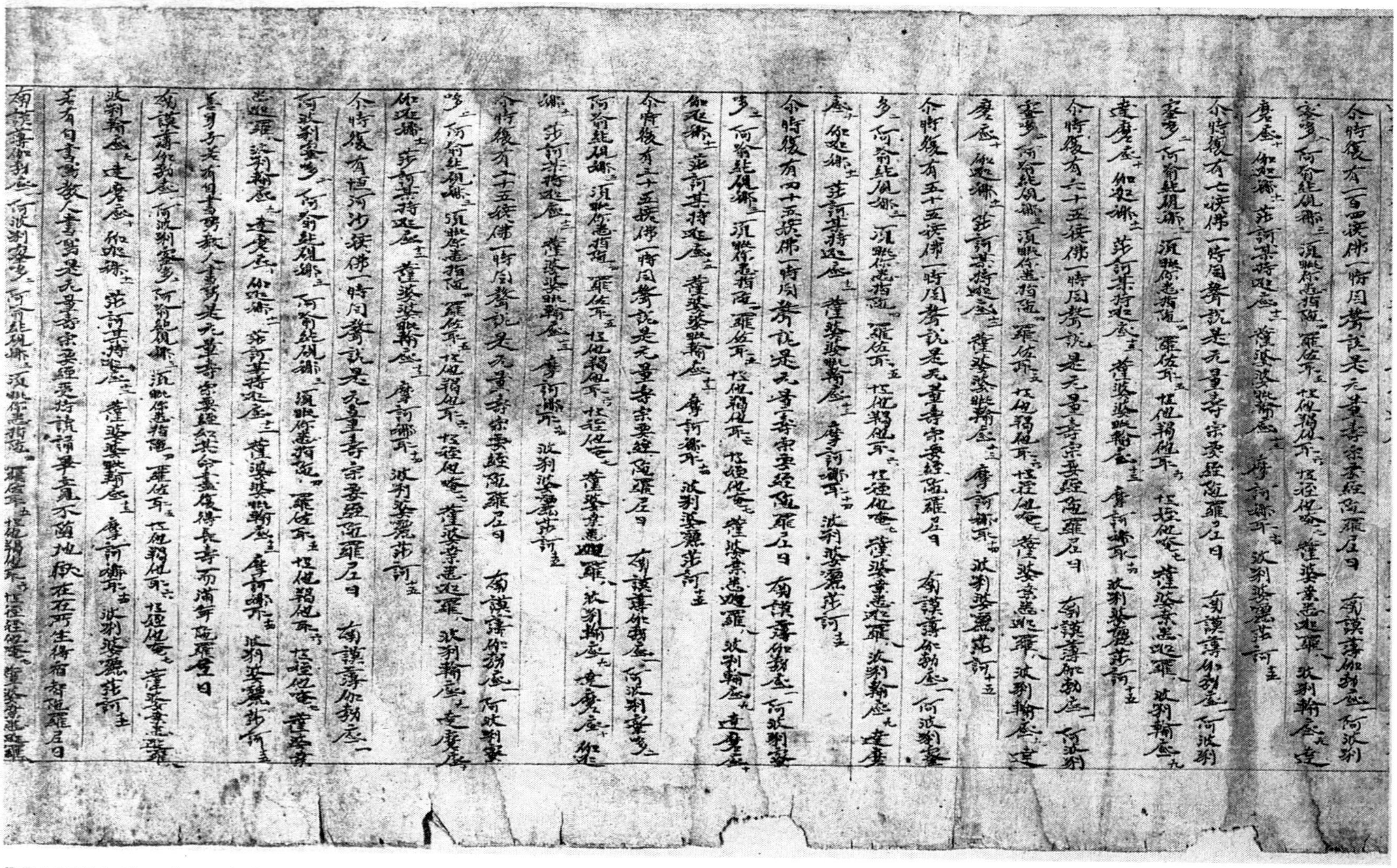

BD03394 號　無量壽宗要經　（5–2）

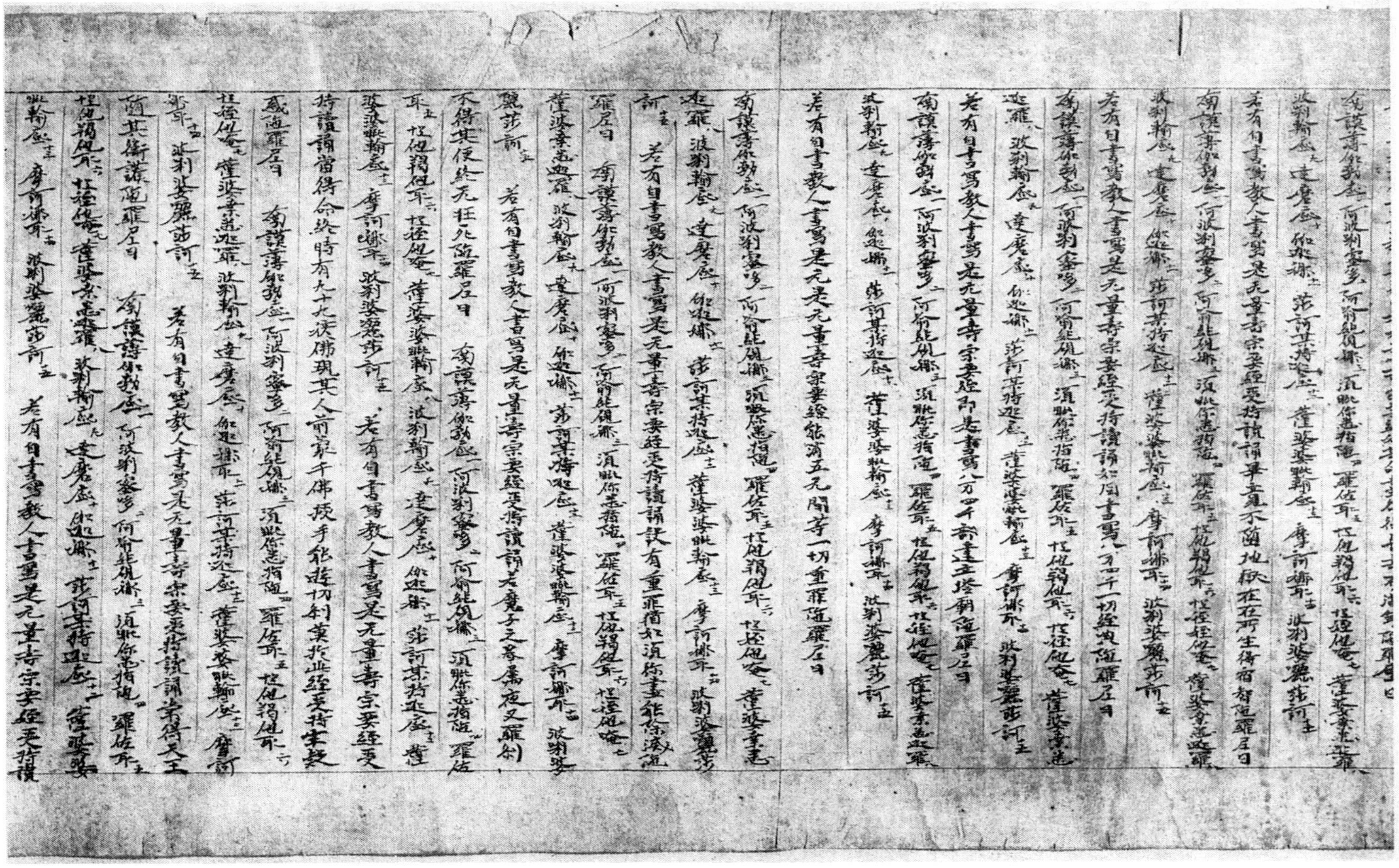

BD03394號　無量壽宗要經　　（5–3）

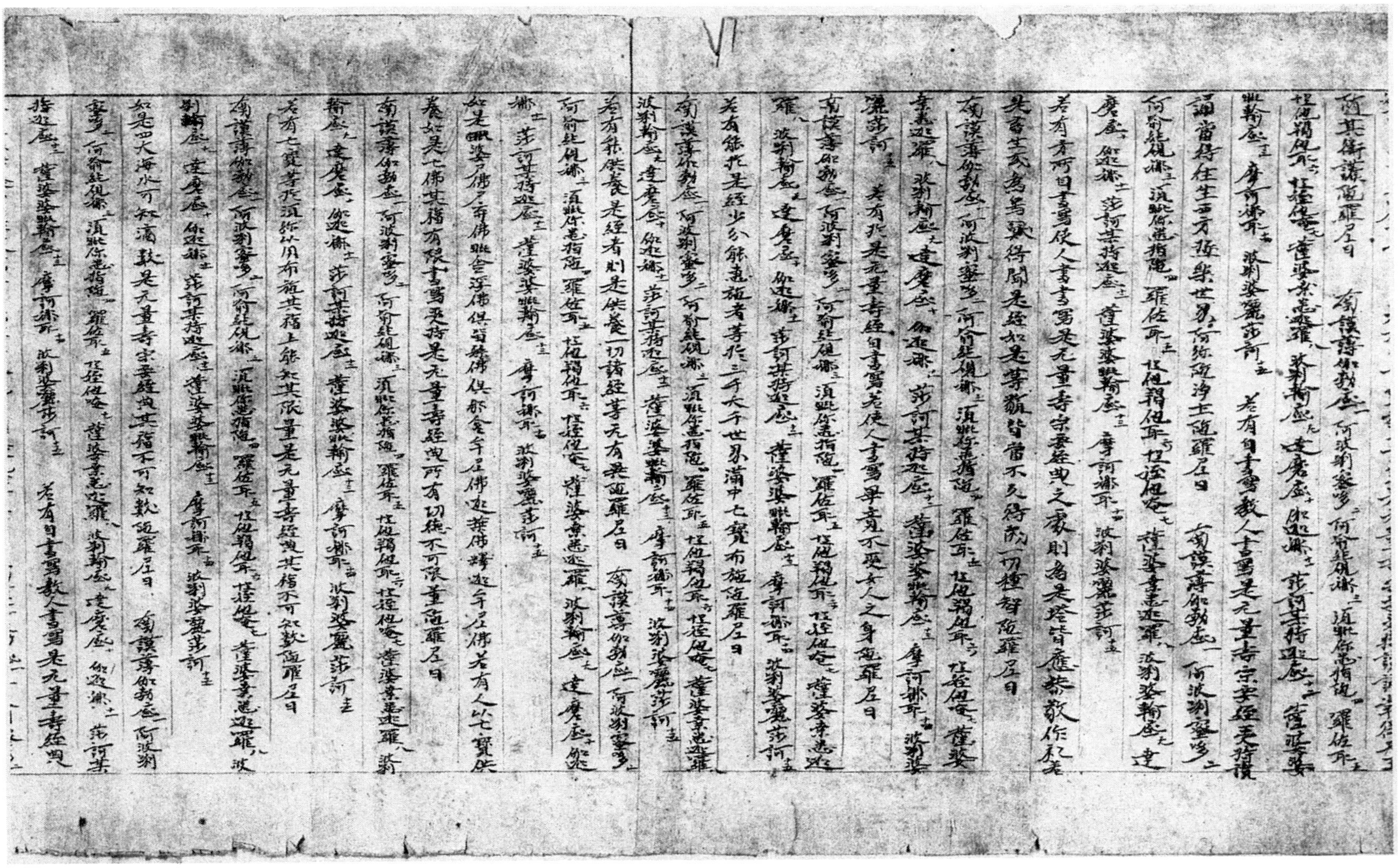

BD03394號　無量壽宗要經　　（5–4）

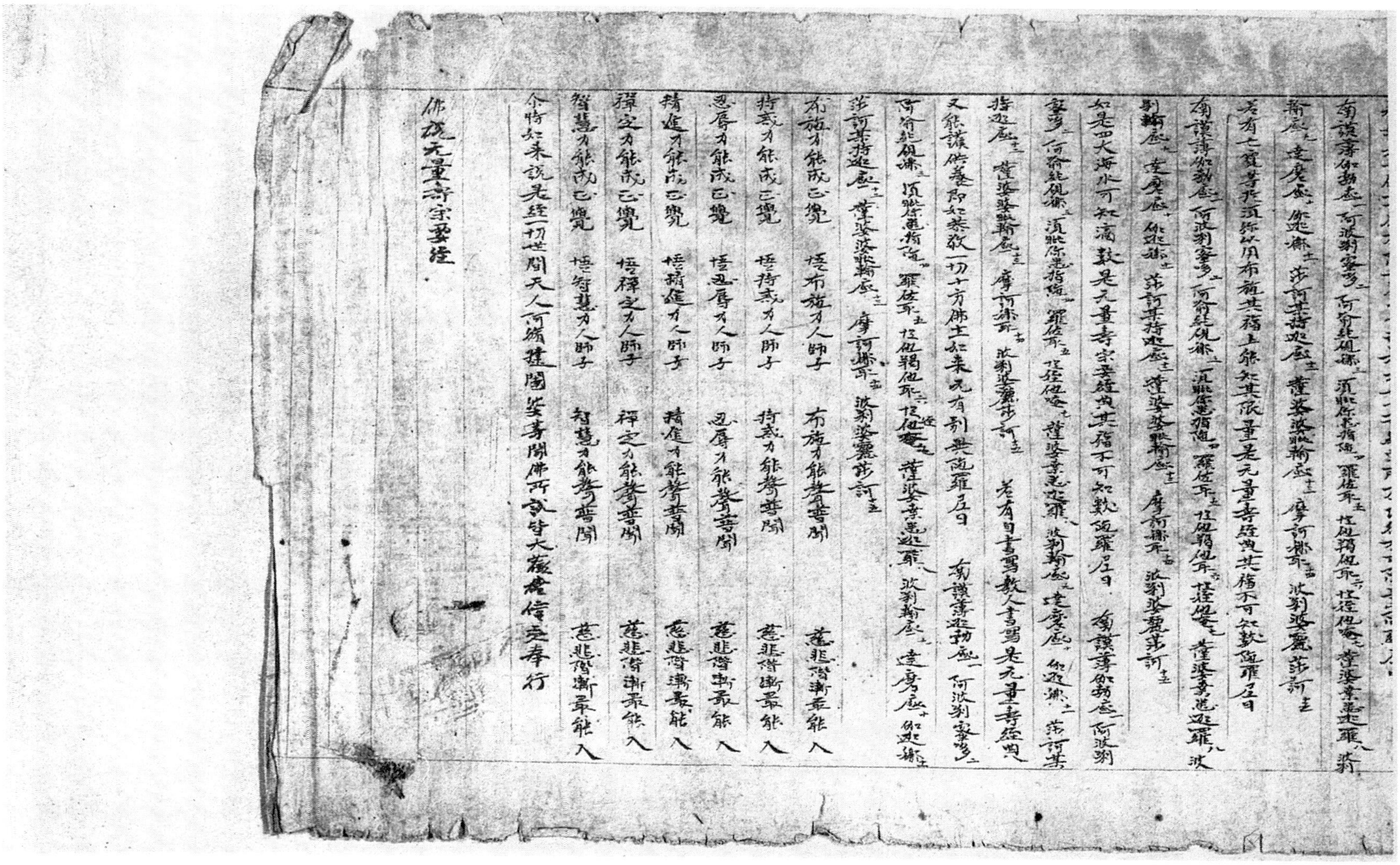

輸底九 達磨底十 伽迦那十一 莎訶某持迦底十二 薩婆婆毗輸底十三 摩訶娜耶十四 波唎婆囉莎訶十五

若有七寶等於須彌山用布施其福上能知其限量是无量壽經典其福不可知數陁羅尼曰

南謨薄伽勃底一 阿波唎蜜多二 阿喻紇硯娜三 須毗你悉指陁四 囉佐耶五 怛他羯他耶六 怛姪他七 薩婆桑悉迦囉八 波唎輸底九 達磨底十 伽迦那十一 莎訶某持迦底十二 薩婆婆毗輸底十三 摩訶娜耶十四 波唎婆囉莎訶十五

如是四大海水可知滴數是无量壽宗要經典其福不可知數陁羅尼曰

南謨薄伽勃底一 阿波唎蜜多二 阿喻紇硯娜三 須毗你悉指陁四 囉佐耶五 怛他羯他耶六 怛姪他七 薩婆桑悉迦囉八 波唎輸底九 達磨底十 伽迦那十一 莎訶某持迦底十二 薩婆婆毗輸底十三 摩訶娜耶十四 波唎婆囉莎訶十五

若有自書寫教人書寫是无量壽經典又能讚供養即如恭敬一切十方佛土如來无有別異陁羅尼曰

南謨薄伽勃底一 阿波唎蜜多二 阿喻紇硯娜三 須毗你悉指陁四 囉佐耶五 怛他羯他耶六 怛姪他七 薩婆桑悉迦囉八 波唎輸底九 達磨底十 伽迦那十一 莎訶某持迦底十二 薩婆婆毗輸底十三 摩訶娜耶十四 波唎婆囉莎訶十五

布施力能成正覺 悟布施力人師子 布施力能聲香聞 慈悲濟漸眾能入

持戒力能成正覺 悟持戒力人師子 持戒力能聲香聞 慈悲濟漸眾能入

忍辱力能成正覺 悟忍辱力人師子 忍辱力能聲香聞 慈悲濟漸眾能入

精進力能成正覺 悟精進力人師子 精進力能聲香聞 慈悲濟漸眾能入

禪定力能成正覺 悟禪定力人師子 禪定力能聲香聞 慈悲濟漸眾能入

智慧力能成正覺 悟智慧力人師子 智慧力能聲香聞 慈悲濟漸眾能入

爾時如來說是經已一切世間天人阿脩羅乾闥婆等聞佛所說皆大歡喜信受奉行

佛說无量壽宗要經

BD03394 號　無量壽宗要經　　（5–5）

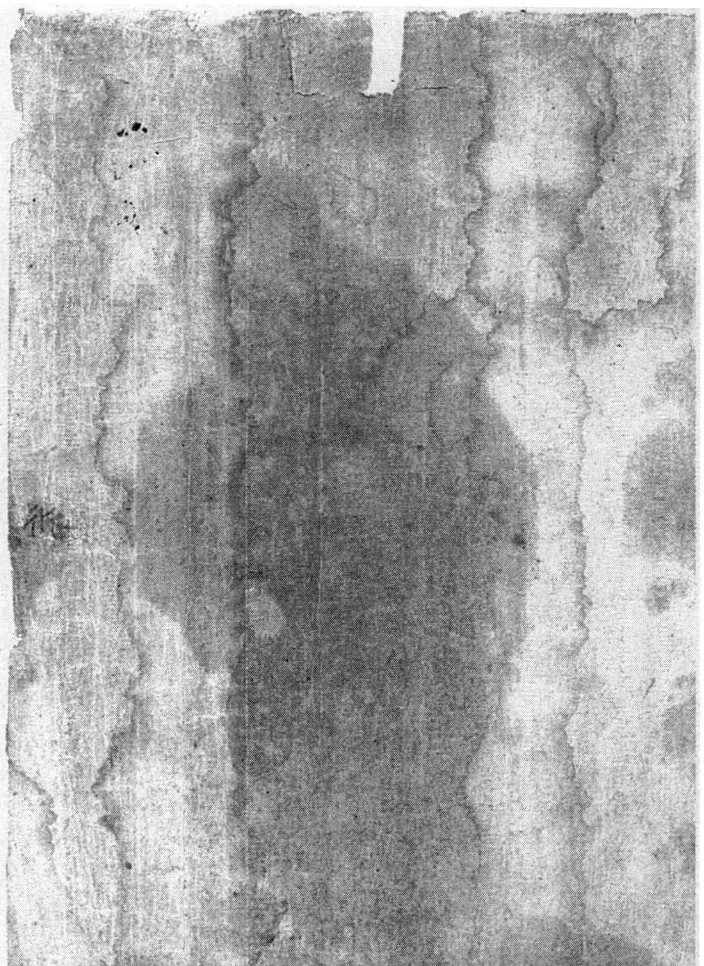

BD03394 號背　寺院題名　　（1–1）

法高座一切天王
大曼陁華
種種伎樂於虛空中不鼓自鳴
丘能說法者尋上高座結跏趺坐
十方不可思議无量千億諸佛世尊
於諸衆生興大悲心及善集王所得王領
盡一日月所照之處時說法者即尋為王
敷暢宣說是妙經典
是時大王為聞法故於比丘前合掌而立
聞於正法讚言善哉其心悲悼涕淚交流
尋復踊悅心意嬉怡為欲供養此經典故
尒時即捉如意珠王為諸衆生發大誓願
願於今日此閻浮提悉雨无量種種珎異
瓌琦七寶及妙瓔珞以是因緣悉令无量
一切衆生皆受快樂即於尒時尋雨七寶
及諸寶鐶天冠耳璫種種瓔珞甘饌寶座
悉皆充滿遍四天下時善集王即持如是
滿四天下无量七寶於寶勝佛遺法之中
以用布施供養三寶尒時為王說法比丘
於今現在阿閦佛是時善集王聽受法者
今則我身釋迦文是我於尒時捨此大地
滿四天下珎寶布施得聞如是金光明經

BD03395號　合部金光明經卷七　（17–1）

以用布施供養三寶尒時為王說法比丘
於今現在阿閦佛是時善集王聽受法者
今則我身釋迦文是我於尒時捨此大地
滿四天下珎寶布施得聞如是金光明經
聞是經已一稱善哉以此善根業因緣故
身得金色百福莊嚴常為无量百千万億
衆生等類之所樂見既得見已无有厭足
過去九十九億千劫常得作於轉輪聖王
亦於无量百千劫中常得王領諸小國土
不可思議劫中常作釋提桓因及淨梵王
復得值遇十力世尊其數无量不可稱計
所得功德无量无邊皆由聞經及稱善哉
如我所願成就菩提正法之身我今已得

金光明經鬼神品第十八

佛告功德天若有善男子善女人欲以不可
思議妙供養具供養過去未來現在諸佛世
尊及欲得知三世諸佛甚深行處是人應當
畢定至心隨有是經流布之處若城邑村落
舍宅空處正念不亂至心聽是微妙經典尒
時世尊欲重宣此義而說偈言
若欲供養　一切諸佛　欲知三世　諸佛行處
應當往彼　城邑聚落　有是經處　至心聽受
是妙經典　不可思議　功德大海　无量无邊
能令一切　衆生解脫　度无量苦　諸有大海
是經甚深　初中後善　不可得說　譬喻為比
假使恒河　大地微塵　大海諸水　一切諸山
如是等物　不得為喻

BD03395號　合部金光明經卷七　（17–2）

能令一切衆生解脫 度无量衆 說大法
是經甚深 初中後善 不可得說 譬喻為比
假使恒河 大地微塵 大海諸水 一切諸山
如是等物 不得為喻
若入是經 即入法性 如深法性 安住其中
即於是典 金光明中 而得見我 釋迦牟尼
不可思議 阿僧秖劫 生天人中 常受快樂
以能信解 聽是經故 如是无量 不可思議
功德福聚 悉已得之 隨所至處 若百由旬
滿中盛火 應從中過 若至聚落 阿蘭若處
到法會所 至心聽受 聽是經故 惡夢盡道
五星諸宿 變異灾禍 一切惡事 消滅无餘
於說法處 蓮華座上 說是經典 書寫讀誦
是說法者 若下法座 尒時大衆 猶見座處
故有說者 或佛世尊 或見佛像 菩薩色像
普賢菩薩 文殊師利 弥勒大士 及諸形色
見如是等 種種事已 尋復滅盡 如前无異
成就如是 諸功德已 而為諸佛 之所讚嘆
威德相貌 无量无邊 有大名稱 能却怨家
他方賊盜 能令退散 勇捍多力 能破強敵
惡夢惱心 无量惡業 如是惡事 皆悉殄滅
若入軍陣 常能勝他
名聞流布 遍閻浮提 亦能摧伏 一切怨敵
遠離諸惡 俻集諸善 入陣得勝 心常歡喜
大梵天王 三十三天 護世四王 金剛密迹
鬼神諸王 散脂大將 禪耶英鬼 及緊那羅
阿耨達龍 娑竭羅王 阿脩羅王 迦樓羅王
大辯天神 及大功德 如是上首 諸天神等

BD03395號　合部金光明經卷七

（17–3）

遠離諸惡 俻集諸善 入陣得勝 心常歡喜
大梵天王 三十三天 護世四王 金剛密迹
鬼神諸王 散脂大將 禪耶英鬼 及緊那羅
阿耨達龍 娑竭羅王 阿脩羅王 迦樓羅王
大辯天神 及大功德 如是上首 諸天神等
常當供養 是聽法者 生不思議 法塔之想
衆生見者 恭敬歡喜 諸天王等 亦各思惟
而相謂言 今是衆生 无量威德 皆悉成就
若能來至 是法會所 如是之人 成上善根
若有聽是 甚深經典 故嚴出往 法會之處
心生不可思議 正信 供養恭敬 无上法塔
如是大悲 利益衆生 即是无量 深法寶器
能入甚深 无上法性 由以淨心 聽是經典
如是之人 悉以供養 過去无量 百千諸佛
以是善根 无量因緣 應當聽受 是金光明
如是衆生 常為无量 諸天神王 之所愛護
大辯功德 護世四王 无量鬼神 及諸力士
晝夜精懃 擁護四方
釋提桓因 及日月天 閻摩羅王 風水諸神
違馱天神 及毗紐天 大辯天神 及自在天
火神等神 大力勇猛 常護世間 晝夜不離
大力鬼神 那羅延等 摩醯首羅 二十八部
諸鬼神等 散脂為首 百千鬼神 神足大力
擁護是等 令不怖畏
金剛密迹 大鬼神王 及其眷屬 五百徒黨
一切皆是 大菩提薩 亦悉擁護 聽是法者
摩尼跋陁 大鬼神王 富那跋陁 及金毗羅
[illegible]

BD03395號　合部金光明經卷七

（17–4）

金剛密迹 大鬼神王 及其眷屬 五百徒黨
一切皆是 大菩提薩 亦悉擁護 聽是法者
摩尼跋陀 大鬼神王 富那跋陀 及金毗羅
阿羅婆帝 賓頭盧伽 黃頭大神 一一諸神
各有五百 眷屬鬼神 亦常擁護 聽是經者
質多斯那 阿脩羅王 及乾闥婆 那羅羅闍
祁那沙婆 摩尼乾陀 及尼乾陀 主雨大神
大飲食神 摩呵伽吒 金色髮神 半祁鬼神
及半支羅 車鉢羅婆 有大威德 婆那利神
曇摩跋羅 摩竭婆羅 針髮鬼神 繡利蜜多
勒那翅奢 摩呵波那 及軍陀遮 劍摩舍帝
復有大神 奢羅蜜帝 醯摩跋陀 薩多琦梨
如是等神 皆有无量 神足大力 常勤擁護
聽受如是 微妙典者
阿耨達王 娑伽羅王 目真隣王 伊羅鉢王
難陀龍王 跋難陀王 有如是等 百千龍王
以大神力 常來擁護 聽是經者 晝夜不離
波利羅睺 阿脩羅王 毗摩質多 及以茂脂
睒摩梨子 波阿梨子 佉羅騫陀 及以達陀
是等皆是 阿脩羅王 有大神力 常來擁護
聽是經者 晝夜不離 阿梨帝南 鬼子母等
及五百神 常來擁護 聽是經典 若睡若寤
旃陀旃利 大鬼神女等 鳩羅鳩羅檀提 噉人精氣
如是等神 皆有大力 常懃擁護 十方世界
受持經者 大辯天等 无量天女 功德天等
各與眷屬 地神堅牢 種植園林 菓實大神
如是諸神 心生歡喜 悉來擁護 愛樂親近

BD03395號　合部金光明經卷七　(17-5)

如是等神 皆有大力 常懃擁護 十方世界
受持經者 大辯天等 无量天女 功德天等
各與眷屬 地神堅牢 種植園林 菓實大神
如是諸神 心生歡喜 悉來擁護 愛樂親近
是經典者 於諸眾生 增命色力 功德威貌
莊嚴倍常 五星諸宿 變異灾怪 皆悉能滅
无有遺餘 夜臥惡夢 悟則憂悴 如是惡事
皆悉消滅 地神大力 勢分甚深 是經力故
能及其味 如是大地 至金剛際 厚十六万
八千由旬 其中氣味 无不遍有 悉令踴出
潤益眾生 是經力故 能令地味 悉出地上
厚百由旬 亦令諸天 大得精味 充益身力
歡喜快樂 閻浮提內 所有諸神 心生歡喜
愛樂无量 是經力故 諸天歡喜 百穀菓實
皆悉滋茂 園苑叢林 其華開敷 香氣馚馝
充溢彌滿 百草樹木 生長端直 其體柔濡
无有耶戾 閻浮提內 所有龍女 其數无量
不可思議 心生歡喜 踴躍无量 在在處處
莊嚴華池 於其池中 生種種華 優鉢羅華
波頭摩華 拘物頭華 分陀利華
於自宮殿 除諸雲霧 令虛空中 无有塵翳
諸方清澈 淨潔明了 日王赫焰 放千光明
歡喜踊躍 照諸闇蔽 閻浮檀金 以為宮殿
心住其中 威德无量 日之天子 及以月天
聞是經故 精氣充實 是日天子 出閻浮提
心生歡喜 放於无量 光明明網 遍照諸方
即於出時 放大綱光 開敷種種 諸池蓮華

BD03395號　合部金光明經卷七　(17-6)

心住其中威德无量日之天子及以月天
聞是經故精氣充實是日天子出閻浮提
心生歡喜放於无量光明明網遍照諸方
即於出時放大網光開敷種種諸池蓮華
閻浮提內无量藥寶隨時成熟飽諸衆生
是時日月所照殊勝星宿正行不失度數
風雨隨時豐實熾盛多饒財寶无所乏少
是金光明微妙經典隨所流布講誦之處
其國土境即得增益如上所說无量功德

金光明經授記品第十九

尒時如來將欲為是信相菩薩及其二子銀
相銀光受阿耨多羅三藐三菩提記是時即
有十千天子威德熾王而為上首俱從忉利
來至佛所頂礼佛足却坐一面尒時佛告信
相菩薩汝於未來世過无量无邊百千万億不
可稱計那由他劫金光世界當成阿耨多羅
三藐三菩提號金寶蓋山王如來應供正遍
知明行足善逝世間解无上士調御丈夫天
人師佛世尊乃至是佛般涅槃後正法像法
皆滅盡已長子銀相當於是界次補佛處世
界尒時轉名淨幢佛名閻浮檀金幢光照明
如來應供正遍知明行足善逝世間解无上
士調御丈夫天人師佛世尊乃至是佛般涅
槃後正法像法悉滅盡已次子銀光復於是
後次補佛處世界名字如本不異佛號曰金
光照如來應供正遍知明行足善逝世間解
无上士調御丈夫天人師佛世尊是十千天

後次補佛處世界名字如本不異佛號曰金
光照如來應供正遍知明行足善逝世間解
无上士調御丈夫天人師佛世尊是十千天
子聞三大士得受記莂復聞如是金光明經
聞已歡喜生慇重心心无垢累如淨瑠璃清
淨无礙猶如虛空尒時如來知是十千天子
善根成熟即便與授菩提道記汝等天子於
當來世過阿僧祇百千万億那由他劫於是
世界當成阿耨多羅三藐三菩提同共一家
一姓一名號曰青目優鉢羅華香山如來應
供正遍知明行足善逝世間解无上士調御
丈夫天人師佛世尊如是次第出現於世凡
一万佛

尒時道場菩提樹神名等增益白佛言世尊
是十千天子於忉利宮為聽法故故來集此
云何如來便與授記世尊我未曾聞是諸天
子脩行具足六波羅蜜亦未曾聞捨於手足
頭目髓腦所愛妻子財寶穀帛金銀瑠璃車
璖馬瑙真珠珊瑚珂貝璧玉甘饌飲食衣服
床臥病瘦醫藥象馬車乘殿堂屋宅園林泉
池奴婢僕使如餘无量百千菩薩以種種資
生供養之具恭敬供養過去无量百千万億
那由他等諸佛世尊如是菩薩於未來世亦
捨无量所重之物頭目髓腦所愛妻子財寶
穀帛乃至僕使次第脩行成就具足六波羅
蜜成就是已備脩苦行動經无量无邊劫數
然後方得受菩提記世尊是天子等何因何

捨无量所重之物頭目髓腦所愛妻子財寶
穀帛乃至僕使次第脩行成就具足六波羅
蜜成就是已脩脩習行動經无量无邊劫數
然後方得受菩提記世尊是天子等何因何
緣脩行何等勝妙善根從彼天來暫得聞法
便得受記唯願世尊為我解說斷我疑網尒
時佛告樹神善女天皆有因緣有妙善根已
隨相脩何以故以是天子於所住處捨五欲
樂故來聽是金光明經既聞法已於是經中
淨心慇重如說脩行復得聞此三大菩薩受
於記莂亦以過去本昔發心誓願因緣是故
我今皆與授記於未來世當成阿耨多羅三
藐三菩提

金光明經除病品第廿

佛告道場菩提樹神善女天諦聽諦聽善持
憶念我當為汝演說往昔誓願因緣過去无
量不可思議阿僧祇劫尒時有佛出現於世
名曰寶勝如來應供正遍知明行足善逝世
間解无上士調御丈夫天人師佛世尊善女
天尒時是佛般涅槃後正法滅已於像法中
有王名曰天自在光脩行正法如法治世人
民和順孝養父母是王國中有一長者名曰
持水善知醫方救諸病苦方便巧知四大增
損善女天尒時持水大長者家中後生一子
名曰流水體貌殊勝端正第一形色微妙威
德具足受性聰敏善解諸論種種伎藝書疏
等計无不通達是時國內天降疫病有无量

BD03395號　合部金光明經卷七　（17–9）

損善女天尒時持水大長者家中後生一子
名曰流水體貌殊勝端正第一形色微妙威
德具足受性聰敏善解諸論種種伎藝書疏
等計无不通達是時國內天降疫病有无量
百千諸衆生等皆无免者為諸苦惱之所逼
切善女天尒時流水長者子見是无量百千
衆生受諸苦惱故為是衆生生大悲心作是
思惟如是无量百千衆生受諸苦惱我父長
者雖善解醫方能救諸苦方便巧知四大增
損年已衰邁老耄枯悴皮緩面皺羸瘦戰掉
行來往反要因机杖困頓疲乏不能至彼城
邑聚落而是无量百千衆生復遇重病无能
救者我今當至大醫父所諮問治病醫方秘
法諮稟知已當往城邑聚落村舍治諸衆生
種種重病悉令得脫无量諸苦時長者子思
惟是已即至父所頭面著地為父作礼叉手
卻住以四大增損而問於父即說偈言
云何當知　四大諸根　衰損代謝　而得諸病
云何當知　飲食時節　若食食已　身火不滅
云何當知　治風及熱　水過肺病　及以等分
何時動風　何時動熱　何時動水　以害衆生
時父長者　即以偈頌　解說醫方　而答其子
三月是夏　三月是秋　三月是冬　三月是春
是十二月　三三而說　從如是數　一歲四時
若二二說　足滿六時　三三本攝　二二現時
隨是時節　消息飲食　是能益身　醫方所說
隨時歲中　諸根四大　代謝增損　令身得病
有善醫師　隨順四時　三月將養　調和六大

BD03395號　合部金光明經卷七　（17–10）

若二二說　是謂六時　三三本攝　二二現時
隨是時節　消息飲食　是能益身　醫方所說
隨時歲中　諸根四大　代謝增損　令身得病
有善醫師　隨順四時　三月將養　調和六大
隨病飲食　及以湯藥　多風病者　夏則發動
其熱病者　秋則發動　等分病者　冬則發動
其肺病者　春則增劇　有風病者　夏則應服
肥膩醎酢　及以熱食　有熱病者　秋服冷甜
等分冬服　甜酢肥膩　肺病春服　肥膩辛熱
飽食然後　則發肺病　於食消時　則發熱病
食消已後　則發風病　如是四大　隨三時發
病風羸損　補以蘇膩　熱病下藥　服呵梨勒
等病應服　三種妙藥　所謂甜辛　及以蘇膩
肺病應服　隨能吐藥　若風熱病　肺病等分
違時而發　應當任師　籌量隨病　飲食湯藥
善女天尒時流水長者子問其父醫四大增
損因是得了一切醫方時長者子知醫方已
遍至國內城邑聚落在在處處隨有衆生病
苦者所濡言慰喻作如是言我是醫師我是
醫師善知方藥今當為汝療治救濟悉令除
愈善女天尒時衆生聞長者子濡語慰愈許
為治病心生歡喜踊躍无量時有百千无量
衆生遇極重病得聞是言心歡喜故種種所
患即得除差平復如本氣力充實善女天復
有无量百千衆生病苦深重難除差者即共
来至長者子所時長者子即以妙藥授之令
服服已除差亦得平復善女天是長者子於
是國內治者衆生所有病苦悉得除差

患即得除差平復如本氣力充實善女天復
有无量百千衆生病苦深重難除差者即共
来至長者子所時長者子即以妙藥授之令
服服已除差亦得平復善女天是長者子於
是國內治諸衆生所有病苦悉得除差

金光明經流水長者子品第廿一

佛告樹神尒時流水長者子於天自在光王
國內治一切衆生无量苦患已令其身體平
復如本受諸快樂以病除故多設福業脩行
布施尊重恭敬是長者子作如是言善哉長
者能大增長福德之事能益衆生无量壽命
汝今真是大醫之王善治衆生无量重病必
是菩薩善解方藥善女天時長者子有妻名
曰水空龍藏而生二子一名水空二名水藏
時長者子將是二子次第遊行城邑聚落㝡
後到一大空澤中見諸虎狼狗犬鳥獸多食
肉者皆一向馳奔而去時長者子作是念
言是諸禽獸何因緣故一向馳走我當隨後
逐而觀之時長者子逐便隨逐見有一池其
水枯涸於其池中多有諸魚時長者子見是
魚已生大悲心時有樹神示現半身作如是
言善哉善哉大善男子此魚可愍汝可與水
是故号汝名為流水復有二緣名為流水一
能流水二能與水汝今應當隨名定實時長
者子問樹神言此魚頭數為有幾所樹神荅
言具數具足滿十千善女天尒時流水聞
是數已倍復增益生大悲心
善女天是時空池為日所曝餘水无幾是十

能流水二能與水汝今應當隨名定實時長
者子問樹神言此魚頭數為有幾所樹神答
言具數具足滿十千善女天尒時流水聞
是數已倍復增益生大悲心
善女天時此空池為日所曝唯少水在是十
千魚將入死門四向婉轉見是長者心生恃
賴隨是長者所至方面隨逐瞻視目未曾捨
是時長者馳趣四方推求索水了不能得便
四顧望見有大樹尋取枝葉還到池上與作
蔭涼作蔭涼已復更推求是池中水本從何
來即出四向周遍求索莫知水處復更疾走
遠至餘處見一大河名曰水生尒時復有諸
餘惡人為捕此魚故於上流懸嶮之處決棄
其水不令下過然其決處懸嶮難補計當俻
治經九十日百千人功猶不能成況我一身
時長者子速疾還反至大王所頭面礼拜却
坐一面合掌向王說其因緣作如是言我為
大王國土人民治種種病漸漸遊行至彼空
澤見有一池其水枯涸有十千魚為日所曝
今日困厄將死不久唯願大王借廿大象令
得負水濟彼魚命如我與諸病人壽命尒時
大王即勅大臣速疾供給尒時大臣奉王告
勅語是長者善哉大士汝今自可至象廄中
隨意選取利益眾生令得快樂是時流水及
其二子將廿大象從治城人借索皮囊疾至
彼河上流決處盛水象負馳疾奔還至空澤
池從象背上下其囊水寫置池中水遂弥滿
還復如本時長者子於池四邊方羊而行是

其二子將廿大象從治城人借索皮囊疾至
彼河上流決處盛水象負馳疾奔還至空澤
池從象背上下其囊水寫置池中水遂弥滿
還復如本時長者子於池四邊彷徉而行是
魚尒時亦復隨逐循岸而行時長者子復作
是念是魚何緣隨我而行是魚必為飢火所
惱復欲從我求索飲食我今當與善女天尒
時流水長者子告其子言汝取一象最大力
者速至家中啟父長者家中所有可食之物
乃至父母飲噉之分及以妻子奴婢之分一
切聚集悉載象上急速來還尒時二子如父
教勅乘最大象往至家中白其祖父說如上
事尒時二子收取家中可食之物載象背上
疾還父所至空澤池時長者子見其子還心
生歡喜踊躍无量從子邊取飲食之物散著
池中與魚食已即自思惟我今已能與此魚
食令其飽滿未來之世當施法食復更思惟
曾聞過去空閑之處有一比丘讀誦大乘方
等經典其經中說若有眾生臨命終時得聞
寶勝如来名号即生天上我今當為是十千
魚解說甚深十二因緣亦當稱說寶勝佛名
時閻浮提中有二種人一者深信大乘方等
二者毀呰不生信樂時長者子作是思惟我
今當入池水之中為是諸魚說深妙法思惟
是已即便入水作如是言南无過去寶勝如
来應正遍知明行足善逝世間解无上士調
御丈夫天人師佛世尊寶勝如来本往昔時

令當入池水之中為是諸魚說深妙法思惟
是已即便入水作如是言南无過去寶勝如
来應正遍知明行足善逝世間解无上士調
御丈夫天人師佛世尊寶勝如来本往昔時
行菩薩道作是誓願若有衆生於十方界臨
命終時聞我名者當令是輩即命終已尋得
上生三十三天尒時流水復為是魚解說如
是甚深妙法所謂无明緣行行緣識識緣名
色名色緣六入六入緣觸觸緣受受緣愛愛
緣取取緣有有緣生生緣老死憂悲苦聚善
女天尒時流水長者子及其二子說是法已
即共還家
是長者子復於後時賓客衆會醉酒而卧尒
時其地卒大震動時十千魚同日命終即命
終已生忉利天既生天已作是思惟我等已
何善業因緣得生於此忉利天中復相謂言
我等先於閻浮提內墮畜生中受於魚身流
水長者子與我等水及以飲食復為我等解
說甚深十二因緣并稱寶勝如来名号以是
因緣令我等輩得生此天是故我等今當往
至長者子所報恩供養尒時十千天子從忉
利天下閻浮提至流水長者子大醫王家時
長者子在樓屋上露卧眠睡是十千天子以
十千真珠天妙瓔珞置其頭邊復以十千置
其足邊復以十千置右脅邊復以十千置左
脅邊雨曼陁羅華摩訶曼陁羅華積至于膝
種種天樂出妙音聲閻浮提中有睡眠者皆

BD03395號　合部金光明經卷七　（17–15）

十千真珠天妙瓔珞置其頭邊復以十千置
其足邊復以十千置右脅邊復以十千置左
脅邊雨曼陁羅華摩訶曼陁羅華積至于膝
種種天樂出妙音聲閻浮提中有睡眠者皆
悉覺悟流水長者子亦從睡悟是十千天子
於上空中飛騰遊行於天自在光王國內處
處皆雨天妙蓮華是諸天子復至本處空澤
池所復雨天華便從此沒還忉利宮隨意自
在受天五欲時閻浮提過是夜已天自在光
王問諸大臣今夜何緣示現如是淨妙瑞相
有大光明大臣答言大王當知忉利諸天於
流水長者子家雨四十千真珠瓔珞及不可
計曼陁羅華王即告臣卿可往至彼長者家
善言誘喻喚令使来大臣受勅即至其家宣
王教令喚是長者是時長者即至王所王問
長者何緣示現如是瑞相長者子言我必定
知是十千魚其命已終時大王言今可遣人
審實是事尒時流水尋遣其子至彼池所看
是諸魚死活定實尒時其子聞是語已向於
彼池既至池已見其池中多有摩訶曼陁羅
華積聚成積其中諸魚悉皆命終見已即還
白其父言彼諸魚等悉已命終尒時流水知
是事已復往王所作如是言是十千魚悉皆
命終王聞是已心生歡喜尒時世尊告道場
菩提樹神善女天欲知尒時流水長者子今
我身是長子水空今羅睺羅是次子水藏今
阿難是時十千魚者今十千天子是是故我

BD03395號　合部金光明經卷七　（17–16）

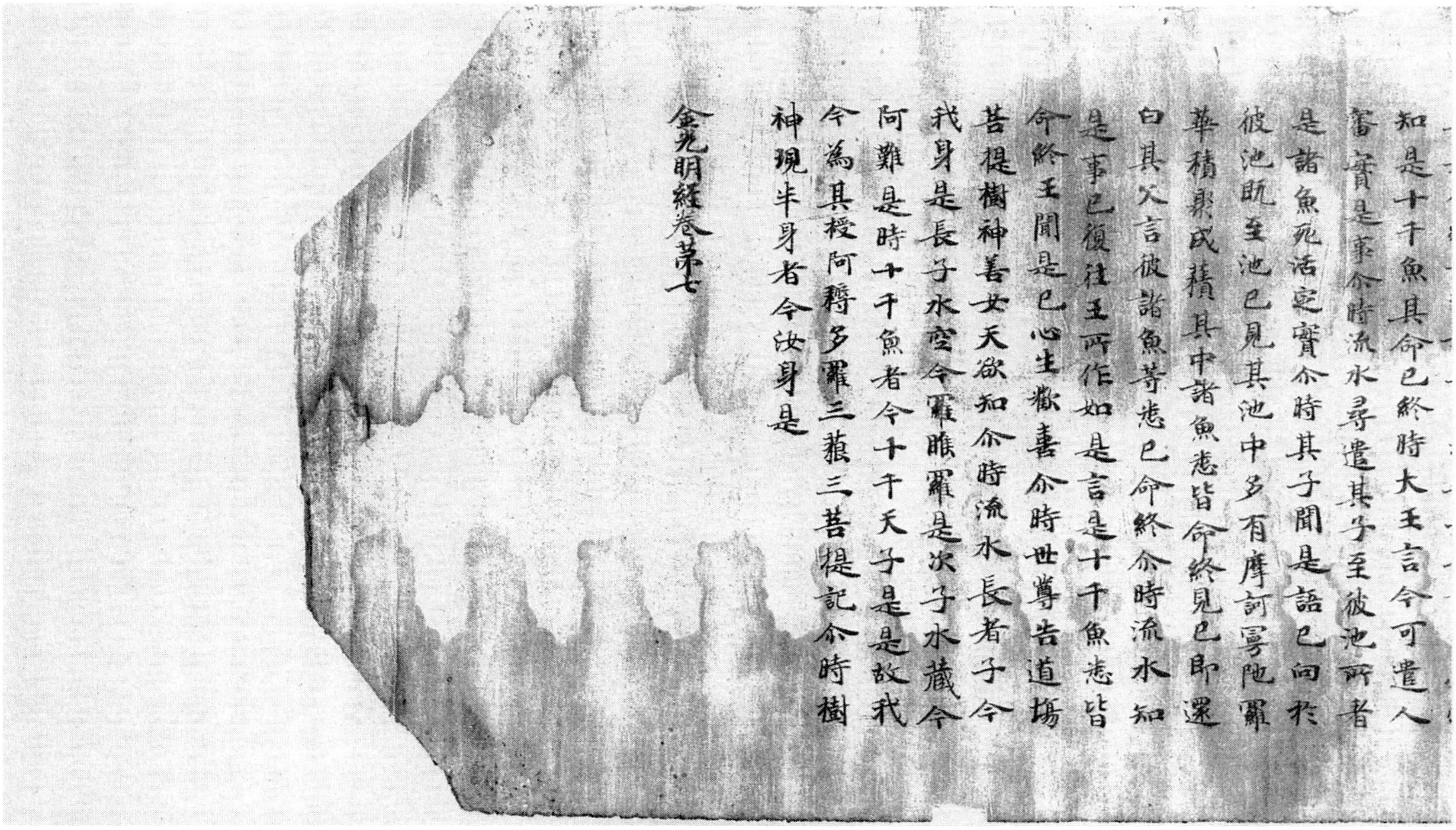
知是十千魚其命已終時大王言今可遣人
審實是事尒時流水尋遣其子至彼池所看
是諸魚死活定實尒時其子聞是語已向於
彼池既至池已見其池中多有摩訶曼陀羅
華積聚成積其中諸魚悉皆命終見已即還
白其父言彼諸魚等悉已命終尒時流水知
是事已復往王所作如是言是十千魚悉皆
命終王聞是已心生歡喜尒時世尊告道場
菩提樹神善女天欲知尒時流水長者子今
我身是長子水空今羅睺羅是次子水藏今
阿難是時十千魚者今十千天子是是故我
今為其授阿耨多羅三藐三菩提記尒時樹
神現半身者今汝身是

金光明經卷第七

BD03395 號　合部金光明經卷七　（17–17）

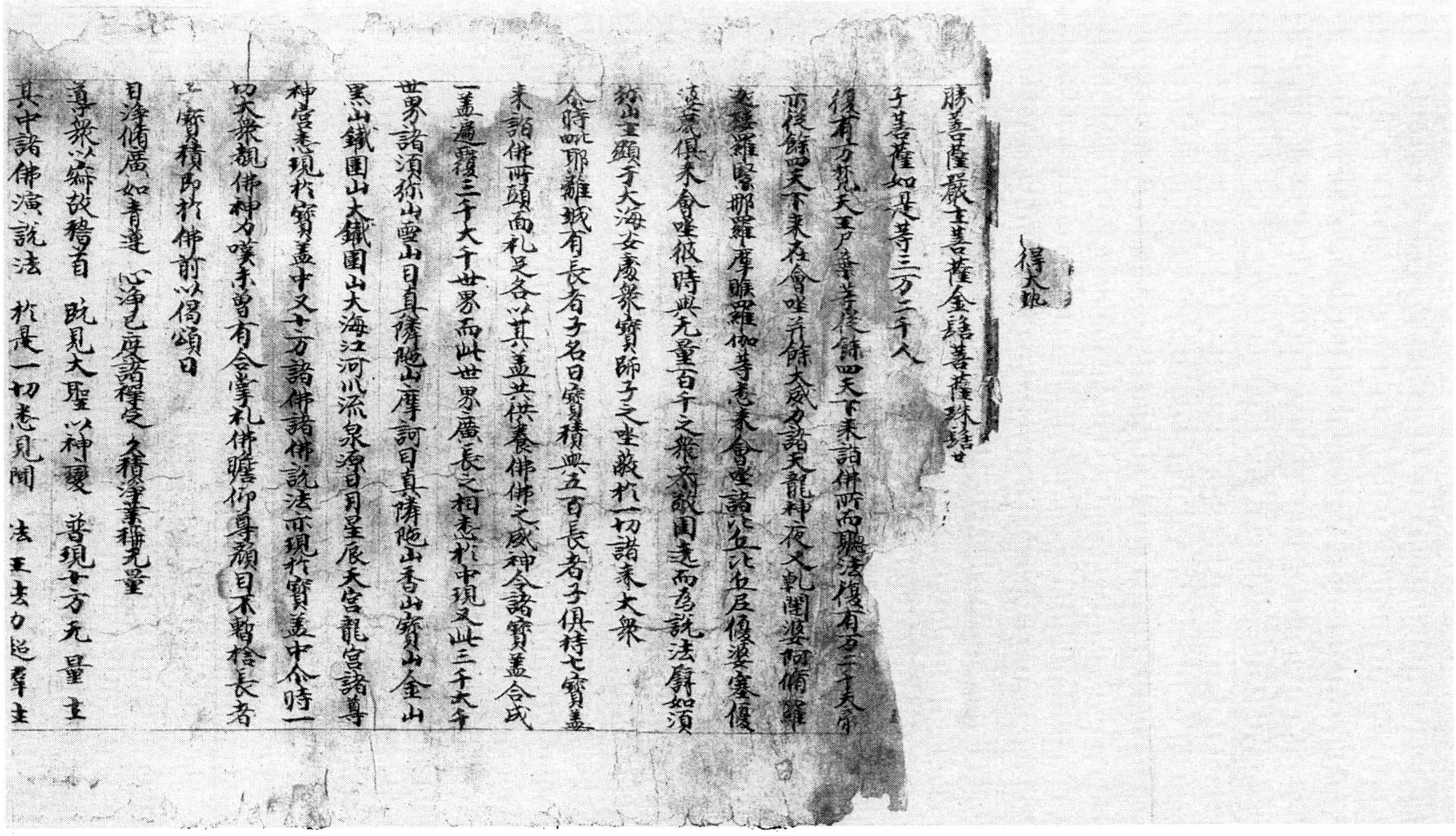
得大勢
勝菩薩嚴土菩薩金髻菩薩珠髻菩
子菩薩如是等三万二千人
復有万梵天王尸棄等從餘四天下來詣佛所而聽法復有万二千天帝
亦從餘四天下來在會坐并餘大威力諸天龍神夜叉乾闥婆阿脩羅
迦樓羅緊那羅摩睺羅伽等悉來會坐諸比丘比丘尼優婆塞優
婆夷俱來會坐彼時佛與无量百千之衆恭敬圍遶而為說法譬如須
弥山王顯于大海安處衆寶師子之座蔽於一切諸來大衆
尒時毗耶離城有長者子名曰寶積與五百長者子俱持七寶蓋
來詣佛所頭面礼足各以其蓋共供養佛佛之威神令諸寶蓋合成
一蓋遍覆三千大千世界而此世界廣長之相悉於中現又此三千大千
世界諸須弥山雪山目真隣陁山摩訶目真隣陁山香山寶山金山
黑山鐵圍山大鐵圍山大海江河川流泉源日月星辰天宮龍宮諸尊
神宮悉現於寶蓋中又十方諸佛諸佛說法亦現於寶蓋中尒時一
切大衆覩佛神力歎未曾有合掌礼佛瞻仰尊顏目不暫捨長者
子寶積即於佛前以偈頌曰
目淨脩廣如青蓮　心淨已度諸禪定　久積淨業稱无量
導衆以寂故稽首　既見大聖以神變　普現十方无量土
其中諸佛演說法　於是一切悉見聞　法王法力超群生

BD03396 號　維摩詰所說經卷上　（17–1）

切大眾覩佛神力歎未曾有合掌礼佛瞻仰尊顏目不暫捨長者
子寶積即於佛前以偈頌曰
目淨脩廣如青蓮　心淨已度諸禪定　久積淨業稱无量
導眾以寂故稽首　既見大聖以神變　普現十方无量土
其中諸佛演說法　於是一切悉見聞　法王法力超群生
常以法財施一切　能善分別諸法相　於第一義而不動
已於諸法得自在　是故稽首此法王　說法不有亦不无
以因緣故諸法生　无我无造无受者　善惡之業亦不忘
始在佛樹力降魔　得甘露滅覺道成　已无心意无受行
而悉摧伏諸外道　三轉法輪於大千　其輪本來常清淨
天人得道此為證　三寶於是現世間　以斯妙法濟群生
一受不退常寂然　度老病死大醫王　當礼法海德无邊
毀譽不動如須弥　於善不善等以慈　心行平等如虛空
孰聞人寶不敬承　今奉世尊此微蓋　於中現我三千界
諸天龍神所居宮　揵闥婆等及夜叉　悉聞世間諸所有
十力哀現是變化　眾覩希有皆歎佛　今我稽首三界尊
大聖法王眾所歸　淨心觀佛靡不欣　各見世尊在其前
斯則神力不共法　佛以一音演說法　眾生隨類各得解
普得受行獲其利　斯則神力不共法　佛以一音演說法
或有恐畏或歡喜　或生厭離或斷疑　斯則神力不共法
稽首十方大精進　稽首一切大導師　稽首能斷眾結縛
稽首已到於彼岸　稽首能度諸世間　稽首永離生死道
悉知眾生來去相　善於諸法得解脫　不著世間如蓮華
常善入於空寂行　達諸法相无罣礙　稽首如空无所依
尒時長者子寶積說此偈已白佛言世尊是五百長者子皆已
發阿耨多羅三藐三菩提心願聞得佛國土清淨唯願世尊說諸

BD03396 號　維摩詰所說經卷上　（17–2）

稽首已到於彼岸　稽首能度諸世間　稽首永離生死道
悉知眾生來去相　善於諸法得解脫　不著世間如蓮華
常善入於空寂行　達諸法相无罣礙　稽首如空无所依
尒時長者子寶積說此偈已白佛言世尊是五百長者子皆已
發阿耨多羅三藐三菩提心願聞得佛國土清淨唯願世尊說諸
菩薩淨土之行佛言善哉寶積乃能為諸菩薩問於如來淨土之
行諦聽諦聽善思念之當為汝說於是寶積及五百長者子受
教而聽佛言寶積眾生之類是菩薩佛土所以者何菩薩隨所化
眾生而取佛土隨所調伏眾生而取佛土隨諸眾生應以何國入佛智
慧而取佛土隨諸眾生應以何國起菩薩根而取佛土所以者何菩薩
取於淨國皆為饒益諸眾生故譬如有人欲於空地造立宮室隨意无
礙若於虛空終不能成菩薩如是為成就眾生故願取佛國願取佛
國者非於空也寶積當知直心是菩薩淨土菩薩成佛時不諂眾生
來生其國深心是菩薩淨土菩薩成佛時具足功德眾生來生其國
發大乘心是菩薩淨土菩薩成佛時大乘眾生來生其國布施是菩
薩淨土菩薩成佛時一切能捨眾生來生其國持戒是菩薩淨土菩
薩成佛時行十善道滿願眾生來生其國忍辱是菩薩淨土菩薩
成佛時卅二相莊嚴眾生來生其國精進是菩薩淨土菩
薩成佛時懃脩一切功德眾生來生其國禪定是菩薩淨土菩薩成
佛時攝心不亂眾生來生其國智慧是菩薩淨土菩薩成佛時正
定眾生來生其國四无量心是菩薩淨土菩薩成佛時成就慈悲喜
捨眾生來生其國四攝法是菩薩淨土菩薩成佛時解脫所攝
眾生來生其國方便是菩薩淨土菩薩成佛時於一切法方便无閡
眾生來生其國卅七道是菩薩淨土菩薩成佛時念處正勤神足
根力覺道眾生來生其國迴向心是菩薩淨土菩薩成佛時得一切具
[illegible]

BD03396 號　維摩詰所說經卷上　（17–3）

衆生來生其國方便是菩薩淨土菩薩成佛時於一切法方便无閡
衆生來生其國卅七道品是菩薩淨土菩薩成佛時念處正勤神足
根力覺道衆生來生其國迴向心是菩薩淨土菩薩成佛時得一切具
足功德國土說除八難是菩薩淨土菩薩成佛時國土无有三惡八
難自守戒行不譏彼闕是菩薩淨土菩薩成佛時國土无有犯禁
之名十善道是菩薩淨土菩薩成佛時命不中夭大富梵行所言誠
諦常以濡語眷屬不離善和諍訟言必饒益不嫉不恚正見衆生來
生其國如是寶積菩薩隨其直心則能發行隨其發行則得深心
隨其深心則意調伏隨意調伏則如說行隨如說行則能迴向隨其
迴向則有方便隨其方便則成就衆生隨成就衆生則佛土淨隨佛
土淨則說法淨隨說法淨則智慧淨隨智慧淨則其心淨隨其心
淨則一切功德淨是故寶積若菩薩欲得淨土當淨其心隨其心
淨則佛土淨
尒時舍利弗承佛威神作是念若菩薩心淨則佛土淨者我世尊本為
菩薩時意豈不淨而是佛土不淨若此佛知其念即告之言於意
云何日月豈不淨耶而盲者不見對曰不也世尊是盲者過非日月
咎舍利弗衆生罪故不見如來佛國嚴淨非如來咎舍利弗我此土
淨而汝不見尒時螺髻梵王語舍利弗勿作是意謂此佛土以為不
淨所以者何我見釋迦牟尼佛土清淨譬如自在天宮舍利弗言我見
此土丘陵坑坎荊蕀沙礫土石諸山穢惡充滿螺髻梵言仁者心有
高下不依佛慧故見此土為不淨耳舍利弗菩薩於一切衆生悉皆
平等深心清淨依佛智慧則能見此佛土清淨於是佛以足指案地
即時三千大千世界若干百千珍寶嚴飾譬如寶莊嚴佛无量功
德寶莊嚴土一切大衆嘆未曾有而皆自見坐寶蓮華佛告舍
利弗汝且觀是佛土嚴淨舍利子言唯然世尊本所不見本所不
聞今佛國土嚴淨悉現佛語舍利弗我佛國土常淨若此為欲度

BD03396號　維摩詰所說經卷上　（17-4）

德寶莊嚴土一切大衆嘆未曾有而皆自見坐寶蓮華佛告舍
利弗汝且觀是佛土嚴淨舍利子言唯然世尊本所不見本所不
聞今佛國土嚴淨悉現佛語舍利弗我佛國土常淨若此為欲度
斯下劣人故示是衆惡不淨土耳譬如諸天共寶器食隨其福德飯
食有異如是舍利弗若人心淨便見此土功德莊嚴當佛現此國
土嚴淨之時寶積所將五百長者子皆得无生法忍八万四千人
發阿耨多羅三藐三菩提心佛攝神足於是世界還復如故求聲
聞乘三万二千天及人知有為法皆悉无常遠塵離垢得法眼淨八
千比丘不受諸法漏盡意解
方便品第二
尒時毗耶離大城中有長者名維摩詰已曾供養无量諸佛深植善
本得无生忍辯才无礙遊戲神通逮諸揔持獲无所畏降魔勞怨
入深法門善於智度通達方便大願成就明了衆生心之所趣又能分
別諸根利鈍久於佛道心已純淑決定大乘諸有所作能善思量住
佛威儀心大如海諸佛咨嗟弟子釋梵世主所敬欲度人故以善方便
居毗耶離資財无量攝諸貧民奉戒清淨攝諸毀禁以忍調行攝
諸恚怒以大精進攝諸懈怠一心禪寂攝諸亂意以決定慧攝諸无
智雖為白衣奉持沙門清淨律行雖處居家不著三界示有妻
子常脩梵行現有眷屬常樂遠離雖服寶飾而以相好嚴身
雖復飲食而以禪悅為味若至博弈戲處輒以度人受諸異道不毀
正信雖明世典常樂佛法一切見敬為供養中最執持正法攝諸
長幼一切治生諧偶雖獲俗利不以喜悅遊諸四衢饒益衆生入治
政法救護一切入講論處導以大乘入諸學堂誘開童蒙入諸婬舍
示欲之過入諸酒肆能立其志若在長者長者中尊為說勝法若
在居士居士中尊斷其貪著若在剎利剎利中尊教以忍辱若在
婆羅門婆羅門中尊[illegible]

BD03396號　維摩詰所說經卷上　（17-5）

政法救護一切入講論處導以大乘入諸學堂誘開童蒙入諸婬舍
示欲之過入諸酒肆能立其志若在長者長者中尊為說勝法若
在居士居士中尊斷其貪著若在剎利剎利中尊教以忍辱若在
婆羅門婆羅門中尊除其我慢若在大臣大臣中尊教以正法若在
王子王子中尊示以忠孝若在內官內官中尊化政宮女若在庶民庶
民中尊令興福力若在梵天梵天中尊誨以勝慧若在帝釋帝釋
中尊示現无常若在護世護世中尊護諸眾生長者維摩詰以如
是等无量方便饒益眾生其以方便現身有疾以其疾故國王大
臣長者居士婆羅門等及諸王子并餘官屬无數千人皆往問疾
其往者維摩詰因以身疾廣為說法諸仁者是身无常无強无力
无堅速朽之法不可信也為苦為惱眾病所集諸仁者如此身明智者
所不怙是身如聚沫不可撮摩是身如泡不得久立是身如炎從渴愛
愛生是身如芭蕉中无有堅是身如幻從顛倒起是身如夢為虛妄
見是身如影從業緣現是身如響屬諸因緣是身如浮雲須臾變
滅是身如電念念不住是身无主為如地是身无我為如火是身无壽
為如風是身无人為如水是身不實四大為家是身為空離我我
所是身无知如草木瓦礫是身无作風力所轉是身不淨穢惡充滿
是身為虛偽雖假以澡浴衣食必歸磨滅是身為災百一病惱是
身如丘井為老所逼是身无定為要當死是身如毒蛇如怨賊如空
聚陰界諸入所共合成諸仁者此可患厭當樂佛身所以者何佛身
者即法身也從无量功德智慧生從戒定慧解脫解脫知見生從慈
悲喜捨生從布施持戒忍辱柔和懃行精進禪定解脫三昧多聞
智慧諸波羅蜜生從方便生從六通生從三明生從卅七品生從止觀
生從十力四无所畏十八不共法生從斷一切不善法集一切善法生從真
實生從不放逸生從如來是无量清淨法生如來身諸仁者欲得佛

智慧諸波羅蜜生從方便生從六通生從三明生從卅七品生從止觀
生從十力四无所畏十八不共法生從斷一切不善法集一切善法生從真
實生從不放逸生從如來是无量清淨法生如來身諸仁者欲得佛
身斷一切眾生病者當發阿耨多羅三藐三菩提心如是長者維摩
詰為諸問疾者如是說法令无數千人皆發阿耨多羅三藐三菩提
心

弟子品第三

尒時長者維摩詰自念寢疾于牀世尊大慈寧不垂愍佛知其意
即告舍利弗汝行詣維摩詰問疾舍利弗白佛言世尊我不堪任
詣彼問疾所以者何憶念我昔曾於林中宴坐樹下時維摩詰來謂我
言唯舍利弗不必是坐為宴坐也夫宴坐者不於三界而現身意
是為宴坐不起滅定而現諸威儀是為宴坐不捨道法而現凡夫
事是為宴坐心不住內亦不在外是為宴坐於諸見不動而脩行三十
七品是為宴坐不斷煩惱而入涅槃是為宴坐若能如是坐者佛所
印可時我世尊聞是語默然而止不能加報故我不任詣彼問疾
佛告大目揵連汝行詣維摩詰問疾目連白佛言世尊我不堪任詣
彼問疾所以者何憶念我昔入毗耶離大城於里巷中為諸居士說法時
維摩詰來謂我言唯大目連為白衣居士說法不當如仁者所說夫
說法者當如法說法无眾生離眾生垢故法无有我離我垢故法无
壽命離生死故法无有人前後際斷故法常寂然滅諸相故法離於
相无所緣故法无名字言語斷故法无有說離覺觀故法无形相
如虛空故法无戲論畢竟空故法无我所離我所故法无分別離諸
識故法无有比无相待故法不屬因不在緣故法同法性入諸法故法隨
於如无所隨故法住實際諸邊不動故法无動搖不依六塵故法无去
來常不住故法順空隨无相應无作法離好醜法无增損法无生滅法
无所歸法過眼耳鼻舌身意法无高下法常住不動法離一切觀行

識故法无有比无相待故法不屬因不在緣故法同法性入諸法故法隨
於如无所隨故法住實際諸邊不動故法无動揺不依六塵故法无去
来常不住故法順空隨无相應无作法離好醜法无增損法无生滅法
无所歸法過眼耳鼻舌身意法无高下法常住不動法離一切觀行
唯大目連法相如是豈可說乎夫說法者无說无示其聽法者无聞无
得譬如幻士爲幻人說法當建是意而爲說法當了衆生根有利鈍善
於知見无所罣礙以大悲心讚于大乘念報佛恩不斷三寶然後說法維
摩詰說是法時八百居士發阿耨多羅三藐三菩提心我无此辯是故
不任詣彼問疾
佛告大迦葉汝行詣維摩詰問疾迦葉白佛言世尊我不堪任詣彼問疾
所以者何憶念我昔於貧里而行乞食時維摩詰来謂我言唯大迦葉
有慈悲心而不能普捨豪富從貧乞迦葉住平等法應次行乞食
爲不食故應行乞食爲壞和合故應取揣食爲不受故應受彼食
以空聚想入於聚落所見色與盲等所聞聲與響等所嗅香與風等
所食味不分別受諸觸如智證知諸法如幻相无自性无他性本自不
然今則无滅迦葉若能不捨八耶入八解脫以耶相入正法以一食施一切供
養諸佛及衆賢聖然後可食如是食者非有煩惱非離煩惱非入定
意非住世間非住涅槃其有施者无大福无小福不爲益不爲損是爲
正入佛道不依聲聞迦葉若如是食爲不空食人之施也時我世尊聞
說是語得未曾有即於一切菩薩深起敬心復作是念斯有家名
辯才智慧乃能如是其誰不發阿耨多羅三藐三菩提心我從是
来不復勸人以聲聞辟支佛行是故不任詣彼問疾
佛告須菩提汝行詣維摩詰問疾須菩提白佛言世尊我不堪任詣
彼問疾所以者何憶念我昔入其舍從乞食時維摩詰取我鉢盛
滿飯謂我言唯須菩提若能於食等者諸法亦等諸法等者於食

佛告須菩提汝行詣維摩詰問疾須菩提白佛言世尊我不堪任詣
彼問疾所以者何憶念我昔入其舍從乞食時維摩詰取我鉢盛
滿飯謂我言唯須菩提若能於食等者諸法亦等諸法等者於食
亦等如是行乞乃可取食若須菩提不斷婬怒癡亦不與俱不壞於
身而隨一相不滅癡愛起於明脫以五逆相而得解脫亦不解不縛不見
四諦非不見諦非得果非凡夫非離凡夫法非聖人非不聖人雖成就一
切法而離諸法相乃可取食若須菩提不見佛不聞法彼外道六師富
蘭那迦葉末迦梨拘賒梨子刪闍夜毗羅胝子阿耆多翅舍欽婆羅迦
羅鳩䭾迦栴延尼揵陀若提子等是汝之師因其出家彼師所墮汝亦隨
墮乃可取食若須菩提入諸耶見不到彼岸住於八難不得无難同於
煩惱離清淨法汝得无諍三昧一切衆生亦得是定其施汝者不名福田
供養汝者墮三惡道爲與衆魔共一手作諸勞侶汝與衆魔及諸塵
勞等无有異於一切衆生而有怨心謗諸佛毀於法不入衆數終不得滅
度汝若如是乃可取食時我世尊聞此茫然不識是何言不知以何答便
置鉢欲出其舍維摩詰言唯須菩提取鉢勿懼於意云何如来所作
化人若以是事詰寧有懼不我言不也維摩詰言一切諸法如幻化相汝今
不應有所懼也所以者何一切言說不離是相至於智者不著文字故
无所懼何以故文字性離无有文字是則解脫解脫相者則諸法也維
摩詰說是語時二百天子得法眼淨故我不任詣彼問疾
佛告富樓那彌多羅尼子汝行詣維摩詰問疾富樓那白佛言世尊
我不堪任詣彼問疾所以者何憶念我昔於大林中在一樹下爲諸新學
比丘說法時維摩詰来謂我言唯富樓那先當入定觀此人心然後
說法无以穢食置於寶器當知是比丘心之所念无以瑠璃同彼水精汝
不能以衆生根原无得發起以小乘法彼自无創勿傷之也欲行大道莫
示小徑无以大海内於牛跡无以日光等彼螢火富樓那此比丘久發大乘心
中忘此意如何以小乘法而教導之我觀小乘智慧微淺猶如盲人不能

[illegible]
說法无以穢食置於寶器當知是比丘心之所念无以瑠璃同彼水精汝
不能知衆生根原无得發起以小乘法彼自无創勿傷之也欲行大道莫
示小徑无以大海内於牛跡无以日光等彼螢火富樓那此比丘久發大乘心
中忘此意如何以小乘法而教導之我觀小乘智慧微淺猶如盲人不能
分別一切衆生根之利鈍時維摩詰即入三昧令此比丘自識宿命曾於
五百佛所殖衆德本迴向阿耨多羅三藐三菩提即時豁然還得本
心於是諸比丘稽首礼維摩詰足時維摩詰因為說法於阿耨多羅
三藐三菩提不復退轉我念聲聞不觀人根不應說法是故不任
詣彼問疾
佛告摩訶迦旃延汝行詣維摩詰問疾迦旃延白佛言世尊我不堪
任詣彼問疾所以者何憶念昔者佛為諸比丘略說法要我即於後敷
演其義謂无常義苦義空義无我義寂滅義時維摩詰來謂我
言唯迦旃延无以生滅心行說實相法迦旃延諸法畢竟不生不滅是
无常義五陰受洞達空无所起是苦義諸法究竟无所有是空義
於我无我而不二是无我義法本不然今則无滅是寂滅義說是法時
彼諸比丘心得解脫故我不任詣彼問疾
佛告阿那律汝行詣維摩詰問疾阿那律白佛言世尊我不堪任詣彼
問疾所以者何憶念我昔於一處經行時有梵王名曰嚴淨與万梵俱放
淨光明來詣我所稽首作礼問我言幾何阿那律天眼所見我即答言仁者
吾見此釋迦牟尼佛土三千大千世界如觀掌中阿摩勒菓時維摩詰
來謂我言唯阿那律天眼所見為作相耶无作相耶假使作相則與
外道五通等若无作相即是无為不應有見世尊我時嘿然彼諸梵
聞其言得未曾有即為作礼而問曰世孰有真天眼者維摩詰言有
佛世尊得真天眼常在三昧悉見諸佛國土不以二相於是嚴淨梵王及其
眷屬五百梵天皆發阿耨多羅三藐三菩提心礼維摩詰足已忽然不現

BD03396 號　維摩詰所說經卷上　（17–10）

聞其言得未曾有即為作礼而問曰世孰有真天眼者維摩詰言有
佛世尊得真天眼常在三昧悉見諸佛國土不以二相於是嚴淨梵王及其
眷屬五百梵天皆發阿耨多羅三藐三菩提心礼維摩詰足已忽然不現
故我不任詣彼問疾
佛告優波離汝行詣維摩詰問疾優波離白佛言世尊我不堪任詣彼
問疾所以者何憶念昔者有二比丘犯律以為恥不敢問佛來問我言唯優波
離我等犯律誠以為恥不敢問佛願解疑悔得免斯咎我即為其如法解
說時維摩詰來謂我言唯優波離无重增此二比丘罪當直除滅勿擾
其心所以者何彼罪性不在內不在外不在中間如佛所說心垢故衆生垢心
淨故衆生淨心亦不在內不在外不在中間如其心然罪垢亦然諸法亦
然不出於如如優波離以心相得解脫時寧有垢不我言不也維摩詰
言一切衆生心相无垢亦復如是唯優波離妄想是垢无妄想是淨顛
倒是垢无顛倒是淨取我是垢不取我是淨優波離一切法生滅不住
如幻如電諸法不相待乃至一念不住諸法皆妄見如夢如炎如水中月
如鏡中像以妄想生其知此者是名奉律其知此者是名善解於是二比
丘言上智哉是優波離所不及持律之上而不能說我即答言自捨如
來未有聲聞及菩薩能制其樂說之辯其智慧明達為若此也時二
比丘疑悔即除發阿耨多羅三藐三菩提心作是願言令一切衆生皆得是
辯故我不任詣彼問疾
佛告羅睺羅汝行詣維摩詰問疾羅睺羅白佛言世尊我不堪任詣彼
問疾所以者何憶念昔時毗耶離諸長者子來詣我所稽首作礼問我言
唯羅睺羅汝佛之子捨轉輪王位出家為道其出家者有何等利我
即如法為說出家功德之利時維摩詰來謂我言唯羅睺羅不應說
出家功德之利所以者何无利无功德是為出家有為法者可說有利有
功德夫出家者為无為法无為法中无利无功德羅睺羅出家者无彼无此
亦无中間離六十二見處於涅槃智者所受聖所行處降伏衆魔度五道

BD03396 號　維摩詰所說經卷上　（17–11）

唯羅睺羅汝佛之子捨轉輪王位出家為道其出家者有何等利我
即如法為說出家功德之利時維摩詰來謂我言唯羅睺羅不應說
出家功德之利所以者何无利无功德是為出家有為法者可說有利有
功德夫出家者為无為法无為法中无利无功德羅睺羅出家者无彼无此
亦无中間離六十二見處於涅槃智者所受聖所行處降伏眾魔度五道
淨五眼得五力立五根不惱於彼離眾雜惡摧諸外道超越假名出淤
泥无繫著无我所无所受无擾亂內懷喜護彼意隨禪定離眾過
若能如是是真出家於是維摩詰語諸長者子汝等於正法中宜共
出家所以者何佛世難值諸長者子言居士我聞佛言父母不聽不得
出家維摩詰言然汝等便發阿耨多羅三藐三菩提心是即出家是
即具足爾時卅二長者子皆發阿耨多羅三藐三菩提心故我不任詣彼
問疾
佛告阿難汝行詣維摩詰問疾阿難白佛言世尊我不堪任
詣彼問疾所以者何憶念昔時世尊身小有疾當用牛乳我即持鉢詣
大婆羅門家門下立時維摩詰來謂我言唯阿難何為晨朝持鉢住
此我言居士世尊身小有疾當用牛乳故來至此維摩詰言止止阿難莫
作是語如來身者金剛之體諸惡已斷眾善普會當有何疾當有何
惱嘿往阿難勿謗如來莫使異人聞此麤言无令大威德諸天及他方淨
土諸來菩薩得聞斯語阿難轉輪聖王以少福故尚得无病豈況如
來无量福會普勝者哉行矣阿難勿使我等受斯恥也外道梵志
若聞此語當作是念何名為師自疾不能救而能救諸疾人可密速
去勿使人聞當知阿難諸如來身即是法身非思欲身佛為世尊過
於三界佛身无漏諸漏已盡佛身无為不墮諸數如此之身當有
何疾時我世尊實懷慚愧得无近佛而謬聽耶即聞空中聲曰
阿難如居士言但為佛出五濁惡世現行斯法度脫眾生行矣阿難
取乳勿慚世尊維摩詰智慧辯才為若此也是故不任詣彼問疾
如是五百大弟子各各向佛說其本緣稱述維摩詰所言皆曰不任詣彼

BD03396號　維摩詰所說經卷上　（17–12）

於三界佛身无漏諸漏已盡佛身无為不墮諸數如此之身當有
何疾時我世尊實懷慚愧得无近佛而謬聽耶即聞空中聲曰
阿難如居士言但為佛出五濁惡世現行斯法度脫眾生行矣阿難
取乳勿慚世尊維摩詰智慧辯才為若此也是故不任詣彼問疾
如是五百大弟子各各向佛說其本緣稱述維摩詰所言皆曰不任詣彼
問疾

菩薩品第四

於是佛告彌勒菩薩汝行詣維摩詰問疾彌勒白佛言世尊我不堪
任詣彼問疾所以者何憶念我昔為兜率天王及其眷屬說不退轉地
之行時維摩詰來謂我言彌勒世尊授仁者記一生當得阿耨多羅三藐
三菩提為用何生得受記乎過去耶未來耶現在耶若過去生過去生已
滅若未來生未來生未至若現在生現在生无住如佛所說比丘汝今即時亦
生亦老亦滅若以无生得受記者无生即是正位於正位中亦无受記亦无
得阿耨多羅三藐三菩提云何彌勒受一生記乎為從如生得受記耶為
從如滅得受記耶若以如生得受記者如无有生若以如滅得受記者如
无有滅一切眾生皆如也一切法亦如也眾聖賢亦如也至於彌勒亦如也若
彌勒得受記者一切眾生亦應受記所以者何夫如者不二不異若彌勒
得阿耨多羅三藐三菩提者一切眾生皆亦應得所以者何一切眾生即
菩提相若彌勒得滅度者一切眾生亦當滅度所以者何諸佛知一切眾生
畢竟寂滅即涅槃相不復更滅是故彌勒无以此法誘諸天子實无發阿
耨多羅三藐三菩提心者亦无退者彌勒當令此諸天子捨於分別菩提
之見所以者何菩提者不可以身得不可以心得寂滅是菩提滅諸相故
不觀是菩提離諸緣故不行是菩提无憶念故斷是菩提捨諸見
故離是菩提離諸妄想故障是菩提障諸願故不入是菩提无貪著
故順是菩提順於如故住是菩提住法性故至是菩提至實際故不二是
菩提離意法故等是菩提等虛空故无為是菩提无生住滅故知是
菩提了眾生心行故不會是菩提諸入不會故不合是菩提離煩惱

BD03396號　維摩詰所說經卷上　（17–13）

故離是菩提離諸妄想故鄣是菩提鄣諸願故不入是菩提无貪著
故順是菩提順於如故住是菩提住法性故至是菩提至實際故不二是
菩提離意法故等是菩提等虛空故无為是菩提无生住滅故知是
菩提了衆生心故行不會是菩提諸入不會故不合是菩提離煩惱
習故无處是菩提无形色故假名是菩提名字空故如化是菩提无取
捨故无亂是菩提常自靜故善寂是菩提性清淨故无取是菩提離
攀緣故无異是菩提諸法等故无比是菩提无可喻故微妙是菩提諸
法難知故世尊維摩詰說是法時二百天子得无生法忍故我不任詣彼
問疾
佛告光嚴童子汝行詣維摩詰問疾光嚴白佛言世尊我
不堪任詣彼問疾所以者何憶念我昔出毗耶離大城時維摩詰方入城我
即為作礼而問言居士從何所來荅我言吾從道場來我問道場何所是
荅曰直心是道場无虛假故發行是道能辦事故深心是道場增益
功德故菩提心是道場无錯謬故布施是道場不望報故持戒是道
場得願具故忍辱是道場於諸衆生心无閡故精進是道場不懈
退故禪定是道場心調柔故智慧是道場現見諸法故慈是道
場等衆生故悲是道場忍疲苦故喜是道場悅樂法故捨是道
場增愛斷故神通是道場成就六通故解脫是道場能背捨故方便
是道場教化衆生故四攝法是道場攝衆生故多聞是道場如聞
行故伏心是道場正觀諸法故卅七道品是道場捨有為法故四諦是
道場不誑世間故緣起是道場无明乃至老死皆无盡故諸煩惱是
道場知如實故衆生是道場知无我故一切法是道場知諸法空故降
魔是道場不傾動故三界是道場无所趣故師子吼是道場无所畏
故力无畏不共法是道場无諸過故三明是道場无餘礙故一念知一切
法是道場成就一切智故如是善男子菩薩若應諸波羅蜜教化衆
生諸有所作舉足下足當知皆從道場來住於佛法矣說是法時五百

魔是道場不傾動故三界是道場无所趣故師子吼是道場无所畏
故力无畏不共法是道場无諸過故三明是道場无餘礙故一念知一切
法是道場成就一切智故如是善男子菩薩若應諸波羅蜜教化衆
生諸有所作舉足下足當知皆從道場來住於佛法矣說是法時五百
天子皆發阿耨多羅三藐三菩提心故我不任詣彼問疾
佛告持世菩薩汝行詣維摩詰問疾持世白佛言世尊我不堪任詣彼問
疾所以者何憶念我昔住於靜室時魔波旬從万二千天女狀如帝釋
鼓樂絃歌來詣我所與其眷屬稽首我足合掌恭敬於一面立我意
謂是帝釋而語之言善來憍尸迦雖福應有不當自恣當觀五欲
无常以求善本於身命財而脩堅法即語我言正士受是万二千天女
可備掃灑我言憍尸迦无以此非法之物要我沙門釋子此非我宜所言
未訖維摩詰來謂我言非帝釋也是為魔來嬈固汝耳即語魔
言是諸女等可以與我如我應受魔即驚懼念維摩詰將无惱我欲
隱形去而不能隱盡其神力亦不得去即聞空中聲曰波旬以女與之乃
可得去魔以畏故俛仰而與尒時維摩詰語諸女言魔以汝等與我
汝今皆當發阿耨多羅三藐三菩提心即隨所應而為說法令發道
意復言汝等已發道意有法樂可以自娛不應復樂五欲樂也天女
即問何謂法樂荅曰樂常信佛樂欲聽法樂供養衆樂離五欲
樂觀五陰如怨賊樂觀四大如毒蛇樂觀內入如空聚樂隨護道意
樂饒益衆生樂敬養師樂廣行施樂堅持戒樂忍辱柔和樂懃
集善根樂禪定不亂樂離垢明慧樂廣菩提心樂降伏衆魔樂
斷諸煩惱樂淨佛國土樂成就相好故脩諸功德樂嚴餝道場樂
聞深法不畏三脫門不樂非時樂近同學樂於非同學中心无恚礙
樂將護惡知識樂近善知識樂心喜清淨樂脩无量道品之法是為
菩薩法樂於是波旬告諸女言我欲與汝俱還天宮諸女言以我等與
此居士有法樂我等甚樂不復樂五欲樂也魔言居士可捨此女一切

聞深法不畏三脫門不樂非時樂近同學樂於非同學中心无恚礙
樂將護惡知識樂近善知識樂心喜清淨樂脩无量道品之法是為
菩薩法樂於是波旬告諸女言我欲與汝俱還天宮諸女言以我等與
此居士有法樂我等甚樂不復樂五欲樂也魔言居士可捨此女一切
所有施於彼者是為菩薩維摩詰言我已捨矣汝便將去令一切衆生
得法願具足於是諸女問維摩詰我等云何止於魔宮維摩詰言諸
姊有法門名无盡燈汝等當學无盡燈者譬如一燈燃百千燈冥
者皆明明終不盡如是諸姊夫一菩薩開導百千衆生令發阿耨多
羅三藐三菩提心於其道意亦不滅盡隨所說法而自增益一切善
法是名无盡燈也汝等雖住魔宮以是无盡燈令无數天子天女發阿
耨多羅三藐三菩提心者為報佛恩也亦大饒益一切衆生尒時天女
頭面礼維摩詰足隨魔還宮忽然不現世尊維摩詰有如是自在神
力智慧辯才故我不任詣彼問疾
佛告長者子善德汝行詣維摩詰問疾善得白佛言世尊我不堪任
詣彼問疾所以者何憶念我昔自於父舍設大施會供養一切沙門婆
羅門及諸外道貧窮下賤孤獨乞人期滿七日時維摩詰来入會中
謂我言長者子夫大施會不當如汝所設當為法施之會何用是財施
會為我言居士何謂法施之會法施會者无前无後一時供養一切衆
生是名法施之會何為也謂以菩提起於慈心以救衆生起大悲心以持
正法起於喜心以攝智慧行於捨心以攝慳貪起檀波羅蜜以化犯戒
起尸羅波羅蜜以无我法起羼提波羅蜜以離身心相起毗梨耶波
羅蜜以菩提相起禪波羅蜜以一切智起般若波羅蜜教化衆生
而起於空不捨有為法而起无相示現受生而起无作護持正法起方便
力以度衆生起四攝法以敬事一切起除慢法於身命財起三堅法於六
念中起思念法於六和敬起質直心正行善法起於淨命心淨歡喜起

正法起於喜心以攝智慧行於捨心以攝慳貪起檀波羅蜜以化犯戒
起尸羅波羅蜜以无我法起羼提波羅蜜以離身心相起毗梨耶波
羅蜜以菩提相起禪波羅蜜以一切智起般若波羅蜜教化衆生
而起於空不捨有為法而起无相示現受生而起无作護持正法起方便
力以度衆生起四攝法以敬事一切起除慢法於身命財起三堅法於六
念中起思念法於六和敬起質直心正行善法起於淨命心淨歡喜起
近賢聖不憎惡人起調伏心以出家法起於深心以如說行起於多聞以
无諍法起空閑處趣向佛慧起於宴坐解衆生縛起脩行地以具相
好及淨佛土起福德業知一切衆生心念如應說法起於智業知一切法
不取不捨入一相門起於慧業斷一切煩惱一切鄣礙一切不善法起一切善
業以得一切智慧一切善法起一切助佛道法如是善男子是為法施之
會若菩薩住是法施之會者為大施主亦為一切世間福田世尊維摩
詰說是法時婆羅門衆中二百人皆發阿耨多羅三藐三菩提心我
時心得清淨歎未曾有稽首礼維摩詰足即解瓔珞價直百千以上之
不肯取我言居士願必納受隨意所與維摩詰乃受瓔珞分作二
持一分施此會中一冣下乞人持一分奉彼難勝如来一切衆會皆見光
明國土難勝如来又見珠瓔在彼佛上變成四柱寶臺四面嚴飾不
相鄣蔽時維摩詰現神變已作是言若施主等心施一冣下乞人
猶如如来福田之相无所分別等于大悲不求果報是則名曰具足法施
城中一冣下乞人見是神力聞其所說即發阿耨多羅三藐三菩提心
故我不任詣彼問疾如是諸菩薩各各向佛說其本緣稱述維摩詰
所言皆曰不任詣彼問疾

大般涅槃經卷第廿
尒時世尊在雙樹間見阿闍世悶絶躃地即
告大衆我今當爲是王住世至无量劫不入
涅槃迦葉菩薩白佛言世尊如來當爲无量
衆生不入涅槃何故獨爲阿闍世王佛言善
男子是大衆中无有一人謂我必定入於涅
槃阿闍世王定謂我當畢竟永滅是故悶絶
自投於地善男子如我所言爲阿闍世不入
涅槃如是密義汝未能解何以故我言爲者
一切凡夫阿闍世者普及一切造五逆者又
復爲者即是一切有爲衆生我終不爲无爲
衆生而住於世何以故夫无爲者非衆生也
阿闍世者即是具足煩惱等者又復爲者即是
不見佛性衆生若見佛性我終不爲久住於世
何以故見佛性者非衆生也阿闍世者即
是一切未發阿耨多羅三藐三菩提心者又
復爲者即是阿難迦葉二衆阿闍世者即是
阿闍世王後宮妃后及王舍城一切婦女又

BD03397 號　大般涅槃經（北本）卷二〇　（20–1）

何以故見佛性者非衆生也阿闍世者即
是一切未發阿耨多羅三藐三菩提心者又
復爲者即是阿難迦葉二衆阿闍世者即是
阿闍世王後宮妃后及王舍城一切婦女又
復爲者名爲佛性阿闍者名爲不生世者
名怨以不生佛性故則煩惱怨生煩惱怨生
故不見佛性以不生煩惱故則見佛性以見
佛性則得安住大般涅槃是名不生是故名
爲阿闍世善男子阿闍者名不生不生者
名涅槃世名世法爲者名不汙以世八法所
不汙故无量无邊阿僧祇劫不入涅槃是故
我言爲阿闍世无量億劫不入涅槃善男子
如來密語不可思議佛法衆僧亦不可思議
菩薩摩訶薩亦不可思議大涅槃經亦不
可思議
尒時世尊大悲導師爲阿闍世王入月愛三
昧入三昧已放大光明其光清涼往照王身
身瘡即愈欝蒸除滅王覺瘡愈身體清涼
語耆婆言曾聞人說劫將欲盡三月並現當
是之時一切衆生患苦悉除時既未至此光何
來照觸吾身瘡苦除愈身得安樂耆婆答
曰此非劫盡三月並照亦非火日星宿藥草
寶珠天光王又問言此光若非三月並照寶
珠明者爲是誰光大王當知是天中天所放
光明是光无根无有邊際非熱非冷非常非
滅非色非无色非相非无相非青非黃非赤
非白欲度衆生故使可見有相可說有根有

BD03397 號　大般涅槃經（北本）卷二〇　（20–2）

珠明者為是誰光大王當知是天中天所放
光明是光无根无有邊際非熱非冷非常非
滅非色非无色非相非无相非青非黃非赤
非白欲度衆生故使可見有相可說有根有
邊有熱有冷青黃赤白大王是光雖尒實不
可說不可覩見乃至无有青黃赤白王言耆
婆彼天中天以何因緣放斯光明大王今是
瑞相似相為及以王先言世无良醫療治身
心故放此光先治王身然後及心王言耆婆
如來世尊亦見念邪耆婆荅言譬如一人而有
七子是七子中一子遇病父母之心非不平
等然於病子心則偏多大王如來亦尒於諸
衆生非不平等然於罪者心則偏重於放逸
者佛則慈念不放逸者心則放捨何等名為
不放逸者謂六住菩薩大王諸佛世尊於諸
衆生不觀種姓老少中年貧冨時節日月星
宿工巧下賤僮僕婢使唯觀衆生有善心者
若有善心則便慈念大王當知如是瑞相即
是如来入月愛三昧所放光明王即問言何
等名為月愛三昧耆婆荅言譬如月光能令
一切優鉢羅華開敷鮮明月愛三昧亦復如
是能令衆生善心開敷是故名為月愛三昧
大王譬如月光能令一切行路之人心生歡
喜月愛三昧亦復如是能令脩集涅槃道者
心生歡喜是故復名月愛三昧大王譬如月
光從初一日至十五日形色光明漸漸增長
月愛三昧亦復如是令初發心諸善根本漸

喜月愛三昧亦復如是能令脩集涅槃道者
心生歡喜是故復名月愛三昧大王譬如月
光從初一日至十五日形色光明漸漸增長
月愛三昧亦復如是令初發心諸善根本漸
漸增長乃至具足大般涅槃是故復名月愛
三昧大王譬如月光從十六日至三十日形
色光明漸漸損減月愛三昧亦復如是光所
照處所有煩惱能令漸減是故復名月愛三
昧大王譬如盛熱之時一切衆生常思月光
月光既照欝熱即除月愛三昧亦復如是能
令衆生除貪惱熱大王譬如滿月衆星中王
為甘露味一切衆生之所愛樂月愛三昧亦
復如是諸善中王為甘露味一切衆生之所
愛樂是故復名月愛三昧王言我聞如來不
與惡人同止坐起語言談論猶如大海不宿
死屍如鴛鴦鳥不住清廁釋提桓因不與鬼
住俱翅羅鳥不栖枯樹如來亦尒我當云何
而得往見設其見者我身將不陷入地邪我
觀如來寧近醉象師子虎狼猛火絕炎終不
近於重惡之人是故我今思惟是已當有何
心往見如來耆婆荅言大王譬如渴人速赴
清泉飢夫求食怖者求救病求良醫熱求蔭
涼寒者求火王今求佛亦應如是大王如來
尚為一闡提等演說法要何況大王非一闡
提而當不蒙慈悲救濟王言耆婆我昔曾聞
一闡提者不信不聞不能觀察不得義理何
故如來而為說法耆婆荅言大王譬如有人

尚為一闡提等演說法要何況大王非一闡
提而當不蒙慈悲救濟王言耆婆我昔曾聞
一闡提者不信不聞不能觀察不得義理何
故如來而為說法耆婆答言大王譬如有人
身遇重病是人夜夢昇一柱殿服蘓油脂及
以塗身卧灰食灰攀上枯樹或與獼猴遊行
坐卧沈水沒泥墮墜樓殿高山樹木象馬牛
羊身著青黃赤黑色衣喜咲歌儛或見烏
鷲狐猫之屬齒髮墮落裸形枕狗卧糞穢中
復與亡者行住坐起攜手食噉毒蛇滿路而
從中過或復夢與被髮女人共相抱持多羅
樹葉以為衣服乘壞驢車正南而遊是人夢
已心生愁惱以愁惱故身病愈增以病增故
諸家親屬遣使命醫所可遣使形體缺短根
不具足頭蒙塵土著弊壞衣載故壞車語彼
醫言速疾上車尒時良醫即自思惟今見是
使相貌不吉當知病者難可療治復作是念
使雖不吉復當占日為可治不若四日六日八
日十二日十四日如是日者病亦難治復作
是念曰雖不吉復當占星為可治不若是火
星金星昴星閻羅王星濕星滿星如是星時
病亦難治復作是念星雖不吉復當觀時若
是秋時冬時及日入時夜半時月入時當知
是病亦難可治復作是念如是衆相雖復不
吉或定不定當觀病人若有福德皆可療治
若无福德雖吉何益思惟是已尋與使俱在
路復念若彼病者有長壽相則可療治短壽

是病亦難可治復作是念如是衆相雖復不
吉或定不定當觀病人若有福德皆可療治
若无福德雖吉何益思惟是已尋與使俱在
路復念若彼病者有長壽相則可療治短壽
相者則不可治即於前路見二小兒相牽鬪
諍捉頭拔髮凡石刀杖共相棒打見人持火
自然殄滅或見有人斫伐樹木或復見人手
㽞皮革隨路而行或見道路有遺落物或見
有人執持空器或見沙門獨行无侶復見虎
狼烏鷲野狐見是事已復作是念所遣使人
乃至道路所見諸相悉皆不祥當知病者定
難療治復作是念我若不往則非良師如其
往者不可療救復更念言如是衆相雖復不
祥且當捨置往至病所思惟是已復於前路
聞如是聲所謂亡失死喪出破壞折剝脫墮
墜負燒不來不可療治不能救濟復聞南方
有衆鳥聲所謂烏鷲舍利鳥聲若狗若鼠野
狐兔聲聞是聲已復作是念當知病者難可
療治尒時即入病人舍宅見彼病人數寒數
熱骨節頭痛目赤流淚耳聲聞外咽喉結痛舌
上裂破其色正黑頭不自勝體枯无汗大小
便利擁隔不通身卒肥大紅赤異常語聲不
均或麁或細舉體斑駮異色青黃其腹脹滿
言語不了醫見是已問瞻病言病者昨來意
志云何答言大師其人本來敬信三寶及以
諸天今者變異敬信本喜惠施今者慳
悋本性少食今則過多本性弊惡今則和善

言語不了醫見是已問瞻病言病者昨来意
志云何荅言大師其人本来敬信三寶及以
諸天今者變異敬信情息本喜恵施今者慳
悋本性少食今則過多本性弊悪今則和善
本性慈孝恭敬父母今於父母无恭敬心醫
聞是已即前嗅之優鉢羅香沉水雜香必迦
多香多迦羅香多摩羅跋香欝金香栴檀香
炙肉臭蒲桃酒臭燒筋骨臭魚臭糞臭知香
臭已即前牽身覺身細濡猶如繒綿劫貝娑
華或鞕如石或冷如氷或熱如火或澀如沙
尒時良醫見如是等種種相已定知病者必
死不疑然不定言是人當死語瞻病者吾今
懅務明當更来隨其所須恣意勿遮即便還
家明曰使到復語使言我事未訖兼未合藥
智者當知如是病者必死不疑大王世尊亦
尒一闡提輩善知根性而為說法何以故若
不為說一切凡夫當言如来无大慈悲有慈
悲者名一切智若无慈悲云何說言一切智
人是故如来為一闡提而演說法大王如来
世尊見諸病者常施法藥病者不服非如来
咎大王一闡提輩分別有二一者能得現在
善根二者能得後世善根如来善知一闡提
輩能於現在得善根者則為說法後世得者
亦為說法今雖无益作後世因是故如来為
一闡提演說法要一闡提者復有二種一者
利根二者中根利根之人於現在世能得善
根中根之人後世則得諸佛世尊不空說法

一闡提演說法要一闡提者復有二種一者
利根二者中根利根之人於現在世能得善
根中根之人後世則得諸佛世尊不空說法
大王譬如淨人墮隨清廁有善知識見而愍
之尋前捉髮而拔出之諸佛如来亦復如是
見諸衆生堕三惡道方便救濟令得出離是
故如来為一闡提而演說法王語耆婆若使
如来審[illegible]是者明當楔擇良曰吉星然後乃往
耆婆曰王大王如来法中无有楔擇良曰吉
星大王如重病人猶不看曰時節吉山唯
求良藥王今病重求佛良醫不應楔擇良時
好曰大王如栴檀火及伊蘭火二俱燒相无
有異也吉曰山曰亦復如是若到佛所俱得
滅罪唯願大王今日速往尒時大王即命一
臣名曰吉祥而告之言大臣當知吾今欲往
佛世尊所速辦供養所須之具臣言大王善
哉善哉所須供具一切悉有阿闍世王與其
夫人嚴駕車乘一万二千姝莊大為其數五
万一一為上各載三人賷持憣蓋華香伎樂
種種供具无不備足導從馬騎有十八万摩
伽陁國所有人民尋從王者其數足滿五十
八万尒時拘尸那城所有大衆滿十二由旬悉
皆遥見阿闍世王與其眷屬尋路而来尒時
佛告諸大衆言一切衆生為阿耨多羅三藐
三菩提近因緣者莫先善友何以故阿闍世
王若不隨順耆婆語者来月七日必定命終
墮阿鼻獄是故近因莫若善友阿闍世王復

三菩提近因緣者莫先善友何以故阿闍世
王若不隨順耆婆語者來月七日必定命終
墮阿鼻獄是故近因莫若善友阿闍世王復
於前路聞舍婆提毗流離王乘船入海遇火
而死瞿迦離比丘生身入地至阿鼻獄須那
刹多作種種惡到於佛所衆罪得滅聞是語
已語耆婆言吾今雖聞如是二言猶未審定
汝來耆婆吾欲與汝同載一象設我當入阿
鼻地獄冀汝捉持不令我墮何以故吾昔曾
聞得道之人不入地獄尒時佛告諸大衆言
阿闍世王猶有疑心我今當為作決定心尒
時會中有一菩薩名持一切白佛言世尊如
佛先說一切諸法皆无定相所謂色无定相
乃至涅槃亦无定相如来今者云何而言為
阿闍世作決定心佛言善哉善哉善男子我
今定為阿闍世王作決定心何以故若王疑
心可破壞者當知諸法无有定相是故我為
阿闍世王作決定心當知是心為无定定善
男子若彼王心是決定者王之逆罪云何可
壞以无定相其罪可壞是故我為阿闍世王
作決定心尒時大王即到娑羅雙樹間至於
佛所仰瞻如来卅二相八十種好猶如微妙
真金之山尒時世尊出八種聲告言大王時阿
闍世左右顧視此大衆中誰是大王我既罪
戾又无福德如来不應稱為大王尒時如来
即復喚言阿闍世大王時王聞已心大歡喜
即作是言如来今日顧命語言真知如来於

戾又无福德如来不應稱為大王尒時如来
即復喚言阿闍世大王時王聞已心大歡喜
即作是言如来今日顧命語言真知如来於
諸衆生大悲憐愍等无差別白佛言世尊我
今疑心永无遺餘定知如来真是衆生无上
大師尒時迦葉菩薩語持一切菩薩言如来
已為阿闍世王作決定心尒時阿闍世王即白
佛言世尊假使我今得與梵王釋提桓因坐
起飲食猶不歡悅得遇如来一言顧命深以
欣慶尒時阿闍世王即以所持幡蓋華香伎
樂供養前礼佛足右遶三匝礼敬畢已却坐
一面
尒時佛告阿闍世王言大王今當為汝說正
法要汝當一心諦聽諦聽凡夫常當繫心觀
身有二十事所謂我此身中空无无漏无諸
善根本我此生死未得調順隨墮深坑无處
不畏以何方便得見佛性云何脩定得見佛
性生死常苦无常我淨八難之難難得遠離
恒為怨家之所追逐无有一法能遮諸有於
三惡趣未得解脫具足種種諸惡邪見亦未
造立度五逆津生死无際未得其邊不作諸
業不得果報无有我作他人受果不作樂因
終无樂果若有造業果終不失因无明生亦
因而死去来現在常行放逸大王凡夫之人
常於此身當作如是廿種觀作是觀已不樂
生死不樂生死則得正觀尒時次第觀心生
相住相滅相次第觀正生住滅相定慧進戒

終无樂果若有造業果終不失曰无明生亦
曰而死去来現在常行放逸大王凡夫之人
常於此身當作如是廿種觀作是觀已不樂
生死不樂生死則得止觀尒時次第觀心生
相住相滅相次第觀心生住滅相定慧進戒
亦復如是觀生住滅已知心相乃至戒相終
不作惡无有死畏三惡道畏若不繫心觀察
如是廿事者心則放逸无惡不造阿闍世言
如我解佛所說義者我從昔来初未曾觀是
廿事故造衆惡造衆惡故則有死畏三惡道
畏世尊我自招殃造是重惡父王无辜横加
逆害是廿事設觀不觀必定當墮阿鼻地獄
佛告大王一切諸法性相无常无有決定王
云何言必定當墮阿鼻地獄阿闍世王白佛
言世尊若一切法无定相者我之煞罪亦應
不定若煞定者一切諸法則非不定佛言大
王善哉善哉諸佛世尊說一切法悉无定相
王復能知煞亦不定是故當知煞无定相大
王如汝所言父王无辜横加逆害者何者是
父但於假名衆生五陰妄生父想於十二入
十八界中何者是父若色是父四陰應非若
四是父色亦應非若色非色合為父者无有
是處何以故色與非色性无合故大王凡夫
衆生於是色陰妄生父想如是色陰亦不可
害何以故色有十種是十種中唯色一種可
見可持可稱可量可牽可縛雖可見縛其性
不住以不住故不可得見不可捉持不可稱
量不可牽縛色相如是云何可煞若色是父

害何以故色有十種是十種中唯色一種可
見可持可稱可量可牽可縛雖可見縛其性
不住以不住故不可得見不可捉持不可稱
量不可牽縛色相如是云何可煞若色是父
可煞可害獲罪報者餘九應非若九非者則
應无罪大王色有三種過去未来現在過去
現在則不可害何以故過去過去故現在念
念滅故遮未来故名之為煞如是一色或有
可煞或不可煞有煞不煞色則不定若色不
定煞亦不定煞不定故報亦不定云何說言
定入地獄大王一切衆生所作罪業凡有二
種一者輕二者重若心口作則名為輕身口
心作則名為重大王心念口說身不作者所
得報輕大王昔日口不勅煞但言削足大王
若勅侍臣立斬王首坐時乃斬猶不得罪況
王不勅云何得罪王若得罪諸佛世尊亦應
得罪何以故汝父先王頻婆娑羅常於諸佛
種諸善根是故今日得居王位諸佛若不受
其供養則不為王若不為王汝則不得為國
生害若汝煞父當有罪者我等諸佛亦應有
罪若佛世尊无得罪者汝獨云何而得罪耶
大王頻婆娑羅往有惡心於毗富羅山遊行
獵鹿周遍曠野悉无所得唯見一仙五通具
足見已即生瞋恚惡心我今遊獵所以不得
正坐此人駈逐令去即勅左右而令煞之其
人臨終生瞋惡心退失神通而作誓言我實
无辜汝以心口横加戮害我於来世亦當如

獵遍曠野悉无所得唯見一仙五通具
足見已即生瞋恚惡心我今遊獵所以不得
正坐此人驅逐令去即勅左右而令煞之其
人臨終生瞋惡心退失神通而作誓言我實
无辜汝以心口橫加戮害我於來世亦當如
是還以心口而害於汝時王聞已即生悔心
供養死屍先王如是尚得輕受不墮地獄況
王不尒而當地獄受果報耶先王自作還自
受之云何令王而得煞罪如王所言父王无
辜者大王云何言无夫有罪者則有罪報无
惡業者則无罪報汝父先王若无辜罪云何有
報頻婆娑羅於現世中亦得善果及以惡果是
故先王亦復不定以不定故煞亦不定煞不定
故云何而言定入地獄衆生狂惑凡有四種
一者貪狂二者藥狂三者呪狂四者本業緣
狂大王我弟子中有是四狂雖多作惡我終不
說是人犯戒是人所作不至三惡若還得心
亦不言犯王本貪國逆害父王貪狂心作云
何得罪大王如人酒醉逆害其母既醒悟已
心生悔恨當知是業亦不得報王今貪醉非
本心作若非本心云何得罪大王譬如幻師
四衢道頭幻作種種男女象馬瓔珞衣服愚
癡之人謂為真實有智之人知非真有煞亦
如是凡夫謂實諸佛世尊知其非真大王譬
如山閒嚮聲愚癡之人謂之實聲有智之人
知其非真煞亦如是凡夫謂實諸佛世尊知
其非真大王如人有怨詐來親附愚癡之人
謂為實親智者了達乃知虛詐煞亦如是

BD03397號　大般涅槃經（北本）卷二〇　（20–13）

知其非真煞亦如是凡夫謂實諸佛世尊知
其非真大王如人有怨詐來親附愚癡之人
謂為實親智者了達乃知虛詐煞亦如是
凡夫謂實諸佛世尊知其非真大王如人執
鏡自見面像愚癡之人謂為真面智者了達
知其非真煞亦如是凡夫謂實諸佛世尊知
其非真大王如熱時炎愚癡之人謂之是水
智者了達知其非水煞亦如是凡夫謂實諸
佛世尊知其非真大王如乾闥婆城愚癡之
人謂為真實智者了達知其非真煞亦如是
凡夫謂實諸佛世尊知其非真大王如人夢
中受五欲樂愚癡之人謂之為實智者了達
知其非真煞亦如是凡夫謂實諸佛世尊知
其非真大王煞法煞業煞者煞果及以解脫
我皆了之則无有罪王雖知煞云何有罪大
王譬如有人主知典酒如其不飲則亦不醉
雖復知火亦不燒燃王亦如是雖復知煞云
何有罪大王有諸衆生於日出時作種種罪
於月出時復行劫盜日月不出則不作罪雖
因日月令其作罪然此日月實不得罪煞亦如
是雖復因王王實无罪大王如王宮中常勅
屠羊心初无懼云何於父獨生懼心雖復人
畜尊卑差別寶命重死二俱无異何故於羊
心輕无懼於父先王心生憂苦大王世閒之
人是愛僮僕不得自在為愛所使而行煞
害設有果報乃是愛罪王不自在當有何咎
大王譬如涅槃非有非无而亦是有煞亦如

BD03397號　大般涅槃經（北本）卷二〇　（20–14）

人是愛僮僕不得自在為愛所使而行煞
害設有果報乃是愛罪王不自在當有何咎
大王辟如涅槃非有非无而亦是有煞亦如
是雖非有无而亦是有慚愧之人則是非有
无慚愧者則為非无受果報者名之為有空
見之人則為非有有見之人則為非无有有
見者亦名為有何以故有有見者得果報故
无有見者則无果報常見之人則為非无无
常見者則為非有常常見者不得為无何以
故常常見者有惡業果故是故常常見者不
得為无以是義故雖非有无而亦是有大王夫
衆生者名出入息斷出入息故名為煞諸佛隨
俗亦說為煞大王色是无常色之因緣亦是
无常從无常因生色云何常乃至識无常識
之因緣亦是无常從无常因生識云何常以
无常故苦以苦故空以空故无我若是无常
苦空无我為何所煞煞无常者得常涅槃煞
苦得樂煞空得實煞於无我而得真我大王
若煞无常苦空无我者則與我同我亦煞於
无常苦空无我不入地獄汝云何入尒時阿
闍世王如佛所說觀色乃至觀識作是觀已
即白佛言世尊我今始知色是无常乃至識
是无常我本若能如是知者則不作罪世尊
我昔曾聞諸佛世尊常為衆生而作父母雖
聞是語猶未定審今則定知世尊我亦曾聞
須弥山王四寶所成所謂金銀瑠璃頗梨若
有衆鳥隨所集處則同其色雖聞是言亦不

BD03397號　大般涅槃經（北本）卷二〇　（20–15）

是无常我本若能如是知者則不作罪世尊
我昔曾聞諸佛世尊常為衆生而作父母雖
聞是語猶未定審今則定知世尊我亦曾聞
須弥山王四寶所成所謂金銀瑠璃頗梨若
有衆鳥隨所集處則同其色雖聞是言亦不
審定我今來至佛須弥山則與同色同色者
則知諸法无常苦空无我世尊我見世間從
伊蘭子生伊蘭樹不見伊蘭生栴檀樹我今
始見從伊蘭子生栴檀樹伊蘭子者我身是
也栴檀樹者即是我心无根信也无根者我
初不知恭敬如來不信法僧是名无根世尊
我若不遇如來世尊當於无量阿僧祇劫在
大地獄受无量苦我今見佛以是見佛所得
功德破壞衆生所有一切煩惱惡心佛言大王
善哉善哉我今知汝必能破壞衆生惡心世
尊若我審能破壞衆生諸惡心者使我常在
阿鼻地獄无量劫中為諸衆生受大苦惱不
以為苦尒時摩伽陁國无量人民悉發阿耨
多羅三藐三菩提心以如是等无量人民發大
心故阿闍世王所有重罪即得微薄王及夫
人後宮婇女悉皆同發阿耨多羅三藐三菩
提心尒時阿闍世王語耆婆言耆婆我今未
死已得天身捨於短命而得長命捨无常身
而得常身令諸衆生發阿耨多羅三藐三菩
提心即是天身長命常身即是一切諸佛弟
子說是語已即以種種寶幢幡蓋香華瓔珞
微妙伎樂而供養佛復以偈頌而讚嘆言

BD03397號　大般涅槃經（北本）卷二〇　（20–16）

提心即是天身長命常身即是一切諸佛弟
子說是語已即以種種寶幢幡蓋香華瓔珞
微妙伎樂而供養佛復以偈頌而讚嘆言
實語甚微妙　善巧於句義　甚深秘密藏　為衆故顯示
所有廣博言　為衆故略說　具足如是語　善能療衆生
若有諸衆生　得聞是語者　若信及不信　定知是佛說
諸佛常軟語　為衆故說麁　麁語及軟語　皆歸第一義
是故我今者　歸依於世尊　如来語一味　猶如大海水
是名第一議　故无无義語　如来今所說　種種无量法
男女大小聞　同獲第一義　无因亦无果　无生亦无滅
是名大涅槃　聞者破諸結　如来為一切　常作慈父母
當知諸衆生　皆是如来子　世尊大慈悲　為衆故苦行
如人著鬼魅　狂亂多所作　我今得見佛　所得三業善
願以此功德　迴向无上道　我今所供養　佛法及衆僧
願以此功德　三寶常在世　我今所當得　種種諸功德
願以此破壞　衆生四種魔　我遇惡知識　造作三世罪
今於佛前悔　願後更莫造　願諸衆生等　悉發菩提心
繫心常思念　十方一切佛　復願諸衆生　永破諸煩惱
了了見佛性　猶如妙德等
尒時世尊讚阿闍世王善哉善哉若有人能
發菩提心當知是人則為莊嚴諸佛大衆大
王汝昔已於毗婆尸佛初發阿耨多羅三藐
三菩提心從是已来至我出世於其中間未
曾墮於地獄受苦大王當知菩提之心乃有
如是无量果報大王從今已往常當勤脩菩
提之心何以故從是因緣當得消滅无量惡
故尒時阿闍世王及摩伽陁舉國人民從坐

曾墮於地獄受苦大王當知菩提之心乃有
如是无量果報大王從今已往常當勤脩菩
提之心何以故從是因緣當得消滅无量惡
故尒時阿闍世王及摩伽陁舉國人民從坐
而起遶佛三匝辭退還宮天行品者如雜華
中說

大般涅槃經嬰兒行品第九

善男子云何名為嬰兒行善男子不能起住
来去語言是名嬰兒如来亦尒不能起者如
来終不起諸法相不能住者如来不著一切諸
法不能来者如来身行无有動搖不能去者
如来已到大般涅槃不能語者如来雖為一
切衆生演說諸法實无所說何以故有所說
者名有為法如来世尊非是有為是故无說
又无語者猶如嬰兒言語未了雖復有語實
亦无語如来亦尒語未了者即是諸佛秘密
之言雖有所說衆生不解故名无語有嬰兒
者名物不一未知正語雖名物不一未知正
語非不因此而得識物如来亦尒一切衆生
種類各異所言不同如来方便隨而說之亦
令一切因而得解又嬰兒者能說大字如来
亦尒說於大字所謂婆啝啝者有為婆者无
為是名嬰兒啝者名為无常婆者名為有常
如来說常衆生聞已為常法故斷於无常是
名嬰兒行又嬰兒者不知苦樂晝夜父母菩
薩摩訶薩亦復如是為衆生故不見苦樂无
晝夜相於諸衆生其心平等故无父母親疏

為是名嬰兒和者名為无常婆者名為有常
如来說常衆生聞已為常法故斷於无常是
名嬰兒行又嬰兒者不知苦樂晝夜父母菩
薩摩訶薩亦復如是為衆生故不見苦樂无
晝夜相於諸衆生其心平等故无父母親踈
等相又嬰兒者不能造作大小諸事菩薩摩
訶薩亦復如是菩薩不造生死作業是名不
作大事者即五逆也菩薩摩訶薩終不造作
五逆重罪小罪者即二乘心菩薩終不退菩
提心而作聲聞辟支佛乘又嬰兒行者如彼
嬰兒啼哭之時父母即以楊樹黄葉而語之
言莫啼莫啼我與汝金嬰兒見已生真金想
便止不啼然此楊葉實非金也木牛木馬木
男木女嬰兒見已亦復生於男女等想即止
不啼實非男女以作如是男女想故名曰嬰
兒如来亦尒若有衆生欲造衆惡如来為說
三十三天常樂我淨端正自恣於如宮殿受
五欲樂六根所對无非是樂衆生聞有如是
樂故心生貪樂止不為惡勤作三十三天善
業實是生死无常无樂无我无淨為度衆生
方便說言常樂我淨又嬰兒者若有衆生
猒生死時如来則為說於二乘然實无有二
乘之實以二乘故知生死過見涅槃樂以是
見故則能自知有斷不斷有真不真有偹不
偹有得不得善男子如彼嬰兒於非金中而
生金想如来亦尒於不淨中而說為淨如来
以得第一義故則无虛妄如彼嬰兒於非牛

BD03397號　大般涅槃經(北本)卷二〇　(20–19)

偹有得不得善男子如彼嬰兒於非金中而
生金想如来亦尒於不淨中而說為淨如来
以得第一義故則无虛妄如彼嬰兒於非牛
馬作牛馬想若有衆生於非道中作真道想
如来亦說非道為道非道之中實无有道以
能生道微因緣故說非道為道如彼嬰兒於
木男女生男女想如来亦尒知非衆生說衆生
相而實无有衆生相也若佛如来說无衆生
一切衆生則墮邪見是故如来說有衆生於非
衆生中作衆生想者則不能破衆生相也若
於衆生破衆生相者是則能得大般涅槃以
得如是大涅槃故止不啼哭是名嬰兒行善
男子若有男女受持讀誦書寫解說是五行
者當知是人必定當得如是五行迦葉菩薩
白佛言世尊如我解佛所說義者我亦定當
得是五行佛言善男子不獨汝得如是五行
今此會中九十三万人亦同於汝得是五行

大般涅槃經卷第廿

BD03397號　大般涅槃經(北本)卷二〇　(20–20)

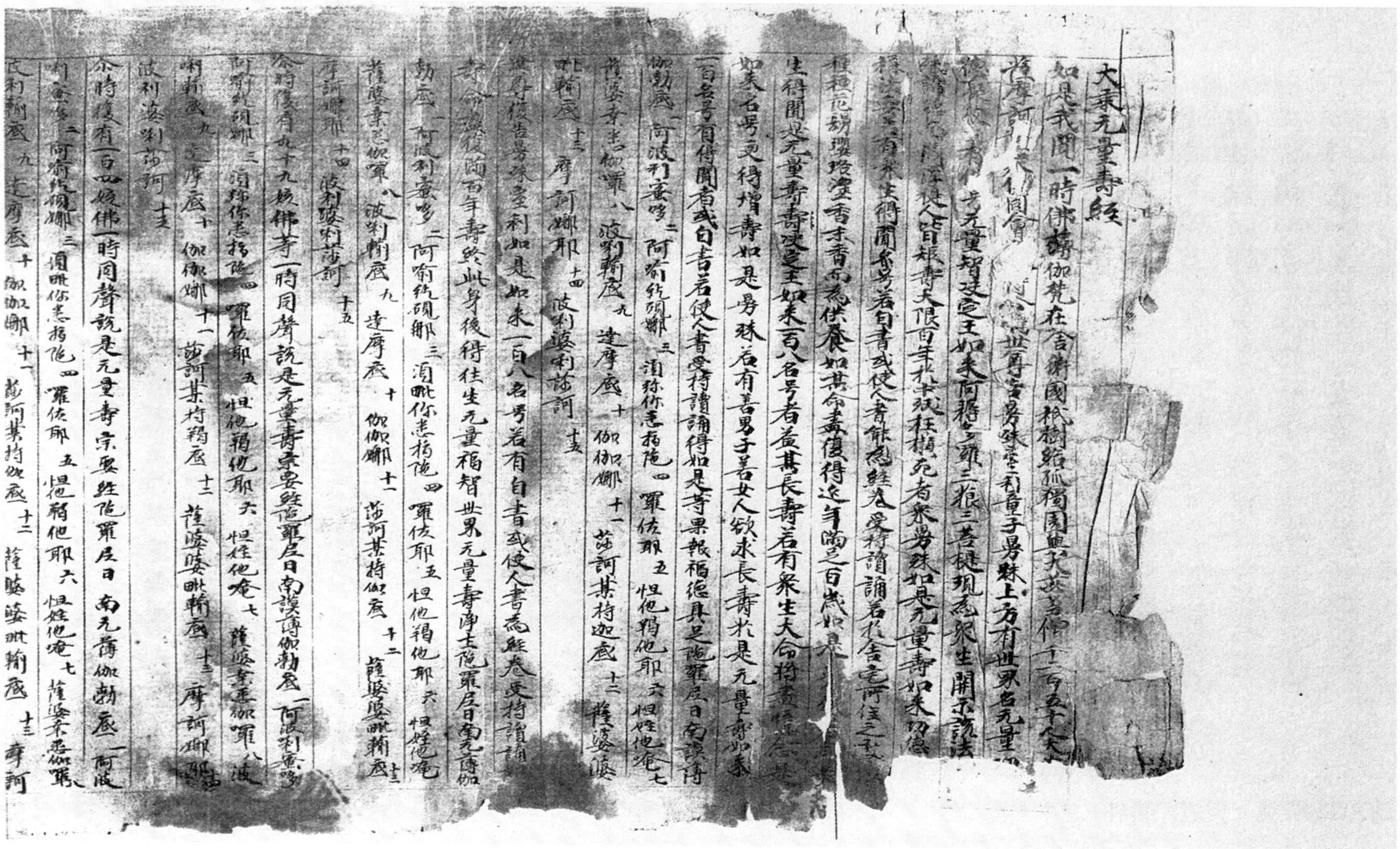

大乘無量壽經
如是我聞一時佛薄伽梵在舍衛國祇樹給孤獨園與大比丘衆千二百五十人[俱]
菩薩摩訶薩[illegible]爾時世尊告曼殊室利童子曰男妹上方有世界名無量[illegible]
[illegible]無量智決定王如來阿羅訶三藐三菩提現為衆生開示說法
[illegible]人皆短壽大限百年於中夭枉橫死者衆曼殊如是無量壽如來功德
[illegible]有衆生得聞名號若自書或使人書能為經卷受持讀誦者於舍宅所住之處
種種花鬘瓔珞塗香末香而為供養如其命盡復得延年滿足百歲如是
生得聞是無量壽決定王如來一百八名號者益其長壽若有衆生大命將盡[illegible]
如來名號更得增壽如是曼殊若有善男子善女人欲求長壽於是無量壽如來
一百名號有得聞者或自書若使人書受持讀誦得如是等果報福德具足陁羅尼曰南謨薄伽
伽勃底一 阿波利蜜哆二 阿喻紇硯娜三 須弥你悉指陁四 囉佐耶五 怛他羯他耶六 怛姪他唵七
薩婆桑悉伽囉八 波唎輸底九 達摩底十 伽伽娜十一 莎訶某持迦底十二 薩婆婆
毗輸底十三 摩訶娜耶十四 波利婆唎莎訶十五
[illegible]如是如來一百八名號若有自書或使人書為經卷受持讀誦
[illegible]百年壽終此身後得往生無量福智世界無量壽淨土陁羅尼曰南謨薄伽
勃底一 阿波利蜜哆二 阿喻紇硯娜三 須毗你悉指陁四 囉佐耶五 怛他羯他耶六 怛姪他唵
薩婆桑悉伽囉八 波唎輸底九 達摩底十 伽伽娜十一 莎訶某持伽底十二 薩婆婆毗輸底十三
摩訶娜耶十四 波利婆唎莎訶十五
爾時復有九十九殑伽佛等一時同聲說是無量壽宗要經陁羅尼曰南謨薄伽勃底一 阿波利蜜哆
阿喻紇硯娜三 須弥你悉指陁四 囉佐耶五 怛他羯他耶六 怛姪他唵七 薩婆桑悉伽囉八 波
唎輸底九 達摩底十 伽伽娜十一 莎訶某持羯底十二 薩婆婆毗輸底十三 摩訶娜[耶]
波利婆唎莎訶十五
爾時復有一百四殑伽佛一時同聲說是無量壽宗要經陁羅尼曰 南无薄伽勃底一 阿波
利蜜哆二 阿喻紇硯娜三 須毗你悉指陁四 囉佐耶五 怛他羯他耶六 怛姪他唵七 薩婆桑悉伽囉
波利輸底九 達摩底十 伽伽娜十一 莎訶某持伽底十二 薩婆婆毗輸底十三 摩訶

BD03398號　無量壽宗要經　（6–1）

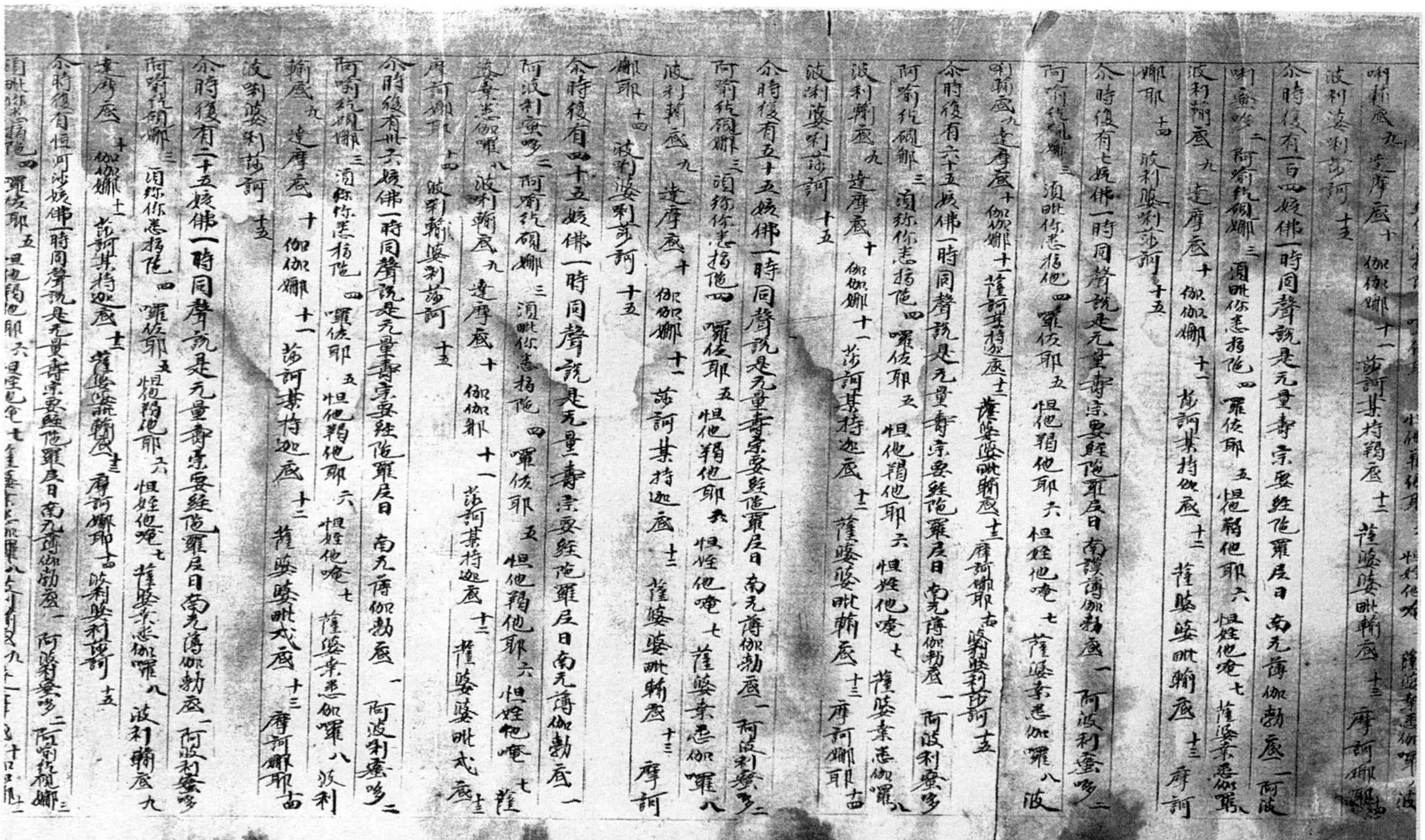

唎輸底九 達摩底十 伽伽娜十一 莎訶某持羯底十二 薩婆婆毗輸底十三 摩訶娜耶[十四]
波利婆唎莎訶十五
爾時復有一百四殑伽佛一時同聲說是無量壽宗要經陁羅尼曰 南无薄伽勃底一 阿波
唎蜜哆二 阿喻紇硯娜三 須毗你悉指陁四 囉佐耶五 怛他羯他耶六 怛姪他唵七 薩婆桑悉伽囉
波利輸底九 達摩底十 伽伽娜十一 莎訶某持伽底十二 薩婆婆毗輸底十三 摩訶
娜耶十四 波利婆唎莎訶十五
爾時復有七殑伽佛一時同聲說是無量壽宗要經陁羅尼曰南謨薄伽勃底一 阿波利蜜哆二
阿喻紇硯娜三 須毗你悉指他四 囉佐耶五 怛他羯他耶六 怛姪他唵七 薩婆桑悉伽囉八 波
唎輸底九 達摩底十 伽伽娜十一 莎訶某持迦底十二 薩婆婆毗輸底十三 摩訶娜耶十四 波利婆利莎訶十五
爾時復有六十五殑伽佛一時同聲說是無量壽宗要經陁羅尼曰南无薄伽勃底一 阿波利蜜哆
阿喻紇硯娜三 須弥你悉指陁四 囉佐耶五 怛他羯他耶六 怛姪他唵七 薩婆桑悉伽囉八
波利輸底九 達摩底十 伽伽娜十一 莎訶某持迦底十二 薩婆婆毗輸底十三 摩訶娜耶十四
波唎婆唎莎訶十五
爾時復有五十五殑伽佛一時同聲說是無量壽宗要經陁羅尼曰 南无薄伽勃底一 阿波利蜜哆二
阿喻紇硯娜三 須弥你悉指陁四 囉佐耶五 怛他羯他耶六 怛姪他唵七 薩婆桑悉伽囉八 波利
輸底九 達摩底十 伽伽娜十一 莎訶某持迦底十二 薩婆婆毗輸底十三 摩訶娜耶十四
波唎婆唎莎訶十五
爾時復有四十五殑伽佛一時同聲說是無量壽宗要經陁羅尼曰 南无薄伽勃底一
阿波利蜜哆二 阿喻紇硯娜三 須毗你悉指陁四 囉佐耶五 怛他羯他耶六 怛姪他唵七 薩
婆桑悉伽囉八 波唎輸底九 達摩底十 伽伽娜十一 莎訶某持迦底十二 薩婆婆毗戍底十三
摩訶娜耶十四 波唎婆唎莎訶十五
爾時復有卅六殑伽佛一時同聲說是無量壽宗要經陁羅尼曰 南无薄伽勃底一 阿波利蜜哆二
阿喻紇硯娜三 須弥你悉指陁四 囉佐耶五 怛他羯他耶六 怛姪他唵七 薩婆桑悉伽囉八 波利
輸底九 達摩底十 伽伽娜十一 莎訶某持迦底十二 薩婆婆毗戍底十三 摩訶娜耶十四
波唎婆唎莎訶十五
爾時復有二十五殑伽佛一時同聲說是無量壽宗要經陁羅尼曰南无薄伽勃底一 阿波利蜜哆
阿喻紇硯娜三 須弥你悉指陁四 囉佐耶五 怛他羯他耶六 怛姪他唵七 薩婆桑悉伽囉八 波利輸底九
達摩底十 伽伽娜十一 莎訶某持迦底十二 薩婆婆毗輸底十三 摩訶娜耶十四 波唎婆唎莎訶十五
爾時復有恒河沙殑伽佛一時同聲說是無量壽宗要經陁羅尼曰南无薄伽勃底一 阿波利蜜哆二 阿喻紇硯娜三
須毗你悉指陁四 囉佐耶五 怛他羯他耶六 怛姪他唵七 [illegible]

BD03398號　無量壽宗要經　（6–2）

尒時復有二十五殑佛一時同聲說是无量壽宗要經陁羅尼曰南无薄伽勃底一 阿波利蜜哆
阿喻紇硯娜三 須毗你悉指陁四 囉佐耶五 怛他羯他耶六 怛姪他唵七 薩婆桑悉迦囉八 波利輸底九
達摩底十 伽伽娜十一 莎訶其持迦底十二 薩婆婆毗輸底十三 摩訶娜耶十四 波唎婆利莎訶十五
尒時復有恒河沙殑佛一時同聲說是无量壽宗要經陁羅尼曰南无薄伽勃底一 阿波唎蜜哆二 阿喻紇硯娜三
須毗你悉指陁四 囉佐耶五 怛他羯他耶六 怛姪他唵七 薩婆桑悉迦囉八 波利輸底九 達摩底十 伽伽娜十一
薩訶其持迦底十二 薩婆婆毗輸底十三 摩訶娜耶十四 波利婆利莎訶十五
善男子若有自書寫教人書寫是无量壽宗要經如其命盡後得長年而滿年陁羅尼曰南謨薄
伽勃底一 阿波利蜜哆二 阿喻紇硯娜三 須毗你悉指陁四 囉佐耶五 怛他羯他耶六 怛姪他唵七 薩婆
桑悉迦囉八 波利輸底九 達摩底十 伽伽娜十一 莎訶其持迦底十二 薩婆婆毗輸底十三 摩訶娜耶
波利婆利莎訶十五
若有自書寫教人書寫是无量壽宗要經讀誦受持畢竟不墮地獄在在所生得宿命智陁羅尼曰
南謨薄伽勃底一 阿波利蜜哆二 阿喻紇硯娜三 須毗你悉指陁四 囉佐耶五 怛他羯他耶六 怛姪他唵七
薩婆桑悉迦囉八 波利輸底九 達摩底十 伽伽娜十一 莎訶其持迦底十二 薩婆婆毗輸底十三
摩訶娜耶十四 波唎婆唎莎訶十五
若有自書寫教人書寫是无量壽宗要經受持讀誦如同書寫八万四千一切經典陁羅尼曰南无
謨薄伽勃底一 阿波利蜜哆二 阿喻悉硯娜三 須毗你悉指陁四 囉佐耶五 怛他羯他耶六 怛姪他唵七
薩婆桑悉伽囉八 波利輸底九 達摩底十 伽伽娜十一 莎訶其持迦底十二 薩婆婆毗輸底十三
摩訶娜耶十四 波利婆唎莎訶十五
若有自書寫教人書寫是无量壽宗要經即是書寫八万四千建立塔廟陁羅尼曰南无薄伽勃底一
阿波利蜜哆二 阿喻紇硯娜三 須毗你悉指陁四 囉佐耶五 怛他羯他耶六 怛姪他唵七 薩婆桑悉伽囉八
波利輸底九 達摩底十 伽伽娜十一 莎訶其持迦底十二 薩婆婆毗輸底十三 摩訶
娜耶十四 波利婆利莎訶十五
若有自書寫教人書寫是无量壽宗要經能消五无間等一切重罪陁羅尼曰南无薄伽勃底一
阿波利蜜哆二 阿喻紇硯娜三 須毗你悉指陁四 囉佐耶 怛他羯他耶六 怛姪他唵七 薩婆桑
悉伽囉八 波唎輸底九 達摩底十 伽伽娜十二 薩訶其持迦底十二 薩婆婆毗輸底十三 摩
訶娜耶十四 波利婆唎莎訶十五
若有自書寫教人書寫是无量壽宗要經受持讀誦設有重罪猶如須彌盡能除滅陁羅尼曰
南謨薄伽勃底一 阿波利蜜哆二 阿喻悉硯娜三 須毗你悉指陁四 囉佐耶五 怛他羯他耶六 怛姪
他唵七 薩婆桑悉伽囉八 波利輸底九 達摩底十 伽伽娜十一 莎訶其持迦底十二 薩婆婆毗

BD03398 號　無量壽宗要經　（6–3）

訶娜耶十四 波利婆唎莎訶十五
若有自書寫教人書寫是无量壽宗要經受持讀誦設有重罪猶如須彌盡能除滅陁羅尼曰
南謨薄伽勃底一 阿波利蜜哆二 阿喻悉硯娜三 須毗你悉指陁四 囉佐耶五 怛他羯他耶六 怛姪
他唵七 薩婆桑悉伽囉八 波利輸底九 達摩底十 伽伽娜十一 莎訶其持迦底十二 薩婆婆毗
輸底十三 摩訶娜耶十四 波唎婆唎莎訶十五
若有自書寫教人書寫是无量壽宗要經受持讀誦若魔魔之眷屬夜叉羅刹不得其便終无枉死陁羅
尼曰南无薄伽勃底一 阿波利蜜哆二 阿喻紇硯娜三 須弥你悉指陁四 囉佐耶五 怛他羯他耶六
怛姪他唵七 薩婆桑悉伽囉八 波利輸底九 達摩底十 伽伽娜十一 莎訶其持迦底十二
薩婆婆毗輸底十三 摩訶娜耶十四 波利婆利莎訶十五
若有自書教人書寫是无量壽宗要經受持讀誦當命終時有九十九殑佛現其人前[illegible]千佛
授手能遊一切佛刹莫於此經生於疑惑陁羅尼曰 南无薄伽勃底一 阿波利蜜哆二 阿喻紇硯娜三
須毗你悉指陁四 囉佐耶五 怛他羯他耶六 怛姪他唵七 薩婆桑悉伽囉八 波利輸底九 達摩
底十 伽伽娜十一 莎訶其持迦底十二
薩婆婆毗輸底十三 摩訶娜耶十四 波利婆利莎訶十五
若有自書寫教人書寫是无量壽宗要經受持讀誦常得四天王大王隨其衛護陁羅尼曰
南无薄伽勃底一 阿波利蜜哆二 阿喻紇硯娜三 須弥你悉指陁四 囉佐耶五 怛他羯他耶六
怛姪他唵七 薩婆桑悉伽囉八 波利輸底九 達摩底十 伽伽娜十一 莎訶其持迦底十二
薩婆婆毗輸底十三 摩訶娜耶十四 波利婆利莎訶
若有自書寫教人書寫是无量壽宗要經受持讀誦當得往生西方極樂世界阿弥陁
佛土陁羅尼曰南无薄伽勃底一 阿波利蜜哆二 阿喻悉硯娜三 須毗你悉指陁四 囉佐耶五
怛他羯他耶六 怛姪他唵七 薩婆桑悉伽囉八 波利輸底九 達摩底十 伽伽娜十一 莎訶其持迦底
十二 薩婆婆毗輸底十三 摩訶娜耶十四 波利婆利莎訶十五
若有人所自書寫使人書寫是无量壽經典之處則為是塔皆應恭敬作禮若是畜生或爲鳥
獸得聞是經如是等類皆當不久得成一切種智陁羅尼曰南无薄伽勃底一 阿波利蜜哆二
阿喻紇硯娜三 須弥你悉指陁四 囉佐耶五 怛他羯他耶六 怛姪他唵七 薩婆桑悉伽囉八 波
利輸底九 達摩底十 伽伽娜十一 莎訶其持迦底十二 薩婆婆毗輸底十三 摩訶娜耶十四
波利波唎莎訶十五
若有於是无量壽經自書寫若使人書畢竟不受女人之身陁羅尼曰 南无薄伽勃底一
阿波利蜜哆二 阿喻紇硯娜三 須毗你悉指陁四 囉佐耶五 怛他羯他耶六 怛姪他唵七
薩婆桑悉伽囉八 波利輸底九 達摩底十 伽伽娜十一 莎訶其持迦底十二 薩婆婆毗輸

BD03398 號　無量壽宗要經　（6–4）

阿喻紇硯娜三　須弥你悉指陁四　囉佐耶五　怛他羯他耶六　怛姪他唵七　薩婆桒悉伽羅八　波
唎輸底九　達摩底十　伽伽娜十一　莎訶某持迦底十二　薩婆婆毗輸底十三　摩訶娜耶十四
波唎波唎莎訶十五
若有於是无量壽經自書寫若使人書畢竟不受女人之身陁羅尼日　南无薄伽勃底一
阿波利蜜哆二　阿喻紇硯娜三　須毗你悉指陁四　囉佐耶五　怛他羯他耶六　怛姪他唵七
薩波桒悉伽羅八　波利輸底九　達摩底十　伽伽娜十一　莎訶某持迦底十二　薩婆婆毗輸
底十三　摩訶娜耶十四　波唎婆利莎訶十五
若有能於是經少分能惠施者等於三千大千世界滿中七寶布施陁羅尼日　南无薄伽
勃底一　阿波唎蜜多二　阿喻紇硯娜三　須毗你悉指他四　囉佐耶五　怛他羯他耶六　怛姪他唵七
薩婆桒悉伽羅八　波利輸底九　達摩底十　伽伽娜十一　莎訶某持迦底十二　薩婆婆毗輸底十三
摩訶娜耶十四　波利婆唎莎訶十五
若有能供養是經者則是供養一切諸經等无有異陁羅尼日　南无薄伽勃底一　阿波
唎蜜哆二　阿喻紇硯娜三　須毗你悉指陁四　囉佐耶五　怛他羯他耶六　怛姪他唵七　薩婆
桒悉伽囉八　波利輸底九　達摩底十　伽伽娜十一　莎訶某持迦底十二　薩婆婆毗戍底十三
摩訶娜耶十四　波唎婆唎莎訶十五
如是毗婆尸佛　尸棄佛　毗舍浮佛　俱留孫佛　俱那含牟尼佛　迦葉佛　釋迦牟尼佛　若有人以
七寶供養如是七佛其福有限書寫受持是无量壽經典所有功德不可限量陁羅尼日
南无薄伽勃底一　阿波利蜜多二　阿喻紇硯娜三　須毗你悉指陁四　囉佐耶五　怛他羯他耶六
怛姪他唵七　薩婆桒悉伽囉八　波利輸底九　達摩底十　伽伽娜十一　莎訶某持迦底十二
薩婆婆毗輸底十三　摩訶娜耶十四　婆利婆唎莎訶十五
若有七寶等於須弥以用布施其福上能知其限量是无量壽經典其福不可知數陁羅
尼日　南无薄伽勃底一　阿波利蜜多二　阿喻紇硯娜三　須毗你悉指陁四　囉佐耶五　怛他羯他耶六
怛姪他唵七　薩婆桒悉伽囉八　波利輸底九　達摩底十　伽伽娜十一　莎訶某持迦底十二　薩婆
婆毗輸底十三　摩訶娜耶十四　波利婆唎莎訶十五
如是四大海水可知滴數是无量壽經典所生果報不可知數量陁羅尼日　南无薄伽勃底一
阿波唎蜜哆二　阿喻悉硯娜三　須毗你悉指陁四　囉佐耶五　怛他羯他耶六　怛姪他唵七　薩婆桒
悉迦羅八　波利輸底九　達摩底十　伽伽娜十一　莎訶某持迦底十二　薩婆婆毗輸底十三
摩訶娜耶十四　波唎婆唎莎訶十五
若有自書使人書寫是无量壽宗要經典又能護持供養即如恭敬供養一切十方佛土如

BD03398號　無量壽宗要經　（6–5）

阿波唎蜜哆二　阿喻悉硯娜三　須毗你志指陁四　囉佐耶五　怛他羯他耶六　怛姪他唵七　薩婆桒
悉迦羅八　波利輸底九　達摩底十　伽伽娜十一　莎訶某持迦底十二　薩婆婆毗輸底十三
摩訶娜耶十四　波唎婆唎莎訶十五
若有自書使人書寫是无量壽宗要經典又能護持供養即如恭敬供養一切十方佛土如
來无有别異陁羅尼日　南謨薄伽勃底一　阿波利蜜多二　阿喻紇硯娜三　須弥你悉指陁四　囉佐耶五
怛他羯他耶六　怛姪他唵七　薩婆桒悉伽囉八　波利輸底九　達摩底十　伽伽娜十一　莎訶某持迦底十二
薩婆婆毗輸底十三　摩訶娜耶十四　波利婆利莎訶十五
布施力能成正覺　悟布施力人師子　布施力能聲普聞　慈悲隋漸寂能入
持戒力能成正覺　悟持戒力人師子　持戒力能聲普聞　慈悲隋漸寂能入
忍辱力能成正覺　悟忍辱力人師子　忍辱力能聲普聞　慈悲隋漸寂能入
精進力能成正覺　悟精進力人師子　精進力能聲普聞　慈悲隋漸寂能入
禪定力能成正覺　悟禪定力人師子　禪定力能聲普聞　慈悲隋漸寂能入
智慧力能成正覺　悟智慧力人師子　智慧力能聲普聞　慈悲隋漸寂能入
尒時如來說是經已一切世間天人阿脩羅揵闥婆等聞佛所說皆大歡
喜信受奉行

佛說无量壽宗要經一卷

壽

BD03398號　無量壽宗要經　（6–6）

金銀琉璃車璖馬瑙真珠玫瑰七寶合成
高至四天王宮三十三天雨天曼陀羅華供
養寶塔餘諸天龍夜叉乾闥婆阿修
羅緊那羅摩睺羅伽人非人等千万億衆以
一切華香瓔珞幡蓋伎樂供養寶塔恭敬尊
重讚歎尒時寶塔中出大音聲嘆言善哉善
哉釋迦牟尼世尊能以平等大慧教
佛所護念妙法華經爲大衆說如是如是
迦牟尼世尊如所說者皆是真實
時四衆見大寶塔住在空中又聞塔中
出音聲皆得法喜怪未曾有從座而起恭敬
合掌却住一面尒時有菩薩摩訶薩名大樂
說知一切世間天人阿脩羅等心之所疑而
白佛言世尊以何因緣有此寶塔從地踊出
又於其中發是音聲尒時佛告大樂說菩薩
此寶塔中有如來全身乃往過去東方无量
千万阿僧祇世界國名寶淨彼中有佛号曰
多寶其佛行菩薩道時作大誓願若我成佛
滅度之後於十方國土有說法華經處我之
塔廟爲聽是經故踊現其前爲作證明讚言

BD03399 號　妙法蓮華經卷四　　（2–1）

佛所護念妙法華經爲大衆說如是如是
迦牟尼世尊如所說者皆是真實
時四衆見大寶塔住在空中又聞塔中
出音聲皆得法喜怪未曾有從座而起恭敬
合掌却住一面尒時有菩薩摩訶薩名大樂
說知一切世間天人阿脩羅等心之所疑而
白佛言世尊以何因緣有此寶塔從地踊出
又於其中發是音聲尒時佛告大樂說菩薩
此寶塔中有如來全身乃往過去東方无量
千万阿僧祇世界國名寶淨彼中有佛号曰
多寶其佛行菩薩道時作大誓願若我成佛
滅度之後於十方國土有說法華經處我之
塔廟爲聽是經故踊現其前爲作證明讚言
善哉彼佛成道已臨滅度時於天人大衆中
告諸比丘我滅度後欲供養我全身者應起
一大塔其佛以神通願力十方世界在在處
處若有說法華經者彼之寶塔皆踊出其前
全身在於塔中讚言善哉善哉大樂說今多
寶如來塔聞說法華經故從地踊出讚言善
哉善哉是時大樂說菩薩以如來神力故白
佛言世尊我等願欲見此佛身佛告大樂說

BD03399 號　妙法蓮華經卷四　　（2–2）

分身諸佛故八方各更變二百万億那由他
國皆令清淨无有地獄餓鬼畜生及阿脩羅
又移諸天人置於他土所化之國亦以瑠璃
為地寶樹莊嚴樹高五百由旬枝葉華菓次
苐嚴飾樹下皆有寶師子座高五由旬種種
諸寶以為莊校亦无大海江河及目真隣陁山
摩訶目真隣陁山鐵圍山大鐵圍山湏弥山
等諸山王通為一佛國土寶地平正寶交露
縵遍覆其上懸諸幡蓋燒大寶香諸天寶
華遍布其地釋迦牟尼佛為諸佛當來坐故
復於八方各變二百万億那由他國皆令清
淨无有地獄餓鬼畜生及阿脩羅又移諸天
人置於他土所化之國亦以瑠璃為地寶樹
莊嚴樹高五百由旬枝葉華菓次苐莊嚴樹
下皆有寶師子座高五由旬亦以大寶而校
飾之亦无大海江河及目真隣陁山摩訶目
真隣陁山鐵圍山大鐵圍山湏弥山等諸山
王通為一佛國土寶地平正寶交露縵遍覆
其上懸諸幡蓋燒大寶香諸天寶華遍布其
地尒時東方釋迦牟尼所分之身百千万億
那由他恒河沙等國土中諸佛各各說法來

BD03400號　妙法蓮華經卷四　（3–1）

飾之亦无大海江河及目真隣陁山摩訶目
真隣陁山鐵圍山大鐵圍山湏弥山等諸山
王通為一佛國土寶地平正寶交露縵遍覆
其上懸諸幡蓋燒大寶香諸天寶華遍布其
地尒時東方釋迦牟尼所分之身百千万億
那由他恒河沙等國土中諸佛各各說法來
集於此如是次苐十方諸佛皆悉來集坐於
八方
尒時一一方四百万億那由他國土諸佛如
來遍滿其中是時諸佛各在寶樹下坐師子
座皆遣侍者問訊釋迦牟尼佛各賫寶華滿
掬而告之言善男子汝往詣耆闍崛山釋迦
牟尼佛所如我辞曰少病少惱氣力安樂及
菩薩聲聞衆悉安隱不以寶華菓佛供養
而作是言彼某甲佛與欲開此寶塔諸佛遣
使亦復如是尒時釋迦牟尼佛見所分身佛
悉已來集各各坐於師子之座皆聞諸佛與
欲同開寶塔即從座起住虛空中一切四衆
起立合掌一心觀佛於是釋迦牟尼佛以右
指開七寶塔戶出大音聲如却關鑰開大城
門即時一切衆會皆見多寶如來於寶塔中
坐師子座全身不散如入禪定又聞其言善
哉善哉釋迦牟尼佛快說是法華經我為聽
是經故而來至此尒時四衆等見過去无量
千万億劫滅度佛說如是言嘆未曾有以天
寶華聚散多寶佛及釋迦牟尼佛上尒時多

BD03400號　妙法蓮華經卷四　（3–2）

指開七寶塔戶出大音聲如却關鑰開大城
門即時一切衆會皆見多寶如來於寶塔中
坐師子座全身不散如入禪定又聞其言善
哉善哉釋迦牟尼佛快說是法華經我為聽
是經故而來至此尒時四衆等見過去无量
千万億劫滅度佛說如是言嘆未曾有以天
寶華聚散多寶佛及釋迦牟尼佛上尒時多
寶佛於寶塔中分半座與釋迦牟尼佛而作
是言釋迦牟尼佛可就此座即時釋迦牟尼
佛入其塔中坐其半座結跏趺坐尒時大衆
見二如來在七寶塔中師子座上結跏趺坐
各作是念佛坐高遠唯願如來以神通力令
我等輩俱處虛空即時釋迦牟尼佛以神通
力接諸大衆皆在虛空以大音聲普告四衆
誰能於此娑婆國土廣說妙法華經今正是
時如來不久當入涅槃佛欲以此妙法華經
付囑有在尒時世尊欲重宣此義而說偈言
聖主世尊　雖久滅度　在寶塔中　尚為法來
諸人云何　不勤為法　此佛滅度　无央數劫
處處聽法　以難遇故　彼佛本願　我滅度後
在在所往　常為聽法　又我分身　无量諸佛
如恒沙等　來欲聽法　及見滅度　多寶如來

BD03400號　妙法蓮華經卷四　（3–1）

著 錄 凡 例

本目錄採用條目式著錄法。諸條目意義如下：

1.1　著錄編號。用漢語拼音首字“BD”表示，意為“北京圖書館藏敦煌遺書”，簡稱“北敦號”。文獻寫在背面者，標註為“背”。一件遺書上抄有多個文獻者，用數字1、2、3等標示小號。一號中包括幾件遺書，且遺書形態各自獨立者，用字母A、B、C等區別。

1.2　著錄分類號。本條記目錄暫不分類，該項空缺。

1.3　著錄文獻的名稱、卷本、卷次。

1.4　著錄千字文編號。

1.5　著錄縮微膠卷號。

2.1　著錄遺書的總體數據。包括長度、寬度、紙數、正面抄寫總行數與每行字數、背面抄寫總行數與每行字數。如該遺書首尾有殘破，則對殘破部分單獨度量，用加號加在總長度上。凡屬這種情況，長度用括弧標註。

2.2　著錄每紙數據。包括每紙長度及抄寫行數或界欄數。

2.3　著錄遺書的外觀。包括：（1）裝幀形式。（2）首尾存況。（3）護首、軸、軸頭、天竿、縹帶，經名是書寫還是貼簽，有無經名號，扉頁、扉畫。（4）卷面殘破情況及其位置。（5）尾部情況。（6）有無附加物（蟲繭、油污、線繩及其他）。（7）有無裱補及其年代。（8）界欄。（9）修整。（10）其他需要交待的問題。

2.4　著錄一件遺書抄寫多個文獻的情況。

3.1　著錄文獻首部文字與對照本核對的結果。

3.2　著錄文獻尾部文字與對照本核對的結果。

3.3　著錄錄文。

3.4　著錄對文獻的說明。

4.1　著錄文獻首題。

4.2　著錄文獻尾題。

5　著錄本文獻與對照本的不同之處。

6.1　著錄本遺書首部可與另一遺書綴接的編號。

6.2　著錄本遺書尾部可與另一遺書綴接的編號。

7.1　著錄題記、題名、勘記等。

7.2　著錄印章。

7.3　著錄雜寫。

7.4　著錄護首及扉頁的內容。

8　著錄年代。

9.1　著錄字體。如有武周新字、合體字、避諱字等，予以說明。

9.2　著錄卷面二次加工的情況。包括句讀、點標、科分、間隔號、行間加行、行間加字、硃筆、墨塗、倒乙、刪除、兌廢等。

10　著錄敦煌遺書發現後，近現代人所加內容，裝裱、題記、印章等。

11　備註。著錄揭裱互見、圖版本出處及其他需要說明的問題。

上述諸條，有則著錄，無則空缺。

為避文繁，上述著錄中出現的各種參考、對照文獻，暫且不列版本說明。全目結束時，將統一編制本條記目錄出現的各種參考書目。

本條記目錄為農曆年份標註其公曆紀年時，未進行歲頭年末之換算，請讀者使用時注意自行換算。

條 記 目 録

BD03347—BD03400

1.1 BD03347 號
1.3 四分律戒本疏卷一
1.4 雨 047
1.5 169:7039
2.1 (10.5+850)×29.5 厘米;21 紙;568 行,行 27 字。
2.2 01:10.5+19,20; 02:43.0,29; 03:43.0,29;
04:43.0,29; 05:43.0,29; 06:43.5,29;
07:43.0,29; 08:43.0,29; 09:43.0,29;
10:43.0,29; 11:43.0,29; 12:43.0,29;
13:43.0,31; 14:43.0,31; 15:43.5,27;
16:43.0,27; 17:43.0,27; 18:42.5,26;
19:42.0,28; 20:43.0,27; 21:14.5,05。
2.3 卷軸裝。首殘尾全。卷首上部殘破嚴重,卷中有一殘洞,接縫處有開裂,上下邊殘破。有烏絲欄。
3.4 説明:
本文獻首 7 行上殘,尾全。未為我國歷代藏經所收。敦煌出土後被收入《大正藏》第 85 卷,但為殘本,本號可作補充。
4.2 四分戒疏卷第一(尾)
7.1 卷尾有題記:"未年五月廿三日,比丘惟真書。"
8 8~9 世紀。吐蕃統治時期寫本。
9.1 楷書。
9.2 有行間校加字。有倒乙、重文符號。
11 圖版:《敦煌寶藏》,103/618B~629A。

1.1 BD03348 號
1.3 妙法蓮華經卷七
1.4 雨 048
1.5 105:6057
2.1 520×26.5 厘米;13 紙;288 行,行 17~20 字。
2.2 01:08.5,05; 02:43.0,25; 03:43.5,25;
04:42.5,24; 05:42.5,24; 06:42.5,24;
07:42.5,24; 08:42.5,24; 09:42.5,24;
10:42.5,24; 11:42.5,24; 12:42.5,24;
13:42.5,17。
2.3 卷軸裝。首斷尾全。卷面有殘洞,上邊有油污,尾有蟲繭。有燕尾。背有古代裱補。有烏絲欄。
3.1 首殘→大正 262,9/58B9。
3.2 尾全→9/62B1。
4.2 妙法蓮華經卷第七(尾)。
8 8 世紀。唐寫本。
9.1 楷書。
11 圖版:《敦煌寶藏》,96/411B~418B。

1.1 BD03349 號
1.3 無量壽宗要經
1.4 雨 049
1.5 275:7924
2.1 (127.5+3)×30 厘米;4 紙;86 行,行 30 餘字。
2.2 01:05.5,素紙; 02:41.5,28; 03:42.0,29;
04:38.5+3,29。
2.3 卷軸裝。首全尾殘。卷首有蟲繭,第 2 紙上下邊有破裂,接縫處有開裂。有烏絲欄。
3.1 首全→大正 936,19/82A3。
3.2 尾 2 行中上殘→19/84B3~8。
4.1 大乘無量壽經(首)。
7.1 首端有前一文獻抄寫者殘留題名"令狐晏兒"。
8 8~9 世紀。吐蕃統治時期寫本。
9.1 行楷。
11 圖版:《敦煌寶藏》,108/314A~315B。

1.1 BD03350 號
1.3 大般若波羅蜜多經卷二一四
1.4 雨 050
1.5 084:2547
2.1 (4.8+379.3+4)×25.7 厘米;9 紙;224 行,行 17 字。
2.2 01:4.8+31.3,21; 02:48.5,28; 03:48.8,28;

04：48.7，28；　05：48.5，28；　06：48.1，28；
07：48.3，28；　08：48.2，28；　09：8.9+4，07。
2.3　卷軸裝。首尾均殘。卷面殘破。背面有古代裱補。有烏絲欄。已修整。
3.1　首3行上中殘→大正220，6/71A10~12。
3.2　尾2行上殘→6/73C2~4。
8　8~9世紀。吐蕃統治時期寫本。
9.1　楷書。
11　圖版：《敦煌寶藏》，74/44B~49B。

1.1　BD03351號
1.3　觀音經金剛藏菩薩註（擬）
1.4　雨051
1.5　112:6280
2.1　（3+135.5）×28.5厘米；4紙；正面92行，行28字。背面9行，行13字。
2.2　01：3+15.5，13；　02：40.0，25；　03：40.0，26；
04：40.0，28。
2.3　卷軸裝。首殘尾全。尾紙有殘裂。有折疊欄。
2.4　本遺書包括2個文獻：（一）《觀音經金剛藏菩薩註》（擬），92行，抄寫在正面，今編為BD03351號。（二）《字母例字》（擬），9行，抄寫在背面，今編為BD03351號背。
3.4　説明：
本文獻首2行下殘，尾全。未為歷代大藏經所收。
4.2　觀音經一卷，金剛藏菩薩注釋（尾）。
8　7~8世紀。唐寫本。
9.1　楷書。
9.2　有行間校加字，有校改。有倒乙、重文、刪除符號。
11　圖版：《敦煌寶藏》，97/519B~521B。

1.1　BD03351號背
1.3　字母例字（擬）
1.4　雨051
1.5　112:6280
2.4　本遺書由2個文獻組成，本號為第2個，抄寫在背面，9行。餘參見BD03351號之第2項、第11項。
3.1　首全→《敦煌雜錄》下輯，第102葉A第2行。
3.2　尾全→《敦煌雜錄》下輯，第102葉A第7行。
3.4　説明：
本號對《字母例字》抄寫兩遍，其中一遍完整，為6行；一遍不完整，為3行。關於《字母例字》，請參見《敦煌學大辭典》第515頁。
8　7~8世紀。唐寫本。
9.1　楷書。

1.1　BD03352號
1.3　妙法蓮華經（八卷本）卷五
1.4　雨052
1.5　105:5582
2.1　224.4×26厘米；6紙；116行，行17字。
2.2　01：12.0，06；　02：52.0，28；　03：52.0，28；
04：51.7，28；　05：51.0，26。　06：05.7，拖尾。
2.3　卷軸裝。首殘尾全。卷首殘破嚴重，脱落1碎片，可以綴接。有烏絲欄。
3.1　首殘→大正262，9/40B7。
3.2　尾全→9/42A28。
4.2　妙法蓮華經卷第五（尾）。
5　與《大正藏》本對照，分卷不同，本號結束於從地踊出品第十五。為八卷本。
8　7~8世紀。唐寫本。
9.1　楷書。
11　圖版：《敦煌寶藏》，93/189A~192A。

1.1　BD03353號
1.3　妙法蓮華經卷三
1.4　雨053
1.5　105:5024
2.1　（1.4+838.5）×25.2厘米；19紙；494行，行17字。
2.2　01：1.4+31，18；　02：46.2，25；　03：46.2，28；
04：46.2，28；　05：46.1，28；　06：46.3，28；
07：46.3，28；　08：48.7，28；　09：48.8，28；
10：48.8，28；　11：48.8，28；　12：48.7，28；
13：48.7，28；　14：48.8，28；　15：44.8，28；
16：45.0，28；　17：45.0，28；　18：44.9，28；
19：09.2，03。
2.3　卷軸裝。首殘尾全。經黄紙。首紙内有殘洞，接縫處有開裂。背有古代裱補。第8紙以下各紙為經黄打紙，砑光上蠟。有烏絲欄。
3.1　首行殘→大正262，9/19C28~29。
3.2　尾全→9/27B9。
4.2　妙法蓮華經卷第三（尾）。
8　7~8世紀。唐寫本。
9.1　楷書。
11　圖版：《敦煌寶藏》，88/233B~246A。

1.1　BD03354號
1.3　觀無量壽佛經
1.4　雨054
1.5　016:0199
2.1　（28.5+714.7）×25.7厘米；16紙；428行，行17字。
2.2　01：28.5+1.5，17；　02：44.5，26；　03：48.5，28；
04：48.5，28；　05：48.5，28；　06：48.4，28；
07：48.5，28；　08：48.5，28；　09：48.5，28；
10：48.5，28；　11：48.3，28；　12：48.5，28；
13：48.5，28；　14：48.0，28；　15：48.0，28；

16：39.5，21；
2.3　卷軸裝。首殘尾全。接縫處有開裂。卷面脫落 1 塊殘片，已綴接。尾 2 紙上的字迹與前各紙不同。有烏絲欄。已修整。
3.1　首 15 行上下殘→大正 365，12/341A8～23。
3.2　尾全→12/346B21。
4.2　佛說無量壽觀經（尾）。
8　7～8 世紀。唐寫本。
9.1　楷書。
11　圖版：《敦煌寶藏》，57/121B～132A。
12　從該號上揭下古代裱補紙 1 塊，今編爲 BD16374 號。

1.1　BD03355 號 1
1.3　大乘稻芉經
1.4　雨 055
1.5　058：0469
2.1　（2.5＋429.6）×28 厘米；11 紙；281 行，行 29～33 字不等。
2.2　01：02.5，護首；　02：43.5，29；　03：44.3，30；
04：44.5，30；　05：44.6，30；　06：44.6，28；
07：44.5，30；　08：44.6，28；　09：44.5，30；
10：44.5，30；　11：30.0，16。
2.3　卷軸裝。首尾均全。通卷多處黴爛。下邊被剪去。有烏絲欄。
2.4　本遺書包括 5 個文獻：（一）《大乘稻芉經》，123 行，今編為 BD03355 號 1。（二）《普賢菩薩行願王經》，62 行，今編為 BD03355 號 2。（三）《大乘四法經》（異本），11 行，今編為 BD03355 號 3。（四）《因緣心論頌》，6 行，今編為 BD03355 號 4。（五）《佛垂般涅槃略說教誡經》，79 行，今編為 BD03355 號 5。
3.1　首全→大正 712，16/823B20。
3.2　尾全→16/826A27。
4.1　佛說大乘稻芉經（首）。
8　8～9 世紀。吐蕃統治時期寫本。
9.1　楷書。
9.2　有行間校加字。有硃筆點標、科分。首題下有硃筆"一本卷上"。
11　圖版：《敦煌寶藏》，59/285B～290B。

1.1　BD03355 號 2
1.3　普賢菩薩行願王經
1.4　雨 055
1.5　058：0469
2.4　本遺書由 5 個文獻組成，本號為第 2 個，62 行。餘參見 BD03355 號 1 之第 2 項、第 11 項。
3.1　首全→大正 2907，85/1452C3。
3.2　尾全→85/1454A9。
4.1　普賢菩薩行願王經（首）。
4.2　普賢菩薩行願王經（尾）。
8　8～9 世紀。吐蕃統治時期寫本。
9.1　楷書，
9.2　經題每個字下均有硃點。首題下有硃筆"一卷"，尾題下有硃筆"卷上"。

1.1　BD03355 號 3
1.3　大乘四法經（異本）
1.4　雨 055
1.5　058：0469
2.4　本遺書由 5 個文獻組成，本號為第 3 個，11 行。餘參見 BD03355 號 1 之第 2 項、第 11 項。
3.4　說明：
本文獻首尾均全，與《大正藏》中同名經典為異經，未為歷代大藏經所收。
4.1　大乘四法經（首）。
4.2　大乘四法經（尾）。
8　8～9 世紀。吐蕃統治時期寫本。
9.1　楷書。
9.2　經題每個字下均有硃點。首題下有硃筆"卷上"。

1.1　BD03355 號 4
1.3　因緣心論頌
1.4　雨 055
1.5　058：0469
2.4　本遺書由 5 個文獻組成，本號為第 4 個，6 行。餘參見 BD03355 號 1 之第 2 項、第 11 項。
3.1　首全→《藏外佛教文獻》，3/第 216 頁第 2 行。
3.2　尾全→《藏外佛教文獻》，3/第 217 頁第 2 行。
4.1　因緣心論頌，龍猛菩薩作（首）。
4.2　論頌一本（尾）。
8　8～9 世紀。吐蕃統治時期寫本。
9.1　楷書。
9.2　尾題為硃筆添寫。

1.1　BD03355 號 5
1.3　佛垂般涅槃略說教誡經
1.4　雨 055
1.5　058：0469
2.4　本遺書由 5 個文獻組成，本號為第 5 個，79 行。餘參見 BD03355 號 1 之第 2 項、第 11 項。
3.1　首全→大正 389，12/1110C13。
3.2　尾全→12/1112B21。
4.1　佛臨般涅槃最後略說教戒經，後秦弘始年羅什等於長安逍［遙］園譯（首）。
4.2　佛說遺教經（尾）。
7.1　卷尾有墨書題記："大番國沙州永康寺律師神希記"。"神希記"3 字上被硃筆覆寫"惠淨"2 字。
8　8～9 世紀。吐蕃統治時期寫本。
9.1　楷書。

9.2　有硃筆科分。尾題下有硃筆“一卷”。

1.1　BD03356 號 1
1.3　大寶積經卷五六
1.4　雨 056
1.5　006:0087
2.1　772.5×29.5 厘米；18 紙；正面 470 行，行約 28 字。背面 456 行，行約 20 餘字。
2.2　01：42.5，25；　02：42.9，26；　03：42.8，26；
04：42.8，26；　05：43.0，26；　06：43.2，26；
07：43.0，26；　08：43.0，26；　09：43.0，26；
10：43.0，26；　11：43.0，26；　12：43.0，26；
13：43.0，26；　14：43.0，26；　15：42.5，26；
16：43.0，26；　17：42.8，26；　18：43.0，29。
2.3　卷軸裝。首尾均全。首紙前部破損嚴重。背有古代裱補。有烏絲欄，上下雙邊欄。已修整。
2.4　本遺書包括 3 個文獻：(一)《大寶積經》卷五六，245 行，今編為 BD03356 號 1。(二)《大寶積經》卷九二，212 行，今編為 BD03356 號 2。(三)《佛名經禮懺文》(擬)，共 469 行，背面抄寫 456 行，接正面卷尾 13 行，今編為 BD03356 號背。
3.1　首全→大正 310，11/326B8。
3.2　尾全→11/331A12。
4.1　大寶積經佛說入胎藏會第十四之一，五十六（首）。
4.2　大寶積經卷第五十六（尾）。
8　9～10 世紀。歸義軍時期寫本。
9.1　楷書。
9.2　有行間校加字。有倒乙符號。
11　圖版：《敦煌寶藏》，56/361B～381A。

1.1　BD03356 號 2
1.3　大寶積經卷九二
1.4　雨 056
1.5　006:0087
2.4　本遺書由 3 個文獻組成，本號為第 2 個，抄寫在正面，212 行。餘參見 BD03356 號 1 之第 2 項、第 11 項。
3.1　首全→大正 310，11/523B23。
3.2　尾全→11/528C15。
4.1　大寶積經發勝志樂會第廿五之二，大唐三藏菩提流志奉詔譯，九十二（首）。
4.2　大寶積經卷第九十二（尾）。
8　9～10 世紀。歸義軍時期寫本。
9.1　楷書。
9.2　有行間校加字。有倒乙符號。

1.1　BD03356 號背
1.3　佛名經禮懺文（擬）
1.4　雨 056
1.5　006:0087
2.4　本遺書由 3 個文獻組成，本號為第 3 個，從背面抄寫接正面卷尾，共 496 行。餘參見 BD03356 號 1 之第 2 項、第 11 項。
3.4　說明：
本文獻首尾均全，兩面抄寫，文字相接。抄寫《佛名經》（十六卷本）卷一至卷六的懺悔文。文中有“第一卷”、“第二卷”等標示原禮懺文的卷次。
8　9～10 世紀。歸義軍時期寫本。
9.1　楷書。
9.2　有行間校加字。有倒乙符號。

1.1　BD03357 號
1.3　無量壽宗要經
1.4　雨 057
1.5　275:8013
2.1　196.5×31.5 厘米；5 紙；133 行，行 30 餘字。
2.2　01：42.5，29；　02：43.0，29；　03：43.0，29；
04：43.0，29；　05：25.0，17。
2.3　卷軸裝。首尾均全。卷首殘破嚴重，卷面污穢，有蟲繭，有黴斑。接縫處有開裂。有烏絲欄。
3.1　首全→大正 936，19/82A3。
3.2　尾全→19/84C28。
4.1　大乘無量壽經（首）。
8　8～9 世紀。吐蕃統治時期寫本。
9.1　行楷。
11　圖版：《敦煌寶藏》，108/515A～517B。

1.1　BD03358 號
1.3　妙法蓮華經卷三
1.4　雨 058
1.5　105:5112
2.1　51.1×25.8 厘米；1 紙；28 行，行 17 字。
2.3　卷軸裝。首尾均脫。經黃打紙。卷下部油污，卷尾上方有 2 處殘損。有烏絲欄。
3.1　首殘→大正 262，9/20C3。
3.2　尾殘→9/21A9。
8　7～8 世紀。唐寫本。
9.1　楷書。
11　圖版：《敦煌寶藏》，89/41B～42A。

1.1　BD03359 號
1.3　金剛般若波羅蜜經
1.4　雨 059
1.5　094:4407
2.1　(4.7+504.5)×25.4 厘米；12 紙；299 行，行 17～18 字。
2.2　01：4.7+16.5，13；　02：46.1，28；　03：46.4，28；
04：46.8，28；　05：46.8，28；　06：46.4，28；

07：46.4，28；　08：46.4，28；　09：46.0，28；
10：46.0，28；　11：46.2，28；　12：24.5，06。
2.3　卷軸裝。首殘尾全。卷首 3 行碎損，尾有等距離蟲蛀。背面有古代裱補。有烏絲欄。
3.1　首 3 行下殘→大正 235，8/749A5～8。
3.2　尾全→8/752C3。
4.2　金剛般若波羅蜜經（尾）。
5　與《大正藏》本對照，本號無冥司偈，參見大正 235，8/751C16～19。
8　8～9 世紀。吐蕃統治時期寫本。
9.1　楷書。
9.2　有刮改。
11　圖版：《敦煌寶藏》，83/108B～115A。

1.1　BD03360 號
1.3　觀無量壽佛經
1.4　雨 060
1.5　016:0205
2.1　(3＋667.2)×26.5 厘米；15 紙；371 行，行 17 字。
2.2　01：3＋14.5，9；　02：46.6，27；　03：46.6，26；
04：46.8，26；　05：46.7，26；　06：46.9，27；
07：46.5，27；　08：46.8，27；　09：46.7，27；
10：46.5，26；　11：46.6，27；　12：46.5，26；
13：46.5，26；　14：46.5，26；　15：46.5，18。
2.3　卷軸裝。首殘尾全。卷面有殘裂。有烏絲欄。已修整。
3.1　首 1 行下殘→大正 365，12/341C10～11。
3.2　尾全→12/346B21。
4.2　佛說無量壽觀經一卷（尾）。
8　6～7 世紀。隋寫本。
9.1　楷書。
11　圖版：《敦煌寶藏》，57/155B～165A。

1.1　BD03361 號
1.3　妙法蓮華經卷三
1.4　雨 061
1.5　105:5097
2.1　256.1×25.8 厘米；5 紙；140 行，行 16～18 字。
2.2　01：51.5，28；　02：51.2，28；　03：51.1，28；
04：51.2，28；　05：51.1，28。
2.3　卷軸裝。首尾均脫。經黃打紙。卷下部油污。有烏絲欄。
3.1　首殘→大正 262，9/21B15。
3.2　尾殘→9/23B18。
8　7～8 世紀。唐寫本。
9.1　楷書。
11　圖版：《敦煌寶藏》，88/649A～653A。

1.1　BD03362 號
1.3　大般若波羅蜜多經卷二八九
1.4　雨 062
1.5　084:2788
2.1　(11＋664.7)×26.3 厘米；14 紙；373 行，行 17 字。
2.2　01：11＋28.2，22；　02：49.5，28；　03：49.3，28；
04：49.2，28；　05：49.5，28；　06：49.3，28；
07：49.3，28；　08：49.3，28；　09：49.4，28；
10：49.4，28；　11：49.5，28；　12：49.4，28；
13：49.4，28；　14：44.0，15。
2.3　卷軸裝。首殘尾全。卷首脫落 1 塊殘片，可以綴接。尾有蟲繭。尾有原軸，兩端塗紫紅色漆，下軸頭已斷。背有古代裱補。有烏絲欄。
3.1　首 6 行中下殘→大正 220，6/468C16～22。
3.2　尾全→6/473A8。
4.2　大般若波羅蜜多經卷第二百八十九（尾）。
7.3　首紙背面有雜寫"四張"。
8　8～9 世紀。吐蕃統治時期寫本。
9.1　楷書。
11　圖版：《敦煌寶藏》，75/94A～102B。

1.1　BD03363 號
1.3　金光明最勝王經卷九
1.4　雨 063
1.5　083:1959
2.1　47.2×27.2 厘米；1 紙；25 行，行 17 字。
2.3　卷軸裝。首脫尾全。有烏絲欄。
3.1　首殘→大正 665，16/450B20。
3.2　尾全→16/450C15。
4.2　金光明最勝王經卷第九（尾）。
6.1　首→BD03367 號。
7.1　尾有題記："丙午年正月十四日三界寺肆◇"。
8　9～10 世紀。歸義軍時期寫本。
9.1　楷書。
11　圖版：《敦煌寶藏》，71/91。

1.1　BD03364 號
1.3　金剛般若波羅蜜經
1.4　雨 064
1.5　094:4331
2.1　(11.5＋82.5)×26.5 厘米；2 紙；53 行，行 17 字。
2.2　01：11.5＋34，25；　02：48.5，28。
2.3　卷軸裝。首殘尾脫。經黃紙。卷首破裂。有烏絲欄。
3.1　首 6 行上殘→大正 235，8/751B27～C4。
3.2　尾殘→8/752B2。
5　與《大正藏》本對照，本號無冥司偈，文見大正 235，8/751C16～19。
8　7～8 世紀。唐寫本。

9.1　楷書。
11　圖版:《敦煌寶藏》, 83/1A～2A。

1.1　BD03365 號
1.3　大般若波羅蜜多經卷五六八
1.4　雨 065
1.5　084:3358
2.1　(14.3+530.2)×25.7 厘米; 12 紙; 328 行, 行 17 字。
2.2　01: 14.3+31, 28;　02: 45.0, 28;　03: 45.1, 28;
04: 45.7, 28;　05: 45.6, 28;　06: 45.5, 28;
07: 45.2, 28;　08: 45.2, 28;　09: 45.7, 28;
10: 45.6, 28;　11: 45.4, 28;　12: 45.2, 20。
2.3　卷軸裝。首殘尾全。卷面有殘破, 接縫處有開裂。背有古代裱補。有烏絲欄。
3.1　首 9 行上下殘→大正 220, 7/932C21～29。
3.2　尾全→7/936B28。
4.2　大般若波羅蜜多經卷第五百六十八(尾)。
7.1　卷尾有題記:"比丘金光明寺恒彫勘定。"
8　8～9 世紀。吐蕃統治時期寫本。
9.1　楷書。有武周新字"正"。
9.2　有行間校加字。
11　圖版:《敦煌寶藏》, 77/365A～371A。

1.1　BD03366 號
1.3　延壽命經(大本)
1.4　雨 066
1.5　284:8246
2.1　112×26 厘米; 3 紙; 61 行, 行 17 字。
2.2　01: 11.5, 護首;　02: 50.5, 32;　03: 50.0, 29。
2.3　卷軸裝。首尾均全。有護首, 已殘破。
3.1　首全→大正 2888, 85/1404A27。
3.2　尾全→85/1404C28。
4.1　佛說延壽經(首)。
4.2　佛說延壽經(尾)。
8　9～10 世紀。歸義軍時期寫本。
9.1　楷書。
11　圖版:《敦煌寶藏》, 109/404B～405B。

1.1　BD03367 號
1.3　金光明最勝王經卷九
1.4　雨 067
1.5　083:1746
2.1　(3.8+235.7)×27.2 厘米; 5 紙; 138 行, 行 17 字。
2.2　01: 3.8+44.4, 26;　02: 47.8, 28;　03: 48.0, 28;
04: 48.0, 28;　05: 47.5, 28;
2.3　卷軸裝。首殘尾脫。有烏絲欄。
3.1　首缺→大正 665, 16/448C17。
3.2　尾脫→16/450B19。
6.2　尾→BD03363 號。
8　9～10 世紀。歸義軍時期寫本。
9.1　楷書。
11　圖版:《敦煌寶藏》, 71/75A～78A。

1.1　BD03368 號
1.3　佛名經(十二卷本)卷一二
1.4　雨 068
1.5　060:0513
2.1　(7+641.5+4)×26.7 厘米; 14 紙; 360 行, 行 17 字。
2.2　01: 7+21, 15;　02: 48.0, 27;　03: 48.5, 27;
04: 48.5, 27;　05: 50.0, 28;　06: 48.5, 27;
07: 48.0, 27;　08: 48.0, 27;　09: 48.5, 27;
10: 48.5, 27;　11: 48.5, 27;　12: 48.5, 27;
13: 51.0, 28;　14: 36+4, 20。
2.3　卷軸裝。首尾均殘。第 2 紙上下斷開, 卷面有等距離殘洞、破損。有烏絲欄。
3.1　首 5 行上下殘→大正 440, 14/179A10～15。
3.2　尾 3 行下殘→14/182C14～15。
8　5～6 世紀。南北朝寫本。
9.1　楷書。
11　圖版:《敦煌寶藏》, 59/473B～482A。

1.1　BD03369 號
1.3　優婆塞戒經卷七
1.4　雨 069
1.5　423:8604
2.1　(2.2+200.5+3)×25.6 厘米; 5 紙; 110 行, 行 17 字。
2.2　01: 22+40.5, 23;　02: 51.7, 28;　03: 52.3, 28;
04: 52.3, 28;　05: 3.7+3, 3。
2.3　卷軸裝。首尾均殘。卷首殘破嚴重, 通卷上下邊殘破, 卷面有鳥糞污漬。有烏絲欄。
3.1　首行上殘→大正 1488, 24/1073C16。
3.2　尾行下殘→24/1075A13。
8　5～6 世紀。南北朝寫本。
9.1　楷書。
11　圖版:《敦煌寶藏》, 111/2A～4B。

1.1　BD03370 號
1.3　摩訶般若波羅蜜經(四十卷本)卷一三
1.4　雨 070
1.5　088:3436
2.1　(7.2+806.8)×25.9 厘米; 17 紙; 447 行, 行 17 字。
2.2　01: 7.2+22.3, 16;　02: 51.7, 29;　03: 51.3, 29;
04: 51.3, 29;　05: 51.3, 29;　06: 51.6, 29;
07: 51.4, 29;　08: 51.3, 29;　09: 51.5, 29;

10：51.5，29；　11：51.6，29；　12：51.5，29；
13：51.5，29；　14：51.5，29；　15：51.5，29；
16：51.0，25；　17：13.0，拖尾。
2.3　卷軸裝。首殘尾全。尾有原軸，兩端塗黑漆，頂端點硃漆。卷首背有古代裱補。有烏絲欄。
3.1　首4行上下殘→大正223，8/270B28～C3。
3.2　尾全→8/276A10。
4.2　摩訶般若波羅蜜卷第十三（尾）。
5　與《大正藏》本對照，卷次不同，品名不同。《大正藏》本為卷七。本號應為四十卷本。
8　5～6世紀。南北朝寫本。
9.1　楷書。
11　圖版：《敦煌寶藏》，77/632B～642B。

1.1　BD03371號
1.3　大般若波羅蜜多經卷二七二
1.4　雨071
1.5　084:2734
2.1　（6+716.3）×25.8厘米；16紙；425行，行17字。
2.2　01：6+39.3，26；　02：46.5，28；　03：46.5，28；
04：46.7，28；　05：46.7，28；　06：46.7，28；
07：46.5，28；　08：46.4，28；　09：46.5，28；
10：46.5，28；　11：46.5，28；　12：46.5，28；
13：46.5，28；　14：46.2，28；　15：47.0，28；
16：25.3，07。
2.3　卷軸裝。首殘尾全。卷首殘破，接縫處有開裂，上下邊有破裂。有烏絲欄。
3.1　首2行上殘→大正220，6/376C9～12。
3.2　尾全→6/381B29。
4.1　□…□二，/初分難信解品第卌四之九十一，三藏法師玄奘奉詔譯/（首）。
4.2　大般若波羅蜜多經卷第二百七十二（尾）。
8　7～8世紀。唐寫本。
9.1　楷書。
9.2　有刮改。
11　圖版：《敦煌寶藏》，74/569A～578A。

1.1　BD03372號
1.3　七階佛名經
1.4　雨072
1.5　305:8315
2.1　（9.3+210）×28.1厘米；6紙；124行，行18～19字。
2.2　01：02.8，01；　02：6.5+37.5，22；　03：42.5，23；
04：44.5，23；　05：42.5，26；　06：43.0，29。
2.3　卷軸裝。首殘尾脫。刻劃欄兼用折疊欄。
3.4　說明：
本文獻首3行上殘，尾殘。本經未爲我國歷代大藏經收錄，敦煌遺書中存有多種異本，各本差距較大。有關解說請參閱《敦煌學大辭典》第742頁《七階佛名經》辭條。
8　9～10世紀。歸義軍時期寫本。
9.1　楷書。
9.2　有行間校加字。有勾劃。
11　圖版：《敦煌寶藏》，109/626B～629A。

1.1　BD03373號
1.3　金光明最勝王經卷四
1.4　雨073
1.5　083:1681
2.1　（12+517+3）×26厘米；13紙；267行，行17字。
2.2　01：04.0，02；　02：8+39.9，24；　03：48.0，24；
04：48.0，24；　05：48.0，24；　06：47.3，24；
07：47.5，24；　08：47.6，24；　09：47.9，24；
10：47.3，24；　11：47.9，24；　12：47.6，24；
13：03.0，01。
2.3　卷軸裝。首尾均殘。下邊有殘破，卷尾有蟲繭。有烏絲欄。
3.1　首6行下殘→大正665，16/418C8～14。
3.2　尾行下殘→16/422B18。
8　8～9世紀。吐蕃統治時期寫本。
9.1　楷書。
11　圖版：《敦煌寶藏》，69/250B～258A。

1.1　BD03374號
1.3　大般若波羅蜜多經卷三一八
1.4　雨074
1.5　084:2863
2.1　（5+604.9）×25.3厘米；14紙；357行，行17字。
2.2　01：5+4.8，5；　02：46.5，28；　03：46.3，28；
04：46.4，28；　05：46.2，28；　06：46.2，28；
07：46.1，28；　08：46.2，28；　09：46.2，28；
10：46.2，28；　11：46.1，28；　12：46.1，28；
13：46.1，28；　14：45.5，16。
2.3　卷軸裝。首殘尾全。卷首上邊殘破，卷面有殘裂，接縫處有開裂。有燕尾。有烏絲欄。
3.1　首2行上殘→大正220，6/622A12～13。
3.2　尾全→6/626A19。
4.2　大般若波羅蜜多經卷第三百一十八（尾）。
6.1　首→BD07365號。
7.1　首紙背有勘記“卅二（本文獻所屬袟次）”。
8　7～8世紀。唐寫本。
9.1　楷書。
11　圖版：《敦煌寶藏》，75/280B～288A。

1.1　BD03375號
1.3　十誦律卷二三

1.4　雨 075
1.5　174:7082
2.1　(12+501.5)×24.6 厘米；13 紙；425 行，行 27 字。
2.2　01：12+17，24；　02：42.5，35　03：42.0，35；
04：42.5，35；　05：42.0，35；　06：42.0，35；
07：42.5，35；　08：42.5，35；　09：42.5，35；
10：42.5，35；　11：44.5，37；　12：44.5，37；
13：14.5，12。
2.3　卷軸裝。首尾均殘。卷面略殘，第 4 紙上殘缺一塊。有烏絲欄，部分爲折疊欄。
3.1　首 10 行上中殘→大正 1435，23/165C29～166A22。
3.2　尾殘→23/173A26。
5　與《大正藏》本比較，文字有較大不同。
8　4～5 世紀。東晉寫本。
9.1　隸楷。
9.2　有行間校加字。有删除、倒乙符號。
11　圖版：《敦煌寶藏》，104/104B～111B。

1.1　BD03376 號
1.3　妙法蓮華經（十卷本）卷六
1.4　雨 076
1.5　105:5429
2.1　(7+351.1)×26.5 厘米；10 紙；208 行，行 17 字。
2.2　01：7+24，18；　02：39.3，23；　03：39.3，23；
04：39.5，23；　05：39.5，23；　06：39.5，23；
07：39.5，23；　08：39.5，23；　09：39.0，23；
10：12.0，06。
2.3　卷軸裝。首殘尾全。首紙有殘洞。有烏絲欄。
3.1　首 4 行上下殘→大正 262，9/36C5～9。
3.2　尾全→9/39C17。
4.2　妙法蓮花經卷第六（尾）。
5　與《大正藏》本對照，分段、分品和分卷不同，相當於卷四勸持品第十三後部開始，至卷五安樂行品第十四全文。為十卷本。
8　5 世紀。南北朝寫本。
9.1　楷書。
9.2　有行間校加字。有删除符號。
11　圖版：《敦煌寶藏》，91/440A～465A。

1.1　BD03377 號
1.3　大般若波羅蜜多經卷五四二
1.4　雨 077
1.5　084:3317
2.1　428.8×25.6 厘米；9 紙；251 行，行 17 字。
2.2　01：46.0，27；　02：48.0，28；　03：47.7，28；
04：47.9，28；　05：47.6，28；　06：47.9，28；
07：48.0，28；　08：47.8，28；　09：47.9，28。
2.3　卷軸裝。首尾均殘。卷首有殘裂。有烏絲欄。
3.1　首殘→大正 220，7/786C4。
3.2　尾殘→7/789B22。
7.1　卷端背面有勘記“五十五（本文獻所屬袟次），界（敦煌三界寺簡稱）”。
8　8～9 世紀。吐蕃統治時期寫本。
9.1　楷書。
11　圖版：《敦煌寶藏》，77/232B～238A。

1.1　BD03378 號
1.3　妙法蓮華經卷一
1.4　雨 078
1.5　105:4502
2.1　949.5×25 厘米；19 紙；516 行，行 17 字。
2.2　01：27.5，15；　02：51.0，28；　03：51.0，28；
04：51.0，28；　05：51.0，28；　06：51.0，28；
07：51.2，28；　08：51.5，28；　09：51.5，28；
10：51.3，28；　11：51.5，28；　12：51.5，28；
13：51.1，28；　14：51.3，28；　15：51.2，28；
16：51.5，28；　17：51.2，28；　18：51.2，28；
19：51.0，25。
2.3　卷軸裝。首斷尾殘。經黄紙。下邊有殘破，卷尾下邊黴爛殘缺。有燕尾。有烏絲欄。
3.1　首殘→大正 262，9/2A2。
3.2　尾 41 行下殘→9/9C7～10B21。
4.2　妙法蓮華經卷第一（尾）。
8　7～8 世紀。唐寫本。
9.1　楷書。
11　圖版：《敦煌寶藏》，83/458A～472B。

1.1　BD03379 號
1.3　金剛般若波羅蜜經
1.4　雨 079
1.5　094:3710
2.1　(13.5+489.9)×26.7 厘米；12 紙；282 行，行 17 字。
2.2　01：13.5+28，24；　02：45.0，26；　03：45.7，26；
04：45.7，27；　05：44.0，25；　06：43.8，26；
07：44.0，25；　08：43.5，25；　09：44.0，25；
10：43.2，25；　11：43.0，25；　12：20.0，03。
2.3　卷軸裝。首殘尾全。卷首殘破，接縫處有開裂。尾有蟲繭。有烏絲欄。
3.1　首 7 行下殘→大正 235，8/749A16～24。
3.2　尾全→8/752C3。
4.2　金剛般若波羅蜜經（尾）。
8　9～10 世紀。歸義軍時期寫本。
9.1　楷書。
9.2　有删除符號。
11　圖版：《敦煌寶藏》，79/637A～643A。

1.1　BD03380 號
1.3　金剛般若波羅蜜經
1.4　雨 080
1.5　094:3758
2.1　(5+489.8)×26 厘米；11 紙；268 行，行 17 字。
2.2　01：5+22，15；　02：50.0，28；　03：50.3，28；
04：50.0，28；　05：50.0，28；　06：50.0，28；
07：50.0，28；　08：50.0，28；　09：49.0，28；
10：47.5，27；　11：21.0，02。
2.3　卷軸裝。首殘尾全。經黄紙。卷面有殘裂，有黴爛殘洞若干。有烏絲欄。
3.1　首 3 行上下殘→大正 235，8/749B5~6。
3.2　尾全→8/752C3。
4.2　金剛般若波羅蜜經（尾）。
8　7~8 世紀。唐寫本。
9.1　楷書。
11　圖版：《敦煌寶藏》，80/203B~210B。

1.1　BD03381 號
1.3　觀世音經
1.4　雨 081
1.5　111:6222
2.1　(2.5+200)×29.2 厘米；6 紙；102 行，行 18 字。
2.2　01：2.5+8，6；　02：43.2，23；　03：43.2，23；
04：43.2，24；　05：43.2，24；　06：19.2，02。
2.3　卷軸裝。首殘尾全。卷首殘破嚴重。背有古代裱補。有烏絲欄。
3.1　首殘→大正 262，9/56C20。
3.2　尾全→9/58B7。
4.2　觀世音經（尾）。
8　7~8 世紀。唐寫本。
9.1　楷書。
9.2　有行間校加字。
11　圖版：《敦煌寶藏》，97/396B~399A。

1.1　BD03382 號
1.3　妙法蓮華經卷五
1.4　雨 082
1.5　105:5531
2.1　59.7×25.4 厘米；1 紙；28 行，行 17 字。
2.3　卷軸裝。首尾均脱。麻紙。有烏絲欄。
3.1　首殘→大正 262，9/37B8。
3.2　尾殘→9/37C15。
8　7~8 世紀。唐寫本。
9.1　楷書。
11　圖版：《敦煌寶藏》，62/639B~640A。

1.1　BD03383 號
1.3　瑜伽師地論卷三八
1.4　雨 083
1.5　201:7204
2.1　(24+803.3)×26 厘米；19 紙；488 行，行 17 字。
2.2　01：2.4+22.8，15；　02：42.5，26；　03：42.5，26；
04：42.7，26；　05：42.6，26；　06：42.5，26；
07：42.6，26；　08：42.6，26；　09：42.6，26；
10：42.6，26；　11：42.6，26；　12：42.6，26；
13：42.7，26；　14：42.5，26；　15：45.6，28；
16：45.8，28；　17：45.6，28；　18：45.4，28；
19：44.5，23。
2.3　卷軸裝。首殘尾全。前數紙上下邊有等距殘損，卷面有殘裂。卷尾有原軸，兩端軸頭被鋸掉。第 15 紙以後各紙與前紙不同。有烏絲欄。
3.1　首行中殘→大正 1579，30/499A20~21。
3.2　尾全→30/505A14。
4.2　瑜伽師地論卷第卅八（尾）。
8　9 世紀。吐蕃統治時期寫本。
9.1　楷書。
9.2　有硃墨筆行間校加字。有硃筆斷句、科分。
11　圖版：《敦煌寶藏》，104/539B~550B。

1.1　BD03384 號
1.3　妙法蓮華經卷一
1.4　雨 084
1.5　105:4499
2.1　(13+834.6)×25.8 厘米；19 紙；509 行，行 17 字。
2.2　01：13+30，25；　02：45.8，28；　03：46.0，28；
04：45.5，28；　05：45.8，28；　06：46.0，28；
07：46.0，28；　08：46.0，28；　09：46.0，28；
10：46.0，28；　11：46.0，28；　12：46.0，28；
13：46.0，28；　14：46.0，28；　15：46.0，28；
16：46.0，28；　17：46.0，28；　18：46.0，28；
19：23.5，08。
2.3　卷軸裝。首殘尾全。經黄紙。卷首有破洞。尾有原軸，兩軸頭已脱斷。有烏絲欄。
3.1　首 8 行上下殘→大正 262，9/1C19~26。
3.2　尾全→9/10B21。
4.2　妙法蓮華經卷第一（尾）。
8　7~8 世紀。唐寫本。
9.1　楷書。
11　圖版：《敦煌寶藏》，83/418B~431A。

1.1　BD03385 號
1.3　妙法蓮華經卷一
1.4　雨 085

1.5　105:4498

2.1　(3+918.4)×25.7厘米；22紙；510行，行17字。

2.2　01：3+27.5，22；　02：43.2，24；　03：43.2，24；
04：43.4，24；　05：43.2，24；　06：43.6，24；
07：43.2，24；　08：43.2，24；　09：43.0，24；
10：43.3，24；　11：43.3，24；　12：43.3，24；
13：43.3，24；　14：43.3，24；　15：43.2，24；
16：43.3，24；　17：43.0，24；　18：43.2，24；
19：43.3，24；　20：43.2，24；　21：43.1，24；
22：26.1，08。

2.3　卷軸裝。首殘尾全。卷首下端殘缺。卷面有蟲繭。有烏絲欄。

3.1　首7行下殘→大正262，9/1C14～25。

3.2　尾全→9/10B21。

4.1　妙法蓮華經序品第一（首）。

4.2　妙法蓮華經卷第一（尾）。

8　7～8世紀。唐寫本。

9.1　楷書。

11　圖版：《敦煌寶藏》，83/404A～418A。

1.1　BD03386號

1.3　大般涅槃經鈔

1.4　雨086

1.5　119:6610

2.1　1061×25.5厘米；27紙；605行，行17字。

2.2　01：40.0，23；　02：40.0，23；　03：40.0，23；
04：40.0，23；　05：40.0，23；　06：40.0，23；
07：40.0，23；　08：40.0，23；　09：40.0，23；
10：40.0，23；　11：40.0，23；　12：40.0，23；
13：40.0，23；　14：40.0，23；　15：40.0，23；
16：40.0，23；　17：40.0，23；　18：40.0，23；
19：40.0，23；　20：40.0，23；　21：40.0，23；
22：40.0，23；　23：40.0，23；　24：40.0，23；
25：40.0，23；　26：40.0，23；　27：21.0，07。

2.3　卷軸裝。首脫尾全。卷首上下邊殘損，卷面有殘洞，接縫處有開裂，第4紙和第20紙斷開，卷尾有等距離蟲蛀小洞。有烏絲欄。已修整。

3.4　説明：
本文獻爲《大般涅槃經》（北本）節抄，情況如下：
首殘，經文從卷第四起：
第1至11行12/388C9～19；
第12至37行12/389A13～B9；
第38行"卷第五"
第39至40行12/395B27～29；
第41至48行12/395C19～26；
第49至55行12/396B10～17；
第56至59行12/397B23～27；
第60行"卷第六"
第61至69行12/398B12～20；
第70至84行12/399B4～20；
第85至101行12/400C10～28；
第102至156行12/401B26～402A26；
第156至160行12/403A11～14；
第161行"卷第七"
第162至169行12/406B3～11；
第169至172行12/406C22～24；
第173至182行12/407B17～28；
第182至195行12/408B22～C8；
第195至199行12/410B26～29；
第200行"卷第八"
第201至218行12/411B25～C14；
第219至309行12/413A6～414A19；
第309至313行12/415A18～22；
第313至318行12/415A26～B3；
第319至332行12/417A15～29；
第333行"卷第九"
第334至350行12/417C1～18；
第350至362行12/419A15～B7；
第363至395行12/419C3～420A7；
第395至404行12/420A17～26；
第404至486行12/420C18～421C16；
第486至500行12/422A27～B12；
第501行"卷第十"
第502至506行12/423A4～9；
第507行12/423B4；
第507至526行12/423B24～C14；
第527至553行12/423C24～424A21；
第553至576行12/424B1～C16；
第577至590行12/427A16～B6；
第591至598行12/427C13～20；
第598至605行12/428B4～12。

5　與《大正藏》本對照，分卷不同。與其餘諸藏分卷均不同。

8　7～8世紀。唐寫本。

9.1　楷書。

9.2　有硃筆斷句、校改。

11　圖版：《敦煌寶藏》，100/547B～561B。

1.1　BD03387號

1.3　大佛頂如來密因修證了義諸菩薩萬行首楞嚴經卷一

1.4　雨087

1.5　237:7386

2.1　(1.7+163.9)×26.5厘米；4紙；99行，行17字。

2.2　01：1.7+34.9，22；　02：46.4，28；　03：46.7，28；
04：35.9，21。

2.3　卷軸裝。首尾均殘。卷首破損，卷上下邊有殘裂，卷面油

污變色。有烏絲欄。
3.1 首行中下殘→大正945，19/107A11。
3.2 尾殘→19/108A19。
8 9～10世紀。歸義軍時期寫本。
9.1 楷書。
11 圖版：《敦煌寶藏》，106/12B～14B。

1.1 BD03388號
1.3 觀無量壽佛經
1.4 雨088
1.5 016:0197
2.1 740.6×28厘米；15紙；424行，行17字。
2.2 01：43.0，26； 02：50.1，29； 03：50.0，29；
04：50.0，29； 05：50.0，29； 06：50.0，29；
07：50.0，29； 08：50.0，29； 09：50.0，29；
10：50.0，29； 11：50.0，29； 12：50.0，29；
13：50.0，29； 14：50.0，28； 15：47.5，22。
2.3 卷軸裝。首殘尾全。首紙前部破損，接縫處有開裂。有烏絲欄。已修整。
3.1 首2行上中殘→大正365，12/341A2～3。
3.2 尾全→12/346B21。
4.2 佛說無量壽觀經（尾）。
8 8～9世紀。吐蕃統治時期寫本。
9.1 楷書。
9.2 有倒乙符號。
11 圖版：《敦煌寶藏》，57/100A～109B。

1.1 BD03389號
1.3 金剛般若波羅蜜經
1.4 雨089
1.5 094:4225
2.1 （8+285）×26厘米；8紙；162行，行17字。
2.2 01：8+32.5，24； 02：41.5，24； 03：41.5，24；
04：41.5，24； 05：41.5，24； 06：41.5，23；
07：37.0，19； 08：08.0，拖尾。
2.3 卷軸裝。首殘尾全。卷首殘破嚴重，卷下邊有殘裂。卷背多鳥糞污漬。有烏絲欄。
3.1 首5行上殘→大正235，8/750B28～C2。
3.2 尾全→8/752C2。
4.2 金剛波若經一卷（尾）。
8 7～8世紀。唐寫本。
9.1 楷書。
11 圖版：《敦煌寶藏》，82/441B～445A。

1.1 BD03390號
1.3 大般涅槃經義記卷一
1.4 雨090
1.5 121:6621
2.1 （19+2400.5）×28.5厘米；65紙；1510行，行20餘字。
2.2 01：05.0，3； 02：14+23，23； 03：37.5，24；
04：37.5，23； 05：37.5，24； 06：37.5，24；
07：37.5，24； 08：37.5，23； 09：37.5，23；
10：37.5，24； 11：37.5，23； 12：37.5，23；
13：38.0，24； 14：37.5，24； 15：37.5，24；
16：37.5，24； 17：37.5，24； 18：37.5，24；
19：37.5，24； 20：38.0，25； 21：37.0，23；
22：37.5，24； 23：37.5，24； 24：37.5，23；
25：38.0，24； 26：37.5，23； 27：37.5，23；
28：37.5，24； 29：37.5，24； 30：38.0，26；
31：37.5，24； 32：37.5，24； 33：37.5，24；
34：38.0，24； 35：37.5，24； 36：37.5，23；
37：37.5，23； 38：37.5，23； 39：38.0，25；
40：37.5，25； 41：37.5，24； 42：37.5，23；
43：38.0，24； 44：38.0，24； 45：37.5，23；
46：38.0，24； 47：38.0，24； 48：38.0，23；
49：38.0，23； 50：38.0，24； 51：38.0，24；
52：38.0，24； 53：38.0，23； 54：38.0，23；
55：38.0，23； 56：38.0，23； 57：38.0，23；
58：38.0，23； 59：38.5，24； 60：38.0，22；
61：38.0，24； 62：38.0，24； 63：38.5，24；
64：38.5，25； 65：38.0，14。
2.3 卷軸裝。首殘尾全。卷首上下邊殘損，卷面有殘裂。有烏絲欄。已修整。
3.1 首12行上下殘→大正1764，37/613C18～614A8。
3.2 尾全→37/642C20。
4.2 涅槃義記卷第一（尾）。
7.1 尾有題記："大德沙門慧遠法師撰之。聖曆元年柒月拾肆〔日〕。/大隋大業十一年敦煌郡沙門曇枚敬寫。/"其中"聖曆元年柒月拾肆日"乃後補。
7.3 卷首背有雜寫："有軍之重寄也，謂作同堯之子□□□□/"、"展也家字字字要/"、"一百餘展開勝請兩車書人間/"、"□…□也不慮/"等等。
8 615年。隋寫本。
9.1 行楷。題記中有武周新字"聖"、"年"、"月"。
9.2 有行間校加字。有重文、刪除符號。部分經文有硃筆點標。有合體字"菩薩"。
11 圖版：《敦煌寶藏》，100/626A～657B。

1.1 BD03391號
1.3 妙法蓮華經卷二
1.4 雨091
1.5 105:4741
2.1 （6.5+925.6）×25.7厘米；20紙；523行，行17字。
2.2 01：6.5+16，11； 02：49.5，28； 03：49.4，28；

04：49.4，28；　05：49.3，28；　06：49.3，28；
07：49.2，28；　08：49.3，28；　09：49.2，28；
10：49.2，28；　11：49.2，28；　12：49.2，28；
13：49.0，28；　14：48.9，28；　15：49.2，28；
16：49.2，28；　17：49.2，28；　18：49.1，28；
19：49.1，28；　20：23.7，08。
2.3　卷軸裝。首殘尾全。接縫處有開裂。背有古代裱補。有烏絲欄。
3.1　首2行殘→大正262，9/11C10～12。
3.2　尾全→9/19A12。
4.2　妙法蓮華經卷第二（尾）。
8　9～10世紀。歸義軍時期寫本。
9.1　楷書。
11　圖版：《敦煌寶藏》，86/152B～165A。

1.1　BD03392號
1.3　金光明最勝王經卷一〇
1.4　雨092
1.5　083:1971
2.1　(3.7+645.8)×25厘米；14紙；359行，行17字。
2.2　01：3.7+44.6，28；　02：48.1，28；　03：48.0，28；
04：48.2，28；　05：48.2，28；　06：48.3，28；
07：48.2，28；　08：48.2，28；　09：48.1，28；
10：48.1，28；　11：48.0，28；　12：48.1，28；
13：48.3，23；　14：23.4，拖尾。
2.3　卷軸裝。首脫尾全。卷首有殘破，第12、13紙間脫開。有烏絲欄。
3.1　首2行中殘→大正665，16/451B19～21。
3.2　尾全→16/456C19。
4.2　金光明最勝王經卷第十（尾）。
5　尾附音義。
8　8～9世紀。吐蕃統治時期寫本。
9.1　楷書。
11　圖版：《敦煌寶藏》，71/184B～192B。

1.1　BD03393號1
1.3　無量壽宗要經
1.4　雨093
1.5　275:7791
2.1　(163.5+5)×31.5厘米；5紙；116行，行30餘字。
2.2　01：03.0，1；　02：41.0，30；　03：41.5，30；
04：41.5，30；　05：36.5+5，25。
2.3　卷軸裝。首全尾殘。第2紙上下邊撕殘，中間有殘洞。有烏絲欄。
2.4　本遺書包括2個文獻：(一)《無量壽宗要經》，1行，今編為BD03393號1。(二)《無量壽宗要經》，115行，今編為BD03393號2。
3.4　說明：
本文獻僅殘留尾題及題名。
4.2　佛說無量受（壽）宗要經（尾）。
7.1　尾題下有題名“張興國”。
8　8～9世紀。吐蕃統治時期寫本。
9.1　行楷。
11　圖版：《敦煌寶藏》，109/619A～621A。

1.1　BD03393號2
1.3　無量壽宗要經
1.4　雨093
1.5　275:7791
2.4　本遺書由2個文獻組成，本號為第2個，115行。餘參見BD03393號1之第2項、第11項。
3.1　首全→大正936，19/82A3。
3.2　尾全→19/84C29。
4.1　大乘無量受（壽）經（首）。
4.2　佛說無量受（壽）宗要經（尾）。
7.1　卷末尾題後有題名“張興國”。
8　8～9世紀。吐蕃統治時期寫本。
9.1　行楷。

1.1　BD03394號
1.3　無量壽宗要經
1.4　雨094
1.5　275:7792
2.1　175.5×31厘米；4紙；109行，行30餘字。
2.2　01：35.0，22；　02：53.0，34；　03：44.0，29；
04：43.5，24。
2.3　卷軸裝。首尾均全。卷面略殘。有烏絲欄。
3.1　首全→大正936，19/82A3。
3.2　尾全→19/84C29。
4.1　大乘無量壽經（首）。
4.2　佛說無量壽宗要經（尾）。
7.1　首紙背有寺院題名“修（敦煌靈修寺簡稱）”。
8　8～9世紀。吐蕃統治時期寫本。
9.1　行楷。
11　圖版：《敦煌寶藏》，107/621B～623B。

1.1　BD03395號
1.3　合部金光明經卷七
1.4　雨095
1.5　082:1432
2.1　(8.5+618.8)×25.7厘米；14紙；374行，行17字。
2.2　01：8.5+21.5，18；　02：46.0，28；　03：46.0，28；
04：46.0，28；　05：46.0，28；　06：46.0，28；
07：46.0，28；　08：46.0，28；　09：46.0，28；

10：46.0，28；　　11：46.0，28；　　12：46.0，28；
13：46.0，28；　　14：45.3，20。
2.3　卷軸裝。首殘尾全。經黄打紙。卷面多水漬，紙變色，下邊有殘破，接縫處有開裂。有燕尾，有繫帶孔。有烏絲欄。
3.1　首5行上下殘→大正664，16/391C28～392A4。
3.2　尾全→16/396C19。
4.2　金光明經卷第七（尾）。
8　7～8世紀。唐寫本。
9.1　楷書。
11　圖版：《敦煌寶藏》，67/504A～512A。

1.1　BD03396號
1.3　維摩詰所說經卷上
1.4　雨096
1.5　070:0882
2.1　(6+628)×26.5厘米；13紙；358行，行24～28字。
2.2　01：6+47，28；　02：49.5，28；　03：49.0，28；
04：49.0，28；　05：49.0，28；　06：49.5，28；
07：49.0，28；　08：49.0，28；　09：49.0，28；
10：49.0，28；　11：49.5，28；　12：49.5，28；
13：40.0，22。
2.3　卷軸裝。首殘尾全。卷面有殘裂，接縫處有開裂。有烏絲欄。已修整。
3.1　首行中下殘→大正475，14/537B14～15。
3.2　尾全→14/544A18。
8　8～9世紀。吐蕃統治時期寫本。
9.1　楷書。
11　圖版：《敦煌寶藏》，63/434B～443A。

1.1　BD03397號
1.3　大般涅槃經（北本）卷二〇
1.4　雨097
1.5　115:6407
2.1　758.7×25.1厘米；17紙；450行，行17字。
2.2　01：46.0，26；　02：46.0，28；　03：46.3，28；
04：46.4，28；　05：46.4，28；　06：46.2，28；
07：46.4，28；　08：46.4，28；　09：46.4，28；
10：46.0，28；　11：46.4，28；　12：46.4，28；
13：46.3，28；　14：46.4，28；　15：46.4，28；
16：46.3，28；　17：18.0，04。
2.3　卷軸裝。首尾均全。經黄打紙，砑光上蠟。卷面多黴斑，有黴爛。接縫處有開裂。背有古代裱補。有燕尾。有烏絲欄。
3.1　首全→大正374，12/480B25。
3.2　尾全→12/486A13。
4.1　大般涅槃經卷第廿（首）。
4.2　大般涅槃經卷第廿（尾）。
7.3　裱補紙上有倒貼反字"一切三寶"。
8　7～8世紀。唐寫本。
9.1　楷書。
9.2　有行間校加字。有硃筆亂點。
11　圖版：《敦煌寶藏》，99/1A～11A。

1.1　BD03398號
1.3　無量壽宗要經
1.4　雨098
1.5　275:7793
2.1　220×30.5厘米；5紙；135行，行30餘字。
2.2　01：44.0，28；　02：44.0，29；　03：44.0，29；
04：44.0，29；　05：44.0，20。
2.3　卷軸裝。首尾均全。首紙有殘裂。背有古代裱補。有烏絲欄。
3.1　首全→大正936，19/82A3。
3.2　尾全→19/84C29。
4.1　大乘無量壽經（首）。
4.2　佛說無量壽宗要經一卷（尾）。
7.1　尾紙末有題名"王瀚"。
8　8～9世紀。吐蕃統治時期寫本。
9.1　楷書。
11　圖版：《敦煌寶藏》，107/624A～626B。

1.1　BD03399號
1.3　妙法蓮華經卷四
1.4　雨099
1.5　105:6161
2.1　46×24厘米；1紙；28行，行17字。
2.3　卷軸裝。首尾均脫。經黄打紙。通卷殘破嚴重。有烏絲欄。
3.1　首3行上下殘→大正262，9/32B22～25。
3.2　尾殘→9/32C22。
8　7～8世紀。唐寫本。
9.1　楷書。
11　圖版：《敦煌寶藏》，97/160B～161A。

1.1　BD03400號
1.3　妙法蓮華經卷四
1.4　雨100
1.5　105:5382
2.1　92.6×24厘米；2紙；56行，行17字。
2.2　01：46.3，28；　02：46.3，28。
2.3　卷軸裝。首尾均脫。接縫處脫開，上下邊殘破。有烏絲欄。
3.1　首殘→大正262，9/33A21。
3.2　尾殘→9/33C23。
8　7～8世紀。唐寫本。
9.1　楷書。
11　圖版：《敦煌寶藏》，91/255B～256B。

新舊編號對照表

一、千字文號與北敦號、縮微膠卷號對照表

千字文號	北敦號	縮微膠卷號
雨 047	BD03347 號	169：7039
雨 048	BD03348 號	105：6057
雨 049	BD03349 號	275：7924
雨 050	BD03350 號	084：2547
雨 051	BD03351 號	112：6280
雨 051	BD03351 號背	112：6280
雨 052	BD03352 號	105：5582
雨 053	BD03353 號	105：5024
雨 054	BD03354 號	016：0199
雨 055	BD03355 號 1	058：0469
雨 055	BD03355 號 2	058：0469
雨 055	BD03355 號 3	058：0469
雨 055	BD03355 號 4	058：0469
雨 055	BD03355 號 5	058：0469
雨 056	BD03356 號 1	006：0087
雨 056	BD03356 號 2	006：0087
雨 056	BD03356 號背	006：0087
雨 057	BD03357 號	275：8013
雨 058	BD03358 號	105：5112
雨 059	BD03359 號	094：4407
雨 060	BD03360 號	016：0205
雨 061	BD03361 號	105：5097
雨 062	BD03362 號	084：2788
雨 063	BD03363 號	083：1959
雨 064	BD03364 號	094：4331
雨 065	BD03365 號	084：3358
雨 066	BD03366 號	284：8246
雨 067	BD03367 號	083：1746
雨 068	BD03368 號	060：0513
雨 069	BD03369 號	423：8604
雨 070	BD03370 號	088：3436

千字文號	北敦號	縮微膠卷號
雨 071	BD03371 號	084：2734
雨 072	BD03372 號	305：8315
雨 073	BD03373 號	083：1681
雨 074	BD03374 號	084：2863
雨 075	BD03375 號	174：7082
雨 076	BD03376 號	105：5429
雨 077	BD03377 號	084：3317
雨 078	BD03378 號	105：4502
雨 079	BD03379 號	094：3710
雨 080	BD03380 號	094：3758
雨 081	BD03381 號	111：6222
雨 082	BD03382 號	105：5531
雨 083	BD03383 號	201：7204
雨 084	BD03384 號	105：4499
雨 085	BD03385 號	105：4498
雨 086	BD03386 號	119：6610
雨 087	BD03387 號	237：7386
雨 088	BD03388 號	016：0197
雨 089	BD03389 號	094：4225
雨 090	BD03390 號	121：6621
雨 091	BD03391 號	105：4741
雨 092	BD03392 號	083：1971
雨 093	BD03393 號 1	275：7791
雨 093	BD03393 號 2	275：7791
雨 094	BD03394 號	275：7792
雨 095	BD03395 號	082：1432
雨 096	BD03396 號	070：0882
雨 097	BD03397 號	115：6407
雨 098	BD03398 號	275：7793
雨 099	BD03399 號	105：6161
雨 100	BD03400 號	105：5382

二、縮微膠卷號與北敦號、千字文號對照表

縮微膠卷號	北敦號	千字文號
006：0087	BD03356 號 1	雨 056
006：0087	BD03356 號 2	雨 056
006：0087	BD03356 號背	雨 056
016：0197	BD03388 號	雨 088
016：0199	BD03354 號	雨 054
016：0205	BD03360 號	雨 060
058：0469	BD03355 號 1	雨 055
058：0469	BD03355 號 2	雨 055
058：0469	BD03355 號 3	雨 055
058：0469	BD03355 號 4	雨 055
058：0469	BD03355 號 5	雨 055
060：0513	BD03368 號	雨 068
070：0882	BD03396 號	雨 096
082：1432	BD03395 號	雨 095
083：1681	BD03373 號	雨 073
083：1746	BD03367 號	雨 067
083：1959	BD03363 號	雨 063
083：1971	BD03392 號	雨 092
084：2547	BD03350 號	雨 050
084：2734	BD03371 號	雨 071
084：2788	BD03362 號	雨 062
084：2863	BD03374 號	雨 074
084：3317	BD03377 號	雨 077
084：3358	BD03365 號	雨 065
088：3436	BD03370 號	雨 070
094：3710	BD03379 號	雨 079
094：3758	BD03380 號	雨 080
094：4225	BD03389 號	雨 089
094：4331	BD03364 號	雨 064
094：4407	BD03359 號	雨 059
105：4498	BD03385 號	雨 085
105：4499	BD03384 號	雨 084
105：4502	BD03378 號	雨 078
105：4741	BD03391 號	雨 091
105：5024	BD03353 號	雨 053
105：5097	BD03361 號	雨 061
105：5112	BD03358 號	雨 058
105：5382	BD03400 號	雨 100
105：5429	BD03376 號	雨 076
105：5531	BD03382 號	雨 082
105：5582	BD03352 號	雨 052
105：6057	BD03348 號	雨 048
105：6161	BD03399 號	雨 099
111：6222	BD03381 號	雨 081
112：6280	BD03351 號	雨 051
112：6280	BD03351 號背	雨 051
115：6407	BD03397 號	雨 097
119：6610	BD03386 號	雨 086
121：6621	BD03390 號	雨 090
169：7039	BD03347 號	雨 047
174：7082	BD03375 號	雨 075
201：7204	BD03383 號	雨 083
237：7386	BD03387 號	雨 087
275：7791	BD03393 號 1	雨 093
275：7791	BD03393 號 2	雨 093
275：7792	BD03394 號	雨 094
275：7793	BD03398 號	雨 098
275：7924	BD03349 號	雨 049
275：8013	BD03357 號	雨 057
284：8246	BD03366 號	雨 066
305：8315	BD03372 號	雨 072
423：8604	BD03369 號	雨 069